उत्तर-उदारीकरण के आन्दोलन

अकु श्रीवास्तव

वाणी प्रकाशन

वाणी प्रकाशन

4695, 21-ए, दरियागंज, नयी दिल्ली 110 002

फ़ोन : +91 11 23273167 फ़ैक्स : +91 11 23275710

शाखाएँ

अशोक राजपथ, पटना 800 004, बिहार

कॉफ़ी हाउस कैम्पस, महात्मा गांधी मार्ग, इलाहाबाद 211 001, उत्तर प्रदेश

महात्मा गांधी अन्तरराष्ट्रीय हिन्दी विश्वविद्यालय, वर्धा 442 001, महाराष्ट्र

सुल्तानिया रोड, मोतिया पार्क, भोपाल 462 001, मध्य प्रदेश

www.vaniprakashan.com
marketing@vaniprakashan.in
sales@vaniprakashan.in

Uttar-Udarikaran Ke Aandolan
by Aaku Srivastava

ISBN : 978-93-5518-238-8
History/Social Science

पेपरबैक प्रथम संस्करण 2022

मूल्य : ₹ 399

आर. टेक ऑफ़सेट प्रिंटर्स, दिल्ली-110032 में मुद्रित

वाणी प्रकाशन का लोगो मक़बूल फ़िदा हुसेन की कूची से

आन्दोलनों के राजनीतिक स्वरूप और उसके सामाजिक प्रभावों को बारीकी से समझने के लिए एक ख़ास नज़रिये की आवश्यकता होती है। विशेषकर जब वैश्विक स्तर पर भी कई बार आन्दोलन फ़ैशनेबल होते जा रहे हैं। देश के लब्धप्रतिष्ठित और अनुभवी पत्रकार अकु श्रीवास्तव, जिनकी पैनी नज़र और व्यापक दृष्टिकोण ने हिन्दी पत्रकारिता को नये आयाम दिये हैं, उनसे उनकी पुस्तक *उत्तर–उदारीकरण के आन्दोलन* के माध्यम से आन्दोलनों के ऐतिहासिक परिवेश और उनके सामाजिक प्रतिफल को समझने का मौक़ा मिलता है। नब्बे के दशक के आर्थिक उदारीकरण ने देश की दिशा और दशा हमेशा के लिए बदल दी। इसे समझना अपने आप में एक रोचक और शोध का विषय है। लेखक इस बात की ओर इशारा करते हैं कि उदारवाद और भूमण्डलीकरण के तीस साल बाद विकास और नित नये उभरते असन्तोष की समीक्षा भी ज़रूरी है। वो जिन आन्दोलनों का उल्लेख करते हैं वे वैश्विक और स्थानीय दोनों हैं, मसलन–अमेरिका का 'ब्लैक लाइफ़ मैटर्स' से लेकर हांगकांग में चीन के वर्चस्व के ख़िलाफ़ लड़ाई और भारत में शाहीन बाग़ जैसे आन्दोलन। वे इन सारे प्रकरणों में सोशल मीडिया के बढ़ते प्रभाव और 'नेशन वांट्स टु नो' जैसे मनोरंजक जुमलों के साथ–साथ न्यूज़ की गम्भीरता में होने वाले ह्रास की ओर भी गम्भीरतापूर्वक ध्यान आकर्षित करते हैं। कुल मिलाकर यह पुस्तक एक सहज और रोचक लहजे में एक गम्भीर शोधनीय विषय की ओर हमारा ध्यान आकर्षित करती है।

प्रोफ़ेसर मिहिर भोले
प्रिंसिपल फैकल्टी, इंटरडिसिप्लिनरी डिज़ाइन स्टडीज़,
नेशनल इंस्टीट्यूट ऑफ़ डिज़ाइन, अहमदाबाद

निर्वासन से स्थापन की कँटीली राह से गुज़रते हुए कोई देश किस तरह अपनी जड़ों से उखाड़ कर फेंक दिया जाता है इसकी पीड़ा सदियों से मनुष्य जाति झेल रही है। समाज जब सामूहिक पीड़ा का शिकार होता है तो उसी को अपनी आवाज़ में बदल देता है। ये बुलन्द आवाज़ें न सिर्फ़ हमारी पीढ़ियों को बल्कि सरकारों को भी झकझोरती हैं।

हम उदारवाद और भूमण्डलीकरण के समय में जी रहे हैं और हमारी आने वाली नस्लें वैचारिक तौर पर परिपक्व हैं। वे विचार केन्द्रित तो हैं ही, साथ ही अपने अधिकारों को जन–आन्दोलनों के परिप्रेक्ष्य में समझने बरतने और उन पर स्पष्टीकरण के लिए व्यावहारिक रूप से ज़रूरी चर्चा भी करती हैं।

उत्तर–उदारीकरण के आन्दोलन पुस्तक उसी सामूहिकता पर सशक्त विचार व्यक्त करती है जिसे एक जागरूक पीढ़ी ने संचालित किया। इस दायित्व बोध का निर्वाह करते हुए देश की जागरूक पीढ़ी ने अपने समय की समस्याओं और पीड़ाओं को समझा और इंगित भी किया। यह पुस्तक उन सभी बिन्दुओं पर क्रमवार केन्द्रित है जिनके कारण हमारा समाज और मनुष्यता तनाव में रही।

इन आन्दोलनों को केवल सामाजिक बदलावों के परिप्रेक्ष्य में नहीं देखना चाहिए बल्कि धर्म, क़ानून और राजनीति की कसौटी पर इनके प्रत्येक तन्तुओं की पड़ताल करके ही इन आन्दोलनों के उजले और मलिन पक्षों को समझा जा सकता है।

सनद रहे, ये आन्दोलन केवल न्याय के लिए की गयी लड़ाई नहीं थी बल्कि मनुष्यता बचाये रखने के लिए एक सामूहिक चेतना की पुकार थी और इन्हें उसी गहराई और मार्मिकता से समझा जाना आवश्यक है।

प्रणाम

कई बार लगता है कि किसी काम की शुरुआत आभार से करनी चाहिए। इस पुस्तक का आरम्भ ही आभार से मैं करना चाहूँगा। इसलिए नहीं कि इसकी परिणति एक पुस्तक के रूप में हो रही है बल्कि इसलिए कि इससे मेरे मन, मस्तिष्क का विस्तार मुझे दिखा। बहुत कुछ जानने की ललक बढ़ी औऱ कई बार तो ऐसा लगा कि यह सब कुछ जब हो रहा था तो मुझे तब क्यों नहीं लगा कि यह इतना बड़ा काम हो रहा है। समाज में इतनी तेज़ी से हो रहे बदलाव को हम पूर्ण रूप से क्यों नहीं देख पाते हैं। और यह अक्सर होता है। जयप्रकाश (जे.पी.) आन्दोलन से लेकर पंजाब में ख़ून–ख़राबा, उत्तर प्रदेश में दलित आन्दोलन, राम मन्दिर निर्माण आन्दोलन, मण्डल–कमण्डल, आर्थिक बदलाव (सिर्फ़ आन्दोलन नहीं) की बयार, पर्यावरण आन्दोलन, अन्ना आन्दोलन, सी.ए.ए.–एन.आर.सी. आन्दोलन, दक्षिण भारत के कई बदलाव, किसान आन्दोलन समेत कई ऐसी घटनाएँ और घटनाओं की श्रृंखलाएँ हुईं कि तब कई घटनाओं में कभी ऐसा नहीं लगा कि यह सब इतने बड़े रूप में होने जा रहा है और मै इसका साक्षी हूँ। बाद में जब यह सब कुछ इतना कुछ घटित हो गया तो नज़र आता है कि समाज और देश ने क्या पाया। मैं जान–बूझकर खोया नहीं लिख रहा हूँ।

सच तो यह है कि यह सब कुछ होना औऱ उसके बाद एहसास करना, उसका बोध होना ही बहुत बड़ा सा होता है। और इस बोध औऱ इसको कुछ आगे बढ़ाने का काम करने का श्रेय मैं वाणी प्रकाशन की कार्यकारी निदेशक सुश्री अदिति माहेश्वरी–गोयल को देना चाहूँगा जिन्होंने लम्बी बातचीत के दौरान इस किताब की परिकल्पना के आधार को जन्म देने में बड़ी भूमिका अदा की। आभार अदिति।

यों तो हमारा देश या समाज आन्दोलनों से हमेशा भरा रहा है और हम उस समय उससे प्रफुल्लित या झुँझलाये रहते हैं पर उसकी परिणति हमेशा एक बदलाव को लाती है। और नहीं भी लाती है तो बदलाव की आहट की ताप को हमेशा ज़िन्दा रखती है। इसीलिए आन्दोलन होना ज़्यादा महत्त्वपूर्ण है न कि उसकी उपलब्धि या परिणति। इस बात को अगर हम सबसे ताज़े उदाहरण से समझना चाहें तो एन.आर.सी. और सी.ए.ए. का आन्दोलन देश में एक बड़े बदलाव की आहट देगा। इसलिए नहीं कि उससे एन.आर.सी. या सी.ए.ए. रुका या नहीं बल्कि इसलिए इससे मुस्लिम समाज की आधी ताक़त में बड़ा इजाफा हुआ। वो महिलाएँ जो चाहरदीवारी में बँधी–ढकी रहती थीं, वो अब घर में बोलने लगी हैं, परिवार में उनकी मर्ज़ी का न होने पर आवाज़ उठाने लगी हैं और अपनी बच्चियों के हक़ के लिए अपने शौहर की भी नहीं सुनती हैं। उस पूरे समाज का आभार। किसान आदोलन हो या राम मन्दिर निर्माण, यह सब भविष्य के बहुत बड़े आन्दोलन के आधार हैं, जिनसे समाज का एक बहुत बड़ा वर्ग जुड़ा है और उसके भविष्य में ये बड़ी भूमिका निभायेंगे।

पुस्तक का क्षितिज काफ़ी बड़ा था और यह काम कई मित्रों के सहयोग के बिना पूरा नहीं हो पाता। यह पुस्तक अपने आकार में है तो उसके लिए प्रसिद्ध समाजशास्त्री श्री घनश्याम शाह का सहयोग और प्यार बहुत महत्त्वपूर्ण है। श्री शाह ने देश के आन्दोलनों को समेटने और समझने में जितना बड़ा काम किया है, वो बहुत कम विद्वानों ने किया है। बीस किताबों को रचने वाले और शिकागो विश्वविद्यालय, बनारस हिन्दू विश्वविद्यालय समेत अन्य विश्वविद्यालयों से जुड़े रहने के साथ श्री शाह ने जीवन का एक बड़ा हिस्सा दिल्ली में बिताने के बाद, उनके शब्दों में जीवन सन्ध्या अमदाबाद में बिताने का फ़ैसला किया है। उनसे आन्दोलनों को जानने–समझने के सत्र भी अमदाबाद में ही हुए। इसके लिए उन्होंने इस उम्र में भी समय दिया, प्यार दिया, आभार शब्द छोटा है। नैशनल स्कूल ऑफ डिज़ाइन के प्रोफ़ेसर श्री मिहिर भोले पुराने मित्र और प्रेरणा के स्रोत रहे है। राम मन्दिर आन्दोलन के आद्यान्त साक्षी रहे पत्रकार मित्र श्री हेमन्त शर्मा और श्री बृजेश शुक्ल का योगदान अपने आपमें बहुत महत्त्वपूर्ण था। वरिष्ठ पत्रकार श्री एन.के. सिंह से विभिन्न विषयों से बातचीत करना हमेशा से लाभदायक रहा है। विशिष्ट शैली के मास्टर श्री विजय विद्रोही ने कई आन्दोलनों को क़रीब से देखा–समझा है।

उनके अनुभवों का लाभ मिलना ही था। प्रसिद्ध लेखक और समाजशास्त्री और जी.बी. पन्त इंस्टीट्यूट, इलाहाबाद के निदेशक और प्रोफ़ेसर श्री बद्री नारायण, दलित समाज के लिए अप्रतिम काम करने वाले लेखक और चिन्तक श्री चन्द्रभान प्रसाद, किसानों के लिए अलग तरह का योगदान करने वाले डॉक्टर देविन्दर शर्मा ने अपने वायदे को भरपूर निभाया। प्रसिद्ध समाजवादी और जयप्रकाश नारायण के नज़दीकी रहे श्री अरुण भोले से मिलना और समझना हमेशा मेरी झोली भरता रहा है। बाबा के लिए आभार शब्द कम है।

कई और साथी जिनके सहयोग के बिना यह काम शायद पूरा न हो पाता। डॉ. रवि रमेशचन्द्र ने दलित आन्दोलन पर काफ़ी कार्य किया। उनका सहयोग सराहनीय रहा।

तमाम सन्दर्भों के लिए कई पुस्तकों–ऐजन्सियों और पुस्तकालयों का सहारा लिया गया, उनका भी आभार। इनके सहारे के बिना यह काम हो ही नहीं पाता।

परिवार ने 2020–21 में बहुत कुछ झेला। कोरोना के नियम–क़ानून लागू करने के लिए डाँट से लेकर नियन्त्रण तक। और ऐसे में अगर आपको प्रोत्साहन मिले, सुविधाएँ मिलें तो अगर आप शुक्रिया अदा करेंगे तो बहुत छोटा काम करेंगे। पत्नी और मित्र की भूमिका में हमेशा रहने वाली श्रीमती ज्योति की भूमिका भी इस किताब में बड़ी रही है। उन्होंने आवश्यक संशोधन किये और सुझाव दिये। ...और सात समन्दर पार रहने वाले होकर भी रोज़ सुबह–शाम दिशा–निर्देश देने वाले साहिबज़ादे कुमार विशेष, जिन्हें हम बेटू से ज़्यादा कुछ नहीं कह पाते, ज्ञान के भण्डार हैं। उनके लगातार मेरी क्लास लेते रहने के लिए दुलार। हर समय साये की तरह साथ रहने वाले औऱ यथाशक्ति साथ देने वाले भाई अवि को प्यार की झप्पी।

जिस आभार से मैं कभी उऋण नहीं होना चाहता वो हैं, बाबू जी स्व. राज नारायण श्रीवास्तव और अम्मा श्रीमती कमला श्रीवास्तव।

इसके अतिरिक्त मैं उन सभी को प्रणाम करता हूँ जो मेरी जीवन यात्रा में साथ रहे औऱ आज भी अक्सर फ़ोन कर पूछ लेते हैं, कैसे हो भइया। उन सबका आभार।

–अकु श्रीवास्तव

भूमिका

"हर समाज में, हर दौर में कुछ विवाद पलते हैं। इनमें से कुछ तो किसी दन्तकथा के पीपल पर लटके प्रेत की तरह वर्षों–सदियों तक अपने लिए एक ऐसे मज़बूत नेता का इन्तज़ार करते हैं, जो आये तो इन्हें मुक्ति मिले। कोई हल मिले। इन्हें इस तरह लटके देखकर समाज के अलग–अलग वर्गों में, अलग–अलग दिशा में, अलग–अलग तरह की उत्तेजना का संचार होता है।"

आज़ादी के बाद देश ने बहुत से बदलावों को देखा। सामाजिक और आर्थिक मोर्चे कई नयी इबारतें गढ़ी गयी।। मगर ये बदलाव स्वयं चलकर नहीं आए। अपने अधिकारों और प्रगति के लिए लोगों ने आन्दोलन किये, सरकारों को झकझोरा, नीतियाँ बनीं और बदलाव हुए। 1970 के दशक के पहले के आन्दोलनों के बारे में तो हमारे विश्वविद्यालयों में ख़ूब पढ़ाया जाता है। उसके बाद देश में प्रगतिशील समाज ने पुरानी अप्रासंगिक नीतियों के ख़िलाफ़ आवाज़ मुखर की। उत्तर भारत में कृषक समाज में चेतना का नया संचार हुआ। किसान आन्दोलनों ने भूमि और कृषि सुधारों के लिए सरकार को विवश किया। हरित क्रान्ति की नींव पड़ ही चुकी थी। इस दौर में उत्तर भारत में भारतीय किसान दल के चौधरी चरण सिंह और किसान नेता महेन्द्र सिंह टिकैत, हरियाणा में चौधरी देवीलाल, पंजाब में एक तरफ ताक़तवर प्रकाश सिंह बादल थे तो दूसरा तरफ कांग्रेस के बलराम जाखड़। ये सभी किसानों के मसीहा बनकर उभरे।

पिछली सदी का सत्तर से 90 का दशक किसानों, ट्रेड यूनियनों और श्रमिक आन्दोलनों का समय है। ट्रेड यूनियनों से गुलज़ारी लाल नन्दा, जॉर्ज फर्नांडिस, बिन्देश्वरी दुबे, आर.एस. रुइकर, दत्तोपन्त ठेगड़ी, दत्ता सामन्त, रघुवर दास जैसे नेता हुए। ज़्यादातर ट्रेड यूनियनों ने वामपन्थी विचारधारा का अनुसरण करते हुए सरकारी और निजी क्षेत्र के श्रमिकों की लड़ाई लड़ी। रोज़गार और उचित वेतन–भत्ते, बोनस सुनिश्चित कराने

के लिए सरकारों को विधि सम्बन्धी बदलाव करने के लिए विवश किया। 1974 की रेलवे हड़ताल और 1982 की ग्रेट बॉम्बे टेक्सटाइल उद्योग की हड़ताल इतिहास में दर्ज़ है। उस दौर में मीडिया भी मुख्यतः किसानों, मज़दूरों और श्रमिकों के मुद्दों पर फोकस करता था। ख़ुद मीडिया जगत में बड़े आन्दोलनों का वक़्त भी यही था। जाति और धर्म को लेकर हुए अन्यायों के प्रति भी लोग इसी दौर में जागरूक होकर लामबन्द होना शुरू हो गये थे। भेदभाव का शिकार रहीं जातियाँ संगठित हो रही थीं। उत्तर भारत में बहुजन समाज पार्टी की नींव रखने वाले कांशीराम एक नये नेता के तौर पर उभर रहे थे। मन्दिर आन्दोलन ने भी इसी दौरान अँगड़ाई ली और अटल बिहारी वाजपेयी तथा लालकृष्ण आडवाणी की क्षत्रछाया में भाजपा का उदय हुआ। मण्डल और मन्दिर प्रगतिशील दौर के उत्तरार्ध के दो बड़े आन्दोलन थे, जिन्होंने भारतीय राजनीति की दिशा और दशा को ही पूरी तरह बदल दिया।

पिछली सदी में नब्बे का दशक उदारीकरण और वैश्वीकरण का है। भारत में इसका शुरुआती नेतृत्व पी.वी. नरसिंह राव और मनमोहन सिंह ने किया। दोनों ही नौकरशाह की पृष्ठभूमि से राजनीति में आए थे। उस दौर में विश्व व्यापार संगठन (डब्ल्यू.टी.ओ.) के नाम पर और कराधान एवं व्यापार सम्बन्धी आम समझौता (गैट) के रूप में जो समझौते हुए, उसमें बहुसंख्यकवाद और लोकतान्त्रिक मूल्यों के लिए कोई जगह नहीं थी। नीतियाँ कार्पोरेट जगत की इच्छानुसार तय हुईं, और लोगों द्वारा चुने गये प्रतिनिधियों की राय बेमानी थी। वजह सिर्फ़ वह सपना था कि हर देश ग़रीबी से छुटकारा चाहता था और उन्हें लगता था कि समृद्ध कार्पोरेट जगत ही उन्हें विकास, प्रगति और समृद्धि की नयी राह सुझा सकता है। जिनेवा में जब वैश्वीकरण की ये नीतियाँ गढ़ी जा रही थीं, तब विपरीत विचारों को सुना ही नहीं गया। इस तरह सामाजिक मूल्यों वाले तन्त्र की जगह खुले बाज़ार वाले पूँजीवाद का विचार सर्वोपरि हो गया। इसमें कोई दो राय नहीं है कि इसने दुनिया में काफ़ी लोगों का भला किया मगर इसने उन्हीं लोगों का भला किया, जिन्हें पहले समाजवादी तन्त्र से भी सर्वाधिक लाभ मिले थे। उत्तर–उदारीकरण की पहली बड़ी सामाजिक सफ़लता पिछड़ों का आन्दोलन था जिसने देश में आन्दोलन को एक नया आयाम दिया और साथ ही भविष्य के लिए एक समाज के लिए तरक्की की नींव गढ़ दी तो दूसरे के लिए कुछ रास्ते सकरे कर दिये।

नयी सदी आते–आते उदारीकरण चरम पर था और इसके लाभ के साथ–साथ विपरीत परिणाम भी सामने आने लगे थे। बहुत से घरेलू और छोटे उद्योग जो ख़ुद माल तैयार करते थे, उत्पादन और लागत की प्रतियोगिता में मल्टीनैशनल कम्पनियों से मात खाने लगे। इस तरह ऐसे उद्यमी व्यवसायियों में बदल गये। उत्पादन की जगह वे वही समान अन्य देशों से आयात करने लगे, क्योंकि आयात करना, इसे देश में बनाने से ज़्यादा सस्ता था। नतीजा यह हुआ कि इन उद्योगों में लगे कुशल कारीगरों और श्रमिकों का कोई महत्त्व नहीं रह गया। ट्रेड यूनियनों के रूप में जो श्रमिक एक ताक़तवर वर्ग बना हुआ था, जिसके आगे सरकारे और बड़े–बड़े उद्योगपति झुकने के मज़बूर थे, अब उसकी सारी ताक़तें धीरे–धीरे करके छिनने लगी थीं और उसे जीने के लिए समझौता करना था और सेल्समैन में ख़ुद को बदलना था। हुआ भी यही। या तो वह आधा–तीहा खेतों में अपने आपको खटाने लगा या थोड़ा पढ़ा लिखा हुआ तो डिपार्टमेंटल स्टोर की शोभा बढ़ाने लगा।

सूचना तकनीक क्रान्ति के साथ नयी सदी ने उत्तर–उदारीकरण की दस्तक दी। इस क्रान्ति ने मनोरंजन और सूचना उद्योग को सबसे ज़्यादा ताक़त दी। उत्तर–उदारीकरण का मीडिया बदला ही नहीं 360 डिग्री पर धीरे–धीरे आ गया। मीडिया का ध्यान ख़बर से हटकर मनोरंजन की तरफ झुकने लगा और 2019–2020 तक तो 'नेशन वांट्स टू नो' का चुटकुला बड़ों में ही नहीं बच्चों मे भी काफ़ी चलने लगा। शहरी अभिजात्य वर्ग की जीवनशैली और उसके उपभोग की कवरेज बढ़ी तो इतनी कि मज़दूर और श्रमिक उसका राजदार नहीं रहा। पहले अख़बारों में घड़ों और कूलर की फ़ोटो छपते ही यह आप बता सकते थे कि यह अख़बार किस महीने का होगा पर अब ऐसा नहीं रहा। ए.सी. की अब सबसे ज़्यादा बिक्री दिसम्बर–जनवरी के महीने में होने लगी (तय है सेल सेल की आवाज़ के चलते)। मीडिया, चाहे प्रिंट हो या फिर इलेक्ट्रानिक, में रोज़गार बीट में किसी संवाददाता की नियुक्ति नहीं होती। 3 अप्रैल, 2015 को राज्यसभा टी.वी. से एक साक्षात्कार में चर्चित और वरिष्ठ पत्रकार पी. साईंनाथ ने कहा था कि पिछले 20 साल में मीडिया का सबसे ज़्यादा बाज़ारीकरण हुआ है। मीडिया को जहाँ से पैसा मिलता है, वह वहीं पर फोकस करता है। मीडिया का फोकस बदल गया। अब उसे धनतेरस में सोना कितना बिका, की ज़्यादा चिन्ता होने लगी, कितनी चार चक्के वाली चार पहिया

गाड़ियाँ बुक हुईं, इसे औद्योगिक विकास और सामाजिक विकास का आँकड़ा मानने लगा। मज़दूर उसका हिस्सेदार नहीं रहा क्योंकि वह अब उतना बड़ा ख़रीददार नहीं रहा।

हर समाज में, हर दौर में कुछ विवाद पलते हैं। इनमें से कुछ तो किसी दन्तकथा के पीपल पर लटके प्रेत की तरह वर्षों–सदियों तक अपने लिए एक ऐसे मज़बूत नेता का इन्तज़ार करते हैं, जो आए तो इन्हें मुक्ति मिले। कोई हल मिले। इन्हें इस तरह लटके देखकर समाज के अलग–अलग वर्गों में, अलग–अलग दिशा में, अलग–अलग तरह की उत्तेजना का संचार होता है। लोग पक्ष–विपक्ष में गोलबन्द होते हैं। नोंक–झोंक होती है। आन्दोलन होते हैं, जो अक्सर आगजनी और दंगों में बदल जाते हैं। पुलिस फ़ायरिंग होती है। समाज निःशब्द विलाप के साथ लाशें ढोने और गिनने को मज़बूर होता रहा। शान्ति की अपील होती रही। हालात थोड़े से भी ठीक होते तो अपने काम में लग जाते।

मगर यह शान्ति बहुत दिन तक नहीं चलती। कोई न कोई चुनाव आ जाते हैं। वे इनके चारों ओर अपनी राजनीति की गाँठें बुनते हैं। लोग विरोध और समर्थन में लामबन्द हो जाते हैं। हर नेता यही आभास देने की कोशिश करता है कि सिर्फ़ वही जादूगर है, जो सदियों से प्रारब्ध की कील पर लटके इन विवादों को पिटारी में बन्द कर समाज को इनसे मुक्ति दिला सकता है। यह मुक्ति का संघर्ष फिर नये झगड़ों को जन्म देता है।

भारतीय समाज में भी बहुत से विवाद सदियों से पालकर रख गये हैं। शुरुआत में ही आसानी से इनका समाधान हो सकता था, मगर कई वजहों से इन्हें यथास्थिति में लटका छोड़ दिया गया। अयोध्या में राम जन्मभूमि का विवाद (अब जाकर निपटा), जम्मू–कश्मीर में अनुच्छेद–370 को लेकर विवाद, राष्ट्रीय नागरिक पंजीकरण का विवाद, सतलुज–यमुना लिंक नहर का विवाद, तीन तलाक़ का विवाद, सबरीमला मन्दिर में स्त्रियों के प्रवेश को लेकर विवाद, कावेरी जल विवाद, किसानों की आय आदि ऐसे हैं जो वर्षों से लटके हुए हैं। आप जब सत्ता में होते हैं तो उस पर काम करने की कोशिश या दिखावा करने की कोशिश करते हैं और जब विपक्ष में होते हैं तो दूसरे तरीक़े से बात करते हैं। किसान आन्दोलन और उससे जुड़ी माँगे इसका ताज़ा उदाहरण हैं।

2019 में इनमें से कुछ विवादों को हल भी गया है। कुछ मामलों में सर्वोच्च न्यायालय ने इन्हें हल करने में दृढ़ता से काम लिया।

रामजन्म भूमि विवाद में सर्वोच्च अदालत की संवैधानिक पीठ से निर्णायक फ़ैसला आया। तीन तलाक को पहले 2017 में सुप्रीमकोर्ट की पाँच जजों की संवैधानिक पीठ ने गैर क़ानूनी करार दिया था। फिर सरकार ने 2014 में तीन तलाक के ख़िलाफ़ कड़े प्रावधान करते हुए क़ानून बनाया। अगस्त 2019 में सरकार ने अनुच्छेद–370 के विवादित प्रावधानों को ख़त्म कर जम्मू–कश्मीर को तीन हिस्सों में बाँट दिया। इनमें जम्मू और लेह–लद्दाख दो केन्द्रशासित प्रदेश और कश्मीर को दिल्ली जैसे राज्य में बदल दिया, जहाँ राज्यपाल नहीं, लेफ्टिनेंट गवर्नर होगा।

उदारीकरण और भूमण्डलीकरण के विचार को तीस साल होने जा रहे हैं। ऐसे में यह समीक्षा का सही वक़्त है कि हम इस भूमण्डलीकरण और इससे हुए बदलावों को किस तरह से देखते हैं। क्या इसने सिर्फ़ विकास की इबारत ही लिखी या नये असन्तोष को भी जन्म दिया, जिससे कई नये आन्दोलन निकले। क्या इन तीन दशक में उदारीकरण का गुब्बारा पूरी तरह से फूट गया? क्या इसने समाज में नस्ल, जाति और धर्म आधारित विभेद और गहरे किये तथा फासीवादी विचार को मज़बूत किया? क्या इसने सभी लाभों को कुछ लोगों तक केन्द्रित कर समाज में असन्तोष को बढ़ाया? इस उत्तर–उदारीकरण के दौर में सिर्फ़ भारत ही नहीं पूरी दुनिया में जो भी आन्दोलन अब हो रहे हैं, वे ज़्यादातर नस्ल, जाति और धर्म के नाम पर हुए विभेद के ख़िलाफ़ तथा समानता के अधिकार की बात कर रहे हैं। चाहे वह अमेरिका और यूरोप में फैला अश्वेत जीवन मायने रखता है (ब्लैक्स लाइव मैटर) आन्दोलन हो, या हाँगकाँग में चीन के वर्चस्व के ख़िलाफ़ लड़ाई या भारत में शाहीन बाग़ जैसे आन्दोलन। यह लेखक शाहीनबाग़ आन्दोलन के उत्तरार्ध में एक ऐसा बड़ा परिवर्तन देख रहा है जिसकी मुस्लिम समाज के लिए समाजशास्त्रियों ने भी कल्पना न की होगी। इसकी चर्चा हम आगे पुस्तक में करेंगे। यह किताब देश के ऐसे ही नये–पुराने विवादों को उनके नये परिपेक्ष्य में समझने की कोशिश है। इसमें उत्तर–उदारीकरण के आन्दोलनों पर फोकस किया गया है और दस्तावेज़ के रूप में सभी प्रमुख छात्र और किसान आन्दोलनों को इतिहास को प्रसंग के रूप में शामिल किया है।

जेएनयू, जामिया, ए.एम.यू. सहित देशभर के विश्वविद्यालयों में जिस तरह से छात्रों ने या किसानों ने अग्रिम मोर्चे पर सरकार की नीतियों के ख़िलाफ़ लड़ाई लड़ी, इतिहास के रूप में दर्ज़ होने की अहमियत रखती है।

इसने भारतीय मानस पर अपना प्रभाव छोड़ा है। लोग इनके समर्थन और विरोध में लामबन्द हुए। पिछले सत्तर साल गवाह हैं कि देश में सामाजिक और आर्थिक मुद्दों पर, धर्म और जाति के नाम पर जमकर राजनीति हुई है। इस राजनीति ने बहुत से नये नेता पैदा किये और बहुत से खाँटी नेताओं के पाँव तले की ज़मीन खींचकर उन्हें राजनीति के फर्श पर ला पटका। ये विवाद कैसे पैदा हुए? किसने पैदा किये? क्यों पैदा किये गये? क्या ये विवाद सिर्फ़ दो पक्षों के बीच केवल न्याय की लड़ाई थी? क्या ये विवाद वास्तव में सिर्फ़ राजनीतिक हथियार थे? या मुद्दे वास्तविक थे मगर इनका इस्तेमाल राजनीतिक हथियार की तरह भी हुआ?

इन सभी सवालों पर चर्चा कर किसी निष्कर्ष पर पहुँचने की कोशिश हम इस किताब में करेंगे। वैसे तो ये सभी विवाद इतने विस्तृत हैं कि इन सब पर अलग–अलग किताब हो सकती हैं, और इन में से बहुत से मुद्दों पर बहुत सी किताबें लिखी भी जा चुकी हैं। ये भी सम्भव है कि तमाम मुद्दे या आन्दोलन इस किताब में न पायें और उन पर बहुत चर्चा न हो पाये। अगर आप इन्हें इंगित करेंगे तो निश्चित रूप से इन्हें अगले संस्करण में शामिल करने की प्रक्रिया की जा सकती है। आन्दोलनों को लेकर सवाल बहुत सारे मन में हैं और यह सम्भव भी नहीं है कि हर सवाल का जवाब दिया जा सके। पत्रकारिता का नियम है कि जवाब से भी ज़्यादा ज़रूरी है सवाल उठाना। इसी तरह आन्दोलन से हमें मिला क्या, यह समझने से ज़्यादा ज़रूरी है, आन्दोलन करना। सवालों और जवाबों को इन्हीं कसौटी पर इन्हें देखा जाना चाहिए।

अनुक्रम

भाग-1

भाग-2

भाग-3

भाग-4

और अन्त में...

सामाजिक आन्दोलनों के कारक

"ज़्यादातर सामाजिक आन्दोलनों का उद्देश्य प्रायः सामाजिक बदलाव लाना होता है। ये किसी कुरीति या सामाजिक बुराई के ख़िलाफ़ हो सकता है या अपना हक़ पाने के लिए हो सकता है। अक्सर बड़े आन्दोलनों से नयी राजनीतिक पार्टियाँ जन्म लेती हैं। ये आन्दोलन एक तरह से नयी राजनीति के लिए एजेन्डा सेटिंग का काम भी करते हैं। अतीत में ऐसे कई उदाहरण हैं।"

इतना सब कुछ जानने के बाद यह समझना भी शायद ज़रूरी है कि सामाजिक आन्दोलन कैसे पैदा होते हैं? कैसे सफल होते हैं? कैसे बड़ी संख्या में लोग इनसे जुड़ते जाते हैं? कौन से कारण भीड़ को एकजुट करते हैं और एक दिशा देते हैं? वे कौन से तत्त्व हैं जो लोगों को संघर्ष के लिए उत्तेजित करते हैं? इन आन्दोलनों की प्रवृति और दिशा कैसे तय होती है? क्या सभी आन्दोलन स्वयं स्फूर्त होते हैं या इनका कोई निश्चित सिद्धान्त और नियम है? या इनके पीछे कुछ ताक़तें होती हैं, जिनका अपना हित होता है। इन सब सवालों का जवाब आन्दोलनों के मनोविज्ञान में छुपा है। सभी आन्दोलनों में कुछ सामूहिक साझा हित होते हैं। ये हित राजनीतिक, सांस्कृतिक और आर्थिक हो सकते हैं। पिछले कुछ दशकों में दुनिया के मनोवैज्ञानिकों ने पिछली सदी के आन्दोलनों का अध्ययन कर इस सवाल पर अपने शोध प्रस्तुत किये कि ये आन्दोलन क्यों हुए। उन्होंने इसके कई सिद्धान्त दिये। ये सिद्धान्त किसी आन्दोलन के पैदा होने की सम्भावनाओं, उनके सफल या विफल होने के कारणों की विस्तार से व्याख्या करते हैं। यह माना जाता है कि बड़े सामाजिक आन्दोलन बहुत ही सुगठित एवं संगठित प्रयास नहीं होते। लोगों की भीड़ और बड़े समूह किसी एक निश्चित लक्ष्य के लिए जो राजनीतिक, धार्मिक, सामाजिक या आर्थिक होता है, के लिए एकजुट होते हैं और बदलाव लाने के लिए मौजूदा सत्ता और सरकार पर दबाव बनाते हैं।

एक तरह से यह सामूहिक कार्रवाई होती है, जिसमें लोग और संगठन या दोनों जुड़े हो सकते हैं।

ज़्यादातर सामाजिक आन्दोलनों का उद्देश्य प्रायः सामाजिक बदलाव लाना होता है। ये किसी कुरीति या सामाजिक बुराई के ख़िलाफ़ हो सकता है या अपना हक़ पाने के लिए हो सकता है। देश के कई राज्यों में महिलाओं ने शराब ठेकों के ख़िलाफ़ ऐसे आन्दोलन खड़े किये हैं, जो एक जगह से शुरू होकर तेज़ी से पूरे राज्य में और फिर अन्य राज्यों में फैले। हालाँकि कई विद्वान सामाजिक और धार्मिक आन्दोलनों को भी राजनीति से जोड़कर देखते हैं। उनका कहना है कि अक्सर बड़े आन्दोलनों से नयी राजनीतिक पार्टियाँ जन्म लेती हैं। ये आन्दोलन एक तरह से नयी राजनीति के लिए एजेन्डा सेटिंग का काम भी करते हैं। अतीत में ऐसे कई उदाहरण हैं। स्वतन्त्रता आन्दोलन से भारत में कांग्रेस जैसी पार्टी का उदय हुआ। सत्तर के दशक में बिहार और जेपी आन्दोलन से जनता पार्टी अस्तित्व में आयी। मन्दिर आन्दोलन और भ्रष्टाचार के ख़िलाफ़ अन्ना आन्दोलन ही था जिससे भारतीय जनता पार्टी बेहद मज़बूत हुई और दो सीटों से बढ़कर केन्द्र की सत्ता और बाद में नरेन्द्र मोदी के कार्यकाल से जो दौर शुरू हुआ, मज़बूत सत्ता तक पहुँचने का रहा। मन्दिर आन्दोलन ने जो चिन्गारी दी उससे पार्टी के दीये (जनसंघ के कार्यकाल में यही चुनाव चिह्न था) में जली–जली ज्वाला की धधक आज भी फल–फूल रही है। 2013–14 में लोकपाल के लिए भ्रष्टाचार के ख़िलाफ़ हुए अन्ना आन्दोलन से आम आदमी पार्टी तेज़ी से उभरकर दिल्ली में सत्ता में आयी। और अब उसकी कोशिशें अन्य राज्यों में सत्ता में आने की हैं। ख़ास तौर से पंजाब में। इसी तरह दलित आन्दोलनों से बसपा मज़बूत हुई। दक्षिण में दलित आन्दोलन और सत्ता का अलग इतिहास है। आज देश में जितने भी बड़े क्षेत्रीय दल हैं, उनका जन्म और उभार किसी न किसी बड़े आन्दोलन से हुआ है, या वे बड़े आन्दोलन से जन्मी किसी पार्टी से टूट कर ही बने हैं।

कुछ आधुनिक पश्चिमी विचारकों का मानना है कि आन्दोलनों के पीछे सिर्फ़ धार्मिक, राजनीतिक, सांस्कृतिक और आर्थिक कारण ही नहीं होते। शिक्षा का प्रसार और अधिकारों के प्रति जागरूकता ही आन्दोलनों को जन्म देती है। पश्चिमी देशों में बहुत से आन्दोलन इसी वजह से सम्भव हुए। आधुनिक पश्चिमी समाज ने अभिव्यक्ति की आज़ादी, शिक्षा

और आर्थिक स्वतन्त्रता पर ज़ोर दिया। इसके लिए बहुत से आन्दोलन भी हुए तथा सभी ने सामाजिक सुधारों में अपनी भूमिका निभायी। दुनिया में ज़्यादातर सामाजिक आन्दोलन पिछले सौ साल में ही खड़े हुए हैं। शिक्षा और अधिकारों के प्रति सजगता इसका एक बड़ा कारण रही है। इनमें बड़ी संख्या में वे आन्दोलन हैं जो लोकतन्त्र बहाली के लिए विभिन्न देशों में हुए हैं।

मनोविज्ञानी मारियो डियानी ने 1992 में अपनी किताब 'सामाजिक आन्दोलन की धारणा' (The Concept Of Social Movement) में बताया कि सभी आन्दोलनों की व्याख्या में तीन पैमाने समान हैं। ये हैं एक–एक कर लोगों का जुड़ना और समूह बन जाना, कोई राजनैतिक या सांस्कृतिक टकराव तथा समूह की एक पहचान (जैसे आन्दोलन का नाम)। चार्ल्स टिली ने अपनी किताब सोशल मूवमेंट्स, 1768–2004 (Social Movements, 1768–2004) में एक रोचक व्याख्या दी कि सामाजिक आन्दोलन आम जनता को जन राजनीति में भागीदार बनाने वाला बड़ा वाहन है। (Social movements are a major vehicle for ordinary people's participation in public politics.) टिली, आन्दोलन के लिए ज़रूरी तीन तत्त्वों की व्याख्या करते हैं। इनमें सबसे पहला है प्रचार। इसमें सम्बन्धित शासन अधिकारियों को लक्ष्य बनाते हुए भीड़ और संगठन अपनी बात बार–बार कहते हैं। दूसरा है प्रदर्शनों की घोषणा। इसके तहत लगातार किये जाने वाले प्रदर्शनों की तारीख़ के साथ सूची बनाकर पहले ही घोषणा की जाती है कि कब, कहाँ–कहाँ आन्दोलन किये जायेंगे। इसके लिए पहले सार्वजनिक बैठकें की जाती हैं ताकि ज़्यादा से ज़्यादा लोगों को पता चले और वे इससे जुड़ें। तीसरा तत्त्व एक नहीं बल्कि चार घटकों का समूह हैं। इसे अंग्रेज़ी में डब्ल्यू.यू.एन.सी. कहा जाता है। यहाँ डब्ल्यू. वर्थीनेस यानी उपयोगिता के लिए, 'यू' यूनिटी यानी एकता, 'एन' नम्बर यानी संख्या और सी कमिटमेंट्स यानी प्रतिबद्धता को दर्शाता है।

सामाजिक आन्दोलनों को मनोविज्ञानियों और समाज विज्ञानियों ने अपने नज़रिये से देखा है और इन्हें लेकर कई सिद्धान्त प्रतिपादित किये हैं। आन्दोलनों और भीड़ के व्यवहार को समझने के लिए इन सिद्धान्तों पर एक नज़र डालते हैं और समझते हैं कि भारत में हुए विभिन्न आन्दोलनों में कौन से सिद्धान्त काम कर रहे थे।

1. सामूहिक व्यवहार और सामूहिक कार्रवाई का सिद्धान्त (Collective Behavior and Collective Action Theories)

जब कोई समूह स्वयं स्फूर्त तरीक़े से समाज के तय नियमों से अलग प्रतिक्रिया देता है तो इसे समूह का व्यवहार या सामूहिक कार्रवाई कहा जाता है। सिर्फ़ इन्सानों ही नहीं झुण्ड में रहने वाले पशुओं, पक्षियों, मछलियों और चींटियों के समूह में भी विशेष परिस्थितियों में ऐसा स्वयं स्फूर्त व्यवहार दिखता है। ब्रिटेनिका एनसाइक्लोपीडिया के अनुसार सामूहिक कार्रवाई उसे कहा जाता है जब लोगों की एक ख़ास संख्या एक साक्षे लक्ष्य के लिए मिलकर काम करती है। ऐसा तभी होता जब इन सभी लोगों का कोई हित साझा होता है।

अमेरिकी समाज विज्ञानी एवं अर्थ शास्त्री फ्रेंकलिन हेनरी गिडिंग्स ने 1908 में सामूहिक व्यवहार शब्द का पहली बार उल्लेख किया था। 1957 में राल्फ एच टर्नर और लेविस एम किलियन द्वारा लिखी गयी किताब 'कलेक्टिव बिहेवियर' में इसे समाजशास्त्र के सिद्धान्त के रूप में विजुअल साक्ष्यों के साथ परिभाषित किया गया था। इस सिद्धान्त के तहत समूह के चार हिस्सों में बाँटा गया। इनमें भीड़ का व्यवहार, जनता का व्यवहार, बड़े पैमाने पर जुटे समूह का व्यवहार और सामाजिक आन्दोलन के समय व्यवहार।

2. सापेक्ष हानि का सिद्धान्त (Relative Deprivation Theory)

जब संसाधनों की कमी से लोगों के खान–पान, जीवनशैली, गतिविधियों और आराम में ख़लल पड़ता है तो इसके ख़िलाफ़ एकजुट होते हैं। ऐसे में देखा जाता है कि वे समुदाय जो इन लोगों से जुड़े होते हैं भी इनके समर्थन में आ जाते हैं। ब्रिटेन के समाजशास्त्री वाल्टर रंसीमैन सापेक्ष हानि के सिद्धान्त के चार चरणों में बाँट कर देखते हैं।

1. व्यक्ति 'अ' के पास कोई वस्तु 'क' नहीं है।
2. व्यक्ति 'अ' ऐसे अन्य लोगों को जानता है जिनके पास 'क' है।
3. व्यक्ति 'अ' चाहता है कि उसके पास भी 'क' होना चाहिए।
4. व्यक्ति 'अ' को लगने लगता है कि 'क' हासिल करना ही उसका मक़सद है।

1960 के दशक में अमरीका में हुए नागरिक अधिकार आन्दोलन (Civil Rights Movement) में यह सिद्धान्त चर्चा में आया था। अमेरिका का अश्वेत वर्ग, जो संसाधनों और विकास के लाभों से वंचित था वह आन्दोलित हुआ था। दूसरे विश्व युद्ध के समय अमरीकी समाजशास्त्री रोबर्ट किंग मार्टन की अमेरिकी सैनिकों पर किया गया अध्ययन भी यह संकेत देता है कि तब मिलिट्री पुलिस के सैनिक तब कम सन्तुष्ट थे और उनमें असन्तोष का भाव था। मार्टन को उनके तनाव के सिद्धान्त के लिए ज़्यादा जाना जाता है। इसमें उन्होंने बताया कि किस तरह किसी व्यक्ति पर कुछ निर्धारित लक्ष्य हासिल करने के लिए समाज का दबाव होता है। यह तनाव ही कई बार व्यक्ति को समाज के नियम तोड़ने और अपराध करने के लिए बाध्य कर देता है।

3. मार्क्स का सिद्धान्त (Marxist Theory or Mass Society Theory)

इसे मार्क्स का वर्ग–संघर्ष का सिद्धान्त भी कहा जाता है। समाज का कोई वर्ग कैसे संघर्ष पर उतारू हो जाता है, मार्क्स ने इसके आर्थिक, सामाजिक और राजनीतिक कारण बताये थे। इसके अनुसार समाज का एक छोटा सम्भ्रान्त वर्ग एक बड़े वर्ग की जीने की शर्तों को तय करता है। इसके लिए कभी प्रोत्साहन तो कभी जोड़–तोड़ का सहारा लिया जाता है। धर्म और संस्कृति के नाम पर भी समाज में एक नेतृत्व होता है जो एक बड़े वर्ग को भ्रमित करता है। फ्रेंच दार्शनिक लुइस पियरे अल्थुसर ने मार्क्स सिद्धान्त को वर्ग संघर्ष के सिद्धान्त का नाम दिया था। मार्क्स ने 1844 में कुछ नोट्स (Economic and Philosophical Manuscripts) लिखे थे, इन्हीं से मार्क्स के सिद्धान्त को लिया जाता है।

वर्ग–संघर्ष के सिद्धान्त के अनुसार समाज हमेशा दो वर्गों शोषक और शोषित में विभाजित रहता है। सम्पन्न वर्ग हमेशा उत्पादन के साधनों पर अपना क़ब्ज़ा बनाये रखने की कोशिश करता है और एक वर्ग को लगातार वंचित बनाकर रखा जाता है। जब शोषित वर्ग इस सच को जान जाता है तो वर्ग–संघर्ष की ज़मीन तैयार हो जाती है।

रूस की बोल्शेविक क्रान्ति मार्क्स के इसी सिद्धान्त से उत्पन्न आन्दोलन की परिणिति थी। यहीं से मार्क्सवाद दुनिया के कई देशों में फैला।

4. मूल्यवर्धन सिद्धान्त (Value-Added Theory or Structural Strain Theory)

अमेरिकी समाज विज्ञानी नील जोसफ़ स्मेल्सेर ने सामाजिक आन्दोलनों की वजहों में मूलवर्धन के सिद्धान्त प्रतिपादित किया था। उन्होंने दर्शाया कि अगर तेज़ गति से सामाजिक बदलाव होते हैं तो उनके साइड इफेक्ट के रूप में सामाजिक आन्दोलन सामने आते हैं। स्मेल्सेर की 1962 में आयी *थ्योरी ऑफ कलेक्टिव बिहेवियर* में इसकी विस्तार से विवेचना की गयी। स्मेल्सेर मानते हैं कोई भी सामाजिक आन्दोलन विभिन्न चरणों से गुजरता है और उसके लिए निम्नलिखित कुछ परिस्थितियाँ उत्तरदायी होती हैं।

1. ढाँचागत अनुकूलता : लोग समस्या के प्रति जागरूक हों और उनके पास उस पर प्रतिक्रिया देने का मौक़ा हो। समाज का ढाँचा ऐसा हो जिसमें प्रदर्शन की गुंजाइश हो।

2. ढाँचागत तनाव : अगर सामाजिक आन्दोलन होता है तो मौजूदा सामाजिक सिस्टम में समाज के किसी हिस्से में तनाव अवश्य होगा। यह तनाव असमानता, अन्याय या शासक वर्ग के मौजूदा समस्याओं की अनदेखी करने से पैदा हुआ होगा। हमारे देश में अधिकतर आन्दोलन इसी श्रेणी में आते हैं। ऐसे बहुत कम आन्दोलन होंगे, जिससे समाज का एक वर्ग अपने आपको पीड़ित न समझता हो।

3. जनसमान्य का विश्वास : आन्दोलनरत लोगों के बीच आन्दोलन का कारण बनी समस्या की वजह को लेकर साझा विश्वास होता है, जिसे दूर करने के लिए वे एकजुट होते हैं।

4. संसाधनों की लामबन्दी का सिद्धान्त (Resource Mobilization Theory) : 1970 के दशक में पहचाना गया यह सिद्धान्त बड़े अच्छे ढंग से यह व्याख्या करता है कि क्यों कुछ समस्याएँ ख़ास परिस्थितियाँ एक सफल सामाजिक आन्दोलन को जन्म देती हैं, जबकि ऐसी ही समस्याएँ अन्य परिस्थितियों में किसी आन्दोलन को जन्म नहीं देतीं। इस सिद्धान्त में संसाधन कई प्रकार के माने गये हैं। ये वस्तुगत संसाधन, मानव संसाधन, नैतिक संसाधन, सामाजिक संगठन आदि हो सकते हैं। वस्तुगत संसाधनों में पूँजी, ज़मीन, उपकरण, साजो–सामान की आपूर्ति, कार्यस्थल और तमाम वित्तीय संसाधन आते हैं। नैतिक संसाधनों में लोगों में एकजुटता की भावना, वैधानिक और न्याय की भावना तथा सहानुभूतिपूर्व समर्थन को माना जाता है। सांस्कृतिक संसाधनों में लोगों को

सम्बोधित करने की क्षमता, प्रदर्शनों का आयोजन, संगठन बनाना, बैठकें करना, ऑनलाइन आन्दोलन को ले जाना, प्रेस कॉन्फ्रेंस करना आदि आते हैं। सामाजिक संसाधनों में समाज में पहले से मौजूद राष्ट्रीय अन्तरराष्ट्रीय संगठनों को अपने आन्दोलन से जोड़ना, कार्यकर्ताओं की भर्ती करना। सामुदायिक बैठकें बुलाना, बैनर, होर्डिंग से सामाजिक बदलाव के सन्देश प्रदान करना सामाजिक संसाधनों में आता है। मानव संसाधन में समाज में मौजूद श्रमिकों, किसानों, अनुभवी लोगों, कुशल लोगों और विशेषज्ञों को अपने आन्दोलन से जोड़ना आता है। अफ्रीकी मूल के अमेरिकी विद्वान और मनोवैज्ञानिक एल्डन मोरिस के अनुसार अमरीका का नागरिक अधिकार आन्दोलन संसाधनों की लामबन्दी के सिद्धान्त का सबसे अच्छा उदाहरण है। दिसम्बर 2010 में खाड़ी देशों में सरकार के ख़िलाफ़ हुए अरब स्प्रिंग आन्दोलन भी इसी सिद्धान्त का उदाहरण माने जाते हैं। यह आन्दोलन ट्यूनिसिया से शुरू हुआ और मिस्र, सीरिया और यमन तक गया।

5. राजनीतिक प्रक्रिया का सिद्धान्त (Political Process Theory): अमेरिकी मनोवैज्ञानिक डग मैकएडम ने 1982 में लिखी अपनी किताब 'राजनीतिक प्रक्रिया और अश्वेत विद्रोह का विकास' (Political Process and the Development of Black Insurgency, 1930–1970) में सबसे पहले राजनीतिक प्रक्रिया का सिद्धान्त (Political Process Model) दिया था। यह सिद्धान्त कहता है कि कोई भी सामाजिक आन्दोलन असल में एक राजनीतिक आन्दोलन का ही प्रकार होता है। हर सामाजिक आन्दोलन के मूल में एक राजनीतिक अवसर छुपा होता है। असल में सामाजिक आन्दोलन सत्ता और सरकार के ख़िलाफ़ होता है। यदि सरकार मज़बूत, प्रतिक्रियावादी और दमनकारी होती है तो ऐसे समाजिक आन्दोलनों के विफल होने की सम्भावना बढ़ जाती है। इसके विपरीत यदि सरकार कमज़ोर या सहनशील और लोगों की बात को सुनने वाली होती है तो आन्दोलन की सफ़लता की सम्भावना बढ़ जाती है। चिली में लोकतन्त्र समर्थक आन्दोलन का जनरल अगस्टो पिनोशे की अमेरिका समर्थित सरकार ने बड़ी ही बेरहमी से दमन किया था। इस तरह हम इन सिद्धान्तों के मद्देनज़र परखेंगे कि 2019–20 में भारत में जो छात्र, अल्पसंख्यक और सामाजिक आन्दोलन तेज़ी से उठ खड़े हुए उनके पीछे क्या–क्या चीज़ें काम कर रही थीं। कौन से घटक और तत्त्व लोगों को एकजुट होने के लिए उत्प्रेरक का काम कर रहे थे।

भूमण्डलीकरण : आयाम बनाम तनाव

"पिछली सदी के 90 के दशक में उदारीकरण और भूमण्डलीकरण के सूत्रपात के साथ समाज में बड़े आर्थिक बदलाव आये। विकास की इस नयी बयार ने बड़ी संख्या में लोगों की उन मूलभूत चिन्ताओं रोटी, कपड़ा और मकान से उबारा जो सदियों से चली आ रही थी। भारत में भी हरित क्रान्ति से पहले देश की क़रीब 70 फीसद आबादी की पहली चिन्ता रोटी थी।"

आ नो भद्रोः क्रत्वो यन्तु विश्वतः

अर्थात–अच्छे विचार सब ओर से आने दो।

प्रधानमन्त्री नरेन्द्र मोदी ने दूसरे रायसीना संवाद में अपने भाषण का समापन ऋग्वेद के इसी सूक्त से किया था। वर्ष 2017 में 17 जनवरी से 19 जनवरी तक नयी दिल्ली में भारतीय विदेश मन्त्रालय एवं ऑब्जर्वर रिसर्च फ़ाउंडेशन ने दूसरे रायसीना संवाद का आयोजन किया था। भारत की ओर से यह रायसीना संवाद एक वैश्विक स्तर की पहल है, जो मार्च 2016 में शुरू की गयी थी। उसके बाद से यह संवाद हर साल जनवरी में होता है। पहले रायसीना संवाद में 35 देशों के सौ से ज़्यादा वक्ताओं ने हिस्सा लिया था। उसका विषय था– एशिया : क्षेत्रीय एवं वैश्विक सम्पर्क (Asia: Regional and Global Connectivity)। मेज़बान के तौर पर तत्कालीन विदेशमन्त्री सुषमा स्वराज ने इसका उद्घाटन भाषण पढ़ा था। मगर 2017 में हुए दूसरे रायसीना संवाद 65 देशों से 120 वक्ताओं ने हिस्सा लिया। यह दुनिया में भारत के बढ़ते वैचारिक दबदबे का प्रतीक था। प्रधानमन्त्री नरेन्द्र मोदी ने ख़ुद इसका नेतृत्व सम्भाल लिया। इसके उद्घाटन सत्र में प्रधानमन्त्री नरेन्द्र ने भूमण्डलीकरण के फ़ायदों पर मँडरा रहे ख़तरों के प्रति विश्व को आगाह किया था। उन्होंने कहा था कि आर्थिक लाभ हासिल होना अब आसान नहीं रह गया है। उनका सन्देश स्पष्ट था कि भूमण्डलीकरण को नये उत्तराधिकारियों की आवश्यकता है,

जो 20वीं सदी की परियोजनाओं, व्यवस्थाओं एवं नियमों को आगे बढ़ाने में मदद कर सकें। उन्होंने कहा कि बहुत से कारणों और बहुत से स्तरों पर विश्व बदल रहा है। ऐसे में बिट्स और बाइट्स के युग में भौतिक सीमाएँ कम प्रासंगिक हो रही हैं। मगर देशों के बीच कई तरह की दीवारें क़ायम हैं। विश्व व्यापार के ख़िलाफ़ भावनाएँ, पलायन, बढ़ती संकीर्णता और संरक्षणवाद ऐसी ही दीवारें हैं। इसके परिणामस्वरूप भूमण्डलीकरण के लाभ ले पाना अब आसान नहीं रह गया है। अस्थिरता, हिंसा, अतिवाद, बहिष्कारवाद ये सब ख़तरनाक दिशा में बढ़ रहे हैं। (रायसीना रिपोर्ट–2017, पेज, 20, Raisina Report, 2017)

पिछली सदी के 90 के दशक में उदारीकरण और भूमण्डलीकरण के सूत्रपात के साथ समाज में बड़े आर्थिक बदलाव आये। विकास की इस नयी बयार ने बड़ी संख्या में लोगों की उन मूलभूत चिन्ताओं रोटी, कपड़ा और मकान से उबारा जो सदियों से चली आ रहीं थीं। भारत में भी हरित क्रान्ति से पहले देश की क़रीब 70 फीसद आबादी की पहली चिन्ता रोटी थी। ग्लोबलाइजेशन और वैश्वीकरण ने दुनिया की दिग्गज मल्टीनैशनल कम्पनियों के लिए भारत के दरवाज़े खोल दिये गये। ये कम्पनियाँ निवेश लेकर आयीं। आधारभूत ढाँचे में सुधार हुआ। बड़े पैमाने पर रोज़गार के नये अवसर सृजित हुए। रोटी और कपड़े की चिन्ता दूर होने से सरोकार भी बदले। समाज में चर्चा का विषय ग़रीब और ग़रीबी की जगह उपभोक्तावाद हो गया। जूते, कपड़ों की नहीं उनके ब्राँड की बात होने लगी। रोटी का मतलब भी सिर्फ़ रोटी नहीं रह गया। पिज़्ज़ा, बर्गर, नूडल्स और कॉन्टिनेंटल खाने तक अब निम्न मध्यमवर्ग की पहुँच हो गयी थी। जब इस वैश्वीकरण के इतने लाभ थे तो फिर इसे विफल कैसे कहा जा सकता है? अगर यह विफल नहीं है तो समाज में नये तरह के तनाव क्यों पैदा हो रहे हैं? समाज में कुछ वर्गों का रह रहकर आन्दोलित हो उठना, क्या नये वर्ग–संघर्ष का प्रतीक नहीं हैं? क्या यह संघर्ष भूमण्डलीकरण की विफलता का प्रतीक नहीं हैं? भूमण्डलीकरण की विफलता ने समाज में नये तनाव कैसे पैदा किये? यह चर्चा और मन्थन का विषय है, मगर इससे पहले हमें भूमण्डलीकरण जिसे वैश्वीकरण और ग्लोबलाइजेशन भी कहा गया है, को अच्छी तरह समझ लेना होगा। इसे विद्वानों ने कई तरह से परिभाषित किया।

अमेरिका के पूर्व विदेश मन्त्री हेनरी किसिंजर ने भूमण्डलीकरण को अमेरिकीकरण कहा है। उनके अनुसार भूमण्डलीकरण संयुक्त राज्य के अधिपत्य का ही पर्यायवाची है। दुनिया के पास भूमण्डलीकरण के प्रवाह में बहने के अलावा कोई चारा नहीं है। इस ख़याल को आख़िरी तौर से मान लेना कि दुनिया का भविष्य राष्ट्र आधारित, लोकतन्त्रों में निहित न होकर किसी ग्लोबल गवर्नेस ग्लोबल डेमोक्रेसी की शीर्ष सँरचना में निहित है, ही भूमण्डलीकरण है। हेनरी किसिंजर ने 5 अक्टूबर, 2001 को *'द ग्लोबलिस्ट* में एक लेख लिखा था *भूमण्डलीकरण का जुआ* (ग्लोबलाइजेशन गैम्बल)। इसकी शुरुआत उन्होंने इस बात से की कि जो वैश्विक प्रणाली है वह इसके भागीदारों को आर्थिक नज़रिये से परखकर ही इनाम देती है या दण्डित करती है। वैश्विक प्रतियोगिता से पार पाने के लिए विकासशील देशों के नेता अपनी अर्थव्यवस्था को पुनर्गठित करने के लिए अपनी पूरी राजनीतिक ताक़त लगा रहे हैं ताकि औद्योगिक लागतें कम हो सकें। इसके लिए बड़े पैमाने पर कर्मचारियों की छँटनी को भी स्वीकार किया जा रहा है। वे ऐसा इसलिए कर रहे हैं, क्योंकि उन्हें लगता है कि आज का यह बलिदान भविष्य में बड़े लाभ बनकर सामने आयेगा। मगर यह सब एक राजनीतिक और आर्थिक मरीचिका है। वायदा इतनी दूर का है कि जब इसके लाभ आयेंगे (अगर आये तो) तब तक तो ये नेता कहीं परिदृश्य में नहीं होंगे। भूमण्डलीकरण की इस प्रक्रिया में ज़्यादा से ज़्यादा समाजों (देशों) के हिस्सा लेने और शामिल होने की मुख्य वजह यह है कि उन पर दबाव है। अमेरिकी सरकार और वित्त तथा अर्थ क्षेत्र के दुनिया के प्रमुख संस्थानों द्वारा उन्हें न सिर्फ़ पूरी ताक़त से प्रोत्साहित किया जा रहा है, बल्कि उन पर भूमण्डलीकरण में शामिल होने के लिए दबाव भी डाला जा रहा है। यह अमेरिकी मॉडल है और इसे अपनाने में पहली नज़र में किसी को कोई तकनीकी चुनौती नहीं दिखती। कम्युनिज़्म की हार को एक दशक से ज़्यादा समय हो गया है, मगर चीन की प्रगति आश्चर्यजनक है। दक्षिण एशिया और लैटिन अमेरिका भी इसका अच्छा उदाहरण है। मगर विकासशील देशों में इसके दुष्प्रभाव भी सामने आ रहे हैं। बढ़ते औद्योगीकरण की वजह से लोग गाँवों से खिंचकर शहरों में आ रहे हैं। इससे परम्परागत राजनीतिक व सामाजिक सुरक्षा की प्रणाली कमज़ोर हुई है। इससे राजनीति में कट्टरपन्थ बढ़ा है और राजनीति धार्मिक रूप से रूढ़ हो रही है। (HanryA, Kissinger, The Globalization Gamble, *The Globalist*, 5 October, 2001)

उदारीकरण के साथ ही भारत में भी कई ऐसे बड़े लक्षण प्रकट हुए, जिन्होंने भविष्य में नयी समस्याओं को जन्म दिया। 90 के दशक में आर्थिक विकास दर बढ़ने के साथ ही एक बड़ी आबादी की पेट की चिन्ता कम हुई तो देश में धर्म और जाति से जुड़े मुद्दों को लेकर समाज के विभिन्न वर्गों में एक अलग तरह की चेतना जागृत हुई। लोग धर्म और जाति के नाम पर तेज़ी से एकजुट हुए। यह एक नये दौर का भारत था। यह समाज में एक नये तरह का ध्रुवीकरण था, जो लगातार बढ़ रहा था। प्रवचन करने वाले बाबाओं, मौलवियों और स्वयंभू गुरुओं, बापुओं की बाढ़ आ गयी, जो दोनों हाथों से पैसा बटोर रहे थे। इसी दौर में ऐसे बाबा पैदा हुए जो समोसे को हरी चटनी या लाल चटनी से खाने की सलाह देते और ऊपर वाले की कृपा ऐसे बरसेगी के उपाय बताते। कई राज्य स्तर के ऐसे बाबा पैदा हुए जिन्होंने ग़रीबों को पहले आश्रम में काम पर रखा, फिर उसकी पत्नी, बेटी का शोषण किया और बाद में उसकी छोटी मोटी जो भी ज़मीन थी, आश्रम के नाम करवा ली। और लोग यह सब इसलिए कर रहे थे ताकि जल्दी से पैसा आये, अमीर कहलायें, पिज़्ज़ा खायें और हर आदमी बड़का आदमी बन जाये। हरित क्रान्ति से धन का जो थोड़ा प्रवाह गाँवों की ओर बढ़ा उसने गाँवों में वंचित तबकों में भी जातीय बोध को और मज़बूत किया। इससे जाति उत्थान के आन्दोलनों को बल मिला। जाति ने लोगों को एकजुट किया और इसे राजनीतिक सत्ता हासिल करने का ज़रिया बनाया गया। सत्तर के दशक के उतरार्द्ध में पनपा यह जातीय राजनीति का बोध नब्बे के दशक में चरम पर रहा और इसने कांशीराम, लालू प्रसाद यादव, मुलायम सिंह यादव, पंजाब और हरियाणा में जाट नेता, महाराष्ट्र में मराठा राजनीति के नायक बाल ठाकरे और शरद पवार तथा दक्षिण में भी क्षेत्रीय दलों को तेज़ी से उभरने में मदद की थी। यहीं से राष्ट्रीय राजनीति करने वाले दल कम्युनिस्ट और कांग्रेस का क्रमिक पतन भी शुरू हुआ। इसी दौर में धर्म की राजनीति ने भी ज़ोर पकड़ा। हिन्दू और हिन्दुत्व की बात करने वाली भारतीय जनता पार्टी और शिवसेना उत्तर भारत में नयी ताक़त के रूप में उभरे। 1998 में भाजपा जब केन्द्र की सत्ता में आयी तो इसके नेता व प्रधानमन्त्री बने अटल बिहारी वाजपेयी ने उस दौर को भारत का दूसरा धार्मिक पुनर्जागरण काल कहा।

भूमण्डलीकरण के साथ आये सामाजिक बदलाव ने जन–आन्दोलनों की प्रवृत्ति और आवृत्ति दोनों पर असर डाला। यह उदारीकरण श्रम शक्तियों के लिए बड़ा ही कठोर साबित हुआ। इसने मज़दूर और श्रमिक की बात करने वाले आन्दोलनों को ख़त्म कर दिया। अत्याधुनिक मशीनों की आमद ने कारीगर की कुशलता को पूरी तरह अनुपयोगी बना दिया था। श्रमिकों के संगठित क्षेत्र को ठेकेदारी प्रथा से विघटित कर असंगठित क्षेत्र में बदला जाने लगा। सरकारी काम ठेके पर दिये जाने लगे। ट्रेड यूनियनें कमज़ोर ही नहीं हुईं, ख़त्म होने लगीं। ठेकेदारों के कर्मचारी अधिकांश असंगठित क्षेत्र से थे। इस तरह संगठित श्रमिकों के रूप में जो राजनीतिक ताक़त बनती थी, वह जाती रही। मज़दूर जो पहले संगठित था, वह किसी ठेकेदार के नौकर और कर्मचारी के रूप में एक इकाई में बिखर गया। इस तरह श्रम से जुड़ी शक्तियों को विखण्डित करना दुनिया के कार्पोरेट उदारीकरण की सबसे बड़ी जीत थी। भूमण्डलीकरण के रास्ते में मज़दूर ही सबसे बड़ी बाधा थे, जो कार्पोरेट जगत से सीधा लोहा लेते थे। वेतन बढ़ाने और बोनस के लिए लगातार आन्दोलन करते थे।

इस बात का एक बड़ा प्रत्यक्ष प्रमाण यह है कि नब्बे के दशक के बाद वेतन, बोनस के लिए कर्मचारियों का कोई बड़ा आन्दोलन कहीं सुर्ख़ियों में नहीं दिखता। हालाँकि सरकारी क्षेत्र में लगातार रोज़गार के अवसरों में कटौती की गयी मगर इसका कोई ऐसा विरोध नहीं दिखा जो सरकार को नीति बदलने के लिए मज़बूर करता। निजीकरण के ख़िलाफ़ और सार्वजनिक क्षेत्र के बैंकों के विलय के ख़िलाफ़ कुछ कर्मचारी आन्दोलन अवश्य हुए मगर ये एक–दो दिन की बेअसर हड़ताल से आगे नहीं बढ़े। उनको बाँधे रखने की विशेष नीति प्रबन्धन ने तैयार की। उनकी बहुत सारी सुविधाएँ काट कर वेतन वृद्धि का एक अँश बढ़ाया जाता रहा। इससे वे भी चुप से ही रहे।

इस दौर में ऐसा ही हाल किसान आन्दोलनों का हुआ। महेन्द्र सिंह टिकैत के बाद उत्तर भारत के किसान आन्दोलन भी कमज़ोर पड़ते गये। दूसरी ओर मण्डल और मन्दिर आन्दोलन लगातार चले और कई बार काफ़ी उग्र हुए। बहुत से लोगों की जान भी गयी। जाति केन्द्रित आन्दोलनों में हरियाणा का जाट आरक्षण आन्दोलन, राजस्थान का गुर्जर आन्दोलन भी उल्लेखनीय है।

उदारीकरण के साथ ही गाँवों से शहरों की ओर पलायन भी तेज़ हुआ। पलायन ने एकल परिवारों को बढ़ाया। इस पलायन ने सामाजिक मुद्दों पर समाज में एकजुट होकर फ़ैसले लेने की ताक़त को कमज़ोर किया। अलग–अलग जगह से आकर शहरों में बसे लोग आपस में जाति और धर्म के सहारे ही एक दूसरे से जुड़े। यही वजह रही कि उदारीकरण का दौर सामाजिक आन्दोलनों का नहीं जाति और धर्म आधारित आन्दोलनों का दौर रहा। इसने जिस तरह से लोगों को संगठित किया उसने समाज में एक नये तरह के संघर्ष को जन्म दिया। जैसे–जैसे उदारीकरण के लाभ सिमटने शुरू हुए, संघर्ष बढ़ता गया। 21वीं सदी का दूसरा दशक शुरू होने के साथ ही कुछ नये तरह के आन्दोलन दुनिया में दिखायी देने लगे। शायद यह नये तरह के आन्दोलन भूमण्डलीकरण के सिद्धान्त के अवसान की दस्तक हैं। हंगरी के विचारक इस्तवान मेस्जारास ने अपनी कृति *सोशलिज्म एंड बारबरिज्म – फ्राम दि अमेरिकन सेंचुरी टू द क्रासरोज्स* (2001, मंथली रिव्यू प्रेस) में भूमण्डलीकरण को अमेरिकी नेतृत्व में वैश्विक दादागिरी भरे साम्राज्यवाद का एक नया ऐतिहासिक चरण कहा है, जिसमें घोर घातक सम्भावनाएँ अन्तर्निहित हैं।

लेकिन अब भूमण्डलीकरण या उदारीकरण के तीस साल बाद की स्थितियों को देखें तो काफ़ी हद तक हेनरी किसिंजर की बातें काफ़ी हद तक सही होती जा रही हैं कि इस दौर से परम्परागत राजनीतिक व सामाजिक सुरक्षा की प्रणाली कमज़ोर हुई है। इससे राजनीति में कट्टरपन्थ बढ़ा है और राजनीति धार्मिक रूप से रूढ़ हो रही है। अब सवाल उठता ही है कि ये घातक सम्भावनाएँ समाज को किस दिशा में ले जा रहीं हैं। यह अध्ययन का विषय है। क्या समाज में अब क्या किसी नये तरीक़े और नयी वजहों से आन्दोलित होने की सम्भावना है।

भारत में उदारीकरण के पहले दशक के आन्दोलन (1990-2000)

"वर्ष 1991 से 2000 के बीच भारत में उदारीकरण का पहला दशक एक बड़े बदलाव का संक्रमण काल है। इसके शुरुआत में एक ओर डंकल प्रस्तावों और कम्प्यूटरीकरण का जोरदार विरोध है। ख़ासकर संगठित क्षेत्र के कर्मचारी संगठनों द्वारा। दूसरी ओर राजनीतिक अस्थिरता के बीच धार्मिक और जातीय आधार पर उत्तर भारत आन्दोलित था।"

देश में उदारीकरण का असली दौर 1991 से शुरू होता है, लेकिन उसकी आहट आप अगर मानना चाहें तो राजीव गाँधी के कार्यकाल (1984–89) से होती है। वर्ष 1991 से 2000 के बीच भारत में उदारीकरण का पहला दशक एक बड़े बदलाव का संक्रमण काल है। इसके शुरुआत में एक ओर डंकल प्रस्तावों और कम्प्यूटरीकरण का जोरदार विरोध है। ख़ासकर संगठित क्षेत्र के कर्मचारी संगठनों द्वारा। दूसरी ओर राजनीतिक अस्थिरता के बीच धार्मिक और जातीय आधार पर उत्तर भारत आन्दोलित था।

दुनिया के देशों के बीच कर एवं व्यापार सम्बन्धी आम समझौता जनरल एग्रीमेंट ऑन टैरिफ एंड ट्रेड (गैट) आपसी व्यापार को सुगम बनाने और कर सम्बन्धी बाधाएँ कम करने के लिए 30 अक्टूबर, 1947 में अस्तित्व में आया था। 90 के दशक तक दुनिया के कई देश इस पर हस्ताक्षर कर चुके थे, मगर भारत में इसका विरोध लगातार जारी था। राजीव गाँधी, वी.पी. सिंह और चन्द्रशेखर की सरकारें देश में कर्मचारी संगठनों और मज़दूर–किसानों के विरोध को भाँप कर इस पर कोई फ़ैसला नहीं कर पायीं थीं। 1991 में जब नरसिम्हा राव के नेतृत्व में कांग्रेस की सरकार बनी तो आम लोगों में यह अवधारणा मज़बूत हो रही थी कि यह सरकार अमेरिका और यूरोपीय देशों के दबाव में गैट समझौते

पर हस्ताक्षर कर सकती है। 1980 से 1993 तक आर्थर डंकल गैट के महानिदेशक थे। उरुग्वे दौर की वार्ता में दिसम्बर 1991 में विश्व व्यापार के सम्बन्ध प्रस्ताव पेश किये गये थे, जिन्हें 'डंकल प्रस्ताव' के नाम से जाना जाता है। भारत पर भी इस प्रस्ताव पर हस्ताक्षर करने के लिए दबाव डाला जा रहा था, जबकि भारत कृषि सहित कई क्षेत्रों को खोलने पर अपनी आपत्ति जता रहा था।

आज़ादी बचाओ आन्दोलन

नरसिम्हा राव की सरकार ने 1992 आते–आते विदेशी निवेश से जुड़े नियमों में जब डंकल प्रस्तावों के अनुरूप बदलाव किया तो विरोधी एकजुट होने लगे। जुलाई 1992 में डंकल प्रस्तावों के विरोध में आन्दोलन शुरू हो गया। 45 संगठनों और व्यापार संगठनों ने मिलकर आज़ादी बचाओ आन्दोलन (ए.बी.ए.) का गठन किया। इसका उद्देश्य संसद से सड़क तक डंकल प्रस्तावों का विरोध करना और लोगों को इसके दुष्प्रभावों के प्रति जागरूक करना था। जिन राज्यों में ग़ैर–कांग्रेसी सरकारें थीं, उन राज्यों में यह आन्दोलन सबसे ज़्यादा मुखर था। विदेशी निवेश के नियमों में बदलाव के ख़िलाफ़ सुप्रीम कोर्ट में याचिका डाल दी गयी थी। एक रिपोर्ट के मुताबिक़ 9 अगस्त (1992) को जब अंग्रेज़ों 'भारत छोड़ो आन्दोलन' की वर्षगाँठ थी, आज़ादी बचाओ आन्दोलन के सबसे बड़े घटक हिन्द मज़दूर किसान पंचायत ने राज्यों की राजधानियों में निषेधाज्ञा का उल्लंघन कर गिरफ़्तारियाँ दीं। देशभर में 50 हज़ार से ज़्यादा लोग इसमें शामिल हुए। एन.बी.ए. ने विपक्ष के जनप्रतिनिधियों से आह्वान किया कि वे सदन में डंकल प्रस्तावों का खुला विरोध करें। (Pratik Kanjilal, Mass movement Against Dunkel draft, Down To Earth, 31 July, 1992)

इसके अलावा जनवरी, 1992 में देश में दो और बड़े संगठन नैशनल वर्किंग ग्रुप ऑन पेटैंट लॉ (एन.डब्ल्यू.जी.पी.एल.) तथा जीन कैंपेन का गठन हो चुका था। ये संगठन भी गेट के डंकल प्रस्तावों के ख़िलाफ़ जनमत तैयार कर रहे थे। नरसिम्हा राव सरकार ने बढ़ते विरोध को देखते हुए विरोधी संगठनों के प्रस्ताव पर विचार करने के लिए अर्जुन सिंह कमेटी का गठन किया था। मगर इस कमेटी ने एन.डब्ल्यू.जी.पी.एल. को न गम्भीरता से लिया न वार्ता के लिए आमन्त्रित किया। जीन कैंपेन की कंवीनर सुमन सहाय ने किसानों और सामुदायिक नेताओं को चिकित्सा एवं कृषि से

जुड़े अधिकारियों को डंकल प्रस्तावों के ख़िलाफ़ जागरूक करने के लिए देशभर में 50 केन्द्र खोलने की घोषणा कर दी।

31 जनवरी, 1993 को गुस्साये किसानों ने बंगलौर (अब बेंगलुरु) में बहुराष्ट्रीय बीज कम्पनी करगिल के कार्यालय पर तोड़फोड़ की। 3 मार्च, 1993 को नयी दिल्ली में डंकल प्रस्तावों के विरोध रैली की। जनता दल भी विरोध में कूद पड़ा और उसने राष्ट्रव्यापी रेल रोको आन्दोलन की घोषणा की। 3 मार्च को देश के कई हिस्सों में विरोध प्रदर्शन हुए। दिल्ली में हज़ारों की संख्या में किसान जुटे। जीन कैंपेन के मोहन फायकस का दावा था कि इससे पहले कभी इतनी संख्या में किसान एक जगह नहीं जुटे थे। इस रैली में कनार्टक राज्य रयोता संघ, भारतीय किसान यूनियन (लखोवाल ग्रुप), भारतीय किसान यूनियन (टिकैत ग्रुप) ने हिस्सा लिया था।

मगर एक साल बीतते–बीतते किसान दो विचारों में बँट गये। कुछ किसान संगठनों ने खुलकर यह कहना शुरू कर दिया कि डंकल प्रस्ताव उनके लिए बेहतर हैं। डंकल प्रस्तावों के समर्थन में आने वाले किसान नेताओं शेतकारी संगठन के शरद जोशी और भारतीय किसान यूनियन (मान गुट) के भूपिन्दर सिंह मान शामिल थे। इन संगठनों ने भी डंकल प्रस्तावों के समर्थन में ताक़त दिखाने के लिए 31 मार्च, 1993 को रैली की। जोशी और मान का कहना था कि डंकल प्रस्ताव किसानी के लिए बाज़ार सम्बन्धी बाधाओं को दूर करते हैं। इससे किसानों की पहुँच विश्व बाज़ार तक होगी, तब हम इसका विरोध क्यों करें। ऐसे में विदेशी निवेश आने से देश में तेज़ी से रोज़गार बढ़े, अर्थव्यवस्था में उछाल आया और विरोध के स्वर मन्द पड़ते गये। अन्ततः 1994 में भारत गैट समझौते में शामिल होने के लिए राज़ी हो गया। गैट की जगह विश्वव्यापार संगठन (डब्ल्यू.टी.ओ.) बना और भारत 1 जनवरी, 1995 से इसका सदस्य है।

मण्डल आन्दोलन

उदारीकरण के दौर की शुरुआत के वक़्त देश जातीय आन्दोलन की आग में झुलस रहा था। 90 के दशक की शुरुआत के साथ ही मण्डल आयोग की सिफ़ारिशों को लागू किये जाने के ख़िलाफ़ युवाओं और छात्रों ने यह आन्दोलन शुरू किया था, जिसे मण्डल आन्दोलन के नाम से जाना जाता है। यह आन्दोलन पिछड़ी जातियों को आरक्षण देने के ख़िलाफ़ शुरू किया गया था, जिसमें बड़े पैमाने पर तोड़फोड़ और हिंसा हुई।

7 अगस्त, 1990 को वी.पी. सिंह ने मण्डल आयोग की सिफ़ारिशें लागू करने की घोषणा की थी और 10 अगस्त से देश भर में विरोध प्रदर्शन शुरू हो गये थे। युवा सरकारी नौकरियों में जाति के आधार पर आरक्षण देने का विरोध कर रहे थे। छात्र स्कूल–कॉलेज छोड़कर सड़कों पर आ गये थे। कई दिन तक शिक्षण संस्थानों को बन्द रखना पड़ा मगर वी.पी. सिंह सरकार ने इस विरोध की पूरी तरह अनदेखी करते हुए 13 अगस्त, 1990 को मण्डल आयोग की सिफ़ारिश लागू करने की अधिसूचना जारी कर दी। इसने आन्दोलन की आग में घी का काम किया। देशभर में छात्र इस जातिगत आरक्षण के ख़िलाफ़ सड़कों पर आ गये थे। हरियाणा, दिल्ली, उत्तर प्रदेश, बिहार, मध्य प्रदेश, गुजरात सहित पूरे उत्तर भारत में शिक्षण संस्थानों को बन्द करना पड़ा। 19 सितम्बर, 1990 को दिल्ली विश्वविद्यालय के छात्र एस.एस. चौहान ने आत्मदाह कर लिया। एक अन्य छात्र राजीव गोस्वामी ने भी आत्मदाह की कोशिश की और बुरी तरह झुलस गया। 24 सितम्बर, 1990 को पटना में आरक्षण विरोधियों और पुलिस के बीच झड़प हुई और पुलिस की फ़ायरिंग में चार छात्रों की मौत हो गयी। पूरे देश में तनाव का माहौल बना था। इस आन्दोलन में जमकर हिंसा हुई मगर यह अपने उद्देश्य में सफल नहीं हुआ। इसके बारे में विस्तार से हम अगले अध्याय में पढ़ेंगे।

मन्दिर आन्दोलन

1989 में विश्व हिन्दू परिषद के देशव्यापी शिला–पूजन अभियान से अयोध्या में राम मन्दिर निर्माण के लिए जनमत खड़ा किया गया, जिसे अयोध्या या राम मन्दिर आन्दोलन के नाम से जाना जाता है। सितम्बर 1990 में भाजपा नेता लालकृष्ण आडवाणी ने सोमनाथ से रथयात्रा शुरू कर इस आन्दोलन को नयी गति दी। इसकी वजह से अल्पमत वी.पी. सिंह सरकार की विदाई हुई। आगे चलकर इस आन्दोलन की परिणीति 6 दिसम्बर, 1992 को अयोध्या में बाबरी मस्जिद का विवादित ढाँचा गिराने के रूप में हुई। इस आन्दोलन ने समाज में हिन्दू ध्रुवीकरण किया और देश की राजनीति को पूरी तरह बदल दिया। उसके बाद यह आन्दोलन धीरे–धीरे ठण्डा पड़ता गया और अयोध्या में राम जन्मभूमि विवाद का समाधान 2019 में सुप्रीम कोर्ट के फ़ैसले से हुआ। इस आन्दोलन के बारे में भी हम अगले अध्याय में विस्तार से पढ़ेंगे।

कुचेइपेदार आदिवासी आन्दोलन

कुचेईपेदार उड़ीसा के रायगड्डा जिले के काशीपुर मण्डल का एक गाँव है। 1990 के दशक के मध्य में इस इलाक़े में बड़े पैमाने पर बॉक्साइट की खदाने होने का पता चला। बॉक्साइट से एल्युमिनियम निकाला जाता है। उसके बाद 1996 में उत्कल एलुमिना इंटरनैशनल कम्पनी ने इस इलाक़े में खनन का ठेका लिया। इसी तरह कई निजी कम्पनियों को भी सरकार द्वारा नियमों की अनदेखी कर खनन के लिए ज़मीन लीज़ पर दे दी गयी। ग्रामीणों को इसके बारे में फ़रवरी 1996 में तब पता चला जब उत्कल कम्पनी के कर्मचारी सर्वे करने के लिए पहुँचे। इससे भ्रम की स्थिति पैदा हो गयी और देखते–ही–देखते पूरे काशीपुर क्षेत्र में आन्दोलन शुरू हो गया। आदिवासी इस ज़मीन पर अपना हक़ समझते थे। वे पुश्तों से यह रहे थे और अपनी जीविका चला रहे थे। उत्कल कम्पनी ने ग्रामीणों को मनाने के लिए सामूहिक बैठक की, जिसमें तीन पंचायतों के 6 हज़ार से ज़्यादा लोगों ने हिस्सा लिया। ग्रामीणों के पास बहुत से सवाल थे, जिनका कोई आधिकारिक जवाब नहीं था। जब कोई उचित जवाब नहीं मिला तो आदिवासियों ने स्वयं संगठित होकर विरोध का निर्णय किया। इसके लिए प्राकृतिक सम्पदा सुरक्षा परिषद् (पी.एस.एस.पी.) का गठन कर लिया। जुलाई 1997 में कम्पनी ने खनन शुरू करने के लिए स्थानीय निवासियों को हटने के लिए कहाँ पी.एस.एस.पी. ने मुख्यमन्त्री को ज्ञापन देकर खनन रुकवाने की गुहार की। देखते ही देखते कई राजनीतिक दल भी इनके समर्थन में आ गये। भारतीय जनता पार्टी, उत्कल रूरल डेवलपमेंट सोसायटी ने कई रैलियाँ कीं। 15 दिसम्बर, 2000 को मैकाँच गाँव में ऑल पार्टी की बैठक हुई। अगले दिन गाँव में पुलिस ने दबिश दी। प्रदर्शनकारियों पर फ़ायरिंग कर दी गयी। इसमें तीन ग्रामीण मारे गये। बाद में कम्पनी ने खनन धीमा करने और आदिवासियों के पुनर्वास का कार्य शुरू किया। असल में यह आन्दोलन वैश्वीकरण के सम्भावित दुष्प्रभावों के ख़िलाफ़ देश में पहला ठोस विरोध था।

नामान्तर आन्दोलन

1994 में महाराष्ट्र में नामान्तर आन्दोलन हुआ था। यह आन्दोलन औरंगाबाद की मराठवाड़ा यूनिवर्सिटी का नाम बदलकर डॉ. बी.आर. अम्बेडकर यूनिवर्सिटी करने की माँग को लेकर वामपन्थी छात्र संगठनों

ने शुरू किया था। हालाँकि यह आन्दोलन 1977 से ही चल रहा था। इसकी वजह से 1978 में महाराष्ट्र में दंगे भी हुए। दलितों पर हमले हुए उनके घर जलाये गये। 25 हज़ार से अधिक दलितों को जंगल में शरण लेनी पड़ी। हिंसा की वजह से तब इस आन्दोलन को स्थगित कर दिया गया था, मगर एक साल बाद यह फिर से उभरने लगा। अन्ततः 14 जनवरी, 1994 को यूनिवर्सिटी का नाम बदलकर डॉ. अम्बेडकर मराठवाड़ा यूनिवर्सिटी कर दिया गया।

सेव द वेस्टर्न घाट्स मार्च

दक्षिण भारत के पश्चिमी घाट के पर्यावरण को लेकर चिन्ता जताते हुए नवम्बर–1987 से फ़रवरी 1988 तक क़रीब 100 दिन का एक मार्च नवापुर से कन्याकुमारी तक हुआ था। यह देश में उदारीकरण की दस्तक का दौर था। प्रधानमन्त्री राजीव गाँधी कम्प्यूटर युग का आह्वान कर चुके थे। इसके साथ ही पर्यावरण से जुड़ीं गम्भीर चिन्ताएँ लोगों को आन्दोलित करने लगी थीं। यही वजह है कि पश्चिमी घाटों को बचाने के लिए जो आन्दोलन 1987 में शुरू हुआ था, उसके मुद्दों पर बहस पूरे उदारीकरण के दौर में चली। असल में पश्चिमी घाट देश के पश्चिमी तट के साथ–साथ 1600 किलोमीटर लम्बी पर्वत शृंखला है। यह केरल, तमिलनाडु, कर्नाटक, गोवा, महाराष्ट्र और गुजरात तक कुल 1.6 लाख वर्ग किलोमीटर में फैली है। दुनिया के जैव विविधता वाले प्रमुख आठ स्थलों में पश्चिमी घाट भी एक है और इसे यूनेस्को ने विश्व धरोहर माना है। यहाँ कई ऐसे वनस्पति और जन्तु पाये जाते हैं, जो विश्व में अन्यत्र कहीं नहीं मिलते। इस मार्च में 160 संगठनों के प्रतिनिधियों और हज़ारों की संख्या में लोगों ने भाग लिया था। पूरे यात्रा मार्ग में 600 जगहों पर पर्यावरण के मुद्दे पर बैठक कर लोगों को जागरूक किया गया।

पँगल नरसंहार

पँगल एक भारतीय मुस्लिम समुदाय है, जो मणिपुर, असम, त्रिपुरा, नगालैंड और बांग्लादेश के सिलहट में पाया जाता है। इस समुदाय को मेइतेई पंगल, पँगल या मणिपुरी मुसलमान कहकर भी पुकारा जाता है। 3 मई, 1993 को पँगल मुसलमानों के ख़िलाफ़ मणिपुर में बड़े पैमाने पर हिंसा हुई। इस हिंसा की वजह कुछ अफ़वाहें थीं। यही वजह है कि हिंसा के

कारण अलग–अलग बताये जाते हैं। असल में यह हिंसा बहुसंख्यक मेतई हिन्दू समुदाय की ओर से की गयी थी। पंगल मणिपुर का एक अल्पसंख्यक समुदाय माना जाता है। हिंसा की एक वजह यह अफ़वाह बतायी जाती है कि कुछ पँगल लड़कों ने कॉलेज में मेतई लड़की को छेड़ दिया था। कहीं यह अफ़वाह बतायी जाती है कि हिन्दू अलगाववादियों ने मुसलमान तस्करों से हथियार ख़रीदे थे, जिसमें धोखा हुआ। एक अन्य अफ़वाह यह फैलायी गयी कि हिन्दू विद्रोही मुस्लिम गाँव में फिरौती माँगने गये थे, विरोध हुआ और एक को मार दिया गया। 3 मई, 1993 को शुरू हुई यह हिंसा 5 मई तक चली। *इंडिया टुडे* की एक रिपोर्ट के मुताबिक़ मणिपुर में इस हिंसा को नियन्त्रित करने के लिए सेना की एक ब्रिगेड, सी.आर. पी.एफ. की सात बटालियन, बी.एस.एफ. की दो और मणिपुर राइफल्स की एक बटालियन लगानी पड़ी थी। इसमें सौ से ज़्यादा जानें गयीं थीं और हज़ारों लोग बेघर हुए। (Farzand Ahmed, Naga-Kuki Clash : Communal riots rouse temperatures in Manipur, *India Today*, 31 May, 1993)

हिंसा की वजह इम्फाल से दस किलोमीटर की दूरी पर स्थित लीलोंग की एक घटना को बताया जाता है। मेतई हिन्दुओं के एक अनजान से संगठन रिपब्लिकन आर्मी की एक सौदे को लेकर मुस्लिम समुदाय के हथियार तस्करों से कहा–सुनी हुई। दो दिन बाद लिलोंग के पुल पर मेतई और पंगल के बीच लड़ाई हुई। इसके बाद इम्फाल के मुस्लिम इलाक़ों गोलापट्टी और हाज़ी होफ़्ता पर मेतइयों ने हमला कर दिया। ओकरामचुतेक में एक मिनी बस को रोककर मेतई लोगों को उतर जाने को कहा, जबकि मुस्लिमों को उसी में बन्द कर आग लगा दी गयी। इस हिंसा से लीलोंग और शामुरोइ तथा सिंगामी जैसे इलाक़े सबसे ज़्यादा प्रभावित हुए। इस झगड़े में नगालैंड मुइवा और कुकी नैशनल आर्मी भी कूद गये। (Farzand Ahmed, Naga-Kuki Clash : Communal riots rouse temperatures in Manipur, *India Today*, 31 May, 1993)

मीडिया रिपोर्ट्स के अनुसार इस हिंसा में 90 से 130 तक लोग मारे गये थे। सड़कों पर लोगों को मारा गया। घरों और दुकानों को आग लगा दी गयी। हालाँकि पँगल पॉलिटिकल फोरम ने अपनी रिपोर्ट में 140 लोगों के मारे जाने का दावा किया था। इस हिंसा के बाद पँगल समुदाय ने कई सशस्त्र आतंकवादी संगठन बनाये।

कश्मीरी पण्डितों पर हमले

कश्मीरी पण्डित असल में कश्मीर का एक हिन्दू समुदाय है जो देश के सारस्वत ब्राह्मण समाज की शाखा है। 1990 में आतंकवादी हमलों के कारण बड़ी संख्या में इस समुदाय ने कश्मीर से पलायन किया। ख़ासकर 19 जनवरी, 1990 को जब घाटी में मस्जिदों से यह फतवा जारी किया गया कि कश्मीरी पण्डित काफिर हैं और उनके पुरुष कश्मीर छोड़ दें या इस्लाम कुबूल करें या फिर मौत। जो कश्मीर छोड़कर जाना चाहते थे, उनसे कहा गया कि वे अपनी औरतों को न ले जायें। मस्जिदों ने कश्मीरी मुसलमानों को हर एक कश्मीरी पण्डित के घर की पहचान करने के काम में लगाया। इसके बाद तेज़ी से पलायन हुआ। कश्मीरी पण्डितों पर लिखी गयी किताबों के अनुसार ऐसे फतवों के बाद 90 के दशक में एक लाख से ज़्यादा कश्मीरी पण्डित घाटी से पलायन कर गये, जबकि उनकी कुल संख्या डेढ़ लाख भी नहीं थी। तब जगमोहन कश्मीर के राज्यपाल थे। जम्मू में शरणार्थी शिविरों में वे दयनीय जीवन जीने को मज़बूर थे।

कश्मीरी शरणार्थियों को राज्य सरकारों को नौकरियों में आरक्षण और घाटी में आवास उपलब्ध कराने के लिए 18 नवम्बर, 2015 को कैबिनेट जिस प्रस्ताव को मंजूरी दी थी, उसमें यह दर्ज़ है कि वर्तमान में 62000 कश्मीरी शरणार्थी परिवार जम्मू, दिल्ली, एनसीआर और देश के अन्य हिस्सों में रह रहे हैं।

कश्मीरी हिन्दुओं पर पहला हमला 14 सितम्बर, 1989 को जे.के.एल.एफ. के आतंकवादियों ने किया था। उन्होंने भाजपा नेता और वक़ील तिलक लाल तेपलू की हत्या की थी। तेपलू की हत्या से कश्मीरी हिन्दुओं में भय की लहर दौड़ गयी। तेपलू की हत्या के बाद आतंकवादियों ने 4 नवम्बर, 1989 को श्रीनगर में जम्मू–कश्मीर हाईकोर्ट के जज नीलकण्ठ गँजू की हत्या कर दी। दिसम्बर में केन्द्रीय गृहमन्त्री मुफ़्ती मोहम्मद सईद की बेटी रुबिया सईद की बेटी का अपहरण जे.के.एल.एफ. के आतंकवादियों ने कर लिया। 4 जनवरी, 1990 को श्रीनगर के एक अख़बार आफताब में हिजबुल मुजाहिदीन का सन्देश छपा कि सभी हिन्दू घाटी छोड़ दें। इसके बाद घाटी से पलायन शुरू हो गया। बचे हुए हिन्दुओं को जब–तब निशाना बनाया जा रहा था।

जम्मू–कश्मीर के वंधमा में 25 जनवरी, 1998 को 26 कश्मीरी हिन्दुओं की हत्या कर दी गयी थी। मरने वालों में चार बच्चे और 9 महिलाएँ भी शामिल थीं। वंधमा गंदरबल के पास एक छोटा–सा कस्बा है। इस हमले में बचे इकलौते चश्मदीद 14 वर्षीय विनोद का कहना था कि हमलावर सेना की वर्दी में थे। उन्होंने उनके साथ चाय पी। उसके बाद उनके रेडियो पर सन्देश आया कि गाँव के सभी हिन्दू परिवार एक जगह इकट्ठे कर लिए जायें। उसके बाद कलाशनिकोव राइफल्स की बौछारों से उनकी हत्या कर दी गयी। इस हत्या के पीछे हिजबुल मुजाहिदीन के अब्दुल हमीद गडा का हाथ बताया गया था। अगले दिन राजधानी दिल्ली में कश्मीरी हिन्दुओं ने प्रदर्शन किया और पुलिस से झड़प में 11 कश्मीरी घायल हो गये। कश्मीरियों के क़त्लेआम की घटनाएँ आम हो गयीं थीं लेकिन इस पूरे मामले पर बहुत कुछ लिखा–पढ़ा जा चुका है और 2019 में इसका स्थायी हल खोजने की दिशा में उस पार्टी की सरकार ने काम किया जिसके बारे में यह कहा जाता रहा है कि वो इस समस्या को ज़िन्दा रखने में रुचि रखती है। अनुच्छेद 370 और 35 ए के ख़ात्मे के बाद ऐसा नहीं कहा जा सकता कि स्थितियाँ सामान्य हो रही हैं, लेकिन यह ज़रूर है कि समस्या के सम्भावित हल तक पहुँचने की कोशिश की गयी है जबकि दूसरी तरफ बीच–बीच में की जा रही आतंकी कार्रवाई से हालात बिगाड़ने की भी पूरी कोशिश की जा रही है।

भारत में उदारीकरण के दूसरे दशक के आन्दोलन (2001-2010)

"भारत में उदारीकरण को एक दशक बीतते–बीतते इसके कई साइड इफैक्ट सामने आने लगे थे। इसने बहुत से लोगों को रोज़गार और भविष्य के नये रास्ते दिये थे तो बहुतों से बहुत कुछ छीना भी था। उनके घर–ज़मीन और पुश्तैनी रोज़गार खतरे में थे। औद्योगीकरण बढ़ने से प्रदूषण और पलायन ख़ूब बढ़ा था।"

स्टैनफोर्ड यूनिवर्सिटी में मनोविज्ञान के प्रोफ़ेसर रहे और कई किताबें लिख चुके अमेरिकी विद्वान डग मैकएडम कहते हैं कि सामाजिक आन्दोलन असल में ऐसे संगठित प्रयास होते हैं, जो वंचित समूहों द्वारा समाज में हो रहे बदलाव को बढ़ावा देने के लिए या इनके विरोध में किये जाते हैं। असल में यह राजनीति का ही एक गैर–संस्थागत रूप है।

भारत में उदारीकरण को एक दशक बीतते–बीतते इसके कई साइड इफैक्ट सामने आने लगे थे। इसने बहुत से लोगों को रोज़गार और भविष्य के नये रास्ते दिये थे तो बहुतों से बहुत कुछ छीना भी था। उनके घर–ज़मीन और पुश्तैनी रोज़गार खतरे में थे। औद्योगीकरण बढ़ने से प्रदूषण और पलायन ख़ूब बढ़ा था। नयी सदी शुरू होते–होते इसका आक्रोश आन्दोलनों के रूप में सामने आने लगा था। उदारीकरण के लाभ को लूटने और क्षेत्र विशेष तक सीमित रखने के लिए समाज में क्षेत्रवाद की प्रवृत्ति को बढ़ावा मिल रहा था।

प्लाचीमाडा का कोका–कोला के ख़िलाफ़ आन्दोलन

वर्ष 2000 के आस–पास केरल के पलक्कड़ जिले के प्लाचीमाडा गाँव में कोका–कोला ने फैक्टरी लगायी थी। इसके कुछ ही समय बाद ग्रामीणों

ने पाया कि ज़मीन का जलस्तर तेज़ी से नीचे जा रहा है। उनके कुएँ सूखने लगे हैं। जो पानी मिल रहा है, वह दूषित है। असल में फैक्टरी ने अपने जिस वेस्ट को खाद बताकर किसानों को खेतों के लिए दिया था, इसे उसी का नतीजा माना जा रहा था। 22 अप्रैल, 2002 को ग्रामीणों, जिनमें अधिकांश आदिवासी थे। उन्होंने फैक्टरी के गेट पर धरना दे दिया और अन्दर जाने के रास्ते को रोक दिया। प्रदर्शनकारियों में एक हज़ार से ज़्यादा लोग थे। यह धरना लगातार कई साल तक चला और कई पर्यावरणवादी संगठन भी प्रदर्शनकारियों के समर्थन में आ गये। लगातार प्रदर्शन की वजह से मार्च 2004 में प्लाचीमाडा की यह फैक्टरी बन्द कर दी गयी। इस फैक्टरी की वजह से कितना नुक़सान हुआ, इसका आकलन करने के लिए केरल सरकार ने एक कमेटी बनायी थी, जिसने 216 करोड़ रुपये के नुक़सान का अनुमान लगाया था। हालाँकि यह हर्ज़ाना अभी तक ग्रामीणों को नहीं दिया गया।

आकलन में पाया गया था कि यह फैक्टरी 34.64 एकड़ प्लांट पर बनायी गयी थी, जो पहले कृषि भूमि था और इस पर धान, मूँगफली और सब्ज़ियों की खेती होती थी। इस फैक्टरी में कोका–कोला, लिम्का, फैंटा, थम्स अप, स्प्राइट, किनले सोडा और माजा बनायी जाती थी। फैक्टरी हर दिन 5 लाख लीटर ज़मीनी पानी इस्तेमाल करती थी। प्रतिदिन इतने ज़मीनी पानी के इस्तेमाल की अनुमति उसने पेरुमति पंचायत से ली थी। नतीजा यह हुआ कि छह महीने में ही आस–पास के आदिवासियों के कुएँ सूखने लगे। फैक्टरी से निकलने वाले गन्दे पानी और अवशेष को खाद कहकर ग्रामीणों को मुफ्त सप्लाई किया जा रहा था। बी.बी.सी. रेडियो के फेस एंड फैक्टस कार्यक्रम के पत्रकारों की टीम ने ख़ुद इस अवशेष के सैंपल लिए और उसकी जाँच ब्रिटेन में एक्सटर यूनिवर्सिटी के विशेषज्ञों से करायी। उस रिपोर्ट में बताया गया कि किसानों को दिये जा रहे इस वेस्ट में हानिकारक केडमियम और लैड का काफ़ी उच्च स्तर था। कैडमियम के उच्च स्तर को कैंसर का कारक भी माना जाता है। इसके बाद मार्च 2002 में सारग्राम मेटल लैबोरेटरी ने भी नमूनों का अध्ययन किया और इस पानी को इन्सानों के लिए और सिंचाई के लिए भी अनुपयुक्त बताया। इसके बाद कोका–कोला ने भी माना कि पानी में कुछ दिक़्क़त है और उसने वहाँ ग्रामीणों के लिए ट्रकों से पानी पहुँचाने और वर्षा जल संरक्षण की योजना बनाने का आश्वासन दिया। 3 अप्रैल, 2003 को पेरुमति पंचायत

ने प्लांट के लिए पानी का लाइसेंस रद्द कर दिया। क़ानूनी लड़ाई लम्बे समय तक चली मगर फैक्टरी स्थायी रूप से बन्द हो चुकी थी।

महाराष्ट्र का दलित आन्दोलन

उत्तर प्रदेश के कानपुर में डॉ. अम्बेडकर की प्रतिमा को क्षतिग्रस्त करने की घटना के बाद नवम्बर–दिसम्बर, 2006 में महाराष्ट्र में आन्दोलन हुआ, जिसमें काफ़ी हिंसा हुई। इससे पहले महाराष्ट्र के ख़ैरलांजी गाँव में 4 दलितों की हत्या की वजह से पहले ही तनाव बना हुआ था। दलित एकजुट होकर न्याय की माँग कर रहे थे। ऐसे में कानपुर की घटना के बाद यह आन्दोलन हिंसक हो उठा। 30 नवम्बर, 2006 को दलितों ने महाराष्ट्र में कई जगह हिंसा की। तीन ट्रेनों को आग लगा दी और 100 से ज़्यादा बसों को क्षतिग्रस्त किया। इस आन्दोलन के बारे में दलित आन्दोलनों के अध्याय में आप आगे विस्तार से पढ़ सकते हैं।

आरक्षण विरोधी आन्दोलन

वर्ष 2006 में कांग्रेस के नेतृत्व वाली केन्द्र की यू.पी.ए. सरकार ने उच्च शिक्षा में अन्य पिछड़ा वर्ग के लिए 27 प्रतिशत आरक्षण का वादा किया। 5 अप्रैल, 2006 को केन्द्रीय मानव संसाधन विकास मन्त्री अर्जुन सिंह ने वादा किया कि 20 केन्द्रीय विश्वविद्यालयों, आई.आई.टी., एन.आई.टी. एम्स में अन्य पिछड़ा वर्ग को उच्च शिक्षा के लिए 27 प्रतिशत आरक्षण का फ़ैसला पाँच राज्यों के विधानसभा चुनाव के बाद किया जायेगा। उनके इस वक्तव्य के ख़िलाफ़ देश में प्रदर्शन शुरू हो गये। 26 अप्रैल, 2006 को नयी दिल्ली में मेडिकल के छात्रों ने सरकार के प्रस्ताव के ख़िलाफ़ प्रदर्शन किया। पुलिस ने छात्रों को खदेड़ने के लिए लाठीचार्ज किया और पानी की बौछारें छोड़ीं। 13 मई, 2006 को नयी दिल्ली में ही एक बार फिर मेडिकल छात्रों ने प्रदर्शन किया और लाठीचार्ज हुआ। मुम्बई में भी 14 मई, 2006 को मेडिकल छात्रों ने प्रदर्शन किया, हालाँकि बॉम्बे हाईकोर्ट इस पर पहले ही रोक लगा चुका था, इसलिए छात्रों को खदेड़ने के लिए पुलिस ने लाठियाँ बरसायीं। इसके ख़िलाफ़ मेडिकल के छात्रों ने देशभर में हड़ताल की घोषणा की। 20 मई, 2006 को आई.आई.टी. दिल्ली के छात्रों ने इसके ख़िलाफ़ मानव श्रृंखला बनाकर प्रदर्शन किया। आई.आई.टी. रुड़की के 2500 छात्रों ने ओ.बी.सी. आरक्षण के ख़िलाफ़ ज्ञापन

पर हस्ताक्षर किये। यह ज्ञापन राष्ट्रपति अब्दुल कलाम और प्रधानमन्त्री मनमोहन सिंह को भेजा गया। 27 मई, 2006 को एक बार फिर दिल्ली में एक बड़ी रैली आयोजित की गयी। इसके अगले दिन केन्द्र सरकार ने केन्द्रीय मन्त्री वीरप्पा मोइली के नेतृत्व में एक कमेटी बना दी। मेडिकल छात्रों की हड़ताल से हस्पतालों का काम बुरी तरह प्रभावित हो रहा था। ऐसे में 31 मई, 2006 को सुप्रीम कोर्ट ने सभी रेजिडेंट डॉक्टरों को 1 जून से काम पर लौटने का आदेश दिया। बाद में 10 अप्रैल, 2008 को सुप्रीम कोर्ट ने क्रीमी लेयर की पहचान करने तक सरकार के प्रावधान पर रोक लगा दी।

तमिलनाडु में सिंहलियों पर हमले

वर्ष 2008 में तमिलनाडु में श्रीलंकाई नागरिकों ख़ासकर सिंहलियों पर अचानक हमले शुरू हुए। हमलों की यह श्रृंखला काफ़ी लम्बी चली। यह हमले और समूह के रूप में भी हुए। इन हमलों की वजह से श्रीलंका सरकार को अपना राजनयिक कार्यालय चेन्नई से हटाकर त्रिवेन्द्रम ले जाना पड़ा। मार्च 2008 में श्रीलंका के फ़िल्म निर्देशक तुशारा पेरिस चेन्नई में एक फ़िल्म की शूटिंग कर रहे थे, उस दौरान उन पर हमला कर दिया गया। तुशारा लिट्टे प्रमुख प्रभाकरन पर फ़िल्म बना रहे थे। यह हमला 25 मार्च, 2008 को चेन्नई में कुछ लोगों ने किया था। हमले के विरोध में तुशारा 28 मार्च को भूख हड़ताल पर बैठ गये। सितम्बर 2011 में तमिलों के संगठन नाम तामिझार से जुड़े लोगों ने चेन्नई में महाबोधि सोसायटी के कार्यालय पर हमला किया। 10 जनवरी 2012 का श्रीलंका के राष्ट्रपति एम राजपक्षे के रिश्तेदार पर रामेश्वरम में एम.डी.एम.के. के कार्यकर्ताओं ने हमला कर दिया। ये तो प्रमुख लोगों पर हमले थे जो 2013 तक चलते रहे। इसके अलावा तमिलनाडु में सिंहलियों और श्रीलंकाई नागरिक को सोसायटियों में किराये पर घर देने से भी इनकार किया जाने लगा।

कोलकाता में तस्लीमा विरोधी प्रदर्शन

वर्ष 2007 में बाँग्लादेशी लेखिका तस्लीमा नसरीन के ख़िलाफ़ विरोधी मुसलमानों ने प्रदर्शन किया था, जो हिंसक आन्दोलन में बदल गया था। यह आन्दोलन *ऑल इंडिया माइनॉरिटी फ़ोरम* के बैनर तले किया गया था।

मध्य कोलकाता के ज़्यादातर हिस्से इस हिंसा में प्रभावित हुए थे और स्थिति को काबू में लाने के लिए सेना बुलानी पड़ी थी।

17 अगस्त, 2007 को कोलकाता के कुछ मौलवियों ने तस्लीमा नसरीन के ख़िलाफ़ मौत का फतवा जारी किया। इसके बाद आल इंडिया फ़ोरम ने तस्लिमा को भारतीय वीज़ा देने का विरोध शुरू कर दिया और लेखिका को भारत छोड़कर जाने की माँग को लेकर प्रदर्शन शुरू कर दिया। बाँग्लादेश में ऐसी ही धमकियाँ मिलने के बाद 1990 में तस्लीमा अपना देश छोड़कर लम्बे समय तक यूरोप में रहीं और तीन साल से कोलकाता आयी थीं। उन्होंने भारत सरकार से नागरिकता देने का भी अनुरोध किया था मगर उन्हें नागरिकता नहीं दी गयी, हालाँकि उनकी वीजा अवधि बढ़ा दी गयी।

ऐसे में 21 नवम्बर, 2007 को *ऑल इंडिया माइनॉरिटी फोरम* ने प्रदर्शन किया जो जल्द ही हिंसा में बदल गया। प्रदर्शन को कवर कर रहे टी.वी. चैनलों के पत्रकारों पर पथराव कर दिया गया। माकपा के दो दफ्तरों को आग लगा दी गयी। यह हिंसा मध्य और पूर्वी कोलकाता के मुस्लिम बहुल इलाक़ों पार्क सर्कस एरिया, टॉप्सिया, तिलजाला, टंगरा, पार्क स्ट्रीट, इलियट रोड, रिपन स्ट्रीट, रोयड स्ट्रीट, कोलिन स्ट्रीट, मार्क्स स्ट्रीट, राजा बाज़ार, सियालदह, मौलाली, सी.आई.टी. रोड और इससे लगते इलाक़ों में हुई। बी.बी.सी. की रिपोर्ट के मुताबिक़ इस हिंसा में कम से कम 27 लोग घायल हुए। सौ से ज़्यादा लोगों को गिरफ़्तार किया गया। हालाँकि सेना और पुलिस ने बाद में हालात पर काबू पा लिया।

ख़राब राशन के लिए आन्दोलन

2007 में पश्चिम बंगाल में सार्वजनिक वितरण प्रणाली के तहत ख़राब राशन दिये जाने के विरोध में हिंसक प्रदर्शन हुए थे। कई दिन तक चले इन प्रदर्शनों में तीन ग्रामीण मारे गये और 300 से ज़्यादा घायल हुए। तीन राशन वितरकों ने आत्महत्या की। सुप्रीम कोर्ट ने जाँच के लिए कमेटी का गठन किया। वर्ष 2007–8 में पूरी दुनिया में ही अनाजों के दाम तेज़ी से बढ़ रहे थे। पश्चिम बंगाल में राशन दुकानों के ज़्यादातर डीलर ख़ुद चावल मिलों के मालिक थे। ऐसे में वे सरकार से वितरण के लिए मिले अच्छे अनाज को खुले बाज़ार में बेच रहे थे और घटिया चावल कार्ड होल्डरों को देने लगे। इसके बाद लोगों का गुस्सा बढ़ गया और उन्होंने

ऐसे डिपो होल्डरों के ख़िलाफ़ एकजुट होकर संघर्ष शुरू कर दिया। कई जगह डिपो होल्डरों के घरों को आग लगा दी गयी या उन्हें लूट लिया गया। ऐसी भी घटनाएँ हुईं जब भीड़ की प्रताड़ना के बाद डिपो होल्डरों ने आत्महत्या कर ली। यह हिंसा सबसे पहले बाँकुरा ज़िले से शुरू हुई। जल्द ही अन्य जिलों में फैल गयी। बाद में सुप्रीम कोर्ट ने पूरे मामले की जाँच के लिए आयोग गठित किया, जिसने अपनी रिपोर्ट में बताया कि इस हिंसा की वजह बड़े पैमाने पर फैला भ्रष्टाचार था। अच्छा अनाज कार्ड होल्डरों को न देकर बाहर भेजा जा रहा था। सरकारी अच्छे धान में से 34.9 प्रतिशत और गेहूँ में 86.6 प्रतिशत कार्ड होल्डरों को न देकर खुले बाज़ार में बेचा जा रहा था। असल में यह ग़रीबी रेखा से नीचे रह रहे लोगों के हिस्से की चोरी थी।

काला शुक्रवार

वर्ष 2005 में मेघालय में राज्य शिक्षा बोर्ड को तुरा से हटाकर राज्य की राजधानी शिलांग ले जाने का तुरा और आस–पास के इलाक़ों में विरोध हो रहा था। प्रदर्शनकारी सड़कों पर विरोध जता रहे थे। ऐसे में 30 सितम्बर, 2005 को पुलिस ने तुरा और विलियम नगर में विरोध कर रहे लोगों पर गोली चला दी। इसमें 9 लोग मारे गये। उस दिन शुक्रवार था और इसे काला शुक्रवार का नाम दिया गया, क्योंकि आज़ादी के बाद पहली बार राज्य में पुलिस की गोली से इतनी बड़ी संख्या में नागरिकों की हत्या की गयी थी। शिक्षा बोर्ड के स्थानान्तरण के सरकार के फ़ैसले से पश्चिमी मेघालय में काफ़ी नाराज़गी थी। यह इलाक़ा गारो आदिवासी समुदाय का था, जबकि पूर्वी हिस्सा ख़ासी समुदाय बहुल है। इसलिए पश्चिमी मेघालय के लोग इस स्थानान्तरण को अपनी उपेक्षा मान रहे थे।

उत्तर-उदारीकरण के आन्दोलनों का सबसे महत्त्वपूर्ण दशक (2011-2020)

"वैश्वीकरण से पैसे का जो प्रवाह बना था, वह पुनः कुछ हाथों में इकट्ठा होने लगा था। इससे भ्रष्टाचार भी बढ़ा था। इस तरह उदारीकरण के ख़िलाफ़ एक नया राष्ट्रवाद अँगड़ाई लेने लगा था, जो बहुधा धर्म और नस्ल आधारित था और केन्द्रीय सत्ता में तेज़ी से पकड़ बनाने लगा था।"

दो दशक बीतते–बीतते उदारीकरण और वैश्वीकरण की नीतियों पर गम्भीर सवाल उठने लगे थे। ख़ासकर 2009 की वैश्विक मन्दी में जब दुनिया का संगठित क्षेत्र चरमराया तो नीतियों की समीक्षा की माँग उठने लगी। वैश्वीकरण से पैसे का जो प्रवाह बना था, वह पुनः कुछ हाथों में इकट्ठा होने लगा था। इससे भ्रष्टाचार भी बढ़ा था। इस तरह उदारीकरण के ख़िलाफ़ एक नया राष्ट्रवाद अँगड़ाई लेने लगा था, जो बहुधा धर्म और नस्ल आधारित था और केन्द्रीय सत्ता में तेज़ी से पकड़ बनाने लगा था। दुनिया के सभी बड़े देशों में ऐसा हो रहा था। जहाँ जो बहुसंख्यक थे, सत्ता के लिए उनका ध्रुवीकरण होने लगा था। भारत भी इसका अपवाद नहीं था। मगर यह सब इतना आसान नहीं था, समाज में कई तरह की उथल–पुथल शुरू हो गयी थी। आन्दोलन और दंगों से बदलाव की भूमिका बनायी जा रही थी। इस दौरान देश में अनेक आन्दोलन हुए।

सूचना तकनीक क्रान्ति भी समाज में बदलाव का एक नया औज़ार थी। इस क्रान्ति ने मनोरंजन और सूचना उद्योग को सबसे ज़्यादा ताक़त दी। मीडिया को पूरी तरह बदल दिया। मीडिया का ध्यान भी 'ख़बर' से 'मनोरंजन' की तरफ बढ़ा। शहरी अभिजात वर्ग की जीवनशैली और उसके उपभोग की कवरेज बढ़ी। वहीं दूसरी ओर यह मीडिया मज़दूरों और श्रमिकों के लिए नहीं रहा। हालत यह हो गयी थी कि मीडिया के किसी

भी हिस्से में रोज़गार बीट में किसी संवाददाता की नियुक्ति नहीं थी। 3 अप्रैल, 2015 को राज्यसभा टी.वी. से एक साक्षात्कार में वरिष्ठ पत्रकार पी. साईंनाथ ने कहा था कि पिछले 20 साल में मीडिया का सबसे ज़्यादा बाज़ारीकरण हुआ है। मीडिया को जहाँ से पैसा मिलता है, वह वहीं पर फोकस करता है।

2011 का भ्रष्टाचार विरोधी आन्दोलन

असल में यह आन्दोलन प्रदर्शनों, भूख हड़तालों की एक श्रृंखला थी। यह देश में फैले राजनीतिक भ्रष्टाचार के ख़िलाफ़ शुरू हुआ था। इसका नेतृत्व सामाजिक कार्यकर्ता अन्ना हज़ारे ने किया था। टाइम मैगजीन ने वर्ष 2011 की टॉप 10 न्यूज स्टोरीज में अन्ना हज़ारे के अनशन को भी रखा था। ("The Top 10 Everything of 2011: Number 10 – Anna Hazare's Hunger Fasts Rock India". Time magazine, 7 December, 2011) नयी दिल्ली के जन्तर–मन्तर पर 5 अप्रैल, 2011 को अन्ना हज़ारे ने सरकारी तन्त्र में फैले भ्रष्टाचार के ख़िलाफ़ जनलोकपाल बनाने की माँग को लेकर अपना अनशन शुरू किया था। अन्ना हज़ारे चाहते थे कि भ्रष्टाचार के ख़िलाफ़ सख़्त क़ानून बनाने के लिए सरकार और सिविल सोसायटी के सदस्यों की एक संयुक्त कमेटी बने। प्रधानमन्त्री मनमोहन सिंह ने जब अन्ना हज़ारे की इस माँग को खारिज़ कर दिया तो अन्ना ने 5 अप्रैल को अनशन शुरू कर दिया। अनशन स्थल से उन्होंने घोषणा की कि जब तक कि भ्रष्टाचार के ख़िलाफ़ क़ानून नहीं बन जाता, उनका अनशन जारी रहेगा। जल्द ही देश के महानगरों में भी अन्ना के समर्थन में प्रदर्शन होने लगे। हालाँकि सरकार ने भ्रष्टाचार विरोधी बिल तैयार करने के लिए मन्त्रियों की एक ड्राफ्ट कमेटी बना दी थी, मगर इसे अन्ना और आन्दोलनकारी स्वीकार नहीं कर रहे थे। बढ़ते विरोध को देखते हुए 9 अप्रैल, 2011 को सरकार नरम पड़ी और उसने संयुक्त कमेटी के गठन किया। यह तय हुआ कि सरकार की ओर से प्रणब मुखर्जी इसके अध्यक्ष होंगे और गैर–राजनीतिक कार्यकर्ताओं में शान्ति भूषण इसके सह–अध्यक्ष होंगे। इसके बाद अन्ना हज़ारे ने अपना अनशन ख़त्म कर दिया। इस कमेटी की पहली बैठक 16 अप्रैल को हुई। जनलोकपाल विधेयक जब मसौदा तैयार हो रहा था तो जून के मध्य में इस कमेटी में शामिल सिविल सोसायटी के सदस्यों ने आरोप लगाया कि यह विधेयक

सरकार के प्रतिनिधियों ने अपनी मर्जी से बनाया है। इसलिए विधेयक के दोनों मसौदे जो सरकार ने बनाये हैं और जिन्हें सिविल सोसायटी के प्रतिनिधियों ने बनाया है, सरकार को भेजे जायें। अन्ना हज़ारे ने घोषणा की कि अगर सरकारी विधेयक ही पारित किया गया तो वह 16 अगस्त, 2011 से फिर अनशन शुरू कर देंगे। 16 अगस्त को अनशन शुरू करने से पहले ही पुलिस ने अन्ना हज़ारे को गिरफ़्तार कर लिया। टीम अन्ना के सदस्यों सहित क़रीब 1200 समर्थकों को भी हिरासत में ले लिया गया। इनमें से अधिकांश को शाम को छोड़ दिया गया मगर अन्ना हज़ारे को तिहाड़ जेल भेज दिया गया। इसी दौरान टीम अन्ना की ओर से घोषणा की गयी कि अन्ना जेल में अनशन पर हैं। बाद में सरकार ने अन्ना और उनके समर्थकों को रिहा कर दिया। हज़ारे 19 अगस्त को रामलीला मैदान पहुँचे और वहाँ अपना प्रदर्शन शुरू किया। 23 अगस्त, को प्रधानमन्त्री मनमोहन सिंह ने अन्ना से अनशन ख़त्म करने की अपील की। 27 अगस्त को लोकसभा ने जनलोकपाल बिल में अन्ना हज़ारे के तीनों प्रस्तावों को शामिल करने के प्रस्ताव को ध्वनिमत से पारित कर दिया गया। इसके बाद 28 अगस्त को अन्ना ने अपना अनशन ख़त्म किया। मगर संसद की स्थायी समिति के प्रस्ताव के बाद 11 दिसम्बर, 2011 को अन्ना ने फिर एक दिन का अनशन किया। उसके बाद 27 दिसम्बर से मुम्बई में फिर भूख हड़ताल शुरू की। हालाँकि सर्दी और अन्ना की सेहत ख़राब होने के बाद टीम के साथियों ने उन्हें अनशन न करने के लिए मना लिया।

सरकार ने फ़रवरी 2012 को राज्यसभा में जनलोकपाल विधेयक सूची में रखा मगर इसे पर बहस कराये बिना ही बजट सत्र पूरा हो गया। इस पर 25 दिसम्बर, 2012 को अन्ना हज़ारे ने फिर एक दिन का अनशन किया। ऐसा ही एक और अनशन उन्होंने 3 जून, 2012 को जन्तर–मन्तर पर किया। इस अनशन में बाबा रामदेव भी उनके साथ बैठे। इस बीच अन्ना और किरण बेदी ने टीम अन्ना को पुनर्गठित किया और केजरीवाल तथा कुछ अन्य साथी इससे अलग हो गये। 25 जुलाई, 2011 को अन्ना ने जन्तर–मन्तर पर अनिश्चितकालीन अनशन की घोषणा की मगर 3 अगस्त को उन्होंने अनशन ख़त्म कर दिया। हालाँकि संसद ने दिसम्बर 2013 में लोकायुक्त क़ानून–2013 पास कर दिया। (विस्तार से आगे)

भारत स्वाभिमान आन्दोलन

अप्रैल 2011 में जब अन्ना का अनशन चल रहा था उस दौरान बाबा रामदेव ने भी इसे अपना समर्थन दिया था। मगर अप्रैल के अन्त में उन्होंने घोषणा की कि वह कालेधन और भ्रष्टाचार की समस्या के ख़िलाफ़ भारत स्वाभिमान आन्दोलन शुरू करेंगे। जून के शुरू में प्रणब मुखर्जी, कपिल सिब्बल, सुबोध कान्त और पवन बन्सल ने रामदेव से मुलाकात कर उन्हें मनाने की कोशिश की। रामदेव सहमत नहीं हुए और उन्होंने 4 जून, 2011 को रामलीला मैदान में अनशन शुरू कर दिया। उनकी माँग थी कि सरकार विदेशों में जमा सारे काले धन का पता लगाकर उसे देश वापिस लाये। 40 दिन के प्रदर्शन के लिए रामलीला ग्राउंड को पहले ही बुक कर लिया गया। बाबा रामदेव का दावा था कि देश भर में दस करोड़ लोग सीधे भारत स्वाभिमान आन्दोलन से जुड़े हैं। मगर 5 जून को ही दिल्ली पुलिस ने रामलीला मैदान पर धावा बोल दिया। 20 पुलिसकर्मियों समेत 53 लोग घायल हुए। इनमें से एक महिला की बाद में मौत हो गयी थी। रामदेव वहाँ से बचकर निकल गये। अगले दिन उन्होंने उत्तराखण्ड में प्रेस कॉन्फ्रेंस की। वह सलवार और कुर्ता पहने थे। यह दावा था कि वह इसी ड्रेस में जान बचाकर आन्दोलन स्थल से आये थे। इसके बाद उन्होंने नोएडा में अपना अनशन जारी रखने की बात कही मगर उत्तर प्रदेश सरकार ने उन्हें इसकी अनुमति नहीं दी, तब उन्होंने 12 जून, 2011 तक हरिद्वार में अनशन किया। भाजपा ने रामदेव पर पुलिस कार्रवाई को अलोकतान्त्रिक कहा। गुजरात के तत्कालीन मुख्यमन्त्री नरेन्द्र मोदी ने इसकी तुलना रावण लीला से की।

भट्टा पारसौल का भूमि अधिग्रहण विरोधी आन्दोलन

उत्तर प्रदेश में 2011 में भूमि अधिग्रहण के ख़िलाफ़ एक बड़ा आन्दोलन हुआ था। इसे भट्टा पारसौल के आन्दोलन के नाम से जाना जाता है। भट्टा पारसौल ग्रेटर नोएडा का एक गाँव है। यह गाँव ही इस आन्दोलन का केन्द्र था। असल में 2000 ई. के आस–पास आगरा को दिल्ली से जोड़ने के लिए यमुना एक्सप्रेस वे के निर्माण की योजना बनी। इसके लिए भूमि अधिग्रहण की प्रक्रिया 2007 में शुरू हुई। योजना के मुताबिक़ इस एक्सप्रेस वे का क़रीब 40 किलोमीटर लम्बा हिस्सा

गौतमबुद्ध नगर जिले में नोएडा से होकर गुज़र रहा था। इस सिक्स लेन एक्सप्रेस वे के लिए भविष्य की ज़रूरतों को देखते हुए 8 लेन के हिसाब से ज़मीन अधिग्रहण की योजना थी जिसकी कुल चौड़ाई 45 मीटर थी। अलीगढ़, मथुरा, आगरा तक कुल 165 किलोमीटर लम्बा हाईवे बन रहा था। इसके लिए 133 गाँवों से ज़मीन ली जानी थी। वर्ष 2011 में उत्तर प्रदेश सरकार ने ज़मीन अधिग्रहण के लिए 'करार नियमावली' की घोषणा की। जून 2011 में जो अधिग्रहण नीति जारी की गयी उसके मुताबिक़ जिनकी ज़मीन ली जा रही थी, उन्हें 33 साल तक प्रति एकड़ के हिसाब से 23 हज़ार रुपये सालाना मिलेंगे और इसमें प्रतिवर्ष 800 रुपये की वृद्धि होगी। इसके अलावा प्रति एकड़ 2.76 लाख रुपये के हिसाब से एकमुश्त भुगतान किया जाना था। ("New Land Acquisition Policy". Government of Uttar Pradesh, 2 जून, 2011)

जिन किसानों की ज़मीन जा रही थी, उनका मानना था कि सरकार जो मुआवज़ा उन्हें उनकी पुश्तैनी ज़मीन के बदले में दे रही है, वह काफ़ी कम है। इसके बाद उग्र विरोध शुरू हो गया। 6 मई, 2011 को भट्टा पारसौल में हाइवे के लिए सर्वे करने पहुँचे उत्तर प्रदेश रोड ट्रांसपोर्ट कार्पोरेशन के तीन अधिकारियों को बन्धक बना लिया गया। 7 मई को जब पुलिस की टीम बन्धक बनाये अधिकारियों को छुड़ाने पहुँची तो पुलिस और ग्रामीणों के बीच तीन घण्टे तक गोलियाँ चलीं। इसमें दो पुलिसवालों और दो किसानों की मौत हो गयी, अनेक लोग घायल हुए। किसानों की मौत के विरोध में 11 मई को राहुल गाँधी किसानों से मिलने भट्टा पारसौल जा रहे थे तो उन्हें हिरासत में लिया गया, हालाँकि थोड़ी देर बाद ही उन्हें छोड़ दिया गया। हालाँकि बाद में वह किसानों के साथ धरने पर बैठे और उत्तर प्रदेश की मायावती सरकार की किसान विरोधी नीति की निन्दा की। (Rahul Gandhi arrested for joining farmers, land protest, ***bbc****.com* 12 May, 2011)। इसके बाद प्रधानमन्त्री मनमोहन सिंह ने भूमि अधिग्रहण के नियम कड़े करने की घोषणा की। भट्टा पारसौल की घटना को कई फ़िल्मकारों ने अपने सन्दर्भ में दिखाया। इन फ़िल्मों में 'मटरू की बिजली का मनडोला' और 'रांझना' शामिल है।

अवॉर्ड वापिसी आन्दोलन

28 सितम्बर, 2015 को उत्तर प्रदेश के दादरी ज़िले के बिसारा गाँव में भीड़ ने घर में घुसकर 52 वर्षीय मोहम्मद अख़लाक़ की हत्या कर दी। अख़लाक को लाठी, डण्डों और ईंट से पीट–पीटकर मार डाला गया। उसका 22 वर्षीय बेटा दानिश इस हमले में बुरी तरह घायल हुआ। भीड़ ने इस शक से हमला किया था कि अख़लाक़ के घर में गोमाँस था। खाने की आदतों को लेकर किसी की हत्या करने के इस मामले की पूरी दुनिया में निन्दा हुई। अनेक बुद्धिजीवियों ने इस घटना को हिन्दू समाज में बढ़ती असहिष्णुता का प्रतीक माना। 6 अक्टूबर, 2015 को लेखिका नयनतारा सहगल ने इस घटना के विरोध में प्रधानमन्त्री की ख़ामोशी पर निशाना साधते हुए अपना साहित्य अकादमी पुरस्कार सरकार को लौटाने की घोषणा की। नयनतारा सहगल का कहना था कि अख़लाक़ की हत्या कोई अकेली घटना नहीं है। एम.एम. कलबुर्गी, नरेन्द्र दाभोलकर और गोविन्द पन्सारे की हत्या की वजह भी असहिष्णुता है। ("Nayantara Sahgal protests Dadri lynching, returns Akademi award". The Hindu, 6 October, 2015.) अगले दिन कवि अशोक वाजपेयी, फिक्शन राइटर रहमान अब्बास ने भी अपने पुरस्कार लौटाने की घोषणा की। इसके बाद तो पुरस्कार लौटाने वालों की क़तार लग गयी। 15 अक्टूबर, 2015 तक 40 से ज़्यादा हस्तियाँ अपना साहित्य अकादमी पुरस्कार लौटाने की घोषणा कर चुकी थीं। इनमें हिन्दी लेखक उदय प्रकाश, मंगलेश डबराल, राजेश जोशी, मलयाली उपन्यासकार सारा जोसेफ़, कश्मीरी लेखक गुलाम नबी ख़याल, पंजाबी लेखक वरियाम सिंह सन्धू, गुरुबचन सिंह भुल्लर, अजमेर सिंह औलख, आत्मजीत सिंह, बलदेव सिंह सड़कनामा, पंजाबी कवि सुरजीत पातर, जसविन्दर, दर्शन बुट्टर, गुजराती लेखक गणेश देवी, कन्नड़ लेखक जीएन रंगनाथ राव, डी.एन. श्रीनाथ, कम्बर वीरभद्रप्पा, रहमत तरिकेरे, असमिया पत्रकार होमेन बोर्गोहैन, बंगाली कवि मन्दक्रान्ता सेन, राजस्थानी लेखक नन्द भारद्वाज शामिल थे। इसके अलावा कन्नड़ लेखक शशि देशपाण्डे, मलयालम कवि के सच्चिदानन्दन, लेखक पी.के. पाराकद्दु और कन्नड़ कवि अरविन्द मलगाटी ने भी साहित्य अकादमी में अपने पदों से इस्तीफ़ा दे दिया। हालाँकि अवार्ड वापिसी का यह चलन यहीं नहीं रुका। सरकारी नीतियों के विरोध में समय–समय पर प्रमुख हस्तियाँ अवॉर्ड वापिसी की

घोषणा कर अपना विरोध जताती रहीं। 2020 में तीन नये कृषि क़ानूनों के ख़िलाफ़ वरिष्ठ अकाली नेता प्रकाश सिंह बादल और अनेक खिलाड़ियों ने पद्म और अर्जुन पुरस्कार लौटाने की घोषणा की।

2 सितम्बर 2016 की हड़ताल

सरकारी क्षेत्र के निजीकरण और सार्वजनिक उपक्रमों को बेचने की प्रधानमन्त्री नरेन्द्र मोदी सरकार की नीति के विरोध में 2 सितम्बर, 2016 को राष्ट्रव्यापी हड़ताल की गयी थी। एक अनुमान के अनुसार देशभर में 15 से 18 करोड़ सरकारी कर्मचारियों ने इस हड़ताल में हिस्सा लिया था। जो देश की दस बड़ी ट्रेड यूनियनों से जुड़े थे। कई राज्यों में सरकारी परिवहन बस सेवा भी प्रभावित हुई। द *गार्जियन* की रिपोर्ट में इस हड़ताल को 'दुनिया की सबसे बड़ी भागीदारी वाली' हड़ताल कहा गया था। सरकारी बैंकों, बिजली घरों और सार्वजनिक परिवहन बन्द रहे। पश्चिम बंगाल में 20 प्रदर्शनकारियों को गिरफ़्तार किया गया। वहाँ बसों को क्षतिग्रस्त भी किया गया। बेंगलुरु में स्कूल कालेज बन्द रहे, हरियाणा में हड़ताल की वजह से 4200 बसें खड़ी रहीं, असम में प्रदर्शनकारियों ने रेलवे ट्रैक और सड़कों पर जाम लगाया। (Tens of millions of Indian workers strike in fight for higher wages, *Theguardian.com*, 2 Sep. 2016)

गुजरात में 7 दलितों की पिटाई का विरोध

गुजरात के उना कस्बे में 11 जुलाई 2016 को एक ही दलित परिवार के सात लोगों को बुरी तरह पीटा गया। ये लोग एक मरी हुई गाय को उठाकर ले जा रहे थे। यह घटना उना के पास मोटा समधियाला गाँव में हुई थी। ये लगो बेडिया गाँव से गाय का शव ख़रीदकर लाये थे। इनका समुदाय मरी गायों की चमड़ी और हड्डियों से अपनी आजीविका चलाता है। जब परिवार के लोग एक मरी गाय का शव लेकर आये तो एस.यू.वी. में सवार होकर कुछ लोग आये। उन्होंने ख़ुद को गोरक्षक बताया और कहा कि तुम लोगों ने गाय की हत्या की है। उन्होंने दलितों को नंगा किया और बाँधकर लाठियों और लोहे की छड़ों से पीटा और चाकू मारे। उसके बाद दलितों को एस.यू.वी. से बाँधकर ले जाने लगे।

टाइम्स ऑफ इंडिया की रिपोर्ट के अनुसार उना थाने के पुलिस इंस्पेक्टर एन.यू. झाला ने कहा कि उन्होंने रास्ते में एस.यू.वी. रोककर सड़क पर उन्हें फिर से पीटा। इन्हें बचाने के लिए आये तीन अन्य लोगों को भी लोहे की छड़ों से पीटा गया। इसके बाद चार दलितों को एस.यू.वी. में डालकर 24 किलोमीटर दूर उना ले गये। वहाँ उनकी फिर पिटाई की गयी और उन्हें स्थानीय पुलिस स्टेशन को सौंप दिया गया। इस घटना के फ़ोटो और वीडियो वायरल हो गये। (4 Dalit srtipped, beaten up for skinning dead cow, *Times Of India*, 13 July 2016)

घटना का पता चलने के बाद दलित संगठनों ने थाने का घेराव कर प्रदर्शन शुरू कर दिया। उसके बाद उना थाने में मामला दर्ज़ किया गया जिसमें पाँच लोग नामजद थे। 12 जुलाई, 2016 को इस घटना के विरोध में अमदाबाद के चन्द्रखेड़ा इलाक़े में एक बड़ी रैली निकाली गयी। दो हज़ार से ज़्यादा दलितों ने स्टेट हाइवे पर जाम लगाया। 13 जुलाई को उना के मुख्य चौराहे त्रिकोण बौग में दलितों ने प्रदर्शन किया। 21 जुलाई को राज्यसभा में भी यह मामला उठाया गया। धीरे–धीरे पूरे सौराष्ट्र में इसके ख़िलाफ़ आन्दोलन शुरू हो गया। इन प्रदर्शनकारियों की कई जगह पुलिस से झड़प भी हुई। जिनमें कुल 12 लोग घायल हुई, जिनमें से एक की बाद में मौत हो गयी। 15 अगस्त, 2016 को युवा दलित नेता जिग्नेश मेवानी ने अमदाबाद से उना तक दलित अस्मिता यात्रा की। गौवंश की आड़ में दलितों पर हमलों के विरोध में देश के कई हिस्सों में 'चलो' मार्च निकाले गये। अगस्त में अमदाबाद से उना तक 'चलो उना' दस दिन तक मार्च चला। इस के डेढ़ महीने बाद चार अक्टूबर को 'चलो उडुपी' मार्च निकाला गया। यह मार्च एक दलित प्रवीन पुजारी की हत्या के विरोध में था। पुजारी को यह कह कर मार डाला गया था कि वह गाय को लेकर कसाई खाने जा रहा था। इसी महीने अक्टूबर 2016 में 'चलो त्रिवेन्द्रम' मार्च भी हुआ।

दलितों की पिटाई के इस मामले में कुल 43 लोगों को गिरफ़्तार किया गया था, जिनमें चार पुलिसकर्मी भी शामिल थे। बाद में इनमें से 35 को जमानत दे दी गयी थी। 25 अप्रैल, 2018 को जमानत पर छूटे एक आरोपी ने दो पीड़ितों पर फिर से हमला किया था।

मुस्लिम विरोधी फ़िल्म के ख़िलाफ़ आन्दोलन

जुलाई 2012 को यू–ट्यूब पर दो भागों में नाकौला बेसली नाकौला की एक फ़िल्म अपलोड की गयी, जिसे शीर्षक दिया गया द *रियल लाइफ ऑफ मोहम्मद* और द *मोहम्मद मूवी ट्रेलर*। इन्हें अरबी भाषा में डब किया गया और इनमें इस्लाम विरोधी कंटेंट अपलोड करते समय जोड़ दिया गया। मीडिया में ख़बरें आने के बाद दुनियाभर के मुसलमानों ने इसका विरोध किया। यू–ट्यूब ने मिस्र, लीबिया, ठण्डोनेशिया, सऊदी अरब, मलेशिया, सिंगापुर, भारत, तुर्की, ब्राजील, रूस में सितम्बर 2012 में रोक दिया मगर अफगानिस्तान, बांग्लादेश, सूडान और पाकिस्तान की सरकारों ने वहाँ वीडियो न रोके जाने पर यू–ट्यूब को ही प्रतिबन्धित कर दिया।

पूरी दुनिया की तरह भारत में भी मुस्लिम समुदाय ने चेन्नई में अमेरिकी वाणिज्य दूतावास के बाहर प्रदर्शन शुरू कर दिये। 14 सितम्बर, 2012 को प्रदर्शनकारियों ने दूतावास की इमारत पर पत्थर और जूते फेंके। इससे इमारत की खिड़कियों के शीशे टूट गये। 25 लोगों को हल्की चोटें भी आयी।। इसके बाद चेन्नई, मुम्बई, कोलकाता और हैदराबाद में भी अमेरिकी दूतावासों की सुरक्षा बढ़ा दी गयी। इसके बाद भारत सरकार ने यू–ट्यूब से भारत में उक्त फ़िल्म को हटाने को कहा।

दलित उत्पीड़न क़ानून पर सुप्रीम कोर्ट के आदेश के ख़िलाफ़ आन्दोलन

20 मार्च, 2018 को सुप्रीम कोर्ट ने व्यवस्था दी कि दलित उत्पीड़न के मामलों में अदालत की अनुमति के बगैर कोई गिरफ़्तारी न की जाये और अगर अदालत को लगता है कि मामले में प्रथम दृष्टया जमानत दी जा सकती है, तो देनी चाहिए। अनुसूचित जाति और जनजाति के लोगों ने सुप्रीम कोर्ट के इस फ़ैसले का विरोध किया और प्रदर्शन शुरू कर दिये। 2 अप्रैल, 2018 को दलित संगठनों की ओर से इसके ख़िलाफ़ राष्ट्रव्यापी हड़ताल की गयी। इस हड़ताल के दौरान कई राज्यों में हिंसा हुई। ट्रेनों को रोका गया। सार्वजनिक सम्पत्ति को नुक़सान पहुँचाया गया। इस हिंसा में 14 लोगों की मौत हुई। इनमें 9 मध्य प्रदेश में, तीन उत्तर प्रदेश में और दो की मौत राजस्थान में हुई। इसके अलावा सैकड़ों अन्य घायल हुए। हिंसा की घटनाएँ एम.पी. और यू.पी. के अलावा पंजाब, बिहार, झारखण्ड,

ओडिशा, गुजरात, हरियाणा, महाराष्ट्र और दिल्ली में भी सामने आयीं। राजस्थान के हिण्डौनी कस्बे में भाजपा विधायक राजकुमारी जाटव के घर पर तोड़फोड़ की गयी। इस तरह गैर दलित संगठनों ने भी प्रतिक्रिया दी। कांग्रेस के पूर्व विधायक भरोसी लाल जाटव को आग लगा दी गयी। इन घटनाओं के बाद हिण्डौनी में कर्फ़्यू लगा दिया गया। हरियाणा में 60 से ज़्यादा वाहनों को नुक़सान पहुँचाया गया। 8 लोग और 80 से ज़्यादा पुलिसकर्मी घायल हुए।

2018 भीमा कोरेगाँव हिंसा

जनवरी 2018 को भीमा कोरेगाँव युद्ध की 200 वीं बरसी पर एल्गार परिषद ने एक सम्मेलन आयोजित किया था। कोरेगाँव का युद्ध 1818 में हुआ था और दलितों के लिए इसका ख़ास महत्त्व है। जिस ब्रिटिश सेना ने शक्तिशाली पेशवा बाजीराव द्वितीय को इस युद्ध में हराया था, उसमें बड़ी संख्या में महार जाति के सैनिक थे। महाराष्ट्र में महार एक दलित समुदाय है। मृत सैनिकों के सम्मान में अंग्रेज़ सरकार ने यहाँ विजय स्तम्भ बनाया था। एक जनवरी 1928 को डॉ. बी.आर. अम्बेडकर ने यहाँ पहली बार समारोह किया था, तब से हर साल एक जनवरी को दलित यहाँ विजय दिवस के रूप में मनाते हैं। हर साल पहली जनवरी को लाखों की संख्या में दलित भीमा कोरेगाँव में जुटते थे। मगर 2018 में गाँव की पंचायत ने इस पर रोक लगा दी। कार्यक्रम से पहले भीमा कोरेगाँव की पंचायत ने एक नोटिस जारी कर लोगों से कहा कि वे इस कार्यक्रम का बहिष्कार करें। उस दिन बाज़ार और दुकानें बन्द रहें। इसके विरोध में पुणे के शनिवारवाड़ा में एलगार परिषद् ने सम्मेलन किया। वक्ताओं में दो सेवानिवृत्त जज और गुजरात के युवा दलित नेता तथा विधायक जिग्नेश मेवानी भी थे।

पूरे महाराष्ट्र में कोरेगांव पंचायत के फ़ैसले के ख़िलाफ़ दलितों के प्रदर्शन शुरू हो गये। पुणे में पुलिस लाठीचार्ज में एक 16 साल के लड़के की मौत हो गयी। वहाँ हिंसा शुरू हो गयी। दलित लेखक और राजनीतिक प्रकाश अम्बेडकर ने 3 जनवरी, 2018 को महाराष्ट्र बन्द का आह्वान किया। इस दौरान प्रदर्शनों के दौरान पूरे महाराष्ट्र में हिंसक घटनाएँ होती रहीं। मुम्बई में लोकल ट्रेनों की आवाजाही रुकी। डब्बावालों को भी अपनी सप्लाई रोकनी पड़ी। 2 जनवरी, 2018 को दलितों के ख़िलाफ़ हिंसा करने

के लिए सम्भाजी भिड़े और मिलिन्द एकबोटे के ख़िलाफ़ मामला दर्ज़ किया गया। 14 मार्च, 2018 को मिलिन्द एकबोटे को पुणे पुलिस ने गिरफ़्तार कर लिया। 22 अप्रैल, 2018 को 19 वर्षीय दलित चश्मदीद गवाह, जिसका घर हिंसा में जला दिया गया था, का शव कुएँ में पाया गया। अगस्त 2018 को पुलिस ने देशभर में छापेमारी की और कई कार्यकर्ताओं वरवरा राव, अरुण फरेरा, सुधा भारद्वाज और गौतम नवलखा को गिरफ़्तार कर लिया। पुलिस ने आरोप लगाया कि इनका सम्बन्ध माओवादियों से है।

परमाणु ऊर्जा के ख़िलाफ़ आन्दोलन

देश में परमाणु ऊर्जा संयन्त्रों की स्थापना का विरोध देश में कई जगह हुआ। ख़ासकर नयी सदी के पहले दशक के बाद देश में जब तेज़ औद्योगीकरण से ऊर्जा की माँग लगातार बढ़ रही थी और इसे पूरा करने के लिए परमाणु ऊर्जा के विकल्प पर भी तेज़ी से काम करना शुरू हुआ। एक ओर चीन आयातित टर्बाइनों से पनबिजली योजनाओं पर काम चल रहा था तो परमाणु ऊर्जा संयन्त्रों के निर्माण और क्षमता बढ़ाने का काम भी तेज़ हुआ था। मगर परमाणु ऊर्जा के ख़िलाफ़ आन्दोलन शुरू हो गये। तमिलनाडु में लेखक एवं परमाणु ऊर्जा विरोधी कार्यकर्ता एस.पी. उदयकुमार ने एंटी–न्यूक्लियर पावर ग्रुप की स्थापना की। कुडनकुलम न्यूक्लियर पावर प्लांट के ख़िलाफ़ प्रदर्शन शुरू किया। 10 सितम्बर, 2012 को परमाणु–ऊर्जा विरोधी क़रीब एक हज़ार कार्यकर्ताओं ने प्लांट की ओर मार्च करने की कोशिश की पुलिस ने आँसू गैस का इस्तेमाल कर इन लोगों को खदेड़ा।

उधर, हरियाणा में भी गोरखपुर परमाणु संयन्त्र के ख़िलाफ़ स्थानीय लोग आन्दोलित थे। फतेहाबाद जिले के गोरखपुर गाँव में 2800 मेगावाट उत्पादन क्षमता वाला प्लांट लगाया जा रहा था। इसके लिए 1400 एकड़ ज़मीन का अधिग्रहण किया गया। 2012 में ज़मीन अधिग्रहण का प्रस्ताव आने के बाद से ही किसान इसका विरोध कर रहे थे। ज़मीन के एक हिस्से से किसान क़ब्ज़ा छोड़ने को राज़ी नहीं थे। 27 मई, 2015 को यहाँ से फ़सलों को उजाड़कर और घरों को ढहाकर मवेशियों तथा लोगों को वहाँ से हटा दिया गया। उसके बाद यह आन्दोलन शान्त हो गया।

जल सत्याग्रह

मध्य प्रदेश के खण्डवा क्षेत्र के घोघलगाँव में किसानों ने एक अलग तरह का आन्दोलन किया, जिसे जल सत्याग्रह के नाम से जाना जाता है। ये किसान ओंकारेश्वर बाँध के जलस्तर को 191 मीटर करने का विरोध कर रहे थे। यह आन्दोलन कई जगहों पर हुआ। आन्दोलनकारी किसान पानी में उतरकर खड़े हो गये। उनका कहना था कि जब तक विस्थापितों की माँगें पूरी नहीं हो जातीं वे पानी में ऐसे ही खड़े रहेंगे, भले ही उनका शरीर क्यों न गल जाये। 25 अगस्त, 2012 को 51 सत्याग्रहियों ने घोघलगाँव में पानी में रहकर प्रदर्शन शुरू किया। शुरू–शुरू में किसी ने इन पर ख़ास ध्यान नहीं दिया, मगर जब पहले सप्ताह बाद कुछ सत्याग्रहियों की तबीयत बिगड़ी तो मीडिया की नींद टूटी। 17 दिन तक यह आन्दोलन चला पानी में खड़े–खड़े आन्दोलनकारियों की चमड़ी गलकर उतरने लगी थी। इसके बाद सरकार ने घुटने टेक दिये। मुख्यमन्त्री शिवराज सिंह चौहान ने बाँध का जलस्तर घटाकर 189 मीटर तक करने और विस्थापितों को ज़मीन के बदले ज़मीन की माँग को 90 दिन में पूरा करने की घोषणा की। हरदा जिले में भी डूब प्रभावित किसानों ने भी 28 अगस्त, 2012 से ऐसा ही आन्दोलन शुरू किया था। ये किसान भी इन्दिरा सागर बाँध का जलस्तर 260 मीटर से कम करने और ज़मीन के बदले ज़मीन की माँग कर रहे थे। मगर प्रशासन ने यहाँ सख़्ती की और 12 सितम्बर की सुबह ही सत्याग्रहियों को पानी से जबरन बाहर निकालकर गिरफ़्तार कर लिया गया। उसके बाद सरकार ने कभी किसानों की बात नहीं सुनी। बाद में ओंकारेश्वर बाँध की ऊँचाई भी पहले 191 मीटर से बढ़ाकर 193 में मीटर और फिर 2019 में इसे बढ़ाकर 196.6 मीटर करने का काम शुरू किया गया। इससे कई नये गाँव डूब में आ गये और टापू बनने लगे। इसके विरोध में एक बार फिर 25 अक्टूबर, 2019 को नर्मदा बचाओ आन्दोलन के नेतृत्व में जल सत्याग्रह शुरू हुआ। प्रभावित 14 गाँव के लोगों ने खण्डवा इलाक़े के कामनखेड़ा में पानी में उतरकर सत्याग्रह शुरू किया। 12 दिन तक यह जल सत्याग्रह चला। 6 नवम्बर को प्रशासन ने उनकी सभी माँगे मानने का आश्वासन दिया। इसके बाद यह आन्दोलन समाप्त कर दिया गया।

मराठा क्रान्ति मोर्चा

13 जुलाई, 2016 को महाराष्ट्र के एक गाँव में 15 साल की किशोरी से बलात्कार कर उसकी बहुत ही क्रूर तरीक़े से हत्या कर दी गयी। हत्यारों को मौत की सजा की माँग को लेकर मराठा समुदाय की ओर से शान्तिपूर्वक प्रदर्शन शुरू किये गये, जो जल्द ही बड़ी–बड़ी रैलियों में बदल गये। इन रैलियों की ख़ासियत यह थी कि न तो इनका कोई नेता था और न ही इनका कोई नारा था। इसका नाम रखा गया मराठा क्रान्ति मोर्चा। सभी लोग चुपचाप शान्तिपूर्वक जुलूस निकालते थे। कुछ ही दिनों में महाराष्ट्र के सभी हिस्सों में ऐसी रैलियाँ होने लगीं। मगर धीरे–धीरे चीज़ें बदलने लगीं। शिक्षा और सरकारी नौकरियों में आरक्षण की माँग भी इन रैलियों में की जाने लगी। मराठा समुदाय में बड़ी संख्या में लोग किसान थे, इसलिए स्वामीनाथन आयोग की सिफ़ारिशों को लागू करने और अनुसूचित जाति और अनुसूचित जनजाति उत्पीड़न निरोधक क़ानून 1989 में संशोधन की माँग भी की जाने लगी। इन रैलियों के समर्थन में फेसबुक पर कई पेज बन गये। मराठा क्रान्ति मोर्चा द्वारा आरक्षण और दलित उत्पीड़न निरोधक क़ानून में संशोधन की माँग रखते ही अन्य पिछड़ा वर्ग और दलित समुदाय के संगठन भी एकजुट हो गये। इनका कहना था कि न तो आरक्षण कोटे से कोई छेड़छाड़ होने देंगे और न ही दलित उत्पीड़न निरोधक क़ानून को बदलने देंगे। 9 अगस्त, 2017 को मराठा क्रान्ति मोर्चा ने अपनी सबसे बड़ी रैली मुम्बई में की। यह बाइकुला के जीजामाता जू से शुरू हुई और आजाद मैदान में जाकर ख़त्म हुई। इसमें पाँच लाख से ज़्यादा लोगों ने हिस्सा लिया। किशोरी से बलात्कार के मामले की सुनवायी अहमदनगर की सत्र अदालत में चली और 29 नवम्बर, 2017 को अदालत ने तीनों आरोपियों को मौत की सजा सुनायी। हालाँकि मराठा क्रान्ति मोर्चा के प्रदर्शन जारी रहे। 23 जुलाई, 2018 को मराठा क्रान्ति मोर्चा से जुड़े 28 वर्षीय काकासाहेब शिन्दे–पाटिल ने गोदावरी नदी में कूदकर आत्महत्या कर ली। यह घटना गंगापुर के कायगाव टोका में हुई। प्रदर्शनकारियों ने शव लेने से इनकार कर दिया और मुख्यमन्त्री देवेन्द्र फडणवीस से इस्तीफ़े की माँग की। 24 जुलाई, 2018 को प्रदर्शनकारी हिंसक हो गये। उन्होंने पुलिस अधिकारियों पर हमला किया, बसों, कारों और पुलिस वाहनों को आग लगा दी।

पाटीदार आरक्षण आन्दोलन

2015 ई. में गुजरात के बहुसंख्यक पाटीदार समुदाय ने अन्य पिछड़ा वर्ग के तहत अपने लिए आरक्षण की माँग को लेकर एक बड़ा आन्दोलन किया। यह आन्दोलन जुलाई के महीने में शुरू हुआ और देखते ही देखते पूरे गुजरात में प्रदर्शन होने लगे। इस आन्दोलन को पाटीदार समुदाय के युवा चला रहे थे। एक सामुदायिक सेवा संगठन सरदार पटेल सेवादल इन युवाओं का समर्थन कर रहा था। इन युवाओं ने अनामत आन्दोलन समिति बनायी और युवा हार्दिक पटेल को इसका प्रमुख बनाया गया। 6 जुलाई, 2015 को मेहसाणा से विरोध प्रदर्शन का सिलसिला शुरू हुआ। 22 जुलाई, 2015 को मानसा में भी शान्तिपूर्वक प्रदर्शन हुआ मगर इसके अगले दिन 23 जुलाई को मेहसाणा जिले के विस्नगर में आन्दोलन हिंसक हो गया। भाजपा विधायक ऋषिकेश पटेल के कार्यालय में तोड़फोड़ की गयी। कुछ वाहनों को आग लगा दी। उसके बाद विजापुर, मेहसाणा, लुनावाडा में प्रदर्शनों की श्रृंखला चल पड़ी। पुलिस ने निषेधाज्ञा लगा दी और उल्लंघन करने पर 152 लोगों को गिरफ़्तार किया गया। अगस्त में पूरे राज्य में ऐसे प्रदर्शन होने लगे। 17 अगस्त, 2015 को सूरत में एक लाख से ज़्यादा लोगों की भीड़ जुटी। पाटीदार आन्दोलन अनामत समिति (पास) ने 55 दिन में राज्य में कुल 149 रैलियाँ कीं। सबसे बड़ी रैली 25 अगस्त, 2015 को अमदाबाद के जी.एम.डी.सी. ग्राउंड में हुई। *द हिन्दू* की रिपोर्ट के अनुसार इसे क्रान्ति रैली का नाम दिया गया था। इसमें पाँच लाख से ज़्यादा पाटीदार शामिल हुए थे। (Patels hold massive rally demanding OBC status and reservation, *The Hindu*, 25 August, 2015)। रैली का नेतृत्व कर रहे हार्दिक पटेल ने इस मौक़े पर भूख हड़ताल शुरू करने की घोषणा की और माँग की कि मुख्यमन्त्री स्वयं यहाँ आकर उनसे ज्ञापन लें। हार्दिक पटेल को गिरफ़्तार कर लिया गया। इसके बाद राज्य में कई जगह हिंसा शुरू हो गयी। पुलिस और स्थानीय परिवहन सेवा की बसों को आग लगा दी गयी। भीड़ ने दुकानों में तोड़फोड़ की। गहतलोडिया इलाक़े में पटेल और रेबारी समुदाय के लोगों में भिड़न्त हो गयी। इस झड़प में दस लोग घायल हुए। अमदाबाद में कर्फ़्यू लगा दिया गया। राज्य के कई शहरों में दो दिन तक हिंसा हुई। राजकोट में बी.आर.टी.एस. के बस स्टेशन पर पथराव कर कई बसों को आग लगा दी गयी।

केन्द्रीय राज्य कृषि मन्त्री और स्थानीय सांसद मोहन कुन्दरिया के दो कार्यालयों में भीड़ ने तोड़–फोड़ की। पुलिस को गोली चलानी पड़ी। मेहसाणा और जिले के कई कस्बों में कर्फ़्यू लगाना पड़ा। यहाँ भीड़ ने मन्त्री रजनी पटेल, राज्य के गृहमन्त्री नितिन पटेल और भाजपा विधायक जयश्री पटेल के घरों को आग लगा दी। इस हिंसा में 10 लोगों की मौत हुई, जिनमें से पाँच की मौत अमदाबाद में हुई। स्थिति पर काबू पाने के लिए अर्द्धसैनिक बलों की 93 कम्पनियाँ बुलानी पड़ीं। पूरे राज्य में 295 एफ.आई.आर. दर्ज़ की गयीं और 650 लोगों को गिरफ़्तार किया गया। 9 सितम्बर, 2015 को हार्दिक पटेल ने एक नया संगठन पटेल नवनिर्माण सेना (पी.एन.एस.) बनाने की घोषणा की। 19 सितम्बर को पुलिस ने एकता मार्च निकाल रहे हार्दिक पटेल को उसके 35 समर्थकों के साथ सूरत में गिरफ़्तार कर लिया। हालाँकि बाद में उसे जमानत पर छोड़ दिया गया। अक्टूबर 2015 को कांग्रेस ने पाटीदार आन्दोलन को अपने समर्थन की घोषणा कर दी। हार्दिक पटेल की गिरफ्तारियों और जमानत का सिलसिला भी चलता रहा। अन्ततः हार्दिक पटेल ख़ुद भी कांग्रेस में शामिल हो गये।

जल्लीकट्टू आन्दोलन

जनवरी 2017 का जल्लीकट्टू के समर्थकों का आन्दोलन एक गैर राजनीतिक युवाओं का प्रदर्शन था। यह तमिलनाडु के कई हिस्सों में हुआ था। इसके समर्थन में ओडिशा और कुछ अन्य राज्यों में भी समर्थन हुए थे। जल्लीकट्टू तमिलनाडु का एक पारम्परिक खेल है, जो पोंगल के दौरान खेला जाता है। इसमें युवा बैल को पकड़ते हैं। वन्यजीवन अधिकार के लिए काम करने वाली संस्था पेटा (People for the Ethical Treatment of Animals) की एक याचिका पर सुप्रीम कोर्ट ने इस जानवरों पर अत्याचार निरोधक क़ानून का उल्लंघन मानते हुए 2014 में इस खेल पर रोक लगा दी थी। वर्ष 2017 में अचानक सोशल मीडिया पर इस फ़ैसले का विरोध शुरू हुआ और इसके ख़िलाफ़ 8 जनवरी, 2017 को चेन्नई के मरीना बीच पर युवा एकत्र हुए। उन्होंने माँग की कि 2014 में जलीकट्टू पर लगाया गया प्रतिबन्ध हटाया जाये और पेटा को भारत में प्रतिबन्धित कर दिया जाये। जल्द ही यह आन्दोलन पूरे तमिलनाडु में फैल गया। 23 जनवरी, 2017 को तमिलनाडु सरकार ने एक विधेयक पारित कर जलीकट्टू को वैध बना दिया। इस आन्दोलन को तमिल गौरव से जोड़ा गया।

2 फ़रवरी, 2018 को पेटा की अर्जी पर सुप्रीम कोर्ट ने इस मामले को संवैधानिक पीठ को सौंप दिया है।

तूतीकुडी का हिंसक प्रदर्शन

2018 ई. में तमिलनाडु के तूतीकुड़ी में स्टरलाइट कार्पोरेशन के कॉपर स्मेल्टर प्लांट के विस्तार के विरोध में प्रदर्शन के दौरान हिंसा हुई थी। पुलिस ने प्रदर्शनकारियों की भीड़ पर गोली चला दी थी। इसमें 13 लोगों की मौत हुई और 102 अन्य घायल हुए। हालाँकि प्लांट का विरोध इसकी स्थापना के बाद से ही स्थानीय मछुआरे कर रहे थे। उनका आरोप था कि इस प्लांट की वजह से मिट्टी, पानी और हवा प्रदूषित हो रहे हैं। 6 जुलाई, 1997 को प्लांट से सल्फर डाइऑक्साइड गैस लीक होने पर 90 लोगों को हस्पताल में भर्ती कराना पड़ा था। 2013 में एक बार इसमें गैस लीक की घटना हुई। तब मुख्यमन्त्री जयललिता ने इसे बन्द करने के आदेश दिये थे। कम्पनी ने ग्रीन ट्रिब्यूनल में अपील की और उसने सरकार के फ़ैसले को बदल दिया। राज्य सरकार सुप्रीम कोर्ट गयी और सुप्रीम कोर्ट ने कम्पनी को जल, मिट्टी और हवा के प्रदूषण के लिए 100 करोड़ रुपये का हर्जाना देने को कहा। इसके बाद कम्पनी ने प्रदूषण में सुधार और अपने विस्तार की योजना बनायी। कम्पनी इस प्लांट की क्षमता 4 लाख टन से बढ़ाकर 7 लाख टन करना चाहती थी। ऐसा होने पर यह दुनिया का सबसे बड़ा कॉपर स्मेल्टिंग प्लांट होता। 12 फ़रवरी, 2018 को 250 स्थानीय लोगों ने प्लांट के आगे अनिश्चितकालीन हड़ताल शुरू कर दी। दो दिन में ही आन्दोलनकारियों की संख्या दोगुनी हो गयी और उसके बाद यह आन्दोलन दिन–पर–दिन बड़ा होता गया। 24 मार्च को हज़ारों लोगों ने तूतीकुड़ी में रैली निकालकर प्लांट को बन्द करने की माँग की। 22 मई, 2018 को इस आन्दोलन को सौ दिन पूरे हो रहे थे। इस मौक़े पर प्लांट को बन्द करने की माँग को लेकर बड़ा प्रदर्शन किया गया, जो हिंसक हो गया। 22 मई की सुबह ही तटीय इलाक़े से बड़ी संख्या में मछुआरों और लोगों ने कलेक्टर ऑफ़िस की ओर मार्च निकाला। पुलिस ने चर्च के पास भीड़ को रोक दिया मगर वह आगे जाने पर अड़ी थी। सबसे पहले मीडिया कर्मियों को निशाना बनाया गया। उनके कैमरे तोड़ दिये गये। इस बीच पुलिस ने प्लांट के चारों ओर कड़ी नाकाबन्दी कर दी ताकि प्रदर्शनकारी वापिस धरनास्थल पर न आयें।

इस पर प्रदर्शनकारियों ने पुलिस से सवाल शुरू कर दिये कि वह कम्पनी का पक्ष क्यों ले रहे हैं। इसके बाद पुलिस ने भीड़ पर लाठीचार्ज शुरू कर दिया। दूसरी ओर पाँच हज़ार से ज़्यादा लोगों का एक जत्था वी.वी.डी. ट्रैफिक सिग्नल पर अब भी कलेक्टर ऑफ़िस की ओर आगे बढ़ने की कोशिश कर रहा था। प्रदर्शनकारियों को खदेड़ने के लिए पुलिस ने दो साँड भीड़ की तरफ छोड़ दिये। भीड़ ने पत्थर मारने शुरू कर दिये और कुछ लोगों ने पुलिस पर जूते फेंके। पुलिस को लगा कि भीड़ में से किसी ने बम फेंका। उसके बाद बाद भीड़ कलेक्टर ऑफ़िस पहुँच गयी। पुलिस ने आँसू गैस का इस्तेमाल किया। भीड़ ने पुलिस वाहनों को आग लगा दी। भीड़ जब कलेक्टर ऑफ़िस में घुस गयी तो पुलिस ने बिना चेतावनी फ़ायरिंग शुरू कर दी। बाद में ये भी आरोप लगे की पुलिस ने जान–बूझकर प्रदर्शनकारियों के सिर में गोली मारी थी। 13 प्रदर्शनकारी मारे गये, इनमें एक 17 साल का स्कूल छात्र भी था। लाठीचार्ज में घायल एक अन्य व्यक्ति पाँच महीने कोमा में रहने के बाद अक्टूबर में उसकी मौत हो गयी थी।

दलित और पिछड़ा वर्ग आन्दोलनों का इतिहास तथा उभार

"जातीय आन्दोलनों के उभार का समय तो आज़ादी से पहले का है मगर जातीय राजनीति ने पिछली सदी में अस्सी के दशक के बाद ही ज़ोर पकड़ा। कोई भी सामाजिक आन्दोलन असल में एक राजनीतिक आन्दोलन का ही प्रकार होता है। हर सामाजिक आन्दोलन के मूल में एक राजनीतिक अवसर छुपा होता है। असल में सामाजिक आन्दोलन सत्ता और सरकार के ख़िलाफ़ होता है।"

भारत में जातीय आन्दोलनों के उभार का समय तो आज़ादी से पहले का है मगर जातीय राजनीति ने पिछली सदी में अस्सी के दशक के बाद ही ज़ोर पकड़ा। 1979 में समाज शास्त्री मधुगिरी शामाराव अनथपदमनाभा राव जिन्हें एम.एस.ए. राव के नाम से जाना जाता है, ने देश की दो पिछड़ी कही जाने वाली जातियों के आन्दोलन पर अपना शोध प्रस्तुत किया था, जिसका शीर्षक था *सोशल मूवमैंट्स एंड सोशल ट्रांसफोर्मेशन : ए स्टडी ऑफ टू बैकवार्ड क्लासेस मूवमेंट्स इन इंडिया*। इसमें केरल के बहुसंख्यक एझावा समुदाय और उत्तर भारत में यादवों के आन्दोलनों का अध्ययन किया। समाजशास्त्री एम.एस.ए. राव 1959 में दिल्ली विश्वविद्यालय में समाजशास्त्र विभाग के संस्थापक सदस्यों में से एक थे। उन्होंने देश के शहरी और ग्रामीण समाज पर काम किया। उन्होंने समाज में विस्थापन और दंबगता के सिद्धान्तों को भी बताया है।

प्रोफ़ेसर राव अपने अध्ययन में गैर ऊँची जातियों (non-upper castes/classes) को तीन वर्गों में बाँटते हैं। इनमें पहला वर्ग वह ऊँची पिछड़ी जातियों का मानते हैं। ऐसी जातियाँ जिनके पास अपनी ज़मीन थी। जो ज़मीन मालिक थे। इनमें पंजाब, हरियाणा, राजस्थान, उत्तर प्रदेश के जाट, अहीर और गुर्जर, महाराष्ट्र के मराठा, मद्रास के वेलाल,

आन्ध्र प्रदेश के कामा, कापुस और रेड्डी, कर्नाटक के वोकालिंगा तथा बंत शामिल हैं। इसके नीचे मध्य के दर्ज़ में उन्होंने उन पिछड़ी जातियों को रखा जो ज़मींदारों से ठेके और किराये पर खेत लेकर खेती करती थीं। इनमें बिहार के अहीर और कहार, गुजरात के कोली और दक्षिण भारत के वेड्डार को शामिल किया। इन सभी को समाज में छुआछूत से ऊपर की जातियों का दर्ज़ा था। इनके पास हाल ही में राजनीतिक ताक़त भी आयी थी। तीसरी श्रेणी में राव ने उन जातियों को रखा जिन्हें अछूत माना जाता था। भारतीय संविधान में इन्हें अनुसूचित जाति का दर्ज़ा मिला है।

अपने उक्त शोध में एम.एस.ए. राव भारत में पिछड़ी जातियों के आन्दोलनों के चार प्रकार बताते हैं। इनमें पहली प्रकार के आन्दोलन वे हैं, जो गैर ब्राह्मण ऊँची जातियों जैसे वेलाल, रेड्डी, कामा और मैसूर के लिंगायत समुदाय वोकालिंगा और महाराष्ट्र में मराठों ने किये। राव के अनुसार दूसरे प्रकार के आन्दोलन वे हैं जो बिहार में अहीर और कुर्मियों, पंजाब में नोनिया, गुजरात में कोली और महाराष्ट्र में कोली समुदाय ने किये। 1889 में सबसे पहले बिहार में कायस्थ प्रोविंशियल सभा का गठन हुआ, 1908 में बिहार ज़मींदार संगठन और बिहार प्रान्त मुस्लिम लीग बनी। इसके अगले साल 1909 में गोपजात्या सभा और बाद में बिहार प्रदेश कांग्रेस कमेटी आस्तित्व में आयी। यादवों का पहला संगठन अखिल भारतीय यादव महासभा 1923 में और बिहार प्रदेश किसान सभा 1929 में बनीं। इस तरह समुदायों के एकजुट होने से उनमें एक नयी ताक़त आयी जो भविष्य में जाति और समुदाय आधारित कई बड़े आन्दोलनों का कारण बनी। हालाँकि इससे पहले आर्य समाज के प्रभाव में अहीरों ने 1901 में बिहार में जनेऊ आन्दोलन चलाया। यह आन्दोलन उत्तर प्रदेश से पंजाब तक फैला। शुरू में जब अहीरों ने जनेऊ पहनना शुरू किया तो ठाकुरों, भूमिहारों और ब्राह्मणों ने इसका विरोध किया। हिंसा भी हुई। मगर अहीर झुके नहीं और नतीजा यह हुआ कि वे संगठित होकर और मज़बूती से उभरे। बिहार के अलावा उत्तर प्रदेश, पंजाब, राजस्थान, मध्य प्रदेश, बंगाल, महाराष्ट्र और तमिलनाडु में भी यादवों के क्षेत्रीय संगठन बन गये। राव के अनुसार यादव अस्मिता का उभार 1923 में अखिल भारतीय यादव महासभा के गठन के साथ ही हुआ। बदन सिंह यादव इसके पहले अध्यक्ष बने। इस महासभा के गठन के बाद अहीरों में तेज़ी से राजनीतिक जागरूकता आयी।

तीसरी तरह के आन्दोलन वे हैं, जो अछूत मानी जाने वाली जातियों ने एकजुट होकर किये। 1920 के दशक में इरोड वेंकट नायकर रामासामी जिन्हें पेरियार के नाम से जाना जाता है 1924 में दलितों के लिए तमिलनाडु में स्वाभिमान आन्दोलन शुरू किया। इस आन्दोलन के तहत तय किया गया कि दलित बिना ब्राह्मण के शादी करेंगे। इसी तरह महाराष्ट्र में भी गैर–ब्राह्मण आन्दोलन सांस्कृतिक मुद्दों पर ही शुरू हुआ। 19वीं सदी में महाराष्ट्र, मद्रास और मैसूर में ब्राह्मण विरोधी आन्दोलनों का उभार हुआ। महाराष्ट्र में ज्योति राव फुले ने शूद्रों को शिक्षित कर इस आन्दोलन को तेज़ किया। वह पहले भारतीय थे जिन्होंने महाराष्ट्र में अछूतों और लड़कियों के लिए स्कूल खोला। 1873 में उन्होंने सत्यशोधक समाज की स्थापना की, जिसका प्रभाव पूरे महाराष्ट्र पर पड़ा।

ऐसे सभी आन्दोलनों में गैर–ब्राह्मण नेताओं ने सीधे ब्राह्मणवाद को निशाना बनाया और उन्होंने जाति को ब्राह्मणों द्वारा अन्य समुदायों का उत्पीड़न करने का औजार बताया। असल में शुरू के ऐसे सभी गैर ब्राह्मण आन्दोलन ब्राह्मणों के वर्चस्व के ख़िलाफ़ थे। राव के अनुसार सत्तर के दशक तक उत्तर भारत में ब्राह्मणों के ख़िलाफ़ ऐसे आन्दोलन नहीं खड़े हुए, जैसे कि दक्षिण में हुए। इसकी वजह वे बताते हैं कि उत्तर के ब्राह्मण आधुनिक शिक्षा और सरकारी नौकरियों के मामले में अन्य जातियों से काफ़ी पीछे थे। चौथे प्रकार के आन्दोलनों में जनजातियों और कबीलाई समाजों द्वारा किये गये आन्दोलन हैं। (घनश्याम शाह, *सोशल मूवमेंट इन इंडिया : ए रिव्यू ऑफ लिटरेचर*, पेज 66–67)

1970 के दशक के बाद कांशीराम उत्तर भारत में दलित राजनीति के लिए सक्रिय हुए। शुरू में वह रिपब्लिकन पार्टी ऑफ इंडिया (आर.पी.आई.) के समर्थक थे मगर यह पार्टी 1971 में कांग्रेस में मिल गयी तो उन्होंने अपना अलग एससी, एसटी, ओबीसी एंड माइनॉरिटी एम्पलॉई एसोसिएशन बना लिया और 1978 में बामसेफ (BAMCEF) का गठन किया। बामसेफ भी कोई राजनीतिक संगठन नहीं था। 1981 में कांशीराम ने दलित शोषित समाज संघर्ष समिति (डी.एस.4) नाम से एक और सामाजिक संगठन बनाया। 1984 में उन्होंने बहुजन समाज पार्टी का गठन किया और छत्तीसगढ़ की जंजगीर–चम्पा सीट से पहला चुनाव लड़ा। उत्तर प्रदेश में मायावती के नेतृत्व में बसपा ने उल्लेखनीय प्रदर्शन किया। नब्बे के दशक में बसपा उत्तर प्रदेश में एक ताक़तवर राजनीतिक पार्टी बनकर

उभरी और राज्य की सत्ता तक पहुँची। आज बसपा भले ही प्रमुखता से उत्तर प्रदेश की पार्टी है, पर उसका अपना जनाधार, कम या ज़्यादा ही सही, पूरे भारत में है।

आज़ादी के बाद सामाजिक और शैक्षिक रूप से पिछड़ों के लिए विशेष प्रयास करने की ज़रूरत महसूस की जा रही थी। 19 जनवरी, 1953 को भारत के पहले पिछड़ी जाति आयोग का गठन किया गया था। काका कालेलकर आयोग के अध्यक्ष बनाये गये और इस आयोग को काका कालेलकर आयोग के नाम से भी जाना गया। आयोग ने 30 मार्च, 1955 को अपनी रिपोर्ट सौंपी। रिपोर्ट में उन्होंने पूरे देश में पिछड़ी जातियों की जो सूची बनायी उसमें 2399 जातियों और समुदायों को पिछड़ी जातियों के रूप में दर्ज़ किया। इनमें से 837 जातियों को बहुत पिछड़ी जातियाँ (Most Backward) का दर्ज़ा दिया गया। काका कालेलकर आयोग की सिफ़ारिशें ऐसी थीं, जिन पर सहमति बनाना बहुत ही मुश्किल था। आयोग का सुझाव था कि 1961 में जातीय आधार पर मतगणना कराई जाये। हिन्दुओं में बने जातीय श्रेष्ठता के क्रम के आधार पर नीचे की जातियों को सामाजिक पिछड़ा वर्ग में माना जाये। सभी महिलाओं को पिछड़ा माना जाये। सभी तकनीकी एवं व्यावसायिक संस्थानों में पिछड़े वर्ग के छात्रों के लिए 70 फ़ीसद सीटें आरक्षित की जायें। बड़े पैमाने पर भूमि सुधारकर पिछड़ा वर्ग के आर्थिक विकास के लिए उपाय किये जायें। सभी सरकारी और स्थानीय निकाय की नौकरियों में आरक्षण की व्यवस्था इस प्रकार हो– प्रथम श्रेणी नौकरियों में 25 प्रतिशत, दूसरे दर्ज़े की नौकरियों में साढ़े 33 प्रतिशत तथा तृतीय और चतुर्थ श्रेणी की नौकरियों में 40 प्रतिशत आरक्षण होना चाहिए। केन्द्र सरकार ने इस रिपोर्ट को नकार दिया। इसका तर्क यह था कि इस आयोग ने पिछड़ा वर्ग की पहचान के लिए कोई काम नहीं किया। इसलिए दूसरा पिछड़ा वर्ग आयोग बनाने की ज़रूरत है।

इसके बाद पिछड़ा वर्ग का आरक्षण का यह मामला ठण्डे बस्ते में चला गया। क़रीब 25 साल बाद इसे बाहर निकाला जनता पार्टी की मोरार जी देसाई सरकार ने। उसने दूसरे पिछड़ा वर्ग आयोग का गठन किया, जिसे मण्डल आयोग के नाम से जाना जाता है। मण्डल आयोग ने 52 फीसद आबादी, जिसमें ग़ैर–मुस्लिम भी शामिल थे को अन्य पिछड़ी जातियों में रखा। गुजरात के राणे कमीशन को छोड़ दिया जाये तो बाकी राज्यों में राज्य सरकारों द्वारा गठित सभी आयोगों ने सामाजिक, शैक्षिक

और आर्थिक स्थिति को ही किसी समुदाय या जाति के पिछड़े होने का मानक माना था।

1 जनवरी, 1979 को प्रधानमन्त्री मोरार जी देसाई ने 'सामाजिक और शैक्षिक रूप से पिछड़े वर्गों का आयोग (एस.ई.बी.सी.)' का गठन किया था। सांसद बिन्देश्वरी प्रसाद मण्डल को इस आयोग का अध्यक्ष नियुक्त किया गया और यह आयोग उनके नाम से ही मण्डल आयोग के रूप में ज़्यादा जाना गया। इस आयोग का उद्देश्य देश में सामाजिक एवं शैक्षिक रूप से पिछड़ों की पहचान करना, ताकि आरक्षण और कोटा की व्यवस्था उनके विकास के लिए की जा सके। इस आयोग को 11 सामाजिक, आर्थिक और शैक्षिक मानक संकेतों के आधार पर समाज में पिछड़ावर्ग की पहचान करनी थी। दिसम्बर, 1980 में मण्डल आयोग ने अपनी रिपोर्ट तत्कालीन गृहमन्त्री ज्ञानी जैल सिंह को सौंप दी थी। इसमें अन्य पिछड़ा वर्ग को 27 प्रतिशत आरक्षण देने की सिफ़ारिश की गयी थी। 1982 में इस रिपोर्ट को संसद में पेश किया गया था।

जनता दल ने 1989 में अपने चुनाव घोषणापत्र में मण्डल सिफ़ारिशें लागू करने की बात कही थी। सत्ता में आने पर प्रधानमन्त्री वी.पी. सिंह ने 7 अगस्त, 1990 को मण्डल कमीशन रिपोर्ट लागू करने की घोषणा की। सुप्रीम कोर्ट से कुछ समय के लिए इस पर स्टे भी मिला और अंततः 1992 में केन्द्र सरकार और सार्वजनिक क्षेत्र की नौकरियों में इसकी सिफ़ारिश के अनुरूप आरक्षण लागू कर दिया गया।

मण्डल आयोग ने इन 11 मानकों पर तय किया था पिछड़ा वर्ग

सामाजिक

1. ऐसी जातियाँ व वर्ग जिन्हें अन्य सामाजिक रूप से पिछड़ा मानते हैं।
2. ऐसी जातियाँ व वर्ग जो जीवन यापन के लिए अपने श्रम पर निर्भर हैं।
3. ऐसी जातियाँ और वर्ग जिनमें कम से 25 प्रतिशत लड़कियों और 10 प्रतिशत लड़कों (गाँवों के लिए) की शादी 17 साल की उम्र से पहले कर दी जाती है। शहरों के लिए यह प्रतिशत लड़कियों के लिए 10 फीसद और लड़कों के लिए 5 फीसद माना गया।

4. ऐसी जातियाँ और वर्ग जिनमें महिलाओं की काम में भागेदारी राज्य के औसत से कम–से–कम 25 प्रतिशत कम है।

शैक्षणिक

1. ऐसी जातियाँ और वर्ग जिनमें 5 से 15 साल के बच्चों के कभी स्कूल न जाने की संख्या राज्य के औसत से 25 प्रतिशत अधिक हो।
2. ऐसी जातियाँ और वर्ग जिनमें 5 से 15 साल के बच्चों के स्कूल छोड़ने की दर राज्य की औसत दर से 25 प्रतिशत ज़्यादा हो।
3. ऐसी जातियाँ एवं वर्ग जिनमें दसवीं पास करने वालों की संख्या राज्य के औसत से 25 प्रतिशत कम हो।

आर्थिक

1. ऐसी जातियाँ एवं वर्ग जिनमें परिवारों की औसत सम्पत्ति मूल्य राज्य के औसत से 25 प्रतिशत से कम हो।
2. ऐसी जातियाँ एवं वर्ग जिनमें राज्य के औसत से 25 प्रतिशत से ज़्यादा परिवार कच्चे घरों में रहते हों।
3. ऐसी जातियाँ एवं वर्ग जिनमें 50 प्रतिशत से ज़्यादा परिवार पीने का पानी लेने आधा किलोमीटर दूर तक जाते हों।
4. ऐसी जातियाँ एवं वर्ग जिनमें राज्य के औसत से कम से कम 25 प्रतिशत से ज़्यादा परिवार घर के ख़र्च के लिए कर्ज़ लेते हों।

ऐसे तय हुई पिछड़ी जातियाँ और वर्ग

आयोग ने इन मानकों के आधार पर पिछड़ी जातियों और वर्ग को तय करने के लिए अंकों को आधार बनाया था। सभी मानकों में समान अंक नहीं थे, हर सामाजिक मानक के तीन अंक यानी कुल चारों के 12 अंक थे। हर शैक्षिक मानक के दो अंक थे और कुल 6 अंक बनते थे। चारों आर्थिक मानकों के लिए हर मानक का एक–एक अंक था। इस तरह कुल 22 अंक बनते थे। इनमें से आधे से ज़्यादा अंक यानी 11 और इससे अधिक अंक पाने वाली जातियों और वर्गों को पिछड़ा माना गया और बाकी को विकसित।

इस मानक के आधार पर आयोग ने देश की क़रीब 52 प्रतिशत आबादी (इनमें अनुसूचित जातियाँ और जनजातियाँ शामिल नहीं थीं) जो 3743 जातियों और वर्गों से थीं, को पिछड़ा माना।

आयोग ने सिफ़ारिश की कि अनुसूचित जाति और जनजातियों को उनकी जनसंख्या के अनुपात में 22.5 प्रतिशत आरक्षण का प्रावधान है। इसलिए अन्य पिछड़ा वर्गों को भी सरकारी नौकरियों, तकनीकी और व्यावसायिक संस्थानों में 27 फीसद आरक्षण दिया जाये। पिछड़े वर्गों की सघन आबादी वाले इलाक़ों में शिक्षा की विशेष व्यवस्था होनी चाहिए। व्यावसायिक शिक्षा पर विशेष ध्यान देना चाहिए। तकनीकी और व्यावसायिक संस्थानों में आरक्षण कोटे से दाखिल होने वाले छात्रों के लिए कोचिंग की विशेष व्यवस्था की जाये।

श्री राम माहेश्वरी की 1991 में आयी किताब 'द मण्डल कमिशन एंड मण्डलाइजेशन : ए क्रिटिक' (The Mandal Commission and Mandalisation : A Critique) में लिखते हैं कि पहले पिछड़ा वर्ग आयोग में सदस्यों का आधार काफ़ी विस्तृत था, जबकि दूसरे आयोग में सिर्फ़ पिछड़ी जातियों के सदस्य थे। इसके पाँच सदस्यों में से चार अन्य पिछड़ा वर्ग के थे और केवल एक आर.एल. नाइक ही दलित समुदाय से थे।

भाजपा की बैसाखियों पर टिकी वी.पी. सिंह सरकार ने डावाँडोल की स्थिति में जल्दबाजी करते हुए जिस तरह मण्डल आयोग की रिपोर्ट लागू करने का फ़ैसला किया, देश में बड़े पैमाने पर इसका विरोध हुआ। ख़ुद सरकार में सभी समूह इस पर एकमत नहीं थे। 7 अगस्त, 1990 को वी.पी. सिंह ने मण्डल आयोग की सिफ़ारिशें लागू करने की घोषणा की और दो दिन बाद 9 अगस्त को इसके विरोध में उप प्रधानमन्त्री देवीलाल ने इस्तीफ़ा दे दिया। 10 अगस्त, 1990 से देश भर में विरोध प्रदर्शन शुरू हो गये। ख़ासकर युवा सरकारी नौकरियों में जाति के आधार पर आरक्षण देने का विरोध कर रहे थे। वी.पी. सिंह सरकार ने इस विरोध की पूरी तरह अनदेखी करते हुए 13 अगस्त, 1990 को मण्डल आयोग की सिफ़ारिश लागू करने की अधिसूचना जारी कर दी। अगले ही दिन 14 अगस्त, 1990 को अखिल भारतीय आरक्षण विरोधी मोर्चा के अध्यक्ष उज्ज्वल सिंह ने आरक्षण प्रणाली के ख़िलाफ़ सुप्रीम कोर्ट में याचिका दायर कर दी।

आन्दोलन की आग लगातार भड़कती जा रही थी। देशभर में छात्र इस जातिगत आरक्षण के ख़िलाफ़ सड़कों पर आ गये थे। हरियाणा, दिल्ली, उत्तर प्रदेश, बिहार, मध्य प्रदेश, गुजरात सहित पूरे उत्तर भारत में शिक्षण संस्थानों को कुछ समय के लिए बन्द करना पड़ा। 19 सितम्बर, 1990 को दिल्ली विश्वविद्यालय के छात्र एस.एस. चौहान ने आरक्षण के विरोध में आत्मदाह कर लिया।

एक अन्य छात्र राजीव गोस्वामी ने भी आत्मदाह की कोशिश की और बुरी तरह झुलस गया। 24 सितम्बर, 1990 को पटना में आरक्षण विरोधियों और पुलिस के बीच झड़प हुई और पुलिस की फ़ायरिंग में चार छात्रों की मौत हो गयी। पूरे देश में तनाव का माहौल बना था।

इस बीच सरकार को बाहर से समर्थन दे रही भारतीय जनता पार्टी के नेता लालकृष्ण आडवाणी ने मन्दिर मुद्दे को लेकर राम रथ यात्रा शुरू कर दी। बिहार में आडवाणी की गिरफ़्तारी के साथ ही भाजपा ने समर्थन वापिस ले लिया। सरकार के अल्पमत में आने पर 7 नवम्बर, 1990 को वी.पी. सिंह ने प्रधानमन्त्री पद से त्यागपत्र दे दिया, मगर तब तक देश का माहौल काफ़ी अराजक हो चुका था। तब तक सुप्रीम कोर्ट ने भी सरकार के फ़ैसले पर स्टे दे दिया था। वी.पी. सिंह के बाद कांग्रेस के समर्थन से चन्द्रशेखर प्रधानमन्त्री बने, मगर उनकी सरकार भी सात महीने से ज़्यादा नहीं चली। मई 1991 में हुए चुनाव के बाद कांग्रेस ने मिलीजुली सरकार बनायी। नरसिम्हा राव इसके नेता बने।

राव सरकार ने नये सिरे से सामाजिक और शैक्षिक रूप से पिछड़े वर्गों की पहचान की। इसमें ऊँची जातियों के अति पिछड़ों को भी आरक्षण देने का प्रावधान करते हुए 25 सितम्बर, 1991 को आरक्षण सीमा बढ़ाकर 59.5 प्रतिशत कर दी। जिस दिन राव सरकार इस प्रावधान की घोषणा कर रही थी ,उसी दिन देश में आरक्षण का विरोध हो रहा था। दिल्ली में आरक्षण का विरोध कर रहे छात्रों पर दिल्ली पुलिस ने फ़ायरिंग कर दी। इसमें दो छात्रों की मौत हो गयी। केन्द्र सरकार ने आरक्षण के लिए जिस नये आर्थिक आधार को पैमाना बनाया था सर्वोच्च न्यायालय ने 1 अक्टूबर, 1991 को पूरा ब्यौरा माँग लिया।

राव सरकार के क़दम से विरोध की आग एक बार फिर तेज़ हो गयी। 2 अक्टूबर, 1991 को गाँधी जयन्ती के दिन कई राज्यों में आरक्षण विरोधियों और समर्थकों के बीच झड़प हुई। गुजरात में स्कूल और कालेज बन्द कर दिये गये। मध्य प्रदेश में इन्दौर के राजवाड़ा चौक पर 10 अक्टूबर, 1991 को छात्र शिवलाल यादव ने आत्महत्या की कोशिश की। तनाव लगातार बना हुआ था ऐसे में 30 अक्टूबर, 1991 को मण्डल आयोग की सिफ़ारिशों के ख़िलाफ़ दायर याचिका की। सुनवायी कर रही सुप्रीम कोर्ट की संविधान पीठ ने यह मामला 9 न्यायाधीशों की बड़ी पीठ को सौंप दिया।

सुप्रीम कोर्ट में मामले की सुनवायी से पहले 17 नवम्बर, 1991 को राजस्थान, उत्तर प्रदेश, मध्य प्रदेश और ओडिशा में एक बार फिर उग्र विरोध प्रदर्शन हुए। उत्तर प्रदेश में बड़े पैमाने पर आगजनी और हिंसा हुई। गोरखपुर में प्रदर्शनकारियों ने 16 बसों में आग लगा दी। क़रीब 100 प्रदर्शनकारियों को गिरफ़्तार किया गया।

19 नवम्बर, 1991 को जिस दिन सुप्रीम कोर्ट ने मण्डल आयोग की रिपोर्ट लागू करने की अनुमति दी, उस दिन दिल्ली विश्वविद्यालय के उत्तरी परिसर में पुलिस और छात्रों के बीच झड़प में लगभग 50 लोग घायल हुए। मुरादाबाद में दो छात्रों ने आत्महत्या का प्रयास किया। क़रीब एक साल बाद 16 नवम्बर, 1992 को सुप्रीम कोर्ट ने ऐतिहासिक फ़ैसले में मण्डल आयोग की सिफ़ारिशों को लागू करने के फ़ैसले को वैध ठहराया। साथ ही आरक्षण की अधिकतम सीमा 50 प्रतिशत रखने और पिछड़ी जातियों के उच्च तबके को इस सुविधा से अलग रखने का निर्देश दिया। केन्द्र सरकार ने 8 सितम्बर, 1993 को नौकरियों में पिछड़े वर्गों को 27 फीसद आरक्षण देने की अधिसूचना जारी की। 20 सितम्बर, 1993 को दिल्ली के क्रान्ति चौक पर राजीव गोस्वामी ने इसके ख़िलाफ़ एक बार फिर आत्मदाह का प्रयास किया। मगर मण्डल सिफ़ारिशें अब लागू हो चुकी थीं। 20 फ़रवरी, 1994 को मण्डल आयोग की सिफ़ारिशों के तहत नौकरी पाने वाले वी राजशेखर पहले अभ्यर्थी बने। समाज कल्याण मन्त्री सीताराम केसरी ने उन्हें नियुक्ति पत्र सौंपा।

मण्डल आन्दोलन के कारण और सिद्धान्त

मनोवैज्ञानिक डग मैकएडम ने अमेरिका में हुए अश्वेत विद्रोह की व्याख्या करते हुए आन्दोलन के बारे में राजनीतिक प्रक्रिया का सिद्धान्त (Political Process Theory) दिया था। यह सिद्धान्त कहता है कि कोई भी सामाजिक आन्दोलन असल में एक राजनीतिक आन्दोलन का ही प्रकार होता है। हर सामाजिक आन्दोलन के मूल में एक राजनीतिक अवसर छुपा होता है। असल में सामाजिक आन्दोलन सत्ता और सरकार के ख़िलाफ़ होता है। यदि सरकार मज़बूत, प्रतिक्रियावादी और दमनकारी होती है तो ऐसे सामाजिक आन्दोलनों के विफल होने की सम्भावना बढ़ जाती है। आरक्षण विरोधी आन्दोलन को भी बल प्रयोग कर कुचला गया। देशभर में छात्रों और नौजवानों ने जो विरोध किया उसे कोई तवज़्ज़ो नहीं दी गयी।

इसने देश की राजनीति को बदल दिया। जनता दल टूटा और उसमें से जातीय आधार पर राजनीति करने वाले स.पा., राजद, जदयू जैसे दल तेज़ी से उभरे। वहीं बसपा की राजनीति ने भी उत्तर प्रदेश में नया रंग पकड़ा।

मण्डल आयोग की सिफ़ारिशों को ठण्डे बस्ते से निकालकर लागू करने के पीछे भी पूरी तरह से राजनीतिक कारण थे। अलग–अलग दलों के मिलन से जनता दल बना था। इसके सभी बड़े नेताओं के अहंकार आपस में टकरा रहे थे और वी.पी. सिंह की कुर्सी हिल रही थी। उप प्रधानमन्त्री देवीलाल से उनकी ठन चुकी थी। बाहर से समर्थन दे रही भाजपा मन्दिर राग अलाप रही थी। ऐसे में पिछड़े वर्ग के नेताओं लालू प्रसाद यादव, मुलायम सिंह यादव, नीतीश कुमार को साधे रखने के लिए उन्होंने मण्डल का दाँव चला था।

दलितों का सामाजिक उत्थान

"डॉ. अम्बेडकर आज़ादी के दौरान और संविधान निर्माण से मिली ताक़त का प्रयोग बिना समय गँवाये दलितों के राजनैतिक संगठन और चुनावी सहभागिता बढ़ाने के लिए करना चाहते थे। धार्मिक और सांस्कृतिक आज़ादी के लिए उन्होंने नव बौद्ध धर्म स्वीकार करके एक रास्ता बना दिया था। राजनीतिक मोर्चे पर वे जानते थे कि दलित शक्ति कमज़ोर, बिखरी और दिशाहीन है।"

चोटिल समाज की पीड़ा आन्दोलन की शक्ल में व्यक्त होती है। आन्दोलन पीड़ा, सन्त्रास और क्रोध को सही दिशा देकर, दशा को बदलते रहे हैं। दलित समाज की दशा और दिशा बदलने में आन्दोलनों की बड़ी भूमिका रही है। प्राचीन काल में महात्मा बुद्ध ने समाज में फैली कुरीतियों, आडम्बरों और इन्सान के इन्सान द्वारा शोषण के विरुद्ध एक नये 'धम्म' का प्रतिपादन किया। मध्ययुगीन काल में कबीर, नानक, दादू, तुकाराम, नामदेव, रविदास चोखा मेला जैसे सन्त कवियों और सुधारकों ने छुआछूत और शोषण की जमकर बखिया उधेड़ी। समस्या की पहचान और समाधान दोनों धार्मिक और आध्यात्मिक सुधार आन्दोलनों का प्रमुख स्वर था। उसे जन आन्दोलन का स्वरुप मिला ज्योतिराव फुले, सावित्रीबाई फुले, नारायण गुरु, डॉ. भीमराव अम्बेडकर, पेरियार जैसे विभूतियों से, जिन्होंने जाति व्यवस्था और जाति की मानसिकता दोनों के विरूद्ध संगठनात्मक और अकादमिक मोर्चों पर बड़ा निर्णायक संघर्ष खड़ा किया। इनके आन्दोलनों ने आने वाले कल के लिए संघर्ष का एक पैमाना तय करने का काम किया।

जहाँ तक राज्य और सरकारी प्रयासों का सम्बन्ध है, इसकी शुरुआत भी कोल्हापुर के महाराज छत्रपति शाहूजी ने अपनी रियासत में पिछड़ों, अछूतों और बालिकाओं के लिए शिक्षा और नौकरियों में आरक्षण की व्यस्था की। स्वतन्त्र भारत के संविधान में भी मौलिक अधिकारों के रूप में अनुच्छेद 14 (समानता का अधिकार), अनुच्छेद 15 (भेदभाव पर प्रतिबन्ध),

अनुच्छेद 16 (रोज़गार या अन्य मामलों में सामान अवसर), अनुच्छेद 17 (असपृश्यता का अन्त) और अनुच्छेद 18 में सारे राजसी और सामाजिक उपाधियों को ख़त्म कर दिया गया है। साथ ही दलित और आदिवासी वर्ग को अनुच्छेद 15 के अन्तर्गत नौकरियों और शिक्षण संस्थाओं में क्रमशः 15 और 7.5 प्रतिशत आरक्षण दिया गया है। यह कोई संविधान सभा का एहसान न, होकर ऊपर उल्लेखित आन्दोलनों का प्रतिफल था। इस प्रकार भारतीय समाज और राज–व्यवस्था में दलित आन्दोलन का एक अध्याय 1950 में पूरा हुआ।

संवैधानिक अधिकार, अस्तित्व और चेतना का विकास, संगठित संघर्ष का महत्त्व और थोथी जाति व्यस्था का पर्दाफाश करना 1950 तक के दलित आन्दोलनों का लक्ष्य, माँग और प्रयास रहा, किन्तु आज़ाद भारत में नये समाज की रचना के लिए सांस्कृतिक, आर्थिक और राजनीतिक व्यवस्था में आन्दोलनात्मक सुधार आवश्यक था। सांस्कृतिक मोर्चे पर संघर्ष और भी कठिन था। दरअसल संस्कृति का सीधा सम्बन्ध समाज की मानसिकता से होता है। आज़ाद भारत में भी पूर्व की शासक जातियाँ और धर्मसत्ता पर काबिज़ ब्राह्मण वर्ग दलित अस्तित्व और चेतना को नकारने में आगे रहा। उस समय भी दलित आन्दोलनों में बड़ी संख्या में कथित ऊँची जातियों के नेता शामिल थे। जैसा फुले और अम्बेडकर ने परिभाषित किया था कि हमारा विरोध ब्राह्मण से न होकर ब्राह्मणवाद से है। उनका मानना था कि विरोध व्यक्ति का नहीं, बल्कि उस व्यवस्था और मानसिकता का होना चाहिए जो दलितों और अछूतो को हीन समझता है, जो उनके शोषण में शामिल है, या उसका प्रत्यक्ष अथवा अप्रत्यक्ष रूप से समर्थन करता है।

डॉ. अम्बेडकर आज़ादी के दौरान और संविधान निर्माण से मिली ताक़त का प्रयोग बिना समय गँवाये दलितों के राजनैतिक संगठन और चुनावी सहभागिता बढ़ाने के लिए करना चाहते थे। धार्मिक और सांस्कृतिक आज़ादी के लिए उन्होंने नव बौद्ध धर्म स्वीकार करके एक रास्ता बना दिया था। राजनीतिक मोर्चे पर वे जानते थे कि दलित शक्ति कमज़ोर, बिखरी और दिशाहीन है। इसलिए उन्होंने समाजवाद के पुरोधा डॉ. राम मनोहर लोहिया के साथ मिलकर भारत की रिपब्लिकन पार्टी (RPI) का गठन 1956 में किया, लेकिन 6 दिसम्बर, 1956 को उनकी असमय मृत्यु से इस राजनीतिक अभियान में जो बिखराव आया वो आज भी RPI के 43 से ज़्यादा धड़ों के रूप में महत्त्वहीन बना हुआ है।

1970 तक भारत का दलित आन्दोलन नीति, नेतृत्व और नियति के लिए संघर्ष करता रहा। इस दौरान दलित आन्दोलन और उसके कार्यकर्ता कम्युनिस्टों और कांग्रेस पार्टी में खुद के मुद्दों को ढूँढ़ रहे थे।

अमेरिका में मार्टिन लूथर किंग जुनियर के सिविल राइट आन्दोलन और कॉलेज छात्रों बॉबी साल व हुए न्यूटन द्वारा गठित ब्लैक पैंथर ने तत्कालीन जगत के सामाजिक आन्दोलनों में एक नयी सोच पैदा की थी। हिंसा का उत्तर प्रतिहिंसा। ये गाँधीवादी विचारों के बिल्कुल उलट था। भारत के, विशेषरूप से महाराष्ट्र में लचर और लाचार दलित आन्दोलन में नयी चेतना फूँकने का काम इसी चेतना की थी। उस समय कुछ लेखक और सक्रिय दलित युवक नामदेव ढसाल, राजा वाले, ज. वि. पवार और अरुण काम्बले जैसे पढ़े–लिखे किन्तु विद्रोही युवाओं ने 'दलित पैंथर' स्थापित किया था। इन्होनें डॉ. अम्बेडकर की तरह अकादमिक और एक्टिविस्ट दोनों मोर्चों पर दलित युवाओं में नयी चेतना फूँकने का काम किया। कविता, कहानी, निबन्ध, भाषण, पोवाड़ा आदि साहित्यिक विधाओं में दलित पीड़ा, अनुभूति और शोषण को दर्ज़ कराया। प्रेमचन्द और फणीश्वर नाथ रेणु के बाद साहित्य में हाशिये पर रहा दलित विषय फिर से मुख्यधारा का साहित्य बना। इससे दलित आन्दोलन को नयी बौद्धिक चेतना मिली। साथ ही संगठनात्मक ऊर्जा भी मिली, लेकिन 1980 का दशक आते–आते इसकी धार कुन्द पड़ गयी, रफ़्तार मन्द पड़ गयी। आन्दोलन का राजनीतिकरण होने से सभी अलग ढफली, अलग राग गाने लगे। कोई मार्क्स और अम्बेडकर के विचारों को साथ ले जाने की जिद पर अड़ गया, कोई भीम–मीम करता हुआ दलित–मुस्लिम एकता का पैरोकार हो गया, तो कोई हिन्दुत्व के अजेंडे वाली शिव सेना के साथ शिव शक्ति + भीम शक्ति = देशभक्ति की बात करने लगे। सबके अपने तर्क थे। सब अपनी धरा और धारा को सही मान रहे थे। 1990 आते–आते देश में दलित आन्दोलन बिखर गया।

ऐसा सभी मानते हैं कि 1990 का दशक भारत के लिए एक समाज और राष्ट्र के रूप में सबसे महत्त्वपूर्ण है। देश में आये आर्थिक उदारीकरण ने बड़ी सफ़ाई से दलित और गैर दलित जातियों को एक धरातल पर पटक दिया। इसने सामाजिक पृष्ठभूमि को पूरी तरह नकार दिया। यह बाज़ारवाद का नव–सैक्युलरवाद था। दलितों और कथित उच्च जातियों में आरक्षण को आर्थिक विषमता और प्रतिभा के अपमान का कारण संघर्ष

होने की धारणा को मीडिया के माध्यम से प्रचारित किया। मण्डल आयोग रिपोर्ट लागू होने से समाज अगड़े–पिछड़े खाँचे में बँट कर और भी हिंसक हो गया। राम मन्दिर आन्दोलन के तीव्र होने से देशभर में धार्मिक उन्माद फ़ैल गया। देश का खजाना खाली था। इन सबके बीच दलित आन्दोलन बिल्कुल हाशिये पर चला गया। देश एक उन्मादी और अस्थिर राजनीतिक सर्कस बन गया। नीतियाँ, नेता और नियति ताश के पत्तों की तरह ढहने लगीं। ऐसे में दलितों और आदिवासियों के प्रश्नों को कोई ख़ास तवज़्ज़ो नहीं मिली। इसी के साथ ही इस्लाम और ईसाई धर्म में परिवर्तित हुए दलितों के प्रश्न भी उभरे। हिन्दू समाज की अमानवीय जाति व्यवस्था से निराश होकर या कुछ अन्य प्रलोभन पाकर लाखों दलितों ने इस्लाम और ईसाइयत अपनाया तो ज़रूर, लेकिन वहाँ भी उन्हें निचले पायदान पर या दरवाज़े के बहार ही रखा गया है। उनके व्यवसाय भी वही रहे। अब इस्लाम और ईसाइयत में जाति की संकल्पना नहीं है और भारत में धर्म आरक्षण का मानक नहीं है, इसलिए बहुत सारे दलित जातिगत संवैधानिक आरक्षणों से वंचित हैं। यह अपने आप में बड़ा प्रश्न है। दूसरी बात यह भी है कि दलितों पर हो रही ज़्यादतियाँ और अत्याचार सिर्फ़ मानवाधिकार के उल्लंघन के दायरे में परिभाषित करना भी आधा सच होगा, लेकिन ऐसा कहना अपने आप में अति सरलीकरण होगा। इसलिए 1990 के बाद के दलित आन्दोलन को समझने के लिए उसके अकादमिक, सामाजिक, राजनैतिक, सांस्कृतिक और आर्थिक पक्ष को विस्तार से समझना होगा। इससे इसका स्वरुप, संघर्ष पद्धति, मुद्दे, अवस्था, राजनैतिक अनास्था और कालानुरूप प्रतिक्रिया का पक्ष जाना जा सकेगा।

1. भूमण्डलीकरण के दौर में मुद्दे से भटकता दलित आन्दोलन

1990 के बाद की परिस्थितियों ने दलित आन्दोलन का भ्रमित कर दिया। एक तरफ निजीकरण के विरोध में दलित आन्दोलनों को लामबन्द किया जाने लगा, तो दूसरी ओर बसपा, कांग्रेस, कम्युनिस्ट और RPI जैसी पार्टियाँ दलितों को अपना वोट बैंक बनाने के लिए हर हाल में सरकारी योजनाओं का विरोध करने को उकसाया। भाजपा के रूप में दावेदार उभरने से दलित आन्दोलन का स्वरुप हिन्दू धर्म के दायरे में आने से भी नहीं बच सका। जाति की नदियाँ धर्म के सागर में विलय करने की परियोजना भी चल पड़ी। भूमिहीन खेत मज़दूर, शहरों को पलायन करने वाले असंगठित

मज़दूर, और जाति के अत्याचार के शिकार दलितों को नक्सली भी अपने आपराधिक गतिविधियों का मोहरा बनाने लगे। कहीं न कहीं दलित आन्दोलन का इस्तेमाल दलित समाज के ही ख़िलाफ़ होने लगा। इससे LPG (लिबलाराइजेशन, प्राइवेटाइजेशन और ग्लोबलाइजेशन) के माध्यम से आये निवेश, व्यवसाय और नौकरियों में दलित समाज को अपेक्षित और गुणात्मक लाभ नहीं मिल सका। बदली परिस्थितियों में दलित आन्दोलन की माँगें भी बदलनी चाहिए थीं, लेकिन वे पुरानी माँगों जैसे आरक्षण और संरक्षण तक ही सीमित रह गयीं। जबकि नयी परिस्थितियों में भूमिहीन दलित, शिक्षा वंचित दलित, सामान नागरिक सुविधाओं से वंचित दलित, सफ़ाई कार्य में लगे दलित, मानवाधिकारों का हनन, आवश्यक संवैधानिक संशोधन के साथ ही सूचना क्रान्ति से बदल रही दुनिया दलित विमर्श का विषय बनना चाहिए था।

आज दलित समाज में उप–जातियों के आधार पर भेदभाव हो रहा है। महिलाओं पर दूसरे समाज के लोग अत्याचार करते ही हैं, लेकिन अपने घर के ही पुरुष नशे और क्रोध का शिकार दलित महिलाओं को बना रहे हैं। इस पर कोई बहस और आन्दोलन दलित समाज में नहीं खड़ा हुआ। विश्लेषक ऐसा मानते रहे हैं कि दलित युवा नशे, अपराध और समाजिक अवसाद का शिकार हो रहे हैं। कभी कांशीराम या मायावती में इस मामले की आवाज़ कभी बुलन्द होती नहीं दिखी। यह होता तो शायद स्थिति भिन्न होती, लेकिन इस समाज के कर्ताधर्ताओं को हमेशा यह लगता रहा है कि पहले आर्थिक मज़बूती आये, बाकी सुधार तो हो ही जायेंगे, लेकिन यह भी सच है कि ख़ुद को समय के साथ बदल ना पाना भी दलित आन्दोलन की धार को कुन्द करता जा रहा है। डरबन सम्मेलन में जाति के मुद्दे को स्थानीय से अन्तरराष्ट्रीय बनाने की कोशिश हुई। कुछ हद तक सफल भी थी, लेकिन वह जातिभेद और रंगभेद को एक तराजू पर तौलने से जाति का प्रश्न गौण हो गया। उस पर भारत के समाजशास्त्रियों और विद्वानों ने इस अच्छी पहल का इतना ज़्यादा अकादमिक पोस्टमार्टम किया कि आम दलित डरबन सम्मलेन के महत्त्व और प्रभाव को समझ भी नहीं पाया। उसी की तर्ज़ पर भोपाल में सम्मलेन ज़रूर हुआ, लेकिन वहाँ भी दलित आन्दोलन को कोई रास्ता नहीं दिखा सका। क्योंकि भूमण्डलीकरण के दौर में दलित आन्दोलन सिर्फ़ घोर सामाजिक विषमता का ही प्रश्न न होकर, आर्थिक विषमता का भी प्रश्न

बन गया है। दोनों को एक साथ न लेकर चलना भी दलित आन्दोलन को फलदायी नहीं बना पाया।

2. नव–अम्बेडकरवाद की अकादमिक कसरत तक इतिश्री

1990 के बाद का दलित आन्दोलन सार्वजनिक ज़मीन से गायब होता रहा। इसका विस्तार किताबों और साहित्य में अवश्य हुआ। इसका अकादमिक स्वरुप इसके अभिजन स्वरुप को निखारता रहा, लेकिन बहुजन स्वरुप को दुत्कारता रहा। डॉ. अम्बेडकर और दलित पैंथर के काल के दलित साहित्य ने एक नयी भाषा गढ़ने का काम किया था। दलितों के रोजमर्रा के जीवन से शब्द, विषय और भावनाओं को दलित साहित्य में स्थान मिला। भले ही उसे मुख्यधारा के साहित्यकारों ने भौंडा और बिखरा कहा, लेकिन वो अपने उद्देश्य में सफल था। क्योंकि ये उस भाषा में बोलता था जो दलित समाज समझता था, लेकिन 1990 के बाद के काल में दलित साहित्य की भाषा का स्वरुप दरबारी और सरकारी होने लगा। यह आधुनिक दलित साहित्य दर्ज़ेदार तो हुआ, लेकिन लोकाभिमुख नहीं बन पाया। भूमण्डलीकरण के दौर में दलित आन्दोलन अपनी स्वतन्त्र भाषा नहीं खोज सका है। दूसरी तरफ बदलती आर्थिक स्थितियों ने साहित्य पढ़ने और आन्दोलनों या बैठकों में जाने वाला समय छीन लिया। ज़्यादातर दलित साहित्य प्रतिक्रियावादी बन गया। दलित समाज की पीड़ा, सन्त्रास और शोषण ख़त्म करने के लिए क्या किया जाये, ये बताने का काम कम हुआ। मार्गदर्शक साहित्य और सार्वजनिक लिखान सिकुड़ता हुआ कुछ लघु पत्रिकाओं और संगोष्ठियों तक सीमित हो गया। इसके उलट हिंसा, सरकार विरोधी भूमिका, जाति के नाम पर ऊँची जातियों को कोसने भर से दलित समाज का बौद्धिक नेतृत्व सन्तुष्ट है। इससे उन्हें मीडिया और अन्य स्थानों पर व्यक्तिगत प्रसिद्धि, लाभ, पद और पुरस्कार मिलते गये, लेकिन समाज प्रबोधन का काम बहुत पीछे छूट गया। इसका सीधा प्रभाव 1990 के बाद के दलित आन्दोलन पर पड़ा। बुद्धिजीवियों और ज़मीन पर वाक़ई काम कर रहे कार्यकर्ताओं–नेताओं में कोई तालमेल नहीं दिख रहा था और बहुत हद तक है भी। अपनी बात को जाँचने और सिद्ध करने के लिए किसी बड़े दर्शन, सिद्धान्त या पश्चिमी विद्वानों के लेखों को उद्धृत कर देना ही अपनी ज़िम्मेदारियों की इतिश्री मान लिया है। LPG के साथ उपजी जटिलता की दलित आन्दोलन गहरी

समझ विकसित नहीं कर पाया। सिर्फ़ मनुवाद को कोसने और ब्राह्मणों को कोसने तक ही केन्द्रित दलित आन्दोलन ज़्यादा मज़बूत नहीं हो सकता। 1990 के बाद दलित आन्दोलनों का अकादमिक और ग़ैर–अकादमिक नज़रिया बिल्कुल भिन्न रहता है। इस प्रकार समान्तर चल कर भी ये एक समस्या है। इससे ज़मीन पर रहकर आन्दोलन संगठित करने, उसके मुद्दे समझाने और संसाधन जुटाने में कार्यकर्ताओं को बड़ी कठिनाई हो रही है। इसलिए जो भी उनकी इस ज़रूरतों को पूरी करता है, वह उनका राजनैतिक लाभ भी लेने से नहीं चूकता। इस तरह पिछले 30 वर्षों में दलित आन्दोलन कई धाराओं में बह रहा है। इसके लिए आराम कुर्सी पर बैठ कर लेख लिखने वाले स्वाघोषित विद्वान भी उतने ही ज़िम्मेदार हैं, जितने कि दलित आन्दोलन की कोख से निकले वो नेता जो सत्ता और पद पाने के लिए कभी भी, किसी से भी समझौते को आतुर हैं।

3. 1990 के बाद दलित आन्दोलन में संघर्ष तीव्रता कम हुई

LPG सिर्फ़ पश्चिमी उत्पाद और व्यापार भारत में नहीं लाया, इसके साथ ही वहाँ का व्यक्तिवाद भी आया। इसके कारण संगठित आन्दोलन भी व्यक्तिवादी होते गये। इसमें मध्यमवर्गीय व्यक्तिवाद और लोकप्रिय संस्कृति प्रति आसक्ति की मात्रा सबसे ज़्यादा है। इसने दलित युवाओं को समाज के प्रश्नों से भटका कर जल्दी प्रसिद्ध होने की चाह प्रबल की है। समस्याओं का सामूहिक स्वरुप भी व्यक्तिगत समाधान में बदलता जा रहा है। निजी स्वार्थ, जनहित पर हावी है। इसलिए दलित आन्दोलनों की तीव्रता कम हुई है। ये सिर्फ़ किसी हिंसा या जघन्य अपराध के समय ही तीव्र होते दिखता है। जैसे ख़ैरलांजी की नृशंसता (2005), डॉ. अम्बेडकर की प्रतिमा का अपमान की घटनाओं पर दलित समाज का क्रोध तीव्र होता है, लेकिन ये क्षणिक उत्तेजना साबित होती रही है। वास्तविकता तो यह है कि आधुनिक काल की माँग उस सतत (SUSTAINABLE) दलित आन्दोलन की है, जो दलित समाज के प्रश्नों को लगातार लेकर चले। हिंसा और अत्याचार का विरोध और प्रत्युत्तर निश्चित दे, लेकिन शिक्षा, स्वास्थ्य, महिलाओं का सशक्तिकरण, नशा मुक्ति और अपराध से बचना जैसे प्रश्नों पर कार्य करने वाले दलित आन्दोलन ही सही मायनों में समाज के शुभचिन्तक हैं, लेकिन उत्तर–उदारीकरण में नेतृत्व की राजनीतिक महत्त्वाकांक्षा इतनी प्रबल है कि वे समाज और विचार कभी भी बदलने को तैयार बैठे हैं।

टिकट पाने के लिए पार्टी और धन पाने के लिए एजेंडा बदलने को आतुर हैं। यूपी के चन्द्रशेखर और गुजरात के मेवानी जैसे युवा नेताओं से दलित आन्दोलन को काफ़ी उम्मीद थी, लेकिन उनकी भी रुचि सत्ता और चुनावी राजनीति में अधिक है। पहले आन्दोलनों को कार्यकर्ताओं की ज़रूरत होती है। ऐसे कार्यकर्ताओं के निर्माण की कोई व्यवस्था फ़िलहाल नहीं दिखती। जो दिखती भी है, वो सिर्फ़ तात्कालिक आर्थिक हितों तक सीमित दिखती है।

4. बदलती राजनीतिक परिस्थितियाँ और दलित आन्दोलन

एक वक़्त था जब दलित आन्दोलनों ने राजनीतिक परिस्थितियों को बदलने को विवश किया, लेकिन 1990 के बाद राजनीतिक परिस्थितियाँ ही दलित आन्दोलन को बदल रही हैं। बामसेफ से निकले बसपा जैसी पार्टी ने दलितों में सीधे सत्ता हथियाने की जो उम्मीद जगाई थी, उसे ख़ुद बसपा ने ही उसे दिशाहीन कर दिया। ख़ुद बसपा आज राजनीतिक ज़मीन बचाने के लिए संघर्ष कर रही है। मायावती को 2007 में यूपी में पूर्ण बहुमत मिला था, लेकिन उस अवसर को उन्होंने दलित आन्दोलन मज़बूत करने के बजाय मूर्तियों और ख़ुद को प्रधानमन्त्री पद का प्रत्याशी बनाने में गवाँ दिया। 2004 के बाद की बसपा कांशीराम के आन्दोलन की पार्टी न रहकर मायावती की सत्ता और चुनावी पार्टी बनकर रह गयी है। कमोबेश यही हाल बाक़ी सभी दलित आन्दोलनों से निकली पार्टियों का है। यह ज़रूर हुआ कि 1990 के बाद गठबन्धन की राजनीति के दौर में दलित आन्दोलनों और नेताओं की भूमिका मज़बूत होती दिखी। महाराष्ट्र, यूपी, तमिलनाडु, आन्ध्र प्रदेश जैसे राज्यों में दलित आन्दोलन पुनर्गठित होने लगे थे, लेकिन सत्ता लोलुप नेताओं ने दलित आन्दोलन के मुद्दों से समझौते कर लिए। महाराष्ट्र में आज दलित आन्दोलन मज़बूत भी हैं और सामाजिक रूप से ही संगठित हैं। जब राजनीतिक रूप से संगठित होकर सत्ता में अपनी भागीदारी सुनिश्चित करने की ज़रूरत पड़ती है, तो ये अपने निजी गुरूर और सत्ता सुख के लिए एक साथ आने से इनकार करते रहे हैं। उत्तर प्रदेश में हालत इसके ठीक उलट हैं। वहाँ दलित राजनितिक रूप से संगठित हैं, लेकिन सामाजिक बिखराव है। 2014 के बाद से भाजपा ने तमाम कम संख्या वाली जातियों जैसे पासी, राजभर, निषाद आदि को वृहद हिन्दुत्व के झण्डे तले लाकर उन्हें सत्ता में भागीदारी दी है,

लेकिन जब भी दलित आन्दोलन सत्ता अपने दम पर हासिल करेगा, तभी उसके मुद्दे लागू होंगे, सफल होंगे। उसका श्रेय दलित आन्दोलनों को मिलेगा। किसी दूसरी पार्टी या आन्दोलन की कृपा से मिली सत्ता में दलित आन्दोलन की माँगों और एजेंडे को लागू करवाना टेढ़ी खीर है।

5. जाति प्रथा समाप्ति की पहल कौन करे?

देश में अक्सर लोग जाति प्रथा से असन्तुष्ट, क्रोधित और असहाय पाये जाते हैं। हालाँकि सार्वजनिक स्थानों का उपयोग, बन्धुआ मज़दूरी उन्मूलन और अन्तर्जातीय भोज अब सामान्य मान्यता प्राप्त कर चुके हैं। बन्धुआ मज़दूरी नहीं के बराबर है, लेकिन अब भी वैवाहिक सम्बन्धों का दायरा स्वजातीय ही है। अन्तर्जातीय विवाह को लेकर समाज न तो उत्साहित है और न ही तैयार। इसकी दो वजह हैं। पहली तो यह है कि हर समाज की तरह यहाँ भी स्त्री को अपनी सामाजिक प्रतिष्ठा और वर्चस्व का प्रतीक माना जाता है। दूसरा है पहल कौन करे? दलितों में भी यही हो रहा है कि एक बारगी अपनी जाति श्रृंखला में निचले पायदान से लोग बहू तो लाने को तैयार हो जाते हैं, किन्तु अपनी बेटी को अपने से निचले सामाजिक पायदान में नहीं ब्याहना चाहते। डॉ. अम्बेडकर के शब्दों में 'रोटी और बेटी' का सम्बन्ध जुड़े बिना जातिवाद ख़त्म नहीं होगा। आज के दलित आन्दोलन के समक्ष दलित समाज में उप–जातिवाद की और अन्तर्जातीय संघर्ष का दोहरा मोर्चा खुला है। दलित आन्दोलन में जाति व्यवस्था ख़त्म करने की बात तो होती है, लेकिन जब तक जाति की दीवार पर बैठ कर उसे लाभ पाने की संस्था जारी रखी जाती है। आज के दौर में इस प्रश्न के माध्यम से दलित आन्दोलन ख़ुद को पुनः प्रासंगिक और संगठित कर सकते हैं।

भारत में जिस आन्दोलन को ज़रूरत से ज़्यादा बुद्धिविलास का विषय बना दिया जाता है उसका नष्ट होना तय है। ज्यां लुक नेन्सी ने अपनी किताब *दी एक्सपीरियंस आफ़ फ्रीडम* में सच कहा है, 'अधिकार किसी समुदाय की ख़ुदी का पर्याय नहीं बन सकते। मुक्ति की प्राथमिकता तो अधिकारों से भी पहले आती है। वह तो समता के मानदण्डों से भी परे जाती है' (पृष्ठ 66–80)। 20वीं सदी में सार्वभौमिक मुक्ति का सिद्धान्त लेकर चला दलित आन्दोलन 21वीं सदी में ठहराव और भटकाव की ओर झुका है। अकादमिक ईमानदारी के अभाव में राज्य संस्था और उच्च

जातियों की आलोचना तक ही सीमित होता जा रहा है। भूमण्डलीकरण के दौर में आन्दोलन ने ख़ुद को ज़मीनी प्रश्नों जैसे स्त्री, आदिवासी, मानवाधिकार के प्रश्नों से जोड़ा ज़रूर, लेकिन नेतृत्व और संसाधन के अभाव में कमज़ोर साबित हुआ। मण्डल आयोग के बाद OBC जातियाँ वोट बैंक की राजनीति से प्रेरित हो गयी, वहीं दलित जातियाँ राजनीतिक विखण्डन का शिकार है। दलित आन्दोलन के लिए ख़ुद की भाषा, प्रतिमान और स्वायत्तता पूर्व शर्त है। किसी भी आन्दोलन को सफ़ल होने के लिए स्पष्ट लक्ष्य का होना ज़रूरी है। आख़िर विरोध किसका करना है, ब्राह्मणवाद का, सरकार का या बाज़ार का? तय करना ही होगा। अच्छी बात यह है कि पिछले एक दशक से ज़्यादा समय से आधुनिक दलित पीढ़ी दलित आन्दोलनों में 'चौधराहट' के ख़िलाफ़ मुखर है। वह ग़लत नेतृत्व को सामने से चुनौती देता है। ग़लत बयान या भ्रमित करने वाली बातों का सूचना तकनीकी (इंटरनेट) के माध्यम से खण्डन भी करता है। आज बाज़ार का दौर है। वह सरकार पर दबाव बना सकता है, लेकिन बाज़ार पर नहीं। इसलिए निजी क्षेत्र में जब भी आरक्षण की बात आती है तो सभी बगलें झाँकने लगते हैं। ऐसा माना जाने लगा है कि दलित आन्दोलनों को राष्ट्रवादी आन्दोलनों से तारतम्यता स्थापित करनी ही होगी।

भाग-2

दलित समाज में हो रही है शान्त क्रान्ति

"जो चीज़ दलितों के बीच बहस में है, वह बात मुख्यधारा की बहस में कभी नहीं आ पाती है। मीडिया को लगता है कि दलितों में राजनीति के अलावा और कुछ नहीं है। बहुसंख्यक समाज का यह रवैया ख़तरनाक भी है और एक तरह से समाज की खिड़की बन्द रखने की सायास कोशिश रही है। फिर भी जब हवा तेज़ चलती है तो पहले खिड़कियों के झर्रियों से अन्दर आ जाती है और आँधी बनने पर खिड़कियाँ टूट भी जाती हैं।"

दलित चिन्तक एवं विचारक इस बात पर ज़ोर देते रहे हैं कि डॉ. भीमराव अम्बेडकर के बाद से दलित समाज की चेतना का जो कायाकल्प हुआ, उसने उसे तेज़ी से आन्दोलित किया। वह लम्बे समय से बदलाव के लिए आन्दोलित है। यह आन्दोलन सिर्फ़ सत्ता प्राप्ति के लिए कोई राजनीतिक आन्दोलन नहीं है, बल्कि दलित समाज में बहुत सारे गैर–राजनीतिक आन्दोलन चल रहे हैं। इन्होंने पिछले सत्तर साल में समाज को कितना बदला है, यह एक अलग चर्चा और शोध का विषय हो सकता है, लेकिन पिछले तीन दशकों में बदलाव की बयार तेज़ी से बही है और कहीं–कहीं तो वो बिना आरक्षण की बैसाखी का सहारा लिए अपनी अलग जगह बना रहा है। यह काम व्यक्तिगत स्तर पर तो हो ही रहा है साथ ही सामूहिक स्तर पर भी हो रहा है।

एक सच यह भी है कि दलित समाज में उत्थान के जितने भी गैर राजनीतिक आन्दोलन चल रहे हैं, मीडिया की तरफ से उन्हें कोई ख़ास तवज़्ज़ो नहीं मिली। दलित समाज में सत्ता की प्राप्ति के लिए जो राजनीतिक आन्दोलन चलता रहा, उसकी मीडिया रिपोर्ट थोड़ी बहुत होती रही, लेकिन दलित समाज में बहुत सारे ग़ैर–राजनीतिक आन्दोलन भी हुए हैं। दलित समाज के द्वारा बहुत सारे छोटे–छोटे अख़बार निकाले जा रहे हैं। यू–ट्यूब चैनल्स की भरमार है। बहुत सारा विमर्श चल रहा है।

मगर दलित समाज के इस गैर–राजनीतिक पहलू को राष्ट्रीय मीडिया में स्थान नहीं के बराबर मिलता है। यही वजह है कि जो चीज़ दलितों के बीच बहस में है, वह बात मुख्यधारा की बहस में कभी नहीं आ पाती है। मीडिया को लगता है कि दलितों में राजनीति के अलावा और कुछ नहीं है। बहुसंख्यक समाज का यह रवैया ख़तरनाक भी है और एक तरह से समाज की खिड़की बन्द रखने की सायास कोशिश रही है। फिर भी जब हवा तेज़ चलती है तो पहले खिड़कियों के झर्रियों से अन्दर आ जाती है और आँधी बनने पर खिड़कियाँ टूट भी जाती हैं। ऐसा ही कुछ दलित समाज के प्रयासों के साथ हो रहा है।

दलित समाज में जो भी बदलाव हो रहे हैं, उसकी झलक दलित चेतना में भी दिखायी देती है। कांशीराम के आगमन से पहले जो भी मुख्य राजनीतिक दल थे, दलित नेता उन्हीं में अपना स्थान बनाते थे। दूसरी ओर इन सत्तर सालों में भारत के दलित समाज की सबसे बड़ी क्रान्ति हो गयी मगर इसको मीडिया और देश की मुख्यधारा ने नोटिस तक नहीं किया। आप पंजाब से लेकर बिहार तक चले जायें, अब आपको बैल नहीं मिलेंगे। शहर में बैल मिल जायेंगे मगर गाँव में नहीं बचे हैं। पूरी गंगा पट्टी में आपको ऐसा ही नज़ारा दिखेगा। गाँवों के खूँटे से बैलों के ख़त्म होने के साथ ही एक प्रथा भी ख़त्म हो गयी है। वह प्रथा थी हलवाहा प्रथा। अंग्रेज़ों ने इस प्रथा को भारतीय सामन्तवाद कहा था। ज़मींदार और भू–मालिक अगर हल की मूठ पकड़ लेते थे तो उसे धार्मिक उल्लंघन माना जाता था।

दलित चिन्तक डॉ. चन्द्रभान प्रसाद मानते हैं कि दलित समाज में हुए परिवर्तन बिना शोर–शराबे के की गयी क्रान्ति थी जिसका असर दलित समाज पर ही नहीं बल्कि पूरे समाज पर पड़ रहा था, पर बाक़ी समाज उसे स्वीकार करने को राज़ी नहीं था। गाँवों से शुरू हुई इस क्रान्ति का शहरों पर भी बड़ा असर देखने को मिल रहा था। पहले गाँवों में सर्वण बिरादरी का व्यक्ति खेती का काम करना तो दूर खेती के उपकरण भी नहीं छूता था, लेकिन 1990 के बाद उदारीकरण के बाद गाँवों में बैल ख़त्म हो गये। इसकी वजह थी कि इस दौर में जो आर्थिक विस्तार हुआ तो करोड़ों लोगों को शहरों में काम मिला। इसके बाद वे लोग ज़मींदारों का दरवाज़ा छोड़कर पूँजीपतियों की फैक्ट्रियों में आ गये। सेवा क्षेत्र के काम जैसे ड्राइवर–मज़दूर से लेकर शहर की हर ज़रूरत के छोटे–मोटे काम,

जैसे बड़ई, प्लम्बिंग, इलैक्ट्रीशियन, ए.सी. रिपेयरिंग के काम धीरे–धीरे इन लोगों ने सम्भाल लिए। ज़्यादातर काम बिना पढ़े–लिखे और फिर अगले दस साल में पढ़ाई–लिखाई कर और आई.टी.आई. से डिप्लोमा लेकर। इस तरह एक सामाजिक क्रान्ति पूरे उत्तर भारत में हो गयी। दक्षिण भारत में यह प्रक्रिया थोड़ा पहले से शुरू हो गयी थी। इस तरह बहुत हद तक जाति व्यवस्था के नियन्त्रण से दलित बाहर आ गये।

इस बदलाव का एक दूसरा पहलू भी है। आज से चालीस–पचास साल पहले तक (1970 के दशक तक) दलितों पर प्राणघातक हमले नहीं होते थे। शायद ही किसी की हत्या होती थी। कोई उनका क़त्ल नहीं करता था। मगर अब दलितों पर प्राणघातक हमले बढ़ गये हैं, क्योंकि सत्तर साल पहले लगभग हर दलित परिवार का कोई न कोई सवर्ण स्वामी होता था। सवर्ण समाज की दलित सम्पत्ति हुआ करते थे। ऐसा बहुत बार हुआ कि ज़मींदारों में आपस में लाठियाँ चलीं अपनी प्रजा को बचाने के लिए। अब वह दौर चला गया, जब दलित बस्ती को लोग एक डण्डे के सहारे कंट्रोल कर लेते थे। अब दलित बस्ती को नियन्त्रित करने के लिए राइफल की ज़रूरत पड़ती है। इस क्रान्तिकारी बदलाव को हमें पहले देखना चाहिए। यह बदलाव जब चल रहा था तो राजनीतिक रूप से भी उदय शुरू हुआ। पहले दलित मुख्यधारा के दलों से जुड़े होते थे, मगर बाद में इसमें बदलाव आना शुरू हुआ। महाराष्ट्र में आर.पी.आई. का उदय हुआ।

हालाँकि बाद में उसके बहुत से टुकड़े हो गये। उसने अपनी पहचान बनायी। इसी दौरान दक्षिण में भी दलित पार्टियों का उदय हुआ मगर उन्होंने सिस्टम से बाहर से अपना प्रभाव बनाया। दलित राजनीति का मुख्य आधार पुराने सिस्टम के नकार और कुछ अपना नया सिस्टम बनाने की कवायद थी।

इसी के साथ–साथ समानान्तर धार्मिक आन्दोलन का दौर भी शुरू हुआ। बौद्ध धर्म का प्रचार महाराष्ट्र से निकलकर उत्तर प्रदेश और फिर पूरे उत्तर भारत में आया। फिर देशभर में आया। दलित शब्द एक ग्लोबल ब्रांड बनकर उभरा। यह सब दलित की अस्मिता से जुड़ा था। एक और बड़ा बदलाव था। दलित पूँजीवाद का आन्दोलन। इसे माइनस दलित मीडिया देखना ही नहीं चाहता था।

डॉ. चन्द्रभान प्रसाद मानते हैं कि 1970 के दशक में रिचर्ड निक्सन ने अमेरिका में *ब्लैक कैपिटलिज़्म* (अश्वेत पूँजीवाद) का नारा दिया था। भारत के दलित उसका पचास साल बाद अनुसरण कर रहे हैं। उनके यहाँ से *ब्लैक इंटरप्राइजेज* नाम से मैगजीन निकली जो अश्वेतों के पूँजी घरानों को हाइलाइट करती है। दलितों ने अब जाकर दलित एंटरप्राइज नाम से पत्रिका शुरू की है। दलितों में अब जो नया बदलाव आ रहा है, वह रचनात्मक आन्दोलन है। दलित चाहता है कि व्यवसाय की रचना हो, दलितों की फैक्ट्रियों की रचना हो, दलित रोज़गारदाता बनें। इसी के साथ–साथ दलित अब विदेश में पढ़ाई करने जा रहे हैं। सिलिकॉन वैली में वैश्विक प्रतियोगिता से पार पाकर दलित अपनी जगह बना रहे हैं और वहाँ दलितों के कई समूह बन गये हैं, जिनके पास वहाँ बी.एम.डब्ल्यू. है, मर्सिडीज़ है और अपने घर हो गये हैं। लन्दन में दलित हैं। डेटा साइंटिस्ट हैं। यह भी एक आन्दोलन है। पहले यह माना जाता था कि जब तक आरक्षण नहीं मिलेगा दलित एक क़दम से दूसरे को आगे बढ़ नहीं पायेगा। आरक्षण ही दलित विकास का आधार है, मगर नयी पीढ़ी अब उससे आगे निकल रही है। पूरे वैश्विक कम्पटीशन से पार पा रही है। यह एक ऐसा बदलाव था, जो किसी आन्दोलन से कम नहीं है। ऐसे दलितों पर मीडिया की नज़र जाती नहीं या फिर उसे अनदेखा किया जाता है।

दलितों के आऱक्षण को लेकर अक्सर सवाल किये जाते रहे हैं। यह एक बड़ा सवाल है कि क्या दलितों की तीसरी पीढ़ी के बच्चों को आरक्षण का लाभ लेना चाहिए? अगर यह कहा जाये कि तीसरी पीढ़ी के दलितों को आरक्षण अब छोड़ देना चाहिए। तो इस बात का स्वागत सबसे ज़्यादा वे लोग करते हैं, जिनका दलितों के समर्थन में कभी कुछ कहने का इतिहास नहीं रहा है। अगर दलितों को आरक्षण छोड़ने की बात वे लोग कहते हैं, जो दलितों का समर्थन करते रहे हैं तो यह बात उचित होती। अम्बेडकरवाद पर अपनी किताब *व्हाट इज अम्बेडकरइज़्म* में चन्द्रभान पहले ही लिख चुके हैं कि दलितों ने अम्बेडकर को एक दलित मसीहा के रूप में समझा है। मगर अम्बेडकर की दृष्टि में *दलित इज इंडिया, इंडिया इज दलित* (भारत दलित है, दलित ही भारत है)। यह बात पूरे साक्ष्यों के आधार पर कही गयी है। इसका सबूत यह है कि 1951 अक्टूबर में जब पहले चुनाव की घोषणा हुई तब हर पार्टी

अपना चुनाव घोषणापत्र तैयार कर रही थी। अम्बेडकर ने भी एक घोषणा पत्र तैयार किया जिसका नाम था *शेड्यूल कास्ट एप्लीकेशन ड्राफ्ट मैनिफेस्टो*। कोई भी कट्टर दलित अगर इसे पढ़ेगा तो उसे शक होगा कि इसे अम्बेडकर ने लिखा है। यह दलितों के लिए घोषणा पत्र है और इसमें दलितों के लिए सिर्फ़ चार पंक्तियां हैं। अम्बेडकर संविधान लिखने के बाद जब नया भारत शुरू होने वाला था, यह मान चुके थे कि दलित और भारत के हित एक हैं। मसलन अम्बेडकर का मानना था कि जब तक जाति व्यवस्था रहेगी, भारत एक अच्छा राष्ट्र नहीं बन पायेगा। अपने घोषणापत्र में उन्होंने लिखा कि अपनी कृषि व्यवस्था ऐसी होगी, जहाँ बड़े–बड़े फार्म में खेती होगी। हालाँकि उनके जमाने में नारा था कि ज़मीन जोतने वाले की। अम्बेडकर लिखते हैं कि खेती का पूर्ण तकनीकीकरण करेंगे। उस समय वामपन्थी कहते थे कि खेती का तकनीकीकरण होगा तो ग़रीबों की नौकरी जायेगी। अम्बेडकर यह मानते थे कि देश में कृषि उपज कम है। इसका बड़ा कारण यह कि खेती वैज्ञानिक तरीक़े से नहीं होती। खेती वैज्ञानिक तरीक़े से होगी तो उत्पादन बढ़ेगा। भारत कृषि प्रधान देश है मगर प्रति एकड़ उत्पादन इंग्लैंड में भारत से चार से पाँच गुना ज़्यादा है, जो कि कृषि प्रधान देश नहीं है।

अब सोचने की बात है कि अम्बेडकर की बात से दलित का क्या फ़ायदा था? जिन कामों में इज़्ज़त नहीं थी, वे सारे काम हाथ से होते थे। हाथ से रोपाई होती थी, हाथ से कटाई होती थी, हाथ से हल चलाता था, हाथ से साफ़–सफ़ाई होती थी। अगर ये सब काम मशीनें करने लगतीं तो दलित को जो दोयम दर्ज़े की नागरिकता थी, जिन्हें लोग न पसन्द करते थे, उनसे घृणा करते थे, उनके कार्य से घृणा करते थे, यह मशीनीकरण के साथ ही ख़त्म हो जाता, लेकिन जैसे कम्प्यूटर क्रान्ति से लाखों–लाख युवाओं को रोज़गार मिला, ठीक वैसे ही कृषि के मशीनीकरण से भी नौकरियाँ निकलने के आसार हुए। अम्बेडकर इतना ज़ोर देकर तर्क़ दे रहे थे कि जहाँ–जहाँ सरकारी क्षेत्र ग़ैर–ज़रूरी है, वहाँ–वहाँ निजी क्षेत्र को मौक़ा मिलेगा। यह मिश्रित अर्थव्यवस्था का मॉडल नहीं, जैसा कि लोग सोचते हैं, बल्कि यह अधिक व्यावहारिक अर्थव्यवस्था का मॉडल था। अम्बेडकर के दलितों के लिए सकारात्मक कार्य का विचार देने के तीस साल बाद अमेरिका में अश्वेतों के लिए सकारात्मक कार्य की बात शुरू हुई। आज जर्मनी में महिलाओं को सर्वोच्च पदों के लिए सकारात्मक

कार्यों की बात हो रही है। यह बात दर्ज़ कर ली जाये कि पाँच साल बाद यूरोप में भी अश्वेत लोगों के लिए सकारात्मक कार्य शुरू होंगे। इस तरह अम्बेडकर स्टेट को न्याय का औजार भी मानते थे। उनका मानना था कि अगर दलितों का विकास होता है तो भारत का भी विकास होगा। दलितों से भेदभाव ख़त्म हो जायेगा तो भारत एक महान राष्ट्र बनेगा।

एक और बात अक्सर की जाती है कि अम्बेडकर ने इतनी रचनाएँ कीं, लेकिन वह ग़रीबी के ख़िलाफ़ क्यों नहीं लिखते थे? कांशीराम और बाबू जगजीवन राम ग़रीबी के ख़िलाफ़ भाषण क्यों नहीं देते थे? लेकिन अब दलित समाज की ग़रीबी की मीडिया में ख़ूब चर्चा होती है। मगर क्या यह कोई बता सकता है कि स्कूलों में मिड डे मील की माँग क्या दलित समाज की ओर से कभी की गयी थी? शायद नहीं। क्या किसी दलित ने नरेगा जैसी योजना की माँग की थी? नहीं। एक तर्क यह भी दिया जा रहा है कि यह योजनाएँ इसलिए बनीं क्योंकि दलित काम के लिए शहरों की ओर भाग रहे थे, गाँवों में खेती के लिए मज़दूर बचे रहें, इसलिए यह योजना शुरू की गयी। क्या किसी दलित ने कभी राशन कार्ड की माँग की थी? दलित चिन्तकों का एक बड़ा वर्ग यह मानता है कि इस सब पर बहस होनी चाहिए। क्या यह देने वाले उसी का रूप तो नहीं है, जैसे पहले ज़मींदार शाम को गाँव का चक्कर मारता था और देखता था कि कहीं ऐसा तो नहीं कि किसी घर से धुआँ नहीं निकल रहा है। वहाँ खाना तो नहीं बन रहा है? फाँका होने वाला है तो जमींदार तुरन्त वहाँ अनाज भिजवाता था। इसी तरह जो सरकार में बैठे हैं, उन्हें भी ज़मींदारी का कीड़ा काटता है कि हम दलितों का पेट भरने वाले हैं। हम उन्हें खाना देंगे। राशन कार्ड देंगे। हम स्कूल में उनके बच्चों को भी मुफ़्त में खाना देंगे। इस तरह उनके हाथ से स्लेट खींच लिया और खाना पकड़ा दिया। इसका कई जगह बुरा असर भी देखने को मिला है। डॉ. चन्द्रभान मानते हैं कि गाँव के जिस स्कूल से मैं निकला हूँ, वहीं से डॉक्टर निकले हैं, इंजीनियर निकले हैं मगर मिड–डे मील के युग में आज उस स्कूल में बच्चे अपने माँ–बाप का नाम नहीं लिख पाते हैं।

हज़ारों वर्षों में दलितों का जो रूप देखा है, हमारे सेंट्रल नर्वस सिस्टम में उसका एक चित्र बना हुआ है। हम यह स्वीकार नहीं कर पाते कि अच्छा वह दलित है ! और उसकी तोंद निकली है! अच्छा वह दलित है ! और ड्राइक्लीन किये कपड़े पहनता है! पता नहीं क्या वजह है कि

गैर राजनीतिक दलित व्यक्तित्व को यह मीडिया कवर पेज पर रोल मॉडल के रूप में जगह नहीं देता।

अनेक दलित चिन्तक यह मानते हैं कि दरअसल दलित ने सिर्फ़ आरक्षण माँगा था। फ़ीस माफी माँगी, छात्रवृत्ति माँगी थी, नौकरी परीक्षा और साक्षात्कार में जाने के लिए किराया माँगा था। मनरेगा, मिड डे मील, राशन कार्ड यह सब दलितों पर थोपा गया है। दलितों की पहली क्रान्ति जाति व्यवस्था के बाहर निकलना है और जिस दिन वह अपना राशन कार्ड फाड़कर फेंकने लगेगा, दलित की दूसरी क्रान्ति वह होगी। दलितों ने जो चीज़ नहीं माँगी, समाज ने उसको दीं और अब लोगों की चेतना में दलितों का सम्बन्ध राशन कार्ड से हो गया है। अरे ये तो मुफ्त का खाते हैं। देश को अभी तक यह मानने में दिक़्क़त है कि दलित आगे बढ़ेंगे तो देश का विकास होगा, जाति व्यवस्था ख़त्म होगी तो देश महान बनेगा।

आधुनिक यूरोप की तरक्की के पीछे यूरोप का औद्योगीकरण और यूरोप का लोकतन्त्र एक–दूसरे से जुड़े हैं। औद्योगीकरण का मतलब यह भी है कि पूरे समाज में उद्यमिता बढ़ना। यह माना जाता रहा है कि अगर शिक्षा नहीं है तो यह कुछ भी नहीं होगा। 'लोकसभा और विधानसभा की सीट पर क़ब्ज़ा करने के लिए दलित जितनी मेहनत करते हैं, उससे ज़्यादा भौतिक विज्ञान पर क़ब्ज़ा करने की कोशिश उन्हें करनी चाहिए। केमिस्ट्री पर क़ब्ज़ा करें, गणित पर क़ब्ज़ा करें। अंग्रेज़ी पर क़ब्ज़ा करें। डेटा साइंटिस्ट बनें। यह दलित की मुक्ति का बड़ा रास्ता है। दलितों का बड़ी संख्या में विदेश में रहना भी दलित ताक़त का एक बड़ा स्रोत है। दलित जब तक गाँव में रहेगा। दलित जब तक देसी बना रहेगा। दुनिया की कोई ताक़त उसे पूरी तरह से मुक्त नहीं करा सकती है। दलित समाज को अंग्रेज़ियत की ज़्यादा ज़रूरत है। आज भी अच्छे कपड़े पहनने पर दलित की पिटाई हो सकती है। आज भी राजस्थान में दो घण्टे के लिए दलित दूल्हा घोड़ी किराये पर लेता है और उसे घोड़ी से उतार दिया जाता है। अंग्रेज़ों ने क्या किसी भारतीय को मूँछ रखने के लिए, तलवार लेकर चलने के लिए, हैट पहनने के लिए पीटा था, तो दलित को क्यों पीट दिया जाता है। क्या भारत के लोग जो विदेश में रह रहे हैं? उन्हें किसी ने इसलिए पीटा कि वह अंग्रेज़ों की तरह कपड़े पहनकर क्यों चल रहा है। असल में हिन्दू समाज में अपनी ग़लती को स्वीकार करने के लिए कोई जगह नहीं है। वैश्वीकरण एक ऐसी क्रान्ति है, जिसमें कोई किसी

से कुछ छुपा कर नहीं रख सकता। अब कोई आत्मनिर्भर नहीं है। सब एक–दूसरे पर निर्भर हैं। अब कोई मेरा या तेरा नहीं है। सब कुछ दुनिया की नज़रों के सामने है। आप जितना छुपायेंगे, उतना खुलेगा। इसलिए दलित एक वैश्विक शब्द बन चुका है और इनकी बातें सुनी जा रही हैं।'

अब सवाल यह उठता है कि कितने दलित पूँजीपति बन सकते हैं? यहाँ फिर चन्द्रभान मानते हैं कि अगर एक दलित पूँजीपति बन जाये, उसके पास अपना जेट हो। वह कुछ सौ ब्राह्मणों, ठाकुरों और बनियों को रोज़गार दे, यही तो क्रान्ति है। क्या आपने अपने बचपन में कभी यह सोचा था कि एक दलित दुल्हन का शृंगार करने एक सवर्ण महिला उसके घर जायेगी। पचास साल पहले क्या किसी ने ऐसा सोचा भी होगा कि क्या कभी भारत में ऐसा हो सकता है। हम एक सामाजिक क्रान्ति के दौर से गुज़र रहे हैं। जो लोग कहते हैं कि भारत बर्बाद हो गया, ये वही लोग हैं, जो *कास्ट* (जाति) को ही राष्ट्र मानते हैं। जाति कमज़ोर हो रही तो उन्हें लगता है कि राष्ट्र कमज़ोर हो रहा है। यह प्रतिक्रान्ति है। प्रतिक्रान्ति तभी नज़र आती है, जब देश में क्रान्ति हो रही हो। सवाल यह है कि देश के हित में क्या है। अगर अमेरिका में पहला अश्वेत अरबपति बनने पर चेतना की आँधी आ सकती है तो क्या भारत में ऐसा नहीं होना चाहिए। अगर अमेरिका में *ब्लैक कैपिटलिज्म* की धूम हो सकती है तो क्या भारत में दलितों में ऐसा नहीं हो सकता। जब नन्दन नीलकेणी ने अपने मित्रों के साथ मिलकर पहला व्यवसाय इंफोसिस के रूप में खड़ा किया तो इन पर अनेक किताबें लिखी गयी। भले ही उनका इरादा न हो, मगर यह दर्शाया गया कि एक ब्राह्मण भी अरबपति हो सकता है, लेकिन आज कई दलित टैक्सपेयर ऐसे हैं जो लाखों में कर देते हैं। उनका नाम उजागर करना कोई बड़ी अक़लमन्दी नहीं होगी, लेकिन एक नाम ऐसा है जो एक दौर में देश का सबसे बड़ा टैक्सपेयर था। नाम है मायावती का। बसपा प्रमुख मायावती जब भी सरकार में आयी। उन्होंने दलितों की वो छवि तोड़ी, जिसके दलित गुलाम रहे। इसी समाज ने उन्हें नायिका माना और अन्य सवर्ण जाति के लोग नतमस्तक नज़र आये।

दलितों में एक और गुस्सा है। मीडिया मर्सिडीज़ और जगुआर वाले दलितों के बारे में इतने चस्के से नहीं छापता है, जितना कि दलित महिला से रेप की ख़बर को छापता है। मगर जो दलित भूखे पेट माँ से पैदा हुआ और मर्सिडीज़ ख़रीदने के काबिल बना, उसकी कहानी लिखने–सुनने

में मीडिया का बहुत कम इंटरेस्ट है। भावनगर में एक दलित ने घोड़ा ख़रीदा तो उसकी हत्या कर दी गयी। दलित जब गधे की सवारी करता है तो लोग तालियाँ बजाते हैं, दलित जब घोड़े की सवारी करता है तो एक समाज बेवजह उससे डरता है। समाज को लगता है कि घोड़े का अगला क़दम उसके सीने पर पड़ने वाला है। शायद समाज डरता है तभी तो पत्थर मारता है।

समाजशास्त्री अरुण भोले मानते हैं कि अम्बेडकर देश के लिए सोचते थे तो उनको दलित का नेता बना दिया गया और जो अपनी जाति के लिए सोचते थे उन्हें देश दुनिया का नेता बना दिया गया। विश्वगुरु तक बोलते हैं। हमारे सोचने की प्रक्रिया पर एक सर्जिकल स्ट्राइक होनी चाहिए, कि यह ग़लत है और यह सही है। भारत में जो काम मनमोहन सिंह ने शुरू किया, वह चीन में 12 साल पहले शुरू हो गया था और उसे इसका कितना फ़ायदा मिला यह सबके सामने है। समय की क़ीमत बहुत होती है। अब टाइम की गति बहुत बढ़ गयी है। अब पिछड़े तो बहुत पीछे चले जायेंगे।

दलित समाज के भीतर जो आन्दोलन चल रहा है उसकी रफ़्तार जितनी सही होनी चाहिए उतनी नहीं है। उनका रचनात्मक काम साहित्य तक सीमित है। अभी दलित आन्दोलन सामाजिक आन्दोलन है, राजनीतिक आन्दोलन है, धार्मिक आन्दोलन है मगर अर्थशास्त्र में और अर्थव्यवस्था में यह आन्दोलन अभी अपनी जगह नहीं बना पाया है। जितनी सभ्यताएँ हैं, उनका आकलन सिक्के से होता है। ताँबे के सिक्के की तुलना में सोने के सिक्के वाली सभ्यता को अच्छा माना जाता है। हिन्दी में कहावत है कि उनका तो सिक्का बोलता है। जब सिक्का इतना महत्त्वपूर्ण सभ्यताओं में है तो दलित समाज में क्यों नहीं होना चाहिए। तो सिक्के के लिए आन्दोलन क्यों नहीं होना चाहिए?

चिन्तक डॉ. चन्द्रभान कहते हैं कि हम पिछले कई वर्षों से यह माँग कर रहे हैं कि हमें बाज़ार दो। सरकार अरबों–ख़रबों का माल ख़रीदती है। सरकार ही हर साल सेना और पुलिस के लिए बूट, बेल्ट और पिस्टल रखने वाले कवर और वर्दी की बड़े पैमाने पर ख़रीद करती है। सरकार इतनी चीज़ें ख़रीदती है तो दलित से क्यों नहीं ख़रीदती है। रिक्शा वाला जब अपनी मज़दूरी के पैसे माँगता है तो लोग उसे पूरी मज़दूरी नहीं देना चाहते, मगर वह जब कुछ नहीं माँगता तो उसे बुलाकर पूरी–सब्ज़ी खिलाते हैं।

ऐसे ही दलित बाज़ार माँग रहा है, मगर सरकार उसे बाज़ार नहीं देती, वह कहती है आप ले जाओ राशन कार्ड। आप ले जाओ मिडडे मील। आपको हम सब कुछ देंगे पर बाज़ार नहीं देंगे। जो चीज़ दलित माँगता है, सरकार उसे वह न देकर अपने मन से पूरी–सब्ज़ी का ठेला लगा देती है। खाओ पेट भरके। बतायें कि यह क्या भारत के लिए अच्छा है? अमेरिका की सड़कें जब ख़ून से लाल हो रही थीं, श्वेत–अश्वेतों में छुरे चल रहे थे तो निक्सन ने यह विचार दिया कि अश्वेत युवाओं को व्यस्त करो। उन्हें अर्थव्यवस्था का हिस्सा बनाओ। इसके बाद अमेरिका शान्त होता गया। इसलिए दलितों के युवाओं को बिजनेस की ओर भेजो। बिजनेस में सबसे बड़ी चीज़ है कि क्या आपके पास बाज़ार है या नहीं। बाज़ार में पुराने लोग जमे हैं। उनके अपने हथकण्डे हैं।

नामकरण की सियासत : आन्दोलनों से सत्ता तक दलित

"मायावती ने अगड़ी जातियों को भी अपने साथ जोड़ने की कोशिश की और अपने इस प्रयोग को सोशल इंजीनियरिंग का नाम दिया। मायावती ने यह काम अपनी सत्ता बचाये रखने के लिए किया, लेकिन कई बार वो समीकरण बदलने की कोशिश में रहीं और विश्लेषकों का मानना है कि यही से उनकी संगठित ताक़त का विघटन भी शुरू हुआ।"

उदारीकरण के साथ समाज में जो आर्थिक बदलाव आये, उसका एक अंश वंचित तबके तक भी पहुँचा। यह तभी सम्भव हुआ, जब वे संगठित हुए। शिक्षा और बेहतर रोज़गार से दलित और पिछड़े वर्ग में चेतना बढ़ी थी और वे सत्ता में अपना हिस्सा सुनिश्चित करने के लिए एकजुट हुए। उत्तर भारत में उस दौर के सबसे बड़े दलित नेता माने जाते कांशीराम डेढ़ दशक से जो सपना देख रहे थे, वह उदारीकरण के साथ तेज़ी से फलीभूत हुआ। 3 जून, 1995 को मायावती देश के सबसे बड़े प्रदेश उत्तर प्रदेश की पहली बार मुख्यमन्त्री बनीं। देश में यह पहला मौक़ा था, जब कोई दलित महिला किसी राज्य की मुख्यमन्त्री बनी हो। तत्कालीन प्रधानमन्त्री नरसिम्हा राव ने इसे लोकतन्त्र का चमत्कार कहा था। मायावती को दलित अपना आदर्श मानने लगे थे, उनकी जनसभाओं में ख़ूब भीड़ उमड़ने लगी थी। हालाँकि बाद में मायावती ने अगड़ी जातियों को भी अपने साथ जोड़ने की कोशिश की और अपने इस प्रयोग को सोशल इंजीनियरिंग का नाम दिया। मायावती ने यह काम अपनी सत्ता बचाये रखने के लिए किया, लेकिन कई बार वो समीकरण बदलने की कोशिश में रहीं और विश्लेषकों का मानना है कि यही से उनकी संगठित ताक़त का विघटन भी शुरू हुआ।

मायावती के जीवन पर पहली बड़ी किताब लिखने वाले अजय घोष लिखते हैं कि 1977 में कांशीराम, मायावती के परिवार से मिलने उनके घर गये थे,

तब मायावती भारतीय प्रशासनिक सेवा की परीक्षा की तैयारी कर रही थीं। इस पर उन्होंने मायावती को राजनीति में आने का न्यौता देते हुए कहा था, 'मैं तुम्हें इतना बड़ा नेता बना सकता हूँ कि एक दिन न सिर्फ़ एक आई.ए.एस. बल्कि ऐसे अफ़सरों की पूरी कतार तुम्हारे आदेश लेने के लिए लाइन में खड़ी होगी।' (Bose, Ajoy (2008). Behenji : Political Biography of Mayawati. New Delhi: *Penguin Books India.*)

1984 में जब कांशीराम ने बहुजन समाजवादी पार्टी का गठन किया तब उन्होंने मायावती को अपनी कोर टीम का सदस्य बनाया। वैसे वो दौर बामसेफ और दलित सरकारी कर्मचारियों का था। मायावती ने इन संगठनों से बातचीत में बड़ी भूमिका निभायी। बतौर युवा नेता मायावती को अक्सर कांशीराम के साथ देखा जाने लगा। लखनऊ के लाटूश रोड स्थित मोहन होटल में लेखक ने स्वयं उनसे कई बार मुलाकातें कीं। मायावती की राजनैतिक एंट्री विफलता से शुरू होती है और 1984 मुजफ़्फ़रनगर के कैराना से पहला अपना लोकसभा का चुनाव उन्हें हार का स्वाद देता है और यह सिलसिला जल्दी–जल्दी होने वाले दो और चुनावों में भी चलता है। दलित भावना को आगे तक ले जाने में उनके इन तीनों चुनावों की बड़ी भूमिका रही है, लेकिन जीत भी उन्हें 1989 में बिजनौर से लोकसभा सीट के रूप में मिल गयी। और वो दलित अस्मिता के उल्लेखनीय उभार की वो घड़ी भी आ गयी जब मायावती को मुख्यमन्त्री पद का ताज मिला। तारीख़ थी 3 जून, 1995। मुख्यमन्त्री बनते ही उन्होंने उत्तर प्रदेश में दो नये जिले बनाये। पहला जिला अम्बेडकर नगर जिसे फैज़ाबाद से अलग कर बनाया गया था तो दूसरा मौज़ूदा उत्तराखण्ड के तराई के इलाक़े में बनाया गया ऊधम सिंह नगर है, जिसे नैनीताल से अलग कर बनाया। मात्र साढ़े चार महीने के कार्यकाल में उन्होंने कई बड़े फ़ैसले किये और उनमें से ज़्यादातर दलित चेतना के उभार को लेकर थे, लेकिन सबसे बड़ा काम उन्होंने 21 मार्च, 1997 को वह दूसरी बार मुख्यमन्त्री बनने के बाद किया जब उन्होंने राज्य में हज़ारों भूमिहीनों को ग्रामसभा की ज़मीनें आवन्टित करने का अभियान चलाया। 20 सितम्बर, 1997 तक चले छह महीने के कार्यकाल में भी उन्होंने कई नये जिले बनाये जिससे दलित चेतना का उभार होना था। इनमें गाज़ियाबाद से अलग कर गौतमबुद्ध नगर जिला बनाया, जिसे नोएडा के नाम से जाना जाता है। इलाहाबाद से कौशाम्बी जिला, मुरादाबाद से ज्योतिबा फुले नगर, अलीगढ़ से महामाया

नगर जिला बनाया तो बान्दा जिले को बाँटकर छत्रपति शाहूजी महाराज नगर नया ज़िला बनाया।

3 मई, 2002 को मायावती तीसरी बार उत्तर प्रदेश की मुख्यमन्त्री बनीं। एक साल के इस कार्यकाल में उन्होंने किंग जॉर्ज मेडिकल यूनिवर्सिटी का नाम बदलकर छत्रपति शाहूजी महाराज मेडिकल यूनिवर्सिटी किया। मायावती के नामकरण के इस तरीक़े ने वंचित समुदाय और दलित समुदाय को एक नया आत्मविश्वास दिया। यह समुदाय लम्बे समय से यह सवाल कर रहा था कि देश की प्रमुख जगहों के नाम उनके समुदाय के आदर्श लोगों के नाम पर क्यों नहीं हैं।

1994 में महाराष्ट्र में नामान्तर आन्दोलन हुआ था। इसमें दलित समुदाय ने मराठवाड़ा यूनिवर्सिटी औरंगाबाद का नाम बदलकर डॉ. बी.आर. अम्बेडकर यूनिवर्सिटी करने के लिए आन्दोलन चलाया। आन्दोलन का एक हिस्सा दलित साहित्य से भी जुड़ा गया। असल में यह दलित और नवबौद्ध समुदाय का आन्दोलन था। यूनिवर्सिटी का नाम बदलने के लिए यह आन्दोलन क़रीब 16 साल चला। इससे कई न्यायविद्, राजनीतिज्ञ, लेखक और समाज सुधारक भी जुड़े। वामपन्थी छात्र संगठन स्टूडेंट फेडरेशन ऑफ इंडिया (एस.एफ.आई.) भी इस अभियान से जुड़ा। असल में 1977 में महाराष्ट्र के मुख्यमन्त्री वसन्तदादा पाटिल ने यह वादा किया था कि वह जुलाई 1978 में विश्वविद्यालय का नाम बदल देंगे। यूनिवर्सिटी की एग्जिक्यूटिव बॉडी ने विश्वविद्यालय का नाम बदलने सम्बन्धी प्रस्ताव भी पारित कर दिया। विश्वविद्यालय के क़रीब दो हज़ार छात्रों ने नाम बदलने के समर्थन में औरंगाबाद में जुलूस निकाला दुकानें बन्द करवायीं। इसके अगले दिन ही महाराष्ट्र में दंगे शुरू हो गये।

28 जुलाई (1978) को राज्य में कई जगह भीड़ सड़कों पर आ गयी सरकारी वाहन और मलागाड़ी के डिब्बों को आग लगा दी गयी। पहले छह दिन तक तो भीड़ सरकारी सम्पत्ति को नुक़सान पहुँचाती रही। मगर जैसे ही अगस्त का महीना शुरू हुआ भीड़ के निशाने पर महार जाति आ गयी। कहा जाता है कि 6 अगस्त तक दो दलितों की हत्या कर दी गयी। गाँवों में इस जाति के क़रीब 900 घरों पर सीधे हमला हुआ था। उदाहरण के लिए एक गाँव में दलितों के 55 घर और एक अन्य गाँव में 45 घर जला दिये गये थे। ऐसे कई गाँव थे जहाँ चालीस से ज़्यादा घर जला दिये गये थे। महाराष्ट्र के पाँच जिलों में ग्रामीणों के साथ यह सलूक

हुआ था, भले ही वे हिन्दू थे। (The riots over renaming Marathwada University, Page-73, The Untouchables: Subordination, Poverty and the State in Modern India, *Cambridge University Press*, 1998, Oliver Mendelsohn & Marika Vicziany)

मराठवाड़ा के तीन ज़िले औरंगाबाद, नान्देड़ और परभनी के ग्रामीण इलाक़ों में सबसे ज़्यादा कहर बरपाया गया था। माहर जाति के दलितों को निशाना बनाया गया। यह दलित जाति डॉ. अम्बेडकर की अनुयायी है और अधिकांश नवबौद्ध हैं। मराठवाड़ा दंगों पर अत्याचार विरोधी समिति ने 12 मई, 1979 को जो रिपोर्ट दी, उसके मुताबिक़ मराठवाड़ा के क़रीब 12 हज़ार गाँव इन दंगों से प्रभावित हुए थे। 25 हज़ार मराठी बौद्धों ने जो कि दलित थे बचने के लिए जंगलों में शरण ली थी। ये दलित भूखे मर रहे थे मगर भय की वजह से अपने गाँवों में नहीं लौट पा रहे थे। इस हिंसा के आरोप मराठा समुदाय पर लगे थे। उन पर दलितों की हत्याएँ करने के आरोप थे। उनके घर जल रहे थे। दलित महिलाओं से बलात्कार हो रहे थे। उनके कुओं में गन्दगी डाली जा रही थी। उन्हें गाँव छोड़कर जाने को विवश कर रहे थे। यह सब 67 दिन तक लगातार चला।

हिंसा का सबसे ज़्यादा ताण्डव नान्देड़ जिले में दिखा था जहाँ सोनखेड गाँव, सुगाओं, बोल्सा और इज़्ज़त गाँव में भीड़ ने दलितों की झोंपड़ियाँ और घर जला दिये। महिलाओं से बलात्कार किये और एक दलित महिला का स्तन काट दिया गया था। दंगे ख़त्म होने के बाद भी ऊँची जाति के लोगों ने दलितों का बहिष्कार किया, जमीदारों ने उन्हें रोज़गार देने से इनकार कर दिया।

मीडिया और राजनीतिक दलों की भूमिका पर भी तब सवाल उठे थे। हिन्दुत्व की राजनीति करने वाली शिव सेना ने नामान्तर आन्दोलन का खुलकर विरोध किया। हालाँकि बाद में 2011 में शिवसेना के नेता बाल ठाकरे ने एक साक्षात्कार में कहा था कि उन्होंने कभी नामान्तर आन्दोलन का विरोध नहीं किया। किसान मज़दूर पार्टी और कांग्रेस कार्यकर्ताओं के कार्यकर्ताओं पर भी हिंसा में शामिल होने के आरोप लगे। संसदीय समिति ने भी यह स्वीकार किया था कि पीड़ित दलितों तक पूरी मदद पहुँची ही नहीं, इसमें बड़े पैमाने पर भ्रष्टाचार हुआ।

इंडियन काउंसिल ऑफ सोशल साइंस एंड रिसर्च के जनवरी–जून 1994 के अंक में (पृष्ठ 117–121) वाईबी दामले के शोधपत्र 'होलोकास्ट

इन मराठवाड–1978' में कहा गया है कि इस बात से शायद ही कोई इनकार कर सकता है कि भारतीय समाज की मूल समस्या असमानता, अन्याय और शोषण है। और आन्दोलन की शुरुआत भी इसी मूल समस्या से होती है। आन्दोलन का मतलब विकास को नकारना नहीं है, चाहे वह आर्थिक, राजनीतिक, सामाजिक–सांस्कृतिक आदि से जुड़ा विकास हो। हालाँकि विकास की प्रक्रिया बहुत मन्द रही है, मगर फिर भी इसका लाभ समाज के सभी हिस्सों को समानरूप से नहीं मिला है। आप कोई भी मामला देख लें, विकास की प्रक्रिया इस तरह से चलती है कि इसके लाभ का बड़ा हिस्सा उन्हें मिलता है, जो पहले से सम्पन्न हैं, और जो इतने भाग्यशाली नहीं हैं, उन तक पहुँचते–पहुँचते विकास की यह धारा सूख जाती है। ऐसे लोगों की सबसे बड़ी संख्या गाँवों में है। यही वजह है कि नामान्तर आन्दोलन में कोई भूमिका न निभाने के बाद भी मराठवाड़ा के गाँवों के दलितों पर ही प्रलय टूटी। जबकि इस आन्दोलन को चलाने वाले नेता औरंगाबाद, नान्देड़ जैसे शहरों से थे। (Y.B. Damle. Holocaust in Marathwada : 1978, Page 117, ICSSR Research Abstracts Quarterly, Vol. XXIII, No. 1 & 2 January-June 1994)

हिंसा की वजह से नामान्तर आन्दोलन को स्थगित कर दिया गया मगर जब नये बने मुख्यमन्त्री शरद पवार ने कई कारणों से विश्वविद्यालय का नाम बदलने की सिफ़ारिश को टाल दिया तो नामान्तर आन्दोलन फिर से शुरू कर दिया गया। जोगेन्द्र लक्ष्मण कावडे, जिन्होंने पीपुल्स रिपब्लिकन पार्टी बनायी, ने एक लम्बा जुलूस निकाला जिसे डॉ. अम्बेडकर के निधन दिवस पर 6 दिसम्बर, 1979 को औरंगाबाद पहुँचना था। इसमें दलित पैंथर, छोटे–छोटे दलित संगठनों, समाजवादी संगठनों ने हिस्सा लिया। कावडे को बड़े नेताओं के साथ गिरफ़्तार कर लिया गया। ("Biographical Sketch Member of Parliament XII Lok Sabha", Parliament of India, Retrieved 21 June, 2013)

यह जुलूस धर्म चक्र परिवर्तन दिन को नागपुर की दीक्षा भूमि से औरंगाबाद के लिए शुरू हुआ। तय कार्यक्रम के अनुसार जुलूस को रोज़ 30 किलोमीटर चलना था और इसे 18 दिन में 470 किलोमीटर का सफ़र तय कर औरंगाबाद पहुँचना था। हर गाँव से बड़ी संख्या में लोग इस जुलूस में शामिल हो रहे थे। आन्दोलन से जुड़े नेताओं के अनुसार इस जुलूस में 3 लाख से ज़्यादा लोग शामिल हुए थे। पुलिस ने बड़े पैमाने

पर धरपकड़ की। 25 नवम्बर से 6 दिसम्बर के बीच प्रदर्शनकारियों की कई जगह पुलिस से झड़प भी हुई। बहुत कम संख्या में प्रदर्शनकारी औरंगाबाद तक पहुँच सके। दूसरी ओर वे लोग जो नामान्तर आन्दोलन का विरोध कर रहे थे उन्होंने भी विदर्भ बन्द का आह्वान किया था। वे यूनिवर्सिटी का नाम बदले जाने के विरोध में थे।

27 नवम्बर, 1979 की दोपहर को पुलिस ने जुलूस को खड़कपुराना नदी के पुल पर रोक दिया। हज़ारों प्रदर्शनकारी पुल पर ही बैठ गये। रात 12 बजे के बाद जब वे सोये हुए थे, पुलिस ने उन पर लाठीचार्ज कर दिया। सैंकड़ों प्रदर्शनकारियों को गिरफ़्तार किया गया। 3 दिसम्बर को दलित युवाओं ने हिंसक प्रदर्शन किया। नागपुर में पुलिस से भिड़न्त में 4 प्रदर्शनकारी मारे गये। (Omvedt) Gail, "Leaderless March". *Economic and Political Weekly*. (8 December, 1979)

औरंगाबाद में क्रान्ति चौक से यूनिवर्सिटी की ओर बढ़ रहे 12 हज़ार प्रदर्शनकारियों को पुलिस ने गिरफ़्तार कर लिया। इस जुलूस की तर्ज़ पर दलितों ने आगरा, दिल्ली, बेंगलुरु, हैदराबाद में भी प्रदर्शन हुए। 16 साल तक ऐसे प्रदर्शन होते रहे। प्रदर्शनकारी गिरफ़्तार किये जाते रहे। अन्ततः 14 जनवरी, 1994 को यूनिवर्सिटी का नाम बदलकर डॉ. अम्बेडकर मराठवाड़ा यूनिवर्सिटी कर दिया गया। लगभग डेढ़ दशक बाद उपलब्धि हासिल हुई। इसे भी उत्तर–उदारीकरण के शुरुआत की बड़ी उपलब्धि माना गया।

इतिहासकार अनुपमा राव के अनुसार यूनिवर्सिटी का नाम बदलने के बाद दलितों के ख़िलाफ़ हिंसा हुई। चार को छुरा घोंपा गया। ओस्मानाबाद और परभनी में अम्बेडकर की प्रतिमा को क्षति पहुँचायी गयी। (Rao, Anupama (2009) "New Direction in Dalit Politics". The caste question : Dalits and the politics of modern India, Berkeley, CA: *University of California Press*. pp. 209-213)

लेकिन दूसरी तरफ चाहे–अनचाहे दलितों के पक्ष में एक बड़ा अभियान रंग ला रहा था। नाम बदलने के एक मुद्दे ने पूरे देश में दलितों को संगठित कर दिया। भारतीय समाज में यह एक नये तरह का ध्रुवीकरण था। जो कई राज्यों में सत्ता को उलटने और पलटने की ताक़त रखता था। मायावती का उत्थान भी इसी दौर में शुरू होता है। दलितों ने समझ लिया था कि पाना है तो लड़ना होगा। संघर्ष का यह दौर चलता ही जा रहा था। 29 सितम्बर 2006 में महाराष्ट्र में चार दलितों की

हत्या के ख़िलाफ़ दलित आन्दोलन हुआ था, जो कानपुर में बी.आर. अम्बेडकर की प्रतिमा को नुक़सान पहुँचाये जाने के बाद हिंसक हो गया था। महाराष्ट्र के भण्डारा जिले के ख़ैरलान्जी गाँव में दबंग कुनबी समुदाय की एक टोली ने एक दलित महिला और उसकी बेटी तथा दोनों बेटों को नंगा कर घुमाने के बाद हत्या कर दी थी। माँ–बेटी के साथ भीड़ ने बलात्कार किया था। हालाँकि बलात्कार की पुष्टि कभी नहीं की गयी, क्योंकि पोस्टमॉर्टम करने वाले डॉक्टर का कहना था कि उसे पुलिस ने इसके लिए नहीं कहा था।

29 सितम्बर को सूरज छिपने से थोड़ा पहले ख़ैरलान्जी के क़रीब 40 कुनबियों की भीड़ (भैयालाल) भोटमाँगी की झोंपड़ी में घुसकर उसकी पत्नी सुरेखा (42 वर्ष), बेटी प्रियंका (17 वर्ष), बेटा रोशन (19 वर्ष) और बड़ा बेटा सुधीर (21वर्ष) को बाहर खींच लायी। चारों को नंगा कर गाँव के चौराहे पर उनकी परेड करायी गयी। कहा जाता है कि दोनों महिलाओं से भीड़ ने बलात्कार किया। चारों को बाइक की चैन से पीटा गया, उनके पैरों की हड्डियाँ तोड़ दी गयी। फिर उन्हें कुल्हाड़ी से काटकर मार दिया गया। फोरेंसिक रिपोर्ट के अनुसार उनकी मौत 'इंट्राक्रेनियल हैमरेज और न्यूरौजेनिक सदमे' से हुई थी। हत्या के बाद शव एक बैलगाड़ी में डालकर दो किलोमीटर दूर नहर में फेंक दिये गये थे। गाँव के चौराहे पर हुई इस घटना का कोई गवाह सामने नहीं आया। पड़ोसी गाँव धुसाला में रहने वाले भोटमाँगी के दोस्त राजन गजबिये को भीड़ को आता देख प्रियंका ने फ़ोन कर दिया था। गजबिये जब मौक़े पर पहुँचा तब भीड़ चारों को नंगा कर घुमा रही थी। यह देखकर वह डर गया। क्योंकि कुछ दिन पहले 3 सितम्बर को उसके गाँव में भी कुनबियों की ऐसी ही भीड़ उसके चचेरे भाई सिद्धार्थ की खोज करते हुए पहुँची थी। असल में यह विवाद ज़मीन और दिहाड़ी से जुड़ा था।' ("Dalit blood on village square", 1 December, 2006, *Frontline*)

ख़ैरलान्जी की इस घटना ने देश के दलित समुदाय को झकझोर कर रख दिया था। वे न्याय की माँग को लेकर प्रदर्शन करने लगे। ये प्रदर्शन देश के कई हिस्सों में शुरू हो गये। कई जगह शरारती तत्त्वों ने डॉ. अम्बेडकर की प्रतिमा को नुक़सान पहुँचाया। इसके बाद तो ख़ैरलांजी की घटना से गुस्साये दलित हिंसक हो उठे। 30 नवम्बर, 2006 को महाराष्ट्र में कई जगह हिंसा हुई। दलित प्रदर्शनकारियों ने तीन

ट्रेनों को आग लगा दी और 100 से ज़्यादा सरकारी बसों को नुक़सान पहुँचाया। ओस्मानाबाद में प्रदर्शनकारियों पर पुलिस की फ़ायरिंग में दो लोग मारे गये। नान्देड़ और नासिक में भी एक–एक मौत हुई। 60 लोग घायल हुए। लगातार दूसरे दिन प्रदर्शन की वजह से नान्देड़, पिम्परी और नन्दुरबार कस्बे में कर्फ़्यू लगा दिया गया। 6000 लोगों से ज़्यादा की भीड़ ने उल्हासनगर में यात्रियों को उतार कर मुम्बई–पुणे डक्कन क्वीन ट्रेन को आग लगा दी। (Maharashtra : Dalit anger Leaves 4 dead, 60 injured, Source : *PTI*, 30 November, 2006)

2018 में इंडिया टुडे के अप्रैल अंक में कवर स्टोरी छपी थी *द दलित अवेकिंग*। कुछ अनजान से दलित संगठनों ने 2 अप्रैल को भारत बन्द का आह्वान किया था। ज़्यादातर लोगों को इस बन्द के बारे में कोई जानकारी नहीं थी। दो सप्ताह पहले सुप्रीम कोर्ट ने एस.सी.एस.टी. ऐक्ट के दुरुपयोग पर एक फ़ैसला दिया था। यह बन्द इसी के ख़िलाफ़ था। मगर (2 अप्रैल को) दोपहर होते–होते पूरा देश इस भारत बन्द के बारे में जान गया। टी.वी. स्क्रीन पर दिन भर दस राज्यों में सड़कों पर हो रही हिंसा की तस्वीरें थीं। 11 लोगों की मौत हो चुकी थी और करोड़ों की सम्पत्ति का नुक़सान हुआ था। जे.एन.यू. के समाज विज्ञान के प्रोफ़ेसर विवेक कुमार यह मानते रहे हैं, 'एक दलित समाजविज्ञानी के तौर पर मैं यह कहना चाहूँगा कि यह उन समूहों का गुस्सा है जिन्हें युगों से दबाया जाता रहा है। दलितों का यह उभार बताता है कि अब उन्होंने राजनीतिक दलों के संरक्षणवादी 'माई–बाप' कल्चर को अब नकार दिया है।'

लाइब्रेरी ऑफ कांग्रेस के जॉन डब्ल्यू क्लज सेंटर के सम्पादक और लेखक एंड्रयू ब्रेइनर ने 31 जुलाई, 2020 को भारतीय दलित आन्दोलनों के उभार पर एक चर्चित ब्लॉग लिखा था। इसका शीर्षक था *20वीं सदी में भारत के दलित आन्दोलनों का कायाकल्प* (The 20th Century Transformation of the Dalit Movement in India)। असल में इसमें उन्होंने गिट्टिंजेन यूनिवर्सिटी के शोधकर्ता माइकल कोलिन्स का साक्षात्कार पोस्ट किया था। कोलिन्स भारत के दलितों पर एक ख़ास प्रोजेक्ट 'From Bycotts to Ballots : Democracy and Social Minorities in Modern India.' (बहिष्कार से वोट बैंक तक– आधुनिक भारत में लोकतन्त्र और सामाजिक अल्पसंख्यक) पर काम कर रहे हैं। कोलिन्स का यह साक्षात्कार क्लज सेंटर के बोरिस ग्रेनोव्स्की ने लिया था।

इस साक्षात्कार में कोलिन्स कहते हैं कि (भारत में) दलित राजनीति हाल ही में पैदा नहीं हुई, बल्कि पिछली सदी से ही इसमें निर्णायक बदलाव आ गया था। इस समुदाय का प्रतिनिधित्व करने वाले सबसे बड़ी पहचान रखने वाले डॉ. बी.आर. अम्बेडकर (1891–1956) हैं जो भारत में जाति प्रथा के कटु आलोचक रहे। उन्होंने अपने पूरे राजनीतिक जीवन में अस्पृश्यता के ख़िलाफ़ आवाज़ उठायी। आज भी (भारत के) ज़्यादातर दलित आन्दोलन ख़ुद को उनके उत्तराधिकार से जोड़ते हैं। शुरुआत तो 1960 में हो गयी थी मगर दलित राजनीति में चारित्रिक बदलाव 1970 के दशक में आया। यह वह दौर था जब अमेरिका वियतनाम युद्ध में उलझा था और वहाँ ब्लैक पैंथर नाम से भूमिगत संगठन सक्रिय थे। भारत में भी महाविद्यालयों में पढ़कर दलितों की पहली पीढ़ी को अपने समाज की आर्थिक हालत और समाज में स्थिति को लेकर गहर क्षोभ था। इन्होंने भी अमेरिका के ब्लैक पैंथर्स की तर्ज़ पर दलित पैंथर्स संगठन बनाकर 1972 में सांस्कृतिक एवं साहित्यिक आन्दोलन शुरू किया। आपातकाल के समय ये भूमिगत हो गये और बाद में देशभर में स्थानीय स्तर पर इनकी शाखाएँ खड़ी हो गयीं। 1982 में (तमिलनाडु के मदुरै में) विडुथलाई चिरुथेगल काट्ची (वीसीके) (लिबरेशन पैंथर्स पार्टी) का गठन हुआ। इसे दलित पैंथर इयाक्कम के नाम से जाना गया और इसने तमिलनाडु में दलित पैंथर आन्दोलन की शुरुआत की। बाद में इन्होंने ख़ुद को लिबरेशन पैंथर्स कहना शुरू कर दिया। जैसे नाम से पता चलता है कि वे श्रीलंका के *लिबरेशन टाइगर्स ऑफ तमिल इलम* (लिट्टे) से प्रभावित थे। 1980 के दशक में इन पैंथर्स नेताओं ने कई राज्यों में याचिकाएँ दायर की जो कार्यस्थल पर दलित उत्पीड़न और कोटा की सीटें खाली रहने से जुड़ी थीं। मूलतः उनका उद्देश्य यह था कि सरकार अपने ही बना़ये क़ानून का सही से पालन कराये। इससे कुछ समस्याएँ सुलझी भीं। मगर यह सुधार सिर्फ़ वहीं तक था जहाँ शिकायत की जाती थी। मगर 1990 में यह रणनीति बदलकर आर्थिक और राजनीति में दलितों के अधिकार पर फोकस हो गयी। 1999 में वीसीके के नेता सक्रिय राजनीति में आ गये और राज्य विधानसभा की तीन सीटों तथा लोकसभा की इतनी ही सीटों पर जीत दर्ज़ की। (Andrew Breiner, The 20th Century Transformation of the Dalit Movement in India, 31 July, 2020, Library of Congress, https://blogs.loc.gov/kluge/ HYPERLINK "https://blogs.loc.gov/kluge/2020/07/the-20th-century-transformation-of-the-dalit-movement-in-india/"2020)

अलग राज्यों के लिए आन्दोलन

"अलग राज्य की माँग नयी नहीं रही, मगर 90 के दशक में सूचना तकनीक के क्षेत्र में हो रही प्रगति और मीडिया के विस्तार ने लोगों के ध्रुवीकरण में बड़ी भूमिका निभायी। लोग संघर्ष के लिए एकजुट हुए और एक से दो दशक के बीच तीन नये राज्य देश में अस्तित्व में आ गये।"

उदारीकरण का दौर शुरू होते ही देश में कई हिस्सों में अलग राज्य के लिए आन्दोलनों ने ज़ोर पकड़ा। हालाँकि इन हिस्सों में अलग राज्य की माँग नयी नहीं थी, मगर 90 के दशक में सूचना तकनीक के क्षेत्र में हो रही प्रगति और मीडिया के विस्तार ने लोगों के ध्रवीकरण में बड़ी भूमिका निभायी। लोग संघर्ष के लिए एकजुट हुए और एक से दो दशक के बीच तीन नये राज्य देश में अस्तित्व में आ गये।

उत्तराखण्ड आन्दोलन

9 नवम्बर, 2000 को उत्तराखण्ड को उत्तर प्रदेश से अलग कर नये राज्य का दर्ज़ा दिया गया। मगर अलग राज्य का निर्माण इतनी आसानी से नहीं हुआ। यह माँग सौ से ज़्यादा साल पुरानी थी और इसके लिए यहाँ के लोगों ने लम्बा आन्दोलन किया। इतिहासकारों के अनुसार उत्तराखण्ड को अलग राज्य बनाने की माँग तो 1897 में ही शुरू हो गयी थी। उसके बाद यह धीरे–धीरे ज़ोर पकड़ती रही। 1938 में कांग्रेस के महासम्मेलन में पण्डित नेहरू ने भी इस बात की वक़ालत की कि पहाड़ी क्षेत्र के लोगों को अपने निर्णय करने का अधिकार मिलना चाहिए। उसके बाद 1940 में हल्द्वानी में हुई कॉन्फ्रेन्स में पहाड़ी क्षेत्र को विशेष दर्ज़ा देने और कुमाऊँ तथा गढ़वाल को अलग इकाई बनाने की माँग उठी। 24 जुलाई, 1979 को अलग पहाड़ी राज्य की माँग को लेकर मसूरी में उत्तराखण्ड क्रान्ति दल की स्थापना की गयी।

देश में उदारीकरण का दौर शुरू होते ही उत्तराखण्ड के छात्रों ने अलग राज्य की माँग को लेकर एक बड़ा आन्दोलन खड़ा किया। 1994 में क़रीब–क़रीब पूरे साल अलग राज्य की माँग को लेकर छात्र जगह–जगह प्रदर्शन कर रहे थे। तब उत्तर प्रदेश के मुख्यमन्त्री मुलायम सिंह यादव ने जब इस माँग को नकार दिया तो उत्तराखण्ड क्रान्ति दल के सदस्यों ने आमरण अनशन शुरू कर दिया। 1 सितम्बर, 1994 को पुलिस ने खटीमा में आन्दोलनकारियों पर फ़ायरिंग कर दी। इसमें सात कार्यकर्ता मारे गये। इसके अगले दिन 2 सितम्बर मसूरी में लोगों ने खटीमा गोलीबारी के विरोध में शान्ति मार्च निकाला। यहाँ झूलाघर पर पुलिस ने फिर से आन्दोलनकारियों पर फ़ायरिंग की। इसमें छह लोगों की मौत हो गयी और 18 अन्य गोली लगने से घायल हुए। मुलायम सिंह सरकार की पुलिस यहीं शान्त नहीं हुई 1 अक्टूबर, 1994 को रामपुर तिराहा पर उन आन्दोलनकारियों पर फ़ायरिंग कर दी गयी जो गाँधी जयन्ती पर राजघाट पर धरना देने के लिए दिल्ली जाना चाहते थे। इसमें छह कार्यकर्ताओं की मौत हुई। कई महिला प्रदर्शनकारियों से बलात्कार किया गया। इस मामले में बाद में तीन इंस्पेक्टरों सहित 8 पुलिसकर्मी दोषी पाये गये। 3 अक्टूबर, 1994 को देहरादून में प्रदर्शनकारियों और पुलिस के बीच फ़ायरिंग हुई। इसमें तीन लोग मारे गये थे। यह भी आरोप लगा था कि एक कार्यकर्ता राजेश रावत की मौत समाजवादी पार्टी के एक नेता के घर की तरफ से आयी गोलियों से हुई थी। इसी दिन कोटद्वार में भी पुलिस और प्रदर्शनकारियों के बीच झड़प हुई। यूपी पुलिस के उत्पीड़न के ख़िलाफ़ 7 नवम्बर, 1994 को श्रीनगर के श्रीयन्त्र टापू पर आन्दोलनकारियों ने आमरण अनशन शुरू किया। तीन दिन बाद दस नवम्बर को पुलिस ने इस टापू पर धावा बोल दिया। यहाँ बहुत से लोग घायल हुए। प्रदर्शनकारियों को अलकनन्दा नदी में फेंकने की कोशिश हुई। दो लोगों के शव नदी से कई दिन बाद मिले।

27 अक्टूबर, 1994 को केन्द्रीय गृहमन्त्री राजेश पायलट ने अलग राज्य की माँग के लिए आन्दोलन कर रहे कार्यकर्ताओं से मुलाकात की। इस बीच चुनाव हुए और केन्द्र में सरकार बदल गयी। एच.डी. देवगौड़ा प्रधानमन्त्री बने और 15 अगस्त, 1996 को उन्होंने लाल क़िले से अलग राज्य उत्तरांचल बनाने की घोषणा की। 1998 में अटल बिहारी वाजपेयी के नेतृत्व वाली केन्द्र सरकार ने उत्तरांचल विधेयक को वापिस उत्तर प्रदेश सरकार को भेजा।

उत्तर प्रदेश विधानसभा ने इसमें 26 संशोधन के बाद इसे वापिस केन्द्र को भेजा। 1 अगस्त, 2000 को इसे लोकसभा ने और 10 अगस्त, 2000 को राज्यसभा ने पास कर दिया। 28 अगस्त को राष्ट्रपति ने इसे अपनी मंजूरी दी और 9 नवम्बर, 2000 को नया राज्य अस्तित्व में आ गया।

झारखण्ड आन्दोलन

उत्तराखण्ड के एक सप्ताह बाद ही 15 नवम्बर, 2000 को अलग झारखण्ड राज्य भी अस्तित्व में आया। झारखण्ड का इलाक़ा अपनी खनिज सम्पदा के लिए जाना जाता है। देश की कुल खनिज सम्पदा का 40 फीसद से ज़्यादा भण्डार यहाँ है। इसके बावज़ूद यह इलाक़ा हमेशा से ग़रीबी से जूझता रहा है। यहाँ के आदिवासी और अन्य समुदाय के लोग अपने अधिकारों के लिए लम्बे समय तक लड़ते रहे। मुण्डा और सन्थालों ने अंग्रेज़ों से तो लोहा ले लिया था पर अपनी ही सरकार से उन्हें मुश्किलें आ रही थीं। आज़ादी के बाद ही झारखण्ड को एक अलग राज्य बनाने की माँग उठने लगी थी। 1912 में हज़ारीबाग़ के सेंट कोलंबस कॉलेज के छात्रों ने पहली बार अलग झारखण्ड राज्य का प्रस्ताव रखा था। 1930 के आस–पास इलाक़े के प्रमुख नेताओं जयपाल सिंह मुण्डा और राम नारायण सिंह ने भी अलग राज्य की माँग उठायी थी। जयपाल सिंह मुण्डा की झारखण्ड पार्टी ने आज़ादी के बाद राज्य पुनर्गठन आयोग को अलग राज्य के लिए ज्ञापन भी सौंपा था। झारखण्ड आन्दोलन पर शिक्षाविद अल्बर्ट होरो के एक शोधपत्र के अनुसार 1953 में राज्य पुनर्गठन आयोग (एस.आर.सी.) को झारखण्ड को अलग राज्य का दर्ज़ा देने के लिए ज्ञापन सौंपा गया था। (Albert Horo, Jharkhand Movement, International Journal of Humanities and Social Science Invention Volume 2, Issue 4, April-2013, pp. 01) मगर इस प्रस्ताव को इस आधार पर ख़ारिज़ कर दिया गया था कि इस क्षेत्र में आदिवासियों की अलग–अलग बोलियाँ थीं।

भाषा के लिहाज़ से भी इस क्षेत्र को अलग मान्यता नहीं दी जा सकती थी। मगर इस इनकार के बाद भी क्षेत्र के लोगों में बिहार से अलग होकर नया राज्य गठित करने की इच्छा बलवती थी। विनोद बिहारी महतो, शिब्बू सोरेन और एक रॉय ने साल 1972 में झारखण्ड मुक्ति मोर्चा की स्थापना की। 22 जून, 1986 को निर्मल महतो ने *ऑल झारखण्ड स्टूडेंट्स यूनियन* की स्थापना की। राम दयाल मुण्डा और बिनोद बिहारी महतो

ने *झारखण्ड कोऑर्डिनेशन कमेटी* बनाकर अलग राज्य के लिए संघर्ष शुरू किया। उसके बाद 1989 में केन्द्र सरकार ने झारखण्ड विवाद को सुलझाने के लिए एक अलग कमेटी बनायी। इसने इलाक़े के विकास के लिए अलग से फंड जारी करने का रास्ता सुझाया। दिसम्बर 1994 में बिहार विधानसभा ने झारखण्ड क्षेत्र स्वायत्त परिषद विधेयक पास किया। हालाँकि इलाक़े के लोग इससे सन्तुष्ट नहीं हुए। जस्टिस लाल पिंगले नाथ शाहदेव के नेतृत्व में अलग राज्य के लिए आन्दोलन तेज़ हुआ। केन्द्र ने अलग झारखण्ड राज्य के लिए बिहार विधानसभा को विधेयक भेजने का निर्णय किया जिस पर तब राजद नेता लालू प्रसाद यादव का कहना था कि उनके शव पर ही राज्य का बँटवारा हो सकता है। मगर बाकी की 16 पार्टियों ने इस मामले जस्टिस शाहदेव का समर्थन किया। अन्ततः 21 सितम्बर, 1998 को बिहार विधानसभा में इस पर मतदान हुआ। वर्ष 2000 में संसद के मानसून सत्र में अलग झारखण्ड राज्य का बिल पास हो गया। इस तरह बाबू लाल मराण्डी ने 15 नवम्बर, 2000 को झारखण्ड के पहले मुख्यमन्त्री के रूप में शपथ ली।

तेलंगाना आन्दोलन

2 जून, 2014 को तेलंगाना अलग राज्य के रूप में अस्तित्व में आया, मगर इसके लिए एक लम्बी लड़ाई लड़ी गयी। तेलंगाना अंग्रेज़ों के शासनकाल में तेलुगु भाषियों के हैदराबाद स्टेट के रूप में जाना जाता था। आज़ादी के बाद जब राज्यों को पुनर्गठन हुआ था, इसके लिए बने आयोग ने भी यह माना था कि भाषा के आधार पर यह अलग है मगर एक विशाल आन्ध्र प्रदेश की परिकल्पना दो राज्यों के लिए दो तन्त्र बनाने के बोझ से बचायेगी। दूसरी ओर तेलंगाना क्षेत्र के ज़्यादातर कांग्रेसी विधायक दोनों राज्यों को एक किये जाने और विशाल आन्ध्र के विचार से सहमत नहीं थे। यहाँ तक कि 1955 के विधानसभा चुनाव में जीतकर आये ज़्यादातर ऐसे कांग्रेसी विधायकों ने विलय का विरोध किया। दूसरी ओर कम्युनिस्ट नेता विशाल आन्ध्र के पक्ष में थे। 3 दिसम्बर, 1955 को जब हैदराबाद विधानसभा में विलय के प्रस्ताव पर मतदान हुआ तो 147 विधायकों ने इसमें हिस्सा लिया, जिनमें से 103 विधायकों ने विलय का पक्ष लिया, 29 विधायकों ने विरोध किया और 16 विधायक तटस्थ रहे। तेलंगाना क्षेत्र के भी सिर्फ़ 25 विधायकों ने विलय का विरोध किया और 59 ने समर्थन।

उस वक़्त तेलंगाना से 36 कम्युनिस्ट विधायक थे और 40 कांग्रेसी और 11 समाजवादी तथा 9 निर्दलीय। (1951 विधानसभा चुनाव के नतीज़े, भारतीय चुनाव आयोग)।

इसके बाद केन्द्रीय गृहमन्त्री गोविन्द बल्लभ पन्त की उपस्थिति में तेलंगाना और आन्ध्र प्रदेश के नेताओं ने 20 फ़रवरी, 1956 को विलय को लेकर जेंटलमैन एग्रीमेंट पर हस्ताक्षर किये। मगर यह नजरिया व्यावहारिक नहीं था। जल्द ही तेलंगाना की जनता ख़ुद को ठगा महसूस करने लगी। वर्ष 1969 आते–आते अलग राज्य की माँग फिर ज़ोर पकड़ चुकी थी। 19 जनवरी, 1969 को हिंसक प्रदर्शन हुआ। भीड़ ने एक सब–इंस्पेक्टर के आवास को आग लगा दी। पुलिस फ़ायरिंग में 17 लोग घायल हुए। इस प्रदर्शन के ख़िलाफ़ आन्ध्र प्रदेश के छात्रों ने भी प्रदर्शन किया। हालात सामान्य न होते देख सेना बुलानी पड़ी। अप्रैल में प्रधानमन्त्री ने ख़ुद हस्तक्षेप किया और दोनों क्षेत्रों के नेताओं से वार्ता के बाद 8 सूत्री योजना तैयार की गयी। हालाँकि तेलंगाना के नेताओं ने इस योजना को नकार दिया और तेलंगाना प्रजा समिति का गठन कर अलग राज्य के लिए विरोध जारी रखा। तेलंगाना प्रजा समिति का ए. मदनमोहन के नेतृत्व में हुआ था मगर बाद में मारी चेन्ना रेड्डी ने इस पर क़ब्ज़ा कर लिया और 1971 में लोकसभा चुनाव जीतने के बाद इसका कांग्रेस में विलय कर दिया। हालाँकि इस चुनाव में तेलंगाना की 14 में से 10 लोकसभा सीटें तेलंगाना प्रजा समिति ने जीती थीं। मगर विलय के बाद तेलंगाना क्षेत्र के सदस्यों ने अलग राज्य न बनाने पर खुली नाराज़गी जतानी शुरू कर दी। इसके बाद कांग्रेस के केन्द्रीय नेतृत्व ने मुख्यमन्त्री ब्रह्मानन्द रेड्डी को हटाकर 30 सितम्बर, 1971 को उनकी जगह तेलंगाना क्षेत्र के पी.वी. नरसिम्हा राव को मुख्यमन्त्री बनाया गया।

मगर 1973 आते–आते यह मुद्दा फिर राजनीतिक संघर्ष में बदल गया। आन्ध्र प्रदेश की राजनीति दो नारों पर सिमट गयी, ये थे– 'जय तेलंगाना' और 'जय आन्ध्रा'। आन्ध्र प्रदेश के तटीय इलाक़ों में इसने एक नये तनाव को भी जन्म दिया। छात्रों के मोर्चे भी दो भागों में बँट गये। कुछ विशाल आन्ध्र प्रदेश को बचाना चाहते थे तो दूसरा अलग तेलंगाना राज्य की वक़ालत कर रहे थे। वी.एम. रामचन्द्र राव ने 1983 में तेलंगाना प्रजा समिति का एक बार फिर से गठन किया और प्रताप किशोर इसके महासचिव बनाये गये। इसके बाद प्रजा समित ने तेलंगाना क्षेत्र

में कई हड़तालों और प्रदर्शनों का लगातार आयोजन किया। इस दौरान तेलंगाना समर्थकों और आन्ध्र प्रदेश की एकजुटता के समर्थकों के बीच कई बार झड़पें हुईं। दूसरी ओर नरसिम्हा राव के पहले राज्य और फिर केन्द्र की राजनीति में मज़बूत होने के बाद अलग तेलंगाना के सफ़र धीमे पड़ते गये।

1997 में यह मुद्दा एक बार फिर उठा जब प्रदेश में भारतीय जनता पार्टी की इकाई ने अलग तेलंगाना राज्य का प्रस्ताव पारित किया। उसके बाद वर्ष 2000 में तेलंगाना क्षेत्र के कांग्रेसी नेताओं ने एक ज्ञापन तैयार कर पार्टी अध्यक्ष सोनिया गाँधी को दिया, जिसमें अलग तेलंगाना राज्य की माँग की गयी थी। (Sonia urged to back demand for separate Telangana, *The Hindu*, 12August 2000)। इसके बाद 27 अप्रैल, 2001 को के. चन्द्रशेखर राव ने इस मुद्दे पर संघर्ष के लिए एक अलग पार्टी तेलंगाना राष्ट्र समिति (टी.आर.एस.) का गठन किया। इस पार्टी का एक ही एजेंडा था अलग तेलंगाना राज्य और हैदराबाद राजधानी। 9 दिसम्बर, 2009 को केन्द्रीय गृहमन्त्री पी. चिदम्बरम ने भी घोषणा की कि केन्द्र सरकार अलग तेलंगाना राज्य के लिए प्रक्रिया शुरू कर रही है। हालाँकि इसका प्रस्ताव आन्ध्र प्रदेश विधानसभा को करना था। इसके बाद आन्ध्र प्रदेश में छात्रों ने इसके विरोध में प्रदर्शन शुरू कर दिये। वकीलों और विभिन्न संगठनों ने मिलकर समकेन्द्र आन्दोलन शुरू किया। इसके बाद 23 दिसम्बर को केन्द्र सरकार को यह घोषणा करनी पड़ी कि जब तक राज्य में इस मुद्दे पर आम सहमति नहीं हो जाती, इस पर कोई निर्णय नहीं किया जायेगा। उसके बाद 3 फ़रवरी, 2010 को जस्टिस बी.एन. श्रीकृष्णा के नेतृत्व में एक कमेटी बनायी गयी। इस कमेटी को पूरे राज्य से एक लाख से ज़्यादा अलग–अलग अनुरोध मिले। 16 दिसम्बर, 2010 को श्रीकृष्णा कमेटी ने अपनी रिपोर्ट सौंप दी। दूसरी तरफ टी.आर.एस. ने वारंगल में एक बड़ी सभा बुलाकर इसके अध्यक्ष चन्द्रशेखर राव ने प्रधानमन्त्री मनमोहन सिंह को चेतावनी दी कि तेलंगाना के लोग अब अपना धैर्य खो रहे हैं। इसलिए संसद के अगले ही सत्र में अलग तेलंगाना राज्य के लिए विधेयक लाया जाये।

6 जनवरी, 2011 को केन्द्रीय गृह मन्त्रालय ने श्रीकृष्णा कमेटी की 505 पेज की रिपोर्ट जारी की। इस पर चर्चा चल ही रही थी कि 17 फ़रवरी, 2011 तेलंगाना क्षेत्र में असहयोग आन्दोलन शुरू कर दिया गया।

इसमें राज्य सरकार के 3 लाख से ज़्यादा कर्मचारियों ने भी हिस्सा लिया। विधायकों ने विधानसभा सत्रों का बहिष्कार किया। तेलंगाना क्षेत्र के सांसदों ने संसद की कार्यवाही में व्यवधान डाला। 10 मार्च, 2011 को हैदराबाद में तेलंगाना ज्वॉइंट एक्शन कमेटी ने मिलियन मार्च निकाला। अप्रैल से जून के बीच तेलंगाना जनप्रतिनिधियों का इस्तीफ़ों का दौर चला। केन्द्र और राज्य सरकारों में मन्त्री पद, संसद और विधानसभा की सदस्यता से त्यागपत्र दिये गये। तेलंगाना के यादी रेड्डी ने संसद भवन के पास आत्महत्या कर ली। उसके पास 8 पेज का सुसाइड नोट मिला, जिसमें लिखा था कि अलग तेलंगाना राज्य न बनाये जाने से वह क्षुब्ध है। इसी साल 15 अक्टूबर, 2011 को रेल का पहिया जाम किया गया। अगले दिन सार्वजनिक परिवहन की हड़ताल रही। 29 अक्टूबर, 2011 को तेलंगाना क्षेत्र के तीन कांग्रेसी विधायक इस्तीफ़ा देकर टी.आर.एस. में शामिल हो गये।

आन्दोलन अब अन्तिम चरण में था। 19 जनवरी, 2012 को भाजपा के प्रदेश अध्यक्ष कृष्ण रेड्डी ने 22 दिन की तेलंगाना पोरु यात्रा शुरू की। महबूबनगर ज़िले के मकतल में कृष्णा नदी के तट पर भाजपा के तत्कालीन अध्यक्ष नितिन गडकरी ने इस यात्रा को हरी झण्डी दिखायी थी। 14 अगस्त, 2012 को के.सी.आर. ने केन्द्र सरकार को दो सप्ताह का समय देते हुए बड़ा आन्दोलन शुरू करने की चेतावनी दी। इसके बाद के.सी.आर. दिल्ली चले गये और समय सीमा को 30 सितम्बर तक कर दिया गया। 30 सितम्बर को क़रीब दो लाख लोगों ने हैदराबाद में प्रदर्शन किया। इस मौक़े पर दोनों पक्षों में झड़प हुई। भीड़ ने तीन पुलिस वाहनों को जला दिया। प्रदर्शनकारियों ने रेलवे स्टेशनों पर भी तोड़फोड़ की। 27 दिसम्बर 2012 को केन्द्र ने इस मसले पर बैठक बुलायी और फ़ैसले के लिए 30 दिन का समय माँगा।

1 सितम्बर, 2013 को एक सार्वजनिक सभा में चन्द्रबाबू नायडू ने अलग तेलंगाना राज्य पर अपनी सहमति जतायी। 3 अक्टूबर, 2013 को केन्द्रीय कैबिनेट ने तेलंगाना को नया राज्य बनाने को अपनी मन्ज़ूरी दी। इसमें यह भी तय हुआ कि दस साल तक हैदराबाद दोनों राज्यों की राजधानी रहेगा। उसके बाद यह तेलंगाना की राजधानी हो जायेगा। उसके बाद इसे संसद ने अपनी मंजूरी दी। 11 दिसम्बर, 2013 को राष्ट्रपति ने इस विधेयक को आन्ध्र प्रदेश विधानसभा को भेज दिया।

लम्बे विवाद के बाद 30 जनवरी, 2014 को आन्ध्र प्रदेश विधानसभा ने इस विधेयक को ध्वनिमत से पारित घोषित कर दिया। 18 फ़रवरी, 2014 को लोकसभा और 20 फ़रवरी को राज्यसभा से पारित होने के बाद 1 मार्च, 2014 को राष्ट्रपति ने इसे मंजूरी दे दी। इसके बाद 2 जून, 2014 को तेलंगाना नये राज्य के रूप में अस्तित्व में आया। के. चन्द्रशेखर राव राज्य के पहले मुख्यमन्त्री बने।

महिला सशक्तिकरण से जुड़े आन्दोलन

"उदारीकरण के पहले चरण से ही महिलाएँ पुरुषों के साथ बराबरी कर रही थी। उत्तर–उदारीकरण में महिलाओं को नौकरियाँ तो मिल रही थीं पर मेहनताना उतना नहीं मिल रहा था, लेकिन सर्विस क्षेत्र और साफ्टवेयर ही कुछ ऐसे क्षेत्र माना जाते हैं जहाँ महिलाओं को लगभग बराबरी का पैसा मिलता है और कई जगह ज्यादा भी मिल जाता है।"

1987–88 में भारत की विकास दर (सकल घरेलू उत्पाद विकास दर) 9.6 फ़ीसद रही थी। यह वह समय था जब राजीव गाँधी देश में कम्प्यूटर की बात कर रहे थे। मगर अगले साल बोफोर्स घोटाले ने देश की राजनीति में तूफान ला दिया। राजनीतिक अस्थिरता का असर विकास पर भी पड़ा और 1988–89 में विकास दर बड़ी गिरावट के साथ 5.9 प्रतिशत पर आ गयी थी। 1990 में खाड़ी क्षेत्र में युद्ध के हालात बन गये और कच्चे तेल के दाम आसमान छूने लगे। राजनीतिक स्थिरता और खाड़ी संकट ने देश की अर्थव्यवस्था को जड़ तक हिला दिया। नतीजा यह हुआ कि 1990–91 में देश की विकास दर सिर्फ़ 1.1 प्रतिशत रह गयी। देश दिवालिया होने की कगार पर था। कुल कर्ज़ तत्कालीन जीडीपी के 53 प्रतिशत के बराबर पहुँच गया था।

ऐसे में देश चलाने के लिए चन्द्रशेखर सरकार के दौरान आर.बी.आई. ने जुलाई 1991 में 46.91 टन सोना बैंक ऑफ इंग्लैंड और बैंक ऑफ जापान के पास गिरवी रखकर 40 करोड़ डॉलर जुटाये थे। हालाँकि स्थिति में सुधार होने पर नयी सरकार ने इस सोने को कुछ समय बाद ही छुड़ा लिया था। (In Fact : How govts pledged gold to pull economy back from the brink, The Indian Express, 5 April, 2017). (https://indianexpress.com/article/explained/in-fact-how-govts-pledged-gold-to-pull-economy-back-from-the-brink/)

आर्थिक संकट के इस दौर में 1992 की फ़रवरी में नरसिम्हा राव सरकार ने देश में आर्थिक सुधार लागू किये। इसे ही भारत में आर्थिक उदारीकरण की शुरुआत माना जाता है। इसके शुरुआती नतीजे काफ़ी उत्साहवर्धक रहे। देश आर्थिक संकट से बाहर निकला। विकास दर में अच्छा सुधार हुआ। 1998 में विश्वबैंक की रिपोर्ट के अनुसार 1993–1997 के बीच भारत की वार्षिक विकास दर 5 से 7 प्रतिशत के बीच रही थी।

उदारीकरण के पहले चरण में बाहर से काफ़ी निवेश आया। शहरों में रोज़गार तेज़ी से बढ़े। इसने आर्थिक और सामाजिक परिदृश्य में कई तरह के बदलाव किये। महिलाएँ जिन्हें अभी तक कृषि क्षेत्र में ही बड़े पैमाने पर रोज़गार प्राप्त था, उनके लिए भी नये रास्ते खुले। मगर नये क्षेत्र में शुरुआती भागीदारी कम रही। कृषि क्षेत्र प्रधान व्यवस्था शारीरिक श्रम पर निर्भर थी और इसमें महिलाएँ भी पुरुषों के बराबर श्रम कर रही थीं। 1961 तक देश में यही स्थिति रही। मगर 1971 की जनगणना के आँकड़े इसमें बड़े बदलाव की कहानी कहते हैं। जनगणना में यह सामने आया कि 3.1 करोड़ महिलाएँ श्रम क्षेत्र से जुड़ी थीं। इनमें से भी 2.8 करोड़ महिलाएँ ग्रामीण क्षेत्रों से थीं और शहरी क्षेत्रों में सिर्फ़ 30 लाख महिलाएँ रोज़गार के लिए श्रम कर रही थीं। कृषि क्षेत्र महिलाओं को सबसे ज़्यादा रोज़गार दे रहा था। कुल मिलाकर 14.2 प्रतिशत महिलाओं और 52.8 प्रतिशत पुरुषों के पास रोज़गार था। हालाँकि तब इस आँकड़े पर विवाद हुआ था। योजना आयोग ने इसे महिला रोज़गार का डेटा नहीं माना था। उसके अनुसार देश में 28 प्रतिशत महिलाओं को रोज़गार मिला हुआ था। 1981 की जनगणना में सामने आया कि 20.85 प्रतिशत महिलाओं के पास रोज़गार है, मगर योजना आयोग अब भी इस आँकड़े को कम मान रहा था। हालाँकि इससे यह स्पष्ट हो रहा था कि जिस तेज़ी से महिलाओं के रोज़गार उनके पारम्परिक क्षेत्र कृषि में कम हो रहे हैं, उस तेज़ी से नये औद्योगिक ढाँचे में बढ़ नहीं रहे हैं। इस की व्याख्या तब योजना आयोग के चेयरमैन रहे डी.आर. गाडगिल ने इस तरह की थी कि कामकाजी न होना महिलाओं को समाज में ऊँचा रुतबा दिलाता है।

मगर उदारीकरण के बाद महिला रोज़गार के आँकड़े स्पष्ट कर रहे थे कि शहरों में कामकाजी महिलाओं की संख्या बढ़ रही थी। ग्रामीण क्षेत्र में कम हो रही थी। 1993–94 के आँकड़ों के अनुसार शहरी क्षेत्रों में कामकाजी महिलाओं की भागीदारी तेज़ी से बढ़कर कुल आबादी का

15.5 प्रतिशत हो गयी थी। शहरों में कामकाजी महिलाओं की संख्या 1 करोड़ 73 लाख दर्ज़ की गयी थी। दूसरी ओर ग्रामीण क्षेत्र और कृषि सेक्टर में महिलाओं की भागीदारी 1993–94 में घटकर 32.8 प्रतिशत रह गयी थी, जो 1981 में 46 प्रतिशत थी। हालाँकि तब भी 9.2 करोड़ महिलाओं को कृषि क्षेत्र से रोज़गार मिल रहा था।

उच्च शिक्षा के क्षेत्र में महिलाओं की भागीदारी लगातार बढ़ रही थी। 2018–19 के आँकड़े बताते हैं स्नातक डिग्री के लिए अध्ययनरत विद्यार्थियों में 53 प्रतिशत महिलाएँ थीं। एमफिल डिग्री के लिए यह भागीदारी 69. प्रतिशत थी यानी पुरुषों के मुक़ाबले कहीं ज़्यादा। शोध और पीएच.डी. में भी महिलाओं की भागीदारी 41.8 प्रतिशत थी। (All India Survey on Higher Education 2018-19, मानव संसाधन मन्त्रालय, भारत सरकार)

2020 में वर्ल्ड बैंक की रिपोर्ट के अनुसार देश के कुल श्रम क्षेत्र में महिलाओं की भागीदारी सिर्फ़ 19.9 प्रतिशत रह गयी है। (Labor Force, Female (% of Total Labor Force) - India, The World Bank Databank (2020). इंडिया स्किल रिपोर्ट–2020 के अनुसार इंफ्रास्ट्रक्चर से जुड़े क्षेत्र में 7 प्रतिशत महिलाओं को रोज़गार मिल रहा है। ऑटोमोटिव सेक्टर में 10 प्रतिशत, फ़ार्मास्युटिकल और हैल्थ केयर में 11 प्रतिशत तथा सूचना एवं तकनीक क्षेत्र में 28 प्रतिशत महिलाओं को रोज़गार मिला है। (India Skills Report 2020: Reimagining India's Talent Landscape for a $5T Economy (2020)

इस तरह उत्तर–उदारीकरण के दौर में कृषि क्षेत्र की तरह ही महिलाओं को सबसे ज़्यादा रोज़गार मिल रहा है। मगर इसके साथ ही यह भी नहीं भूलना चाहिए कि महिलाओं को नौकरियाँ तो मिल रहीं थीं, मगर उन्हें भुगतान पुरुषों की तुलना में कम किया जा रहा था। वर्ल्ड इकोनॉमिक फोरम ने भी यह स्वीकार किया किया कि महिलाओं को समान घण्टे, समान कार्य के लिए पुरुषों के मुक़ाबले 65.5 प्रतिशत वेतन ही दिया जाता है। (World Economic Forum, "Data Explorer: India, "The Global Gender Gap Report 2020)।

दरअसल सर्विस क्षेत्र और सॉफ्टवेयर ही कुछ ऐसे क्षेत्र माना जाते हैं जहाँ महिलाओं को लगभग बराबरी का पैसा मिलता है और कई जगह ज़्यादा भी मिल जाता है, ख़ासतौर से उनके काम के प्रति लगाव को देखते हुए।

एक रोचक उदाहरण से बातें और साफ़ हो जायेंगी। फ़िल्म उद्योग भी इस समस्या के काफ़ी समय से जूझ रहा है। यहाँ पर भी यह शिकायत काफ़ी पहले से होती रही है कि महिला कलाकारों को पुरुष कलाकारों की तरह से पूरा भुगतान नहीं किया जाता है। बीस साल पहले तक तो यह बात मानी जा सकती थी क्योंकि तब की स्थिति में काफ़ी फ़र्क़ था, लेकिन इधर इस बात को काफ़ी दमखम के साथ धीरे–धीरे उठाया जाने लगा। कंगना रानौत, तापसी पन्नू, दीपिका पादुकोण और अनुष्का शर्मा ऐसी तमाम अभिनेत्रियाँ एक तरफ अपने काम से चकित कर रही थीं और दूसरी तरफ यह बात भी उठाने में कोई संकोच नहीं कर रहीं थीं। और एक दशक की लम्बी लड़ाई के बाद उनका संघर्ष रंग लाया और अब उन्हें बराबर नहीं तो कई अभिनेत्रियों को लगभग आस–पास साइनिंग अमाउंट मिलने लगा है। फ़िल्म उद्योग के सूत्र तो यह भी कहते हैं कि कई फ़िल्मों में कंगना और दीपिका ने अपने सहयोगी पुरुष कलाकारों से ज़्यादा पारिश्रमिक लिया।

उधर, महिलाएँ जब रोज़गार के क्षेत्र में पुरुषों के मुक़ाबले कन्धे से कन्धा मिलाकर काम कर रहीं थीं तो कई तरह की समस्याएँ भी उनके सामने आ रहीं थीं। इनसे निपटने के लिए वे आन्दोलन की राह भी चुन रहीं थीं। यही वजह है कि उत्तर–उदारीकरण के काल में नारी चेतना से जुड़े कई आन्दोलन भी हुए। इनमें से एक चर्चित आन्दोलन है 2014 का नैपकिन आन्दोलन।

मीडिया रिपोर्ट्स के अनुसार 10 दिसम्बर, 2014 को केरल के कोच्चि स्थित असम रबर फैक्टरी में 15 महिला कर्मचारियों की नग्न कर तलाशी ली गयी थी। फैक्टरी के टॉयलेट में एक नैपकिन पाये जाने के बाद दो महिला सुपरवाइजर्स ने इस घटना को अन्जाम दिया था। एक महिला सुपरवाइजर ने कम्पनी में काम कर रही उन सभी 15 महिलाओं को अलग क़तार में लगवा दिया था, जिन्होंने अपने गर्भाशय नहीं निकलवाये थे। जिन महिलाओं ने नग्न तलाशी देने का विरोध किया, उन्हें नौकरी से निकालने की धमकी दी गयी। यह मामला सोशल मीडिया में तेज़ी से वायरल हुआ। 19 दिसम्बर, 2014 को इनमें से कुछ महिलाओं ने घटना के ख़िलाफ़ पुलिस को शिकायत दे दी। शिकायत करने वाली महिलाएँ 20 से 50 वर्ष उम्र की थीं। उन्होंने मानसिक उत्पीड़न का आरोप लगाया था।

यह घटना जिस औद्योगिक क्षेत्र में हुई थी वह कोचीन का स्पेशल इकोनॉमिक ज़ोन था। अतः स्पेशल इकेनॉमिक ज़ोन के विकास अधिकारी ने मामले की जाँच के लिए चार सदस्यीय कमेटी गठित कर दी। कमेटी ने गवाहों के बयान लिए और कम्पनी की सी.सी.टी.वी. फुटेज की जाँच की। इस दौरान सोशल मीडिया पर एक अनोखी मुहिम चल पड़ी। लोग कम्पनी के अधिकारियों के पते पर इस्तेमाल किये हुए नैपकिन्स का पार्सल भेज रहे थे और इसकी तस्वीर फेसबुक पर अपलोड कर रहे थे। कम्पनी को बड़ी संख्या में इस तरह के पार्सल आने लगे। सोशल मीडिया पर घटना की निन्दा के बाद केरल उच्च न्यायालय ने मामले की न्यायिक जाँच का आदेश दे दिया।

31 दिसम्बर, 2014 को टाइम्स ऑफ इंडिया में छपी एक ख़बर के अनुसार टॉयलेट में सैनेटरी नेपकिन को ठीक से डिस्पोज न करने पर कम्पनी ने 10 दिसम्बर, 2014 को 15 महिलाओं की बिना कपड़े के तलाशी ली थी। हालाँकि इस ख़बर के छपने से पहले ही 26 दिसम्बर, 2014 को ही केरल हाईकोर्ट मामले की जाँच के आदेश दे चुका था। टाइम्स ऑफ इंडिया ने एक पीड़िता के हवाले से लिखा कि वे लगातार अपमान सह रही है और घटना के सार्वजनिक होने से वे ख़ुद बहुत ज़्यादा अपमानित महसूस कर रही है। हालाँकि कम्पनी ने मामले को दबाने की कोशिश की मगर कुछ महिलाओं ने 19 दिसम्बर को पुलिस में रिपोर्ट दर्ज़ करा दी। एर्नाकुलम के महिला थाने ने मामले की जाँच शुरू की। इसके साथ ही विकास अधिकारी द्वारा गठित चार सदस्यीय कमेटी भी इसकी जाँच कर रही थी। (Kochi company strip searches women to nab 'napkin user', 31 Dec. 2014, Times Of India)

मीडिया रिपोर्ट्स के अनुसार फैक्ट्री मैनेजर ने प्रबन्धक के ख़िलाफ़ कोई कार्रवाई करने से इनकार कर दिया था। इसके बाद कुछ महिलाओं नें पुलिस के पास जाकर मामला दर्ज़ कर दिया था। तब केरल महिला आयोग के हस्तक्षेप पर 27 दिसम्बर को सुपरवाइजर के ख़िलाफ़ पुलिस शिकायत दर्ज़ की गयी। मासिक धर्म की वजह से महिलाओं की इस प्रताड़ना के ख़िलाफ़ कुछ सामाजिक कार्यकर्ताओं ने *रेड अलर्ट* नाम से फेसबुक पेज भी शुरू किया। इस पेज पर आह्वान किया गया था, 'इस अमानवीय कृत्य के ख़िलाफ़! इस अमानवीय कृत्य के ख़िलाफ़ कम्पनी के एम.डी. को इस्तेमाल किया और बगैर इस्तेमाल किया नैपकिन भेजो।'

महिलाओं के मासिक धर्म को लेकर कई तरह की मूढ़ ग्रन्थियों में बँधे समाज में यह कोई पहली घटना नहीं थी। 17 दिसम्बर, 2014 को दो युवतियों और उनकी सास को केरल राज्य ट्रांसपोर्ट की बस से इसलिए ज़बरन उतार दिया गया था, क्योंकि वह बस भगवान अय्यप्पा के श्रद्धालुओं के लिए आरक्षित थी और सबरीमाला मन्दिर जा रही थी। कंडक्टर और ड्राइवर का कहना था कि अगर उनकी सास और बच्चे चाहें तो वे इस बस से यात्रा कर सकते हैं मगर ये दोनों जवान महिलाएँ नहीं, क्योंकि इनका भरोसा नहीं कि ये कितनी 'पवित्र' हैं। जब पुलिस ने भी महिलाओं की शिकायत सुनने से इनकार कर दिया तो उन्होंने केरल सरकार के परिवहन विभाग के ख़िलाफ़ मानवाधिकार उल्लंघन की शिकायत दर्ज़ करायी। इस घटना के ख़िलाफ़ 21 दिसम्बर को जब 5 महिलाओं ने विरोध स्वरूप उसी बस में चढ़ने की कोशिश की तो स्थानीय पुलिस ने उन्हें तीन घण्टे तक हिरासत में रखा और धारा 151 के तहत मामला दर्ज़ किया।

सबरीमाला के अय्यप्पा मन्दिर में उन महिलाओं के प्रवेश पर रोक थी, जो मासिक धर्म वाले आयुवर्ग में आती थीं। यह रोक क़ानून बहुत पुरानी नहीं थी। 1991 में ही केरल हाईकोर्ट ने ऐसी व्यवस्था दी थी। इसके ख़िलाफ़ महिलाओं का एक बड़ा आन्दोलन हुआ। एक बार तो सुप्रीम कोर्ट ने भी महिलाओं के पक्ष में फ़ैसला दे दिया।

20वीं सदी के 90 के दशक में केरल में महिलाओं के एक बड़े आन्दोलन की ज़मीन भी तैयार होने लगी थी। देश में जब उदारीकरण दस्तक दे रहा था, ठीक उसी दौर में देश पुराने ढर्रों की तरफ और मज़बूती से लौटने की कोशिश कर रहा था। 1991 में केरल हाईकोर्ट ने एस. महेन्द्रन की याचिका पर 10 से 50 वर्ष के बीच की आयु की महिलाओं के सबरीमाला के मन्दिर में प्रवेश पर क़ानूनी रूप से रोक लगा दी थी। यह फ़ैसला जस्टिस के. पारीपोरनन और के बालनाराणा मरार की खण्डपीठ ने सुनाया था। साथ ही केरल सरकार को यह निर्देश दिया गया था कि इस रोक पर अमल के लिए पुलिस बल का प्रयोग करें। इस मन्दिर का प्रबन्धन देवास्वोम बोर्ड के पास था। ख़ास आयु वर्ग की महिलाओं के प्रवेश पर रोक उसी का फ़ैसला था। केरल हाईकोर्ट ने अपने फ़ैसले में कहा था– ऐसे प्रतिबन्ध (महिलाओं के प्रवेश पर रोक) जो देवास्वोम बोर्ड ने लगाये हैं, वह भारतीय संविधान के अनुच्छेद 15, 25 और 26 का उल्लंघन नहीं करते। ऐसे प्रतिबन्ध हिन्दू पूजा स्थलों पर लोगों को पूजा

अधिकार सम्बन्धी अधिनियम 1965 का भी उल्लंघन नहीं करते, क्योंकि प्रतिबन्ध हिन्दुओं के किसी एक वर्ग द्वारा दूसरे वर्ग के ख़िलाफ़ नहीं हैं, न ही किसी एक जाति द्वारा दूसरी जाति के ख़िलाफ़ लगाये गये हैं। यह प्रतिबन्ध एक ख़ास आयुवर्ग की महिलाओं को सम्मान देने के लिए हैं न कि महिला जाति के ख़िलाफ़ हैं। (Such restriction (restriction of women entry) imposed by the Devaswom Board is not violative of Articles 15, 25 and 26 of the Constitution of India. Such restriction is also not violative of the provisions of Hindu Place of Public Worship (Authorisation of Entry) Act, 1965 since there is no restriction between one section and another section or between one class and another class among the Hindus in the matter of entry to a temple whereas the prohibition is only in respect of women of a particular age group and not women as a class. – Kerala High Court, Justice K. Paripoornan and Justice K. Balanarayana Marar, 1991)

इस फ़ैसले के बाद मन्दिर में 10 से 50 वर्ष के बीच की महिलाओं को मन्दिर में प्रवेश से रोक दिया गया। प्रवेश योग्य आयु वाली महिलाओं को अपनी आयु की पुष्टि के लिए प्रमाण–पत्र लेकर आना होता था। 2006 में छह महिलाओं जो कि युवा अधिवक्ता संगठन की सदस्य थीं ने मन्दिर में प्रवेश पर लगी इस रोक के ख़िलाफ़ सर्वोच्च अदालत में याचिका दायर की। द हिन्दू की रिपोर्ट के अनुसार याचिका में कहा गया कि महिलाओं पर यह रोक केरल के हिन्दू मन्दिरों में लोगों के पूजा अधिकार अधिनियम 1965 का उल्लंघन है। ("Sabarimala controversy: women lawyers move Supreme Court". *The Hindu*. 31 July, 2006.)

28 सितम्बर, 2018 को सुप्रीम कोर्ट की पीठ ने 4–1 से सभी आयु वर्ग की महिलाओं को मन्दिर में प्रवेश की अनुमति का फ़ैसला सुनाया। तत्कालीन चीफ जस्टिस दीपक मिश्रा, जस्टिस ए.एम. खानविलकर, जस्टिस आर.एफ. नरीमन और जस्टिस डी.वाई. चन्द्रचूड़ मन्दिर में महिलाओं के प्रवेश की अनुमति के पक्ष में थे, वहीं जस्टिस इन्दू मल्होत्रा ने इससे असहमति जतायी थी। (Women of all ages can enter Sabarimala Temple, rules Supreme Court". *The Economic Times*. 20 October, 2018)

सुप्रीम कोर्ट के इस फ़ैसले का दक्षिणपन्थी संगठनों की ओर से विरोध शुरू हो गया। उनका कहना था कि पवित्रता धार्मिक मुद्दा है और यह मूलभूत धार्मिक अधिकार है। विरोध इतना बढ़ा कि केरल में ही

विभिन्न हिन्दू संगठनों द्वारा अक्टूबर, नवम्बर और दिसम्बर के महीने में 7 हड़तालें सुप्रीम कोर्ट के इस फ़ैसले के ख़िलाफ़ की गयीं। इस विरोध में मुख्य भूमिका भारतीय जनता पार्टी की रही और कांग्रेस भी इस मुद्दे पर उसके साथ नज़र आयी। 7 अक्टूबर, 2018 को पठन्मथितता ज़िले में भाजपा ने पहली हड़ताल का आयोजन किया, क्योंकि भाजपा युवा मोर्चा के प्रदेश अध्यक्ष प्रकाश बाबू को 6 अक्टूबर, 2018 को तब पकड़ कर कथित रूप से पीट दिया था, जब वह मन्दिर में प्रवेश का अधिकार माँग रही महिलाओं के विरोध में प्रदर्शन कर रहे थे। दूसरी हड़ताल का आह्वान भी भाजपा ने ही किया था। यह 18 अक्टूबर, 2018 को की गयी। इसके अलावा सुप्रीम कोर्ट का फ़ैसला आने के बाद कांग्रेस भी विरोध प्रदर्शन कर सरकार से माँग करने लगी कि वह सर्वोच्च अदालत के फ़ैसले के ख़िलाफ़ पुनर्विचार याचिका डाले। पूरे राज्य में लगातार विरोध प्रदर्शन और हड़तालें हो रहीं थीं। एनडीटीवी की 28 अक्टूबर, 2018 की रिपोर्ट के अनुसार प्रदर्शनकारियों के ख़िलाफ़ हिंसा और तोड़फोड़ के 500 से ज़्यादा मामले दर्ज़ किये गये। 3000 से अधिक लोगों को गिरफ़्तार किया गया था। इनमें सबरीमाला पुजारी परिवार के राहुल एस्वार भी थे।

तीसरी हड़ताल 2 नवम्बर को की गयी। इसका आह्वान भी भाजपा ने किया था। भाजपा की ओर से ही चौथी हड़ताल 17 नवम्बर को केपी शशिकला की गिरफ़्तारी के ख़िलाफ़ पूरे राज्य में की गयी। पाँचवीं हड़ताल 11 दिसम्बर को की गयी। सुप्रीम कोर्ट के फ़ैसले के ख़िलाफ़ 26 दिसम्बर को हिन्दू संगठनों से जुड़ी हज़ारों महिलाओं ने अय्यप्पा ज्योति का आयोजन किया। कुछ स्थानों पर विरोध कर रही इन महिलाओं पर कथित रूप से माकपा और डेमोक्रेट यूथ फेडरेशन ऑफ इंडिया के कार्यकर्ताओं ने हमला किया। (More than dozen left activists arrested for attacking Ayyappa Juothi, *India Today*, 28 December, 2018)

ऐसा ही नहीं था कि सिर्फ़ विरोध हो रहा था। राज्य की प्रगतिशील महिलाएँ मन्दिर में प्रवेश के अधिकार को लेकर लगातार संघर्ष भी कर रहीं थीं। सुप्रीम कोर्ट के फ़ैसले के बाद अक्टूबर 2018 में जब पहली बार सबरीमाला मन्दिर को श्रद्धालुओं को खोला गया तो स्थिति को देखने के लिए गयी। बहुत सी महिला पत्रकारों पर सुप्रीम कोर्ट के फ़ैसले का विरोध करने वालों ने हमला कर दिया। *न्यूयॉर्क टाइम्स* की पत्रकार सुहासिनी राज को भी प्रदर्शनकारियों ने मन्दिर तक नहीं पहुँचने दिया और माराकोट्टाम

के पास से जबरन लौटने को मज़बूर कर दिया। 19 अक्टूबर, 2018 को प्रतिबन्धित आयुवर्ग की दो महिलाओं ने मन्दिर परिसर में प्रवेश किया। मगर उन्हें पूजा स्थल तक नहीं पहुँचने दिया। पुजारियों के चेतावनी देने पर वे वापिस लौट गयीं। मन्दिर में प्रवेश की फेसबुक पर अपलोड एक फ़ोटो की वजह से पुलिस ने एक महिला रेहाना फ़ातिमा को धार्मिक संवेदनाएँ भड़काने के आरोप में गिरफ़्तार किया। फ़ातिमा को 18 दिन जेल में रहना पड़ा, उसके बाद जमानत मिली। उसके अगले दिन एक महिला पत्रकार और केरल दलित महिला फेडरेशन की सदस्य को भी विरोध की वजह से बिना दर्शन के ही लौटना पड़ा।

23 अक्टूबर, 2018 को सबरीमाला के मसले पर केन्द्रीय मन्त्री स्मृति ईरानी ने बड़ा ही चर्चित बयान दिया था। उनका कहना था, 'मैं मौजूदा केन्द्रीय मन्त्री हूँ इसलिए मैं सुप्रीम कोर्ट के फ़ैसले पर टिप्पणी नहीं कर सकती हूँ, लेकिन मुझे लगता है कि मेरे पास पूजा करने का अधिकार है, लेकिन अपवित्र करने का नहीं। और यही वह अन्तर है जिसे पहचानने और सम्मान करने की ज़रूरत है। क्या आप माहवारी के खून से सने सैनेटरी नैपकिन को लेकर अपने दोस्त के घर जायेंगी। आप नहीं जायेंगी। तो फिर भगवान के घर क्यों जाना चाहती हैं। यही वह अन्तर है।' हालाँकि उन्होंने स्पष्ट कर दिया था कि यह उनकी व्यक्तिगत राय है।

16 नवम्बर, 2018 को भूमाता ब्रिगेड की तृप्ति देसाई को कोचीन अन्तरराष्ट्रीय हवाई अड्डे पर ही प्रदर्शनकारियों ने रोक दिया और मन्दिर तक नहीं जाने दिया। वह 14 घण्टे तक हवाई अड्डे पर रहीं और फिर वापिस लौट गयीं। इस घटना के एक महीने बाद 16 दिसम्बर को चार ट्रांसजेंडर महिलाओं को पुलिस ने क़ानून और व्यवस्था की दुहाई देकर इरुमली से वापिस भेज दिया और मन्दिर तक नहीं पहुँचने दिया। हालाँकि दो दिन बाद मन्दिर के पुजारियों और अधिकारियों ने इन ट्रांसजेंडर महिलाओं को पूजा की इजाज़त दे दी। लिंग परिवर्तित करा पुरुष से महिला बनीं इन चारों के मन्दिर प्रवेश में कोई परेशानी नहीं थी।

2 जनवरी, 2019 को दो महिलाओं ने दावा किया कि उन्होंने सबरीमाला मन्दिर में प्रवेश किया है। बाद में सी.सी.टी.वी. फुटेज से यह साबित भी हुआ। इसके बाद मन्दिर को शुद्धिकरण के लिए बन्द कर दिया गया। महिलाओं के प्रवेश पर मन्दिर का शुद्धिकरण जैसी घटनाएँ 21वीं सदी में भी इस देश में हो रहीं थीं। यह चाँद पर उतरने की तैयारी कर

रहे देश की चेतना और नारी सम्मान को झकझोरने वाली बात थी। मासिक धर्म से जुड़ी बातों को अब भी आस्था की दृष्टि से अस्वीकार्य माना जा रहा था। ऐसी महिलाओं को पूजा के अधिकार से वंचित किया जा रहा था। आस्था के नाम पर ऐसी रवायतों को राजनीतिक दल बढ़ावा दे रहे थे।

सुप्रीम कोर्ट ने फ़ैसला दे दिया था मगर यह लागू नहीं हो पा रहा था। इसका विरोध हो रहा था। राज्य सरकार पर फ़ैसले को चुनौती देने के लिए दबाव लगातार बढ़ रहा था। ऐसे में 3 जनवरी, 2019 को सबरीमाला कर्मा संस्थान ने पूरे राज्य में सातवीं हड़ताल का आयोजन किया। इस हड़ताल के दौरान ख़ूब हिंसा हुई। पथराव में एक प्रदर्शनकारी चन्द्रन उन्नीथन घायल हो गया और सिर में चोट की वजह से उसकी मौत हो गयी। टाइम्स ऑफ इंडिया की रिपोर्ट के अनुसार इस हड़ताल के दौरान पूरे राज्य में कई जगह हिंसा की घटना हुई। केरल राज्य परिवहन निगम की 100 से ज़्यादा बसें तोड़ी गयीं। सत्तारूढ़ वामपन्थी दलों के कार्यालय, लाइब्रेरियाँ और व्यावसायिक प्रतिष्ठानों को निशाना बनाया गया। माकपा और भाजपा के कार्यकर्ताओं के बीच कई जगह सीधी झड़प हुई। हिंसा को रोकने के लिए पलक्कड़ और मंजेश्वरम में अगले दिन धारा 144 लगा दी गयी। (Kerala turns into war zone after women's entry into Sabarimala, *Times Of India*, 3 जनवरी, 2019)

द *हिन्दू* की रिपोर्ट के अनुसार त्रिशूर जिले में घटना ने तब साम्प्रदायिक रंग ले लिया जब प्रदर्शन कर रहे भाजपा के तीन कार्यकर्ताओं पर चाकुओं से हमला किया गया। यह प्रदर्शन उस होटल के पास हो रहा था जो वेदनपल्ली के अल्पसंख्यक समुदाय के एक प्रभावशाली व्यक्ति का था। तीनों घायलों श्रीजीत, सुजीत और रतीश को हस्पताल में भर्ती कराया गया। पुलिस के अनुसार साम्प्रदायिक तनाव तब फैला जब अल्पसंख्यक समुदाय के व्यापारिक प्रतिष्ठानों को भाजपा कार्यकर्ताओं ने जबरन बन्द कराने की कोशिश की। (*The Hindu*, BJP workers stabbed in Thrissur, G. Anand Reports from Thiruvanathapuram 3 जनवरी, 2019)

संघ परिवार और भाजपा से जुड़े प्रदर्शनकारियों पर पत्रकारों पर हमले के भी आरोप लगे। दो फोटोग्राफर्स की पिटाई कर दी गयी, ताकि वे तोड़फोड़ की तस्वीरें न खींच सकें। द हिन्दू की रिपोर्ट के अनुसार पझावांगडी में जब दुकानों को ज़बरदस्ती बन्द करवाया जा रहा था तो इसकी रिकार्डिंग कर रहे दो फ़ोटोग्राफ़रों की संघ परिवार के कार्यकर्ताओं

ने पिटाई कर दी। कुछ पत्रकारों को भी निशाना बनाया गया। इसके बाद पत्रकारों ने भाजपा की कवरेज न करने की घोषणा की। (The Hindu, Two cameramen manhandled, Sarath Babu George reports from Thiruvanathapuram, 3 जनवरी, 2019)

भाजपा और संघ परिवार के प्रदर्शनकारी उन लोगों को तालिबानी, खालिस्तानी और आतंकवादी बता रहे थे, जो सुप्रीम कोर्ट के फ़ैसले से सहमत थे और सभी उम्र की महिलाओं के मन्दिर में प्रवेश का समर्थन कर रहे थे। केरल में सुप्रीम कोर्ट के फ़ैसले का विरोध जारी था। ऐसे में सुप्रीम कोर्ट के पाँच जजों की संविधान पीठ ने मामले पर पुनर्विचार किया। 14 नवम्बर, 2019 को पाँच जजों की संविधान पीठ ने फ़ैसले की समीक्षा की माँग करने वाली सभी याचिकाओं को 7 न्यायाधीशों की बड़ी पीठ के पास भेजते हुए कहा कि धार्मिक स्थलों में महिलाओं का प्रवेश पर प्रतिबन्ध केवल सबरीमाला तक सीमित नहीं है। प्रधान न्यायाधीश रंजन गोगोई ने अपनी ओर तथा जस्टिस ए.एम. खानविलकर और जस्टिस इन्दु मल्होत्रा की ओर से फ़ैसला पढ़ते हुए कहा कि सबरीमाला, मस्जिदों में महिलाओं के प्रवेश पर रोक और दाऊदी बोहरा समुदाय में महिलाओं में खतना जैसी धार्मिक मुद्दों पर फ़ैसला बड़ी पीठ लेगी। पाँच सदस्यीय पीठ ने 3–2 के बहुमत से फ़ैसला सुनाया। इस पर जस्टिस आर.एफ. नरिमन और जस्टिस डी.वाई. चन्द्रचूड़ की राय अलग थी। (द वायर, सुप्रीम कोर्ट ने सबरीमाला मामले में पुनर्विचार याचिकाओं को सात जजों की पीठ के पास भेजा, 14 नवम्बर, 2019)

13 जनवरी, 2019 को 9 जजों की संविधान पीठ ने सभी धर्मों से जुड़े महिलाओं से भेदभाव सम्बन्धी मामलों की याचिकाओं पर सुनवायी की। सभी पक्षकारों के वकीलों को 17 जनवरी को बैठक करने का आदेश दिया। इस बैठक में इस पर विचार करना था कि धार्मिक मामलों में कोर्ट किस हद तक दख़ल दे सकता है। अगली सुनवायी तीन सप्ताह बाद रखी गयी। 6 फ़रवरी, 2020 को संविधान पीठ ने कहा कि वह 12 फ़रवरी से मामले पर दिन प्रतिदिन सुनवाई करेगी। मगर कुछ ही समय बाद कोरोना लॉकडाउन शुरू हो गया।

दक्षिणपन्थियों के महिलाओं के प्रति भेदभाव के ख़िलाफ़ 2009 में भी एक बड़ा चर्चित आन्दोलन हुआ। इसे 'पिंक चड्डी' आन्दोलन के नाम से जाना जाता है। श्रीराम सेना से जुड़े और ख़ुद को राष्ट्रीय हिन्दू सेना

का चीफ बताने वाले प्रमोद मुथालिक ने फ़रवरी 2009 वेलैंटाइन डे के ख़िलाफ़ युवाओं को चेतावनी दी थी कि यदि कोई युवा जोड़ा इस दिन पार्कों में एक साथ पाया गया तो श्रीराम सेना उनकी शादी करा देगी। वेलैंटाइन डे भारतीय संस्कृति नहीं है, यह पश्चिमी सभ्यता का हिस्सा है। इससे पहले 6 फ़रवरी, 2009 को मैंगलूर के एक पब में कुछ युवतियों पर राम सेना से जुड़े लोगों ने हमला किया। इसके बाद मुथालिक की ओर से चेतावनी दी गयी कि हमारे कार्यकर्ता हल्दी, मंगलसूत्र और पुजारी के साथ वेलैंटाइन डे को हर तरफ जायेंगे। हमें जहाँ भी ऐसे जोड़े बैठे मिले जो सार्वजनिक स्थानों पर अपने प्यार का इज़हार कर रहे होंगे तो हम उन्हें पकड़कर नज़दीक के मन्दिर ले जायेंगे और उनकी शादी करा देंगे। बेंगलुरु से द हिन्दू की ख़बर के मुताबिक़ मुथालिक जो कि जमानत पर छूटे हुए हैं, ने प्रेस कांफ्रेंस कर कहा कि श्रीराम सेना के कार्यकर्ता पूरे कर्नाटक में जिन भी कॉलेजों, होस्टलों, होटलों में वेलैंटाइन डे पर समारोह किया जायेगा, के बाहर प्रदर्शन करेंगे। 14 फ़रवरी को सार्वजनिक स्थानों पर प्रेम प्रदर्शन करने वाले जोड़ों की हम शादी करवाएंगे और यदि जोड़ा शादी से इनकार करेगा तो हम युवती से ज़बरन युवक को राखी बँधवायेंगे। हमारा संगठन यह भी सुनिश्चित करेगा कि वेलैंटाइन डे पर ग्रीटिंग कार्ड न बेचे जायें। हमारे कार्यकर्ता स्टोरों की जाँच करेंगे। मुथालिक के बयान पर कर्नाटक के गृहमन्त्री वी.एस. आचार्य का कहना था कि यदि वे लोग ऐसा करेंगे तो क़ानून अपना काम करेगा। (We'll not spare dating couples on valentine's day : Muthalik, Bangalore Bureau, *The Hindu*, Page-1, 06 Feb, 2009) देश के तत्कालीन गृहमन्त्री पी. चिदम्बरम ने 9 फ़रवरी 2009 को बयान दिया कि श्रीराम सेना देश के लिए ख़तरा है (Sri Ram Sene is a Threat to the country : Chidambaram, *PTI*, *Economic Times*, 9 Feb, 2009)

ऐसे में जब तनाव बढ़ रहा था, युवा महिलाओं के एक समूह ने दक्षिणपन्थी संगठनों के रवैये के ख़िलाफ़ एक शान्तिपूर्वक आन्दोलन शुरू किया। इसके तहत पूरे देश से महिलाओं ने वेलैंटाइन डे के लिए मुथालिक के कार्यालय के नाम गुलाबी चड्ढियाँ कुरियर कीं। 10 फ़रवरी, 2009 को बीबीसी ने रिपोर्ट दी कि बार में ड्रिंक करने वाली महिलाओं पर हमला करने वाले दक्षिणपन्थी संगठनों के ख़िलाफ़ फेसबुक पर एक मुहिम शुरू की गयी है। फेसबुक पर बने इस समूह से 5000 से ज़्यादा लोग जुड़ गये हैं।

इनमें पुरुष भी हैं। इस ग्रुप पर यह कहा जा रहा है कि इस वेलैंटाइन डे पर श्रीराम सेना को गुलाबी अण्डरवियर भेजे जायें। जिन महिलाओं ने यह फेसबुक पेज बनाया है, उन्होंने अन्य महिलाओं से यह आह्वान भी किया है कि वे वेलैंटाइन्स डे को नज़दीक के पब में जायें और ड्रिंक ख़रीदें। ग्रुप की प्रवक्ता निशा सुसन ने बीबीसी को बताया कि खाकी चड्डी पहने वालों को ही चड्डियाँ दी जायेंगी, बस हमने रंग गुलाबी चुना है, क्योंकि यह रंग उनके ओछेपन को उजागर करेगा। उनके समूह के द्वारा 500 गुलाबी चड्डियाँ मुथालिक के हुबली शहर के दक्षिण में स्थिति कार्यालय को भेजी जायेंगी। ग्रुप में यह अपील भी की गयी कि देश भर में गुलाबी चड्डियों के लिए कलेक्शन सेंटर बनाये जायें। (Underwear Protest at India attack, *BBC*, 10 Feb., 2009)

फेसबुक पेज से जैसे ही यह आह्वान हुआ श्रीराम सेना के कृत्य के ख़िलाफ़ एकजुटता दिखाने के लिए देशभर में 'लव सेना' का गठन कर गुलाबी चड्डियाँ एकत्र की जानें लगीं। 13 फ़रवरी, 2019 को 500 गुलाबी चड्डियों का कुरियर मुथालिक के कार्यालय के लिए किया गया। इसी दिन *टाइम्स ऑफ इंडिया* ने रिपोर्ट दी कि पिंक चड्डी अभियान तेज़ी से आगे बढ़ रहा है। कुछ ही दिन में वी–डे से पहले इसके सदस्यों की संख्या बढ़कर 28000 हो गयी है। 500 से ज़्यादा चड्डियाँ आ जाने की वजह से कलेक्शन सेंटर बन्द कर दिये गये हैं। इफेंटरी रोड कलेक्शन सेंटर पर रखे कार्टून गुलाबी चड्डियों से भर गये हैं। अन्य शहरों के कलेक्शन सेंटरों में भी सैंकड़ों चड्डियाँ जमा हो गयीं हैं। सभी केन्द्र अपनी ओर से ही इनका पार्सल करेंगे। (Pink chaddis still keep coming in, *Times of India*, 13 February, 2009)

इस गुलाबी चड्डी मुहिम को मीडिया और सोशल मीडिया में काफ़ी चर्चा मिली। पिंक चड्डी ब्लॉग भी शुरू किया गया। इस ब्लॉग पर आर.एस.एस. के नेताओं की कुछ फ़ोटो का संगठन की ओर से विरोध किया गया और साथ ही मैंगलोर की घटना की निन्दा करते हुए कहा गया कि वह आर.एस.एस. श्रीराम सेना पर प्रतिबन्ध के पक्ष में है। इसके बाद ब्लॉग से आर.एस.एस. नेताओं के चित्र हटा दिये गये।

इस आन्दोलन का काफ़ी बड़ा असर सामने आया। श्रीराम सेना जैसे संगठनों की ओर से महिलाओं के प्रति उग्र गतिविधियों में कमी आयी। इस तरह से महिलाएँ लगातार जागरूक हो रहीं थीं। महिलाओं से जुड़े मुद्दों पर

समाज भी संवेदनशील हो रहा था और बड़े पैमाने पर उन्हें समर्थन मिल रहा था। उत्तर–उदारीकरण के इस दौर में आई.टी. क्रान्ति के बाद बने माहौल में महिलाओं की आवाज़ को ताले में बन्द करना किसी के बूते में नहीं रह गया था। अन्याय के ख़िलाफ़ पूरा समाज एकजुट हो रहा था। समाज ने अपनी यही ताक़त 2012 में निर्भया मामले में भी दिखायी। जिस क्रूरता से निर्भया को चलती बस में बलात्कार के बाद अधमरा कर सड़क पर फेंक दिया गया था, उसने पूरे देश को हिलाकर रख दिया था। देश की राजधानी में हुई इस घटना के बाद इतना बड़ा आन्दोलन हुआ कि सरकार महिलाओं की सुरक्षा के लिए नया क़ानून बनाने को मज़बूर हुई।

अभियान बनाम महिला आन्दोलन

"भारत में महिला आन्दोलन तो हुए ही नहीं हैं। सिर्फ़ कैंपेन हुए हैं। सोशल मीडिया कैंपेन। हालाँकि नर्मदा बचाओ आन्दोलन में मेधा पाटकर ने लम्बा आन्दोलन चलाया मगर वह सफल नहीं हो सका। मगर इसने समाज को सोचने के लिए विवश किया। ख़ासकर सामाजिक मुद्दों पर महिलाओं की भागीदारी और नेतृत्व पर। ऐसा एक भी उदाहरण नहीं है कि सिर्फ़ महिलाओं ने एकजुट होकर आन्दोलन किया हो।"

सामाजिक आन्दोलनों, दलितों की पहचान और राजनीति से जुड़ी 20 से अधिक किताबें लिख चुके या सहयोगी लेखक रहे घनश्याम शाह मानते हैं कि भारत में महिला आन्दोलन तो हुए ही नहीं हैं। सिर्फ़ कैंपेन हुए हैं। सोशल मीडिया कैंपेन। हालाँकि नर्मदा बचाओ आन्दोलन में मेधा पाटकर ने लम्बा आन्दोलन चलाया मगर वह सफल नहीं हो सका। मगर इसने समाज को सोचने के लिए विवश किया। ख़ासकर सामाजिक मुद्दों पर महिलाओं की भागीदारी और नेतृत्व पर। ऐसा एक भी उदाहरण नहीं है कि सिर्फ़ महिलाओं ने एकजुट होकर आन्दोलन किया हो। असल में महिलाएँ जाति और धर्म में ज़्यादा बँटी हैं। उससे ऊपर उठकर उन्हें एकजुट करना एक बड़ी चुनौती है। यही वजह है कि उनकी ओर से किसी बड़े आन्दोलन की सम्भावना नहीं दिखती है। उन्हें कैंपेन से भी फ़ायदा हो जाता है।

महिलाओं के लिए बहुत से कैंपेन समय–समय पर चलते रहे हैं। पितृात्मक सत्ता की वजह से आज भी इतने साल बाद भी महिलाओं को वाँछित आरक्षण नहीं मिल सका है। उत्तर–उदारीकरण काल में इन पर बातें तो बहुत हुईं हैं सत्ता में भागेदारी और नौकरी में आरक्षण के मुद्दे बहुत हल नहीं हो पाये। संसद में 33 फ़ीसद आरक्षण को लेकर कहने–सुनने के लिए क्या नहीं हुआ, लेकिन सत्ता में निचले स्तर पर भागेदारी के अलावा कुछ नहीं हुआ। निचले स्तर पर भी यह काम नाम के लिए महिलाओं के

नाम है पर सत्ता चलाता तो उनका पति या पिता है। (इस पर समय–समय पर कई पुस्तकें भी लिखी जा चुकी हैं।)

लेकिन यह भी सच है कि सत्ता के लिए लालायित कुछ सरकारों ने सहानुभूति दिखायी और छोटे–छोटे आन्दोलनों को एक परिणति तक पहुँचाया और इन पर विचार कर महिलाओं को सुविधा भी दी। ऐसा ही एक अभियान है, जिसमें महिलाओं को मासिक धर्म के दौरान अवकाश देने की माँग उठती रही है। बिहार जैसे पिछड़े राज्य ने यह सुविधा बहुत पहले दे दी मगर केन्द्र सरकार ने 2017 में एक ऐसे ही निजी विधेयक पर ऐसी किसी सुविधा से इनकार कर दिया था। इस पर कहीं कोई आन्दोलन नहीं था। जहाँ माँग करने पर सुविधा दे दी गयी, वहाँ भी ठीक और जहाँ नहीं दी गयी, वहाँ भी कोई विरोध नहीं।

यह चिकित्सक भी मानते हैं कि मासिक धर्म के दौरान काफ़ी महिलाएँ दर्द का अनुभव करती हैं। ख़ासकर मेहनत–मज़दूरी का काम करने वाली महिलाओं में यह समस्या ज़्यादा रहती है। इसलिए कार्यस्थलों पर महिलाओं को मासिक धर्म अवकाश देने की माँग उठती रहती है। ख़ासकर सार्वजनिक क्षेत्र में। बिहार में वर्ष 1991 में कर्मचारी संगठन अपनी माँगों को लेकर आन्दोलन कर रहे थे। वे इससे महिला कर्मचारियों को भी जोड़ने की भी कोशिश कर रहे थे। इसलिए महिलाओं से जुड़ी माँगें भी उसमें शामिल की गयी।। अराजपत्रित कर्मचारी महासंघ में शामिल महिला कर्मचारियों, शिक्षिकाओं, नर्स और टाइपिस्ट की ओर से यह माँग उठी कि पीरियड्स के दौरान छुट्टी मिलनी चाहिए। उस दौरान लालू प्रसाद यादव राज्य के मुख्यमन्त्री थे। मुख्यमन्त्री और उनके प्रतिनिधियों के साथ कर्मचारी महासंघ की कई बैठकों का दौर चला और आख़िरकार पीरियड्स की छुट्टी वाला फ़ैसला लिया गया। बैठक में जब मासिक धर्म के दौरान तीन दिन की छुट्टी का मुद्दा उठा तो लालू प्रसाद यादव यह सुनकर क़रीब पाँच मिनट तक चुप रहे और फिर सहमति जताते हुए कहा कि दो दिन की छुट्टी दी जा सकती है और अपने अधिकारी से उसे नोट करने को कहाँ बिहार सरकार की तरफ से राज्य की सभी नियमित महिला सरकारी कर्मचारियों को हर महीने दो दिनों के विशेष आकस्मिक अवकाश की सुविधा देने का फ़ैसला लिया गया। बिहार में महिलाओं को पीरियड्स के दौरान मिली ये दो दिन की छुट्टी एक बड़ा और आन्दोलनकारी क़दम था और बिहार स्वतन्त्रता के बाद देश का पहला ऐसा राज्य था, जिसने सरकारी नौकरियों में महिलाओं के लिए इस तरह का ऐलान किया था।

4 अप्रैल, 1992 को बिहार सरकार के वित्त विभाग की ओर से जारी पत्र में कहा गया था, 'निर्देशानुसार मुझे यह कहना है कि सरकारी कर्मचारियों के विभिन्न सेवा संघों की माँग एवं उनसे हुए समझौते को दृष्टिगत रखते हुए राज्य सरकार ने यह निर्णय किया है कि राज्य के सभी नियमित महिला सरकारी कर्मचारियों को प्रत्येक माह में दो दिन का विशेष आकस्मिक अवकाश की सुविधा दी जाये।' (पत्र संख्या 3/एफ 2–01/92/1977 वि., दिनांक 4–4–1992 की प्रतिलिपि, वित्त विभाग, बिहार सरकार)। पटना यूनिवर्सिटी में इतिहास के पी.जी. विभाग की प्रोफ़ेसर भारती एस. कुमार पहली ऐसी महिला बनीं जिन्होंने सबसे पहले इस छुट्टी के लिए आवेदन किया। (बिहार में कैसे मिला महिलाओं को पीरियड्स लीव का अधिकार, बीबीसी, 24 सितम्बर 2020, https://www.bbc.com/hindi/india- HYPERLINK "https://www.bbc.com/hindi/india-54276909" HYPERLINK "https://www.bbc.com/hindi/india-54276909"HYPERLINK "https://www.bbc.com/hindi/india- HYPERLINK "https://www.bbc.com/hindi/india-54276909"54276909 HYPERLINK "https://www.bbc.com/hindi/india-54276909"" HYPERLINK "https://www.bbc.com/hindi/india-54276909" HYPERLINK "https://www.bbc.com/hindi/india-54276909"54276909)

2017 में अरुणाचल प्रदेश से सांसद निनांग एरिंग ने एक निजी विधेयक मासिक धर्म लाभ–2017 लोकसभा में पेश किया। इस विधेयक में निजी और सरकारी क्षेत्र में काम करने वाली महिलाओं को मासिक धर्म के दौरान दो दिन की छुट्टी देने के प्रस्ताव के बारे में पूछा गया था। इस पर महिला और विकास मन्त्रालय का जवाब था कि सरकार का ऐसा कोई प्रस्ताव नहीं है।

इतिहासकार पी. भाष्करनुन्नी अपनी किताब *19वीं सदी का केरल* ("Kerala in the 19th Century") में बताते हैं कि 1912 में राज्य के एक स्कूल में सबसे पहले छात्राओं को मासिक धर्म के दौरान छुट्टी लेने की इजाज़त दी गयी थी। यह स्कूल प्रिंसली कोचीन स्टेट के त्रिपुनीथुरा का राजकीय कन्या विद्यालय था। मौजूदा समय में यह केरल के एर्नाकुलम जिले में पड़ता है। भाष्करनुन्नी इस स्कूल के प्रधानाध्यापक थे। उन्होंने अपने उच्चाधिकारियों से बात की ओर विद्यालय की महिला शिक्षिकाओं और छात्राओं को 'पीरियड लीव' की सुविधा दी। उन्हें वार्षिक परीक्षा के दौरान भी यह सुविधा दी गयी। इसके लिए उन्हें प्रार्थना पत्र लिखना होता था।

इस तरह महिलाओं को जहाँ पीरियड लीव मिली वहाँ, इसके लिए कोई आन्दोलन नहीं चला। उदार प्रशासन ने अपनी ओर से फ़ैसले लिए। जहाँ ऐसी उदारता नहीं दिखायी गयी, वहाँ महिलाएँ बिना विरोध के काम कर रही हैं। इसी तरह जब कुछ लोग संस्कृति के नाम पर महिलाओं को निशाना बनाते हैं, तब भी वह विरोध में बड़े पैमाने पर एकजुट होकर सामने नहीं आ पातीं। संवेदनशील लोग और महिलाएँ कैंपेन चलाते हैं और उनके नतीजे अक्सर अनुकूल रहते हैं। ऐसे ही अभियानों में 'प्रेम चुम्बन प्रतिरोध' (Kiss of Love Protest) का भी नाम लिया जा सकता है। यह अभियान नैतिकता के नाम पर दादागिरी (Moral Policing) के ख़िलाफ़ 2014 में केरल से शुरू हुआ था। अक्टूबर 2014 के आख़िरी सप्ताह में केरल के कोझिकोड के एक कॉफी शॉप में युवा मोर्चा के कार्यकर्ताओं द्वारा प्रेमी जोड़ों की प्रताड़ना के ख़िलाफ़ एक फेसबुक पेज शुरू किया गया। इस पेज से जुड़े युवाओं ने घोषणा की कि वे 2 नवम्बर 2014 को कोच्चि के मरीन ड्राइव पर *किस* डे मनायेंगे। यह फेसबुक पेज लघु फ़िल्में बनाने वाले राहुल पासुपालन ने 25 अक्टूबर को शुरू किया था। (Youth to Mark Nov 2 as 'Kiss Day' to challenge moral policing in Kerala, *Indian Express.com*, 28 October, 2014. https://indianexpress.com/article/india/india-others/youth-to-mark-nov- HYPERLINK "https://indianexpress.com/article/india/india-others/youth-to-mark-nov-2-as-kiss-day-to-challenge-moral-policing-in-kerala/")

इस अभियान को सोशल मीडिया पर ख़ूब समर्थन मिला और जल्द ही इस पेज के डेढ़ लाख से ज़्यादा फॉलोअर्स हो गये। कोच्चि की तरह ही अन्य शहरों में भी ऐसा अभियान शुरू हो गया। 2 नवम्बर, 2014 को काफ़ी युवा कोच्चि के मरीन ड्राइव पर पहुँच गये। केरल पुलिस ने उन्हें हटाने के लिए हल्का लाठीचार्ज किया। विरोध कर संगठन भी वहाँ पहुँच गये थे। इसलिए पुलिस को झगड़े की आशंका थी। क़रीब 50 युवा कार्यकर्ताओं को हिरासत में लिया गया। (Kerala 'Kiss of Love' Ends in Chaos, Participants Taken Into Preventive Custody, *ndtv.com*, 02 November, 2014)

इसके बाद सोशल मीडिया में यह मुहिम और तेज़ हो गयी। लोग चुम्बन की अपनी तस्वीरें पोस्ट करने लगे। 10 दिसम्बर, 2014 को कोझिकोड के गवर्नमेंट लॉ कॉलेज के छात्रों ने प्रेम आलिंगन (Hug of Love) प्रदर्शन का आयोजन किया। कॉलेज प्रबन्धन ने इसे अनुशासनहीनता

मानते हुए हिस्सा लेने वाले छात्रों को कारण बताओ नोटिस जारी किया। 13 दिसम्बर, 2014 को केरल में 19वें इंटरनैशनल फ़िल्म फेस्टिवल के दौरान तिरुवनन्तपुरम में केरली थियेटर कॉम्प्लेक्स के सामने किस अगेंस्ट फासिज्म नाम से युवाओं और कलाकारों ने चुम्बन और आलिंगन किया। केरल से बाहर हैदराबाद यूनिवर्सिटी, जे.एन.यू. दिल्ली, आई.आई.एस.ई.आर. कोलकाता, पाण्डिचेरी यूनिवर्सिटी, आई.आई.टी. मद्रास, आई.आई.टी. बॉम्बे, जाधवपुर यूनिवर्सिटी, प्रेसीडेंसी यूनिवर्सिटी कोलकाता के छात्रों ने 5 नवम्बर को *किस ऑफ लव* का प्रदर्शन किया। 8 नवम्बर, 2014 को युवाओं के एक दल ने आर.एस.एस. के दिल्ली मुख्यालय के सामने चुम्बन और आलिंगन कर प्रदर्शन किया। दूसरी ओर इन मामलों के ख़िलाफ़ क़ानूनी कार्रवाई की आवश्यकता तब ख़त्म हो गयी जब सुप्रीम कोर्ट ने स्पष्ट कर दिया कि सार्वजनिक स्थल पर चुम्बन अश्लील कृत्य नहीं है। इसके ख़िलाफ़ किसी भी आपराधिक कार्रवाई की ज़रूरत नहीं है।

महिलाओं से क्रूरता के ख़िलाफ़ देश का सबसे बड़ा आन्दोलन 2012 में निर्भया मामले में हुआ। इसमें समाज के हर तबके ने हिस्सा लिया और सरकार को महिला सुरक्षा क़ानून में सुधार के लिए विवश किया। 23 वर्षीय युवती से सामूहिक दुष्कर्म और बर्बरता की यह घटना 16 दिसम्बर, 2020 को दक्षिण दिल्ली से लगते मुनिरका क्षेत्र में चलती बस में हुई थी। इस हैवानियत ने पूरे देश को हिलाकर रख दिया था। रात क़रीब साढ़े नौ बजे फिजियोथैरेपी की यह इंटर्न अपने पुरुष मित्र के साथ साकेत के एक सिनेमाघर में 'लाइफ ऑफ़ पाई' फ़िल्म देखकर लौट रही थी। दोनों ने मुनिरका से द्वारका के लिए बस पकड़ी। बस में ड्राइवर सहित 6 और लोग थे। बस के दरवाज़े बन्द थे और अचानक बस ने रास्ता बदल लिया। इस पर बहस हुई और बस में सवार एक युवक ने महिला के मित्र के सिर में लोहे की रॉड मारकर उसे अचेत कर दिया। उसके बाद ये लोग उसे पीटते हुए बस के पिछले हिस्से में ले गये और बारी–बारी से बलात्कार किया और उसके जननांग में लोहे की रॉड डालकर उसकी आँतों और पेट को गम्भीर रूप से घायल कर दिया था। बलात्कार के बाद आरोपी युवती और उसके मित्र को सड़क पर फेंक कर चले गये थे। रात को 11 बजे राहगीरों ने उसे सड़क पर पड़े देखकर पुलिस को सूचना दी। युवती को हस्पताल लाया गया जहाँ उसकी हालत लगातार गम्भीर बनी हुई थी। उसकी बची आँतों को भी निकाल देना पड़ा था।

26 दिसम्बर को मनमोहन सिंह सरकार ने कैबिनेट बैठक बुलाकर पीड़िता को उपचार के लिए सिंगापुर के माउंट एलिजाबेथ हस्पताल भेजने की अनुमति दी। वहाँ 29 दिसम्बर को उपचार के दौरान उसकी मौत हो गयी।

दिल्ली पुलिस ने घटना के 24 घण्टे के भीतर गिरफ्तारियाँ शुरू कर दी थीं। कुल छह लोग पकड़े गये इनमें बस चालक राम सिंह, उसका भाई मुकेश सिंह, जिम इंस्ट्रक्टर विनय शर्मा, फल विक्रेत पवन गुप्ता, 17 वर्षीय मोहम्मद अफ़रोज़ और नौकरी की तलाश में दिल्ली आये अक्षय ठाकुर को गिरफ़्तार किया था। जिस बस में यह घटना हुई वह एक निजी स्कूल से जुड़ी थी और चालक अपने दोस्तों के साथ मौज मस्ती तथा पार्टी के लिए उसे लेकर निकला था। गिरफ़्तारी के बाद पवन गुप्ता ने ख़ुद को हिरासत में फाँसी लगा ली थी। मुकेश सिंह को तिहाड़ जेल में अन्य कैदियों ने पीटा। 10 दिसम्बर, 2013 को ट्रायल कोर्ट ने चार दोषियों को मौत की सजा सुनायी थी। जबकि नाबालिग को 15 दिसम्बर को रिहा कर दिया गया। वह अब कुक का काम करता है।

इस अमानवीय घटना ने पूरे देश को झकझोर कर रख दिया था। मीडिया ने पीड़िता को निर्भया नाम दिया। वह बलात्कारियों से लगातार संघर्ष करती रही थी। वह जब नाजुक हालत में हस्पताल में भर्ती थी लोगों में दरिन्दों के प्रति आक्रोश बढ़ रहा था। देश में लगातार प्रदर्शन हो रहे थे। 21 दिसम्बर, 2012 को नयी दिल्ली में इंडिया गेट और रायसीना हिल पर प्रदर्शन किया। प्रदर्शनकारियों की संख्या हज़ारों में थी। उन्हें संसद और राष्ट्रपति भवन की ओर बढ़ने से रोकने के लिए पुलिस ने बल प्रयोग किया। इस प्रदर्शन पर *न्यूयॉर्क टाइम्स* ने *इंडिया ब्लाग्स* में विशेष रिपोर्ट दी। रिपोर्ट के अनुसार सात दिनों से जारी प्रदर्शन रविवार को चरम पर था। नयी दिल्ली में जहाँ प्रदर्शन प्रतिबन्धित हैं, वहाँ हज़ारों लोग प्रदर्शनकारी महिलाओं और छात्रों के साथ आ गये थे। भीड़ पुलिस को ताने दे रही थी और सांसदों की कार को निशाना बना रही थी। पुलिस ने आँसू गैस, वाटर कैनन का इस्तेमाल किया और प्रदर्शनकारियों को डण्डों से पीटा। दर्ज़नों लोगों को गिरफ़्तार किया। (Protests Over Rape Turn Violent in Delhi, *The New York Times*, india.blogs.nytimes.com, 23 December, 2012)

ऐसे प्रदर्शन देश भर में हो रहे थे। बेंगलुरू में 22 दिसम्बर, 2012 को 600 से ज़्यादा महिलाओं ने प्रदर्शन किया। 23 दिसम्बर को कोलकाता में हज़ारों लोगों ने शान्ति मार्च किया। फेसबुक और व्हाट्सएप

पर भी अभियान चला लोगों ने अपने स्टेटस से अपनी प्रोफाइल फ़ोटो हटाकर वहाँ काला बिन्दु लगाया। 23 दिसम्बर को जन्तर–मन्तर पर हो रहे प्रदर्शन में बाबा रामदेव और पूर्व सेना प्रमुख जनरल वी.के. सिंह भी शामिल हुए। 24 दिसम्बर से सामाजिक कार्यकर्ता राजेश गंगवार ने भूख हड़ताल शुरू की। उनकी माँग थी कि बलात्कारियों को सजा के लिए सख़्त क़ानून बनें। उनकी यह भूख हड़ताल 14 दिन तक चली। इसी दिन दिल्ली पुलिस ने इंडिया गेट तथा रायसीना हिल्स की ओर जाने वाले रास्तों पर अवरोधक खड़े कर दिये ताकि अब प्रदर्शनकारी उधर न जा सकें। राष्ट्रपति भवन के पास के इलाक़े में तो कर्फ़्यू लगा दिया गया। मानवाधिकार एवं सामाजिक कार्यकर्ता प्रभलोच सिंह के संगठन ने चण्डीगढ़ में मिडिल फिंगर प्रोटेस्ट शुरू किया।

पीड़िता की मौत के बाद 29 दिसम्बर, 2012 को पूरे देश में प्रदर्शन हुए। चेन्नई, बेंगलुरु, हैदराबाद, मुम्बई, भुवनेश्वर, दिल्ली, चण्डीगढ़ जैसे शहरों में लोगों ने मोमबत्ती लेकर तथा काले कपड़े पहनकर शोक मार्च किया। जन्तर–मन्तर पर बड़ी संख्या में लोग एकत्रित हुए। कुछ ने मुँह पर काला कपड़ा बाँधा था। लोग एक दिन के अनशन पर भी बैठे। सब कड़ा क़ानून बनाने की माँग कर रहे थे। ऐसे में भारतीय जनता पार्टी ने माँग कि महिलाओं के ख़िलाफ़ अपराध सख़्त क़ानून पर चर्चा के लिए संसद का विशेष सत्र बुलाया जाये।

इन प्रदर्शनों का नतीजा यह रहा कि केन्द्र और विभिन्न राज्य सरकारों ने महिलाओं की सुरक्षा के लिए कई उपाय किये। कर्नाटक सरकार ने महिलाओं की सुरक्षा के लिए 1091 नम्बर पर वुमन हैल्पलाइन को सातों दिन 24 घण्टे के लिए खोल दिया। कई महिला इस पर किसी भी वक़्त शिकायत दर्ज़ करा सकती थीं। सरकार ने यह घोषणा भी की कि वह महिलाओं के प्रति अपराध के लम्बित मामलों के जल्द निपटान के लिए फास्ट ट्रैक कोर्ट शुरू करेगी। तमिलनाडु की सरकार ने महिलाओं की सुरक्षा के लिए 13 सूत्री कार्य–योजना बनायी। यौन प्रताड़ना के मामलों में दैनिक आधार पर सुनवायी की बात कही गयी। जम्मू कश्मीर सरकार ने भी महिला सुरक्षा से सम्बन्धित क़ानून में बदलाव करने की बात कही।

केन्द्र सरकार ने 22 दिसम्बर, 2012 को पूर्व मुख्य न्यायाधीश जस्टिस जे.एस. वर्मा के नेतृत्व में चार सदस्यीय कमेटी बनायी। कमेटी को यौन अपराधों से जुड़े मामले में क़ानून संशोधन के सुझाव देने थे।

26 दिसम्बर, 2012 को कमेटी की पहली बैठक हुई और इसमें बताया गया कि कमेटी को देशभर से सुझाव के लिए 6000 से ज़्यादा ईमेल मिले हैं। इसके 29 दिन बाद कमेटी ने अपनी रिपोर्ट सरकार को सौंपी और तब तक मिले 80 हज़ार से ज़्यादा सुझावों पर विचार किया गया।

3 फ़रवरी, 2013 को आपराधिक क़ानून (संशोधन) अधिनियम 2013 को मंजूरी दी। इसमें बलात्कार के मामले में मौत की सजा का प्रावधान था। तत्कालीन क़ानून मन्त्री अश्वनी कुमार का कहना था कि वर्मा कमेटी के 90 फ़ीसद सुझावों को नये अधिनियम में शामिल किया गया है। इसके बाद 22 दिसम्बर, 2015 को राज्यसभा ने यह क़ानून पास किया कि 16 वर्ष से अधिक उम्र के किशोर को भी क़ानून की दृष्टि से वयस्क माना जायेगा।

इस तरह से निर्मम घटना के बाद हुए आन्दोलनों ने देश की क़ानून व्यवस्था में कई तरह के सुधार की ज़मीन तैयार की थी। लोगों के गुस्से ने रेप पीड़िताओं को बेहतर न्याय की उम्मीद भी जगायी थी। इस तरह यह आन्दोलन एक सफल आन्दोलन था, जिसमें लोगों का ध्येय साझा था। समाज विज्ञानी इसे सामूहिक व्यवहार और सामूहिक कार्रवाई का सिद्धान्त कहते हैं। *ब्रिटानिका एनसाइक्लोपीडिया* के अनुसार सामूहिक कार्रवाई उसे कहा जाता है, जब लोगों की एक ख़ास संख्या एक साझे लक्ष्य के लिए मिलकर काम करती है।

अन्ना आन्दोलन और उसके निहितार्थ

"भ्रष्टाचार एक बड़ा मुद्दा बन सकता है, एक बड़ा आन्दोलन खड़ा कर लोगों को वैकल्पिक राजनीति के लिए तैयार किया जा सकता है, जे.पी. की क्रान्ति को सम्पूर्णता देने की कोशिश की जा सकती है। इसे सबसे पहले पहचाना अरविन्द केजरीवाल ने। अन्ना हज़ारे जैसे आमरण अनशन योद्धा को तैयार किया। जनलोकपाल यानी सिर्फ़ एक शब्द की माँग की। यानी बाक़ायदा एक रणनीति बनाकर टीम केजरीवाल आगे बढ़ी, लेकिन महफ़िल लूटी बीजेपी ने मुशायरा लूट ले गये मोदी।"

बात 11 फ़रवरी, 2011 की है। मिस्त्र की राजधानी काहिरा के तहरीर चौक पर देर शाम अचानक वहाँ लोग ख़ुशी के मारे चिल्लाने लगे। सड़कों पर गाड़ी चला रहे लोग हॉर्न ज़ोर–ज़ोर से बजाने लगे। सेना के टैंकों पर लोग चढ़ गये। सैनिकों के साथ तस्वीरें खिंचवाने लगे। मिस्त्र के राष्ट्रपति हुस्नी मुबारक ने इस्तीफ़ा दे दिया था। पूरा मन्त्रिमण्डल भँग कर दिया था। सेना को ही चुनाव करवाने की ज़िम्मेदारी डाली गयी थी। यानी 25 जनवरी से तहरीर चौक पर धरना प्रदर्शन का सिलसिला शुरू हुआ और ग्यारह फ़रवरी को राष्ट्रपति हुस्नी मुबारक ने इस्तीफ़ा दे दिया था। सिर्फ़ 18 दिनों में एक तानाशाह सरकार को निहत्थी अहिंसक जनता ने गिराने में सफ़लता पा ली थी। यह भी कमाल था कि अगले दिन सुबह तहरीर चौक पर लोग वहाँ सफ़ाई करने में जुटे थे। कोई दीवार पर लिखे नारे मिटा रहा था तो कोई झाड़ू लगा रहा था। कोई सामान समेटने में लगा था तो कोई कचरा उठाकर कचरे के डिब्बे में डाल रहा था। परिवार के परिवार बड़ी गाड़ियों में आ रहे थे। हाथ में झाड़ू थामे। सफ़ाई करते और चले जाते। तहरीर चौक अब क्रान्ति का प्रतीक बन चुका था।

इसके पहले टयुनिशिया में भी कुछ ऐसी ही घटनाएँ याद की जा सकती हैं। 17 दिसम्बर, 2010 को फल बेच रहा 26 साल का

मोहम्मद बोजोजी अपना ठेला छिनने पर स्थानीय प्रशासन के दफ़्तर के बाहर प्रदर्शन करता है। वहाँ ठेला वापिस नहीं मिलने पर आत्मदाह करता है। ..और इसके बाद तो स्थानीय लोग सड़कों पर उतर आते हैं और 14 जनवरी, 2021 को यानी 28 दिन बाद 26 साल के तानाशाह जिने एल अबीदीन बेन अली को इस्तीफ़ा देना पड़ता है।

मिस्त्र में तो आन्दोलन की शुरुआत में तो कुछ युवाओं के सोशल मीडिया पर सक्रिय होने, ब्लॉग लिखने और तहरीर चौक पर लोगों से पहुँचने की अपील से भीड़ में इज़ाफ़ा हो गया था। बाद में काहिरा से निकलकर यह आन्दोलन बहरीन, सीरिया, लीबिया, अल्ज़ीरिया, जॉर्डन, ओम्मान में फैल गया था। हर जगह आन्दोलन सफल रहा। कहीं तानाशाहों को सत्ता से हटना पड़ा। कहीं सरकारों का तख़्तापलट हुआ। कहीं संविधान नये सिरे से लिखा गया तो कहीं भ्रष्ट मन्त्रियों को बर्ख़ास्त कर जेल में डाला गया।

दूसरी तरफ दिल्ली अपेक्षाकृत शान्त था। एक अनजानी शान्ति थी। सामने–सामने तो 2011 के वासन्तिक मौसम में तीन देशों (भारत, बाँग्लादेश और श्रीलंका) में होने वाले देश विश्व कप क्रिकेट में भारत को फाइनल की तरफ आने को लेकर ज़्यादा चर्चा कर रहा था। उद्घाटन मैच ढाका के बंगबन्धु स्टेडियम में भव्यता के साथ 17 फ़रवरी को हुआ। बाकी का फ़रवरी और मार्च के महीने में देश विश्व कप क्रिकेट के मैच देखने में व्यस्त हो गया। भारत इस प्रतियोगिता की मेजबानी कर रहा था और भारतवासियों को लग रहा था कि भारत को विश्व कप जीतना ही होगा। ख़ैर, भारत सेमीफाइनल में मोहाली में पाकिस्तान को हराता है और मुम्बई में फाइनल में श्रीलंका का सामना करता है। 2 अप्रैल, 2011 को यह मैच होता है। श्रीलंका की टीम पचास ओवर में 274 रन बनाती है। भारत को 275 रन बनाने का लक्ष्य मिलता है। (लोकसभा चुनावों में सरकार बनाने के लिए 272 सीटें जीतनी जरूरी होती हैं)। भारत चार विकेट के नुक़सान पर 277 रन बनाकर विश्व कप जीत लेता है। पूरा देश जश्न के माहौल में डूब जाता है। विश्व के एक हिस्से का जश्न कुछ ही दिनों में क्रान्ति के साथ पूरा होता है और हमारा देश विश्व कप की जीत में सन्तुष्ट सा लग रहा था।

लेकिन अप्रैल के साथ ही एक और सुगबुगाहट चल रही थी। *इंडिया एगेंस्ट करप्शन* के बैनर तले अरविन्द केजरीवाल दिल्ली में बैठके कर रहे थे

और एक ऐसा शख़्स तलाश कर रहे थे जो दिल्ली में अनशन करें। ऐसी ही एक दो बैठकों में शरीक़ रहे एक वरिष्ठ पत्रकार का कहना था कि ऐसा लगता था कि केजरीवाल अरब बसन्त से तेज़ी से सीख रहे थे। तब भ्रष्टाचार के ख़िलाफ़ आन्दोलन को आगे बढ़ाने के लिए और उसका चेहरा बनाने के लिए पूर्व राष्ट्रपति अब्दुल कलाम से लेकर श्री श्री रविशंकर और किशन पटनायक तक के नाम पर चर्चा हुई थी। तब तक मनमोहन सिंह सरकार के ख़िलाफ़ टूजी से लेकर कोलगेट जैसे घोटाले चर्चा में थे। एक–एक नाम पर चर्चा कई घण्टों कई दिनों तक हुई। अन्ततः अन्ना हज़ारे के नाम पर सहमति हुई, लेकिन यह बात भी देखी जा रही थी कि कोई अतिरक्ति महत्त्वाकांक्षी व्यक्ति आगे न हो जाये। अन्ना के साथ यह अतिरिक्त ख़ासियत की कि वो अति महत्त्वाकांक्षी नहीं थे। भले ही उत्तर भारतीय उनसे अपरिचित थे, लेकिन उनका सेना का बैकग्राउंड युवाओं को आकर्षित करने के लिए काफ़ी था। 1965 के भारत–पाक युद्ध में खेम करण सेक्टर में लड़ चुके थे। अन्ना ही ऐसे व्यक्ति थे जिनके आगे पीछे कोई नहीं था, जिन्हें आन्दोलन करने का अनुभव था, जो कई दिनों तक आमरण अनशन कर सकते थे, जिन्होंने किसी पद की लालसा कभी नहीं रखी। महाराष्ट्र में सूचना के अधिकार से लेकर भ्रष्टाचार के ख़िलाफ़ आन्दोलन चला चुके थे, तीन साल जेल की सजा भी काट चुके थे। इधर देश में भ्रष्टाचार के ख़िलाफ़ लड़ाई बढ़ती ही जा रही थी और सुप्रीम कोर्ट की टिप्पणियों के बाद केन्द्रीय सतर्कता आयुक्त थॉमस को इस्तीफ़ा देने पर मजबूर होना पड़ गया था।

आख़िर 5 अप्रैल, 2011 की सुबह दिल्ली के जन्तर–मन्तर से आन्दोलन लान्च कर दिया गया। केन्द्र में अन्ना और आस–पास अरविन्द केजरीवाल। एक ही माँग जनलोकपाल का गठन किया जाये।

(उधर कांग्रेस नेता दिग्विजय सिंह की माने तो यह सब संघ का प्लान था। संघ मनमोहन सिंह सरकार के ख़िलाफ़ आन्दोलन चाहता था। संघ कांग्रेस सरकार को बदनाम कर बीजेपी के लिए रास्ता निकालना चाहता था, लेकिन संघ की नज़र में बाबा रामदेव प्लान 'ए' का हिस्सा थे। अन्ना हज़ारे तो प्लान 'बी' के तहत आते थे। दिग्विजय का दावा था कि यही वजह है कि अन्ना हज़ारे के पाँच अप्रैल 2011 को शुरू हुए आमरण अनशन का साथ संघ ने नहीं दिया था। बीजेपी उत्सुक तो ज़रूर थी, लेकिन उसके नेता दूर से ही तमाशा देख रहे थे। हालाँकि कुछ लोगों

का कहना था कि उस समय गुजरात के मुख्यमन्त्री का पद सम्भाल रहे नरेन्द्र मोदी की नज़रें ज़रूर जन्तर–मन्तर पर थी और अपने ख़ासमख़ास अमित शाह को भी उन्होंने नज़रे बनाये रखने के लिए कहा था।)

पाँच अप्रैल को आन्दोलन शुरू होता है और चार दिनों में ही केन्द्र सरकार जनलोकपाल के लिए कमेटी गठित करने को राज़ी हो जाती है। ऐसी कमेटी जिसमें सरकार के मन्त्री भी होंगे और सिविल सोसायटी के सदस्य भी। यह अपने आप में हैरानी की बात थी कि अन्ना के आन्दोलन का असर इतनी जल्दी हो गया। कुछ लोगों का कहना है कि ऐसा लगता है कि अन्ना का आन्दोलन कांग्रेस की तरफ से ही प्रायोजित था। मक़सद यही था कि इस बहाने लोगों का गुस्सा बाहर निकल आयेगा। लोकपाल के गठन की माँग स्वीकार करके मनमोहन सिंह सरकार यह सन्देश देगी कि वह भ्रष्टाचार के ख़िलाफ़ है। सन्देश यह भी जायेगा कि भ्रष्टाचार के लिए सभी दल समान रुप से दोषी है, लेकिन कांग्रेस सरकार लोकपाल का गठन कर नयी पहल कर रही है। कुछ जानकारों का कहना है कि अन्ना के आन्दोलन में स्वामी अग्निवेश भी शामिल थे और उनका एक ऑडियो आन्दोलन के दूसरे चरण यानी अगस्त महीने में बाहर आया था जो इस थ्यौरी को बल देता है। उस में कपिल सिब्बल से स्वामी अग्निवेश कह रहे थे कि यह लोग (केजरीवाल–अन्ना आदि) तो पागल हाथिओं जैसा व्यवहार कर रहे हैं। कुछ सुनने को कुछ बात करने को तैयार नहीं हैं। जानकारों का कहना है कि कांग्रेस और अन्ना के बीच स्वामी अग्निवेश का पुल बनना पहले से तय हुआ था, लेकिन आन्दोलन की सफ़लता को देखकर केजरीवाल और साथी वायदा तोड़ कर आगे बढ़ गये थे।

अब इस थ्यौरी में कितनी सच्चाई है यह पता नहीं, लेकिन जानकार बताते हैं कि संघ, बीजेपी और बाबा रामदेव को केजरीवाल की शुरुआती सफ़लता से झटका लगा था। यही वजह है कि पहले चरण के आन्दोलन में अन्ना के साथ दिख रहे बाबा रामदेव ने जून में अलग राह पकड़ ली थी। बाबा रामदेव ने रामलीला मैदान में अपना भारत स्वाभिमान आन्दोलन शुरू कर दिया जो जानकारों के अनुसार संघ का प्लान 'ए' था। बाबा रामदेव का कहना था कि नौ अप्रैल को केन्द्र सरकार ने संयुक्त कमेटी बनाने की बात कही थी, लेकिन यह सब लीपापोती ही है। इसके साथ ही विदेशों में अरबों–खरबों का काला धन जमा होने की बात बाबा रामदेव ने कही और कहा कि उस काले धन की वापिसी के लिए जान तक देने को तैयार हैं।

एक तरफ अन्ना हज़ारे और दूसरी तरफ बाबा रामदेव। क़ायदे से केन्द्र सरकार को आन्दोलन का दो टुकड़ों में बँटना सियासी फ़ायदे के लिए ही था, लेकिन यहाँ केन्द्र सरकार ग़लती कर गयी। पाँच जून की देर रात बाबा रामदेव को ज़बरन उठाने की कोशिश की। लाठीचार्ज हुआ, आँसू गैस के गोले छोड़े गये। केन्द्र सरकार के प्रतिनिधि ने कहा कि रामदेव को योगा सत्र के नाम पर 5000 लोगों के लिए अनुमति दी गयी थी और अब यहाँ हज़ारों राजनैतिक कार्यकर्ता हैं।

इस पर अन्ना हज़ारे को बाबा रामदेव के पक्ष में खड़े होने का मौक़ा मिल गया और उन्होंने एक दिन की भूख हड़ताल कर दी। अन्य प्रदेशों की राजधानियों भोपाल, लखनऊ, पटना, हैदराबाद, मुम्बई और जयपुर आदि में भी प्रदर्शन हुए। इस तरह कांग्रेस के ख़िलाफ़ माहौल काफ़ी हो गया और साथ ही उसका सारा प्लान (अगर कोई प्लान था तो) बिखर गया। उधर संघ को लगा कि प्लान 'ए' यानी बाबा रामदेव के लिए आमरण अनशन करना उनके बस की बात नहीं। अब संघ ने प्लान 'बी' पर काम करना शुरू किया। यह प्लान 'बी' था अन्ना हज़ारे के आन्दोलन का दूसरा चरण शुरू करवाना।

इस बीच मनमोहन सरकार में भी आपसी मतभेद सामने आने लगे थे। कृषि मन्त्री शरद पवार ने 06 अप्रैल, 2011 को मन्त्रियों के उस दल से इस्तीफ़ा दे दिया था जिसको लोकपाल विधेयक का मसविदा बनाने का जिम्मा दिया गया था। बाद में प्रणव मुखर्जी के साथ शान्ति भूषण और अन्ना हज़ारे, एन. सन्तोष हेगड़े, प्रशान्त भूषण और अरविन्द केजरीवाल इस कमेटी में आये और इन्हीं लोगों ने मूल मसविदा तैयार किया। इसी बिल की पहली बैठक 16 अप्रैल को होती है और यहीं से विवाद बढ़ जाता है। सरकार इस बात पर राज़ी हुई कि बैठक की मीटिंग की ऑडियो रिकार्डिंग की जाये और अन्तिम रूप देने से पहले जनता की राय ली जाये, लेकिन सरकार इस बात पर राज़ी नहीं हुई कि मीटिंग का सीधा प्रसारण दूरदर्शन पर किया जाये। मसविदे पर सहमति हो नहीं पा रही थी। सरकार की ओर से यह कहा गया कि सहमति के अभाव में सरकारी और सिविल सोसायटी के मसविदे को कैबिनेट के पास भेजा जायेगा। इस पर अन्ना ने कहा कि अगर सरकारी ड्राफ्ट को संसद ने पारित किया तो वह 16 अगस्त से भूख हड़ताल शुरू कर देंगे।

अब अन्ना हज़ारे के आन्दोलन के दूसरे चरण की बात करते हैं। 16 अगस्त से अन्ना ने जन्तर–मन्तर पर अनशन शुरू करने की घोषणा की थी। जानकारों का कहना है कि उस समय तक भी संघ अन्ना पर पूरा यकीन नहीं कर रहा था। कर रहा होता तो अन्ना का आमरण अनशन रामलीला मैदान में शुरू करवाता। हालाँकि केजरीवाल की तरफ के लोगों का कहना था कि संघ और बीजेपी ने बाबा रामदेव की आड़ में अन्ना हज़ारे को अपनी तरफ खींचने की बहुत कोशिश की थी। एक बड़े अख़बार *टी.वी. नेटवर्क* और *चिटफंड नेटवर्क ग्रुप* का भी साथ मिल रहा था, लेकिन अन्ना को अपने खेमे में लाने में सफ़ल नहीं हो पा रहे थे क्योंकि केजरीवाल तक यह बात पहुँच चुकी थी। ख़ैर, इस रस्साकशी के बीच मनमोहन सिंह सरकार की ग़लती से संघ और मोदी अमित शाह को बड़ा रास्ता मिल गया।

हुआ यूँ कि 16 अगस्त को अन्ना को धरना शुरू करने से चार घण्टे पहले उठा लिया गया। रामलीला मैदान, राजघाट और दिल्ली गेट पर धारा–144 लगा दी गयी और पुलिस ने एक हज़ार से भी ज़्यादा कार्यकर्ताओं को पुलिस लाइंस भेज दिया। किरण बेदी और शान्ति भूषण को तो शाम को छोड़ दिया गया, लेकिन अन्ना ने जमानत लेने से इनकार कर दिया और उन्हें वहाँ से तिहाड़ जेल भेजा गया। अन्ना तिहाड़ के अन्दर थे और बाहर था पूरा मीडिया। इस बीच कांग्रेस को भी लगा कि बड़ी ग़लती होने के पहले सुधारी जाये। राहुल गाँधी भी अन्ना को जेल में रखने में बहुत रुचिकर नहीं थे। अन्ना ने भी कह दिया था कि जेल से तभी निकलूँगा जब मुझे आन्दोलन स्थल पर जाने दिया जायेगा। आख़िर सहमति बनी रामलीला मैदान पर प्रदर्शन करने के नाम पर। बीस अगस्त को अन्ना तिहाड़ से बाहर निकलते हैं और सीधे रामलीला मैदान जा पहुँचते हैं। उसके बाद देखते–ही–देखते सारा माहौल बदल जाता है। रामलीला मैदान पर जिस तरह से पूरी तरह व्यवस्थित ढँग से आन्दोलन चला वह साफ़ बता रहा था कि संघ का परोक्ष समर्थन हासिल है। उसी समय यह कहानी भी सामने आयी कि अन्ना के संघ से अच्छे रिश्ते रहे हैं और वह नाना जी देशमुख के सचिव का काम भी कर चुके हैं। (हालाँकि इसका अन्ना ने खण्डन किया था)। जिस काहिरा के तहरीर चौक में ऊपर ज़िक्र हुआ है, रामलीला मैदान और तहरीर चौक में काफ़ी समानताएँ नज़र आने लगी हैं।

रामलीला मैदान में खाने–पीने का पूरा प्रबन्ध था। चाय–बिस्कुट से लेकर केले–समोसे तक। दवा–डॉक्टर का भी इन्तज़ाम भी पूरा रहा करता था। पानी की समुचित व्यवस्था, शौचालय ख़ासतौर से महिला शौचालय की पूरी व्यवस्था। ऐसा लगता था कि कोई बहुत बारीक़ नज़र रख रहा है, कोई सुविधाएँ पहुँचा रहा है। खाने–पीने का सामान पहुँचाने का ज़िम्मा अनुभवी हाथों में है और भीड़ भी अपने हिसाब से संचालित की जा रही है। कहा जाता है कि ऐसी ही एक शाम काले रंग की शीशे की गाड़ी में अमित शाह रामलीला मैदान पहुँचे थे। गाड़ी के अन्दर से पूरा नज़ारा देखा था। नारों की गर्मी, युवाओं को जोश और 'मैं भी अन्ना तू भी अन्ना' की धमक को महसूस किया था। पत्रकार हेमन्त शर्मा ने अपने एक लेख में इस बात का ज़िक्र किया है कि कैसे वहीं से अमित शाह ने अमदाबाद में बैठे नरेन्द्र मोदी को फ़ोन किया था। सन्देश यही था कि दिल्ली आने का समय आ गया है।

इस बीच सरकार अपनी तरफ से कोशिशें करती रही अन्ना को मनाने की। दूसरी तरफ अन्ना के मंच पर भीड़ बढ़ती जा रही थी। आख़िर 27 अगस्त का दिन आ ही गया। प्रणव दा ने लोकसभा में बिल पर चर्चा की शुरुआत की और भाजपा ने भी कहा कि वो अन्ना के साथ हैं और अन्ना की तीनों माँगों का समर्थन करते हैं। और इस तरह अन्ना का 12 दिन तक चला आमरण अनशन ख़त्म होता है। और इंडिया गेट पर देश ख़ूब झूमता–गाता है।

हालाँकि इस बीच अन्ना हज़ारे और नरेन्द्र मोदी के बीच दो बार परोक्ष संवाद भी हुआ था। ओपन पत्रिका में छपे एक लेख के अनुसार अन्ना ने अप्रैल 2011 में अन्ना ने मोदी की तारीफ़ की थी। उसके बाद मोदी ने अन्ना हज़ारे को खत लिखा था जिसमें उन्हें गाँधीवादी बताया गया था और गाँधीवादी तरीक़े से एक सफल आन्दोलन करने के लिए बधाई भी दी थी, लेकिन उसके बाद मई में अन्ना का अमदाबाद जाना हुआ था। वहाँ अन्ना का स्वर बदल गया था। तब उन्होंने मोदी के कामकाज के तरीक़े की आलोचना की थी। अन्ना ने मोदी से गुजरात में लोकायुक्त नियुक्त करने की माँग की थी। इसके अलावा एक सवाल के जवाब में अन्ना ने कहा था कि वह मोदी को प्रधानमन्त्री पद के लिए उपयुक्त उम्मीदवार नहीं मानते हैं। अब अन्ना ने ऐसा क्यों कहा यह तो पता नहीं लेकिन जानकारों का कहना है कि उस समय तक संघ ने बीजेपी के

प्रधानमन्त्री पद के उम्मीदवार पर कोई फ़ैसला नहीं किया था। अब भले ही अन्ना की नज़र में मोदी प्रधानमन्त्री पद के योग्य उम्मीदवार नहीं रहे हों, लेकिन मोदी समझ गये थे कि अन्ना के आन्दोलन में उन्हें प्रधानमन्त्री बनाने की क्षमता है।

इधर संसद की स्थायी समिति, जो इस मामले में काम कर रही थी, के प्रस्तावों से अन्ना हज़ारे और उनकी टीम सहमत नहीं थी। प्रस्तावित लोकपाल बिल सरकार के पल्ले नहीं पड़ रहा था। कई पेच फँसाने की लगातार कोशिशें हो रहीं थीं। ऐसे में अन्ना हज़ारे 11 दिसम्बर को एकदिवसीय अनशन पर जन्तर–मन्तर पर बैठे। और यह पहला ऐसा मौक़ा था जब अन्ना हज़ारे के मंच में राजनीतिक दलों के प्रतिनिधि थे। इसी के बाद 22 दिसम्बर को अन्ना ने घोषणा की कि वह 27 से 29 दिसम्बर के बीच भूख हड़ताल करेंगे और अगर तब भी कुछ नहीं हुआ तो 'जेल भरो आन्दोलन' किया जायेगा। इस बार यह बात महत्त्वपूर्ण थी कि आन्दोलन की जगह दिल्ली न होकर मुम्बई थी। वजह मौसम थी। बान्द्रा कुर्ला कॉम्प्लैक्स में 27 को शुरू हुए अनशन की शुरुआत ही गड़बड़ वाली हुई। भीड़ यहाँ से नदारद थी और जो थी, उसमें वह जोश भी दिखायी नहीं दिया था। अगले ही दिन अन्ना की तबीयत ख़राब हो गयी थी और उन्हें आन्दोलन स्थगित करना पड़ा था अन्ना को आन्दोलन बीच में ही रद्द करना पड़ा। अन्ना ने कांग्रेस को यह भी धमकी दी कि आने वाले पाँच राज्यों के चुनाव में कांग्रेस के विरोध में प्रचार करेंगे।

तब तक अरविन्द केजरीवाल ने राजनीतिक दल बनाने या चुनावी राजनीति का हिस्सा बनने का कोई फ़ैसला नहीं किया था। अब केजरीवाल भी अब यह मानने लग गये थे कि अब फिर से रामलीला टाइप आन्दोलन करना मुश्किल है। पत्रकार आशुतोष (जो बाद में आम आदमी पार्टी में शामिल हुए थे) ने एक ब्लॉग में लिखा था कि तब उन्होंने केजरीवाल से संगठन बनाने की और संघर्ष जारी रखने की सलाह दी थी। राजदीप सरदेसाई ने अपने एक लेख में कहा था कि उन्होंने राजनीतिक दल बनाने का सुझाव दिया था। कहने का मतलब यह है कि जब अरविन्द केजरीवाल पत्रकारों से लेकर दोस्तों से सलाह–मश्विरा कर रहे थे तब तक मोदी अमित शाह की जोड़ी को अच्छी तरह से एहसास हो चला था कि मनमोहन सिंह सरकार के ख़िलाफ़ माहौल अन्ना हज़ारे ने बना दिया है और ज़रूरत इस माहौल को बनाये रखने की है। इस माहौल को एक

निश्चित दिशा देने की है। देशी भाषा में कहा जाये तो तवा गरम है, रोटियाँ सेंकनी बाकी हैं।

संघ हो चाहे या मोदी या फिर संघ और मोदी की बीजेपी सभी समझ गये थे कि अरविन्द केजरीवाल के पास न तो संगठन है, न अनुभव है, न माद्दा है कि वह अन्ना हज़ारे के आन्दोलन का अखिल भारतीय चुनावी सियासी फ़ायदा उठा सकें। केजरीवाल उस समय तक नयी तरह की राजनीति, नये विकल्प वाली राजनीति जैसे भारी–भरकम फण्डों में फँसे हुए थे। उधर मोदी अमित शाह की नज़र अर्जुन की तरह मछली की आँख पर थी। उनके पास गुजरात मॉडल का प्रभा मण्डल था। सरकार चलाने का अनुभव था। हिन्दू हृदय सम्राट का दर्ज़ा था। संघ साथ था, बेरोज़गार युवक साथ थे, भ्रष्टाचार से टूटे निराश–हताश नागरिकों का समूह साथ था। इतना सब होने के बाद गुजरात से दिल्ली जाने, प्रदेश की राजनीति से देश की राजनीति करने की एक बड़ी वजह की कमी अन्ना हज़ारे के आन्दोलन ने पूरी कर दी थी। पूरे देश की जनता में यही सन्देश पहुँचाया गया कि अन्ना हज़ारे देश को भ्रष्टाचार से मुक्त करना चाहते हैं, गाँधी–नेहरु परिवार से देश को मुक्ति दिलाना चाहते हैं और यह काम बीजेपी ही कर सकती है, मोदी ही कर सकते हैं। मैं भी अन्ना, तू भी अन्ना कब देखते–ही–देखते मैं भी मोदी, तू भी मोदी या फिर हर–हर मोदी, घर–घर मोदी के नारे में तब्दील हो गया पता ही नहीं चला। ऐसा लगा कि मानों अन्ना हज़ारे आमरण अनशन इसलिए कर रहे थे कि देश में सत्ता परिवर्तन हो और सत्ता की बाग़डोर मोदी सम्भालें। यह एहसास बीजेपी ने करवाया, संघ ने करवाया, मीडिया ने करवाया और रही सही कसर मोदी के भाषणों ने पूरी कर दी।

उधर केन्द्र में कांग्रेस की सरकार थी। बहुत से राज्यों में सरकार थी। नेताओं की कमी नहीं थी। पैसा भी कम नहीं था। कार्पोरेट जगत भी मनमोहन सिंह सरकार से खुश ही था। अख़बार, टी.वी. चैनलों को मनमोहन सिंह सरकार ने 2008 की आर्थिक तँगी के समय ठीक ठाक मदद भी की थी, ऐसे में कांग्रेस चाहती तो मुक़ाबला कर सकती थी, लेकिन अन्ना के आन्दोलन से कैसे निपटना है यह कांग्रेस शुरू से ही तय नहीं कर सकी। सिविल सोसायटी के साथ जनलोकपाल क़ानून बनाने के लिए वह तैयार हो गयी। हर बार बैठक होती और कांग्रेस के मन्त्री तो प्रेस से बिना बात किये निकल जाते, लेकिन सिविल सोसायटी की तरफ से प्रशान्त भूषण

से लेकर योगेन्द्र यादव प्रेस में जो कुछ बोलते, उससे यही संकेत जाता कि कांग्रेस सरकार भ्रष्टाचार के आरोपों को स्वीकार रही है और माफी माँग रही है। रही–सही कसर तब पूरी हो गयी जब चार–चार केन्द्रीय मन्त्री बाबा रामदेव को मनाने के लिए एयरपोर्ट चले गये। (प्रणव मुखर्जी ने इसका विरोध किया था। इसका खुलासा उनकी मौत के बाद कुछ कांग्रेस नेताओं ने किया था)। कुल मिलाकर सरकार का एक इक़बाल होता है जो जनता की नज़र में जाता रहा। कुल मिलाकर ऐसा लगता है कि कांग्रेस ने पहले से ही हार मान ली थी।

मनमोहन सिंह ख़ुद का ही बचाव नहीं कर पा रहे थे। एक लाख 76 हज़ार करोड़ का *टू जी* और एक लाख 86 हज़ार करोड़ का कोलगेट घोटाला अन्ना ने घर–घर पहुँचा दिया था। बीजेपी को बस अब ऐसे वोटरों को घर से निकालकर मतदाता बूथ तक पहुँचाना भर था। बीजेपी समझ गयी थी कि कांग्रेस में नेता मनमोहन सिंह सरकार को बचाने की कोशिश उतनी नहीं कर रहे हैं जितनी कि सोनिया गाँधी, राहुल गाँधी को भ्रष्टाचार के आरोपों से बचाने की। कोशिश यही थी कि भले ही मनमोहन सिंह सरकार भ्रष्टाचार के कथित लाक्षागृह में भस्म हो जायें, लेकिन सोनिया–राहुल पर कोई आँच नहीं आये।

उधर केजरीवाल हिचकते हुए राजनीति के मैदान में उतर रहे थे और दिल्ली ही उनकी वैकल्पिक राजनीति की प्रयोगशाला थी। यानी कुल मिलाकर अन्ना के आन्दोलन ने बीजेपी को खुलकर खेलने का अखिल भारतीय मैदान दे दिया था। नरेन्द्र मोदी–अमित शाह की जोड़ी ने कुशल खिलाड़ी की तरह खाली स्पेस का इस्तेमाल किया और कांग्रेस के लगभग खाली पड़े गोल में गेंद सरकाने में कोई ग़लती नहीं की। गोल खाली इसलिए था क्योंकि कांग्रेस को बचाने की ज़िम्मेदारी जिन नेताओं पर थी उनकी गहन *मैन टू मैन* मार्किंग अन्ना हज़ारे आन्दोलन ने कर दी थी।

मनमोहन सिंह सरकार के ख़िलाफ़ लोगों में गुस्सा है, भ्रष्टाचार एक बड़ा मुद्दा बन सकता है, एक बड़ा आन्दोलन खड़ा कर लोगों को वैकल्पिक राजनीति के लिए तैयार किया जा सकता है, जेपी की क्रान्ति को सम्पूर्णता देने की कोशिश की जा सकती है। इसे सबसे पहले पहचाना अरविन्द केजरीवाल ने। अन्ना हज़ारे जैसे आमरण अनशन योद्धा को तैयार किया। जनलोकपाल यानी सिर्फ़ एक शब्द की माँग की।

यानी बाक़ायदा एक रणनीति बनाकर टीम केजरीवाल आगे बढ़ी, लेकिन महफ़िल लूटी बीजेपी ने मुशायरा लूट ले गये मोदी।

असल में यह आन्दोलन प्रदर्शनों, भूख हड़तालों की एक शृंखला थी। यह देश में फैले राजनीतिक भ्रष्टाचार के ख़िलाफ़ शुरू हुआ था। *टाइम* मैगजीन ने वर्ष 2011 की टॉप 10 न्यूज़ स्टोरीज में अन्ना हज़ारे के अनशन को भी रखा था। ("The Top 10 Everything of 2011: Number 10 – Anna Hazare's Hunger Fasts Rock India". *Time* magazine. 7 December, 2011)

हाथ में तिरंगा और शिखण्डियों का भी सहारा

"आन्दोलनों को लम्बे समय तक चलाने के लिए और पुलिस तथा सरकार को कठोर क़दम उठाने से रोकने के लिए भी बड़ी ही सोची-समझी रणनीति अपनायी गयी। न सिर्फ़ महिलाओं और बच्चों को आन्दोलन में शामिल किया गया, बल्कि हाथ में तिरंगा और मंच पर भी तिरंगा छाया रहा।"

चाहे शाहीन बाग़ में महिलाओं का आन्दोलन हो या कृषि से सम्बन्धित तीन नये क़ानूनों के ख़िलाफ़ किसानों का संघर्ष। इनमें एक नयी बात यह नज़र आयी कि आन्दोलनकारी राष्ट्रीय ध्वज को प्रमुखता दे रहे थे। आज़ादी की लड़ाई के दौरान ऐसा हुआ था, जब हाथ में तिरंगा लेकर जुलूस निकाले जाते थे। आज़ादी के परवाने पुलिस की लाठियाँ खाते, गोली खाते, मगर तिरंगा नीचे नहीं होने देते। जब गोली खाकर कोई एक आज़ादी का परवाना गिरता तो झट से कोई दूसरा गिरने से पहले तिरंगे को सँभाल लेता और जोश से चिल्लाता, 'झण्डा ऊँचा रहे हमारा।'

गाँधी जी जो 'यंग इंडिया' पत्रिका निकालते थे, उसके अप्रैल 1921 के अंक में उन्होंने लिखा था कि भारत का एक अपना झण्डा होना चाहिए, जिसमें एक चरखा भी हो। गाँधी जी के इस आह्वान के बाद कांग्रेस के नागपुर के कार्यकर्ताओं ने जलियांवाला बाग़ नरसंहार के शहीदों की स्मृति में 13 अप्रैल, 1923 को कार्यक्रम में स्वराज का झण्डा फहराया। इसे एक स्थानीय कांग्रेस कार्यकर्ता पिंगली वेंकैया ने तैयार किया था। इसके बीच में चरखा भी था। यह झण्डा फहराने पर कार्यकर्ताओं की पुलिस से झड़प हुई और पाँच लोगों को क़ैद की सजा सुनायी गयी। इसके ख़िलाफ़ प्रदर्शन शुरू हो गये। नागपुर कांग्रेस के सचिव जमनालाल बजाज ने झण्डा सत्याग्रह शुरू कर दिया। इसने पूरे देश का ध्यान खींचा और अन्य जगहों पर भी ऐसा आन्दोलन शुरू हो गया। इस तरह कांग्रेसियों ने इस

झण्डे की पहचान पूरे देश को करा दी। स्वराजियों के इस समूह से गाँधी जी भी ख़ूब प्रभावित हुए थे। जुलाई 1923 में इस झण्डा आन्दोलन के पक्ष में नेहरू और सरोजनी नायडू ने काफ़ी ज़ोर दिया और तब सरदार वल्लभभाई पटेल के विचार पर इससे आम लोगों को जोड़ने का काम किया गया। तब बॉम्बे क्रॉनिक की एक रिपोर्ट में कहा गया कि झण्डा फहराने के लिए अंग्रेज़ सरकार ने देशभर में 1500 से ज़्यादा भारतीयों को गिरफ़्तार किया था। 1931 की कांग्रेस महासभा में इस स्वराज झण्डे को कांग्रेस के आधिकारिक झण्डे के रूप में मान्यता दे दी गयी। हालाँकि उससे पहले ही यह झण्डा देश में आज़ादी की माँग का प्रतीक बन चुका था।

अगस्त 1947 में आज़ादी से कुछ समय पहले स्वतन्त्र भारत के लिए जो ध्वज तय किया गया उसमें एक बदलाव यह किया गया कि चरखे की जगह अशोक चक्र को स्थान दिया गया। इस चयन की वजह सर्वपल्ली राधाकृष्णन ने यह बतायी थी कि यह चक्र धर्म और विधान का प्रतीक है। हालाँकि गाँधी जी इस बदलाव से ज़्यादा ख़ुश नहीं थे। इस तरह आज़ादी के बाद से यह तिरंगा देश की आन–बान और शान का प्रतीक है।

आज़ादी के बाद श्यामा प्रसाद मुखर्जी ने तिरंगे को लेकर जम्मू–कश्मीर के मुद्दे पर आन्दोलन किया। मगर तिरंगा एक राष्ट्रीय ध्वज था और उसे साथ लेकर चलने में कई नियमों का पालन करना ज़रूरी था, ऐसे में मज़दूर यूनियनों ने बाद में अपने–अपने झण्डों के साथ प्रदर्शन करने की नीति अपनायी। यह प्रवृत्ति राष्ट्रीय स्तर पर हुए आन्दोलनों में भी बनी रही। यहाँ तक कि राम मन्दिर जैसे आन्दोलनों में भी तिरंगे की जगह भगवा ध्वज का इस्तेमाल किया गया। कई राजनीतिक दलों ने जो ख़ासकर जो ख़ुद को हिन्दू हितों की राजनीति करने वाला कहते थे को अपने पार्टी झण्डे में भगवा रंग को प्रमुखता दी। वहीं मुस्लिम हितों की बात करने वाले दलों के पार्टी झण्डे में हरा रंग प्रमुखता से रहा।

एक रोचक तथ्य यह है कि भाजपा के झण्डे में जो कमल का फूल दिखायी देता है, उसे सबसे पहले साम्यवादियों के झण्डे में इस्तेमाल किया गया था। 22 अगस्त, 1907 को जर्मनी के स्टुअटगार्ट में हुई इंटरनैशनल सोशलिस्ट कॉन्फ्रेंस में स्वतन्त्रता सेनानी भीकाजी कामा ने तीन रंग का झण्डा फहराया था। इसमें सबसे ऊपर हरे रंग की पट्टी थी जिसमें सफेद रंग के आठ कमल के फूल बने थे। बीच में पीले रंग की पट्टी पर काले रंग से वन्देमातरम् लिखा था। सबसे नीचे लाल पट्टी पर एक किनारे पर

चाँद तो दूसरे किनारे पर सूरज की सफ़ेद आकृति थी। कामा ने इस झण्डे को भारत की आज़ादी का झण्डा बताते हुए फहराया था।

इक्कीसवीं सदी : 2012 में दिल्ली में हुए अन्ना आन्दोलन में तिरंगा एक बार फिर से आन्दोलनों की शान बना। अन्ना का यह आन्दोलन देश को भ्रष्टाचार से मुक्ति दिलाने के लिए शुरू हुआ था और इसने देश को कांग्रेस के शासन से मुक्त करने की एक मज़बूत नींव तैयार की। इसका लाभ बाद में भाजपा और नरेन्द्र मोदी को मिला। अन्ना आन्दोलन के बाद शाहीन बाग़ के आन्दोलन में तिरंगे का सहारा लिया गया। हालाँकि अब इसका कारण कुछ और था। देश में सोशल मीडिया के माध्यम से एक नयी प्रवृत्ति पनपी थी। सरकार के ख़िलाफ़ होने वाले किसी आन्दोलन को कुछ ख़ास क़िस्म के लोग देश विरोधी घोषित कर देते थे। प्रदर्शनकारियों को पाकिस्तानी बताया जाता और उन्हें पाकिस्तान जाने की सलाह दी जाती। ऐसे में आन्दोलनकारी ख़ुद को देशभक्त और देश का नागरिक बताने के लिए तिरंगा लेकर प्रदर्शन कर रहे थे। एक तरह से वे राष्ट्रवाद बनाम भगवा राष्ट्रवाद का एक नया प्रतीक गढ़ने की कोशिश कर रहे थे। इससे न सिर्फ़ वह ख़ुद को सुरक्षित महसूस कर रहे थे, बल्कि आन्दोलन को लम्बा खींचने में भी उन्हें मदद मिल रही थी। यह एक ऐसी रणनीति थी जो आकर्षक भी थी और इससे काफ़ी बचाव भी थे। दिल्ली पुलिस ने अदालत से यह लिखित रूप में कह दिया था कि वह शाहीन बाग़ के प्रदर्शनकारियों को उठाने के लिए बल का प्रयोग नहीं करना चाहती। शाहीन बाग़ के आन्दोलन में जो कुछ भी हुआ और जिस तरह तथाकथित आज़ादी के नारों का इस्तेमाल तिरंगे के साथ किया गया, उससे कई तरह के विरोधाभासों ने भी जन्म दिया।

शाहीन बाग़ की महिलाओं के बारे में भी सोशल मीडिया पर कई तरह की बातें कही गयी। पुलिस ने भी इस आन्दोलन के पीछे देश विरोधी तत्त्वों का हाथ होने की बात कई बार कही। दूसरी ओर शाहीन बाग़ में महिलाएँ और बच्चे तिरंगा गीत गाते और वक्ता भाषणों में यह बताते कि संशोधित नागरिकता क़ानून देश के मूल संवैधानिक विचार के ख़िलाफ़ कैसे है। बुद्धिजीवी और फ़िल्मी सितारों और कलाकारों का खुला समर्थन भी इन महिलाओं को मिल रहा था। धरनास्थल पर ऐसा नज़ारा आम था कि मंच पर और भीड़ में तिरंगा लहरा रहा था, महिलाओं और बच्चों की संख्या अच्छी ख़ासी थी। सब पुलिस की बैरिकेडिंग के पीछे शान्ति से बैठे थे।

महिलाओं और बच्चों की ऐसी भीड़ पर जो राष्ट्रीय प्रतीकों के साथ बैठी हो, बल प्रयोग का आदेश देना किसी भी लोकतान्त्रिक देश में किसी भी अधिकारी के लिए आसान नहीं था। दरअसल यहाँ तिरंगे का इस्तेमाल किसी आशंका की स्थिति में हर हाल में अपने ऊपर बड़े बचाव से कम नहीं था।

इसी तरह नवम्बर 2020 में दिल्ली की सीमाओं पर शुरू हुए किसान आन्दोलन में भी प्रदर्शनकारी हाथ में तिरंगा लेकर और देशभक्ति के गीत डेक पर बजाते हुए ट्रैक्टर रैली निकालते रहे। 26 जनवरी, 2021 को जब देश गणतन्त्र दिवस मना रहा था तो हज़ारों की संख्या में ये किसान ट्रैक्टर रैली लेकर बेरिकेड तोड़ते हुए लाल क़िले तक पहुँच गये और वहाँ पर भी तिरंगा कुछ भी कर लेने के बाद भी बचाव का एक बड़ा हथियार था। यहाँ तो कुछ शरारती तत्त्वों ने राष्ट्रीय ध्वज उतार कर अपना केसरिया झण्डा फहरा दिया था। किसान नेताओं ने इसे आन्दोलन को ख़राब करने की साजिश बताया था। स्वराज इंडिया के नेता और इस आन्दोलन में शामिल योगेन्द्र यादव ने किसानों से अपील भी की थी कि जो ट्रैक्टर परेड के लिए जो रूट किसान संघर्ष समिति ने तय किया था, किसी को भी उसे अलग नहीं जाना चाहिए। राकेश टिकैत और अन्य किसान नेता भी ऐसी ही अपील कर रहे थे मगर युवा नहीं माने।

उधर सिन्घू बॉर्डर, टीकरी बॉर्डर, गाज़ीपुर बॉर्डर, चिल्ला बॉर्डर ट्रैक्टर ट्रालियों पर तम्बू लगाकर किसान दिन–रात जमे रहे। सिख धार्मिक संस्थाओं और गुरुद्वारों की ओर से इन किसानों के लिए लंगर लगाये गये। पिज्जा और सैंडविच के लँगरों ने इस आन्दोलन को यह चर्चा भी दिलायी कि यह किसान आन्दोलन नहीं है। सरकार की ओर से ऐसी जानकारियाँ भी साझा की गयीं कि किसान आन्दोलन से जुड़ी ग़लत सूचनाओं के लिए पाकिस्तान से 308 नये ट्विटर हैंडिल बनाकर संचालित किये जा रहे हैं। तय है कि सरकार भी यह ध्वनि देना चाह रही थी कि हाथों में तिरंगा लिए कोई भी आन्दोलन देश हित में हो, यह ज़रूरी नहीं है।

ढाल बना तिरंगा और बच्चे : उधर आन्दोलनों को लम्बे समय तक चलाने के लिए और पुलिस तथा सरकार को कठोर क़दम उठाने से रोकने के लिए भी बड़ी ही सोची–समझी रणनीति अपनायी गयी। न सिर्फ़ महिलाओं और बच्चों को आन्दोलन में शामिल किया गया,

बल्कि हाथ में तिरंगा और मंच पर भी तिरंगा छाया रहा। सी.ए.ए. और जामिया मिलिया विश्वविद्यालय के छात्रों पर बल प्रयोग के ख़िलाफ़ अलीगढ़ मुस्लिम यूनिवर्सिटी (ए.एम.यू.) के छात्रों ने 15 दिसम्बर, 2019 को प्रदर्शन किया था, जो हिंसक हो गया था। इस प्रदर्शन में भी पुलिस को रोकने के लिए बच्चों का सहारा लिया गया थान। इस पर अलीगढ़ पुलिस ने 20 जनवरी, 2020 को ए.एम.यू. के दो छात्रों पर बाल संरक्षण अधिनियम (जुवेनाइल जस्टिस ऐक्ट) के तहत मामला दर्ज़ किया था। ए.एम.यू. के सामाजिक विज्ञान विभाग के छात्रों मोहम्मद नईम ख़ान और मोहम्मद आसिफ ख़ान के ख़िलाफ़ जे.जे. ऐक्ट की धारा 8 के तहत दर्ज़ इस एफ.आई.आर. में आरोप लगाया गया था कि प्रदर्शन के दौरान बच्चों का इस्तेमाल ढाल की तरह किया गया।

इसी तरह किसान आन्दोलन में भी बड़ी संख्या में पंजाब और हरियाणा से महिलाओं ने भागेदारी की। वे लँगर तैयार करती थीं। उनके साथ बच्चे भी आये थे। एक छोटी बच्ची का किसानों को सम्बोधित करते हुए भाषण काफ़ी वायरल हुआ था। ये सभी ऐसे कारक थे जो सरकार को बल प्रयोग जैसे क़दम उठाने से रोकते थे। 4 दिसम्बर, 2020 को *इंडियन एक्सप्रेस* ने किसान आन्दोलन पर जालन्धर से एक विशेष रिपोर्ट दी थी। इसमें कहा गया था कि देश ने पहले भी बड़े–बड़े किसान आन्दोलन देखे हैं। कई बार ये आन्दोलन दिल्ली तक भी पहुँचे हैं, मगर महिलाओं और युवाओं की भागेदारी पहली बार इतने बड़े पैमाने पर किसान आन्दोलन में देखी गयी। भारत किसान यूनियन (उग्राहां) के नेता रिम्पा के अनुसार एक वक़्त पर टीकरी बॉर्डर पर 25 हज़ार महिलाएँ और क़रीब 30 हज़ार युवा इस प्रदर्शन में हिस्सा ले रहे थे। हरियाणा के गाँवों से लगातार उन्हें दूध और पानी मिल रहा है। (Farmers' protests witness gender, age shift, all courtesy, The Indian Express, 4 December, 2020. https://indianexpress.com/article/india/farmers-protests-witness-gender-age-shift-all-courtesy- HYPERLINK "https://indianexpress.com/article/india/farmers-protests-witness-gender-age-shift-all-courtesy-7091241/)

ऐसे में प्रचण्ड बहुमत वाली मोदी सरकार के विरोध में हुए इन आन्दोलनों में तीसरे जेंडर के लोगों को आगे किया गया। 4 जनवरी, 2020 को सी.ए.ए. और एन.आर.सी. के ख़िलाफ़ ट्रांसजेंडर और किन्नरों ने मण्डी हाउस से लेकर जन्तर–मन्तर तक जुलूस निकाला।

ट्रांसजेंडर समुदाय के अधिकारों के लिए काम करने वाले एक ट्रांसमैन विवेक आज़ाद का कहना था कि देश में हम लोग अपनी पहचान के लिए अभी तक लड़ रहे हैं। अब तो हमें अपनी नागरिकता साबित करने के लिए कागज भी दिखाने होंगे। यही वजह है कि हम इस क़ानून का विरोध करते हैं। (Transgender, queer groups march against CAA, NRC, *Hindustan Times*, New Delhi, 04 January 2020. https://www.hindustantimes.com/cities/transgender-queer-groups-march-against-caa-nrc/story-MU HYPERLINK "https://www.hindustantimes.com/cities/transgender-queer-groups-march-against-caa-nrc/story-MU5PFAPVbhdLIUT4Q2y2lO.html")

22 दिसम्बर, 2020 को नोएडा से पहुँचे किन्नर समाज ने यूपी गेट पर आन्दोलनकारी किसानों को अपना समर्थन दिया। किन्नर समाज से आयी दीपिका का कहना था कि किसान समाज के हित का काम कर रहे हैं। जब तक आन्दोलन चलेगा, तब तक रोज़ाना किन्नर समाज के लोग उनका साथ देने के लिए आते रहेंगे। सिर्फ़ नोएडा ही नहीं देशभर में किन्नर समाज कृषि क़ानूनों को लेकर किसानों की बात लोगों तक पहुँचायेगा। ताकि किसान आन्दोलन जन–आन्दोलन में तब्दील हो सके। (गाज़ियाबाद : किसानों के साथ अब किन्नर समाज, नोएडा के किसानों को मिला समर्थन, ई.टी.वी. भारत दिल्ली, 22 दिसम्बर, 2020. https://react.etvbharat.com/hindi/delhi/city/gaziabad/transgender-group-supported-farmers-protesting-against-farm-laws-at-up-gate/dl HYPERLINK "https://react.etvbharat.com/hindi/delhi/city/gaziabad/transgender-group-supported-farmers-protesting-against-farm-laws-at-up-gate/dl20201222193443224" HYPERLINK "https://react.etvbharat.com/hindi/delhi/city/gaziabad/transgender-group-supported-farmers-protesting-against-farm-laws-at-up-gate/dl20201222193443224")

असल में उत्तर–उदारीकरण के आन्दोलन एक नये तरह के वर्ग–संघर्ष के द्योतक थे, जो उदारीकरण के विफल होने की ओर इशारा कर रहे थे। साधनों के बँटवारे में जिस समुदाय को वंचित किया जा रहा था या जिसके हिस्से में थोड़ी भी कटौती हो रही थी, वही संगठित होकर सरकार के ख़िलाफ़ सड़कों पर उतर रहा था। कुछ समुदाय और अधिक हिस्सा पाने के लिए ऐसा कर रहे थे। जब लड़ाई सत्ता में अपनी भागेदारी बढ़ाने

और सत्ता को अपने अनुकूल फ़ैसलों के लिए मज़बूर करने की थी तो उसमें हर तरह की रणनीति आजमायी जा रही थी। आन्दोलनकारी किसी भी हद तक जाने को तैयार थे।

फ्रांसीसी समाज विज्ञानी पियरे बोर्दिओ ने 1999–2000 में ही भूमण्डलीकरण को लेकर कई तरह की आशंकाएँ जता दीं थीं। उन्होंने यूरोप के बुद्धिजीवियों से आह्वान किया था कि वे वैश्वीकरण से लड़ने के लिए सामाजिक जागरूकता आन्दोलन शुरू करें। वह भूमण्डलीकरण को भ्रम मानते थे। उनका कहना था कि कार्पोरेट लीडर बार–बार इसका प्रचार कर इसे अपनाने के लिए मज़बूर कर रहे हैं। उन्होंने बुद्धिजीवियों से कहा था कि वे मज़दूरों, किसानों, बेरोज़गारों, प्रवासियों और सामाजिक कार्यकर्ताओं से जुड़े ताकि भूमण्डलीकरण के ख़िलाफ़ एक संघर्ष शुरू हो सके। चाहे वे अर्थशास्त्री डेविड हार्वे हों या अमेरिकी राजनीति विज्ञानी जेम्स राउजनोफ, ज़्यादातर ने नयी सदी शुरू होते–होते उदारीकरण की खामियाँ स्पष्ट कर दी थीं। अधिकतर बुद्धिजीवियों का मानना था कि भूमण्डलीकरण एक ऐसी प्रक्रिया है जिसके आगे राष्ट्रीय सरकारें जनहित के लिए कोई भी क़दम उठाने में असमर्थ हो जायेगी। वे बाज़ार के अन्तरराष्ट्रीय नियमों में बँध जायेंगी। यह प्रक्रिया अन्ततः लोगों में असन्तोष पैदा करेगी। नये तरह के आन्दोलनों का कारण बनेगी।

आन्दोलनों के दिल्लीकरण का चलन

"ऐसा नहीं था कि पहले दिल्ली की तरफ देखा नहीं जाता था, पर दिल्ली पर हमला अन्तिम हथियार के तौर पर ही होता था, पर अब तो देश के किसी भी जिले के स्थानीय मुद्दे का हल न होने पर भी उसे जन्तर–मन्तर ज़्यादा प्रिय लगने लगा था।"

नयी सदी के दूसरे दशक में जन आन्दोलनों में एक नयी प्रवृत्ति पनपी। मुद्दा कहीं का भी हो, आन्दोलनकारी कहीं से भी हों, उनका उद्देश्य रहता था कि चलकर दिल्ली को घेरो, बात सुनी जायेगी। रास्ते बन्द करो। इससे उनके दो उद्देश्य पूरे होते थे। एक तो देश की राजधानी होने की वजह से न सिर्फ़ नैशनल मीडिया, बल्कि अन्तरराष्ट्रीय मीडिया तक में आन्दोलनकारियों की आवाज़ सुनायी देने लगती थी। इस तरह न सिर्फ़ वे देश का बल्कि दुनिया के प्रमुख देशों का ध्यान भी अपनी ओर खींचने में सफल रहते थे। दूसरे दिल्ली की जनता को मुश्किल होती थी, बड़े–बड़े जाम लग जाते थे और सरकार को थोड़ा–बहुत झुकना ही पड़ता था। ऐसा नहीं था कि पहले दिल्ली की तरफ देखा नहीं जाता था पर दिल्ली पर हमला अन्तिम हथियार के तौर पर ही होता था, पर अब तो देश के किसी भी ज़िले के स्थानीय मुद्दे का हल न होने पर भी उसे जन्तर–मन्तर ज़्यादा प्रिय लगने लगा था।

दिल्ली में स्वामी रामदेव तथा अन्ना हज़ारे से लेकर सी.ए.ए. के ख़िलाफ़ शाहीन बाग़ और किसानों के आन्दोलन तक सबने दिल्ली में बैठकर अन्तरराष्ट्रीय स्तर पर मीडिया में सुर्ख़ियाँ बटोरीं। आन्दोलनकारियों के सीधे दिल्ली में बैठकर घेराबन्दी करने से केन्द्र सरकार पर सीधे दबाव पड़ने का फ़ार्मूला कारगर हो रहा था। राजधानी से दूर किसी इलाक़े में अगर कोई आन्दोलन चल रहा हो तो सम्भव है कि न राष्ट्रीय मीडिया का ध्यान जाये और केन्द्र सरकार उसकी कोई परवाह न करे।

मगर देश की राजधानी में हंगामा और मीडिया की सुर्ख़ियाँ सरकार को अकसर बीच का रास्ता ढूँढ़ने के लिए मज़बूर करती रही हैं। इस तरह अपनी बात मनवाने का आन्दोलनकारियों का प्रमुख उद्देश्य काफ़ी हद तक सफल रहता था। जहाँ रामदेव और अन्ना के आन्दोलन दिल्ली में एक ख़ास जगह तक सीमित थे वहीं शाहीन बाग़ और किसानों के आन्दोलन में धरना देकर दिल्ली की प्रमुख सड़कों को बन्द करने की रणनीति अपनायी गयी। विभिन्न जातियों के आन्दोलनों में, ख़ासतौर से आरक्षण आन्दोलन में यह रणनीति कारगर रही, लेकिन अक्सर यह रणनीति ख़तरनाक साबित हुई और इसमें असामाजिक तत्त्वों की भूमिका को लेकर सन्देह होते रहे।

लेकिन आन्दोलन के विशाल दिल्लीकरण को रूप बाबा रामदेव ने दिया। जून 2011 में उन्होंने दिल्ली के ऐतिहासिक रामलीला मैदान को अपने आन्दोलन स्थल के रूप में चुना। यूँ तो आपातकाल से पहले जयप्रकाश नारायण ने यहीं से तब की प्रधानमन्त्री इन्दिरा गाँधी की निरंकुश सत्ता को ललकारा था। 1975 में जेपी आन्दोलन में यहाँ जुटी भीड़ ने अगले चुनाव में कांग्रेस की हार की पटकथा लिखी थी। जेपी से पहले दिसम्बर 1952 में इसी रामलीला मैदान में जम्मू–कश्मीर के मुद्दे पर श्यामा प्रसाद मुखर्जी ने सत्याग्रह किया था। यहीं पर उन्होंने यह प्रसिद्ध नारा दिया था, 'एक देश में दो विधान, दो प्रधान और दो निशान, नहीं चलेंगे।' पर अधेड़ हो चली पीढ़ी को रामदेव ने दिल्लीकरण का यह रूप दिखा ही दिया था।

जेपी के 36 साल बाद 2011 में बाबा रामदेव ने केन्द्र की मनमोहन सरकार की नींव हिलाने के लिए जिस रामलीला मैदान को चुना, वहाँ उनके 60 हज़ार से अधिक अनुयायी देशभर से पहुँच गये। हालाँकि बाबा का आन्दोलन जेपी आन्दोलन से कई मायनों में अलग था। जिस विद्यार्थी आन्दोलन को बाद में जेपी आन्दोलन के नाम से जाना गया, वह असल में बिहार से शुरू हुआ था और जेपी उसे दिल्ली तक लेकर आये थे। उसका कोई एक केन्द्र नहीं था, वह देश के कई हिस्सों में चला। दूसरी ओर बाबा रामदेव ने शुरुआत ही दिल्ली से की थी और यह यहीं पुलिस के एक लाठीचार्ज से ख़त्म भी हो गया।

27 फ़रवरी, 2011 को भारत स्वाभिमान ट्रस्ट के बैनर तले रामलीला मैदान में कालेधन और भ्रष्टाचार के मुद्दे पर दिनभर प्रदर्शन के बाद जन्तर–मन्तर तक जुलूस निकाला गया। इसके बाद राष्ट्रपति प्रतिभा पाटिल के नाम एक ज्ञापन सौंपा गया, जिसमें कहा गया था कि

भ्रष्टाचार विरोधी क़ानून को और सख़्त बनाया जाये। इस प्रदर्शन का नेतृत्व करने वालों में बाबा रामदेव के अलावा स्वामी अग्निवेश, किरण बेदी, प्रमुख वक़ील राम जेठमलानी, आर.टी.आई. कार्यकर्ता के रूप में जाने जाते अरविन्द केजरीवाल, हिन्दू थिंक टैंक माने जाते गोविन्दाचार्य, पूर्व केन्द्रीय मन्त्री डॉ. सुब्रहामण्यन स्वामी, सामाजिक कार्यकर्ता अन्ना हज़ारे शामिल थे। जो ज्ञापन राष्ट्रपति के नाम सौंपा गया था उस पर 30 लाख कार्यकर्ताओं के हस्ताक्षर थे। इस मौक़े पर बाबा रामदेव ने रैली में कहा कि भारतीयों के पास 400 लाख करोड़ का कालाधन है और इसमें से 300 लाख करोड़ का धन विदेशी बैंकों में जमा है। उन्होंने रामलीला मैदान से भ्रष्टाचार के ख़िलाफ़ धर्मयुद्ध की घोषणा की। अन्ना हज़ारे ने इस मौक़े पर कहा कि भ्रष्टाचार को रोकने के लिए एक सख़्त लोकपाल क़ानून की ज़रूरत है। (Largest Ever anti-corruption rally in Delhi. Baba Ramdev declared Dharmyudh (Holy War) Against corruptiom from Ram Lila Maidan, Struggle for Hindu Existence, 27 Feb 2011. https://hinduexistence.org/ HYPERLINK "https://hinduexistence.org/2011/02/28/largest-ever-anti-corruption-rally-in-delhi-baba-ramdev-declared-dharmyudh-holy-war-against-corruption-from-ram-lila-maidan/")

एक साल पहले मार्च 2010 में योगगुरु रामदेव राजनीति में कूदने की अपनी इच्छा प्रकट कर चुके थे। मार्च में उन्होंने स्वाभिमान भारत नाम से पार्टी बनाने की अपनी योजना का संकेत दिया था। उनका कहना था कि उनकी पार्टी सभी 543 लोकसभा सीटों पर चुनाव लड़ेगी। हालाँकि साथ ही यह भी कहा था कि वह कभी ख़ुद चुनाव नहीं लड़ेंगे और सक्रिय राजनीति में नहीं आयेंगे। वर्ष के अन्त तक हर जिले में हमारे 7 से 10 लाख सदस्य होंगे। (Baba Ramdev Launches Political party named 'Bharat Swabhiman', DNA, 17 March 2010. https://www.dnaindia.com/india/report-baba-ramdev-launches-political-party-named-bharat-swabhiman- HYPERLINK "https://www.dnaindia.com/india/report-baba-ramdev-launches-political-party-named-bharat-swabhiman-1359967")

हालाँकि जल्द ही उन्होंने राजनीतिक पार्टी बनाने की अपनी इच्छा को त्याग दिया मगर इससे पहले उन्हें रामलीला मैदान में हुए प्रकरण का कड़वा घूँट पीना पड़ा। यूपीए सरकार के ख़िलाफ़ भ्रष्टाचार और कालेधन को मुद्दा बनाते हुए आर–पार की लड़ाई का ऐलान कर दिया था।

रामदेव ने 4 जून, 2011 से रामलीला मैदान में अनशन पर बैठने की घोषणा कर दी। हज़ारों अनुयायी रामलीला मैदान पहुँच गये। माहौल और मामला इतना गर्म हो गया था कि इस आन्दोलन के लिए 1 जून को जब रामदेव दिल्ली के इन्दिरा गाँधी हवाई अड्डे पर पहुँचे तो उनके स्वागत के लिए वहाँ मनमोहन सरकार के दिग्गज मन्त्री प्रणव मुखर्जी, पी. चिदम्बरम, कपिल सिब्बल मौजूद थे। वहाँ से मान–मनौव्वल कर रामदेव को दिल्ली के एक होटल लाया गया और वहाँ मन्त्रियों से उनकी वार्ता हुई। होटल से निकलकर रामदेव ने बाहर खड़े पत्रकारों से कोई बात नहीं की। सरकार और बाबा रामदेव में यह बातचीत दो दिन तक चली और 3 जून को यह कहा गया कि सहमति हो गयी है। दूसरे दिन रामलीला मैदान पर रामदेव ने अनशन शुरू कर दिया। मन्त्रियों के आग्रह पर उन्होंने अनशन ख़त्म करने से इनकार कर दिया। इसके बाद तत्कालीन क़ानून मन्त्री कपिल सिब्बल ने मीडिया को एक पत्र दिखाया। इसमें कहा गया था कि रामलीला मैदान पर सिर्फ़ एक दिन का सत्संग होगा। इस पत्र पर रामदेव के सहयोगी बालकृष्ण के दस्तखत थे। इसके बाद पत्रकारों ने रामलीला मैदान पर रामदेव पर सवालों की बौछार कर दी। तब सरकार के रवैये से नाराज रामदेव ने ऐलान किया कि अब जब तक उनकी माँगें पूरी नहीं हो जायेंगी वह तब तक रामलीला मैदान से नहीं हटेंगे।

जैसे ही आधी रात गुज़री, पुलिस ने बाबा रामदेव और उनके अनुयायियों पर धावा बोल दिया। आँसू गैस के गोले दागे गये। लाठीचार्ज किया गया। *टाइम्स ऑफ इंडिया* की रिपोर्ट के मुताबिक़ रात के एक बज चुके थे। कुछ देर बाद ही बड़ी संख्या में पुलिसकर्मी धरनास्थल पर पहुँचे। समर्थकों के कड़े विरोध के बावज़ूद धरनास्थल को खाली करवा दिया गया। सूत्रों का कहना था कि बाबा को दिल्ली छोड़कर जाने की इजाज़त दे दी गयी। (तत्कालीन) गृह सचिव जीके पिल्लई का कहना था कि रामदेव को हिरासत में नहीं लिया गया था। (Midnight police swoop on Baba Ramdev ends protest, *The Times of India*, 5 June, 2011. https://timesofindia.indiatimes.com/india/Midnight-police-swoop-on-Baba-Ramdev-ends-protest/articleshow/ HYPERLINK "https://timesofindia.indiatimes.com/india/Midnight-police-swoop-on-Baba-Ramdev-ends-protest/articleshow/8730121.cms" HYPERLINK "https://timesofindia.

indiatimes.com/india/Midnight-police-swoop-on-Baba-Ramdev-ends-protest/articleshow/8730121.cms")

पुलिस के अनुसार रामलीला मैदान को ख़ाली कराने के दौरान हुई झड़प में 53 नागरिक और 10 पुलिस वाले घायल हुए थे। एक महिला गम्भीर घायल हुई थी, जिसकी बाद में उपचार के दौरान हस्पताल में मौत हो गयी। धरनास्थल से गायब हुए रामदेव दूसरे दिन हरिद्वार में दिखायी दिये। उन्होंने महिलाओं की पोशाक सलवार सूट पहन रखा था। वह इसी वेश में मीडिया के सामने आये और आरोप लगाया की रामलीला मैदान में उनकी हत्या की साजिश रची गयी थी। इसके बाद रामदेव हस्पताल में भर्ती हो गये। हालाँकि वहाँ उन्होंने अपना अनशन जारी रखा, जिसे बाद में साधु–सन्तों ने तुड़वाया। उसके बाद रामदेव और बालकृष्ण के ख़िलाफ़ कई मामले खुले। उनके लापता गुरु का मामला भी उठा। बालकृष्ण की नागरिकता और पतंजलि उत्पादों की गुणवत्ता पर सवाल उठे।

रामलीला मैदान की घटना के एक साल बाद रामदेव एक बार फिर सक्रिय हुए और 10 अगस्त, 2012 को दिल्ली के अम्बेडकर स्टेडियम में धरना शुरू किया, जिसका समापन उन्होंने 14 अगस्त को अनशन के साथ किया। इस अवसर पर उन्होंने यहाँ कांग्रेस हटाओ और देश बचाओ का नारा दिया।

लेकिन यह भी सही है कि दिल्ली में बैठकर ज़्यादा सफल आन्दोलन चलाया अन्ना हज़ारे ने। वैसे तो अन्ना हज़ारे 1991 से ही महाराष्ट्र में रहकर सरकार में फैले भ्रष्टाचार के ख़िलाफ़ आन्दोलन चला रहे थे। उन्होंने *पीपुल्स मूवमेंट अगेंस्ट करप्शन* की स्थापना कर दी थी। जहाँ भी भ्रष्टाचार के मामले आते थे, वह भूख हड़ताल करते थे। इस तरह उन्होंने कई भ्रष्ट अधिकारियों को हटवाया था। 1997 में उन्होंने सूचना अधिकार क़ानून के लिए महाराष्ट्र में अभियान शुरू किया। 2003 में उन्होंने इसके लिए आमरण अनशन शुरू कर दबाव बनाया तो 12 दिन के भीतर वहाँ क़ानून बन गया। (Lorraine Murray, Anna Hazare : Indian socil activist, *Britannica*. https:@@www-britannica-com@biography@Anna&Hazare)

2010 में भारत सरकार ने भी जनलोकपाल विधेयक तैयार किया। अन्ना हज़ारे और उनके साथी सामाजिक कार्यकर्ताओं का मानना था कि सरकार ने इसे पर्याप्त अधिकार नहीं दिये हैं। अन्ना हज़ारे के इस आन्दोलन को 5 अप्रैल, 2011 को तब एक बड़ी गति मिली जब अन्ना ने दिल्ली के जन्तर–मन्तर पर भूख हड़ताल शुरू कर दी।

अन्ना चाहते थे कि नये जनलोकपाल का मसौदा वह कमेटी तैयार करें जिसमें सरकार और सिविल सोसाइटी के सदस्य हों। मनमोहन सरकार ने अन्ना की इस माँग को खारिज़ कर दिया तो वह दिल्ली आकर भूख हड़ताल पर बैठ गये। बीबीसी की रिपोर्ट के मुताबिक़ वह आमरण अनशन पर हैं और जब तक सरकार भ्रष्टाचार के ख़िलाफ़ व्यापक क़ानून नहीं बनाती। सरकार ने भ्रष्टाचाररोधी विधेयक पर विचार करने के लिए एक कमेटी का गठन कर दिया मगर अन्ना हज़ारे चाहते थे कि इस प्रक्रिया में सिविल सोसाइटी को शामिल किया जाये। उनका कहना था कि हम लोगों को जनलोकपाल विधेयक तैयार करने वाली कमेटी का हिस्सा होना चाहिए। उन्होंने प्रधानमन्त्री मनमोहन सिंह को पत्र लिखकर कहा कि भ्रष्टाचार से निपटने के लिए 'साहस दिखाओ।' (IndiaActivistAnna HazareAnti&graft fast stokes Anger) bbc, 7 April, 2011. http://www-bbc-co-uk/news/world&south&asia& HYPERLINK "http:/www-bbc-co-uk/news/world&south&asia&12994855")

रामदेव और अन्ना के आन्दोलन दिल्ली में तय जगह पर हुए और इनसे आम जनमानस को कोई विशेष परेशानी नहीं हुई थी और उसके दैनिक कामकाज में भी कोई बाधा नहीं पहुँची थी।

मगर 2019 के शाहीन बाग़ आन्दोलन और 2020 में शुरू हुए किसान आन्दोलन में ऐसा नहीं था। इन आन्दोलनों में सड़कों पर लम्बे धरने लगाये गये जो महीनों जारी रहे। इनसे यातायात प्रभावित हुआ। लोगों को अपने आने–जाने के लिए अधिक समय जाया करना पड़ा। संशोधित नागरिकता क़ानून (सी.ए.ए.) और राष्ट्रीय नागरिकता पंजी (एन.आर.सी.) के ख़िलाफ़ दिल्ली में एक समुदाय की महिलाओं द्वारा शुरू किये गये शाहीन बाग़ आन्दोलन की वजह से रोज़ उधर से गुजरने वाले लोगों को काफ़ी परेशानी उठानी पड़ी। जिस सड़क पर धरना शुरू किया गया था उस पर रोज़ एक लाख से ज़्यादा वाहन गुजरते थे। इधर से गुजरने वालों को अब लम्बा चक्कर काट कर जाना पड़ता था। नोएडा जाने वालों के लिए तो यह चक्कर 10 किलोमीटर तक का हो जाता था। 14 दिसम्बर, 2019 को कालिन्दी कुन्ज के शाहीन बाग़ इलाक़े में मुख्य सड़क जीडी बिड़ला मार्ग पर यह धरना शुरू किया गया था। कहने को यह अहिंसक प्रदर्शन था जो 24 मार्च, 2020 तक पूरे 101 दिन तक चला। परेशान लोगों की ओर से इस धरने को हटवाने के लिए पाँच याचिकाएँ डालीं गयी थीं।

इनमें एक याचिका उन बच्चों की ओर से भी थी, जिनकी बोर्ड की परीक्षाएँ सिर पर थीं। बच्चों की माँग थी कि रास्ता खुलवाया जाये ताकि वे समय से परीक्षा केन्द्र तक पहुँच सकें। हालाँकि बाद में एक तरफ से रास्ता खोल दिया गया था। कोरोना वायरस के मामले बढ़ने पर पुलिस ने इस धरने को ख़त्म करवाया। 23 मार्च, 2020 में दिल्ली में सम्पूर्ण लॉकडाउन की घोषणा कर दी गयी। 24 मार्च, 2020 को पुलिस ने प्रदर्शनकारियों को गिरफ़्तार कर धरनास्थल से हटा दिया। शाहीन बाग़ आन्दोलन पर हम इस किताब के आगे के अध्याय में विस्तार से बात करेंगे।

आन्दोलनों की वजह से कई बार सरकार और पुलिस को भी ऐसे सुरक्षा उपाय करने पड़े जिनकी वजह से दिल्ली के लोगों को परेशानी लगातार झेलनी पड़ी। अक्टूबर 2019 में जब जवाहरलाल नेहरू यूनिवर्सिटी में हॉस्टल फ़ीस कई गुना बढ़ा दी गयी तो इसके ख़िलाफ़ नाराज छात्रों ने 18 नवम्बर, 2019 को यूनिवर्सिटी से संसद तक मार्च करने का फ़ैसला किया। छात्रों को रोकने के लिए पुलिस को कई जगह बैरिकेडिंग करनी पड़ी। बेर सराय में लगे बैरिकेड को तो छात्रों ने तोड़ दिया। सफदरजंग के मकबरे के पास भी पुलिस ने छात्रों को रोका तो वे वहीं धरने पर बैठ गये। यक सड़क जाम हो गयी। दूसरी ओर छात्र संसद की ओर न पहुँचने पायें, इसलिए कई मेट्रो स्टेशनों जैसे लोक कल्याण मार्ग, केन्द्रीय सचिवालय, उद्योग भवन, पटेल चौक आदि को भी कुछ घण्टे के लिए बन्द कर दिया गया। यहाँ से न तो कोई मेट्रो सेवाएँ ले सकता था और न ही मेट्रो से उतर सकता था। इस तरह दिल्लीवासियों के लिए ये आन्दोलन नयी दिक़्क़तें पैदा कर रहा था। किस दिन कौन–सा रास्ता जाम हो जायक यह आशंका लगातार बनी रहती थी।

सबसे ज़्यादा दिक़्क़त किसान आन्दोलन के समय दिल्ली से बाहर आने जाने वालों को हुई। किसानों ने दिल्ली की सीमाओं पर चारों ओर मुख्य मार्ग पर अपना धरना दे दिया था। इसलिए पंजाब, हरियाणा, राजस्थान, उत्तर प्रदेश और अन्य राज्यों के लिए आने जाने वाले लोगों को लम्बे जाम का सामना करना पड़ रहा था। अगर आपको मथुरा, आगरा या आगे जाना था तो पलवल के पास एक लम्बे जाम से गुज़रना था क्योंकि मुख्य सड़क पर किसानों का धरना था। इसी तरह करनाल, अम्बाला, चण्डीगढ़, लुधियाना या हिमाचल प्रदेश और जम्मू–कश्मीर की तरफ निजी वाहनों से आने जाने वालों को सिन्घू बॉर्डर से घूम कर जाना था और

लम्बे जाम से गुजरना पड़ रहा था। राजस्थान जाने वालों के लिए रेवाड़ी में जाम था। बहादुरगढ़, रोहतक सहित दक्षिण हरियाणा में आने–जाने वालों के लिए टीकरी बॉर्डर पार करना मुश्किल था। इस तरफ से दिल्ली आने वाली बस सेवा बहादुरगढ़ तक ही सीमित हो गयी थी। लोगों के पास मेट्रो ही एकमात्र सहारा बची थी, जिसमें कोरोना काल में भी ख़ूब भीड़ चल रही थी। सबसे बड़ी बात यह थी कि यह परेशानी कोई एक दिन के लिए नहीं थी। महीनों लम्बी थी और इसका कोई अन्त नज़र नहीं आ रहा था। बहुत बाद में प्रधानमन्त्री नरेन्द्र मोदी ने अचानक किसान क़ानूनों को वापस लेने की घोषणा की और उसके बाद किसानों ने आन्दोलन 'स्थगित' करने की घोषणा की। लेकिन किसानों का आन्दोलन आज भी दो राहे पर है।

इस तरह आन्दोलनों के दिल्लीकरण के प्रति आन्दोलनकारियों की रणनीति ने यहाँ के लोगों की मुश्किलें काफ़ी बढ़ा दी थीं। आन्दोलनकारियों को इससे चर्चा ज़रूर मिलती थी, मगर यह रुझान दिक़्क़तें पैदा करने वाला था। आन्दोलनों की आड़ में शरारती तत्त्व अपना खेल करते थे। 26 जनवरी, 2021 को जो कुछ किसानों की रैली के नाम पर खुलेआम हुआ, उसने दिल्ली के आन्दोलन के नाम पर कलंक ही नहीं लगाया, बल्कि दिल्ली के आन्दोलनीकरण पर भी कालिख़ लगा दी। आशंकाओं की दीवार खड़ी कर दी। ठीक उसी तरह जब 30 जनवरी, 2020 को जब जामिया के छात्र सी.ए.ए. के ख़िलाफ़ जुलूस निकाल रहे थे तो भारी–भरकम पुलिस उपस्थिति के बीच एक 17 साल का युवक पिस्तौल लहराता हुआ आया और फ़ायरिंग कर दी। युवक द्वारा चलायी गोली एक छात्रा शादाब को लगी। घायल शादाब को इलाज़ के लिए होली फैमिली हॉस्पिटल में भर्ती कराया गया था।

यों तो दिल्ली में आन्दोलन का इतिहास बहुत बड़ा रहा है, पर स्थानीय मुद्दों और राज्यों के मामले दिल्ली में ज़्यादा आने पर, और उन पर कोई कार्रवाई न होने से उनका असर भी कम हुआ। उत्तर प्रदेश के आशा वर्करों का आन्दोलन इसी तरह निराशा की भेंट चढ़ गया जबकि उसका प्रभाव लखनऊ ही तक था। ऐसे एक नहीं कई उदाहरण हैं जो दिल्ली के जन्तर–मन्तर की सिर्फ़ नेम प्लेट बन कर रह गये और अन्त तक उन पर कोई फ़ैसला नहीं हो सका। भले ही उन पर छपी ख़बरों से सैकड़ों किताबों की सामग्री सामने आ गयी हो। इनके नेता इस बात के लिए भले खुश होते रहे कि उनका नाम कितनी दफ़े अख़बारों में छपा पर उनका आन्दोलन कोई चिन्ह नही छोड़ पाया।

राम मन्दिर : सिर्फ़ मन्दिर ही नहीं बना!

"राजनैतिक विश्लेषक मानते हैं कि लगभग साढ़े तीन दशकों के इस अभियान में राम मन्दिर के निर्माण के अलावा हिन्दुओं में सामाजिक समीकरण बदले, उससे एक तरफ तो ऊँच–नीच के भाव कम हुए और हिन्दू एक बड़े समूह के रूप में उभरे। इसके भविष्य में राजनैतिक नतीज़े भी मिलते रहेंगे।"

आपातकाल का काला युग बीतने के बाद के तबके अच्छे दिन बहुत दिन नहीं टिक सके थे। तमाम मशक्कत से बनी जनता सरकार जल्दी ही गिर गयी और इन्दिरा गाँधी 1980 में ही सत्ता पर वापिस आ गयी थीं। वह भी भारी बहुमत से। देश में अब उनका कोई विकल्प नहीं दिख रहा था। संघ परिवार इस बात से परेशान था कि उनकी हिन्दुत्व की यात्रा में बड़ी–बड़ी बाधाएँ खड़ी हो गयी हैं। संघ परिवार उन मुद्दों की तलाश में था जिससे हिन्दुत्व के मुद्दे को गति दी जा सके। विरोधी दलों के नेताओं का मन इसलिए आहत था क्योंकि विपक्ष की एकता मिट्टी में मिल चुकी थी और आम जनमानस का विरोधी दलों से विश्वास उठ चुका था। संघ परिवार की ही राजनीतिक संस्था भारतीय जनता पार्टी का गठन हो चुका था, लेकिन उसका जनाधार कहीं विलीन हो गया था।

बात 1981 की है। तमिलनाडु के मीनाक्षीपुरम में लगभग एक हज़ार से ज़्यादा निचली जाति के हिन्दुओं के इस्लाम में धर्म परिवर्तन की ख़बर आयी। इसके पहले भी धर्म परिवर्तन की ख़बरें आती रहती थीं पर इतनी बड़ी संख्या में ऐसा नहीं हुआ था। माना यह गया कि खाड़ी के देशों का पैसा इस काम में उपयोग में लाया गया था। विश्व हिन्दू परिषद को यह समझ में आने लगा था कि अगर ऐसा ही रहा तो हिन्दुओं में हीन भावना बढ़ जायेगी और आगे मुश्किल दौर ज़्यादा बड़ा होगा। विचार–विमर्श में समय बीतता जा रहा था। तभी यह तय पाया कि एकात्मता यात्रा निकाली जाये। एकात्मता यात्रा के अपने उद्देश्य थे

लेकिन बड़ा उद्देश्य था–हिन्दुओं एक हो। कई जगह इस यात्रा को हिंसा का भी सामना करना पड़ा।

एकात्मता यात्रा की ख़बरें अख़बारों में जगह पाती जा रही थीं। 1983 अगस्त की बात है। विहिप के नेताओं की एक बैठक अयोध्या में हुई। दक्षिण भारत के कार्यकर्ताओं–श्रद्धालुओं का भी एक दल वहाँ आया था। लेकिन उनकी आँखों में श्रद्धा और भक्ति दोनों भरे हुए थे। संघ के नेताओं को उन कार्यकर्ताओं–श्रद्धालुओं को देखते हुए लगा कि राम जन्म भूमि मुद्दा वह मुद्दा है जो जातियों पर कहीं ज़्यादा भारी पड़ता है। पूरे हिन्दू समाज को इस मुद्दे पर जोड़ा जा सकता है। सुबह से शाम तक हर गाँव गली में राम राम या राम जोहार की ऐसी प्रथा इस देश में चली जिसे तमाम आँधियाँ भी मिटा नहीं सकीं। राम सबके हैं। तुलसी के भी और कबीर के भी। गाँव–गाँव के ग़रीबों का भी और महल में रहने वाले अमीरों के भी। बहुत लोग आये और चले गये लेकिन राम के प्रति आस्था को कोई डिगा नहीं पाया। संघ परिवार काशी की तरफ भी देख रहा था और अयोध्या की तरफ भी। मथुरा भी उसके दिमाग़ में रहा था। उसे लगता था इन तीन मुद्दों में वह दम है जो पूरे हिन्दू समाज को एक कर सकते हैं, लेकिन किस मुद्दे को पहले लिया जाये, इसी चिन्तन–मनन में विश्व हिन्दू परिषद आन्दोलन की तैयारी में लगा था। उधर अशोक सिंघल और कांग्रेस के सांसद रह चुके मुरादाबाद के दाऊ दयाल खन्ना राम जन्मभूमि को लेकर एक बड़े आन्दोलन के पक्षधर थे। 1983 के अन्त तक संघ परिवार ने यह निर्णय कर लिया कि अयोध्या, काशी और मथुरा को एक साथ उठाया जायेगा, लेकिन राम जन्मभूमि मुद्दे पर मुख्य रूप से आन्दोलन खड़ा किया जायेगा। जन–जन के राम गाँव–गाँव में हैं। इसलिए इस अयोध्या का मामला ज़्यादा मज़बूत है। इतिहास भी है और संघर्ष का जज़्बा भी है लोगों में। लम्बी–चौड़ी तैयारियों और तमाम विचार मन्थन के बाद यह तय पाया गया कि राम जन्मभूमि का ताला खुलवाने के लिए पूरे देश में आन्दोलन छेड़ा जाये। दिल्ली में एक महत्त्वपूर्ण बैठक हुई। कहाँ? विज्ञान भवन में। वो भी केन्द्र सरकार की अनुमति से। विज्ञान भवन वो जगह है जहाँ आमतौर पर सरकारी कार्यक्रम ही होते हैं। तारीख़ थी, 7 और 8 अप्रैल, 1984 की। इस बैठक में यह निर्णय किया गया श्रीराम जन्मभूमि मुद्दे को आगे कर एक विशाल आन्दोलन शुरू किया जाये। यह भी तय हुआ कि देश के सभी सन्तों को एक मंच पर लाया जाये और उन्हीं के

नेतृत्व में यह काम किया जाये। एक तरह से इस काम में कांग्रेस की मौन स्वीकृति थी। लेकिन यह दौर देश के लिए अलग क़िस्म का था। पंजाब में सिख उग्रवाद चरम पर था। इन्दिरा गाँधी को उसे भी सँभालना पड़ रहा था और श्रीमती गाँधी किसी भी तरह बहुसंख्यक समाज की इच्छाओं को दबा कर एक ओर नया मोर्चा नहीं खोलना चाहती थीं। हाँ, उससे ध्यान बँटाने में ज़रूर आसानी नज़र आ रही थी।

तमाम तैयारियों के बाद और देश के सभी प्रमुख सन्तों को अपने साथ जोड़ने के साथ ही राम मन्दिर आन्दोलन की शुरुआत हुई। विश्व हिन्दू परिषद ने एक और यात्रा निकालने का निर्णय किया। तय हुआ कि बिहार के मिथिला से दिल्ली तक एक सन्त यात्रा निकाली जाये। इसमें भगवान राम को जेल की सलाख़ों के पीछे दिखाया गया था। यात्रा की शुरुआत 25 सितम्बर, 1985 को मिथिला से हुई और यह 7 अक्टूबर, 1984 को अयोध्या पहुँची। तेरह अक्टूबर 84 को उत्तर प्रदेश की राजधानी लखनऊ में एक विशाल सन्त सम्मेलन हुआ। बेगम हज़रत महल पार्क में हुई इस विशाल जनसभा में अयोध्या के सरयू के जल से संकल्प लेने के बाद सन्तों की ओर से आर–पार की लड़ाई की घोषणा की गयी।

अब बारी लखनऊ से दिल्ली की ओर थी। सन्तों की अगुवायी में एक विशाल यात्रा दिल्ली के लिए रवाना हुई। 30 अक्टूबर, 1984 को यात्रा ग़ाज़ियाबाद की सीमा पर थी। तब तक यह नारा बुलन्द हो गया था कि 'आगे बढ़ो, ज़ोर से बोलो, जन्मभूमि का ताला खोलो।' लोग आते गये, कारवाँ बढ़ता गया, लेकिन अगले ही दिन 31 अक्टूबर की सुबह ही प्रधानमन्त्री श्रीमती इन्दिरा गाँधी की हत्या हो गयी और यात्रा को बीच में ही रोकना पड़ा।

राजीव गाँधी देश के नये प्रधानमन्त्री बने और देश ने उन्हें अभूतपूर्व जन समर्थन दिया। संघ दुविधा में ज़रूर हुआ, लेकिन उसके इरादे पक्के थे। एक तरफ राजीव गाँधी की सरकार ने उड़ान भरना शुरू कर दिया था और दूसरी ओर संघ बहुत सुनियोजित तरीक़े से अपने आन्दोलन को आगे बढ़ा रहा था। आन्दोलन को देश के एक बड़े वर्ग का समर्थन भी मिल रहा था।

इसी बीच सर्वोच्च न्यायालय ने एक मुस्लिम महिला शाहबानो को उसके शौहर द्वारा तलाक दिये जाने के बाद गुज़ारा भत्ता देने का आदेश दिया। यह निर्णय मुस्लिम धर्म गुरुओं को नागवार गुजरा और उन्होंने यह

आरोप लगाया कि यह उनके शरई क़ानून में हस्तक्षेप है और इसे बर्दाश्त नहीं किया जा सकता। इस निर्णय को बदलने के लिए पूरे देश में व्यापक आन्दोलन हुआ। कट्टरपन्थी सड़कों पर आये। तत्कालीन प्रधानमन्त्री राजीव गाँधी ने पहले सर्वोच्च न्यायालय के निर्णय का समर्थन किया, लेकिन बाद में वह मुस्लिम कट्टरपन्थियों के दबाव में पीछे हट गये। मुस्लिम धर्मगुरु किसी क़ीमत पर इस क़ानून को बदलना चाहते थे। राजीव गाँधी बुरी तरह से फँसे थे। 15 जनवरी, 1986 को यह घोषणा की गयी कि कांग्रेस शाहबानो के मामले में सुप्रीम कोर्ट के फ़ैसले को बदलने के लिए क़ानून लायेगी।

दरअसल राजीव गाँधी की जो भी बड़े क़दम उठा रहे थे, उससे उनको बड़े राजनैतिक लाभ की आशा रहती रही पर जिस तरह से उनको किया जाता रहा, उससे वो कमज़ोर ही पड़ते गये। शाहबानो के मामले में भी यह सब रिकॉर्ड पर है कि उनसे कैबिनट के साथी पी.वी. नरसिम्हा राव (बाद के प्रधानमन्त्री) ने भी यह कहा 'हम लोग मुसलमानों के सुधारक नहीं हैं। वो हमें वोट देते हैं। हम उनको नाराज क्यों करें?' इसी तरह की राय एक अलग तरह से गृह मन्त्रालय को देख रहे अरुण सिंह और उत्तर प्रदेश के कद्दावर नेता नारायण दत्त तिवारी की भी थी। राजीव गाँधी उनको अनसुना नहीं कर सकते थे, लेकिन इसका असर उल्टा ही पड़ता दिखना शुरू हो गया था।

उधर विहिप भी उग्र रूप ले रही थी। अशोक सिंघल, विनय कटियार समेत कई नेता यदा–कदा अपनी गिरफ़्तारी से हिन्दुओं को और उकसा रहे थे। प्रधानमन्त्री राजीव गाँधी के ऊपर दबाव बढ़ता जा रहा था। उन दिनों गृह मन्त्रालय एक नये रूप में था। उसके दो मन्त्री हुआ करते थे। एक आन्तरिक सुरक्षा मन्त्री का भार अरूण नेहरू पर था और दूसरा भार अरूण सिंह पर। अरूण नेहरू को लगता था कि अगर अयोध्या में ताला खुलवा दिया जाये या खुलने दिया जाये तो हिन्दू भी खुश हो जायेंगे और शाहबानो के प्रकरण में नये क़ानून के बाद तो मुसलमान तो उससे खुश थे ही। अरूण नेहरू का अपना यह फार्मूला राजीव गाँधी को भी समझ में आया।

आख़िरकार एक फ़रवरी 1986 का वह दिन आया जब राम जन्मभूमि का ताला खुलवा दिया गया। फ़ैजाबाद में जिला और सत्र जज के.एम. पाण्डे की अदालत ने आदेश दिया कि रामलला के मन्दिर पर बन्द ताले को खुलवा दिया जाये क्योंकि वो बिना किसी अदालती आदेश के लगा है।

केन्द्र सरकार पर मिलीभगत के आरोप लगे और इसे बल इसलिए मिला क्योंकि शाम 4 बजे इस मामले में अदालत का आदेश हुआ और आधा घण्टे के अन्दर जन्म भूमि का ताला खुलवा दिया गया।

विश्व हिन्दू परिषद को यह एहसास हो गया कि प्रचण्ड बहुमत के बावज़ूद राजीव गाँधी को दबाया और झुकाया जा सकता है। राम जन्म भूमि का ताला खोलने को संघ परिवार ने अपनी भारी जीत के रूप में देखा। यही नहीं इस घटना ने विहिप को संजीवनी दी और उसका आन्दोलन और तेज़ हो गया। विश्व हिन्दू परिषद ने अपना नारा बदला और गली–गली में 'रामलला हम आयेंगे, मन्दिर वहीं बनायेंगे' का नारा गूँजने लगा। 'एक धक्का और दो, बाबरी मस्जिद तोड़ो दो' का नारा भी चला। इसके साथ ही विश्व हिन्दू परिषद ने राम मन्दिर के लिए शिलान्यास की योजना तैयार की। शिलान्यास स्थल को बाबरी ढाँचे के सामने रखा गया। मुस्लिम संगठनों ने शिलान्यास का भारी विरोध किया। बाबरी मस्जिद एक्शन कमेटी ने भारत सरकार से इसे तत्काल रुकवाने की माँग भी की।

शिलान्यास की तारीख़ 10 नवम्बर, 1989 तय हो गयी थी। पहले केन्द्र सरकार ने शिलान्यास का विरोध किया और रोकने का प्रयास किया, लेकिन विश्व हिन्दू परिषद् के दबाव के आगे एक बार फिर झुक गयी। राजीव गाँधी के सलाहकारों ने एक बार फिर उन्हें समझाया कि यह मुद्दा विश्व हिन्दू परिषद् के हाथ से छीन लिया जाये और शिलान्यास होने दिया जाये। आख़िरकार केन्द्र की राजीव गाँधी सरकार ने शिलान्यास को यह कहकर हरी झण्डी दी कि गैर–विवादित ज़मीन पर शिलान्यास हो सकता है। विहिप इसे राष्ट्रीय स्वाभिमान और हिन्दुओं की एकता के नतीज़े के तौर पर प्रचारित कर रहा था और राजीव गाँधी की सरकार अपने आपको हिन्दुओं के पैरोकार के रूप में बता रहे थे। ऑफ द रिकॉर्ड प्रेस से बातचीत में केन्द्र के मन्त्री इस बात पर ख़ूब ज़ोर देते थे।

इधर राम मन्दिर के शिलान्यास का दिन क़रीब आ रहा था। विहिप अपनी गतिविधि लगातार तेज़ कर रहा था। देश भर से शिलाएँ लाने का सिलसिला भी शुरू हो गया था। 5 नवम्बर को ही काफ़ी शिलाएँ आ गयीं थीं और योजना थी कि शिलान्यास के एक दिन पहले तक तीन लाख शिलाएँ पहुँच जायें। पूरी अयोध्या को परिन्दा पर न मारने की मुद्रा में सील कर दिया गया था। पूजित शिलाओं को लाने के लिए पाँच मुख्य यात्राएँ निकाली गयीं। आख़िर 9 नवम्बर का दिन आ गया।

ठीक 9.33 बजे सुबह भूमि पूजन और नींव खोदने का कार्यक्रम हुआ। उत्तर प्रदेश के मुख्यमन्त्री नारायण दत्त तिवारी और ज़िला प्रशासन की ओर से भूमि पूजन रुकवाने की कोई कोशिश नहीं हुई। यह बात इससे ही समझी जा सकती है कि प्रधानमन्त्री राजीव गाँधी ने ख़ुद इसी दिन यानी 9 नवम्बर को नागपुर में कहा कि अयोध्या में हुए शिलान्यास का श्रेय उनकी सरकार और कांग्रेस पार्टी को जाता है। 10 नवम्बर को दोपहर एक बजकर 34 मिनट पर बिहारी हरिजन कामेश्वर चौपाल के हाथों नींव की पहली शिला रखी गयी। दूसरी ओर देश में हिंसा की भी कुछ वारदातें हुईं। इन्हीं वारदातों के बाद राम मन्दिर के निर्माण का कार्य रुकवा दिया गया। तय हुआ कि मन्दिर निर्माण पर अगला फ़ैसला 27–28 जनवरी को इलाहाबाद के सन्त सम्मेलन में किया जायेगा।

शिलान्यास के बाद संघ परिवार और भी आक्रामक हुआ। 1989 के लोकसभा चुनाव आ गये और राजीव गाँधी ने हिन्दू कार्ड खेलने का मन बनाया। उन्होंने अपना चुनाव प्रचार अयोध्या से शुरू किया और रामराज लाने का संकल्प लिया, लेकिन कांग्रेसी नेतृत्व के तमाम प्रयास इसलिए बेकार साबित हो रहे थे क्योंकि कांग्रेस विश्व हिन्दू परिषद् की तरह इस मुद्दे पर आक्रामक नहीं हो सकती थी। संघ परिवार को यह एहसास हो गया था कि राम मन्दिर मुद्दा हिन्दू समाज की जाति व्यवस्था को भी तोड़ रहा है और इसका सीधा लाभ मिलेगा। लोकसभा चुनाव में राजीव गाँधी को भारी झटका लगा और बीजेपी को बढ़त मिली। नवम्बर 89 में हुए लोकसभा चुनावों में वी.पी. सिंह के नेतृत्व में बने नैशनल फ्रंट में जनता दल और बीजेपी के बीच चुनावी गठबन्धन था। राजीव गाँधी के नेतृत्व में कांग्रेस सिर्फ़ 197 सीटें पा सकी थी और 1984 की तुलना मे उसे 217 सीटें गँवाने के साथ–साथ सत्ता गँवानी पड़ी। वी.पी. सिंह के नेतृत्व वाले जनता दल को 143 और भारतीय जनता पार्टी को 85 सीटें मिलीं थीं। माना जा रहा था कांग्रेस को यह झटका राम जन्मभूमि मुद्दे के कारण लगा। 2 दिसम्बर, 1989 को वी.पी. सिंह प्रधानमन्त्री बन गये। वी.पी. सिंह की कोशिश थी कि मुसलमानों को अपने साथ जोड़ा जाये और पिछड़ों को साथ में लाकर एक ऐसा आधार तैयार किया जाये जो अकेले सत्ता में लाने के लिए काफ़ी हो। इसमें भाजपा व अन्य किसी की मदद की ज़रूरत ना पड़े। दूसरी ओर भारतीय जनता पार्टी राम मन्दिर आन्दोलन के सहारे पिछड़ों और दलितों पर अपनी पैठ बनाने की कोशिश कर रही थी।

सत्ता के दौरान जनता पार्टी और भाजपा के बीच ज़ोर आजमाइश और तेज़ रही। विश्वनाथ प्रताप सिंह ने अपनी पार्टी जनता दल के अन्दर अपने विरोधियों को किनारे करने और बीजेपी को अलग–थलग करने के लिए मण्डल कमीशन की रिपोर्ट लागू की।

दूसरी ओर भारतीय जनता पार्टी पहले से ही वी.पी. सिंह की चाल को ताड़ कर एक बड़ी लड़ाई की तैयारी कर चुकी थी। भाजपा ने मण्डल कमीशन का विरोध तो नहीं किया, लेकिन मन्दिर आन्दोलन को और गति दे दी। पार्टी के शीर्ष नेता लालकृष्ण आडवाणी ने सोमनाथ से अयोध्या तक रथ यात्रा की घोषणा कर दी। वास्तव में भारतीय जनता पार्टी ने सोमनाथ से अयोध्या तक की यात्रा को चुनकर एक ब्रह्मास्त्र चला था। भाजपा देश भर में यह सन्देश देना चाहती थी कि सरदार वल्लभ भाई पटेल ने सोमनाथ मन्दिर, जिसे गजनवी ने तोड़ दिया था, उसका पुनरुद्धार किया और फिर से विशाल मन्दिर बनाया। उसी तरह राम मन्दिर को भी बनाया जाना चाहिए। विश्वनाथ प्रताप सिंह भाजपा की चाल को समझ चुके थे। वह जानते थे कि आडवाणी की रथयात्रा के चलते उनके पिछड़े वर्ग के लिए चलाये गये ब्रह्मास्त्र का वह असर नहीं होगा जो मन्दिर आन्दोलन के ना होने पर होता। लाल कृष्ण आडवाणी की रथ यात्रा के वही परिणाम सामने आये जिसकी आशंका थी। इस रथयात्रा को ज़बरदस्त जनसमर्थन मिला, लेकिन तत्कालीन प्रधानमन्त्री विश्वनाथ प्रताप सिंह किसी भी क़ीमत में इस रथयात्रा को रोकना चाहते थे। वह जान चुके थे कि मण्डल कमीशन की रिपोर्ट के कारण पिछड़ों का एक वर्ग उनके समर्थन में खड़ा है और आडवाणी की रथ यात्रा रोककर वह मुसलमानों को भी मज़बूती से अपने साथ जोड़ लेना चाहते थे।

बिहार के मुख्यमन्त्री लालू प्रसाद यादव, वी.पी. सिंह के बहुत नज़दीकी थे। लालू ने वी.पी. सिंह के इशारे पर लालकृष्ण आडवाणी की यात्रा 23 अक्टूबर, 1990 को समस्तीपुर में रोक ली। नतीजा भाजपा ने वी.पी. सिंह सरकार से समर्थन वापिस ले लिया और 7 नवम्बर, 1990 को विश्वास मत में उनकी सरकार गिर गयी। वास्तव में वोटों के लिए खुली जंग शुरू हो चुकी थी। इसके साथ ही राम मन्दिर आन्दोलन के साथ ही संघ परिवार को यह एहसास हो गया था कि जब तक पिछड़े नेताओं को अगली पंक्ति में नहीं खड़ा किया जायेगा तब तक उनके राम मन्दिर आन्दोलन की सार्थकता पर सवाल उठते रहेंगे। भाजपा नेता बहुत योजनाबद्ध ढंग से

पिछड़े नेताओं को आगे कर रहा था। उत्तर प्रदेश में कल्याण सिंह प्रथम पंक्ति में आ चुके थे। मध्य प्रदेश में उमा भारती एक मज़बूत चेहरा बनकर उभरी। मन्दिर आन्दोलन में उन नेताओं को और भी आगे किया गया जो या तो दलित थे या पिछड़े। वास्तव में सामाजिक समीकरण को ध्यान में रखकर ही संघ परिवार रणनीति चला रहा था।

1989 में जनता दल के मुलायम सिंह यादव उत्तर प्रदेश के मुख्यमन्त्री हो गये, लेकिन संघ परिवार उनका समर्थन तो कर रहा था, लेकिन कल्याण सिंह को आगे कर वह मुलायम को चुनौती देने की तैयारी भी कर रहा था। एक तरफ मुलायम सिंह यादव थे और दूसरी ओर कल्याण सिंह। मुलायम मन्दिर आन्दोलन का ज़बरदस्त विरोधी और कल्याण सिंह मन्दिर आन्दोलन के समर्थन बन कर उभरे। विधानसभा और उसके बाहर इन दोनों नेताओं के बीच ज़बरदस्त टकराव हुआ और कल्याण सिंह पिछड़ों के बीच मज़बूत जनाधार वाले नेता बन गये। 30 सितम्बर, 1990 में विधानसभा के अन्दर राम मन्दिर बाबरी मस्जिद विवाद पर कल्याण और मुलायम ने एक दूसरे को ललकारा और चुनौती दी। वास्तव में मन्दिर आन्दोलन के साथ ही पिछड़ों के बीच वर्चस्व की जंग शुरू हो गयी थी। विश्व हिन्दू परिषद ने घोषणा की कि वह 30 अक्टूबर, 1990 को अयोध्या में कारसेवा करेगा और मन्दिर निर्माण शुरू करेगा। मुलायम सिंह यादव ने विहिप को चुनौती दी कि एक भी कार सेवक अयोध्या नहीं पहुँच सकता। जहाँ तक बाबरी मस्जिद का सवाल है उसके इर्द–गिर्द परिन्दा भी पर नहीं मार पायेगा। कार सेवा के नाम पर विश्व हिन्दू परिषद ने पूरे देश में माहौल बनाया। जगह–जगह प्रदर्शन हुए। यह प्रदर्शन इतने आक्रामक थे कि कई जगह कर्फ़्यू लगाना पड़ा। कार सेवकों को अयोध्या जाने से रोकने के लिए ट्रेनें बन्द कीं गयीं। लखनऊ से अयोध्या तक आस–पास के जिलों में सड़कों में आवाजाही रोक दी गयी। पूरे अयोध्या को छावनी में बदल दिया गया। अयोध्या में घर–घर तलाशी ली गयी। इसके बावज़ूद खेतों के रास्ते से कार सेवक अयोध्या में दाख़िल हो गये और 30 अक्टूबर को सुबह एक साथ बाहर निकले और बाबरी ढाँचे तक पहुँच गये। मुलायम के लिए बहुत बड़ा झटका था। वह बेहद नाराज़ थे। वह इस गम्भीर घटना की भरपाई करना चाहते थे। और इसका परिणाम यह हुआ 2 नवम्बर, 1990 को अयोध्या में पुलिस ने कार सेवकों पर गोली चलायी। इसके बाद स्थिति और विषम हुई और आन्दोलन ने और गति पकड़ ली।

भाजपा ने पहले ही मुलायम सरकार से समर्थन वापिस ले लिया था, लेकिन बाद में कांग्रेस के बल पर मुलायम सरकार टिकी लेकिन अप्रैल 1990 में मुलायम सिंह यादव ने चुपचाप विधानसभा को भँग करा दिया।

मुलायम सिंह यादव के दिमाग़ में कुछ और ही चल रहा था। वह दिल्ली गये और देर रात वापिस लखनऊ पहुँचे। हवाई अड्डे से सीधे गवर्नर हाउस गये और विधानसभा भँग करने की सिफ़ारिश कर दी। इस घटना से कांग्रेस को गहरा धक्का लगा। अब विधानसभा चुनाव डँका बज चुका था। एक तरफ राम जन्मभूमि आन्दोलन में सवार भाजपा थी और दूसरी ओर मुलायम सिंह यादव थे। मुलायम सिंह यादव ने वी.पी. सिंह से अलग होकर समाजवादी पार्टी का गठन कर लिया था और जनता दल दो फाड़ हो चुका था। इस चुनाव में मुलायम सिंह यादव को शिकस्त का सामना करना पड़ा और कल्याण के नेतृत्व में उत्तर प्रदेश में भाजपा को पूर्ण बहुमत मिल गया। अब भाजपा नेतृत्व चाहता था कि पहले सरकार चले और मन्दिर आन्दोलन को कुछ दिनों के लिए पीछे छोड़ दिया जाये। विश्व हिन्दू परिषद ने कुछ दिन तक तो इन्तज़ार किया, लेकिन इसके बाद अपना आन्दोलन फिर शुरू कर दिया। भाजपा नेतृत्व ने बार–बार कोशिश की कि किसी तरह मन्दिर आन्दोलन को कुछ दिन रोका जाये। विहिप इसके लिए तैयार नहीं था। लाख मनाने की कोशिश की गयी, लेकिन आख़िरकार विश्व हिन्दू परिषद ने 6 दिसम्बर, 1992 को अयोध्या में कार सेवा करने की घोषणा कर दी। भाजपा नेतृत्व के सामने यह दुविधा थी कि एक तरफ उत्तर प्रदेश में उनकी सरकार थी और दूसरी ओर विश्व हिन्दू परिषद अब अपने आन्दोलन को वापिस करने के पक्ष में नहीं था। विहिप पर इस बात का दबाव था कि वह सत्ता के कारण आन्दोलन को टाल रही है। विश्व हिन्दू परिषद ने किसी भी क़ीमत में इस आन्दोलन को वापिस लेने से इनकार कर दिया।

कल्याण सिंह आन्दोलन का चेहरा बन चुके थे और वह इसलिए विहिप नेताओं के साथ खड़े हुए। उन्होंने सर्वोच्च न्यायालय में यह हलफ़नामा दे दिया कि अयोध्या में विवादित ढाँचे में कोई तोड़ नहीं होगी और शान्ति से कार सेवा की औपचारिकता भी पूरी हो जायेगी, लेकिन बार–बार कार सेवा के नाम पर बुलाये जाने वाले हिन्दूवादी कार्यकर्ता अब ज़्यादा इन्तज़ार के पक्ष में नहीं थे। भाजपा नेताओं के एक बड़े वर्ग को यह पता ही नहीं था कि कार सेवा के नाम पर तैयारियाँ कैसी चल रही है और

अयोध्या में ढाँचा गिराने के लिए क्या रणनीति बन रही है। दूसरी ओर कार सेवक इस बार खाली हाथ वापिस नहीं जाना चाहते थे। अयोध्या की गली–गली में 'एक धक्का और दो, बाबरी मस्जिद तोड़ दो' के नारे गूँज रहे थे। आख़िरकार 6 दिसम्बर को सुबह 10 बजे तक कार सेवा ठीक से चली, लेकिन इसी बीच कार सेवक तेज़ी से ढाँचे की ओर बढ़े और उसने तोड़फोड़ शुरू कर दी। शाम तक ढाँचा ढहा दिया गया।

6 दिसम्बर, 1992 की घटना भारत के इतिहास में दर्ज़ हो चुकी थी, लेकिन यह उस लम्बे आन्दोलन का परिणाम थी जो स्वतन्त्रता आन्दोलन के बाद पहली बार इतना तीखा और आक्रामक था। इसे देश और दुनिया ने देखा। इस बीच केन्द्र में वी.पी. सिंह की सरकार जाने के बाद कुछ महीनों के लिए चन्द्रशेखर की सरकार और फिर 21 जून, 1991 को नरसिम्हा राव की सरकार बन गयी थी।

बाबरी मस्जिद विध्वंस की आँच को दिल्ली में बैठी केन्द्र की नरसिम्हा राव सरकार आसानी से नहीं झेल सकी और स्वयं को बचाने के लिए भाजपा के चार राज्यों की सरकारें बर्ख़ास्त कर दी गयीं। 6 दिसम्बर, 1992 को ही शाम को ढाँचा ढह गया और उत्तर प्रदेश में कल्याण सिंह की सरकार का पतन भी हो गया। भाजपा के तमाम वरिष्ठ नेताओं को गिरफ़्तार कर लिया गया। (इसके बाद देश में कई जगह दंगे हुए और काफ़ी जान–माल का नुक़सान हुआ। तब से अयोध्या स्थल को घेरेबन्दी में कर दिया गया और अर्धसैनिक बलों की सुरक्षा में कर दिया गया।)

नरसिम्हा राव ने एक और बड़ी चूक उसी रात की। उन्होंने अपने राष्ट्र के सम्बोधन में यह वादा किया कि ढहाये गये बाबरी ढाँचे को फिर से उसी जगह बनाया जायेगा। इस घोषणा के बाद सुरक्षात्मक दृष्टि से पीछे हट चुकी भाजपा फिर से आक्रामक हो गयी। भारतीय जनता पार्टी ने एक बार फिर मैदान में उतरने का निर्णय किया और इसका ताज रखा गया कल्याण सिंह के सिर पर। हिन्दुओं के बीच यह सन्देश गया कि कल्याण सिंह ने राम मन्दिर के पीछे अपनी सत्ता गँवा दी। कल्याण सिंह के नेतृत्व में जनादेश यात्रा निकली और यह देश के विभिन्न राज्यों में घूमती रही। उधर समाजवादी पार्टी के मुखिया मुलायम सिंह यादव यह समझ चुके थे कि वह अकेले बीजेपी से नहीं लड़ सकते। इसलिए उन्होंने बहुजन समाज पार्टी के नेता कांशीराम से हाथ मिला लिया। सामाजिक दृष्टि से सपा बसपा का गठजोड़ बहुत आक्रामक और तीखा था।

राम मन्दिर आन्दोलन से सामाजिक समाज समीकरण बदले ज़रूर थे लेकिन पिछड़े वर्ग में पूरी तरह विभाजन था। उत्तर प्रदेश में एक कारण यही था कि स्वयं मुलायम सिंह यादव पिछड़ों के बड़े नेता थे और विश्वनाथ प्रताप सिंह ने मण्डल आयोग की रिपोर्ट लागू कर पिछड़ों को काफ़ी हद तक अपने पक्ष में कर लिया था। इसके बावज़ूद भारतीय जनता पार्टी के राम मन्दिर आन्दोलन ने भी अपना असर दिखाया था और पिछड़े वोटों का एक हिस्सा भाजपा के साथ था, लेकिन जब बहुजन समाज पार्टी और समाजवादी पार्टी एकजुट हो गयी तो वह एक बड़ी ताक़त बन गयी और 1993 के चुनाव में इस गठबन्धन को भाजपा से सिर्फ़ एक सीट कम मिली, लेकिन दोनों दल बहुमत से दूर रहे। भारतीय जनता पार्टी को पूर्ण भगत 212 के बजाय सिर्फ़ 177 सीटें मिली और सपा, बसपा गठबन्धन को 176 सीट। ढाँचा गिरने के बाद राम मन्दिर आन्दोलन ने अपनी धार खो दी थी और इस आन्दोलन में अब आक्रामकता भी नहीं रही जो ढाँचा रहते थी। 1992 के बाद विश्व हिन्दू परिषद राम मन्दिर आन्दोलन को फिर जीवित करने के लिए तमाम प्रयास किये, लेकिन कोई प्रयास सफल नहीं हुआ। शिला पूजन से लेकर राम मन्दिर निर्माण के लिए कई आन्दोलन चलाने के प्रयास किये गये लेकिन सफ़लता नहीं मिली।

उधर अब अयोध्या विवाद अब मूल रूप से अदालती विवाद का मामला हो गया। 30 सितम्बर, 2010 को इलाहाबाद हाईकोर्ट ने अयोध्या विवाद की इस 2.77 एकड़ भूमि को तीन हिस्से में बाँटने का निर्णय सुनाया। इसमें एक रामलला या विश्व हिन्दू परिषद को, एक हिस्सा उत्तर प्रदेश सुन्नी केन्द्रीय वक़्फ़ बोर्ड को और तीसरा हिस्सा निर्मोही अखाड़ा को देने की बात की गयी। मामला सुप्रीम कोर्ट में गया और बाद में उसकी नियमित सुनवायी हुई। पाँच सदस्यीय पीठ ने अगस्त 2019 से अक्टूबर 2019 तक सुनवायी की और 9 नवम्बर, 2019 को फ़ैसला सुनाया। उसने पुराने सभी आदेशों को ख़ारिज़ करते हुए यह ज़मीन सरकार की बतायी और इसको मन्दिर निर्माण के लिए ट्रस्ट को देने का निर्णय दिया। साथ ही मस्जिद निर्माण के लिए उत्तर प्रदेश सरकार से एक वैकल्पिक पाँच एकड़ जगह देने के भी आदेश दिये।

अब सर्वोच्च न्यायालय के आदेश के अनुसार मन्दिर निर्माण हो रहा है। निर्माण कार्य श्री रामजन्म भूमि तीर्थ क्षेत्र करवा रहा है। प्रधानमन्त्री नरेन्द्र मोदी द्वारा नये सिरे से शिलान्यास के बाद अयोध्या में श्रद्धालुओं

की भीड़ बढ़ चुकी है। जय श्री राम के नारों की गूँज से अयोध्या गूँजती रहती है, लेकिन अब राम मन्दिर आन्दोलन जैसी गर्मी है, ना ही कहीं तनाव है। सरयू शान्त भाव से बह रही है। श्रद्धालुओं की जिज्ञासा इस बात पर है कि जल्द मन्दिर निर्माण हो। यह इतिहास के पन्ने पलटने जैसी घटना है। राम मन्दिर को लेकर वही उत्सुकता है, श्रद्धा है जो ब्रिटिश इतिहासकार विलियम फिंच ने 1608 ई में अपने अयोध्या दौरे के दौरान लिखी थी। आज भी लोग रामलला की मूर्ति के सामने रोते हैं, भाव–विभोर होते हैं। मन्दिर बनने पर ख़ुशी मनाते हैं। जिस अयोध्या में आशंकाओं के बादल मँडराते रहते थे वहाँ अब शान्ति है। अब अयोध्या विस्तार की ओर बढ़ रही है। यहाँ पर बड़ी–बड़ी कम्पनियाँ जगह ढूँढ़ रही है। हवाई अड्डा बन रहा है। रेलवे स्टेशन सज रहा है। बड़े–बड़े होटल बनाने की तैयारी हो रही है। आन्दोलन ने जिसे बन्जर बना दिया था वहाँ पर हरियाली अब दिखने लगी है।

राजनैतिक विश्लेषक मानते हैं कि लगभग साढ़े तीन दशकों के इस अभियान में राम मन्दिर के निर्माण के अलावा हिन्दुओं में सामाजिक समीकरण बदले, उससे एक तरफ तो ऊँच–नीच के भाव कम हुए और हिन्दू एक बड़े समूह के रूप में उभरे। इसके भविष्य में राजनैतिक नतीजे भी मिलते रहेंगे।

विश्व राजनीति में धर्म

"रीगन धर्म को एक बार फिर विश्व राजनीति में लेकर आ गये थे। उन्होंने ऐसा क्यों किया था? क्या यह स्वयंस्फूर्त क़दम था या शीत युद्ध के दौर में यह किसी बड़ी योजना का हिस्सा थी। शीत युद्ध जीतने के लिए रीगन धर्म की शरण में नहीं गये थे, बल्कि धर्म का इस्तेमाल करने की रणनीति पर काम कर रहे थे। रीगन की यह विदेश नीति बेहद सफल रही।"

राजनीति में धर्म का इस्तेमाल कोई नया प्रयोग नहीं है। 1970 के उत्तरार्द्ध में यूरोप में साम्यवाद के पतन में पोप जॉन पॉल द्वितीय की भूमिका सर्वविदित है। पोलैंड में साम्यवाद के ख़िलाफ़ शान्तिपूर्वक क्रान्ति में सिर्फ़ जॉन पॉल द्वितीय के आध्यात्मिक प्रवचनों ने ही नहीं बल्कि चर्च के पैसे ने भी बड़ी भूमिका निभायी थी। वहाँ साम्यवाद के पतन के बाद लेच वालेसा 1990 में पहले गैर–कम्युनिस्ट राष्ट्रपति बने। 1980 में वालेस ने पोलैंड में *सोलिडर्टी* नाम से ट्रेड यूनियन की स्थापना की थी। इसी संगठन ने पोलैंड को साम्यवाद से मुक्ति दिलाने में बड़ी भूमिका निभायी। आरोप यह भी लगे कि *सोलिडर्टी* को चर्च के पैसे से फंडिंग हुई। 1990 में चुनावी जीत के बाद वालेस ने लोगों का रुझान बदलने का पूरा श्रेय जॉन पॉल द्वितीय को दिया था। वालेस ने अपने भाषण में कहा था कि जॉन पॉल द्वितीय के प्रधान पादरी बनने से पहले विश्व खण्डों में बँटा था। कोई नहीं जानता था कि साम्यवाद से छुटकारा कैसे पाया जाये। 1979 में वार्सा में उन्होंने (जॉन पॉल द्वितीय) बड़े ही सामान्य तरीक़े से कहा था, 'डरो मत', उसके बाद उन्होंने प्रार्थना की, 'अपनी आत्मा को कुलीन होने दो और धरती की छवि बदल दो इस धरती की।' (He simply said: 'Do not be afraid' and later prayed: 'Let your Spirit descend and change the image of the land this land – *जॉन डोमिनगुएज़ का रिलिजन।* कल्ट्स में लेख 'पोप जॉन पॉल द्वितीय एंड कम्युनिज़्म', 6 अप्रैल, 2004)।

इससे पहले 28 अप्रैल, 1982 को न्यूयॉर्क टाइम्स में लेविस पॉल ने अपने लेख *इटलीज मिस्टीरियस डीपनिंग बैंक स्कैंडल* में लिखा था कि यह एक बड़ा आरोप है कि वेटिकन बैंक ने वालेस के संगठन *सोलिडर्टी* की फंडिंग की थी।

1984 में एक बड़ा महत्त्वपूर्ण घटनाक्रम हुआ था। अमेरिका के तत्कालीन राष्ट्रपति रोनाल्ड रीगन ने वेटिकन के साथ राजनयिक सम्बन्ध शुरू किये। 11 जनवरी, 1984 को *न्यूयॉर्क टाइम्स* ने इस ख़बर को पहले पेज पर ये *यू.एस. एंड वेटिकन रिस्टोर फुल टाइज आफ्टर 117 ईयर्स* शीर्षक से प्रकाशित किया। अख़बार ने लिखा कि वेटिकन में आज सुबह जिस क़दम की घोषणा की गयी है, उसे रीगन प्रशासन के प्रवक्ता ने वेटिकन से बेहतर संवाद स्थापित करने के प्रयास के रूप में बताया है। हालाँकि यह पोप जॉन पॉल द्वितीय के अन्तरराष्ट्रीय मामलों में ख़ुद को शामिल करने का प्रतीक है। यही वजह है कि प्रोटेस्टेंट्स समूहों के साथ–साथ यहूदी और सिविल लिबर्टी से जुड़े संगठन इसकी आलोचना कर रहे हैं। उनका मानना है कि रीगन प्रशासन और पोप का यह क़दम चर्च और राजनीति (स्टेट) को अलग–अलग रखने के नियम का उल्लंघन है। हालाँकि रोमन कैथोलिक की इस पर प्रतिक्रिया काफ़ी संयमित है।

राष्ट्रपति रीगन ने कैलिफ़ोर्निया के एक उद्योगपति और रियल एस्टेट डेवलपर विलयम ए विल्सन को वेटिकन में संयुक्त राज्य अमेरिका का राजदूत नामित किया था। *न्यूयॉर्क टाइम्स* में स्टीवन आर वाइजमैन की इस ख़ास रिपोर्ट में विल्सन को रीगन का घनिष्ठ मित्र बताया गया था, जो वेटिकन में 1981 से ही व्यक्तिगत प्रतिनिधि की हैसियत से सक्रिय थे। इसी तरह आर्कबिशप पियो लघी को वाशिंगटन में वेटिकन के दूत के रूप में नियुक्त किया गया।

1867 में अमेरिका ने वेटिकन से राजनयिक सम्बन्ध–विच्छेद कर लिए थे। रीगन प्रशासन ने 117 साल बाद इन्हें फिर से बहाल किया। इस तरह धर्म को एक बार फिर विश्व राजनीति में लेकर आ गये थे। उन्होंने ऐसा क्यों किया था? क्या यह स्वयंस्फूर्त क़दम था या शीत युद्ध के दौर में यह किसी बड़ी योजना का हिस्सा थी। शीत युद्ध जीतने के लिए रीगन धर्म की शरण में नहीं गये थे, बल्कि धर्म का इस्तेमाल करने की रणनीति पर काम कर रहे थे। रीगन की यह विदेश नीति बेहद सफल रही और छह साल के भीतर ही इसका नतीज़ा साम्यवाद के पतन के रूप में दुनिया ने देखा।

सोवियत संघ के पतन से पहले दिसम्बर, 1989 में जॉन पॉल द्वितीय से सोवियत नेता मिखाइल गोर्बाचेव वेटिकन में मिले थे। बुजुर्ग कम्युनिस्ट नेता के धार्मिक नेता की शरण में जाने के नतीजे भी जल्द सामने आ गये। 1991 में क्रिसमस की रात गोर्बाचेव ने इस्तीफ़ा दे दिया और सोवियत संघ के विघटन के दस्तावेज़ पर हस्ताक्षर किये। गोर्बाचेव ने ख़ुद इस बारे में कहा था कि जॉन पॉल द्वितीय के बिना 'लोहे की दीवारों' (Iron Curtain) को ध्वस्त करना असम्भव था। दूसरे विश्वयुद्ध के बाद पूरा यूरोप साम्यवाद के पक्ष और विरोध में बँट गया था। इसे (साम्यवाद को) ही यूरोप के बीच आयरन कर्टेन कहा जाता था। सोवियत संघ के पतन के साथ ही इसका ध्वस्त होना माना जाता है।

शीत युद्ध के दौरान ही एशिया में सोवियत साम्यवाद के प्रसार को रोकने के लिए मुज़ाहिदीनों और तालिबान के ज़रिये धार्मिक भावनाओं का पोषण किया गया। धर्म के नाम पर युवाओं की एक ऐसी कट्टर सेना तैयार की गयी, जो ख़ुद को ज़िहादी कहते थे, और उन्होंने अफ़ग़ानिस्तान से सोवियत समर्थित शासन को उखाड़ फेंका। मगर धर्म के नाम पर संगठित हुए जिहादी यहीं नहीं रुके। वे आतंकवाद के रूप में पूरी दुनिया के लिए नया ख़तरा बन गये। इस तरह कम्युनिज़्म के पतन के लिए विश्व राजनीति में जिस धर्म को लाया गया था, बाद में इसकी परिणीति धर्म के नाम पर ऐसे आतंकवाद के रूप में हुई जिसने वर्ल्ड ट्रेड सेंटर पर हमला कर पूरी अमेरिका को हिला दिया। सिर्फ़ मुज़ाहिदीन, तालिबान ही नहीं आई.एस.आई.एस. और ऐसे बहुत से संगठन अस्तित्व में आये, जिन्होंने दुनिया के अधिकांश देशों में आतंकवादी गतिविधियाँ चलायीं। भारत भी इससे सबसे ज़्यादा पीड़ित रहा।

धर्म की जिस भावना का पोषण दुनिया की राजनीति में अमेरिका द्वारा साम्यवाद के ख़िलाफ़ किया गया, उसी धारा से पनपा आतंकवाद भूमण्डलीकरण के लिए भी सबसे बड़ा ख़तरा बनकर सामने आया। इसने दुनिया में क्षेत्रवाद और धार्मिक ध्रुवीकरण को बढ़ाया। 17 जनवरी से 19 मार्च तक नयी दिल्ली में हुए दूसरे रायसीना संवाद में कनाडा के पूर्व प्रधानमन्त्री स्टीफन हार्पर ने धर्म को राजनीति में लाने के गम्भीर परिणामों पर खुलकर चिन्ता जतायी थी। उन्होंने दुनिया का ध्यान इस ओर खींचा कि आज दुनिया में इतनी राजनीतिक अनिश्चितता और अराजकता क्यों है? अपने सम्बोधन में उन्होंने पहली पंक्ति यही कही कि जिन ताक़तों ने

सोवियत संघ का पतन किया, वे अभी रुकी नहीं हैं। वे न सिर्फ़ लगातार सक्रिय हैं बल्कि उन्होंने अपनी गति और तेज़ कर दी है। वे पूरी दुनिया के शक्ति सन्तुलन से खेल रही हैं। पिछले दिनों जो बदलाव हुए हैं, हमें उन पर गौर करना चाहिए, ब्रेक्जिट के पक्ष में जनादेश, पश्चिमी जगत में सत्ता विरोधी जन आन्दोलन, डोनाल्ड ट्रम्प की जीत। अब इनके पीछे की ताक़तों पर नज़र डालें (ये वे ही हैं जो सोवियत साम्राज्य के पतन का कारण बनीं) बढ़ता राष्ट्रवाद, सरकारी ढाँचे से बाहर का नेतृत्व यानी परोक्ष शासन और तकनीकी क्रान्ति। उन्होंने ज़िक्र किया कि पोलैंड निवासी पोप जॉन पॉल द्वितीय ने पोलैंड में वामपन्थ विरोधियों को सोवियत संघ के ख़िलाफ़ उनकी लड़ाई में देश से बाहर एक कारगर नेतृत्व प्रदान करने में अहम भूमिका निभायी थी। इस तरह तालिबान के रूप में इस्लामी राज्य के उदय से बहुत पहले अस्सी के दशक में सोवियत कम्युनिस्ट साम्राज्य को ध्वस्त करने के लिए धर्म विश्व राजनीति में लौट आया था। पर क्या आज धार्मिक भावनाओं द्वारा प्रेरित प्रवृत्तियाँ, चाहे वह आई.एस.आई.एस. जैसे आतंकवादी समूहों का उदय हो, भूमण्डलीकरण परियोजना को शिकस्त दे सकती हैं।

जिस दौर में पश्चिमी देश अमेरिका के नेतृत्व में धर्म का सहारा लेकर साम्यवाद को शिकस्त दे रहे थे, उसी दौर में भारतीय राजनीति में भी धर्म मन्दिर आन्दोलन के साथ बहुत ही सशक्त भूमिका में उभरा। भारत में मन्दिर आन्दोलन उदारीकरण के दौर का सबसे बड़ा और राजनीतिक रूप से सबसे सफल आन्दोलन है। राम मन्दिर देश में बहुसंख्यक हिन्दुओं के लिए भावनात्मक मुद्दा बना। नेताओं ने इसके बहाने मुगल काल में हुई कथित ज्यादतियों का रूपक गढ़ा और इसके पक्ष में देश के एक बड़े समुदाय को लामबन्द किया। मन्दिर आन्दोलन के साथ हिन्दुओं को लुभाने वाले कई अन्य मुद्दे भी जोड़े गये। हिन्दू राष्ट्र, अखण्ड भारत, गोरक्षा आन्दोलन जैसे कई स्वर इस आन्दोलन के साथ–साथ चले। बाबा रामदेव ने रामलीला मैदान से धर्म के चोले में भ्रष्टाचार के ख़िलाफ़ बिगुल फूँका। उन्होंने कुछ राजनीतिक महत्त्वाकांक्षा भी दिखायी मगर उनका यह आन्दोलन भले ही कोई बड़ा रूप नहीं ले सका मगर भारत में धर्म के नाम पर राजनीति एक बड़ी अँगड़ाई लेने जा रही थी।

राम जन्मभूमि विवाद 400 साल से ज़्यादा पुराना है, मगर जिसे मन्दिर आन्दोलन के नाम से जाना जाता है, वह 80 के दशक के उत्तरार्द्ध

में तेज़ी से मज़बूत होकर उभरा और 20वीं सदी के अन्त तक इसने देश की राजनीति को एक अलग दिशा दी। राम जन्मभूमि विवाद पर बहुत सी किताबें लिखी गयीं हैं, इसलिए यहाँ हम विवाद की नहीं सिर्फ़ मन्दिर आन्दोलन और भूमण्डलीकरण की प्रवृत्तियों से उसके सम्बन्ध की बात करेंगे। यह एक ऐसा आन्दोलन था, जो जुड़ा बेशक लोगों की आस्था से था, मगर उसके स्पष्ट राजनीतिक उद्देश्य थे। भारतीय जनता पार्टी इस आन्दोलन का खुलकर नेतृत्व कर रही थी। बाद में तो कांग्रेस भी उसके समर्थन में आंशिक रूप से आ गयी।

राम जन्मभूमि पर कब्ज़े को लेकर एक मोर्चा तो आज़ादी के तत्काल बाद ही खुल **गया** था, और मामला अदालत में पहुँच गया था मगर आम हिन्दू जनों का ध्यान इसने क़रीब पचास साल बाद खींचा, जब 1989 में राष्ट्रीय स्वयंसेवक संघ के एक आनुषंगिक संगठन विश्व हिन्दू परिषद ने अयोध्या में विवादित भूमि पर भव्य राम मन्दिर निर्माण के लिए मध्य और उत्तर भारत में शिला पूजन के नाम से मुहिम शुरू की। ये सभी शिलाएँ (ईंटें) और मन्दिर निर्माण के लिए जुटाया गया चन्दा 9 नवम्बर, 1989 को अयोध्या पहुँचाया गया। भारतीय जनता पार्टी के नेताओं का इस आन्दोलन को पूरा समर्थन था। यह वह समय था, जब वी.पी. सिंह की बगावत और बोफोर्स घोटाले के शोर में राजीव गाँधी अपनी लोकप्रियता और प्रधानमन्त्री की कुर्सी, दोनों गँवा चुके थे। चुनाव के बाद जनता दल की गठबन्धन सरकार बनी। वी.पी. सिंह प्रधानमन्त्री थे और उनकी यह मिली–जुली सरकार भारतीय जनता पार्टी की बैसाखियों के बाहरी समर्थन पर टिकी थी।

राम मन्दिर का मुद्दा नया नहीं था, चार सदी से ज़्यादा पुराना था, तब पिछली सदी के नब्बे के दशक में ही ऐसा क्या हुआ कि बड़ी संख्या में हिन्दू समुदाय के लोग इस मुद्दे के पक्ष में घरों से निकलकर सड़कों पर आ गये। गोलियाँ खायीं। लाठियाँ खायीं। अपनी और दूसरों की जान की भी परवाह नहीं की। सैंकड़ों लोग मारे गये। गोधरा में कार सेवकों को ट्रेन में जला दिया गया। उसके बाद गुजरात में भयानक दंगे हुए। इस तरह मन्दिर आन्दोलन के इस रक्तरंजित अध्याय के पीछे की शक्तियों, कारणों और सिद्धान्तों का अध्ययन अनिवार्य हो जाता है।

सिद्धान्त

ब्रिटेन के समाजशास्त्री वाल्टर रंसीमैन सापेक्ष हानि के सिद्धान्त के चार चरण बताते हैं। (इसका हम पहले भी उल्लेख कर चुके हैं।) अगर हम इन चार चरणों में व्यक्ति 'अ' को जगह हिन्दू और वस्तु 'क' को राम मन्दिर मान लें तो हम इस आन्दोलन के पूरे व्यवहार को समझ सकते हैं–

1. व्यक्ति 'अ' के पास कोई वस्तु 'क' नहीं है।
2. व्यक्ति 'अ' ऐसे अन्य लोगों को जानता है जिनके पास 'क' है।
3. व्यक्ति 'अ' चाहता है कि उसके पास भी 'क' होना चाहिए।
4. व्यक्ति 'अ' को लगने लगता है कि 'क' हासिल करना ही उसका मक़सद है।

मन्दिर आन्दोलन का नेतृत्व करने वाली शक्तियों ने सबसे पहले हर हिन्दू को यह एहसास कराया कि उनके पास उनके आराध्य की जन्म भूमि पर राम मन्दिर नहीं है। मगर वह ऐसे दूसरे समुदाय को जानता है, जिसके पास उनके आराध्य की भूमि पर अपना धर्मस्थल है और यह उनके आराध्य के धर्मस्थल को हटाकर बनाया गया है (यह विश्वास दिलाया गया)। ऐसे में हर हिन्दू को लगने लगा कि अयोध्या में राम मन्दिर हासिल करना ही उसका मक़सद है।

कारण

अमेरिकी राजनीतिशास्त्री जेम्स एन रोजेनाउ ने अपनी पुस्तक *टरबुलेंस इन वर्ल्ड पॉलिटिक्स–1990* में भूमण्डलीकरण की व्याख्या देते हुए स्पष्ट किया था कि इसका तकनीकी यन्त्र के साथ स्पष्ट और तर्कपूर्ण सम्बन्ध है। उदाहरणस्वरूप जेट विमान, कम्प्यूटर, इंटरनेट, लैपटॉप के द्वारा दुनिया के विभिन्न हिस्सों में परस्पर निर्भरता एवं सामंजस्य का एक बुनियादी आधार बन गया है। उद्योगवाद और उत्तर उद्योगवाद वर्तमान दौर में एक राजनीतिक शक्ति है, जो सामाजिक–आर्थिक प्रक्रियाओं का एक महत्त्वपूर्ण केन्द्र है। सोवियत संघ के पतन के बाद पूरे विश्व में एक व्यवस्था पर जो काम तेज़ी से शुरू हुआ, उसका विचार चालीस साल पहले ही जन्म ले चुका था। अमेरिका और यूरोप में सूचना तकनीक क्रान्ति जन्म ले चुकी थी। इससे पूरी दुनिया में एक जैसी व्यवस्था को क़ायम रखना और आसान लगने लगा था। 1984 में राजीव गाँधी प्रधानमन्त्री बने और

देश में कम्प्यूटर युग का आगाज़ हुआ। इसने देश में मीडिया क्रान्ति की नींव रखी। प्रशुल्क एवं व्यापार पर सामान्य समझौता (General Agreement on Tariffs and Trade—GATT) जिसे गैट समझौते के रूप में जाना जाता है, वैसे तो गैट 1 जनवरी, 1948 को अस्तित्व में आ गया था। मगर तब इसमें 23 देश ही शामिल थे। भारत, चीन और अन्य विकासशील देशों में इसके लिए प्रबल विरोध था। भले ही राजीव गाँधी के समय गैट पर भारत ने हस्ताक्षर नहीं किये, मगर इसके प्रति उदारतापूर्वक चुप्पी से काम लिया। भूमण्डलीकरण और ग्लोबलाइजेशन दबे पाँव भारत में दस्तक देने लगा था। हिन्दी पट्टी में अख़बारों का प्रसार तेज़ी से बढ़ रहा था। नेता अपनी बात ज़्यादा लोगों तक पहुँचा सकते थे। हिन्दी पट्टी में हिन्दू और हिन्दुत्व का विचार सबसे लोकप्रिय हुआ। विभाजन की त्रासदी और हिन्दू मुस्लिम दंगों से उबरा जो समाज पहले गंगा–जमुनी संस्कृति की बात करता था और विवादित मुद्दों को बहुत तवज़्ज़ो नहीं देता था, नब्बे के दशक में उसी समाज में आयी नयी पीढ़ी 'गर्व से कहो हम हिन्दू हैं' जैसे नारों से आन्दोलित हुई।

कम्प्यूटरीकरण के साथ ही देश में आर्थिक विकास का एक नया दरवाज़ा भी खुला था। 1988 में भारत की सकल घरेलू उत्पाद विकास दर 9.63 प्रतिशत तक पहुँच गयी थी। देश में पैसा आ रहा था। एक बड़ी आबादी जिसकी पहली चिन्ता रोटी, कपड़ा और मकान हुआ करती थी, धीरे–धीरे उससे छुटकारा मिलने लगा था। इन चिन्ताओं के दूर होने के बाद लोगों का ध्यान अपने गौरव और अतीत पर जाना स्वाभाविक था। 19वीं सदी में सिन्धु घाटी की सभ्यता की खोज के बाद भारत में जिस गौरव का संचार हुआ था, उससे पैदा हुए राष्ट्रवाद ने देश के लिए आज़ादी की राह भी बनायी। उस समय राष्ट्रवाद का अर्थ पूरा भारत था, जिसमें विभिन्नता में एकता थी। भूमण्डलीकरण के दौर में पनपे नवराष्ट्रवाद और नवपूँजीवाद ने राष्ट्रवाद के दायरे को सिकोड़ दिया और यह राष्ट्रवाद 'हिन्दू राष्ट्र' जैसे विचारों के चारों ओर घूमने लगा। इस तरह उपरोक्त सभी कारणों ने मिलकर मन्दिर आन्दोलन को उसके परिणाम तक पहुँचाया।

भाग-3

एक ही बार में बड़ा झटका
(कहानी तलाक क़ानून और जम्मू–कश्मीर के विघटन की)

"भाजपा के इरादे–कभी दबे छुपे नहीं थे और इस प्रचण्ड बहुमत के बाद भारतीय जनता पार्टी के पास कोई बहाना नहीं था कि वह अपने उन वायदों को अमल में न लाये, जिन्हें वह लम्बे समय से करती आ रही थी, और हर चुनाव में अपने घोषणापत्र में शामिल करती थी।"

वर्ष 2019 का उत्तरार्द्ध और कोरोना महामारी के ज़ोर पकड़ने से पहले 2020 का पूर्वार्द्ध भारत में कई बड़े–छोटे आन्दोलनों का समय रहा। 2019–2020 इतिहास में एक ऐसे साल के रुप में याद किया जायेगा जिसने ऐसे आन्दोलन की नींव रखी, जो एक तरफ तो समाज को नयी दिशा देने का दावा कर रहे थे, दूसरी तरफ विरोधी दल सामने वाले को यह हिम्मत दे रहा था कि– विरोध करो, या मरो। कहने को तो यह आन्दोलन समाज के एक वर्ग का आन्दोलन था, लेकिन इन्हें अपने क़ब्ज़े में करने की कोशिश अपने तरीक़े से विरोधी दलों ने की। वो विरोधी दल जो कभी अपनी सरकार में इन्हीं क़ानूनों को लागू करना चाहते थे, वे अब इसके विरोध में सीना ठोंक कर खड़े थे। बात कांग्रेस की हो रही है। असम और पूर्वोत्तर में जिस सी.ए.ए. की बुनियाद कांग्रेस ने रखी थी, आज वो उसके विरोध में खड़ी नज़र आ रही थी और यही बात एन.आर.सी. के लिए भी थी। आगे जब आप किसान आन्दोलन की कहानी पढ़ेंगे तो भी आपको यही आभास होगा। सबको यह पता ही है कि 2019 के चुनाव में भी कांग्रेस ने बाकायदा अपने घोषणा पत्र में किसानों को लेकर कई वायदे किये और उसके घोषणापत्र में इसका स्पष्ट उल्लेख है, लेकिन जब पंजाब के किसानों और आढ़तियों के संयुक्त विरोध का वक़्त आया तो कांग्रेस भी बढ़–चढ़कर इस विरोध में सामने आयी और कांग्रेस के सर्वेसर्वा राहुल गाँधी को 'ख़ून की खेती' का बयान जारी करने में ज़्यादा रुचि रही।

2019 के उत्तरार्द्ध में एक के बाद एक कई आन्दोलन खड़े हुए। देश के अलग–अलग हिस्सों में। कई जगह हिंसा भी हुई। पुलिस ने बर्बरता दिखायी तो गुण्डों के समूह भी आन्दोलनकारियों पर हमलावर हुए। कहीं भीड़ अनियन्त्रित हुई। तोड़–फोड़ और आगज़नी की गयी। छात्रों, अल्पसंख्यकों और दलितों पर मुक़दमे हुए। उन्हें जेल में भी डाला गया। छह–सात महीने का यह उत्तेजना भरा माहौल किसी एक आन्दोलन की वजह से नहीं था। छोटे–बड़े अलग–अलग मुद्दों पर कई अलग–अलग आन्दोलन थे। इन सबके पीछे कोई एक कारण भी नहीं था। आन्दोलनकारी कोई एक ही संगठन, या एक ही तरह के लोग भी नहीं थे। कहीं छात्र मुखर थे तो कहीं महिलाएँ, कहीं बुद्धिजीवी, कहीं अल्पसंख्यक तो कहीं दलित समुदाय। इन आन्दोलनों में एक बात साझी थी कि ये सभी आन्दोलनकारी केन्द्र सरकार के कामकाज के तरीक़े और उसकी नीतियों से रुष्ट थे। सरकार जो भी नये क़दम उठा रही थी, वे इनकी नज़र में एकतरफ़ा थे। सरकार के पास भारी बहुमत था। वह कोई भी फ़ैसला ले सकती थी और ले भी रही थी। मई 2019 में नरेन्द्र मोदी ने प्रचण्ड बहुमत के साथ सत्ता में वापिसी की थी। यह एकतरफ़ा और काफ़ी बड़ी जीत थी। 2014 के मुक़ाबले 2019 में सिर्फ़ विपक्ष ही नहीं निपटा था, बल्कि सहयोगी दल भी सिमट गये थे। जनता ने विपक्ष को नकार दिया था। इसने प्रधानमन्त्री नरेन्द्र मोदी और पार्टी अध्यक्ष अमित शाह सहित पूरी भाजपा को आत्मविश्वास से लबरेज़ कर दिया। नतीजों ने यह साफ़ संकेत दे दिया था कि आगे क्या–क्या होने वाला है। कारण साफ़ था। भाजपा के इरादे स्पष्ट थे और इस प्रचण्ड बहुमत के बाद भारतीय जनता पार्टी के पास कोई बहाना नहीं था कि वह अपने उन वायदों को अमल में न लाये, जिन्हें वह लम्बे समय से करती आ रही थी, और हर चुनाव में अपने घोषणा पत्र में शामिल करती थी। तब तक एक बहाना संसद में पूर्ण बहुमत न होने का भी था। पूर्ण बहुमत यानी लोकसभा–राज्यसभा दोनों। राज्यसभा में यूँ तो बहुमत अब भी नहीं था पर सरकार जो चाहती वो हो ही जाता। कभी हंगामे की बदौलत और कभी फ्लोर प्रबन्धन की वजह से।

मोदी सरकार के पहले कार्यकाल में ही आर्थिक मोर्चे पर चेतावनी मिलनी शुरू हो गयी थी, मगर जनता नोटबन्दी और जीएसटी के झटकों का आकलन ही करती रह गयी थी। सरकार के इन दोनों क़दमों के इतने लाभ गिना दिये थे कि नुक़सान की कोई बात भरोसे लायक़ नहीं रह गयी थी।

चुनाव से ठीक पहले कश्मीर के पुलवामा में जवानों की शहादत ने जनता के लिए सोचने समझने की गुंजाइश भी ख़त्म कर दी थी। इसलिए पहले कार्यकाल को कम समय मानते हुए जनता ने भाजपा के पुराने वायदों पर ज़्यादा ध्यान नहीं दिया। मगर अब तो बहुमत था और पर्याप्त समय भी। ऐसे में पार्टी को अपने एजेंडा और साख के मुताबिक़ काम करना ही था। नयी सरकार में जब राजनाथ सिंह की जगह गृहमन्त्री पद की शपथ पार्टी के तत्कालीन अध्यक्ष अमित शाह को दिलायी गयी तो सीधा सन्देश गया कि पार्टी हिन्दुत्व और संघ की लाइन पर और मज़बूती से चलने वाली है। ऐसा हुआ भी। संसद का ग्रीष्मकालीन सत्र नये सरकार के गठन और बजट में निकल गया। 'धमाके' यानी कुछ बड़े काम हुए संसद के मानसून और शीतकालीन सत्रों में। जुलाई 2019 में शुरू हुए मानसून सत्र में तीन तलाक का विधेयक पहले लोकसभा और फिर राज्यसभा से भी पास हो गया। 25 जुलाई, 2019 को *मुस्लिम महिला (विवाह अधिकार संरक्षण) विधेयक–2019* जिसे संक्षेप में तीन तलाक विधेयक कहा गया, लोकसभा में आसानी से पास हो गया। निचले सदन में भाजपा प्रचण्ड बहुमत में थी और कोई अड़चन भी नहीं थी। कांग्रेस की इस माँग कि विधेयक को पहले विचार के लिए स्थायी समिति को भेजना चाहिए ,को कोई तवज़्ज़ो नहीं दी गयी। ऐसे में राज्यसभा में विधेयक अटक सकता था। लोकसभा से पहले भी तीन बार पारित होकर यह विधेयक राज्यसभा में अटक चुका था। वहाँ अब भी गणित सरकार के बहुत पक्ष में नहीं था और पहले भी ऐसा हो चुका था। मगर 30 जुलाई को राज्यसभा में भी यह विधेयक 84 के मुक़ाबले 99 मतों से पारित हो गया। भाजपा के मैनेजरों ने जिस तरह राज्यसभा में गणित बैठाया था, वह एक अजूबा ही था। विधेयक के ख़िलाफ़ विरोधी सुर और रवैया दिखाने वाले भाजपा के सहयोगी दल जनता दल यूनाइटेड (जदयू) और अन्नाद्रमुक विरोध में मतदान न कर सदन से वाकआउट कर गये। इससे सरकार को राहत मिली।

इन दोनों दलों के वाकआउट से राज्यसभा में सदस्यों की संख्या 213 रह गयी। बीजू जनता दल ने विधेयक का समर्थन किया। मतदान से पहले ही कांग्रेस में भी सेंधमारी की गयी। अमेठी के राजा कहे जाने वाले कांग्रेस सांसद संजय सिंह ने राज्यसभा में इस्तीफ़ा दिया और इसे उपराष्ट्रपति व सभापति वेंकैया नायडू ने तत्काल मन्ज़ूर कर लिया। विधेयक राज्यसभा में पास होते ही अगले दिन 31 जुलाई, 2019 को संजय

सिंह पत्नी अमिता सिंह के साथ भाजपा में शामिल हो गये। राज्यसभा में विधेयक पास होते ही 30 जुलाई, 2019 को शाम 07.26 बजे प्रधानमन्त्री नरेन्द्र मोदी ने ट्वीट किया।

> *"पूरे देश के लिए आज एक ऐतिहासिक दिन है। आज करोड़ों मुस्लिम माताओं–बहनों की जीत हुई है। सदियों से तीन तलाक़ की कुप्रथा से पीड़ित मुस्लिम महिलाओं को आज न्याय मिला है।"*

राज्यसभा से विधेयक पास होते ही 30 जुलाई, 2019 को रविशंकर प्रसाद ने भी ट्वीट किया, "प्रधानमन्त्री नरेन्द्र मोदी एकदम स्पष्ट थे कि सरकार तीन तलाक पीड़िताओं के लिए न्याय सुनिश्चित करने को अवश्य काम करेगी, वह उनका अदालत में समर्थन करेगी और मज़बूत क़ानून भी बनायेगी। आज मैं उन मुस्लिम महिलाओं और पीड़िताओं को सलाम करना चाहता हूँ, जिन्होंने अदालत में तीन तलाक को चुनौती देने का साहस किया।" एक अगस्त, 2019 को राष्ट्रपति रामनाथ कोविन्द की मंजूरी के साथ ही यह क़ानून अस्तित्व में आ गया। 19 सितम्बर, 2019 से इसे लागू किया गया। इसके साथ ही तीन तलाक़ देने की प्रथा अवैध हो गयी और ऐसे करने वाले पति को तीन साल तक की सजा का प्रावधान कर दिया गया। संख्या बल के आधार लाये गये इस क़ानून ने एक समुदाय के हिस्से को नाराज़ कर दिया। उसने सरकार के इस क़दम को मुस्लिम महिलाओं के कल्याण की जगह बहुसंख्यकों का तुष्टिकरण माना। हालाँकि सरकार की ओर से क़ानून मन्त्री रविशंकर प्रसाद लगातार स्पष्ट कर रहे थे कि एक दमनकारी प्रथा को ख़त्म किया गया है। अनुच्छेद 370 का ख़ात्मा तीन तलाक़ विधेयक पास होने के बाद संसद सत्र को तीन दिन के लिए और बढ़ा दिया गया। सरकार एक और बड़ा धमाका करने जा रही थी।

इस धमाके की तैयारी पहले से थी। जुलाई मध्य में ही तय कर लिया गया था कि संसद सत्र को बढ़ाया जायेगा। पर इसकी अधिकृत जानकारी पहले से किसी को नहीं थी। इस पूरे काम में प्रधानमन्त्री कार्यालय पहले से अपनी तैयारी में था। तय हुआ कि इसकी तैयारी करके रखी जाये और तीन तलाक का क़ानून पास होने के साथ ऐसा काम किया जाये जो इतिहास में याद रखा जायेगा।

5 अगस्त, 2019 को केन्द्रीय गृहमन्त्री ने राज्यसभा में बताया कि अनुच्छेद 370 के तहत कश्मीर को मिला विशेष दर्ज़ा और 35–ए को ख़त्म कर दिया गया। 35–ए के तहत जम्मू–कश्मीर राज्य विधानमण्डल स्थायी निवासी परिभाषित करने और अपने नागरिकों को विशेषाधिकार प्रदान करने का अधिकार था। इसके साथ ही अमित शाह ने जम्मू–कश्मीर राज्य के पुनर्गठन का प्रस्ताव भी सदन में पेश किया। जाहिर है सरकार के इस क़दम का विरोध होना था। अमित शाह जब अनुच्छेद–370 सम्बन्धी संकल्प पढ़ रहे थे तो तमाम विरोधी दल वेल (सदन के बीच) में आ गये और धरने पर बैठ गये। हालाँकि जब मानसून सत्र का समय बढ़ाया गया था, तभी से लोग और मीडिया की ओर से यह अटकलें लगनी थीं कि क्या बड़ा होगा। राज्यसभा की कार्यवाही शुरू होने से पहले ही सुबह 10:40 बजे भाजपा के तमाम सांसद अपनी–अपनी सीटों पर आकर बैठ गये थे। विपक्ष की कई सीटें ख़ाली थीं। अमित शाह जैसे ही सदन में दाख़िल हुए तो सत्ता पक्ष के सांसदों ने तालियों से उनका स्वागत किया। सदन की कार्यवाही शुरू होने से पहले ही कांग्रेस के लिए एक बड़ा झटका था। उप राष्ट्रपति और सभापति वेंकैया नायडू ने ऐलान किया कि कांग्रेस पार्टी के मुख्य सचेतक भुवनेश्वर कलिता ने इस्तीफ़ा दे दिया है।

विपक्ष ने नियम 267 के तहत कश्मीर के हालात पर चर्चा के लिए नोटिस दिया था। विपक्ष के सदस्य अपनी सीटों पर खड़े हो गये और माँग करने लगे कि पहले इस नोटिस पर चर्चा की जाये। इस बीच विपक्ष में बैठे बसपा के सदस्यों की ख़ामोशी बहुत कुछ कह रही थी। इस बीच सभापति वेंकैया नायडू ने स्पष्ट किया कि वह अपने विशेषाधिकार का इस्तेमाल करेंगे और गृहमन्त्री ने भी पत्र उन्हें लिखा है, इसलिए पहले गृहमन्त्री को सुना जायेगा। कांग्रेस नेता गुलाम नबी आज़ाद ने इसका विरोध किया तो अमित शाह ने तीन बार उनका नाम लेकर कहा आजाद जी, मेरी सुन तो लीजिए, उसके बाद आप लोग अपनी बात भी रख सकते हैं और जो संशोधन देना चाहें तो दे सकते हैं। वोटिंग भी हो जायेगी। अमित शाह ने जैसे ही 370 के प्रावधानों को ख़त्म करने वाला संकल्प पढ़ना शुरू किया, उच्च सदन में हंगामा शुरू हो गया। विपक्ष ज़मीन पर धरने पर बैठ गया। नारेबाज़ी होने लगी। तृणमूल कांग्रेस (टी.एम.सी.) के सदस्य डेरेक ओ ब्रायन रूल बुक लेकर सभापति के दायें और खड़े होकर ज़ोर–ज़ोर से बोलने लगे। इस बीच अमित शाह बिना रुके बोले जा रहे थे।

भाजपा के सदस्य मेज़ें थपथपा रहे थे। हंगामा तब और नाटकीय हो गया जब पीडीपी के सांसद मीर मोहम्मद फयाज ने चलते सदन के दौरान अपना कुर्ता फाड़ लिया। पूरा विपक्ष ज़ोर–ज़ोर से नारेबाज़ी कर रहा था। हंगामे के दौरान ही सभापति ने ऐलान किया कि जम्मू–कश्मीर पुनर्गठन बिल लाया जा रहा है। मगर हंगामा थम नहीं रहा था। पीडीपी सांसद नज़ीर मोहम्मद लवाय और भाजपा सांसद विजय गोयल एक–दूसरे के हाथ से संविधान की प्रति को लेकर खींचतान करते नज़र आये। दोनों को भिड़ते देख कांग्रेस सदस्य बीके हरि प्रसाद भी बीच में कूद पड़े और उन्होंने विजय गोयल को धकेल दिया। हाथ में आते ही पीडीपी सांसद ने संविधान की प्रति फाड़ दी। इसके बाद मार्शल पीडीपी के दोनों सांसदों को सदन से बाहर ले गये। हंगामे के बीच ही राज्यसभा में जम्मू–कश्मीर पुनर्गठन विधेयक पेश किया गया।

विशेषाधिकार प्राप्त इस राज्य को नये विधेयक में दो भागों में बाँटने का प्रस्ताव था। जम्मू–कश्मीर को केन्द्रशासित कर लद्दाख को उससे अलग करते हुए दूसरा केन्द्रशासित प्रदेश बनाने का प्रस्ताव था। अमित शाह ने राज्यसभा में स्पष्ट किया कि केन्द्रशासित प्रदेश जम्मू–कश्मीर में विधानसभा होगी, लेकिन लद्दाख में विधानसभा नहीं होगी। उनका तर्क था कि यह क़दम सीमापार आतंकवाद के लगातार खतरे को देखते हुए उठाया गया है। लद्दाख के लोग लम्बे समय से उसे केन्द्रशासित प्रदेश बनाने की माँग कर रहे थे। यह फ़ैसला वहाँ की जनता की आकांक्षाओं के अनुरूप है। अब जम्मू–कश्मीर में देश के अन्य राज्यों के लोग भी ज़मीन लेकर बस सकेंगे। कश्मीर का अलग झण्डा नहीं होगा। जम्मू–कश्मीर के लोगों की दोहरी नागरिकता समाप्त हो जायेगी। जम्मू–कश्मीर की लड़कियाँ अब दूसरे राज्य के लोगों से भी शादी करने के लिए स्वतन्त्र होंगी। ऐसा करने पर उनकी नागरिकता नहीं छिनेगी। राज्यसभा में इस प्रस्ताव के समर्थन में 121 और विरोध में 61 वोट पड़े। अगले दिन 6 अगस्त, 2019 को गृह मन्त्री अमित शाह ने यह विधेयक लोकसभा में पेश किया। भाजपा के दबदबे वाले इस सदन में यह विधेयक 70 के मुक़ाबले 370 मतों से पारित हुआ। इससे पहले अमित शाह ने निचले सदन में जम्मू–कश्मीर को विशेष दर्ज़ा देने वाले अनुच्छेद 370 के अधिकतर प्रावधानों को समाप्त करने के सम्बन्ध में संकल्प पेश किया। इस संकल्प में कहा गया, 'भारत के संविधान के अनुच्छेद 370 के खण्ड–1 के साथ

पठित अनुच्छेद 370 के खण्ड–3 द्वारा प्रदत्त शक्तियों का उपयोग करते हुए राष्ट्रपति संसद की सिफ़ारिश पर यह घोषणा करते हैं कि जिस दिन भारत के राष्ट्रपति द्वारा इस घोषणा पर हस्ताक्षर किये जायेंगे और इसे सरकारी गजट में प्रकाशित किया जायेगा, उस दिन से उक्त अनुच्छेद के सभी खण्ड लागू नहीं रहेंगे, सिवाये खण्ड–1 के।'

प्रस्ताव के मुताबिक़ जम्मू–कश्मीर संघ शासित प्रदेश के लिए एक विधानसभा होगी और प्रत्यक्ष चुनावों द्वारा चुने गये व्यक्तियों से भरी जाने वाली सीटों की कुल संख्या 107 होगी। जब तक पाकिस्तान के कब्ज़े वाले जम्मू–कश्मीर संघ शासित प्रदेश के भू–भाग का अधिग्रहण नहीं होता है और उस क्षेत्र में रह रहे लोग अपने प्रतिनिधि नहीं चुनते हैं तब तक विधानसभा में 24 सीटें रिक्त रहेंगी। लद्दाख में करगिल और लेह जिले शामिल होंगे। जम्मू–कश्मीर संघशासित क्षेत्र को लोकसभा की पाँच सीटें और लद्दाख क्षेत्र को एकसीट आवंटित होगी। जम्मू–कश्मीर संघ शासित क्षेत्र के लिए भारत के संविधान के अनुच्छेद 239 के अन्तर्गत एक प्रशासक नियुक्त किया जायेगा और उसे संघ शासित क्षेत्र के उप राज्यपाल के रूप में पद नामित किया जायेगा। जम्मू–कश्मीर पुनर्गठन विधेयक पास होने के बाद लोकसभा अध्यक्ष ओम बिड़ला ने सदन की कार्यवाही अनिश्चितकाल के लिए स्थगित करने की घोषणा की।

ओम बिरला ने इस सत्र को 1952 से लेकर अब तक का स्वर्णिम सत्र बताया। इस संसद के इस मानसून सत्र में जम्मू–कश्मीर पुनर्गठन विधेयक, मुस्लिम महिला (विवाह अधिकार संरक्षण) विधेयक–2019, मोटरयान संशोधन विधेयक–2019, मज़दूरी संहिता विधेयक सहित कुल 36 विधेयक पारित किये गये थे। कश्मीर में कोई विरोध न हो, इसके लिए केन्द्र सरकार ने बड़े पैमाने पर तैयारी की थी। राज्य में सेना की तैनाती और बढ़ा दी थी। कश्मीर में अनिश्चितकालीन कर्फ़्यू लगा दिया गया था। विरोधी दलों के सभी प्रमुख नेता हिरासत में लेकर नज़रबन्द कर दिये गये थे। नैशनल कॉन्फ्रेंस के फ़ारुख़ अब्दुल्ला, उनके बेटे और पूर्व मुख्यमन्त्री उमर अब्दुल्ला, पीडीपी नेता और भाजपा के सहयोग से मुख्यमन्त्री रहीं महबूबा मुफ़्ती को गिरफ़्तार कर लिया गया था। सांसद होते हुए भी फ़ारुख़ अब्दुल्ला को सदन की कार्यवाही में हिस्सा लेने का मौक़ा नहीं मिला था। इंटरनेट सेवाएँ बन्द कर दी गयी थीं। अनुच्छेद–370 के प्रावधानों को ख़त्म करने और जम्मू–कश्मीर पुनर्गठन विधेयक पारित

होते ही सोशल मीडिया पर सरकार की वाहवाही के साथ ही कश्मीर के लोगों, कश्मीर में प्लाट और लड़कियों को लेकर चुटकुले शुरू हो गये। इनमें कश्मीरियों को जमकर निशाना बनाया जा रहा था। जिस तरह की बातें हो रही थीं, उसे एक समुदाय अपना दमन समझ रहा था। आक्रोश जितना दबाया जा रहा था, वह उतना ही इकट्ठा हो रहा था। 29 अगस्त को नयी दिल्ली में मुस्लिम लॉ बोर्ड समेत 7 इस्लामी संगठनों ने विरोध प्रदर्शन किया। इनकी ओर से जारी बयान में कहा गया कि अनुच्छेद–370 के प्रावधानों को ख़त्म करना असंवैधानिक फ़ैसला है। इस फ़ैसले से न तो राज्य में शान्ति क़ायम हुई और न ही भरोसा क़ायम हुआ। हालाँकि यह छिटपुट प्रदर्शन था। सरकार ने ऐसे प्रदर्शनों को कोई तवज़्ज़ो नहीं दी। न ही ऐसे संगठनों की माँगों को कोई अहमियत दी।

31 अगस्त को ही एक और काम हुआ था। असम में जो नैशनल सिटीजन रजिस्टर (एन.आर.सी.) यानी राष्ट्रीय नागरिक पंजी तैयार किया गया था, उसकी फाइनल लिस्ट जारी की गयी थी। 19,06,657 लोगों के नाम इसमें शामिल नहीं थे। यानी असम में रह रहे 19 लाख से ज़्यादा लोग अन्य देशों से आये घुसपैठिये साबित हो गये थे। इनमें ऐसे भी कई थे जिनके बाप–दादा असम में ही रह रहे थे। हालाँकि सूची जारी करने से ठीक पहले असम के मुख्यमन्त्री सर्बानन्द सोनोवाल ने राज्य के लोगों को भरोसा दिलाया था कि लिस्ट में नाम न होने पर किसी व्यक्ति को हिरासत में नहीं लिया जायेगा। उसे अपनी नागरिकता साबित करने का पूरा मौक़ा दिया जायेगा। ये लोग *फोरेन ट्रिब्यूनल* में अपील कर सकेंगे। अपील दायर करने की समय सीमा भी 60 दिन से बढ़ाकर 120 दिन कर दी गयी थी। सूची जारी करने से पहले राज्य में बड़ी संख्या में पुलिस बल तैनात किया गया था। असम पुलिस ट्विटर पर लोगों को सचेत कर रही थी कि सूची में नाम न होने पर किसी तरह की अफ़वाह के झाँसे में न आयें। राज्य के कई इलाक़ों को संवेदनशील घोषित किया गया था। एन.आर.सी. सेवा केन्द्रों पर अपना नाम देखने के लिए लोगों की लम्बी–लम्बी कतारें लग गयी थीं। राजधानी गुवाहटी में उस दिन (31 जुलाई, 2019) ख़ूब बारिश हुई थी।

हालाँकि फाइनल सूची में 20 लाख से ज़्यादा लोगों को राहत भी मिली थी। ठीक एक साल पहले 30 जुलाई, 2018 को जब असम सरकार ने एन.आर.सी. का फाइनल ड्राफ्ट तैयार किया था, उनमें असम में रह रहे

41 लाख से ज़्यादा लोगों के नाम शामिल नहीं थे। इसके बाद सरकार ने लोगों को एक मौक़ा और दिया, जिसमें वे अपना सम्बन्ध और वैधता साबित करने वाले कागज एन.आर.सी. के दफ़्तर में जमा करवा सकते थे। एन.आर.सी. के अलावा भाजपा और अन्य राजनीतिक दलों के नेताओं के कुछ बयान भी अल्पसंख्यक समुदाय में अविश्वास पैदाकर रहे थे। पूरे पूर्वोत्तर में चुनाव प्रचार के दौरान तत्कालीन भाजपा अध्यक्ष अमित शाह बार–बार यह कहते रहे थे कि एक–एक घुसपैठिये को निकाला जायेगा। मगर एन.आर.सी. के ड्राफ्ट और बहुत कोशिशों के बाद बनी फाइनल सूची में इतने ज़्यादा नाम आ गये थे कि सरकार के लिए ख़ुद एक समस्या खड़ी हो गयी थी। इनमें सिर्फ़ मुसलमान ही नहीं थे। हिन्दू भी थे, ईसाई भी थे, पारसी भी थे, जैन भी थे, बौद्ध भी थे। एन.आर.सी. की फाइनल सूची जारी होते ही अगले दिन 1 अगस्त, 2019 को पश्चिम बंगाल में कई जगहों पर प्रदर्शन शुरू हो गये। उत्तरी 24 परगना जिले में गुस्साये लोगों की भीड़ ने रेलवे ट्रेक पर कब्ज़ा कर ट्रेनों की आवाजाही रोक दी। मटुआ महासंघ कार्यकर्ता भी सड़कों पर उतर आये। उस पर पश्चिम बंगाल की मुख्यमन्त्री ममता बनर्जी के इस बयान कि अगर बंगाल में एन.आर.सी. जारी होती है तो देश में गृहयुद्ध के हालात पैदा हो जायेंगे, ने भाजपा के हर छोटे–बड़े नेता को बोलने का मौक़ा दे दिया। इस तरह माहौल में कड़वाहट बढ़ती जा रही थी। हालाँकि असम में एन.आर.सी. लागू करना सुप्रीम कोर्ट का फ़ैसला था, मगर केन्द्र के भाजपा नेताओं ने इसमें जो अतिरिक्त रुचि दिखायी थी, चुनाव प्रचार में परोक्ष रूप से इसका लाभ लेने की कोशिश की थी, उसने अल्पसंख्यकों के बीच भाजपा की छवि को थोड़ा और कट्टर कर दिया था। कुछ लोगों की सरकार के प्रति नाराज़गी बढ़ रही थी। असन्तोष पनपने लगा था। उनमें भय पैदा हो रहा था कि उनका घर, ज़मीन और देश के नागरिक के तौर पर रहने का अधिकार छीन लिया जायेगा। ऐसे लोगों संख्या दो–चार या दस–बीस नहीं थी। सिर्फ़ असम में ही लाखों में पहुँच गयी थी।

भाजपा नेता एन.आर.सी. को पूरे देश में भी लागू करने की बात करने लगे थे। मगर असम में जो संख्या निकलकर आयी, उसने उन्हें कुछ और सोचने तथा केन्द्रीय नेतृत्व को कुछ और करने के लिए मजबूर कर दिया। ऐसा मानना है बहुत से विश्लेषकों का कि

नागरिकता संशोधन अधिनियम का अचानक आना बहुत ही चौंकाने वाला क़दम था। अब भारत–पाकिस्तान और बांग्लादेश से भारत में आ घुसे अल्पसंख्यकों को नागरिकता देने की बात की जा रही थी। उधर चुनाव में बड़ी हार से हताश विपक्ष के लिए आन्दोलन की ये छोटी चिंगारियाँ अपनी ज़मीन फिर से तैयार करने का मौक़ा तलाश रही थीं। इस तरह कई कारण मिलकर आन्दोलन के अशान्त माहौल की पटकथा तैयार कर रहे थे, लेकिन विपक्ष यह मौक़ा पूरी तरह से भुनाने के लिए तैयार नहीं था।

नागरिकता संशोधन विधेयक
(सबसे पहले सुलगा पूर्वोत्तर)

"हम सब पन्थनिरपेक्षता को स्वीकार करते हैं, किसी के साथ भी पन्थ, धर्म के आधार पर ग़लत व्यवहार नहीं होना चाहिए। इसकी माँग कई वर्षों से की जा रही है। हर किसी को राजनीति से ऊपर उठकर इस मुद्दे पर सोचना चाहिए। कोई अपनी मर्ज़ी से अपना घर नहीं छोड़ता।"

आज़ादी के बाद जिन आन्दोलनों ने सबसे ज़्यादा असर देश के लगभग सभी हिस्सों पर डाला, उनमें एन.आर.सी. और सी.ए.ए. था। यूँ तो पूर्वोत्तर राज्यों में इसकी आहट और विरोध की ज्वाला पहले से ही धधक रही थी, लेकिन केन्द्र सरकार इसको अपने तरीक़े से आगे ले जा रही थी। क़ानूनी रूप देने के लिए इसकी लम्बी तैयारी की गयी थी और अन्ततः 9 दिसम्बर, 2019 को केन्द्रीय गृहमन्त्री अमित शाह ने लोकसभा में नागरिकता संशोधन विधेयक (सी.ए.बी.) पेश किया। इस विधेयक में बांग्लादेश, अफग़ानिस्तानऔर पाकिस्तान के छह अल्पसंख्यक समुदायों– हिन्दू, बौद्ध, जैन, पारसी, ईसाई और सिख, से सम्बन्धित लोगों को भारतीय नागरिकता देने का प्रस्ताव था। पुराने क़ानून के मुताबिक़ किसी भी व्यक्ति को भारतीय नागरिकता लेने के लिए कम से कम 11 साल भारत में रहना अनिवार्य था, मगर इस विधेयक में इन तीन पड़ोसी देशों के उक्त छह अल्पसंख्यक समुदायों के लिए यह समयावधि 11 साल से घटाकर छह साल करने का प्रस्ताव था। पुराने क़ानून के तहत भारत में अवैध तरीक़े से दाखिल होने वाले लोगों को नागरिकता नहीं मिल सकती थी। उन्हें उनके देश वापिस भेजने या हिरासत में रखने का प्रावधान था। अमित शाह ने जैसे ही यह विधेयक लोकसभा में पेश किया, सदन में तीखी नोकझोंक शुरू हो गयी। क़रीब एक घण्टे तक इसी बात पर तू–तू मैं–मैं होती रही कि बिल सदन में

पेश किया जा सकता है या नहीं। विपक्ष इस विधेयक को अल्पसंख्यक विरोधी बता रहा था।

दूसरी ओर अमित शाह ने 1947 में देश के बँटवारे का ज़िक्र करते हुए कांग्रेस पर हमला बोला। उन्होंने कहा कि बिल को ड्राफ्ट करते वक़्त इस बात का ख़याल रखा गया कि संविधान के किसी भी प्रावधान का उल्लंघन न हो। आज़ादी के वक़्त अगर कांग्रेस ने धर्म के आधार पर देश का विभाजन न किया होता, तो यह बिल लाने की ज़रूरत नहीं पड़ती। यह भूल हमारी नहीं कांग्रेस की थी। अब आपको हमारी बात सुननी पड़ेगी। बँटवारे के वक़्त देश के पहले प्रधानमन्त्री जवाहरलाल नेहरू और पाकिस्तान के मोहम्मद लियाकत अली के बीच समझौता हुआ, जिसमें कहा गया था कि दोनों देशों में अल्पसंख्यकों को संरक्षण दिया जायेगा। अपने देश में इसका पालन हुआ, जबकि पाकिस्तान में इसका पालन नहीं हुआ। इन्दिरा गाँधी बांग्लादेश से आये नागरिकों को मान्यता देने के लिए क़ानून लायीं थीं, लेकिन पाकिस्तान से आये नागरिकों के लिए कुछ नहीं किया गया। उनका आरोप था कि यह कांग्रेसियों को भी पता करना चाहिए कि इन्दिरा गाँधी ने ऐसा क्यों नहीं किया? उनका साफ़ कहना था कि इस बिल का मकसद ऐसे अल्पसंख्यकों को नागरिकता देना है, जो दूसरे देशों से प्रताड़ित होकर आये हैं। हम किसी मुस्लिम से उसका अधिकार नहीं छीन रहे हैं। अफ़ग़ानिस्तान, पाकिस्तान और बांग्लादेश में हिन्दू, सिख, बौद्ध, क्रिश्चियन, पारसी और जैनों के ख़िलाफ़ भेदभाव होता है। इस बिल के ज़रिये उनको नागरिकता दी जायेगी, लेकिन यह कहना ग़लत है कि इससे मुस्लिमों के अधिकार छिन गये हैं। उन्होंने यह भी स्पष्ट किया कि तीनों पड़ोसी देशों (अफ़ग़ानिस्तान, पाकिस्तान,बांग्लादेश) का कोई भी मुस्लिम हमारे क़ानून के आधार पर नागरिकता के लिए आवेदन करता है तो हम उस पर विचार करेंगे। भारतीय जनता पार्टी का यह मानना रहा है कि बदलाव हम स्वीकार करते हैं, अपनी संस्कृति में समाहित करते हैं। ये बिल उसी को प्रतिबिम्बित करता है। 2014 और 2019 में हमने घोषणा पत्र में इसका ज़िक्र किया था। सरकार का कर्तव्य है कि देश की सुरक्षा करे।

अमित शाह का कहना था कि सरकार का कर्तव्य है कि घुसपैठियों की पहचान करें, क्या देश को सबके लिए खुला छोड़ देंगे? इस विधेयक में किसी के साथ अन्याय की बात पूरी तरह ग़लत है। इसके पीछे कोई

एजेंडा नहीं है। दुनिया में ऐसा कौन–सा देश है, जिसने अपनी सीमाओं और देश की सुरक्षा के लिए नागरिकता का क़ानून नहीं बनाया है? हमने भी ऐसा क़ानून बनाया है। हमने एकल नागरिकता का प्रावधान किया है। बांग्लादेश के गठन के बाद भी शरणार्थियों को नागरिकता दी गयी और हमारी पार्टी समेत किसी ने भी इसका विरोध नहीं किया। क्या बांग्लादेश के अल्पसंख्यकों को विशेष तवज़्ज़ो मिलनी चाहिए और पाकिस्तान में रहने वाले अल्पसंख्यकों को विशेष तवज़्ज़ो नहीं मिलनी चाहिए? युगाण्डा में भारतीयों को निकाला गया, उन्हें नागरिकता मिली, श्रीलंका संकट के दौरान भी नागरिकता दी गयी। किसी ने विरोध नहीं किया, हमने भी नहीं किया। करोड़ों लोग इस समय पीड़ित हैं। अमित शाह ने यह भी चुनौती दी कि बंगाल के और कांग्रेस के सांसद यह साबित कर दें कि यह विधेयक किसी के अधिकार छीनने के लिए है, तो मैं बिल वापिस लेकर चला जाऊँगा। 'यह बिल किसी के अधिकार को छीनने के लिए नहीं, बल्कि अधिकार देने का बिल है। भारत के संविधान ने 1947 में सभी शरणार्थियों को स्वीकार किया। मनमोहन सिंह और लालकृष्ण आडवाणी भी इस समूह का हिस्सा हैं। वह प्रधानमन्त्री और उप प्रधानमन्त्री बने क्योंकि देश ने उनको स्वीकारा और नागरिकता प्रदान की। हम सब पन्थनिरपेक्षता को स्वीकार करते हैं, किसी के साथ भी पन्थ, धर्म के आधार पर ग़लत व्यवहार नहीं होना चाहिए। इसकी माँग कई वर्षों से की जा रही है। हर किसी को राजनीति से ऊपर उठकर इस मुद्दे पर सोचना चाहिए। कोई अपनी मर्जी से अपना घर नहीं छोड़ता। धार्मिक प्रताड़ना के नाम पर उन्हें सताया गया तभी वे अपना घर छोड़कर आये।'

अमित शाह द्वारा पेश किये गये इस नागरिकता संशोधन विधेयक का विरोध होना ही था और कांग्रेस टीएमसी सहित सभी प्रमुख विरोधी दलों ने ऐसा ही किया, लेकिन भारतीय जनता पार्टी इसके लिए पूरी तरह से तैयार थी। इस मौक़े पर निचले सदन में कांग्रेस के नेता अधीर रंजन चौधरी और अमित शाह के बीच बहस को इतिहास में सबसे चर्चित बहस में माना गया।

अधीर रंजन चौधरी ने विरोध करते हुए कहा था कि यह बिल संविधान के ख़िलाफ़ है। यह आर्टिकल 14 (संविधान अनुच्छेद–14) को ठुकराता है, पर अमित शाह अपनी बात पर टिके रहे कि आप बिल को तोड़–मरोड़कर नहीं बता सकते। यह बिल दशमलव शून्य–शून्य एक

प्रतिशत भी अल्पसंख्यकों के ख़िलाफ़ नहीं हैं। तृणमूल कांग्रेस के सांसद सौगात राय ने तो बहस के दौरान यहाँ तक कह दिया कि संविधान बड़े संकट में है। संविधान का अनुच्छेद–14 कहता है कि राज्य, भारत के राज्य क्षेत्र में किसी व्यक्ति को विधि के समक्ष समता से या विधियों के समान संरक्षण से वंचित नहीं करेगा। नागरिकता विधेयक इस आर्टिकल का उल्लंघन करता है। बिल विभाजनकारी और असंवैधानिक है। यह नेहरू–अम्बेडकर की सोच के भारत के ख़िलाफ़ है। कांग्रेस सांसद शशि थरूर तो इससे भी आगे रहे। उनका कहना था कि संसद को इस तरह के विधेयक पर चर्चा का अधिकार नहीं है। यह भारतीय गणतन्त्र के मूलभूत मूल्यों का उल्लंघन है। क्या हमारी राष्ट्रीयता का निर्णय धर्म के आधार पर होगा? यह संविधान की प्रस्तावना का भी उल्लंघन करता है। 10 दिसम्बर, 2019 को दूसरे दिन भी लोकसभा में बिल पर बहस जारी रही।

ए.आई.एम.आई.एम. के प्रमुख असदुद्दीन ओवैसी ने सदन में यहाँ तक कहा कि ये देश में एक और बँटवारा होने जा रहा है। यह बिल भारत के संविधान के विरुद्ध है। यह हमारे स्वतन्त्रता सैनानियों का अपमान है। मैं इस बिल को फाड़ता हूँ। यह हमारे देश को बाँटने की कोशिश कर रहा है। यह कहकर उन्होंने विधेयक की प्रति फाड़ दी। ओवैसी के बयान का जवाब केन्द्रीय क़ानून मन्त्री रविशंकर प्रसाद ने दिया। उन्होंने कहा कि किसी की इतनी हिम्मत नहीं है कि कोई भारत का बँटवारा कर दे। ये देश मज़बूत है। हिन्दू, मुस्लिम, सिख, ईसाई सब मिलकर साथ रहते हैं और इस देश को आगे बढ़ाते हैं। अब इस देश को कोई तोड़ नहीं सकता। इस बहस में जितने तर्क़ दिये गये, आमतौर वो सभी नये आयाम लिए थे। नागरिकता संशोधन विधेयक (सी.ए.बी.) 9 दिसम्बर, 2019 को लोकसभा में पेश हुआ था और 10 दिसम्बर को विपक्ष में 80 मतों के मुक़ाबले 311 मतों से पारित हो गया। अगले दिन राज्यसभा से भी पास हो गया। वहाँ इसके पक्ष में 125 और विपक्ष में 99 वोट पड़े। 12 दिसम्बर, 2019 को राष्ट्रपति रामनाथ कोविन्द के हस्ताक्षर के बाद इसे लागू कर दिया गया।

सी.ए.ए. को लोकसभा में पेश किये जाते ही, सबसे पहले असम सुलग उठा। हालाँकि इसके ख़िलाफ़ पूर्वोत्तर में सुगबुगाहट 5 दिसम्बर, 2019 को ही शुरू हो गयी थी, जब केन्द्रीय मन्त्रिपरिषद ने अपनी मंजूरी दी थी। सरकार राज्यसभा में इसे पारित कराने का गणित बना रही थी और उधर, पूर्वोत्तर में छात्र और सामाजिक संगठन लामबन्द हो रहे थे।

9 दिसम्बर, 2019 को जब अमित शाह लोकसभा में विधेयक (सी.ए.बी.) पेश कर रहे थे तो दूसरी ओर देश के पूर्वोत्तर में इसके ख़िलाफ़ प्रदर्शन शुरू हो गये। सबसे तीव्र विरोध असम में हुआ। गुवाहटी में युवाओं की भीड़ सड़कों पर थी और *आर.एस.एस. गो बैक* के नारे लगा रही थी। सबसे पहले *असम स्टूडेंट्स यूनियन* ने मशाल जुलूस निकालकर अपना विरोध जताया। डिब्रूगढ़, तिनसुकिया, धेमाजी, शिवसागर और जोरहाट ज़िलों में प्रदर्शनकारियों ने राष्ट्रीय राजमार्ग जाम कर दिये। रेल यातायात रोक दिया। कई जगह पुलिस और प्रदर्शनाकरियों में टकराव हुआ। जगह–जगह प्रधानमन्त्री नरेन्द्र मोदी, गृहमन्त्री अमित शाह और असम के मुख्यमन्त्री सर्वानन्द सोनोवाल के पुतले जलाये जा रहे थे।

असम के लोगों के लम्बे संघर्ष और क़ानूनी लड़ाई के बाद इसी साल राष्ट्रीय नागरिक पंजी (*नैशनल रजिस्ट्रेशन आफ़ सिटीज–* एन.आर.सी.) फाइनल हुआ। एन.आर.सी. की शुरुआत 2013 में सुप्रीम कोर्ट की देख–रेख में असम में हुई थी। इसके ज़रिये विदेशी नागरिकों की पहचानकर उन्हें बाहर निकालने की बात कही गयी थी। फ़िलहाल यह असम के अलावा किसी अन्य राज्य में लागू नहीं है। अमित शाह स्वयं पूर्वोत्तर में चुनाव प्रचार के दौरान यह कहते रहे थे कि एक–एक घुसपैठिये को बाहर निकालेंगे। मगर नागरिकता संशोधन विधेयक के आने से पूर्वोत्तर में एक बड़ा वर्ग इस बात से भयभीत हुआ कि इसके पारित हो जाने के बाद एन.आर.सी. में पहचाने गये विदेशी नागरिकों को शरणार्थियों के रूप में नागरिकता दे दी जायेगी, इससे उनकी पहचान, भाषा और संस्कृति खतरे में पड़ जायेगी। असम के लोगों को लग रहा था कि भाजपा के नेताओं ने वादाख़िलाफ़ी की है। *ऑल असम स्टूडेंट्स यूनियन* इसके विरोध में काफ़ी आगे आयी। इसके मुख्य सलाहकार समुज्जवल भट्टाचार्य ने गुवाहटी में भाजपा पर नागरिकता संशोधन बिल की आड़ में हिन्दू वोट बैंक की राजनीति करने का आरोप लगाया। उन्होंने कहा कि पहले कांग्रेस ने घुसपैठिये बांग्लादेशी नागरिकों को सुरक्षा देने के लिए हम पर आई.एम.डी.टी. (अवैध प्रवासी ट्रब्यूनल द्वारा निर्धारण) क़ानून थोपा था, अब भाजपा अवैध बांग्लादेशी लोगों को सुरक्षा देने के लिए हम पर नागरिकता संशोधन बिल थोप रही है, लेकिन असम के लोग किसी भी क़ीमत पर इस बिल को स्वीकार नहीं करेंगे।

जाति और भाषा का गणित भी ख़ूब बताया जा रहा था। असम में असमिया भाषा बोलने वालों की संख्या 48 फीसद है। बांग्ला भाषी 28 फीसद हैं अगर नागरिकता संशोधन विधेयक के बाद अवैध रूप से या शरणार्थी बनकर रह रहे बांग्लादेशियों को भी नागरिकता दी जाती है तो बांग्लाभाषियों की संख्या 40 फीसद तक हो जायेगी। नागरिकता पंजी की फाइनल लिस्ट में जो 19 लाख लोग बाहर हुए, उनमें क़रीब 12 लाख बंगाली हिन्दू ही थे। विरोध सिर्फ़ असम तक सीमित नहीं था। पूर्वोत्तर भारत के सात राज्यों के छात्र संगठन *नार्थ ईस्ट स्टूडेंट्स ऑर्गेनाइजेशन* ने 10 दिसम्बर, 2019 से सुबह 5 बजे से लेकर शाम 4 बजे तक पूर्वोत्तर राज्यों में बन्द का आह्वान किया। 30 से ज़्यादा नागरिक संगठनों ने छात्रों के बन्द के आह्वान को तत्काल अपना समर्थन देने की घोषणा कर दी। आल असम सूटीया स्टूडेंट्स ऑर्गेनाइजेशन द्वारा 9 दिसम्बर को बुलाये गये 48 घण्टे के बन्द को असम के आठ ज़िलों में व्यापक समर्थन मिला। 10 दिसम्बर, 2019 को जैसे ही लोकसभा में विधेयक पास होने की ख़बर आयी, गुवाहटी सहित असम के कई ज़िलों में विरोध प्रदर्शन हिंसक हो गया। बन्द के आह्वान की वजह से दुकानें और बाज़ार पहले से बन्द थे। युवाओं ने सड़कों पर जगह–जगह टायर डाल कर आग लगा दी। कई जगह युवाओं और पुलिस में झड़प हुई।

12 दिसम्बर, 2019 को हालात को बिगड़ते देख राजधानी गुवाहटी में अनिश्चितकालीन कर्फ़्यू लगा दिया गया। त्रिपुरा में असम रायफ़ल्स के जवानों की तैनाती कर दी गयी। केन्द्र ने पूर्वोत्तर में क़ानून–व्यवस्था बनाये रखने के लिए अर्द्धसैनिक बलों के 5 हज़ार जवानों को भेजा। स्थानीय पुलिस और प्रशासन भी आँसू गैस और लाठीचार्ज कर प्रदर्शनकारियों को नियन्त्रित करने की कोशिश कर रहा था। असम के दस जिलों कामरूप, लखीमपुर, धेमाजी, तिनसुकिया, डिब्रूगढ़, चराइदेव, शिवसागर, जोरहाट, गोलाघाट और गुवाहटी में 24 घण्टे के लिए इंटरनेट सेवाएँ रोक दी गयीं। ऐसी भी ख़बरें आयीं कि प्रदर्शनकारियों ने मुख्यमन्त्री सर्बानन्द सोनोवाल के घर पर पत्थर फेंके। मन्त्रियों, सांसदों के घरों का घेराव किया। प्रदर्शनकारियों ने कई वाहनों को भी आग के हवाले कर दिया। 11 दिसम्बर, 2019 को राज्यसभा में विधेयक पर बहस हो रही थी, पूर्वोत्तर में हिंसक प्रदर्शन हो रहे थे, तब राज्यसभा में कांग्रेस सांसद गुलाम नबी ने सरकार से पूछा, "क्या पूरा देश इस प्रस्तावित क़ानून से खुश है?

असम, त्रिपुरा, अरुणाचल प्रदेश, मेघालय और नगालैंड में विरोध प्रदर्शन क्यों हो रहे हैं? बिल के लिए जिन धर्मों का चुनाव किया गया, उसका आधार क्या है। श्रीलंका के हिन्दू और भूटान के ईसाई क्यों शामिल नहीं किये गये। अगर यह बिल सबको पसन्द है तो असम में ये हालात क्यों बने, त्रिपुरा में ये हालात क्यों बिगड़े, पूरे नॉर्थ ईस्ट में यही स्थिति है।"

राज्यसभा में कांग्रेस सांसद और पूर्व वित्तमन्त्री पी. चिदम्बरम ने कहा, "मैं सरकार को क़ानूनी विभाग की राय लेने की चुनौती देता हूँ। मैं सरकार से अटॉर्नी जनरल को सवालों के जवाब देने के लिए आमन्त्रित करने की चुनौती देता हूँ। संविधान का एक हिस्सा इन घातक लोगों द्वारा लूटा जा रहा है, ध्वस्त किया जा रहा है। भारत के पास नागरिकता अधिनियम है। यह जन्म से नागरिकता, वंश द्वारा नागरिकता, पंजीकरण द्वारा नागरिकता, प्राकृतिकीकरण द्वारा नागरिकता और क्षेत्र के समावेश द्वारा नागरिकता को मान्यता देता है और यह सार्वभौमिक सिद्धान्त है। अब यह सरकार एक नयी श्रेणी की शुरुआत कर रही है। मैं इस संसद में इसका विरोध कर रहा हूँ, क्योंकि यह असंवैधानिक क़दम है।" राज्यसभा में बहस का जवाब देते हुए गृहमन्त्री अमित शाह ने कहा, "यह बिल किसी की नागरिकता नहीं छीन रहा है। मेहरबानी करके राजनीति करिये, मगर ऐसा करके देश में भेद नहीं खड़ा करना चाहिए। ये संवेदनशील मामले होते हैं और ये जो आग लगती है, अपने ही घर को जलाती है।"

राज्यसभा में विधेयक पास होने के बाद प्रधानमन्त्री नरेन्द्र मोदी ने इस दिन को भारत के लिए ऐतिहासिक बताते हुए ट्वीट किया–

> *'इससे देश की समानता और भाईचारे की भावना को बल मिलेगा। यह विधेयक वर्षों तक उत्पीड़न सहने वाले कई लोगों की पीड़ा दूर करेगा। विधेयक के पक्ष में मतदान करने वाले सभी सांसदों का आभार।'*

राष्ट्रपति के हस्ताक्षर के बाद 12 दिसम्बर को नागरिकता संशोधन अधिनियम–2019 (सी.ए.ए.) लागू हो गया। असम में प्रदर्शन थमता नहीं दिख रहा था। स्थिति से निपटने के लिए कर्फ़्यू लगा दिया गया था मगर 13 दिसम्बर, 2019 की सुबह गुवाहटी में लोग कर्फ़्यू को नकारते हुए बड़ी संख्या में सड़कों पर गये। कई जगहों पर उनकी पुलिस से झड़प हुई। पुलिस को गोली भी चलानी पड़ी। गोली से दो लोगों की मौत की ख़बर आयी। डिब्रूगढ़ के एसपी ने स्थिति को सम्भालने के लिए

चार से पाँच हज़ार अतिरिक्त बल की माँग की। इसी ज़िले के झाबुआ में प्रदर्शनकारियों ने विधायक बिनोद हजारिका के घर को आग लगा दी थी। वहाँ खड़ी गाड़ियों को भी आग के हवाले कर दिया गया। सरकार को गुवाहटी के पुलिस कमिश्नर दीपक कुमार को हटाना पड़ा। असम के दस ज़िलों में इंटरनेट सेवाओं को और दो दिन के लिए बन्द रखने का आदेश दिया गया। गुवाहटी, डिब्रूगढ़, जोरहाट और अगरतला की सभी उड़ाने रद्द कर दीं गयीं। लम्बी दूरी की ट्रेनों को भी गुवाहटी से आगे बन्द कर दिया गया। असम और त्रिपुरा की ज़्यादातर ट्रेन सेवाएँ निलम्बित कर दीं गयीं। हवाई अड्डों और रेलवे स्टेशनों पर काफ़ी यात्री फँस गये। इनमें बड़ी संख्या में वे तीर्थयात्री भी थे, जो कामाख्या धाम के दर्शन के लिए निकले थे। प्रधानमन्त्री नरेन्द्र मोदी ने असम में जारी हिंसा को रोकने की अपील की। उन्होंने असम के लोगों को भरोसा दिलाया कि नागरिकता संशोधन अधिनियम से उनके हितों को कोई नुक़सान नहीं पहुँचेगा। उन्होंने कहा, "अपने सेवक पर भरोसा रखें। आपकी पहचान और संस्कृति का मान–सम्मान रखा जायेगा। सरकार पूरी तरह से असम समझौते की धारा–6 के अनुरूप ही असम के लोगों के संवैधानिक, राजनीतिक, भाषाई, सांस्कृतिक और भूमि अधिकारों की रक्षा के लिए पूरी तरह से प्रतिबद्ध है।"

तमाम प्रयासों के बाद भी पूर्वोत्तर में हिंसक प्रदर्शन नहीं रुक पा रहे थे। 17 दिसम्बर, 2019 को असम की पुलिस महानिदेशक भास्कर ज्योति महन्ता ने मीडिया को बताया कि पुलिस कार्रवाई में 4 लोग मारे गये। हालात ऐसे हो गये थे कि लोगों और जन सम्पत्ति बचाने के लिए पुलिस को गोली चलानी पड़ी। सैकड़ों लोग गिरफ़्तार किये गये। 18 दिसम्बर, 2019 को असम में हज़ारों की संख्या में लाखों प्रदर्शनकारी सड़कों पर उतर आए। राज्य सरकार के कर्मचारियों ने काम रोक दिया। अखिल असम छात्र संघ (आसू) ने 'गण सत्याग्रह' का आह्वान किया था। गुवाहटी के लाटासिल खेल मैदान से दिगलीपुखरी तक मार्च करते हुए बड़ी संख्या में लोगों ने नागरिकता संशोधन क़ानून केविरोध में गिरफ़्तारी दी। पारम्परिक मेखला चादर पहने महिलाएँ जय आयी असम अर्थात् असमानता की जय के नारे लगाते हुए चल रही थीं। मारवाड़ी युवा मंच, पूर्वोत्तर हिन्दुस्तान समाज, मुस्लिम समाज, गोरखाओं के संगठन, सिख, जैन समुदायों के प्रतिनिधि भी इस विरोध प्रदर्शन में शामिल थे।

असम के जोरहाट, गोलाघाट, लखीमपुर, सिबसागर, धेमाजी, डिब्रूगढ़, तिनसुकिया, बारपेटा, मोरीगाँव और बोंगाईगाँव ज़िलों में बड़ी संख्या में लोगों ने 'गण सत्याग्रह' में हिस्सा लिया। सदौ असम कर्मचारी परिषद् और असम सचिवालय सेवा संघ के आह्वान पर सरकारी कर्मचारियों ने हड़ताल रखी। असम साहित्य सभा ने धरना आयोजित कर संशोधित नागरिकता अधिनियम को वापिस लेने की माँग की। इस धरने में वकीलों, डॉक्टरों, छात्रों, कलाकारों और साहित्यकारों ने भाग लिया। अधिनियम वापिस न होने तक आन्दोलन जारी रखने की घोषणा की गयी।

लेकिन दिसम्बर बीतते–बीतते असम में क़ानून–व्यवस्था नियन्त्रित होने लगी थी। हालाँकि शान्तिपूर्वक विरोध और जुलूस जनवरी तक होते रहे। असम शान्त हो रहा था मगर इसी नागरिकता क़ानून को लेकर दिल्ली और उत्तर प्रदेश सहित उत्तर भारत में नये और तीखे स्वर तेज़ी से उभर रहे थे। असम के लोगों की तरह उनके लिए इस क़ानून के विरोध की वजह बांग्लाभाषियों के वर्चस्व का ख़तरा नहीं था। मगर उत्तर भारत में इस विरोध को एक अलग रंग दे दिया गया था। इसे देश के संविधान की मर्यादा और अल्पसंख्यकों के हितों से जोड़कर देखा जा रहा था। मगर एक बात समान थी। उत्तर भारत में भी विरोध की बाग़डोर मुख्यतः छात्र सँभाले हुए थे।

सी.ए.ए. - एन.आर.सी.

(पश्चिम बंगाल में उपद्रव)

"एक–दूसरे को नीचा दिखाने के लिए सी.ए.ए. एक नया हथियार बन गया था। नागरिकता संशोधन क़ानून ने दोनों को एक–दूसरे के ख़िलाफ़ जहर उगलने का एक नया मौक़ा दे दिया था। दोनों पक्षों के बयान एक दूसरे के ख़िलाफ़ कटुता के ज़हर से भरे थे।"

एन.आर.सी. के साथ नागरिकता संशोधन (सिटीजनशिप एमेंडमेंट ऐक्ट–सी.ए.ए.) की भी आग धधकना शुरू हो गयी थी। लोकसभा में इसे 9 दिसम्बर, 2019 को पारित कर दिया गया था और 12 दिसम्बर को राष्ट्रपति राम नाथ कोविन्द के हस्ताक्षर के बाद ही यह एक विधेयक के रूप में सामने था। असम, दिल्ली और उत्तर प्रदेश के अलावा पश्चिम बंगाल में भी नागरिकता संशोधन क़ानून का तीव्र हिंसक विरोध हुआ। इस हिंसा में जन–धन की हानि हुई। रेल सम्पत्ति को काफ़ी नुक़सान पहुँचाया गया। नागरिकता संशोधन क़ानून को लेकर जिन लोगों में गुस्सा था और जो लोग इस क़ानून को अपनी जीत मान रहे थे, पश्चिम बंगाल में ये दोनों पक्ष आमने सामने थे। दोनों ओर से सुलग रही आग में नेता भी अपने बयानों का घी उड़ेल रहे थे। बंगाल में हालात बदतर हो रहे थे। लम्बी यात्रा पर घरों से निकले लोग बड़ी संख्या में बीच रास्ते में फँस गये थे। ट्रेनें, बसें और हवाई सेवाएँ ठप हो गयीं थीं। मज़बूरी में सभी शिक्षण संस्थान बन्द करने भी पड़े। पश्चिम बंगाल में तृणमूल कांग्रेस की सरकार और मुख्यमन्त्री ममता बनर्जी की केन्द्र की मोदी सरकार के बीच लोकसभा चुनावों से ही ठनी हुई थी। ऐसे में एक–दूसरे को नीचा दिखाने के लिए सी.ए.ए. एक नया हथियार बन गया था। नागरिकता संशोधन क़ानून ने दोनों को

एक–दूसरे के ख़िलाफ़ जहर उगलने का एक नया मौक़ा दे दिया था। दोनों पक्षों के बयान एक–दूसरे के ख़िलाफ़ कटुता के जहर से भरे थे। सरकारी पैसा ख़र्च कर विरोध का नेतृत्व किया जा रहा था। ज़ाहिर है राजनीतिक दलों के इस आपसी वैमनस्य की क़ीमत जनता को ही चुकानी थी।

नागरिकता संशोधन क़ानून के ख़िलाफ़ असम के बाद 13 दिसम्बर, 2019 को पश्चिम बंगाल भी धधक उठा। उस दिन शुक्रवार था। जुमे की नमाज़ के बाद राज्य के कई शहरों में लोग इकट्ठा हुए और सी.ए.ए. और एन.आर.सी. के विरोध में सड़कों पर नारे लगाते हुए निकल पड़े। मुर्शिदाबाद के बेलडाँगा, हावड़ा के उलूबेड़िया, दक्षिण 24 परगना जिले के डायमण्ड हार्बर और कोलकाता के पार्क सर्कस, धर्मतल्ला एवं जाकरिया स्ट्रीट इलाक़े में ख़ूब हंगामा हुआ। मुस्लिम समुदाय के लोगों ने रेल व सड़क मार्ग जाम कर दिये। उनका कहना था कि केन्द्र में मौजूद भाजपा के नेतृत्व वाली सरकार सी.ए.ए. और एन.आर.सी. के माध्यम से उनके समुदाय को निशाना बना रही है। बेलडाँगा इलाक़े में प्रदर्शनकारियों ने जगह–जगह तोड़फोड़ की, स्टेशन परिसरों में आगजनी की और थाने पर हमला बोला। स्थिति पर क़ाबू पाने के लिए कई जगह पुलिस ने लाठीचार्ज किया। हावड़ा–खड़गपुर सेक्शन, सियालदह–डायमण्ड हार्बर सेक्शन और मुर्शिदाबाद जिले में रेल सेवाएँ ठप हो गयी।। असम और बंगाल में धधकी आन्दोलन की आग को देखते हुए दक्षिण–पूर्व रेलवे और पूर्वोत्तर सीमान्त रेलवे क्षेत्र में राजधानी एक्सप्रेस सहित 43 ट्रेनों को तत्काल प्रभाव से रद्द कर दिया। इनमें कई ट्रेनें, जो जहाँ थीं, वहीं रोक दी गयी। इससे हज़ारों यात्री बीच रास्ते में फँस गये। जब दिनभर आगजनी और तोड़फोड़ हुई, 13 दिसम्बर, 2019 की उसी शाम को बंगाल में हिंसक प्रदर्शनों पर राज्य की मुख्यमन्त्री ममता बनर्जी का विवादित बयान आया। उन्होंने राज्य में विरोध प्रदर्शनों को स्वतःस्फूर्त करार दिया और ख़ुद भी सी.ए.ए. तथा एन.आर.सी. के ख़िलाफ़ सड़क पर उतरकर आन्दोलन का ऐलान किया।

ममता ने कहा, "मैं जेल जाने के लिए तैयार हूँ, लेकिन सी.ए.बी. (सी.ए.ए.) और एन.आर.सी. को राज्य में लागू करने को तैयार नहीं हूँ। पश्चिम बंगाल में किसी भी क़ीमत पर सी.ए.बी. लागू नहीं करने दिया जायेगा। मैं पश्चिम बंगाल में भाजपा के नेतृत्व वाली केन्द्र सरकार को धर्म और जाति के नाम पर जनता का विभाजन करने नहीं दूँगी।

इससे पहले दिन में प्रदर्शनकारियों ने कई बसें फूँक दी थीं। रेलवे स्टेशनों पर जमकर उत्पात मचाया गया। टिकट काउंटरों पर तोड़फोड़ और लूटपाट की। मालगाड़ी के इन्जन को जला दिया। रेलवे ट्रेक पर फ़र्नीचर डालकर आग लगा दी गयी। भीड़ का आतंक देखकर रेल कर्मचारी स्टेशनों को छोड़कर भाग खड़े हुए। पहले ही दिन 43 ई.एम.यू. और एक्सप्रेस ट्रेनों को रद्द करना पड़ा। सात ट्रेनों को रास्ते में ही रोक दिया गया। पाँच ट्रेनों का मार्ग बदलकर चलाया गया। अगले दिन शनिवार (14 दिसम्बर, 2019) को भी लगभग ऐसा ही नज़ारा था। पूर्वी रेलवे के सियालदह डिविजन के कई स्टेशनों को भीड़ ने निशाना बनाया। मुर्शिदाबाद के सुजनीपाड़ा रेलवे स्टेशन में तोड़फोड़ के बाद आग लगा दी गयी। कृष्णपुर स्टेशन के यार्ड में खाली खड़ीं चार ट्रेनों को जला दिया गया। लालगोला, जियागंज स्टेशनों पर तोडफोड़ की गयी। स्टेशन के फर्नीचर को रेलवे ट्रैक पर डालकर आग लगा दी गयी। इससे लालगोला–कृष्णानगर सेक्शन में रेल संचालन पूरी तरह ठप हो गया। बेलडाँगा स्टेशन पर प्रदर्शनकारियों का लगातार दूसरे दिन भी कब्ज़ा रहा। तोड़फोड़ और आगज़नी के बाद आग बुझाने पहुँची दमकल की गाड़ी को भी भीड़ ने जला दिया। हरुआ रोड स्टेशन के पास और सोनदलिया–लेबुतला स्टेशनों के बीच प्रदर्शनकारियों ने लेबल क्रॉसिंग को तोड़ दिया। ट्रेनों पर जमकर पथराव किया। भीड़ के तेवर देखकर आर.पी.एफ. और जी.आर.पी. के जवान और सभी रेल कर्मचारी भाग खड़े हुए। ममता बनर्जी भी अब हैरान–परेशान थी। उन्होंने भी शान्ति की अपील की पर उनकी इस अपील का प्रदर्शनकारियों पर कोई असर नहीं हुआ।

अगले दिन 15 दिसम्बर, 2019 को पश्चिम बंगाल के मुर्शिदाबाद, वीरभूम तथा उत्तर 24 परगना में लोगों ने फिर हिंसक प्रदर्शन किया। प्रदर्शनकारियों ने टायर जलाकर सड़कों पर डाल दिये। बड़े पैमाने पर यातायात प्रभावित हुआ। प्रदेश में कई जगह ट्रेन सेवाएँ पहले ही बन्द हो गयीं। थीं। हावड़ा, उत्तर 24 परगना और मुर्शिदाबाद के विभिन्न स्टेशनों पर ट्रेनों को रोक दिया गया था। मालदा ज़िले के हरिश्चन्द्रपुर थाना क्षेत्र के भालुका रोड रेलवे स्टेशन पर 15 दिसम्बर को सुबह ही हज़ारों लोगों की भीड़ जमा हो गयी। भीड़ ने रेलवे लाइन पर टायर डाल कर उनमें आग लगा दी। सूचना मिलते ही बड़ी संख्या में पुलिस बल मौके पर पहुँच गया। स्थिति तनावपूर्ण हो चुकी थी। छह ज़िलों दिनाजपुर, मालदा,

मुर्शिदाबाद, हावड़ा, बारासात, बशिरहाट, बारुईपुर और कैनिंग में इंटरनेट सेवाएँ अस्थायी रूप से बन्द कर दीं गयीं। हावड़ा जिले में भी 24 घण्टे के लिए इंटरनेट सेवाएँ बन्द कर दीं गयीं। ज़िले में तीन दिन से जारी विरोध प्रदर्शनों के कारण सड़क और रेल यातायात बुरी तरह प्रभावित था। कई स्टेशनों पर तोड़फोड़ और आगजनी की गयी थी। राष्ट्रीय राजमार्ग–6 पर प्रदर्शनकारियों का कब्ज़ा था और यातायात पूरी तरह ठप हो गया था। अचानक ट्रेनें और बसें रुक जाने से बहुत से यात्री रास्ते में ही फँस गये थे। भूखे–प्यासे। उनका खाना–पीना बाहरी लोगों की मदद पर निर्भर था। गोद के बच्चे दूध के लिए तरस रहे थे।

16 दिसम्बर, 2019 को बंगाल की मुख्यमन्त्री ममता बनर्जी ने कोलकाता में रेड रोड से लेकर जोरासन को ठाकुर भाई तक सी.ए.ए. के विरोध में निकाली गयी पार्टी की रैली आयोजित की और ए.आई.एम.आई.एम. के नेता असदुद्दीन ओवैसी की ओर इशारा करते हुए उन्होंने कहा कि कुछ बंगाल से बाहर की ताक़तें ख़ुद को मुस्लिम समुदाय का हितैषी बताने का ढोंग रहीं हैं। दूसरी ओर, प्रधानमन्त्री नरेन्द्र मोदी ने प्रदर्शनों के दौरान हुई हिंसा के लिए अर्बन नक्सलियों और विपक्ष को ज़िम्मेदार बताया। 17 दिसम्बर, 2019 को झारखण्ड के भोगनाडीह में एक चुनाव रैली में उन्होंने कहा कि अर्बन नक्सली देश में समस्या पैदा करने के लिए युवाओं को भड़काने की कोशिश कर रहे हैं। नागरिकता क़ानून पर कांग्रेस झूठ फैला रही है। मुसलमानों में डर का माहौल बना रही हैं। विपक्ष गन्दी राजनीति बन्द करें। सामाजिक ताने–बाने को नष्ट न करें। मैं शौर्य की इस धरती से कांग्रेस और उसके मित्रों को खुली चुनौती देता हूँ कि अगर साहस है तो सार्वजनिक ऐलान करें कि वे सभी पाकिस्तानियों को भारतीय नागरिकता देने के लिए तैयार हैं। 20 दिसम्बर, 2019 को पश्चिम बंगाल बीजेपी के अध्यक्ष दिलीप घोष ने बयान दिया कि बांग्लादेश से आये 'लुंगी पहने घुसपैठियों' ने नये नागरिकता क़ानून के ख़िलाफ़ विरोध प्रदर्शन के दौरान आगजनी और हिंसा की।

पश्चिम बंगाल के मेदिनीपुर में नागरिकता क़ानून के समर्थन में एक रैली में दिलीप घोष ने कहा कि उन अपराधियों को केवल राष्ट्रीय नागरिक पंजी (एन.आर.सी.) लागू करके ही पहचाना जा सकता है। हिंसा करना कहीं से भी सही नहीं है। यह देशद्रोह है और ये लोग किसी भी तरह से भारतीय नागरिक नहीं हो सकते। इस आन्दोलन में

पापुलर फ्रंट ऑफ़ इंडिया (पी.एफ.आई.) की बड़ी भूमिका रही और इसके कई राज्यों से इसके सदस्यों को गिरफ़्तार किया गया। नेताओं की ओर से जहाँ हिंसा के लिए अलग–अलग और नये–नये कारण और कारक बताये जा रहे थे, वहीं अदालतें बिगड़ी क़ानून व्यवस्था को लेकर चिन्तित थीं। नुक़सान का ब्यौरा लिया जा रहा था। सी.ए.ए. और एन.आर.सी. के ख़िलाफ़ प्रदर्शनों से अकेले पश्चिम बंगाल में ही रेलवे को दो दिन (13 दिसम्बर, से 15 दिसम्बर, 2019) में 84 करोड़ रुपये की सम्पत्ति का नुक़सान हुआ था। पूर्व रेलवे ने कलकत्ता उच्च न्यायालय के समक्ष प्रस्तुत रिपोर्ट में यह जानकारी दी थी। 24 दिसम्बर, 2019 को मामले की अगली सुनवायी पर कलकत्ता हाईकोर्ट ने नागरिकता संशोधित क़ानून के विरोध के लिए सरकारी पैसे के इस्तेमाल पर ममता बनर्जी सरकार को बड़ा झटका दिया। मुख्यन्यायाधीश टी.बी.एन. राधाकृष्णन तथा जस्टिस अरिजीत बनर्जी की पीठ ने सरकार को आदेश दिया कि वह सी.ए.ए. सम्बन्धी अपने सारे मीडिया अभियान रोक दें। साथ ही उन्होंने इस पर सरकार से विस्तृत जवाब माँगा कि सी.ए.ए. के ख़िलाफ़ चलाये जा रहे अभियान में सरकारी पैसों का इस्तेमाल क्यों हो रहा है।

8 जनवरी, 2020 को मुस्लिम महिलाओं का एक दल सी.ए.ए., एन.आर.सी. और एन.पी.आर. के ख़िलाफ़ कोलकाता के पार्क सर्कस मैदान में अनिश्चितकाल के लिए स्थायी धरने पर बैठ गया। यह दिल्ली के शाहीन बाग़ के धरने की ही तरह था। धरने पर बैठी महिलाओं का कहना था कि हम प्रधानमन्त्री नरेन्द्र मोदी और उनके मन्त्रियों से यह पूछना चाहते हैं कि उनके पास ऐसे कौन से कागज़ात हैं जो उन्हें भारतीय साबित करते हैं। क्या वे अपने कागज देश को दिखायेंगे। 2 फ़रवरी, 2020 को धरने पर बैठी 56 वर्षीय महिला समीदा खातून की हृदय गति रुकने से मौत हो गयी। अगले दिन 3 फ़रवरी को बंगाल भाजपा के महासचिव सायांतन बसु का बयान आया, जिस पर ख़ूब विवाद हुआ। बसु ने समीदा ख़ातून की नागरिकता पर सवाल उठाते हुए कहा कि सबसे पहले इस बात का पता करने की ज़रूरत है कि क्या वह बांग्लादेशी नागरिक थी या भारतीय़। इस बयान के बाद बसु के ख़िलाफ़ सोशल मीडिया पर जम कर लोगों का गुस्सा फूटा। बसु से सवाल पूछ रहे पत्रकारों से यह बात कही थी। पश्चिम बंगाल के भाजपा नेताओं का यह कोई पहला विवादित बयान नहीं था। इससे पहले 30 जनवरी, 2020 को प्रदेश पार्टी प्रमुख दिलीप घोष

ने उस युवा लड़की पर आपत्तिजनक टिप्पणी की थी जो उनकी सी.ए.ए. समर्थन रैली में सी.ए.ए. विरोधी कार्ड लेकर पहुँच गयी थी। पार्टी कार्यकर्ताओं ने इस लड़की को पकड़ लिया था, उससे धक्का–मुक्की कर उसके हाथ से कार्ड छीनकर फाड़ दिया। युवती संस्कृत कॉलेज की छात्रा था। उसे वहाँ मौजूद पुलिस और वहाँ खड़े लोगों ने कार्यकर्ताओं से छुड़ाया। इस घटना पर प्रतिक्रिया व्यक्त करते हुए घोष ने कहा था कि युवती ख़ुशक़िस्मत थी कि सिर्फ़ उसका प्लेकार्ड ही फाड़ा गया, न कि कुछ और। क़िस्मत वाली रही कि उसके साथ कुछ और नहीं हुआ। (SWARAJMAG.COM, 3 फ़रवरी, 2020)।

इससे पहले 23 जनवरी 2020 को भाजपा नेता कैलाश विजयवर्गीय ने नागरिकता संशोधन क़ानून (सी.ए.ए.) के समर्थन में इन्दौर में एक सेमिनार का आयोजन किया। इस दौरान उन्होंने कहा कि मेरे घर पर एक कमरे का निर्माण कार्य चल रहा था। घर पर कुछ बांग्लादेशी मज़दूरों को काम करते हुए देखा। उनके खाने की अजीब–सी आदत को देखकर मुझे उनकी नागरिकता पर शक हुआ। वे केवल पोहा खा रहे थे। इस पर मैंने मज़दूरों के ठेकेदार से बात की। ठेकेदार से पूछने पर उसने बताया कि ये लोग बंगाल से हैं और 300 रुपये **मज़दूरी** पर काम करते हैं। पूछताछ करने पर पता चला कि वे लोग बांग्लादेश से आये थे। उनका आरोप था कि बांग्लादेश के आतंकवादी पिछले एक या आधे साल से मेरे ऊपर नज़र बनाये हुए हैं। (*टी.वी.9 भारतवर्ष*, 24 जनवरी, 2020)।

अगले दिन विजयवर्गीय का यह वीडियो वायरल होने पर ख़ूब आलोचना हुई। ट्विटर पर पोहा ट्रेंड करने लगा। असदुद्दीन ओवैसी ने ट्वीट कर विजय वर्गीय पर निशाना साधा, 'मज़दूरों को पोहा नहीं, सिर्फ़ हलवा खाना चाहिए, उन्हें तभी भारतीय कहा जायेगा।' वरिष्ठ अधिवक्ता प्रशान्त भूषण का ट्वीट था, 'अमित शाह पोहा खाते हैं। उनके साथी विजय वर्गीय कहते हैं कि पोहा खाने वाले बांग्लादेशी हैं। क्या वह शाह को बाहर करने के लिए कैंपेन चलायेंगे या उन्हें सी.ए.ए. के माध्यम से नागरिकता देंगे।' अपनी बात रखने के लिए सभी पक्ष कई तरीक़े अपना रहे थे। 9 जनवरी, 2020 को केन्द्रीय गृहमन्त्री अमित शाह ने पश्चिम बंगाल के लिए वर्चुअल रैली की। अपने सम्बोधन में उन्होंने कहा कि बंगाल ही केवल वह राज्य है, जहाँ राजनीतिक हिंसा का उद्योग फल–फूल रहा है। हमने लोकसभा में 303 सीटें जीतीं मगर मेरे लिए सबसे महत्त्वपूर्ण वे 18 सीटें हैं, जो हमने पश्चिम बंगाल में जीती हैं।

इस सबके बीच मुख्यमन्त्री ममता बनर्जी लगातार केन्द्र से उलझ रही थीं। 20 जनवरी 2020 को ममता बनर्जी ने सिलिगुड़ी में केन्द्र सरकार को चेतावनी दी कि बंगाल में किसी भी हालत में सी.ए.ए. और एन.आर.सी. लागू नहीं होगा। वह बंग उत्सव–2020 के उदघाटन के लिए उत्तरी बंगाल के सिलिगुड़ी पहुँची थीं। इस मौक़े पर उन्होंने उपस्थित भीड़ से कहा कि अगर ज़रूरत पड़ी तो वह अकेले इस मुद्दे के ख़िलाफ़ लड़ेंगी। सी.ए.ए. और एन.आर.सी. से चिन्तित होने की ज़रूरत नहीं है। पश्चिम बंगाल सरकार इस मुद्दे पर जनता के साथ है। कोई आपके अधिकारों का हनन नहीं कर सकता। बंगाल की धरती हम सबकी है। बाहर से आकर कौन क्या बोल रहा है, इस पर ध्यान देने की ज़रूरत नहीं है। बंगाल में भाजपा ने नागरिकता संशोधन अधिनियम के पक्ष में रैलियाँ शुरू कर दी थीं। राज्य में विरोध प्रदर्शन पहले से जारी थे। ऐसे में टकराव के नये आसार बन गये थे। विरोध करने वालों में भी आपस में ठन गयी थी। माकपा, कांग्रेस और तृणमूल कांग्रेस तीनों ही सी.ए.ए. के विरोध में थे मगर आपस में भी लड़ रहे थे। 29 जनवरी, 2020 को पश्चिम बंगाल के मुर्शिदाबाद जिले के जालंगी में सी.ए.ए. समर्थकों और विरोधियों के बीच जमकर हिंसा हुई। इस हिंसा में दो लोगों की मौत हुई और कई अन्य घायल हो गये।

एक ओर सी.ए.ए. विरोधी प्रदर्शन चल रहे थे तो दूसरी ओर कोरोना ने देश में दस्तक दे दी थी। मामले तेज़ी से बढ़ रहे थे। 23 मार्च, 2020 को पश्चिम बंगाल में भी कोरोना संक्रमण के छह मामले सामने आ चुके थे। अगले दिन से देशभर में लॉकडाउन शुरू करने की घोषणा कर दी गयी थी। ऐसे में सी.ए.ए. और एन.आर.सी. के ख़िलाफ़ कोलकाता के पार्क सर्कस मैदान सहित राज्य भर में सभी धरने और विरोध प्रदर्शन वापिस लेने की घोषणा कर दी गयी। जो प्रदर्शन करना भी चाहते थे, वे लॉकडाउन की वजह से ऐसा नहीं कर सके और इस तरह विरोध के सफ़र ठण्डे हो गये।

जे.एन.यू. में सुलग रही थी पुरानी चिंगारी

"जे.एन.यू. में छात्रों की ऐसी छवि गढ़ी जा रही थी, जो काफी कड़वाहट पैदा करने वाली थी। जे.एन.यू. के छात्रों को लेकर माहौल को ज़हरीला बनाया जा रहा था। यह सब किसके इशारे पर और क्यों हो रहा था? भले ही कोई नहीं बता रहा था, मगर देश के विद्वजनों से यह बात छुपी भी नहीं थी।"

जवाहरलाल नेहरू विश्वविद्यालय (जे.एन.यू.) जो देश में सर्वोच्च स्तर का विश्वविद्यालय माना जाता है। 2019 में एक बड़ा छात्र आन्दोलन यहाँ से उठा। यह आन्दोलन हिंसा की भेंट भी चढ़ा। पुलिस ने बल प्रयोग किया। गुण्डों ने भी जमकर उपद्रव मचाया, तोड़फोड़ की। कोविड–19 महामारी के ज़ोर पकड़ने पर लॉकडाउन शुरू होते ही यह आन्दोलन शान्त पड़ गया। मगर यह घटनाक्रम जिसे छात्र आन्दोलन कहा गया, अपने पीछे बहुत से सवाल छोड़ गया। इस आन्दोलन को किसने खड़ा किया? क्या इसके पीछे कोई राजनीतिक हित थे? क्या यह सिर्फ़ छात्रों का स्वतःस्फूर्त आन्दोलन था? क्या इसके पीछे सिर्फ़ छात्रों की समस्याएँ थीं? जे.एन.यू. के शिक्षकों ने इस दौरान कैसी भूमिका निभायी थी? ये सभी ऐसे सवाल हैं, जिन पर भविष्य में भी विचार किया जायेगा।

अक्टूबर 2019 के आख़िरी सप्ताह में जे.एन.यू. प्रशासन ने नये अकादमिक सत्र से छात्रावास में रह रहे छात्रों के हॉस्टल का किराया क़रीब 30 गुना बढ़ाने की घोषणा की। हालाँकि जे.एन.यू. का माहौल पहले से ही कोई बहुत शान्त नहीं था, विश्वविद्यालय का यह क़दम पुरानी मन्द पड़ी आग में घी डालने जैसा था। सिर्फ़ हॉस्टल रूम का किराया ही नहीं बढ़ाया गया था, बल्कि सर्विस चार्ज के नाम पर भारी भरकम बोझ छात्रों पर लादा गया था। जे.एन.यू. प्रशासन की घोषणा के मुताबिक़ छात्रावास में रह रहे छात्रों को 10 से 20 रुपये महीना की जगह नये सत्र से 300 से 600 रुपये महीना हॉस्टल रूम का किराया देना था। इतना ही नहीं

उन्हें हर महीने 1700 रुपये सर्विस चार्ज भी अब देना था। इसके अलावा अन्य शुल्क जैसे संस्थान की फ़ीस 2200 रुपये महीने, मैस का ख़र्च 3000 रुपये महीने और वार्षिक फ़ीस 300 पहले की तरह समान रखी गयी। यूनिवर्सिटी प्रशासन की इस एक घोषणा ने छात्रों की वार्षिक फ़ीस में क़रीब 50 फीसद की बढ़ोतरी एक साथ कर दी थी। यह अभूतपूर्व था।

इस नये प्रस्तावित फ़ीस ढाँचे के लागू हो जाने पर जे.एन.यू. देश का सबसे महँगा केन्द्रीय विश्वविद्यालय बनने जा रहा था। इस प्रस्तावित फ़ीस ढाँचा से जे.एन.यू. की पढ़ाई अन्य केन्द्रीय विश्वविद्यालयों जैसे इलाहाबाद विश्वविद्यालय, विश्व भारती विंश्वविद्यालय, जामिया मिलिया इस्लामिया की तुलना में भी काफ़ी महँगी हो जाने वाली थी। जे.एन.यू. के छात्र को पढ़ाई का जो वार्षिक ख़र्च अभी 27,600 रुपये 32,000 रुपये तक पड़ रहा था वह अब 55 हज़ार रुपये से 61 हज़ार रुपये तक होने वाला था। दूसरी ओर दिल्ली यूनिवर्सिटी (डीयू) में यह सालाना ख़र्च औसतन 40 हज़ार रुपये से 55 हज़ार रुपये तक, जामिया मिलिया इस्लामिया में 35 हज़ार रुपये, विश्वभारती विश्वविद्यालय में 21,600 रुपये से 30,400 रुपये तथा इलाहाबाद यूनिवर्सिटी में 28,500 रुपये, बनारस हिन्दू यूनिवर्सिटी में 27,400 रुपये, गुरु घासीदास विश्वविद्यालय में 22 हज़ार रुपये से 25,200 रुपये तक, पाण्डिचेरी यूनिवर्सिटी में 12 हज़ार रुपये से 15,200 रुपये, अलीगढ़ मुस्लिम यूनिवर्सिटी में 14,400 रुपये और हैदराबाद यूनिवर्सिटी में 14 हज़ार रुपये ही था। (2018–19 के फ़ीस ढाँचे के मुताबिक़)।

जे.एन.यू. के छात्र, जिन्हें देश के सबसे जागरूक युवा माना जाता है, यूनिवर्सिटी प्रशासन का यह क़दम उन्हें झकझोरने के लिए काफ़ी था। हालाँकि यूनिवर्सिटी प्रशासन भी विवश था, उसे केन्द्र की ओर से पहले ही कहा जा चुका था कि वह खर्चों के लिए आय के अपने स्रोत तैयार करें। केन्द्र पर निर्भर न करें। यह सवाल भी उठ रहा था (ख़ासकर जे.एन.यू. परिसर में और विद्वानों के बीच) कि जे.एन.यू. के छात्रों को ही क्यों छेड़ा जा रहा था। सोशल मीडिया पर भी कुछ ख़ास समूह जे.एन.यू. के छात्रों को उनकी लम्बी अकादमिक पढ़ाई और कम फ़ीस को लेकर तरह–तरह के मीम गढ़ रहे थे। मीडिया का एक हिस्सा और एंकर कुछ राजनीतिक दलों के पदाधिकारियों को बुलाकर इस मुद्दे पर लम्बी–लम्बी बहस चला रहे थे। छात्रों की ऐसी छवि गढ़ी जा रही थी, जो काफ़ी कड़वाहट पैदा करने वाली थी। जे.एन.यू. के छात्रों को लेकर माहौल को ज़हरीला बनाया जा रहा था।

यह सब किसके इशारे पर और क्यों हो रहा था? भले ही कोई नहीं बता रहा था, मगर देश के विद्वजनों से यह बात छुपी भी नहीं थी।

जे.एन.यू. के काफ़ी छात्र बेहद ग़रीब परिवारों के होनहार युवा थे। उनके लिए फ़ीस में एक साथ 50 फीसद की बढ़ोतरी असहनीय थी। यह बात शायद सरकार समझ नहीं पा रही थी, क्योंकि निजी शिक्षण संस्थानों में बड़ी संख्यां में युवा कई गुणा ज़्यादा फ़ीस देकर शिक्षा ग्रहण कर रहे थे। ऐसे में जे.एन.यू. की सस्ती शिक्षा बहुत से लोगों को अखर रही थी, हालाँकि यह दूसरे केन्द्रीय विद्यालयों के समान ही सस्ती थी। दूसरी ओर सरकार की हालत यह थी कि वह ख़ुद एक के बाद एक सार्वजनिक उपक्रम बेचने को मज़बूर थी। इसलिए कुछ विश्वविद्यालयों से सीधा कहा जा रहा था कि वे अपने आय के साधन ख़ुद तैयार करें।

जे.एन.यू. के छात्र और शिक्षक दोनों ही प्रबन्धन के फ़ीस बढ़ाने के इस फ़ैसले के ख़िलाफ़ थे। जवाहरलाल नेहरू विश्वविद्यालय छात्र संघ (जे.एन.यू.एस.यू.) और जवाहरलाल नेहरू विश्वविद्यालय शिक्षक संगठन (जेएनयूटीए) ने तत्काल घोषणा की कि प्रबन्धन का यह फ़ैसला उन्हें स्वीकार नहीं है। हॉस्टल फ़ीस और सर्विस चार्ज के नाम पर एकदम इतनी बढ़ोतरी, बहुत से मेधावी ग़रीब छात्रों को शिक्षा से वंचित कर देगी। मगर विश्वविद्यालय प्रबन्धन ने छात्रों और शिक्षकों की बात पर कोई ध्यान नहीं दिया। उनके रुख की पूरी तरह अनदेखी की। छात्रों का कहना था कि उच्च शिक्षा ग्रहण कर रहे छात्रों को आवासीय और भोजन सुविधा देने का दायित्व विश्वविद्यालय का है, इसे स्ववित्तपोषित के सिद्धान्त से नहीं चलाया जा सकता। छात्रों ने यह भी आरोप लगाया कि यह सार्वजनिक क्षेत्र की शिक्षा पद्धति पर बड़ा प्रहार और जे.एन.यू. को बर्बाद करने का षड्यन्त्र है।

जाहिर है कि होस्टल फ़ीस में एक साथ इतनी बड़ी बढ़ोतरी छात्रों को न सिर्फ़ नाराज़ करने के लिए काफ़ी था, बल्कि इसने विरोध प्रदर्शन और छात्र आन्दोलन के लिए एक नया अखाड़ा भी तैयार कर दिया था। छात्र संगठनों ने इसके ख़िलाफ़ धरना–प्रदर्शन शुरू कर दिया। जे.एन.यू. के शिक्षकों का संगठन भी एक साथ इतनी बढ़ोतरी के पक्ष में नहीं था। 28 अक्टूबर 2019 से ही इसके ख़िलाफ़ छात्र कक्षाओं से बाहर आ गये। जे.एन.यू. छात्र संघ की अध्यक्ष सुश्री आई.सी. घोष का कहना था कि यह मामला सिर्फ़ फ़ीस बढ़ाने का नहीं है, बल्कि एक साथ 999 प्रतिशत फ़ीस बढ़ोतरी का है।

कुलपति ने होस्टल मैनुअल पर छात्रों से बात करने तक की ज़रूरत नहीं समझी। विश्वविद्यालय को पैसों की दिक़्क़त है तो उसका हल भी मिल बैठकर निकाला जा सकता है। अगर मानव संसाधन मन्त्रालय और यू.जी.सी. ने विश्वविद्यालय के फण्ड में कोई कटौती नहीं की है तो जे.एन.यू. प्रशासन किस आधार पर पैसे की कमी की बात कह रहा है। फ़ीस वद्धि से नाराज़ छात्रों ने 18 नवम्बर, 2019 को संसद तक जुलूस निकालने की कोशिश की। वे हर हाल में संसद तक मार्च के लिए अड़े थे। ख़ूब हंगामा हुआ। रोके जाने पर छात्र सड़क पर ही बैठ गये और प्रदर्शन करते रहे। छात्र संसद की ओर न पहुँचने पायें, इसलिए कई मेट्रो स्टेशनों जैसे लोक कल्याण मार्ग, केन्द्रीय सचिवालय, उद्योग भवन, पटेल चौक आदि को कुछ समय के लिए बन्द कर दिया गया।

मीडिया रिपोट्र्स के अनुसार पुलिस ने बताया था कि इस झड़प में 30 पुलिसकर्मी और 15 छात्र घायल हुए। रात 10 बजकर 4 मिनट पर आप नेता संजय सिंह ने एक घायल दृष्टिहीन छात्र के दो फ़ोटो शेयर करते हुए ट्वीट किया, 'युवाओं और छात्रों से इतनी नफ़रत। ये हैं शशि भूषण पाण्डेय। एक नेत्रहीन जे.एन.यू. छात्र। किस बर्बरता से दिल्ली पुलिस ने इनको पीटा है आप ख़ुद देखिये।' जो फ़ोटो शेयर किये थे उसमें छात्र की छाती पर लाल रंग के चोट के निशान नज़र आ रहे थे। जे.एन.यू. टीचर एसोसिएशन ने छात्रों पर पुलिस के लाठीचार्ज की निन्दा की।। हालाँकि इस घटनाक्रम के बीच जे.एन.यू. छात्र संघ के पदाधिकारियों से मानव संसाधन विकास मन्त्रालय के संयुक्त सचिव गिरीश होसुर ने मुलाकात की और कहा गया कि छात्र संघ की माँगों को आधिकारिक रूप से स्वीकार कर लिया गया है। सभी पक्षों से बातचीत के लिए मन्त्रालय द्वारा एक समिति गठित करने की भी बात कही गयी। पुलिस द्वारा हिरासत में लिए गये 50 से ज़्यादा छात्रों को रिहा किया गया। 21 नवम्बर, 2019 को फ़ीस बढ़ोतरी के मामले पर केन्द्र द्वारा गठित तीन सदस्यीय समिति और जे.एन.यू. शिक्षक संघ के 13 सदस्यों की बैठक मानव संसाधन मन्त्रालय में हुई। इस बैठक में शिक्षक संघ ने विश्वविद्यालय प्रशासन पर जे.एन.यू. ऐक्ट के तहत काम न करने का आरोप लगाया।

छात्रों को हॉस्टल फ़ीसवृद्धि के ख़िलाफ़ प्रदर्शन करते हुए एक महीने से ज़्यादा समय हो गया था। ठण्ड का प्रकोप भी बढ़ता जा रहा था। ऐसे में जवाहरलाल नेहरू विश्वविद्यालय छात्र संघ (जे.एन.यू.एस.यू.) ने

9 दिसम्बर, 2019 को होस्टल फ़ीस वृद्धि के ख़िलाफ़ राष्ट्रपति भवन तक जुलूस का आह्वान किया। तय तारीख़ को पुलिस और प्रशासन ने भी छात्रों को रोकने के लिए अपनी तैयारी कर ली थी। जे.एन.यू. के सभी द्वारों पर अवरोधक (बैरिकेड) लगा दिये गये थे। हर रास्ते पर सुरक्षाबलों की तैनाती थी। पुलिस ने छात्रों को राष्ट्रपति भवन की ओर जाने से रोकने के पूरे इन्तज़ाम किये थे। मगर तमाम इन्तज़ामों के बावज़ूद भी छात्र नहीं माने और उन्होंने 9 दिसम्बर, 2019 को जुलूस की शक्ल में राष्ट्रपति भवन की ओर कूच किया।

इस बीच कुलपति एम जगदेश कुमार ने अपने ऊपर हमले की रिपोर्ट दर्ज़ करायी। अगले दिन कुलपति के आरोप को ग़लत बताते हुए जे.एन.यू. छात्र संघ की ओर से मीडिया को बताया गया कि कुलपति अब तक छात्रों से कोई बात नहीं कर रहे हैं। इस तरह फ़ीस वृद्धि को लेकर जे.एन.यू. में टकराव दिन–ब–दिन गम्भीर होता जा रहा था। उनके प्रदर्शन कई बार हिंसक हो चुके थे। छात्रों ने पुलिस की लाठियाँ भी खायीं, मगर वे अपनी माँग पर अड़े रहे। नया साल शुरू हो गया था किन्तु छात्रों का आन्दोलन ठण्डा पड़ने की जगह और ज़ोर पकड़ रहा था। यह आन्दोलन अब सिर्फ़ फ़ीस बढ़ोतरी के विरोध तक सीमित नहीं रह गया था, अपितु यह यूनिवर्सिटी में मौजूद वामपन्थी और दक्षिणपन्थी विचारधारा के छात्रों के आपसी टकराव में बदल रहा था।

5 जनवरी, 2020 की शाम को जे.एन.यू.एस.यू. की अध्यक्ष आई.सी. घोष के ख़िलाफ़ जे.एन.यू. प्रशासन ने दो एफ.आई.आर. दर्ज़ करायीं। पहली एफ.आई.आर. 4 जनवरी, 2020 को जे.एन.यू. के सुरक्षागार्ड्स पर हमला करने और सर्वर रूम में तोड़फोड़ करने के सम्बन्ध में थी। दूसरी एफ.आई.आर. एक जनवरी की घटना के बारे में थी। हालाँकि दिल्ली पुलिस ने 4 जनवरी की घटना के बारे में एफ.आई.आर. की जानकारी 10 जनवरी, 2020 को सार्वजनिक की और इसमें शामिल छात्रों के नाम बतायें। इस पर ख़ूब सवाल भी उठे क्योंकि इससे पहले 5 जनवरी की शाम 7 बजे यूनिवर्सिटी कैम्पस में नकाबपोश गुण्डों ने हमला किया था, जिसकी निन्दा देश ही नहीं पूरी दुनिया में हुई। यह हमला तब किया गया था, जब जे.एन.यू. कैम्पस में क़रीब 200 छात्र और 50 शिक्षक फ़ीस बढ़ाने के मुद्दे पर प्रदर्शन की रणनीति पर चर्चा कर रहे थे। सभी हमलावर नक़ाबपोश गुण्डे लाठी–डण्डों और लोहे की रॉड लिए हुए थे।

इनकी संख्या 50 से ज़्यादा थी और इनमें एक महिला भी थी। ये गुण्डे छात्रों को पकड़–पकड़ कर पीट रहे थे और उन्हें एंटी–नैशनल तथा नक्सली कह रहे थे। कुछ शिक्षकों ने उन्हें रोकने की कोशिश की तो इन गुण्डों ने उन पर भी डण्डों से हमला कर दिया।

सोशल मीडिया और मीडिया में ऐसी ख़ूब तस्वीरें छाई रहीं, जिनमें हॉस्टल में फर्श पर जगह–जगह काँच बिखरा था। इन हमलावरों से बचने के लिए दो छात्र पहली मन्ज़िल से कूद गये और उनके पैर में चोट आयी। इस मारपीट में 39 छात्र घायल हुए। हमले के दौरान जानकारी मिलने पर जब सामाजिक कार्यकर्ता योगेन्द्र यादव कैम्पस में पहुँचे तो नक़ाबपोश गुण्डों के दल ने उन पर भी हमला किया। रास्ते में खड़े वाहन तोड़ दिये गये। सबसे ज़्यादा तोड़फोड़ साबरमती हॉस्टल, माहीमाँडवी और पेरियार होस्टल में की गयी। पुलिस के रिकार्ड के अनुसार हमले के समय पुलिस के पास 100 नम्बर पर क़रीब 50 कॉल्स आयी थीं मगर 7.45 बजे के बाद ही पुलिस को कैम्पस में दाख़िल होने के लिए यूनिवर्सिटी प्रशासन की लिखित अनुमति मिली। गुण्डों के अपना काम करके निकल जाने के बाद। रात दस बजे तक एम्स के ट्रॉमा सेंटर में 23 छात्र और सफ़दरजंग हस्पताल में 3 छात्रों को भर्ती कराया जा चुका था। जे.एन.यू. की छात्र संघ की अध्यक्ष आई.सी. घोष भी इनमें शामिल थीं। उनके सिर में 16 टाँके लगे और उनके बायें हाथ में फ्रेक्चर की वजह से प्लास्टर करना पड़ा।

एम्स में रातभर में कुल 36 घायल छात्र पहुँचे। इनमें से अधिकांश को 24 घण्टे के भीतर छुट्टी मिल गयी। छात्रों को सुरक्षा देने में ख़ुद को नाकाम मानते हुए साबरमती हॉस्टल के वार्डन ने इस्तीफ़ा दे दिया। हॉस्टल को असुरक्षित बताते हुए कई छात्रों ने कमरे खाली कर दिये। *फ्रेंड्स ऑफ आर.एस.एस. और यूनिटी अगेन्सट लेफ़्ट* जैसे व्हाट्सएप ग्रुप्स की चैट के स्क्रीनशॉट्स सोशल मीडिया में वायरल हुए। इस दौरान कुछ ख़ास वर्ग के लोगों द्वारा बाद में सोशल मीडिया पर घायल आई.सी. के फ़ोटो 180 डिग्री फ्लिपकर कोलाज बनाकर डाले गये और उनकी चोटों को फर्जी बताने की कोशिश की गयी। ऐसा करने वाले लोग कौन थे और क्यों ऐसा कर रहे थे? ये सवाल दबे ही रह गये।

शायद उनकी मंशा माहौल को ज़हरीली बनाने की थी। हालाँकि घायल आई.सी. अपनी चोटों और इन बातों की परवाह किये बिना सिर परपट्टी और हाथ में प्लास्टर चढ़ाए आन्दोलनकारी छात्रों के बीच पहुँच गयी।

उनकी यह तस्वीर देश ही नहीं विदेशी मीडिया में भी छा गयी। जे.एन.यू. छात्रों पर हो रही बर्बरता से अन्य विश्वविद्यालयों के छात्रों में भी आक्रोश पैदा हो गया। 6 जनवरी, 2020 को देशभर के विश्वविद्यालयों के छात्र और शिक्षक जे.एन.यू. छात्रों के समर्थन में आ गये और वहाँ भी धरना–प्रदर्शन शुरू हो गये। इनमें हैदराबाद यूनिवर्सिटी, असम यूनिवर्सिटी, गुवाहाटी यूनिवर्सिटी, बंगाल की जाधवपुर यूनिवर्सिटी, आई.आई.टी. बॉम्बे, फ़िल्म एंड टेलीविज़न इंस्टीट्यूट (एफ.टी.आई.आई.) पुणे, दिल्ली यूनिवर्सिटी, अलीगढ़ यूनिवर्सिटी के छात्रों और शिक्षकों ने जे.एन.यू. के छात्रों के साथ अपनी पूरी एकजुटता प्रकट की। इन सबने अपने–अपने कैम्पस में धरना और प्रदर्शन किया। मुम्बई में गेट वे ऑफ इंडिया पर रात 12 बजे से 2 बजे के बीच सैंकड़ों लोगों ने मोमबत्ती जलाकर प्रदर्शन किया। इस प्रदर्शन में हिस्सा लेने वालों में अभिनेत्री तापसी पन्नू, दिया मिर्ज़ा, स्वरा भास्कर, रिचा चड्ढा, कोंकणा सेन शर्मा, अभिनेता सुशान्त सिंह, राहुल बोस, अनुराग कश्यप, ज़ोया अख़्तर और विशाल भारद्वाज भी थे। 8 जनवरी, 2020 को दिल्ली यूनिवर्सिटी और इससे जुड़े कॉलेज के छात्रों और शिक्षकों ने हमले के विरोध में जुलूस निकाला। पिछले 30 साल में पहली बार सैंट स्टीफन कॉलेज के छात्रों ने भी कोई प्रदर्शन किया। 10 जनवरी, 2020 को केन्द्रीय मानव संसाधन विकास मन्त्रालय के सचिव अमित खरे ने जे.एन.यू. के कुलपति और छात्रसंघ के नेताओं के साथ दो अलग–अलग बैठकें कीं।

इसके बाद अमित खरे ने मीडिया को बताया कि बढ़ी हुई फ़ीस के अलावा छात्रों से फ़िलहाल हॉस्टल के शुल्क नहीं लिए जायेंगे। राष्ट्रीय विश्वविद्यालय अनुदान आयोग (यू.जी.सी.) के चेयरमैन डॉ. डी.पी. सिंह से भी मुलाकात की और बढ़ी हुई तथा हॉस्टल शुल्क़ का भार वहन करने का आग्रह किया। खरे ने छात्रों से हड़ताल समाप्त कर कक्षाओं में लौटने का भी आग्रह किया। 10 जनवरी, 2020 को जे.एन.यू. के तीन प्रोफ़ेसरों की ओर से दिल्ली हाई कोर्ट में याचिका देकर माँग की गयी कि अदालत पुलिस और सरकार को निर्देश दे कि 5 जनवरी, 2020 के हमले से जुड़े सी.सी.टी.वी. फुटेज और अन्य सभी साक्ष्य संरक्षित रखे। इसके अलावा व्हाट्सएप, गूगल और एप्पल से भी डाटा तथा साक्ष्य मँगाये जायें। इसमें दो व्हाट्सएप ग्रुप 'Unity against Left' And 'Friends of RSS' का ज़िक्र किया गया। इस याचिका पर 13 जनवरी, 2020 को दिल्ली हाई कोर्ट ने इंटरनेट कम्पनियों एप्पल, गूगल और व्हाट्सएप

को नोटिस जारी कर डाटा और साक्ष्य सँरक्षित रखने को कहा साथ ही दिल्ली पुलिस को आदेश दिया कि वह उक्त दोनों व्हाट्सएप ग्रुप के सभी सदस्यों के मोबाइल फ़ोन सीज करें। यूनिवर्सिटी प्रशासन से कहा गया कि वह सी.सी.टी.वी. फुटेज मुहैया कराये। यूनिवर्सिटी कैम्पस में घुसकर छात्रों पर गुण्डों द्वारा हमला करना एक ऐसा काला अध्याय है, जो अपने पीछे कई तरह के सवाल छोड़ गया। क्या यह हमला छात्रों के आन्दोलन को कुचलने की कोई साजिश थी? क्या यह स्वयंःस्फूर्त था? क्या यह कैम्पस में वामपन्थी और दक्षिणपन्थी छात्रों के बीच वर्चस्व की लड़ाई का नतीजा था? क्या पुलिस इन सवालों के कभी सही जवाब ढूँढ़ पायेगी। वक़्त सभी सवालों के जवाब दे देता है मगर कुछ सवाल ऐसे भी होते हैं, जिन पर वक़्त भी चुप्पी साध लेता है। ऐसे सवालों को ज़्यादा कुरेदने से कुछ हासिल नहीं होता।

हॉस्टल फ़ीस बढ़ाने का फ़ैसला जिस माहौल में लिया गया था, उसे भी समझने की ज़रूरत है। कुलपति एम. जगदेश कुमार अपनी नियुक्ति के बाद से ही एक के बाद एक जो फ़ैसले ले रहे थे, उनसे छात्रों और शिक्षकों में नाराज़गी बढ़ रही थी। क़रीब तीन महीने पहले ही उन्होंने 48 शिक्षकों को चार्जशीट भेजकर एक और नये विवाद को जन्म दिया था। 26 जुलाई, 2019 को कुलपति एम. जगदेश कुमार ने विश्वविद्यालय के 48 शिक्षकों पर चार्जशीट जारी कर 2018 में हुए प्रदर्शनों में हिस्सा लेने पर जवाब माँगा गया। चार्जशीट में सेंट्रल सिविल सर्विस रूल का हवाला देते हुए अपना लिखित जवाब 15 दिन में देने को कहा गया था। चार्जशीट में शिक्षकों पर *अकेडमिक रूल एंड रेगुलेशन* के नियम एम–7(6) के उल्लंघन का भी आरोप लगाया। इस नियम के मुताबिक़ वे सरकार के ख़िलाफ़ विरोध नहीं कर सकते थे। साथ ही इन शिक्षकों पर दिल्ली हाईकोर्ट के उस आदेश के उल्लंघन का भी आरोप लगाया गया, जिसके तहत शिक्षण संस्थान के 100 मीटर के दायरे में प्रदर्शन वर्जित है। इस पर शिक्षकों के संगठन का कहना था कि हाईकोर्ट का यह आदेश सिर्फ़ छात्रों के सम्बन्ध में था। नागरिक सेवा नियमावली के लिए तर्क था कि इसे मौजूदा कुलपति के कार्यकाल में ही लागू किया गया है। 2018 में केन्द्रीय विश्वविद्यालयों और उच्च शिक्षण संस्थानों में सेंट्रल सिविल सर्विस (सी.सी.एस.) नियमावली लागू करने के लिए जे.एन.यू., यूजीसी और केन्द्रीय मानव संसाधन विकास मन्त्रालय के बीच समझौता हुआ था।

समझौते के तहत शिक्षक केन्द्र सरकार की नीतियों के ख़िलाफ़ विरोध दर्ज़ नहीं कर सकते थे। इसके ख़िलाफ़ शिक्षकों ने विरोध प्रदर्शन किया था। इसी नियमावली के तहत क़रीब एक साल बाद जे.एन.यू. के कुलपति ने 26 जुलाई, 2019 को 48 शिक्षकों को नोटिस जारी किये थे।

मामला यह था क़रीब एक साल पहले 31 जुलाई, 2018 को जवाहर लाल नेहरू यूनिवर्सिटी टीचर एसोसिएशन (जे.एन.यू.टी.ए.) ने जे.एन.यू. के कुलपति को हटाने की माँग करते हुए और उच्च शिक्षा कोष प्राधिकरण (एच.ई.ए.फ.ए.) ऋण योजना के विरोध में एक दिन की हड़ताल की थी। जे.एन.टी.यू. का आरोप था कि कुलपति एम जगदेश कुमार विश्वविद्यालय को बर्बादी के रास्ते पर धकेल रहे हैं। कुलपति के आदेश पर सितम्बर 2017 में सेंसिटाइजेशन अगेंस्ट सेक्सुअल हरासमेंट (जी.एस.सी.ए.एस.एच.) को भंग कर दिया। यह विश्वविद्यालय में यौन उत्पीड़न की जाँच करने वाली स्वायत्त संस्था थी। कुलपति के इस क़दम से भी शिक्षक और छात्र नाराज थे।

जी.एस.सी.ए.एस.एच. को भँग करने के पीछे भी एक लम्बा घटनाक्रम था। जे.एन.यू. देश का ऐसा पहला शैक्षणिक संस्थान था, जिसने सुप्रीम कोर्ट के विशाखा निर्देश के बाद सबसे पहले यौन उत्पीड़न के ख़िलाफ़ समिति बनायी थी। विशाखा और अन्य बनाम राजस्थान राज्य मामले में सुनवायी करते हुए सुप्रीम कोर्ट ने 1997 में ऐतिहासिक फ़ैसला सुनाया था, साथ ही यौन उत्पीड़न के मामलों से निपटने के लिए कई सारे नीति निर्देश जारी किये थे। इसके दो साल के भीतर ही जे.एन.यू. में जी.एस.सी.ए.एस.एच. जैसी स्वायत्त संस्था बना दी गयी थी। ऐसा करने वाला जे.एन.यू. देश का पहला शैक्षिक संस्थान था। यह संस्था विश्वविद्यालय में यौन उत्पीड़न के मामलों की जाँच करती थी और दोषी पाये गये लोगों के ख़िलाफ़ सजा की सिफ़ारिश करती थी। 23 सदस्यों वाली इस संस्था में 10 प्रतिनिधि निर्वाचित होते थे जो कि छात्र, शिक्षक और कर्मचारी समुदाय से होते थे। जाँच प्रक्रिया में सिर्फ़ निर्वाचित सदस्य ही भाग लेते थे। इस संस्था के कामकाज में जे.एन.यू. प्रशासन का कोई दख़ल नहीं होता था। यह संस्था जे.एन.यू. के बड़े से बड़े अधिकारी तक के ख़िलाफ़ शिकायत दर्ज़ कर जाँच कर सकती थी और उसके दोषी पाये जाने पर सजा की सिफ़ारिश का भी हक़ था। ज़ाहिर है कि ऐसी स्वायत्त कमेटी से कुछ लोगों को ख़तरा महसूस होता होगा। 2017 में जे.एन.यू. प्रबन्धन ने इसे भंग कर इसके दफ़्तर पर ताला लगा दिया।

इस सबके पीछे कोई ठोस वजह नहीं थी। जे.एन.यू. में अन्य शिक्षण संस्थानों की तुलना में यौन उत्पीड़न के ज़्यादा मामले दर्ज़ होकर सामने आ रहे थे। दिसम्बर 2015 में तत्कालीन मानव संसाधन विकास मन्त्री स्मृति ईरानी ने संसद को बताया कि जे.एन.यू. प्रशासन की ओर से प्राप्त यौन उत्पीड़न की शिकायतों की संख्या शैक्षिक संस्थानों में सबसे अधिक हैं। केन्द्रीय मन्त्री के बयान के बाद यौन उत्पीड़न मामले अधिक होने की वजह से मीडिया में विश्वविद्यालय की काफ़ी आलोचना हुई थी। दूसरी ओर जे.एन.यू. शिक्षकों का कहना था कि विश्वविद्यालय में ऐसी शिकायतें दर्ज़ करने के लिए उचित और सक्रिय मंच है, जबकि अन्य शिक्षण संस्थानों में ऐसा नहीं है। 2015–16 में *जेंडर सेंसिटाइजेशन कमेटी अंगेस्ट सेक्सुअल हरासमेंट* (जी.एस.सी.ए.एस.एच.) की वार्षिक रिपोर्ट भी आयी जिसमें कहा गया कि जनवरी 2015 से मार्च 2016 के बीच जे.एन.यू. में कुल 42 शिकायतें प्राप्त हुईं। हालाँकि इनमें से तीन मामले ऐसे थे, जिनमें शिकायत वापिस ली गयी, छह मामलों को आगे नहीं बढ़ाया जा सका क्योंकि कई प्रयासों के बावज़ूद पीड़ित पक्ष सामने नहीं आगा।

जे.एन.यू. प्रबन्धन की किरकिरी होनी अभी बाकी थी। 14 अगस्त, 2019 को दिल्ली उच्च न्यायालय ने जे.एन.यू. को प्रदर्शन में हिस्सा लेने वाले 45 शिक्षकों के ख़िलाफ़ उस जाँच पर रोक लगा दी, जो कुलपति की ओर से जारी 'कारण बताओ नोटिस' के बाद शुरू हुई थी। शिक्षकों की ओर से दायर याचिका में कहा गया था ये नोटिस उन्हें सी.सी.एस. नियमावली के तहत भेजे गये हैं, यह नियमावली सरकारी नौकरों पर लागू होती है, शिक्षक इसके दायरे में नहीं आते। 'कारण बताओ नोटिस' में जो चार्जशीट जारी की गयी है उसमें एक शान्तिपूर्ण प्रदर्शन को ग़लत तरीक़े से पेश किया गया। न्यायमूर्ति सुरेश कैत ने अध्यापकों की याचिका पर जे.एन.यू. प्रशासन से जवाब माँगा और अगली सुनवायी 10 अक्टूबर, 2019 की तय की।

जे.एन.यू. शिक्षकों और छात्रों की नाराज़गी की वजह एक विश्वविद्यालय प्रबन्धन का एक और फ़ैसला भी था। 2017 और 2018 में एम.फिल और पीएच.डी. की सीटों में कटौती की, साथ ही इसके लिए प्रवेश परीक्षा पूरी तरह मौखिक यानी इंटरव्यू आधारित कर दी गयी। यह नियम 14 का भी उल्लंघन था। अदालत में इस पर भी जे.एन.यू. प्रबन्धन को मुँह की खानी पड़ी थी। दिल्ली हाई कोर्ट ने 4 अक्टूबर, 2018 को

अपने फ़ैसले में जे.एन.यू. प्रशासन को एमफिल पीएच.डी. की सीटों में कटौती का अपना फ़ैसला पलटने और इंटरव्यू आधारित प्रवेश परीक्षा पर रोक लगाने को कहा। इस मामले को लेकर जे.एन.यू. के छात्र ही अदालत गये थे और यह उनकी एक बड़ी जीत थी। यह याचिका *स्टूडेंट फेडरेशन ऑफ इंडिया* (एस.एफ.आई.) की ओर से दायर की गयी थी।

फ़रवरी 2016 में जे.एन.यू. कैम्पस में संसद पर हमलों के आरोपी अफजल गुरू की फाँसी की दूसरी बरसी पर एक कार्यक्रम किया गया। इसमें कथित तौर पर देश के टुकड़े होने के नारे लगाये गये। इसके बाद दिल्ली पुलिस ने देशद्रोह के आरोप में जे.एन.यू. छात्र संघ के अध्यक्ष कन्हैया कुमार को गिरफ़्तार कर लिया। हालाँकि कन्हैया बार–बार यह कहते रहे कि उन्होंने ऐसा कोई नारा नहीं लगाया जो देश की एकता और अखण्डता के ख़िलाफ़ हो। कन्हैया कुमार की गिरफ़्तारी का कड़ा विरोध हुआ। विरोधी दलों, छात्रों, शिक्षकों ने इस गिरफ़्तारी की भर्त्सना की। जे.एन.यू. के छात्र इस गिरफ़्तारी के ख़िलाफ़ हड़ताल पर चले गये। कन्हैया कुमार को जब पटियाला कोर्ट में पेशी पर लाया गया तो उस पर उपद्रवियों की भीड़ ने हमला किया।

2 मार्च, 2016 को दिल्ली उच्च न्यायालय ने कन्हैया कुमार को 6 महीने की अन्तरिम जमानत मंजूर की। जस्टिस प्रतिभा रानी ने ज़मानत के फ़ैसले में लिखा कि ऐसी कोई रिकॉर्डिंग नहीं है कि कन्हैया कुमार ने राष्ट्रविरोधी नारे लगाये। इस मामले में दिल्ली पुलिस द्वारा मजिस्ट्रेट जाँच करायी गयी थी, उसने भी अपनी रिपोर्ट में यही कहा कि कन्हैया कुमार के राष्ट्र–विरोधी नारेबाजी में हिस्सा लेने का कोई सबूत नहीं है।

अपनी रिहाई के बाद 3 मार्च, 2016 को कन्हैया कुमार ने जे.एन.यू. के सभागार में अपना भाषण दिया, जिसमें उन्होंने कहा कि वह भारत से आज़ादी नहीं बल्कि भारत में आज़ादी चाहते हैं। उन्होंने अपने साथी छात्रों से आह्वान किया कि वे देश को राष्ट्रीय स्वयंसेवक संघ के शिकंजे से आज़ादी दिलायें, जो देश के लोगों को बाँटने की कोशिश कर रहे हैं। कांग्रेस नेता शशि थरूर ने एक टी.वी. चैनल पर भाजपा को बधाई देते हुए कहा कि उसने अपनी ग़लती से राष्ट्रीय स्तर का एक नया राजनीतिक नेता पैदा कर दिया।

10 मार्च, 2016 को जे.एन.यू. प्रशासन ने एक छात्रा से ग़लत व्यवहार करने और उसे धमकी देने के मामले में जुर्माना लगाया। यह मामला जून 2015 का था। ऑल इंडिया स्टूडेंट फेडरेशन ने इसे कन्हैया कुमार की छवि ख़राब करने की कोशिश बताया। इस तरह जे.एन.यू. प्रशासन और छात्रों के बीच कन्हैया कुमार प्रकरण से ऐसी कड़वाहट पैदा हुई जो न सिर्फ़ लम्बे समय तक बनी रही, बल्कि लगातार बढ़ती गयी।

उधर 25 जुलाई, 2020 को दिल्ली पुलिस ने शरज़ील इमाम पर राजद्रोह के मामले में दिल्ली के पटियाला हाउस कोर्ट में आरोप पत्र दायर किया। इसमें भी शाहीन बाग़ धरने के पीछे शरज़ील इमाम की भूमिका बतायी गयी थी। इसके बाद सितम्बर में पूरक याचिका में पुलिस ने दावा किया कि शरज़ील नाक़ाबन्दी का मास्टरमाइंड था। 15 दिसम्बर, 2019 की दोपहर इमाम ने जामिया के छात्र अरशद वारसी और उसके साथियों की मदद से कालिन्दी कुन्ज रोड नम्बर 13 को 24 घण्टे का स्थायी चक्का जाम की शुरुआत की। आरोप–पत्र के अनुसार शाहीन बाग़ में रहने वाले लोग पहले विरोध प्रदर्शन के ख़िलाफ़ थे। उसके बाद शरज़ील इमाम ने उन्हें गम्भीर परिणाम भुगतने की धमकी दी थी। सड़क जाम करने से पहले शरज़ील इमान ने शाहीन बाग़ में सी.ए.ए.–एन.आर.सी. के ख़िलाफ़ उत्तेजक और भ्रामक पर्चे वितरित किये थे। पुलिस ने आरोप पत्र में अपने दावे के समर्थन में गवाहों के बयान, आरोपियों के फेसबुक पोस्ट, व्हाट्सएप चैट और मोबाइल फ़ोन से ऐसी तमाम जानकारियाँ बरामद की हैं। *जामिया कोऑर्डिनेशन कमेटी* (जे.सी.सी.) बनाने का उद्देश्य भी एक बड़ी साजिश का हिस्सा था। इस कमेटी बनाने का उद्देश्य मुस्लिम बहुल इलाक़ों में विरोध स्थलों पर छात्रों, महिलाओं और बच्चों को जुटाने के लिए टीम बनाना था, ताकि पूरी सड़क को जाम किया जा सके। महिलाओं और बच्चों का प्रदर्शन स्थल पर इसलिए बैठाया गया ताकि पुलिस को प्रभावी कार्रवाई करने से रोका जा सके।

पुलिस के आरोप पत्र के अनुसार जे.सी.सी. सदस्यों ने महिलाओं और बच्चों को प्रदर्शन के लिए रोज़ के हिसाब से पैसा भी वितरित किया था ताकि पर्याप्त संख्या में लोग इकट्ठे रहें। जे.सी.सी. मीडिया टीम की स्थापना सफ़ूरा जर्गर ने की थी। इस टीम ने विरोध प्रदर्शन से सम्बन्धित सन्देशों, ऑडियो और वीडियो को सोशल मीडिया पर पोस्ट किया।

दिल्ली सुलग रही थी धीरे-धीरे

"अगर अपनी बात रखने के लिए नागरिकों के साथ हर बार ऐसा ही होता है तो, सी.ए.बी. को छोड़िये, हमें एक विधेयक पारित कर ये घोषित कर देना चाहिए कि अब हमारे देश को लोकतन्त्र न कहा जाये। अपनी बात रखने पर निर्दोष लोगों की पिटाई बर्बर है।"

2019 का आधा दिसम्बर बीत चुका था। उत्तर भारत में कड़ाके की ठण्ड थी। मगर राजनीतिक माहौल गर्म था और आन्दोलनों की आग बला की तेज़ी से तेज़ हो रही थी। नागरिकता (संशोधन) अधिनियम–2019 पर राष्ट्रपति के हस्ताक्षर हो जाने के बाद अभी इसे अधिसूचित (नोटिफ़िकेशन) नहीं किया गया था। मगर असम और पूर्वोत्तर में इसके ख़िलाफ़ आन्दोलन बुरी तरह भड़क चुका था। स्थितियाँ बेकाबू–सी नज़र आने लगी थीं। कुछ दिन के अन्तराल में विरोध की यह आग उत्तर प्रदेश, दिल्ली, मध्य प्रदेश, महाराष्ट्र और पश्चिम बंगाल में भी धधक उठी थी। मगर इन राज्यों में नागरिकता संशोधन क़ानून (सी.ए.ए.) के विरोध की वजह वही नहीं थी, जो पूर्वोत्तर में थी। इन राज्यों में आन्दोलन को लेकर कई तरह के भ्रम भी पैदा किये गये थे। सामान्य जनमानस इसे बहुत अच्छी तरह से नहीं समझ पाया था। कुछ इसे नागरिकता पंजी (एन.आर.सी.) से जोड़ रहे थे। कुछ इसे एक समुदाय का दमन बता रहे थे।

14 दिसम्बर, 2019 को दिल्ली में भी नागरिकता संशोधन क़ानून के ख़िलाफ़ प्रदर्शन शुरू हो गये। देश की राजधानी में इसकी विरोध की शुरुआत छात्रों ने की। जन्तर–मन्तर पर बड़ी संख्या में छात्र सी.ए.ए.–एन.आर.सी. के विरोध में धरने पर बैठ गये। जामिया मिलिया इस्लामिया यूनिवर्सिटी के छात्र भी इस प्रदर्शन में शामिल थे। अगले दिन रविवार था। शाम के पाँच बज चुके थे। दक्षिणी दिल्ली के ओखला, जामिया और कालिन्दी कुन्ज इलाक़े में बड़ी संख्या में छात्र और स्थानीय लोग नये

नागरिकता क़ानून के ख़िलाफ़ जुलूस की शक्ल में एकत्र हुए। प्रदर्शनकारियों की भीड़ आगे बढ़ रही थी। पुलिस के बैरिकेड तोड़ दिये गये। इनमें जामिया के छात्रों की अच्छी ख़ासी संख्या थी। पुलिस ने भीड़ को हटाने के लिए आँसू गैस का इस्तेमाल किया और लाठीचार्ज शुरू हो गया। जल्द ही प्रदर्शन हिंसा में बदल गया। दिल्ली परिवहन निगम की बसों को आग लगा दी गयी थी पुलिस ने बाद में जानकारी दी कि इस हिंसा में चार डी.टी.सी. बसें, 100 निजी वाहन और 10 पुलिस वाहनों को नुक़सान पहुँचाया गया।

पुलिस कार्रवाई में कई लोग घायल हुए थे, जिन्हें हस्पताल में भर्ती कराया गया। इनमें छात्र भी थे। इसकी तस्वीरें और वीडियो सोशल मीडिया पर तेज़ी से वायरल हो रहे थे। जामिया के छात्र संघ एवं पूर्व छात्रों ने एक बयान जारी कर कहा कि छात्रों की तरफ से किसी ने हिंसा नहीं की और न ही वे किसी तरह की हिंसा में विश्वास करते हैं। नागरिकता संशोधन क़ानून के ख़िलाफ़ उनका प्रदर्शन शान्तिप्रिय है और यह आगे भी जारी रहेगा।

14 दिसम्बर, 2020 की उसी रात पुलिस का एक दल जामिया परिसर के अन्दर घुस गया था और लाइब्रेरी में जाकर छात्रों पर कहर ढाया गया। जो छात्र हाथ आया उस पर घेर कर लाठियाँ बरसायी गयीं। जामिया परिसर में हुई इस हिंसा में क़रीब 100 लोग घायल हुए इनमें ज़्यादातर छात्र थे। *द वायर* की रिपोर्ट के मुताबिक़ एक छात्र की आँख फोड़ दी गयी थी। इसी दिन 12 बजकर 22 मिनट पर *द वायर* ने एक वीडियो ट्वीट किया जिसमें पुलिस लाठीचार्ज में घायल छात्र आपबीती बता रहा था। उसकी दोनों टाँगें पुलिस ने तोड़ दीं थीं। एंबुलेंस में लेटे छात्र के अनुसार जामिया की लाइब्रेरी पुलिस अत्याचार की सारी कहानी कहती है। पुलिस वालों ने लाठियों से मारकर मेरी दोनों टाँगें तोड़ दीं और फिर मुझसे भागने के लिए कह रहे थे।

अगले दिन जामिया मिलिया इस्लामिया के चीफ़ प्रॉक्टर वसीम अहमद ख़ान ने प्रेस कॉन्फ्रेंस कर आरोप लगाया कि पुलिस जबरन विश्वविद्यालय परिसर में घुसी थी। उसने कर्मचारियों और छात्रों को पीटा। गगगउन्हें परिसर छोड़ने के लिए मज़बूर किया। विश्वविद्यालय की कुलपति नज़मा अख़्तर ने कहा कि प्रदर्शन का आयोजन छात्रों ने नहीं किया था। विरोध प्रदर्शन आस–पास के इलाक़ों का था, जहाँ वे जामिया से जुलैना की तरफ निकलने वाले थे।

उनकी पुलिस के साथ झड़प हुई और वे यूनिवर्सिटी का गेट तोड़ते हुए कैम्पस के अन्दर घुस गये। शीतकालीन अवकाश घोषित हो चुका था और आधे छात्र पहले ही घर जा चुके थे। पुलिस बाहर के लोगों का पीछा करते हुए आयी और विश्वविद्यालय में घुस गयी। पुस्तकालय खोला और हमारे छात्रों को प्रताड़ित किया गया।

वरिष्ठ वक़ील इन्दिरा जय सिंह, कॉलिन गोंजाल्विस व अन्य ने 16 दिसम्बर, 2019, सोमवार की सुबह अदालत खुलते ही सुप्रीम कोर्ट में मुख्य न्यायाधीश एस.ए. बोबडे के सामने विश्वविद्यालयों के छात्रों की पिटाई के मामले का उल्लेख किया और पुलिस बर्बरता के ख़िलाफ़ न्यायिक जाँच की माँग की। पुलिस की बर्बरता ने छात्रों के गुस्से को और भड़का दिया था। 16 दिसम्बर, 2019 को कड़ाके की ठण्ड में छात्रों के एक समूह ने पुलिस की बर्बरता की सी.बी.आई. जाँच की माँग करते हुए शर्ट उतार कर नंगे बदन प्रदर्शन किया और जुलूस निकाला। छात्रों का कहना था कि पुलिस ने लड़कियों तक से मारपीट की।

17 दिसम्बर, 2020 को दिल्ली पुलिस ने जमिया के पास हुई हिंसा के मामले में आपराधिक पृष्ठभूमि वाले 10 लोगों को गिरफ़्तार किया। इनमें कोई भी छात्र नहीं था। दिल्ली पुलिस के प्रवक्ता एम.एस. रन्धावा ने मीडिया को बताया था कि जामिया नगर इलाक़े से 10 लोगों को गिरफ़्तार किया गया। पुलिस ने सी.सी.टी.वी. फुटेज की मदद से उनकी पहचान की है। छात्रों पर पुलिसिया कार्रवाई की निन्दा हर तरफ हो रही थी। बॉलीवुड की कई हस्तियाँ भी इसमें कूद पड़ीं। 17 दिसम्बर, 2019 को परिणीति चोपड़ा ने सुबह 9 बजे ट्वीट किया, "अगर अपनी बात रखने के लिए नागरिकों के साथ हर बार ऐसा ही होता है तो, सी.ए.बी. को छोड़िये, हमें एक विधेयक पारित कर ये घोषित कर देना चाहिए कि अब हमारे देश को लोकतन्त्र न कहा जाये। अपनी बात रखने पर निर्दोष लोगों की पिटाई बर्बर है।"

निर्देशक सुधीर मिश्रा का ट्वीट था, "1987 में मैंने एक फ़िल्म बनायी थी। उसका नाम *ये वो मन्ज़िल तो नहीं* था। यह फ़िल्म छात्र पृष्ठभूमि पर आधारित थी। क्लाईमैक्स में पुलिस परिसर में प्रवेश करती है और छात्रों की जमकर पिटाई करती है। कुछ नहीं बदला है। यह भयानक है कि अब हम जानते हैं कि फूल का क्या हुआ। कुचल दिया गया।"

अभिनेत्री कोंकणा सेन शर्मा ने लिखा, "हम लोग छात्रों के साथ हैं। दिल्ली पुलिस आपको शर्म आनी चाहिए।" हॉलिवुड के स्टार जॉन क्यूसेक ने भी हिंसा के वीडियो पर पूछा, "दिल्ली से ख़बरें हैं, कल रात यह युद्ध क्षेत्र था। फ़ासीवाद कोई मज़ाक नहीं है। हम समझ के साथ शब्द का इस्तेमाल करते हैं। यह घातक है।"

17 दिसम्बर, 2019 को सुप्रीम कोर्ट ने प्रदर्शनकारी छात्रों पर पुलिस अत्याचार से सम्बन्धित याचिकाओं पर सुनवायी करते हुए केन्द्र सरकार से सवाल किया कि प्रदर्शनकारियों को गिरफ़्तार करने से पहले कोई नोटिस क्यों नहीं दिया गया। मुख्य न्यायाधीश एस.ए. बोबडे के नेतृत्व वाली पीठ ने याचिकाओं पर सुनवायी करते हुए कहा, "हम तथ्य जानने में समय बर्बाद नहीं करना चाहते, आपको पहले निचली अदालत में जाना चाहिए। केन्द्र और राज्य सरकार का पक्ष सुनने के बाद हाई कोर्ट के पास जाँच कराने के लिए सेवानिवृत्त जज को नियुक्त करने की स्वतन्त्रता है। सुप्रीम कोर्ट ट्रायल कोर्ट नहीं है।"

हालाँकि इससे पहले छात्रों की ओर से पेश वक़ील ने दलील दी थी कि सुप्रीम कोर्ट को शान्तिपूर्ण प्रदर्शन के अधिकार की रक्षा करना चाहिए। वरिष्ठ अधिवक्ता इन्दिरा जय सिंह ने भी कहा कि ए.एम.यू. और जामिया के छात्रों पर पुलिस ने हमला किया। उनके ख़िलाफ़ प्राथमिकी दर्ज़ की। छात्रों को इस तरह जेल में नहीं डाला जा सकता। बिना अनुमति पुलिस विश्वविद्यालय कैम्पस में घुस गयी।

इस पर मुख्य न्यायाधीश ने सवाल किया कि अगर छात्र ऐसा व्यवहार करेंगे तो अधिकारियों को क्या करना चाहिए? सम्पत्तियों को नुक़सान पहुँचाने जैसे अपराधों के लिए क़ानून के तहत प्राथमिकी दर्ज़ की जानी चाहिए। सॉलिसिटर जनरल तुषार मेहता ने न्यायालय को बताया कि कोई भी छात्र जेल में नहीं है। घायल छात्रों को पुलिस हस्पताल ले गयी थी। पुलिस अधिकारियों को भी चोट लगी है।

26 दिसम्बर, 2019 को *पीपुल्स यूनियन फॉर डेमोक्रेटिक राइट्स* (पी.यू.डी.आर.) के छह सदस्यों की फैक्ट फाइंडिंग टीम ने जामिया के छात्रों पर पुलिस की बर्बर कार्रवाई के सम्बन्ध में *ब्लडी संडे* के नाम से अपनी रिपोर्ट जारी की। जामिया के छात्रों, टीचिंग और नॉन टीचिंग स्टाफ, डॉक्टरों, घायल छात्रों, मरीज़ों, स्थानीय लोगों तथा प्रत्यक्षदर्शियों से बात कर इस रिपोर्ट को तैयार किया गया था। रिपोर्ट में कहा गया,

'कैम्पस में हमें टूटे हुए ताले, आँसू गैस के गोलों के खोखे, टूटी खिड़कियाँ और फ़र्नीचर और फर्श पर फैला ख़ून दिखा। छात्रों और शिक्षकों ने नागरिकता क़ानून और एन.आर.सी. के विरोध में संसद तक के मार्च की योजना बनायी थी। पुलिस ने इस जुलूस को रोकने के लिए बैरिकेड लगा दिये। छात्रों ने बैरिकेड तोड़कर मार्च जारी रखा। प्रदर्शनकारियों को रोकने के लिए पुलिस ने आँसू गैस के गोले दागे, जिससे सड़कों पर अफ़रा–तफ़री मच गयी। जो छात्र घायल हुए, पुलिस ने उनको चिकित्सीय मदद नहीं मिलने दी। इसके बाद पुलिस बिना मंजूरी यूनिवर्सिटी कैम्पस में घुस गयी और सबसे पहले सी.सी.टी.वी. कैमरे तोड़ दिये। उसके बाद बैंतों से छात्रों को पीटने लगी। छात्रों की मोटरसाइकिलें पुलिस ने तोड़ दीं। पुलिसकर्मियों ने छात्रों को देशद्रोही, जिहादी जैसे शब्द कहे तथा छात्राओं और स्टाफ की महिलाओं को बलात्कार की धमकियाँ दीं।'

रिपोर्ट में कहा गया कि पुलिस द्वारा दिखायी गयी यह क्रूरता पूरी तरह से अस्वीकार्य है। छात्रों को जिस तरह से चोटें आयीं हैं, उससे साफ़ पता चलता है कि पुलिस उन्हें अधिक से अधिक चोट पहुँचाना चाहती थी। लगभग 85 छात्रों का अलशिफा हस्पताल में इलाज़ किया गया था। इनमें से 35 छात्रों को टाँके लगाने पड़े, क़रीब 20 छात्रों की हड्डियाँ टूटी थीं और इतने ही छात्रों के सिर में चोट थी। कैम्पस में तैनात सुरक्षा कर्मियों और कैम्पस में मौजूद मस्ज़िद के इमाम को भी पीटा गया था। हालाँकि दिल्ली पुलिस के अधिकारियों ने इस रिपोर्ट में लगाये सभी आरोपों को नकार दिया था।

दिल्ली विश्वविद्यालय (डी.यू.) के कला संकाय में भी 25 दिसम्बर, 2019 को छात्रों ने सी.ए.ए. और एन.सी.आर. के ख़िलाफ़ विरोध प्रदर्शन किया था। इसमें लेखिका अरुन्धति रॉय और अभिनेता जीशान अयूब सहित कई कार्यकर्ताओं ने भाग लिया था। इसके दो दिन बाद डीयू की प्रॉक्टर ने 27 दिसम्बर, 2019 को नोटिस जारी किया कि कला संकाय के बाहर या आस–पास किसी भी विरोध प्रदर्शन या जमावड़े की अग्रिम सूचना दी जानी चाहिए। नोटिस के अनुसार आयोजक को कार्यक्रम की जानकारी, वक्ताओं की सूची, प्रतिभागियों की अपेक्षित संख्या जैसी अन्य जानकारियाँ भी देनी होंगी। यह जानकारी कम से कम आयोजन से 24 घण्टे पहले प्रॉक्टर कार्यालय को देना अनिवार्य है। साथ ही कार्यक्रम का उद्देश्य, ई–मेल, आई.डी., फ़ोन नम्बर, कार्यक्रम या विरोध की अवधि,

लाउडस्पीकर और अन्य किन उपकरणों का इस्तेमाल किया जायेगा। इनकी भी जानकारी माँगी गयी। *ऑल इंडिया स्टूडेंट्स एसोसिएशन* ने डी.यू. के इस क़दम को अलोकतान्त्रिक करार दिया।

5 जनवरी, 2020 को *इंडियन एक्सप्रेस* ने 15 दिसम्बर, 2019 की जामिया हिंसा पर एक बड़ा खुलासा किया। इस रिपोर्ट में कहा गया था कि साउथ–ईस्ट ज़िला पुलिस ने हिंसा की जाँच के बाद एक केस डायरी तैयार की है, जिसमें कहा गया है कि दो पुलिसकर्मियों ने तीन गोलियां प्रदर्शनकारियों पर चलायी थीं। यह गोलियाँ ए.सी.पी. रैंक के एक अधिकारी के सामने ही चलायी गयी थीं। प्रदर्शन वाले दिन जामिया के तीन छात्रों को दो हस्पतालों में भर्ती किया गया था। इनमें 20 वर्षीय एज़ाज़ अहमद और 23 वर्षीय मोहम्मद शोएब को सफ़दरजंग हस्पताल और तीसरे छात्र मोहम्मद तामिन (23) को होली फैमिली हस्पताल में भर्ती कराया गया था। तीनों को गोली लगी थी। इन छात्रों के बयानों को हस्पताल की मेडिको–लीगल केस (एम.एल.सी.) रिपोर्ट में भी दर्ज़ किया गया था। हालाँकि इस सम्बन्ध में डी.सी.पी. (दक्षिण–पूर्व) चिन्मय बिस्वाल ने कहा था कि हेली फैमिली हस्पताल की एम.एल.सी. रिपोर्ट में दर्ज़ है कि भर्ती छात्र को गोली से घाव हुआ है। यह रिपोर्ट घायल के बयान पर आधारित है। हमने किसी पर गोली नहीं चलायी। किसी भी तरह की धातु और प्लास्टिक से घाव हो सकता है। सफ़दरजंग में भी ऐसे दो छात्र बताये गये हैं। अगर किसी को गोली लगी होती तो एंबुलेंस उसे हेली फैमिली या फोर्टिस ले जाती जो नज़दीक है।

मगर 18 दिसम्बर, 2019 को एक वीडियो वायरल हुआ था जिसमें दो पुलिसकर्मी फ़ायरिंग करते हुए और एक वरिष्ठ अधिकारी उनके पास खड़ा दिख रहा था। इंडियन एक्सप्रेस की रिपोर्ट के अनुसार इन दोनों पुलिसकर्मियों की पहचान कर ली गयी है। उनके बयान भी केस डायरी में दर्ज़ कर लिए गये थे। हालाँकि इस केस की डायरी को मामले की जाँच कर रही क्राइम ब्रान्च या एस.आई.टी. को नहीं सौपा गया। होली फैमिली हस्पताल के निदेशक फ़ादर जॉर्ज पी.ए. ने तब मीडिया से कहा था कि छात्र के शरीर से निकाली गयी चीज़ को हमने जाँच के लिए दिल्ली पुलिस को सौंप दिया है। पुलिस इसकी जाँच करेगी कि क्या वह गोली थी या टियरगैस शेल।

विश्वविद्यालयों में हिंसक झड़पों के बीच जे.एन.यू. का एक शोध छात्र शरजील इमाम भी अपने भड़काऊ बयानों के लिए चर्चा में आया। असम को भारत से अलग करने सम्बन्धी उसके एक देश–विरोधी बयान का वीडियो ख़ूब वायरल हुआ था। उसने ख़ुद को दिल्ली के शाहीन बाग़ के रास्ते बन्द करने वाले प्रदर्शन का मुख्य आयोजक बताया था। शरज़ील आई.आई.टी. मुम्बई से कम्प्यूटर साइंस में स्नातक था और जे.एन.यू. के सेंटर फॉर हिस्टोरिकल स्टडीज़ का शोध छात्र। उसके पिता अक़बर इमाम बिहार के जदयू नेता थे। अलीगढ़ मुस्लिम यूनिवर्सिटी में पुलिस कार्रवाई के अगले दिन 16 दिसम्बर, 2019 को शरज़ील ने वहाँ जाकर छात्रों के बीच भाषण दिया था, जो काफ़ी भड़काऊ था। इसका वीडियो वायरल होने के बाद उत्तर प्रदेश, दिल्ली तथा असम पुलिस ने उसके ख़िलाफ़ मामले दर्ज़ किये थे। गुवाहाटी की अपराध शाखा पुलिस ने 26 जनवरी, 2020 को शरज़ील के ख़िलाफ़ गैर क़ानूनी गतिविधि रोकथाम क़ानून और आई.पी.सी. की धारा 153ए, 153बी और 124ए के तहत प्राथमिकी दर्ज़ की थी।

28 जनवरी, 2020 को दिल्ली पुलिस ने बिहार पुलिस की मदद से जहानाबाद ज़िले के काको थाना क्षेत्र से देशद्रोह के आरोपी शरजील को गिरफ़्तार कर लिया था। रातभर उसे पटना जेल में रखने के बाद अगली सुबह फ़्लाइट से दिल्ली लाया गया। पुलिस ने उसकी गिरफ़्तारी के लिए शरज़ील की प्रेमिका को माध्यम बनाया था। पुलिस ने उसकी प्रेमिका पर दबाव बनाया था कि वह उसे फ़ोन कर मलिक टोला के इमाम बाड़े में मिलने के लिए बुलाये। प्रेमिका ने फ़ोन कर तय समय पर शरज़ील को पुलिस की बतायी जगह पर बुलाया। जैसे ही शरज़ील वहाँ पहुँचा उसे गिरफ़्तार कर लिया गया। 25 जुलाई, 2020 को दिल्ली पुलिस ने पटियाला हाउस की एक अदालत शरज़ील के ख़िलाफ़ राजद्रोह के मामले में आरोपपत्र दाख़िल किया। इस आरोप पत्र में कहा गया कि शरज़ील ने नागरिकता संशोधन क़ानून के ख़िलाफ़ मुस्लिम समुदाय को भड़काया था। हालाँकि 30 अगस्त को दिल्ली पुलिस ने शरजील के ख़िलाफ़ नया संशोधित आरोप पत्र दायर किया। इसमें कहा गया कि शरजील सी.ए.ए. के ख़िलाफ़ प्रदर्शनों को पूरे देश में शुरू कराने के लिए जी–तोड़ कोशिश कर रहा था। इसके अनुसार वह इमाम पॉपुलर फ्रंट ऑफ इंडिया के एक सदस्य से सम्पर्क में था। उसने न सिर्फ़ समुदाय के लोगों को इकट्ठा किया,

बल्कि दिल्ली और देश के अन्य हिस्सों में भी चक्का जाम कराने की कोशिश की। उसके कॉल डिटेल रिकॉर्ड के अनुसार वह सीलमपुर और खुरेजी में प्रदर्शन–स्थलों पर भी गया था। स्थानीय मस्जिदों के इमामों की मदद लेकर उत्तर–पूर्व ज़िले में ग़लत सूचना फैलाने में उसका हाथ था। आरोप पत्र के अनुसार उसने सी.ए.ए. के ख़िलाफ़ विरोध प्रदर्शन की आड़ में बड़ी संख्या में मुस्लिम लोगों को जुटाने के लिए कुछ लोगों को इन मस्जिदों में पर्चे बांटने का काम सौंपा था।

इन सब घटनाक्रमों के बीच केन्द्र सरकार की ओर से गजट नोटिफिकेशन जारी कर 10 जनवरी, 2020 से नागरिकता संशोधन अधिनियम–2019 लागू कर दिया गया। अधिसूचना में कहा गया, 'नागरिकता (संशोधन) अधिनियम, 2019 (2019 का 47) की धारा 1 की उपधारा (2) द्वारा प्रदत्त शक्तियों का इस्तेमाल करते हुए केन्द्र सरकार 10 जनवरी, 2020 को उक्त अधिनियम के प्रावधान प्रभावी होने की तारीख़ के रूप में तय करती है। राष्ट्रपति के हस्ताक्षर के बाद 12 दिसम्बर को यह क़ानून बन गया। इसके तहत 31 दिसम्बर, 2014 तक पाकिस्तान, अफग़ानिस्तान और बांग्लादेश में प्रताड़ना का शिकार हो रहे हिन्दू, ईसाई, सिख, बौद्ध, पारसी और यहूदी अल्पसंख्यकों को भारत की नागरिकता देने का प्रावधान है।' इस क़ानून के तहत हर आवेदक को दस्तावेज़ों से यह साबित करना था कि वह 31 दिसम्बर, 2014 या इससे पहले भारत आ चुके थे।

इस क़ानून के ख़िलाफ़ हुए प्रदर्शनों में देशभर में कम–से–कम 31 लोगों की मौत हुई थी और इनमें से भी 21 लोगों की मौत अकेले उत्तर प्रदेश में हुई थी। (द *वायर* हिन्दी, 11–01–2020)। दिल्ली के महौल में उत्तेजना दिनों दिन बढ़ रही थी। दिल्ली में चुनाव होने वाले थे। एक विकट समय दस्तक़ दे रहा था।

आन्दोलन बदले दंगों में

"भारतीय राजनीति में जाति और धर्म का इतना ज़्यादा घालमेल है कि नेता अपने पक्ष में ध्रुवीकरण के लिए लोगों की जान से खेलने और उन्हें भड़काने में भी नहीं हिचकते। इसलिए कई बार शान्तिपूर्ण तरीक़े से चल रहे आन्दोलन भी दंगों में बदलते देखे गये हैं।"

सन् 2020 के दिल्ली दंगों को उत्तरी–पूर्वी दिल्ली के दंगे भी कहा जाता है, मगर दिल्ली को राजनीतिक वैमनस्य की आग में इतनी बार झुलसाया गया है कि अगर वर्ष का ज़िक्र न करो तो पता नहीं चलेगा कि किन दंगों की बात हो रही है। 23 फ़रवरी, 2020 से हिन्दू–मुस्लिम समुदाय में ये दंगे शुरू हुए। इन दंगों में काफ़ी ख़ून बहा, सम्पत्तियाँ जलायी गयीं। और पुलिस पाँच दिन तक मूक दर्शक बनी रही। बहुत से लोग लापता हुए। कई नेताओं पर भड़काऊ भाषण देने और मीडिया पर अपनी भूमिका सही तरीक़े से न निभाने के आरोप भी लगे। दंगों के बाद बहुत से लोग लापता थे। जिनके घर जला दिये गये थे, जिन्होंने अपने परिजनों को खोया था उनकी पीड़ा की ख़बरें दूर तक छाई रहीं।

यह दंगा उत्तरी–पूर्वी दिल्ली से 23 फ़रवरी को शुरू हुआ, जहाँ सी.ए.ए. के ख़िलाफ़ कुछ महिलाएँ धरने पर बैठी थीं। हालाँकि सी.ए.ए. के ख़िलाफ़ ऐसे प्रदर्शन दिसम्बर 2019 से ही देशभर में हो रहे थे। 8 फ़रवरी, 2020 को दिल्ली में विधानसभा चुनाव हुए थे, जिसमें आम आदमी पार्टी के हाथों भाजपा को करारी हार झेलनी पड़ी थी और कांग्रेस तो पूरे चुनाव में कहीं दौड़ में ही दिखायी नहीं दी। इस चुनाव में प्रचार के दौरान कुछ भाजपा नेताओं ने प्रचार रैली में कुछ ऐसे नारे लगवाये थे, जिन पर बड़े पैमाने पर आपत्ति भी जतायी गयी थी। भाजपा ने पूरी दिल्ली के चुनाव (प्रचार) को शाहीन बाग़ पर फोकस कर दिया था।

22 फ़रवरी, 2020 को शाहीन बाग़ की तर्ज़ पर 500 से ज़्यादा प्रदर्शनकारियों का एक जत्था जिसमें महिलाएँ भी शामिल थीं, जफ़्फ़राबाद मेट्रो स्टेशन के पास धरने पर बैठ गया। इस धरने की वजह से सीलमपुर–जफ़्फ़राबाद–मौजपुर का रास्ता जाम हो गया। इसके साथ ही मेट्रो स्टेशन के लिए आने–जाने के रास्ते पर भी असर पड़ा। धरना देने वालों को कहना था कि यह भीम आर्मी द्वारा बुलाये गये भारत बन्द के समर्थन में है। यह भारत बन्द 23 फ़रवरी को होना था। जल्द ही पुलिस और अर्द्धसैन्य बलों की टुकड़ियाँ इस धरनास्थल पर तैनात कर दी गयी। 23 फ़रवरी, 2020 को शाम साढ़े तीन से चार बजे के बीच जफ़्फ़राबाद के जवाब में कपिल मिश्रा अपने समर्थकों को लेकर मौजपुर चौक पर पहुँच गये। कपिल मिश्र ने सी.ए.ए. समर्थकों के विरोध में रैली करते हुए कहा कि अगर तीन दिन के भीतर पुलिस प्रदर्शनकारियों को जफ़्फ़राबाद और चाँद बाग़ इलाक़ों से नहीं हटाती तो वह यह काम ख़ुद करेंगे। (Kapil Mishra warns cops : Clear road in 3 days...after that we won't listen to you, *The Hindustan Times*, 24 February, 2020) तभी क़रीब 4 बजे ख़बर आयी कि कुछ लोगों ने मौजपुर में सी.ए.ए. समर्थकों पर मन्दिर के पास पथराव किया है। उसके बाद रात 9 बजे से 11 बजे के बीच करावल नगर, मौजपुर चौक, बाबरपुर और चाँद बाग़ में सी.ए.ए. समर्थकों और विरोधियों में जमकर झड़प हुई। वाहन और दुकानों में तोड़फोड़ की गयी। उन्हें आग लगा दी गयी। पुलिस कंट्रोल रूम के रिकॉर्ड के हवाले से छपी ख़बरों के अनुसार इमरजेंसी नम्बर पर पुलिस के पास 7 हज़ार से ज़्यादा फ़ोन कॉल्स आये। 24 फ़रवरी की सुबह सी.ए.ए. समर्थकों की एक भीड़ जफ़्फ़राबाद में उस जगह पहुँच गयी जहाँ, सी.ए.ए. विरोधी धरना दे रहे थे। दोपहर को क़रीब साढ़े बारह बजे हाथों में तलवार लिए और मास्क पहने प्रदर्शनकारी पुलिस से भिड़ गये। *इंडिया टुडे* की एक रिपोर्ट के अनुसार सी.ए.ए. पर उत्तरी–पूर्वी दिल्ली में सोमवार (24 फ़रवरी, 2020) को हुई हिंसा में एक हैड कांस्टेबल सहित 5 लोगों की मौत हो गयी। उपद्रवियों ने घरों, दुकानों, वाहनों और एक पेट्रोल पम्प को आग लगा दी और पथराव किया। शाम साढ़े सात बजे से 8 बजे के बीच गोकुलपुरी में टायर मार्केट को आग लगा दी गयी। इसके नज़दीक में स्कूल में भी आग लगा दी गयी। रात दस बजे घोंडा चौक और मौजपुर चौक पर दंगे शुरू हो गये। (5, Including cop, Killed in

clashes : How violence unfolded in northeast Delhi, *India Today*, 25 February, 2020) ये दंगे 29 फ़रवरी तक चलते रहे। इंटेलिजेंस ब्यूरो के एक ट्रेनी ड्राइवर का शव भी जफ़्फ़राबाद में एक नाले से मिला। आम आदमी पार्टी के नेता ताहिर हुसैन को पुलिस ने आई.बी. कर्मी की हत्या और दंगा भड़काने के आरोप में गिरफ़्तार किया।

दंगे रुकवाने के लिए सामाजिक संगठन आगे आये। हिन्दू–मुस्लिम यूनिटी और गंगा–जमुनी तहज़ीब के लोगों ने दोनों समुदायों में से एक–दूसरे की जान–माल की रक्षा बीड़ा उठाया। कुछ हिन्दू परिवार ने अपने पड़ोसी मुसलमानों को बचाया तो कुछ मुसलमानों ने अपने पड़ोसी हिन्दुओं को। यह भी पाया गया कि ज़्यादातर जगहों पर दंगा करने वाले बाहरी लोग थे। 1 मार्च, 2020 को जफ़्फ़राबाद में दोनों समुदाय के लोगों ने मिलकर शान्ति मार्च निकाला।

इन दंगों ने दिल्ली पुलिस की भूमिका पर सवाल खड़े किये। देश की राजधानी की पुलिस क़ानून–व्यवस्था बनाये रखने में एक तरह से अक्षम साबित हुई। दंगों का शिकार बने लोगों के आरोप थे कि जब उन लोगों ने पुलिस को फ़ोन किया तो उन्हें कोई मदद नहीं मिली। सिख समुदाय की ओर से भी दंगा पीड़ितों की मदद की गयी। गुरुद्वारों में पीड़ितों को शरण दी गयी।

ये दंगे जिस समय हुए तब अमेरिकी राष्ट्रपति डोनाल्ड ट्रम्प भारत की यात्रा पर दिल्ली में ही थे। ऐसे में दिल्ली पुलिस के काफ़ी कर्मियों की ड्यूटी उनके रास्तों पर लगी थी। दंगों की वजह से स्वास्थ्य केन्द्र और हस्पताल बन्द हो गये। इससे घायलों के लिए स्वास्थ्य सेवाओं की कमी भी आयी थी। बहुत से पीड़ित परिवारों को शिकायत थी कि उन्हें पोस्टमार्टम रिपोर्ट देने में देरी की जा रही है। 24 फ़रवरी, 2020 को केन्द्रीय गृह मन्त्रालय की ओर से कहा गया कि राष्ट्रपति डोनाल्ड ट्रम्प की यात्रा के दौरान जान–बूझकर हिंसा की गयी है ताकि भारत की छवि को दुनिया में ख़राब किया जा सके। 25 फ़रवरी को दिल्ली के मुख्यमन्त्री अरविन्द केजरीवाल ने जब दंगों में मरने वालों की संख्या 23 पहुँच गयी तब सेना बुलाने का अनुरोध किया। उसके बाद 26 फ़रवरी को राष्ट्रीय सुरक्षा सलाहकार अजित डोभाल को शान्ति बहाल करने की ज़िम्मेदारी सौंपी गयी।

दंगे जब जारी थे तो 26 फ़रवरी को आधी रात को जस्टिस एस. मुरलीधर और तलवन्त सिंह की खण्डपीठ ने आपात याचिका पर सुनवायी कर दिल्ली पुलिस को आदेश दिया कि वह सभी पीड़ितों को सुरक्षा दें। अगले दिन सुबह अदालत ने तब आश्चर्य जताया जब सुनवायी के दौरान क्राइम ब्रान्च के डी.सी.पी. राजेश देव और भारतीय सॉलिसिटर जनरल तुषार मेहता ने कहा कि उन्होंने कपिल मिश्रा का वायरल वीडियो नहीं देखा। तब अदालत में कपिल मिश्रा का वीडियो चलाया गया। पीठ ने दिल्ली पुलिस के दंगों को नियन्त्रित करने में विफल रहने पर नाराज़गी जतायी। खण्डपीठ ने यह भी पूछा कि पुलिस ने भाजपा नेताओं कपिल मिश्रा, अनुराग ठाकुर, प्रवेश वर्मा और अभय वर्मा पर *हेट स्पीच* के लिए एफ.आई.आर. क्यों नहीं की। खण्डपीठ की सख़्त टिप्पणियाँ सामने आने के बाद शाम तक ही जस्टिस एस मुरलीधर का तबादला पंजाब एंड हरियाणा हाई कोर्ट के लिए कर दिया गया। केन्द्रीय क़ानून मन्त्री रविशंकर प्रसाद ने इस तबादले को एक नियमित प्रक्रिया का हिस्सा बताया।

उसके बाद 27 फ़रवरी, 2020 को दिल्ली हाई कोर्ट के चीफ जस्टिस डी.एन. पटेल और जस्टिस सी हरिशंकर की नयी पीठ ने मामले पर सुनवायी की। पहली पीठ ने दिल्ली पुलिस ने भाजपा नेताओं पर एफ.आई.आर. दर्ज़ करने के लिए पुलिस को 24 घण्टे का टाइम दिया था। नयी बैंच के आगे दिल्ली पुलिस ने इस पर विचार करने के लिए और समय माँगा। नयी बैंच ने पुलिस के तर्कों को मानते हुए सुनवाई की अगली तारीख़ दे दी।

दंगे और राजनीति का सम्बन्ध कोई नया नहीं था। 1990 के बाद जब देश में उदारीकरण की हवा शुरू हुई देश ने कई दंगे देखे। समाज में धर्म आधारित ध्रुवीकरण उदारीकरण के दौर में कम नहीं हुआ, बल्कि और बढ़ा।

मुज़फ़्फ़रपुर दंगा : अगस्त 2013 में मुज़फ़्फ़रनगर में दंगा हुआ था। इसकी शुरुआत तो छेड़छाड़ और हत्या की घृणित घटना से हुई थी, मगर इस पर ख़ूब राजनीति हुई। इलाक़े में मुस्लिम और जाट चौधरी चरण सिंह के ज़माने से ही एकमुश्त होकर वोट करते आ रहे थे। इसी से चौधरी परिवार का न सिर्फ़ मुजफ़्फ़रनगर बल्कि देश की राजनीति में दबदबा क़ायम था। मगर इन दंगों ने पूरी राजनीतिक तस्वीर बदल दी। किसानों के आन्दोलन को हिन्दू–मुसलमान में बदल दिया गया था।

ऐसा कहा जाता है कि 27 अगस्त को कवाल गाँव में एक मुस्लिम युवक ने जाट लड़की के साथ छेड़खानी कर दी थी। उसके बाद लड़की के दो ममेरे भाइयों गौरव और सचिन ने उस युवक को पीट–पीट कर मार डाला था इसके बाद हुई हिंसा में मुस्लिम समुदाय के लोगों ने दोनों युवकों की जान ले ली। इसके बाद राजनीति शुरू हुई। इन दोनों की हत्या में पुलिस ने 14 लोगों को गिरफ़्तार किया था, ऐसा भी कहा जाता है कि इन्हें राजनीतिक दबाव में पुलिस ने छोड़ दिया था। इसके लिए सपा के वरिष्ठ नेता आज़म ख़ान पर आरोप लगे थे। हालाँकि आजम ख़ान ने इन आरोपों को नकार दिया था।

दोनों पक्षों ने अपनी–अपनी महापंचायत बुलायी। नँगला मन्दौड़ में हुई महापंचायत में भारतीय जनता पार्टी के स्थानीय नेताओं ने भी हिस्सा लिया। उन पर यह आरोप भी लगा कि उन्होंने ही समुदाय को बदला लेने के लिए उकसाया। इस हिंसा में 62 लोगों की जान गयी थी। 20 दिन तक कर्फ़्यू लगाना पड़ा। 17 सितम्बर को दंगा प्रभावित इलाक़ों से कर्फ़्यू हटाया गया। 6 फ़रवरी, 2019 को सचिन और गौरव की हत्या में अदालत ने सात आरोपियों को दोषी करार दिया। (क्या था दिल दहला देने वाला मुजफ्फरनगर दंगा, कौन हैं जिम्मेवार, News18.com, 7 फ़रवरी, 2019)

18 सितम्बर, 2013 को हिन्दुस्तान टाइम्स में दंगे पर विस्तृत रिपोर्ट थी। इसमें कहा गया था कि मुजफ़्फ़रनगर और शामली जिलों में साम्प्रदायिक दंगा फैलने के बाद से सेना के 800 जवान लगातार इस क्षेत्र में ड्यूटी कर रहे थे, जिन्हें शान्ति बहाल होने के बाद 7 सितम्बर को हटा लिया गया। मगर अर्द्धसैन्य बलों के जवान अभी तैनात थे। ज़िला मजिस्ट्रेट कौशल राज शर्मा का कहना था कि 40 से ज़्यादा लोग हिंसा में मारे गये हैं और बड़ी संख्या में घायल हुए हैं। फुगाना, भोरनकलां और शाहपुर में सेना ने व्यापक भूमिका निभायी। 50 हज़ार से ज़्यादा लोगों को राहत कैंपों में ठहराया गया है। (Muzaffarnagar riots : normalcy returns, army leaves, *Hindustan Times*, Muzaffarnagar/Lucknow, 18 September, 2013) दंगों के दौरान महिलाओं से सामूहिक बलात्कार के मामले भी सामने आये। अक्टूबर से 15 नवम्बर के बीच ऐसे बलात्कार के कुल 13 मामले दर्ज़ किये गये थे, जिनमें 111 लोगों को आरोपी बनाया गया था। भाजपा नेता संगीत सोम के ख़िलाफ़ भी रा.सु.का. के तहत मामला दर्ज़ किया गया था। इसके विरोध में 29 सितम्बर, 2013 को खेड़ा

सरधना में 40 गाँवों की महापंचायत हुई। इस दौरान भी हिंसा हुई और भीड़ ने पुलिस जीप को और अन्य वाहनों को आग लगा दी।

जाँच के लिए गठित किये गये जस्टिस विष्णु सहाय आयोग ने मुजफ़्फ़रनगर दंगों के लिए सपा और भाजपा के नेताओं की भूमिका पर सवाल उठाए थे। 23 सितम्बर, 2015 को आयोग ने अपनी रिपोर्ट उत्तर प्रदेश के राज्यपाल राम नाईक को सौंपी थी। 775 पेज की यह रिपोर्ट 6 अध्यायों में बाँटी गयी थी। इसमें 377 गवाहों के बयान और 100 सरकारी अधिकारियों के बयान दर्ज़ किये गये थे। (Panel finds Samajwadi Party, BJP hand in UP riots, *Times Of India*, 24 September, 2015)

गुजरात दंगे : इसी तरह गुजरात दंगे को कौन नहीं जानता। 2002 के गुजरात दंगों के नाम से जाना जाता है। माना जाता है कि इन दंगों ने भी देश की राजनीति को काफ़ी ज़्यादा प्रभावित किया। 27 फ़रवरी, 2002 को गुजरात के गोधरा में साबरमती एक्सप्रेस को आग लगा दी गयी थी। इसमें बड़ी संख्या में कार सेवक अयोध्या से लौट रहे थे। काफ़ी लोग आग में फँस गये थे। इस अग्निकाण्ड में 59 लोगों की मौत हुई थी, जिनमें 25 महिलाएँ और 25 बच्चे शामिल थे। गोधरा की घटना के बाद विश्व हिन्दू परिषद ने राज्य में बन्द का आह्वान किया। यद्यपि सुप्रीम कोर्ट ने पहले ही इस बन्द को ग़ैर–क़ानूनी कह दिया था मगर राज्य सरकार की ओर से इसे रोकने की कोई कोशिश नहीं की गयी। तत्कालीन मुख्यमन्त्री नरेन्द्र मोदी ने ट्रेन पर हमले को आतंकवादी घटना बताया था और कहा था कि यह कोई सांप्रदायिक हिंसा की घटना नहीं है।

द टाइम्स ऑफ इंडिया की रिपोर्ट के अनुसार इस हिंसा में दस हज़ार हिन्दुओं को भी अपना घर छोड़कर सुरक्षित स्थानों पर जाना पड़ा। 17 मार्च, 2002 को अमदाबाद के दनिलिम्डा इलाक़े में दलितों पर भी हमले किये गये। इस हिंसा के बाद बेस्ट बेकरी केस और बिलकिस बानो केस और अवधूत नगर केस काफ़ी चर्चा में रहे।

गुजरात में साम्प्रदायिक हिंसा कोई नयी बात नहीं थी। इससे पहले 1990 में भी गुजरात में राजनीतिक वजहों से हिन्दू–मुस्लिम दंगे हुए थे और इनमें 12 लोग मारे गये थे।

1990 में जहाँ एक ओर मन्दिर आन्दोलन अपने चरम पर था। देश में कई जगह हिन्दू–मुस्लिम दंगे हुए थे। उत्तर प्रदेश के गोंडा जिले के कर्नलगंज में सितम्बर में दुर्गा पूजा के दौरान दोनों समुदायों के बीच

पत्थर और पेट्रोल बम चले। इन दंगों में क़रीब 100 लोग हताहत हुए। नवम्बर में अयोध्या में कार सेवकों और पुलिस की झड़प की हिंसा में भी साठ से ज़्यादा लोग हताहत हुए थे। अलीगढ़ दंगों में 11 लोग मारे गये। कानपुर में 20 की जान गयी। आगरा में भी 22 लोग हताहत हुए। इसी साल अक्टूबर में कर्नाटक के रामनगर, चन्नापटना, कोलार, दावणगेरे और तुमकुर में हुए दंगों में 46 लोगों की जान गयी। इसी महीने राजस्थान के उदयपुर और जयपुर में दंगे हुए जिनमें 50 लोग हताहत हुए।

1992 के अक्टूबर में गुजरात के सूरत में बाबरी मस्जिद और राम जन्मभूमि विवाद को लेकर दोनों समुदाय के बीच हिंसा हुई थी। ये दंगे 2 से 9 अक्टूबर तक चले और इनमें 200 से ज़्यादा लोग हताहत हुए। इसी वर्ष दिसम्बर में बाबरी मस्जिद का ढाँचा गिराये जाने के बाद मुम्बई में दंगे शुरू हुए जो जनवरी 1993 तक चले। इनमें 250 से ज़्यादा लोगों की जान गयी। कर्नाटक के बेंगलुरु, गुलबर्गा, हुबली और धारवाड़ में भी मस्जिद का ढाँचा गिराने के बाद 6 दिसम्बर से 13 दिसम्बर तक चली हिंसा में 30 लोग मारे गये। कानपुर में 6 दिसम्बर से 11 दिसम्बर तक दंगे हुए और 250 से ज़्यादा लोग हताहत हुए। इसी तरह असम में 7 और 8 दिसम्बर तक दो दिन की हिंसा में 90 से ज़्यादा लोग मरे या घायल हुए। दिसम्बर में अन्य जिन जगहों पर हिंसा हुई उनमें राजस्थान, कोलकाता, भोपाल, दिल्ली भी शामिल थे और कई सौ लोग हताहत हुए।

भारतीय राजनीति में जाति और धर्म का इतना ज़्यादा घालमेल है कि नेता अपने पक्ष में ध्रुवीकरण के लिए लोगों की जान से खेलने और उन्हें भड़काने में भी नहीं हिचकते। इसलिए कई बार शान्तिपूर्ण तरीक़े से चल रहे आन्दोलन भी दंगों में बदलते देखे गये हैं।

शाहीन बाग़ का धरना : कुछ पर्दे में, कुछ उजागर

"शाहीन बाग़ के धरने में बहुत से रंग थे। यहाँ कला और सामाजिक सरोकारों से जुड़े लोग आ रहे थे और अपनी छाप छोड़ रहे थे। धरने के पहले ही दिन से बड़ी संख्या में बच्चे भी अपनी माताओं के साथ धरने पर आ रहे थे। ये बच्चे दिन में स्कूल जाते थे और शाम को धरनास्थल पर पहुँचकर चित्रकारी करते थे, कविता लिखते थे, गीत गाते और कठपुतलियों को नचाते।"

23 सितम्बर, 2020 को *टाइम्स* मैगज़ीन ने दुनिया के 100 सबसे प्रभावशाली लोगों की सूची जारी की, उसमें 82 वर्षीय भारतीय महिला बिलकिस बानो का नाम भी शामिल था। एक साल पहले तक बिलकिस बानो के नाम को कोई जानता तक नहीं था। नागरिकता संशोधन क़ानून के ख़िलाफ़ शाहीन बाग़ के धरने से उन्हें पूरी दुनिया में मशहूर कर दिया। एक अलग पहचान मिली। 'शाहीन बाग़ की दादियों' में सबसे मुखर चेहरा बनकर छाईं बिलकिस बानो। उनकी तारीफ़ इसलिए सबसे ज़्यादा हुई, क्योंकि अस्सी से ज़्यादा की उम्र में भी उन्होंने अपनी आवाज़ पूरी निर्भीकता से आवाज़ उठायी। वह बिना किसी हिचक सरकार के ख़िलाफ़ उठ खड़ी हुईं। वह भीड़ का हिस्सा नहीं बनीं, बल्कि भीड़ में सबसे अलग दिखायी दीं। दादी रोज़ हज़ारों महिलाओं के साथ शाहीन बाग़ जाती थीं और प्रदर्शन में भाग लेती रहीं। सुप्रीम कोर्ट के द्वारा नियुक्त वार्ताकार जब शाहीन बाग़ पहुँचे तब बिलकिस बानो ने दो टूक लहज़े में कहा, "गृहमन्त्री (अमित शाह) कहते हैं हम एक इंच नहीं हटेंगे तो मैं कहती हूँ हम एक बाल बराबर भी नहीं हटेंगे।" *टाइम* मैगज़ीन ने बिलकिस बानो की तारीफ़ में लिखा– बिलकीस एक ऐसा चेहरा है, जिसे दुनिया में इसलिए भी पहचाना जाना चाहिए क्योंकि उन्होंने तानाशाही के ख़िलाफ़ विरोध की ताक़त दिखायी।

यह सम्मान मिलने पर मीडिया से बातचीत में बिलकीस ने ख़ुशी जतायी और कहा कि वह तमाम कठिनाइयों के बावज़ूद देश के समरसता के विचार के लिए लड़ीं। (द *मिंट*, 23 सितम्बर, 2020)

14 दिसम्बर, 2019 को दिल्ली के कालिन्दी कुन्ज इलाक़े में शाहीन बाग़ की महिलाओं ने मुख्य सड़क 13ए जी.डी. बिड़ला मार्ग पर एक धरना शुरू किया था, जिसे शाहीन बाग़ के धरने के नाम से जाना गया। यह धरना नागरिकता संशोधन अधिनियम के ख़िलाफ़ शुरू किया गया और जामिया के छात्रों की पुलिस द्वारा निर्ममता से पिटाई के विरोध की त्वरित प्रतिक्रिया था। यह एक शान्तिपूर्ण धरना था। इसका नेतृत्व महिलाएँ कर रहीं थीं। उन्होंने अपने नारों में पुलिस की क्रूरता, बेरोज़गारी, ग़रीबी और महिला सुरक्षा जैसे मुद्दों को भी शामिल कर लिया था। यह अहिंसक प्रदर्शन 24 मार्च, 2020 तक पूरे 101 दिन चला। यह सी.ए.ए., एन.आर.सी., एन.पी.आर. के ख़िलाफ़ एक ही जगह सबसे लम्बा धरना साबित हुआ। इस धरने की सबसे बड़ी ख़ासियत यह थी कि इसका कोई घोषित नेता नहीं था। कोई एक व्यक्ति इसका नेतृत्व नहीं कर रहा था। इस धरने में प्रतिदिन हज़ारों महिलाएँ आकर सुबह से देर शाम तक बैठती थीं। शाहीन बाग़ के धरने ने अन्य शहरों की महिलाओं के लिए भी प्रेरणा का काम किया और गया, कोलकाता, प्रयागराज, मुम्बई तथा बेंगलुरु में भी शाहीन बाग़ जैसे धरने शुरू हुए।

शाहीन बाग़ की महिलाओं ने धरना देकर जिस मुख्य सड़क को जाम किया था, उससे रोज़ क़रीब एक लाख वाहन गुज़रते थे। वह दिल्ली का एक व्यस्त राजमार्ग था। इधर से गुजरने वालों को अब रास्ता बदलकर और लम्बा चक्कर काट कर जाना पड़ रहा था। दिल्ली विधानसभा चुनाव सिर पर थे। इसलिए कई नेताओं ने अपने प्रचार के दौरान ये वादा भी किया कि वे जीतते ही धरना ख़त्म करवा देंगे। इस धरने को हटवाने के लिए पाँच याचिकाएँ डाली गयीं। पहली दो याचिकाओं को नकारते हुए 14 जनवरी, 2020 को हाईकोर्ट ने कहा कि यह धरना पुलिस का मामला है और उसी को देखना चाहिए। दूसरी ओर दिल्ली पुलिस का कहना था कि वह धरने को ख़त्म कराने के लिए बल का प्रयोग नहीं करेगी। इस मामले में तीसरी याचिका छात्रों की ओर से थी, जिनकी बोर्ड परीक्षाएँ आने वाली थीं। मामला सुप्रीम कोर्ट पहुँचा, जहाँ दो याचिकाएँ दायर की गयीं थीं। 17 फ़रवरी, 2020 को पहली सुनवायी में सुप्रीम कोर्ट ने तीन वार्ताकारों की नियुक्ति की जिन्हें प्रदर्शनकारियों से बात कर उन्हें इस बात के लिए राज़ी करना था कि वे धरने की जगह बदल लें। मामले की अगली सुनवायी 23 मार्च, 2020 को होनी थी।

5 मार्च, 2020 को वार्ताकारों की टीम ने शाहीन बाग़ पहुँचकर धरने पर बैठी महिलाओं से बात की मगर कोई ठोस निष्कर्ष नहीं निकला।

इस बीच देश में कोरोना वायरस फैलने लगा था। दिल्ली में वायरस संक्रमण के नये मामले सामने आने लगे। सरकार ने महामारी से जुड़े क़ानून एपिडैमिक डिजीज ऐक्ट–1897 के तहत पाबन्दियों की घोषणा कर दी। स्कूल, कॉलेज, सिनेमाघर और साप्ताहिक बाज़ार बन्द कर दिये गये। किसी भी जगह 50 से ज़्यादा लोग जमा नहीं हो सकते थे। इस सबके बाद भी शाहीन बाग़ का धरना कई दिन तक चलता रहा। धरने पर आने वाली महिलाओं की संख्या कम कर दी गयी। यह तय किया गया कि एक बार में पाँच महिलाएँ ही धरने पर बैठें। मगर 23 मार्च, 2020 में दिल्ली में सम्पूर्ण लॉकडाउन की घोषणा कर दी गयी। 24 मार्च, 2020 को पुलिस ने प्रदर्शनकारियों को गिरफ़्तार कर धरनास्थल से हटा दिया।

यह धरना बहुत ही सामान्य तरीक़े से शुरू हुआ था। 14 दिसम्बर, 2019 को दोपहर बाद 10–15 महिलाओं ने दक्षिण पूर्व दिल्ली के सीमावर्ती क्षेत्र कालिन्दी कुन्ज से गुज़र रहे सिक्स लेन हाईवे पर ट्रैफिक रोक दिया और धरने पर बैठ गयीं। ये महिलाएँ साथ लगते मुस्लिम बाहुल्य इलाक़े शाहीन बाग़ से थीं। देखते–देखते कुछ और महिलाएँ भी आकर इनके साथ धरने पर बैठ गयीं। इनमें से ज़्यादातर हिजाब और बुर्क़े में थीं। कुछ बहुत बूढ़ी थीं। कुछ की गोद में दुधमुँहे बच्चे थे। महिलाओं का आना लगातार जारी था। शाम होते–होते यह संख्या सैंकड़ों में पहुँच गयी। ज़्यादातर महिलाओं के साथ उनके बच्चे भी थे। बाद में पुलिस ने इसे भी एक रणनीति माना। जैसे ही धरने की ख़बर फैलनी शुरू हुई। इन महिलाओं की मदद के लिए दिल्ली के बहुत से छात्र और प्रतिष्ठित लोग भी पहुँचना शुरू हो गये। उन्होंने महिलाओं के लिए टैन्ट लगा दिये। स्टेज बना दिया। खाने–पीने और मोबाइल शौचालयों का इन्तज़ाम कर दिया। सोने की भी व्यवस्था की गयी। सोशल मीडिया पर शाहीन बाग़ ट्रेंड करने लगा। चर्चा देश ही नहीं विदेशी अख़बारों में भी होने लगी। दस दिन के भीतर धरना स्थल पर सी.सी.टी.वी. और स्पीकर भी लगा दिये गये। कड़ाके की ठण्ड के बीच भी धरने का आकार लगातार बढ़ रहा था। 26 दिसम्बर, 2019 को पी.टी.आई. की रिपोर्ट के अनुसार इस धरने में लोगों की संख्या एक लाख से ऊपर पहुँच गयी थी। आधुनिक भारत के इतिहास का यह सबसे लम्बा धरना (longest sit-in protest) बन गया था।

बड़ी संख्या में इस धरने में जामिया मिलिया के छात्र भी शामिल हो गये थे, जिन्हें और 2 जनवरी, 2020 तक यह धरना सिक्स लेन हाईवे पर क़रीब आधा किलोमीटर तक फैल चुका था। इतने इलाक़े में सिर्फ़ प्रदर्शनकारी थे, जो शान्तिपूर्वक धरने पर बैठे थे। अब विदेशी मीडिया में यह धरना सुर्ख़ियाँ बटोर रहा था। 15 जनवरी, 2020 को सी.एन.एन. ने लिखा जामिया मिलिया यूनिवर्सिटी में घुस कर जिस तरह से पुलिस ने छात्रों को मारा था, उससे इन महिलाओं में गुस्सा था। धरने पर बैठी महिलाओं का कहना था कि उन्होंने हमारे बच्चों की आवाज़ को दबाने की कोशिश की। इसलिए हम माओं ने अब उठ खड़े होने का फ़ैसला किया है। (*बिजनेस स्टैंडर्ड* ने 18 जनवरी, 2020 को इस प्रदर्शन को नये तरह का सत्याग्रह बताते हुए लेख का शीर्षक लगाया *शाहीन बाग़ : ए न्यू काइंड ऑफ सत्याग्रह विद ए फ्रेश ग्रामर ऑफ प्रोटेस्ट*।)

19 जनवरी, 2020 को शाहीन बाग़ के प्रदर्शनकारियों ने कश्मीरी पण्डितों के साथ एकजुटता दिखाने के लिए उन्हें भी बैठक में आमन्त्रित किया। इस पर फ़िल्म निर्माता विवेक अग्निहोत्री की ट्वीट से विवाद पैदा हो गया। अग्निहोत्री ने ट्वीट किया कि शाहीन बाग़ के आयोजक कश्मीरी हिन्दुओं के संहार दिवस को मनाना चाहते हैं। शाहीन बाग़ के प्रदर्शनकारियों ने इसे सोशल मीडिया पर कुत्सित तत्त्वों का दुष्प्रचार बताया।

इससे पहले ही भाजपा के सोशल मीडिया समर्थकों ने ये आरोप लगाने शुरू कर दिया था कि प्रदर्शन में आने वालों को रोज़ 500 रुपये दिये जा रहे हैं। 15 जनवरी, 2020 को भाजपा आई.टी. सैल के प्रमुख अमित मालवीय ने एक वीडियो ट्वीट किया जिसमें कहा गया कि धरने में बैठने के लिए महिलाओं को 500 से 700 रुपये दिये जा रहे हैं। इसके जवाब में प्रदर्शनकारियों की ओर से ट्वीट कर इस दावे को फर्ज़ी बताया गया। 18 जनवरी, 2020 को एक वेबसाइट *लॉजिकल इंडियन* पर इस बारे में एक फैक्ट चेक लेख भी डाला गया। 4 फ़रवरी, 2020 *अल्ट न्यूज़* और *न्यूज़लॉन्ड्री* ने संयुक्त रूप से फैक्ट चेक किया और इस वीडियो की विश्वसनीयता को खारिज कर दिया। इनकी जाँच में पाया गया कि उक्त वीडियो दक्षिण दिल्ली के तुगलक़ाबाद के एक दुकानदार ने बनाया था। इसके बाद दो प्रदर्शनकारी महिलाओं नफ़ीसा बानो और शाहजद फ़ातिमा ने मालवीय को मानहानि का नोटिस भेजकर एक करोड़ रुपये के हर्जाने और माफ़ी माँगने की माँग की थी। 21 जनवरी की *द क्विंट* की रिपोर्ट के अनुसार यह नोटिस पाँच टी.वी. चैनलों को भी भेजा गया।

इस प्रकरण में सबसे आश्चर्य की बात यह रही कि दिल्ली पुलिस ने उत्तर–पूर्वी दिल्ली के दंगों पर जो आरोप पत्र तैयार किया, उसमें भी यह बात कही गयी कि शाहीन बाग़ और जामिया मिलिया इस्लामिया के नज़दीक सी.ए.ए. के विरोध में प्रदर्शन करने वाली महिलाओं को दिहाड़ी पर रखा गया था। यह आरोप पत्र मध्य सितम्बर में कड़कड़डूमा अदालत में दिल्ली पुलिस ने दायर किया था। चार्जशीट में यह भी कहा गया कि सैक्युलर कवर, मीडिया कवर और जेंडर कवर के लिए महिलाओं का इस्तेमाल किया गया। *एलुमनाई एसोसिएशन ऑफ जे.एम.आई.* की ओर से प्रदर्शनकारियों के लिए बसें भी किराये पर लीं गयीं। प्रदर्शनकारियों को बैनर–पोस्टर आदि उपलब्ध कराये गये। जामिया के गेट नम्बर–7 के बाहर प्रदर्शन पर ही इस एसोसिएशन द्वारा रोज़ 5000 रुपये से 10 हज़ार रुपये तक ख़र्च किये जाते थे। पुलिस ने अपने आरोप पत्र में गवाहों के हवाले से यह बात कही थी।

पुलिस की कहानी से अलग शाहीन बाग़ की एक और हक़ीक़त थी। देश के विभिन्न हिस्सों से आये सिखों ने प्रदर्शनकारियों के साथ अपनी एकजुटता प्रकट की। लँगर लगाये। शाहीन बाग़ के धरने के दौरान एक सिख डी.एस. बिन्द्रा भी ख़ूब चर्चा में आये। उन्होंने शाहीन बाग़ की महिलाओं के लँगर और मदद के लिए अपना फ्लैट बेच दिया था। इसके लिए दिल्ली पुलिस ने भी उन्हें बुलाकर उनसे पूछताछ की थी। उनका नाम दिल्ली दंगों की चार्जशीट में भी जोड़ दिया गया। इस पर उन्होंने सवाल किया था कि क्या लँगर लगाना अपराध है।

26 जनवरी, 2020 को देश के 71वें गणतन्त्र दिवस पर इस धरने पर एक लाख से ज़्यादा की ऐतिहासिक भीड़ जुटी स्थानीय बुजुर्ग महिलाओं ने यहाँ तिरंगा झण्डा फहराया। ये बुजुर्ग महिलाएँ शाहीन बाग़ की दादियों के नाम से मशहूर हुईं। उस दिन रोहित वेमुला की माँ, जे.एन.यू. छात्र एवं मानवाधिकार कार्यकर्ता उमर ख़ालिद तथा गुजरात के युवा नेता जिग्नेश मेवानी ने इस धरने को सम्बोधित किया। 14 फ़रवरी को वैलेंटाइन डे को शाहीन बाग़ की महिलाओं ने दिल के आकार के गत्ते के बैनर लेकर प्रदर्शन किया था, जिसमें प्रधानमन्त्री नरेन्द्र मोदी से अपील की गयी थी कि वह बातचीत के लिए आयें और वैलेंटाइन डे मनायें। धरनास्थल के पास ही एक चिकित्सा शिविर भी लगा दिया गया था, विभिन्न चिकित्सा संस्थानों से मेडिकल के छात्र आकर निःशुल्क अपनी सेवाएँ दे रहे थे। सिख समुदाय की ओर से लँगर सेवा शुरू कर दी गयी थी।

पुलिस ने धरनास्थल के दोनों ओर सुरक्षा की दृष्टि से बैरियर लगा दिये थे। इन बैरियरों के बीच बैठी भीड़ को सम्बोधित करने के लिए नेता और फ़िल्मी हस्तियाँ भी आने लगी थीं। 7 जनवरी, 2020 को तब ख़ूब विवाद हुआ जब फ़िल्म 'छपाक' के प्रमोशन के लिए दिल्ली पहुँची अभिनेत्री दीपिका पादुकोण शाहीन बाग़ के धरने में पहुँच गयीं। उस दिन धरने का नेतृत्व वामपन्थी युवा नेता एवं जे.एन.यू. के पूर्व छात्र नेता कन्हैया कुमार कर रहे थे। दीपिका ने धरनास्थल पर बैठकर कन्हैया कुमार का भाषण सुना। उन्होंने गुण्डों की पिटाई में घायल हुईं जे.एन.यू. छात्र संघ की अध्यक्ष आईशी घोष से भी यहीं मुलाकात की और चन्द मिनट के बाद ही वहाँ से निकल गयीं। दीपिका का शाहीन बाग़ पहुँचना कुछ लोगों को काफ़ी बुरा लगा। सोशल मीडिया में प्रतिक्रियाएँ आने लगीं। ट्रोल आर्मी की ओर से *छपाक* फ़िल्म के बहिष्कार की अपील की जाने लगी। जब दीपिका को ट्रोल किया जा रहा था तो तापसी पन्नू, स्वरा भास्कर, ऋचा चड्ढा और अनुराग कश्यप जैसी हस्तियाँ उनके समर्थन में आयीं। हालाँकि तेज़ाब पीड़िता लक्ष्मी अग्रवाल के जीवन पर बनी यह सामाजिक फ़िल्म जिसे मेघना गुलज़ार ने निर्देशित किया था, पर इस विवाद का काफ़ी असर दिखा। फ़िल्म उम्मीद के अनुरूप बिज़नेस नहीं कर पायी।

13 जनवरी, 2020 को कांग्रेस नेता शशि थरूर और अभिनेता मोहम्मद जीशान अयूब धरनास्थल पर पहुँचे। अगले दिन फ़िल्म निर्देशक अनुराग कश्यप ने शाहीन बाग़ में भाषण दिया। 15 जनवरी, 2020 को कांग्रेस नेता मणिशंकर अय्यर और 23 जनवरी को युवा दलित नेता चन्द्रशेखर आज़ाद ने धरने को सम्बोधित किया।

शाहीन बाग़ का धरना कोई एक तरह का प्रदर्शन नहीं था। इसके बहुत से रंग थे। यहाँ कई तरह की सामाजिक–सांस्कृतिक रचनात्मक गतिविधियाँ चल रही थीं। कला और सामाजिक सरोकारों से जुड़े लोग यहाँ आ रहे थे और अपनी छाप छोड़ रहे थे। धरने के पहले ही दिन से बड़ी संख्या में बच्चे भी अपनी माताओं के साथ धरने पर आ रहे थे। ये बच्चे दिन में स्कूल जाते थे और शाम को धरनास्थल पर पहुँचकर चित्रकारी करते थे, कविता लिखते थे, गीत गाते और कठपुतलियों को नचाते। वे ऑस्ट्रेलिया के जंगलों में लगी आग की तस्वीरें बना रहे थे, स्पाइडरमैन, डिज़्नी प्रिंसेस और दीपिका की तस्वीरें बनाते थे। शाहीन बाग़ से चर्चित हुआ नारा 'हम कागज नहीं दिखायेंगे' भी सबसे पहले इन्हीं बच्चों ने ही लगाया था।

21 जनवरी, 2020 को बाल अधिकार सुरक्षा आयोग ने अधिकारियों से कहा कि वे धरना स्थल पर आ रहे बच्चों की काउंसलिंग की व्यवस्था करें। आयोग के पास शिकायत की गयी थी कि बच्चों को उनके अभिभावकों की ओर से सी.ए.ए. और हिरासत केन्द्रों के बारे में ग़लत जानकारियाँ दी गयीं हैं। धरनास्थल पर बच्चे सी.ए.ए.–एन.आर.सी., अयोध्या विवाद और तीन तलाक आदि पर जो भाषण सुनते हैं, वह भेदभाव से भरा होता है। धरनास्थल पर एक चार माह के बच्चे की मौत हो जाने के बाद सुप्रीम कोर्ट ने भी फ़रवरी में केन्द्र और राज्य सरकार से यह सवाल किया था कि एक चार माह का बच्चा धरनास्थल पर क्यों था?

शाहीन बाग़ के धरना स्थल पर कुछ महिलाएँ भूख हड़ताल पर भी बैठी थीं। जामिया नगर की सामाजिक कार्यकर्ता और बिजनेस वुमैन 29 वर्षीय जुनैल आबेदीन 15 दिसम्बर, 2019 से ही भूख हड़ताल पर थीं। नया साल शुरू होते ही एक जनवरी, 2020 को पचास वर्षीय मेहरूनिसा ने भी उनके साथ भूख हड़ताल शुरू कर दी। दोनों का कहना था कि जामिया के बच्चों के साथ जो हुआ उसमें न्याय चाहिए और देश में सी.ए.ए.–एन.आर.सी. जैसा अन्याय नहीं होने देंगे। शाहीन बाग़ का धरना निर्बाध रूप से लम्बा खिंच रहा था और 10 फ़रवरी, 2020 तक सरकार की तरफ से कोई बड़ा अधिकारी धरने पर बैठी महिलाओं की बात पूछने नहीं आया। 26 जनवरी, 2020 को भूख हड़ताल के 22वें दिन जुनैल आबेदीन को हस्पताल में भर्ती करा दिया गया था।

शाहीन बाग़ की तरह ही देश में कम–से–कम दो दर्ज़न अन्य जगह भी धरने शुरू हो गये थे। इनमें कोलकाता के पार्क सर्कस का धरना 7 जनवरी से 28 फ़रवरी, 2020 तक 52 दिन चला। बेंगलुरु के बिलाल बाग़ में 8 फ़रवरी से 15 मार्च तक 36 दिन, महाराष्ट्र के परभणी में शाहीन बाग़ धरना ग्राउंड में 29 दिन तक, मुम्बई में नागपाड़ा में 38 दिन और अग्रीपाडा के वाई.एम.सी.ए. ग्राउंड में 47 दिन तक चला। पंजाब के मलेरकोटला की अनाज मण्डी में 42 दिन तक, राँची के हज हाउस में 62 दिन तक, उत्तर प्रदेश के देवबन्द में ईदगाह ग्राउंड में 10 दिन तक, प्रयागराज में 13 दिन तक, गया के शान्ति बाग़ में 31 दिन तक चेन्नई के ओल्ड वॉशरमैनपेट में 33 दिन तक महिलाओं का ऐसा धरना चला। दिल्ली के ज़ाफ़राबाद में भी शाहीन बाग़ की तर्ज़ पर एक और धरना शुरू किया गया था।

यह शाहीन बाग़ के धरने का वह रूप था जो सबको दिखायी दे रहा था, लेकिन दूसरी तरफ कुछ क़ानूनी दाँव–पेंच भी थे। जनवरी 2020 के तीसरे सप्ताह में जे.एन.यू. के छात्र शरज़ील इमाम का एक वीडियो वायरल हुआ था, जिसमें उसने मुसलमानों से अपील की थी कि सरकार से अपनी बात मनवानी है तो असम को शेष भारत से काट दो। सड़कों और रेल पटरियों पर इतना जमावड़ा कर दो कि यह दो महीने तक कटा रहे। अगर कन्हैया कुमार की तरह हमारे साथ भी पाँच लाख लोग हों तो हम ऐसा कर सरकार को बात मानने के लिए मज़बूर कर सकते हैं। इस वायरल वीडियो के आधार पर पुलिस ने शरज़ील के ख़िलाफ़ देशद्रोह का मामला दर्ज़ किया। इसके साथ ही सोशल मीडिया पर उसे शाहीन बाग़ का मास्टर माइंड भी बताया जाने लगा। हालाँकि 25 जनवरी, 2020 को शाहीन बाग़ से एक बयान जारी किया कि शाहीन बाग़ प्रदर्शन का न तो कोई आयोजक है और न ही कोई नेता।

धरने पर बैठे प्रदर्शनकारी भाजपा नेताओं के निशाने पर थे। 28 जनवरी, 2020 को शाहीन बाग़ धरना स्थल के मंच पर एक आदमी हथियार लेकर चढ़ गया और लोगों को धरना बन्द करने के लिए धमकाने लगा। समय रहते प्रदर्शनकारियों ने इस हथियारबन्द आदमी को क़ाबू कर लिया। 1 फ़रवरी, 2020 को कपिल गुर्जर नाम का एक युवक बैरिकेड कूदकर दाखिल हो गया और उसने स्टेज के पास पिस्तौल से फायर किये। इसके अलावा सोशल मीडिया पर भी शाहीन बाग़ को जलियाँवाला बाग़ में बदल देने की धमकियाँ दी गयीं। इस इलाक़े में फ़ायरिंग की घटनाएँ होने के बाद 2 फ़रवरी, 2020 को चुनाव आयोग ने दक्षिण–पूर्वी दिल्ली के पुलिस डिप्टी कमिश्नर (डी.सी.पी.) का तबादला कर दिया।

शाहीन बाग़ आन्दोलन के दौरान काफ़ी सक्रिय भूमिका में रहे सामाजिक कार्यकर्ता शहजाद अली 16 अगस्त, 2020 को भारतीय जनता पार्टी में शामिल हो गये। दिल्ली प्रदेश भाजपा अध्यक्ष आदेश गुप्ता और पार्टी नेता श्याम जाजू की उपस्थिति में मीडि़या के सामने अली को पार्टी में शामिल करने का ऐलान किया गया। इस मौक़े पर अली का कहना था, "मैं भाजपा में शामिल हो गया हूँ ताकि अपने समुदाय के उन लोगों को ग़लत साबित कर सकूँ, जो इस पार्टी को अपना दुश्मन समझते हैं।"

शाहीन बाग़ का रास्ता खुलवाने के लिए फ़रवरी में एक वक़ील ने सुप्रीम कोर्ट में जो याचिका दी थी, उस पर 7 अक्टूबर, 2020 को पीठ

जिसमें जस्टिस संजय किशन कौल, अनिरुद्ध बोस और कृष्ण मुरारी शामिल थे, अपना फ़ैसला सुनाया। फ़ैसले में कहा गया है कि सार्वजनिक रास्तों पर प्रदर्शन के लिए ऐसे कब्ज़े स्वीकार्य नहीं हैं और यह प्रशासन का कर्तव्य है कि रास्ता ख़ाली कराने के लिए कार्रवाई करें। शाहीन बाग़ में भी विरोध प्रदर्शन के लिए सार्वजनिक जगह का अनिश्चित काल के लिए क़ब्ज़ा कर इस्तेमाल करना स्वीकार्य नहीं था।

कोरोना संक्रमण ने शाहीन बाग़ के धरने को हटाने में मुख्य भूमिका निभाई मगर केन्द्र और राज्य सरकार, पुलिस तथा प्रशासन सब इससे अपना पल्ला झाड़े मूकदर्शक की भूमिका में नज़र आये। प्रदर्शनकारियों से बात कर उनकी माँगें सुनने की ज़रूरत भी नहीं समझी गयी, क्योंकि इस प्रदर्शन से नेताओं को कोई दिक़्क़त नहीं थी, दिक़्क़त उन हज़ारों लोगों की थी, जिन्हें रोज़ उधर से गुजरना होता है। यह बात अलग है कि दिल्ली पुलिस ने बाद में शाहीन बाग़ के धरने में अपनी कहानी जोड़कर इसे फ़िल्मी थ्रिलर का रूप दे दिया। दिल्ली दंगों तक इसके तार जोड़ दिये गये।

शाहीन बाग़ आन्दोलन के बाद का समाज

"पहले जहाँ ज़िन्दगी सिर्फ़ अपने लिए जीते थे, शाहीन बाग़ बाग़ ने सिखा दिया कि अपने से आगे भी ज़िन्दगी है। एक ही ज़िन्दगी मिली है इसे कैसे जीना है ,यह तय हमें करना है। आन्दोलन से पहले मेरे अन्दर एक डर था, वह डर ख़त्म हो गया है।"

दुनिया में महिलाएँ कहने को तो आधी आबादी हैं। पुरुषों से कन्धे से कन्धा मिलाकर चल रही हैं। भारत में भी विभिन्न क्षेत्रों में महिलाओं ने आगे आकर अपना परचम फहराया है, लेकिन स्थिति कागज़ों पर जैसी है, दिखती नहीं। और कई बार ऐसा होता है कि ज़मीन पर जो हालात होते हैं, वो क़ागज़ों पर तत्काल नहीं आ पाते। या आते हैं तो उनका पता देर में ही लगता है। लेकिन यह सही है कि महिलाओं को लेकर अब बदलाव देखा जा सकता है। महिलाओं की भी सोच सामाजिक राजनीतिक मुद्दों को लेकर बदली है। यह किसको पता था कि दिल्ली के शाहीन बाग़ में सी.ए.ए.–एन.आर.सी. को लेकर तीन महीने से ज़्यादा तक सडक़ पर चले आन्दोलन में लगातार शिरकत करने वाली 82 वर्षीय दादी बिलकिस बानो विश्व के 100 प्रभावी लोगों में स्थान बना पायेंगी। वो भी इस आन्दोलन की वजह से। अमेरिकी पत्रिका *टाइम* ने उन्हें इस सम्मान के लिए चुना। बिलकिस बानो एक चेहरा हैं, लेकिन सैंकड़ों और ऐसे चेहरे हैं जिनकी आप कल्पना तक नहीं कर सकते, बल्कि अब मैं एक बड़ी बात कहने जा रहा हूँ। और वो यह है कि इस आन्दोलन ने समाज को ख़ासतौर से मुस्लिम समाज को एक बिल्कुल नया रूप दिया है।

यह तय है कि सी.ए.ए.–एन.आर.सी. आन्दोलन में मुस्लिम नेतृत्व ने बड़ी सोची–समझी रणनीति के तहत महिलाओं को आन्दोलन में आगे किया ताकि आन्दोलन का चेहरा वो बनें और प्रशासन किसी भी तरह की सख़्ती न कर पाये। (यही रणनीति देश के कई छिटपुट आन्दोलनों

के साथ किसान आन्दोलन में भी अपनायी गयी) ऐसा हुआ भी। न जाने कितनी बार ऐसी स्थिति आयी कि जब प्रशासन को सख़्ती करने की ज़रूरत पड़ी और अगर आन्दोलन का नेतृत्व पुरुष समाज कर रहा होता तो वो सख़्ती होती भी, पर महिलाओं और छोटे–छोटे बच्चों की वजह से ऐसा न हो पाया। दरअसल लगातार पाँच महीने के बाद जब कोरोना के शुरुआती दौर के बाद आन्दोलन थमा तो धीरे–धीरे मुस्लिम समाज में एक बदलाव दिखा, ख़ासतौर से निम्न और मध्यम निम्न वर्ग में। आज भी इस समाज में ज़्यादातर फ़ैसले, छोटे–बड़े सभी, पुरुष ही लेते रहे हैं चाहे वो महिलाओं की साफ़–सफ़ाई से जुड़े हों, या फिर उनकी इच्छा को लेकर या हरेक की ज़िन्दगी में होने वाले बड़े फ़ैसले। सब पुरुष ही लिया करते थे, लेकिन इस आन्दोलन ने स्वतन्त्रता की और ख़ुद बहुत कुछ कर लेने की एक ऐसी आग जलायी कि आज इस निम्न और मध्यम निम्न वर्ग की महिलाएँ काफ़ी कुछ फ़ैसले ख़ुद करने लगी हैं और हमेशा दबाकर रखने वाला पुरुष वर्ग बहुत कुछ मानने पर मज़बूर है। यह एक ऐसा क्रान्तिकारी परिवर्तन वो भी एक आन्दोलन से हुआ जिस पर अभी बात तो नहीं हो रही है, लेकिन जो समाजशास्त्री इसे समझ रहे हैं, उनके लिए यह एक बहुत बड़ी उपलब्धि है।

दरअसल हुआ यह कि यहाँ पर आन्दोलन के दौरान कई फ़ैसले तत्काल महिलाओं के उस वर्ग को करने पड़ते थे जब वो धरना स्थल पर हुआ करती थीं। और फ़ैसले करने की क्षमता ने उन्हें बहुत आगे कर दिया। आन्दोलनकारी मुस्लिम महिलाओं के इस वर्ग ने अपने समय प्रबन्धन को इस तरह समायोजित किया जिससे उन्होंने घर भी देखा, दुधमुँहे बच्चे की देख–रेख भी की, मियाँ की इच्छाओं को पूरा भी किया यहाँ इन नारों से वो आगे भी निकलीं जिनको लिख कर दिया गया था या फिर जिनका कथित डर उनके मन में बैठा दिया गया था।

परवाज़ भरने लगी "शाहीन", दुनिया के "बाग़" में

82 साल की बिलकिस बानो के जीवन में शाहीन बाग़ के प्रदर्शन के बाद बहुत बड़ा बदला आया। बिलकिस बानो बताती हैं कि उन्होंने अपनी ज़िन्दगी में कभी किसी आन्दोलन में भाग नहीं लिया। वह एक घरेलू महिला थीं। वह भी बिना पढ़ी–लिखी। बिलकिस बानो के लिए यह आम दिन था। तारीख़ थी– 15 दिसम्बर, 2019। वो आराम से अपने घर में टी.वी. देख रहीं थीं। जामिया के आन्दोलन के दौरान हिंसक घटनाएँ हुईं।

कई बस जला दी गयी थीं। हॉस्टल में घुस पुलिस ने बच्चों की पिटाई की। बस उसी दिन वो घर में अपने किसी साथी के साथ शाहीन बाग़ प्रदर्शन स्थल पर पहुँच गयीं। उसके बाद तो वहाँ वो रोज़ जाने लगीं। हालात को समझने लगीं। अख़बार, टी.वी. वालों से बात करने लगीं। देखते–देखते बिलकिस बानो का चेहरा पोस्टर बैनर में छपने लगा, हर जगह उनकी तस्वीरें छपने लगीं।

बिलकिस बानो का कहना है कि ज़िन्दगी में जो कभी नहीं किया था वह सब इस आन्दोलन में किया। जैसे इससे पहले कभी भी में रात को इस तरह से बाहर नहीं निकली और आन्दोलन के दौरान में ने कितनी रातें सड़कों पर बिताईं। पहले कहीं भी जाना भी होता था, बेटे के साथ जाती थी, लेकिन अब अक़ेले भी कहीं निकल जाती हूँ, अन्दर का डर ख़त्म हो गया है। पहले मुझे अनजान लोगों से बात करने में झिझक होती थी, लेकिन अब दूर–दूर से फ़ोन आते हैं। सबसे बात करती हूँ। टी.वी. पर ख़ूब इंटरव्यू दे रही हूँ। जो समझ में आता है, बोलती हूँ।' आन्दोलन के बाद मुझे यह समझ में आया कि बेटा–बेटी सबको पढ़ाना ज़रूर है। बच्चे घर से बाहर निकलेंगे तभी वह दुनियादारी को समझेंगे। पहले कई बार ऐसा होता था कि जब मेरी पोती बाहर जाती थी और देर कर देती थी आने में, तो मै पसन्द नहीं करती, लेकिन अब जब वह अपने पढ़ाई–लिखाई के काम से बाहर निकलती है और हमें कोई दिक़्क़त नहीं होती है। मेरे अन्दर ख़ुद का यह बहुत बड़ा बदलाव है।' वहीं उनका कहना है कि अब समाज में मेरी एक अलग पहचान बन गयी है। पहले सिर्फ़ मोहल्ले के लोग तो जानते थे, लेकिन अब पूरा देश ही मुझे जानने लगा। विदेशों में भी मेरी पहचान बन गयी है। लोगों का मेरे प्रति नजरिया बदल गया है। घर के अन्दर तो जैसे पहले थी, वैसे ही हूँ। अब मेरे पड़ोसी, रिश्तेदार पहले के तुलना में ज़्यादा मान–सम्मान देने लगे हैं, लेकिन इस मान–सम्मान से ज़्यादा बड़ी बात यह है कि मैं अब घर और बाहर दोनों जगह औरतों को अपने फ़ैसले ख़ुद लेने के लिए प्रेरित करती हूँ।

तहमीना शहनाज़ की कहानी कुछ अलग है। पहले भी कमज़ोर नहीं थीं। अब भी नहीं हैं, पर अब उनके जीवन का फ़लसफ़ा बदल गया है। जीवन का नया दर्शन है– आँखों में आँखें डालकर ग़लत को ग़लत कहना सीखो। तहमीना का कहना है कि पहले जहाँ ज़िन्दगी सिर्फ़ अपने लिए जीते थे, शाहीन बाग़ बाग़ ने सिखा दिया कि अपने से आगे भी ज़िन्दगी है।

एक ही ज़िन्दगी मिली है इसे कैसे जीना है, यह तय हमें करना है। आन्दोलन से पहले मेरे अन्दर एक डर था, वह डर ख़त्म हो गया है। अब घर हो या बाहर अपने आप अपना ख़याल रखना आ गया है। पहले मैं घर तक ही सीमित थी, लेकिन आज मैं अपनी क्षमता अनुसार जितना बन सकता है, लोगों की आगे आकर मदद कर रही हूँ। लॉकडाउन के दौरान भी मैंने लोगों की मदद की। यह सब शाहीन बाग़ की देन है। इससे पहले मैं सामाजिक तौर पर दूसरों से नहीं जुड़ी थी। जब भी पड़ोसियों से बात होती है, वह कहते– आप हमारे मोहल्ले और इस गली की शाहीन हैं। मैंने अलीगढ़ मुस्लिम यूनिवर्सिटी (ए.एम.यू.) से स्नातक तक पढ़ाई की है, लेकिन दिल्ली में पिछले कई सालों से अपनी घर–गृहस्थी सँभाल रही थी। जब मैं शाहीन बाग़ से जुड़ी तो मुझे एहसास हुआ कि मेरे भीतर का जो छात्र है, उसे मरने नहीं देना है। यहाँ से मैंने आँखों में आँखें डालकर ग़लत को ग़लत और सही को सही कहना सिखा। यह सिर्फ़ पब्लिक प्लेस के लिए ही नहीं है। घर में भी अगर कुछ ग़लत होता है तो उसके ख़िलाफ़ मैं अपनी आवाज़ उठाती हूँ। मैं अपने बच्चों को भी शिक्षा यही देती हूँ कि मुखर होकर अपनी बात रखनी है तो इसके लिए पढ़ने–लिखने की भी ज़रूरत है।

कुछ कहानियाँ ऐसी होती हैं जिनमें जीवन बदलने की ताक़त होती है। मानो या न मानो आप, नुसरत एरा ने इस आज़ादी के नारे के आगे की आज़ादी को बहुत कुछ समझा। क्या आप यह यक़ीन कर सकते हैं कि एक महिला अगर एक जगह कई बार जाती है तो उसका पति लगातार उसका पीछा करता है। वो भी तब जब शुरू में उसका पति ख़ुद उसे वहाँ जाने के लिए प्रेरित करता है। दरअसल नुसरत को इस बात ने काफ़ी हौसला दिया कि किसी प्रदर्शन को एक महिला नेतृत्व दे रही है। उसकी समझ से यह आज़ादी के बाद यह पहली बार ऐसा हो रहा था कि जहाँ मुस्लिम महिलाएँ किसी प्रदर्शन का नेतृत्व कर रहीं थीं। वो मानती हैं कि शाहीन बाग़ आन्दोलन के बाद उन्होंने ख़ुद सैंकड़ों ज़िन्दगियों को बदलते देखा। जो महिलाएँ अपने हक़ की बात करने में डरती थीं, वे अब अपनी लड़ाई ख़ुद लड़ रही हैं। सामाजिक जागरूकता महिलाओं के अन्दर बढ़ी है। वो ख़ुद शाहीन बाग़ के प्रदर्शन से पहले घर से बाहर जाने में हिचकती थीं। ये सच है कि पहले मुझे भी सड़क

पर अकेले चलने में डर लगता था। "मैं पहले कभी भी अपने वालिद या शौहर के बिना घर बाहर नहीं निकली हूँ। जब जामिया में आगजनी हुई और शाहीन बाग़ धरना स्थल बना तो शुरू में तो मेरा शाहीन बाग़ जाने का मन नहीं हुआ पर बाद में इसके लिए शौहर से अनुमति माँगी। एक दिन मैं ख़ुद धरना स्थल पर आ गयी। वहाँ काफ़ी लोग इस मुद्दे पर बात कर रहे थे। ये सब बातें मेरे लिए नयी थीं। वहाँ सिखाने वाले थे और मुझ में सीखने की चाह थी। हर दिन नयी बात सीखती। उसके बाद तो मैं रोज़ उन बच्चों के लिए अपने घर से खाना, चाय–नाश्ता बनाकर लाने लगी। मैं सुबह बेटी को छोड़ने के बाद धरना स्थल पर चली जाती थी, शाम को वहाँ से वापिस लौटती थी। बाद में मुझे पता चला मेरे मेरे पति ने मुझे बिना बताये 15 दिनों तक मेरा पीछा किया। वह धरना स्थल पर आते थे। वह देखते थे कि मैं किस से बात कर रही हूँ, कैसे रह रही हूँ, वहाँ का मौहाल कैसा है। लगभग 15 दिन बाद उन्होंने मुझे बताया कि मैं तुम्हारे जाने के बाद 15 दिनों तक लगातार मैं तुम्हें देखने धरनास्थल पर आता था। इसके बाद तो मेरे शौहर ने कोई टोका–टाकी नहीं की। तीन महीने से ज़्यादा मैं गयी। और अब तो आलम यह है कि मैं अपने घर से अकेले, 50 किलोमीटर से भी ज़्यादा दूर दो घण्टे से ज़्यादा चल कर सिन्घू बॉर्डर किसानों के बीच पहुँची। वहाँ जाकर उनसे बात की। वहाँ मंच पर भाषण दिया। और अब मैं यह मानती हूँ कि आन्दोलन ने मेरी ज़िन्दगी बदल दी है। अब समाज में क्या हो रहा है, अब उसके बारे में पता होता है। टी.वी. न्यूज देखना और अख़बार पढ़ना अब मेरी दैनिक दिनचर्या में शामिल है। मेरा सिर्फ़ 10वीं पास होना मेरे लिए बाधक नहीं है। घर के या अपने फ़ैसले ख़ुद लेने की कुव्वत रखती हूँ। और शौहर भी मेरा साथ देने लग गये हैं।'

35 वर्षीय नाहिद फातिमा का ख़ुद का एक छोटा–सा गारमेंट बिजनेस है। वो बताती हैं कि शाहीन बाग़ आन्दोलन के दौरान मैंने सही और ग़लत में फ़र्क़ करना भी सीखा और अब पहले से कहीं ज़्यादा देश के मुद्दे को लेकर जानने की कोशिश करती हूँ। पहले मेरे परिवार में मुझे लोग बहुत गम्भीरता से नहीं लेते थे पर अब मेरे पति और मेरी माँ मेरे तर्क को सुनते हैं तो उन्हें लगता है कि मैं सही बोल रही हूँ। पहले से ज़्यादा अब सोच समझकर तर्किक बातें करती हूँ। जब किसी मुद्दे को

तर्क के साथ या कोई उदाहरण देकर बता करती हूँ तो मेरी बात की अहमियत बढ़ जाती है। मैं औरत हूँ, यह कहकर मुझे कोई बात मानने के लिए अब नहीं कहा जाता। काश ! शाहीन बाग़ जैसा कोई आन्दोलन मेरी ज़िन्दगी में पहले कुछ ऐसा अनुभव दे जाता तो तब मैं शादी के विरोध में भी इसलिए आवाज़ उठा सकती थी क्योंकि शादी मेरे बचपने में हुई थी। उस समय मेरे अन्दर इतनी हिम्मत ही नहीं थी। मुझे ऐसा लगता है कि जितना ज़्यादा आप तार्किक होते हैं, उतना ही ज़्यादा बातों को समझते हैं। जब आपको अच्छे और समझदार लोगों मिलते हैं तो आप उनसे बहुत कुछ सीख सकते हैं। ऐसे में यह सीखने का मौक़ा शाहीन बाग़ आन्दोलन में मिला।

मुम्बई की बहुराष्ट्रीय कम्पनी में काम करने वाली हूमेरा ने कहा कि यह बहुत सुखद अनुभव है कि ये आन्दोलन केवल महिलाओं द्वारा चलाया गया और किसी ख़ास व्यक्ति के नेतृत्व के बिना भी इतना सफल रहा। इतिहास में हम ऐसे अनेक उदाहरण मिलते है, जब महिलाएँ बड़ी संख्या में एकजुट होकर घरों से बाहर आयीं। और शोषण व अन्याय के ख़िलाफ़ आवाज़ उठायी। स्वतन्त्रता आन्दोलन में भी सत्याग्रह हो या स्वदेशी आन्दोलन ही में महिलाओं ने बढ़ चढ़ कर हिस्सा लिया, लेकिन ये बहुत दुख की बात है कि महिलाओं द्वारा सक्रिय योगदान देने के बावज़ूद भी उनकी भूमिका को प्राथमिकता नहीं दी जाती। प्राथमिकता पुरुषों को ही मिलती है।

दरअसल शाहीन बाग़ आन्दोलन के बाद महिलाएँ अपने अधिकारों के बारे में जागरूक हुई हैं। यह बात कोई माने या न माने घर में बन्धक बना कर रखने की प्रथा मुस्लिम के एक वर्ग में थी। और ऐसा नहीं है कि आज वो नहीं है, लेकिन उसमें एक बदलाव देखने को मिल रहा है जिसकी उम्मीद इस वर्ग के पुरुष वर्ग ने नहीं की थी। आप कह सकते हैं कि हिन्दुओं में भी तो ऐसा होता रहा है, लेकिन पर्दा प्रथा के कारण यह सामान्य तौर पर समझने वाली बात है कि मुस्लिमों में ज़्यादा दिख रहा है। समाजशास्त्री घनश्याम शाह भी यही मानते हैं। 6 माह व 6 साल की बेटियों की माँ शीरीन कहती हैं कि यह इस आन्दोलन का ही यह असर है कि मैं आज अपने शौहर से अपनी बच्चियों की पढ़ाई के लिए लड़ ले रही हूँ। आज वो इस बात के लिए सहमत हैं कि मैं अपने बच्चों

को उनके पसन्द का करियर चुनने की आज़ादी दूँ। अगर वह समाज में किसी बुराई के ख़िलाफ़ वो खड़ी होती हैं तो मैं उन्हें दबाऊँगी नहीं। लोगों की सोच यह रही है कि बेटा है तो उसे आगे बढ़ाओ, लेकिन आन्दोलन के बाद मेरी सोच यह है कि बेटे के लिए मैं भले 10 हज़ार ख़र्च करूँ, लेकिन बेटी को आगे बढ़ाने के लिए 50 हज़ार ख़र्च कर सकती हूँ। भले ही यह बातें अभी छोटी लग रही हो पर किसी बदलाव के लिए यह बहुत बड़े क़दम हैं।

नागरिकता क़ानून और उत्तर प्रदेश

"लखनऊ में मुख्यमन्त्री योगी आदित्यनाथ के सामने यह बड़ी चुनौती थी। या यह कहें कि पहली बड़ी चुनौती थी। अभी तक सरकार के सामने जो कुछ हुआ था, उसने उसे बहुत आसानी से निपट लिया था, यहाँ तक कि राम मन्दिर को लेकर जब फ़ैसला आना था, तब भी इतनी चिन्ता नहीं थी।"

नागरिकता (संशोधित) कानून–2019 के ख़िलाफ़ पूर्वोत्तर से उठी विरोध की आग की लपटें दिल्ली के बाद उत्तर प्रदेश के कई शहरों में भी धधक उठीं। 14 दिसम्बर, 2019 की रात को दिल्ली में जामिया मिलिया इस्लामिया के पास नये नागरिकता कानून के ख़िलाफ़ प्रदर्शन हिंसक हुआ था। उसकी अगली रात 15 दिसम्बर, 2019 को उत्तर प्रदेश में अलीगढ़ के अलीगढ़ मुस्लिम यूनिवर्सिटी (ए.एम.यू.) में विरोध प्रदर्शन के दौरान हिंसा हुई। रात को जैसे ही जामिया के छात्रों पर पुलिस की बर्बर कार्रवाई की ख़बर अलीगढ़ पहुँची तो ए.एम.यू. के छात्र बाब–ए–सैयद गेट पर इकट्ठा होकर प्रदर्शन करने लगे। पुलिस ने छात्रों को रोकने के लिए ए.एम.यू. प्रॉक्टर ऑफ़िस के सामने बैरिकेड लगा दिये, जिसे भीड़ ने तोड़ दिया। एक हज़ार से ज़्यादा की भीड़ को हटाने के लिए पुलिस ने लाठीचार्ज किया और आँसू गैस के गोले दागे। पुलिस और प्रदर्शनकारियों के बीच झड़प में काफ़ी छात्र घायल हुए। दो दर्ज़न पुलिसकर्मी चोटिल हुए थे। प्रदर्शन के दौरान पुलिस ने लगभग 100 से ज़्यादा छात्रों को हिरासत में लिया था। इतने ही छात्र घायल हुए थे। इनमें 20 की हालत गम्भीर थी। इसके बाद ज़िले में इंटरनेट सेवाएँ बन्द कर दीं गयीं। ए.एम.यू. को भी 5 जनवरी तक बन्द कर दिया गया। मगर यह मामले के जल्द ठण्डा होने के आसार नहीं थे।

लखनऊ में मुख्यमन्त्री योगी आदित्यनाथ के सामने यह बड़ी चुनौती थी। या यह कहें कि पहली बड़ी चुनौती थी। अभी तक सरकार के

सामने जो कुछ हुआ था, उसने उसे बहुत आसानी से निपट लिया था, लेकिन इस बार लगातार मुख्यमन्त्री चिन्तित दिख रहे थे। मुख्यमन्त्री के क़रीबी अफ़सरों के मुताबिक़ चिन्ता के ऐसे दर्शन पहली बार हो रहे थे, यहाँ तक कि राम मन्दिर को लेकर जब फ़ैसला आना था, तब भी इतनी चिन्ता नहीं थी। यूपी पुलिस ने ए.एम.यू. हिंसा के मामले में 26 लोगों के ख़िलाफ़ हत्या के प्रयास का मामला दर्ज़ किया गया। अख़बारों की रिपोर्ट के अनुसार इस एफ.आई.आर. में कहा गया कि प्रदर्शनकारियों ने देसी पिस्तौल से पुलिस पर फ़ायरिंग की। एफ.आई.आर. में जिन्हें नामज़द किया गया, उनमें अलीगढ़ छात्रसंघ के अध्यक्ष इम्तियाज़ और अन्य पदाधिकारी शामिल थे। एफ.आई.आर. के अनुसार भीड़ को छात्र नेताओं ने ही उकसाया था। इसके बाद भीड़ ने गेट तोड़ दिये और पुलिस पर पथराव शुरू कर दिया। वकीलों, शिक्षाविदों, मानवाधिकार कार्यकर्ताओं और पत्रकारों की एक फैक्ट फाइंडिंग टीम ने अपने स्तर पर अलीगढ़ मुस्लिम यूनिवर्सिटी में हुई हिंसा की जाँच की थी। इस टीम का नेतृत्व प्रसिद्ध मानवाधिकार कार्यकर्ता हर्ष मन्दर ने किया था। टीम ने 17 दिसम्बर, 2019 को ए.एम.यू. कैम्पस का दौरा किया। फैकल्टी, छात्रों, डॉक्टरों, रजिस्ट्रार, प्रॉक्टर सहित यूनिवर्सिटी प्रशासन के सदस्यों से बात की।

24 दिसम्बर, 2019 को फैक्टफाइंडिंग टीम की यह रिपोर्ट 'द सीज़ ऑफ अलीगढ़ यूनिवर्सिटी' नाम से जारी की गयी। इसकी कहानी कुछ और थी। इसमें पुलिस की बर्बरता को छात्रों और फैकल्टी के हवाले से बयान किया गया। रिपोर्ट में कहा गया था कि सभी लोगों की गवाही से यह सामने आया है कि 15 दिसम्बर, 2019 की रात उत्तर प्रदेश पुलिस और रैपिड एक्शनफोर्स की दमनकारी कार्रवाई से छात्रों की हड्डियाँ टूट गयीं। कई गम्भीर रूप से घायल हुए और काफ़ी छात्र मनोवैज्ञानिक ट्रॉमा से जूझ रहे हैं। कैम्पस में पुलिस को घुसने की मंजूरी असल में इस हिंसा को वैध ठहराने के लिए ली गयी। रिपोर्ट में कहा गया कि विश्वविद्यालय के कुलपति, रजिस्ट्रार और प्रॉक्टर का कहना है कि पथराव और हिंसा की अन्य घटनाओं की वजह से उन्हें रैपिड एक्शन फोर्स और पुलिस को यूनिवर्सिटी कैम्पस में घुसने की मन्ज़ूरी देनी पड़ी ताकि कैम्पस में शान्ति बहाल हो सके और जान–माल की हानि नहीं हो। रिपोर्ट में कुलपति, रजिस्ट्रार और प्रॉक्टर के बयान पर सवाल उठाया गया कि यदि वास्तव में ऐसा था तो यह अभी तक स्पष्ट नहीं है कि बाब–ए–सैयद गेट अपने

आप चार टुकड़ों में कैसे टूट गया। लोहे के भारी गेट के कोने कैसे इतनी बारीक़ी से कटे हुए पाये गये, जबकि गेट के ताले सही सलामत थे। फैक्ट फाइंडिंग टीम को छात्रों ने बताया कि सादे कपड़ों में कई लोगों ने गेट के दोनों छोरों से पथराव किया। ये लोग छात्र नहीं थे और इन्होंने अपने चेहरे ढके हुए थे। रिपोर्ट के अनुसार छात्रों के बयान के अनुसार पुलिस ने छात्रों का पीछा किया। उन पर अन्धाधुन्ध लाठियाँ बरसायीं। आँसू गैस के गोले दागे, ग्रेनेड और गोलियों का इस्तेमाल किया। यूपी पुलिस और रैपिड एक्शन फोर्स ने घायल छात्रों को चिकित्सा सहायता उपलब्ध कराने की भी ज़रूरत नहीं समझी।

रिपोर्ट में कहा गया कि हमने हैरिटेज मॉरिसन छात्रावास का दौरा किया, जहाँ पुलिसकर्मियों ने गार्डों को पीटा था और छात्रों को कमरों से भगाने के लिए आँसू गैस का इस्तेमाल किया था। इससे एक कमरे में आग लग गयी थी, जिसे छात्रों ने ख़ुद बुझाया। यूनिवर्सिटी के मेडिकल कॉलेज के डॉक्टरों ने घायल छात्रों को लाने के लिए 10 से अधिक एंबुलेंस भेजी, लेकिन पुलिसकर्मियों ने उन्हें घायलों को नहीं ले जाने दिया और यहाँ तक कि एक एंबुलेंस के ड्राइवर की पिटाई की, जिससे उसकी हड्डी टूट गयी। फैक्ट फाइंडिंग टीम के अनुसार सबसे चौंकाने वाली बात तो यह है कि उत्तर प्रदेश पुलिस के एक सेवारत अधिकारी को यूनिवर्सिटी में रजिस्ट्रार के पद पर तैनात किया गया है। इस रजिस्ट्रार का व्यवहार छात्रों के संरक्षक की बजाये पुलिसिया कार्रवाई से खुश एक पुलिसकर्मी जैसा लगा। युद्ध जैसी स्थितियों में इस्तेमाल की जाने वाली स्टन ग्रेनेड का इस्तेमाल पुलिस ने ए.एम.यू. के छात्रों पर किया। यहाँ तक की युद्ध के दौरान भी एंबुलेंस को घायलों को ले जाने की मंजूरी होती है, लेकिन यहाँ ऐसा नहीं था। रिपोर्ट के अनुसार डॉक्टरों ने पुष्टि की है कि एक छात्र के ब्रेन हैमरेज से पता चलता है कि रबर बुलैट का इस्तेमाल किया गया। स्टन ग्रेनेड फटने से पीएच.डी. के एक छात्र का कलाई से नीचे तक का हाथ काटना पड़ा। शिक्षकों ने बताया कि 16 दिसम्बर की सुबह जब कैम्पस साफ़ कर दिया गया तो उन्हें सड़क पर एक कटा हुआ अँगूठा मिला। 15 दिसम्बर, 2019 की हिंसा के बाद अलीगढ़ मुस्लिम विश्वविद्यालय को 5 जनवरी, 2019 तक बन्द कर छात्रों से कैम्पस खाली करा लिया गया था। मगर नये साल के पहले दिन 1 जनवरी, 2020 को यूनिवर्सिटी प्रशासन ने घोषणा की कि 6 जनवरी को भी विश्वविद्यालय नहीं खुलेगा।

शीतकालीन अवकाश बढ़ा दिया गया। विश्वविद्यालय के नोटिस में कहा गया था कि कुलपति प्रोफ़ेसर तारिक मन्सूर की अध्यक्षता में शीर्ष अधिकारियों की बैठक में यह फ़ैसला किया गया।

एक ओर विरोध प्रदर्शन जारी थे तो दूसरी ओर मशहूर शायर फ़ैज़ अहमद फ़ैज़ चर्चा में आ गये। फ़ैज ने 1979 में पाकिस्तान के सैन्य तानाशाह जिया–उल–हक़ के ख़िलाफ़ एक नज़्म लिखी थी 'हम देखेंगे, लाज़िम है कि हम भी देखेंगे।' 17 दिसम्बर, 2019 को आई.आई.टी. कानपुर के छात्रों ने जामिया और अलीगढ़ विश्वविद्यालयों में पुलिस की बर्बर कार्रवाई के ख़िलाफ़ प्रदर्शन किया और यह नज्म़ गायी। आई.आई.टी. कानपुर की एक फैकल्टी सदस्य वशीमन्त शर्मा ने प्रदर्शनकारी छात्रों के यह नज़्म गाने को ग़लत माना और इसे हिन्दू विरोधी बताते हुए इसकी शिकायत संस्थान से की। वशीमन्त का कहना था कि इस प्रदर्शन के आयोजकों और मास्टरमाइंड की पहचान करके तुरन्त निष्कासित किया जाना चाहिए। इस शिकायत पर वशीमन्त के अलावा संस्थान के 15 छात्रों ने भी दस्तख़त किये थे। इस शिकायत के बाद आई.आई.टी. कानपुर ने एक समिति का गठन किया जिसे इस बात की जाँच का ज़िम्मा सौंपा गया कि शायर की यह नज़्म हिन्दू विरोधी है भी या नहीं। मगर जाँच समिति ने क़रीब तीन महीने की जाँच के बाद एक अलग ही निष्कर्ष दिया। मार्च 2020 के दूसरे सप्ताह में इस कमेटी ने अपनी जाँच रिपोर्ट सौंपी। इसमें कहा गया कि फ़ैज़ की नज़्म को पढ़ने का समय और स्थान उपयुक्त नहीं था। जाँच समिति ने इस विरोध प्रदर्शन में पाँच छात्रों और छह शिक्षकों की भूमिका को अवाँछनीय बताया। साथ ही इन शिक्षकों और छात्रों की काउंसिलिंग का सुझाव भी दिया।

समिति के अध्यक्ष और संस्थान के उपनिदेशक मनीन्द्र अग्रवाल का कहना था कि जाँच समिति ने पाया कि जिस शख़्स ने नज़्म पढ़ी थी, वह भी इस बात से सहमत हुए कि इसे पढ़ने के लिए वह स्थान और समय उपयुक्त नहीं था। उसने एक नोट लिख कर सौंपा कि उसे खेद है कि उसकी वजह से किसी की भावनाओं को ठेस पहुँची। इसलिए अब यह मामला बन्द हो चुका है। पत्रकारों के इस सवाल पर कि समिति को कैसे लगा कि नज़्म गाने का समय और स्थान उचित नहीं था, मनीन्द्र अग्रवाल ने कहा कि माहौल बहुत उथल–पुथल भरा था। उस समय वहाँ अलग–अलग विचारों और संस्कृति के लोग थे, जो गुस्से में थे।

किसी को भी ऐसी बातें नहीं करनी चाहिए थीं, जिससे दूसरे लोग उकसावे में आ जायें। (*इंडियन एक्सप्रेस*, 16 मार्च, 2020) फ़ैज़ की वह नज़्म जिस पर विवाद हुआ इस तरह है...

हम देखेंगे
लाज़िम है कि हम भी देखेंगे
वो दिन का
जिसका वादा है
जो लौह–ए–अज़ल में लिखा है
जब ज़ुल्म–ओ–सितम के कोह–ए–गिराँ
रूई की तरह उड़ जायेंगे
हम महकूमों के पाँव–तले
जब धरती धड़–धड़ धड़केगी
और अहल–ए–हक़म के सर–ऊपर
जब बिजली कड़–कड़ कड़केगी
जब अर्ज़–ए–ख़ुदा के काबे से
सब बुत उठवाये जायेंगे
हम अहल–ए–सफ़ा मरदूद–ए–हरम
मसनद पे बिठाये जायेंगे
सब ताज उछाले जायेंगे
सब तख़्त गिराये जायेंगे
बस नाम रहेगा अल्लाह का
ज़ो ग़ायब भी है हाज़िर भी
जो मंज़र भी है नाज़िर भी
उठेगा अनल–हक़ का नारा
जो मैं भी हूँ
और तुम भी हो
और राज़ करेगी
ख़ल्क–ए–ख़ुदा
जो मैं भी हूँ और तुम भी हो–

उधर, ए.एम.यू. में हुई हिंसा का मामला अब जाँच का विषय था। 8 जनवरी, 2020 को इलाहाबाद हाईकोर्ट ने अलीगढ़ मुस्लिम विश्वविद्यालय (ए.एम.यू.) के छात्रों पर पुलिस लाठीचार्ज से जुड़े मामले की जाँच राष्ट्रीय

मानवाधिकार आयोग (एन.एच.आर.सी.) को सौंपने का आदेश दिया। मुख्य न्यायाधीश गोविन्द माथुर और जस्टिस विवेक वर्मा की खण्डपीठ ने मोहम्मद अमन ख़ान की जनहित याचिका पर सुनवायी के दौरान यह आदेश दिया। इसमें कहा गया कि आयोग पाँच सप्ताह के भीतर अपनी जाँच पूरी करें। इस मामले पर अगली सुनवायी 17 फ़रवरी, 2020 को तय की गयी। जनहित याचिका में गिरफ़्तार छात्रों को रिहा करने, उन पर दर्ज़ मुक़दमे वापिस लेने, घायल छात्रों का इलाज़ कराने, मुआवज़ा देने और दोषी पुलिसकर्मियों को दण्डित करने की माँग की गयी। वहीं राज्य सरकार की ओर से जवाबी हलफ़नामा दाख़िल कर पुलिस का बचाव किया गया। राज्य सरकार की ओर से दलील दी गयी कि छात्रों ने विश्वविद्यालय का गेट तोड़ दिया था। विश्वविद्यालय प्रशासन के अनुरोध पर पुलिस ने हिंसा में लिप्त विद्यार्थियों को क़ाबू में करने के लिए कैम्पस में प्रवेश किया। इस कार्रवाई के दौरान कोई अतिरिक्त बल प्रयोग नहीं किया गया। यूपी पुलिस के आई.जी. और एस.एस.पी. की ओर से दाखिल हलफ़नामे में कहा गया था कि आन्दोलनकारियों ने धारा 144 का उल्लंघन किया था। सार्वजनिक सम्पत्ति को क्षति से बचाने के लिए निरोधात्मक कार्रवाई की गयी थी। 26 लोगों को हिंसा करने के आरोप में गिरफ़्तार किया गया। 13 जनवरी, 2020 को मीडिया में एक रिपोर्ट आयी कि अलीगढ़ पुलिस ने ए.एम.यू. के छह छात्रों के ख़िलाफ़ गुण्डा ऐक्ट में कार्रवाई शुरू कर दी है। इन छात्रों ने प्रदर्शन में भाग लिया था। अलीगढ़ ज़िला मजिस्ट्रेट को भेजी रिपोर्ट में पुलिस ने इन छह छात्रों में से चार नदीम अंसारी, हमजा सूफ़ियान, हुज़ैफ़ा आमिर और आमिर मिन्टो के आपराधिक रिकॉर्ड का भी हवाला दिया था। अंसारी और हुज़ैफ़ा ए.एम.यू. छात्रसंघ के उपाध्यक्ष रह चुके थे। सिविल लाइंस के सर्कल अफ़सर अनिल कुमार का बयान था कि ज़िला प्रशासन ने चारों छात्रों को नोटिस जारी कर जवाब देने को कहा है। पुलिस अन्य दो छात्र नेताओं शारज़ील उस्मानी और फरहान जुबारी की भी रिपोर्ट तैयार कर रही थी। बाद में इसी शरज़ील उस्मानी को ए.एम.यू. में प्रदर्शन का नेतृत्व करता बताया गया। एक के बाद एक छात्रों पर मामले दर्ज़ हो रहे थे। प्रदर्शन ठण्डे पड़ गये थे। अलीगढ़ पुलिस ने 20 जनवरी, 2020 को ए.एम.यू. के दो छात्रों के ख़िलाफ़ बाल संरक्षण अधिनियम (जुवेनाइल जस्टिस ऐक्ट) के तहत मामला दर्ज़ किया। ए.एम.यू. के सामाजिक विज्ञान विभाग के इन

दो छात्रों मोहम्मद नईम ख़ान और मोहम्मद आसिफ़ ख़ान के ख़िलाफ़ दर्ज़ एफ.आई.आर. प्रदर्शन के दौरान बच्चों का इस्तेमाल ढाल के रूप में करने का आरोप लगाया गया। यह एफ.आई.आर. जे.जे. ऐक्ट की धारा 8 के तहत दर्ज़ की गयी, जिसमें दोषी पाये जाने पर पाँच साल तक की सजा का प्रावधान है। 9 जुलाई, 2020 को पुलिस ने ए.एम.यू. में प्रदर्शन का नेतृत्व करने वाले छात्र शारजील उस्मानी को आजमगढ़ के सिधारी स्थित उसके घर से गिरफ़्तार कर लिया।

लेकिन उत्तर प्रदेश में नागरिकता संशोधन अधिनियम के ख़िलाफ़ आन्दोलन सिर्फ़ अलीगढ़ और कानपुर तक ही सीमित नहीं रहा था। कई और ज़िलों में भी हिंसा हुई थी। 21 दिसम्बर, 2019 तक ऐसे हिंसक प्रदर्शनों में पुलिस से झड़प में 9 लोग मारे जा चुके थे और बड़ी संख्या में घायल हुए थे। राजधानी लखनऊ में भी 19 दिसम्बर, 2019 को प्रदर्शन के दौरान जमकर हिंसा हुई। सरकार ने प्रदर्शन रोकने के लिए पूरे प्रदेश में धारा–144 लागू कर निषेधाज्ञा लागू कर दी थी। प्रदर्शनकारियों की भीड़ राजधानी लखनऊ में निषेधाज्ञा का उल्लंघन कर सड़कों पर उतरी तो पुलिस से उसकी झड़प हो गयी। देखते–ही–देखते लाठीचार्ज, पथराव और आगजनी शुरू हो गयी। ख़ासकर पुराने लखनऊ के हजरतगंज, हुसैनगंज, हसनगंज, हुसैनाबाद से हिंसा की ख़बरें आने लगीं। हसनगंज में भीड़ ने पुलिस चौकी पर पथराव किया। बहुत से वाहनों को आग लगा दी। शाम पाँच बजकर 18 मिनट पर ए.एन.आई. यू.पी. ने वीडियो शेयर करते हुए ट्वीट किया– देखो लखनऊ : एक मीडिया ओबी वैन को प्रदर्शनकारियों ने आग लगा दी। एजेंसी की ख़बर के अनुसार 20 मोटरसाइकिल, 10 कार, तीन बसें और चार ओबी वैन को आग लगा दी गयी थी। हिंसा में दो लोगों की मौत हुई। यूपी पुलिस ने पुष्टि की कि उस दिन दो लोग गोलीबारी में घायल हुए। घायल ज़लील कुदरोली (49) और नौशीन (23) को हस्पताल पहुँचाया गया, जहाँ उनकी मौत हो गयी। लखनऊ हिंसा में 16 पुलिसकर्मी भी घायल हुए। पुलिस ने 55 लोगों को गिरफ़्तार किया।

उत्तर प्रदेश के सम्भल में भी इसी दिन हिंसा हुई। सरकारी बसों को आग लगा दी गयी। सम्भल के पुलिस अधीक्षक ने बताया कि 19 दिसम्बर, 2019 को दोपहर चौधरी सराय इलाक़े में एक बस को आग लगा दी गयी, जबकि दूसरी बस में तोड़फोड़ की गयी। मऊ, वाराणसी, अलीगढ़, इलाहाबाद और लखनऊ में लोगों को गिरफ़्तार किया है।

सी.आर.पी.सी. की धारा 149 के तहत तीन हज़ार से ज़्यादा लोगों को नोटिस भेजा गया है। प्रदर्शन के दौरान हिंसा से बिजनौर में भी दो लोगों, मेरठ, सम्भल और फिरोज़ाबाद में भी एक–एक व्यक्ति की मौत हुई। मुख्यमन्त्री योगी आदित्य नाथ ने उत्तर प्रदेश में हुई हिंसा पर कड़ा रुख अपनाया। 19 दिसम्बर, 2019 की उसी शाम को उन्होंने मीडिया से कहा 'जिन लोगों ने सार्वजनिक सम्पत्तियों को नुक़सान पहुँचाया है, उसका हर्ज़ाना इन्हीं उपद्रवियों से वसूल करेंगे। उपद्रवियों से सख़्ती से निपटेंगे। लोकतन्त्र में हिंसा के लिए कोई जगह नहीं है। सम्भल और लखनऊ में हिंसा हुई। एक दर्ज़न वाहनों में आग लगायी गयी। प्रदर्शन के नाम पर हिंसा बर्दाश्त नहीं की जायेगी। विपक्ष भ्रम के हालात पैदा कर रहा है। नागरिकता क़ानून किसी के ख़िलाफ़ नहीं है। राजनीतिक रोटी सेंकने वाले कांग्रेस, सपा और वामपन्थी संगठनों ने महाबन्दी नाम पर पूरे देश को आगजनी की चपेट में झोंकने का प्रयास किया है। यह अस्वीकार्य है और उत्तर प्रदेश में इस तरह के तत्त्वों के साथ हम सख़्ती से निपटेंगे। जो भी ज़िम्मेदार होगा उसकी जवाबदेही तय करेंगे। हिंसा में लिप्त प्रत्येक व्यक्ति की सम्पत्ति को ज़ब्त करेंगे और उस ज़ब्त सम्पत्ति से सार्वजनिक सम्पत्तियों को जो नुक़सान पहुँचाया गया है, उसकी भरपाई भी हम उपद्रवियों से करेंगे। सब चिन्हित चेहरे हैं। सब वीडियोग्राफी में आ चुके हैं। सी.सी.टी.वी. की फुटेज में आ चुके हैं। सबकी सम्पत्ति को ज़ब्त करेंगे और उस ज़ब्त सम्पत्ति से सार्वजनिक सम्पत्तियों को जो नुक़सान पहुँचाया गया है, उसकी भरपाई उपद्रवियों से करेंगे।' और यही से उत्तर प्रदेश पुलिस को एक ऐसा विचार आया जिसको वो बड़े स्तर पर लागू करने जा रही थी।

6 मार्च, 2020 को लखनऊ ज़िला प्रशासन ने इस हिंसा को लेकर शहर के 12 से ज़्यादा इलाक़ों में और प्रमुख चौराहों पर 100 से ज़्यादा होर्डिंग्स और पोस्टर लगाये गये। इनमें पचास से ज़्यादा लोगों के नाम और चेहरे थे और उन्हें हिंसा का आरोपी बताया गया था। इनके अलावा शहर के सभी प्रमुख चौराहों पर लगे होर्डिंग्स में 57 लोगों के नाम और पते उजागर किये गये थे। साथ ही शासन आदेश का था कि अगर इन लोगों ने तय वक़्त पर रिकवरी का पैसा नहीं चुकाया तो कुर्की की कार्रवाई की जायेगी। इन लोगों पर एक करोड़ 55 लाख 62 हज़ार 537 रुपये की रिकवरी डाली गयी थी। हालाँकि दो दिन बाद ही 8 मार्च, 2020 को इलाहाबाद उच्च न्यायालय के चीफ जस्टिस गोविन्द माथुर

ने पोस्टर लगाने के मामले का स्वतः संज्ञान ले लिया और रविवार होने के बावज़ूद सुनवायी की। उन्होंने लखनऊ के पुलिस कमिश्नर और ज़िलाधिकारी को उसी दिन तलब कर लिया। साथ ही पूछा कि किस नियम के तहत फ़ोटो और पोस्टर लगाये गये हैं। जवाब के लिए एक दिन का समय दिया। अगले दिन 9 मार्च, 2020 को इलाहाबाद हाई कोर्ट के मुख्य न्यायाधीश गोविन्द माथुर और जस्टिस रमेश सिन्हा की पीठ ने प्रशासन को फौरन पोस्टर हटाने के आदेश दिये। साथ ही कहा कि समग्र रूप में आरोपियों के पोस्टर लगाना लोगों की निजता में अनावश्यक दखल है। यह संविधान के अनुच्छेद–21 के तहत निजता के अधिकार का उल्लंघन है, जो कि एक मौलिक अधिकार है। इसलिए प्रशासन तुरन्त पोस्टर हटाकर 16 मार्च, 2020 तक कार्रवाई रिपोर्ट दाखिल करें। उत्तर प्रदेश सरकार ने इलाहाबाद हाई कोर्ट के फ़ैसले को सर्वोच्च अदालत में चुनौती दी। 12 मार्च, 2020 को इस पर सुनवायी शुरू हुई। सुप्रीम कोर्ट में उत्तर प्रदेश सरकार का पक्ष महान्यायवादी (सॉलिसिटर जनरल) तुषार मेहता ने रखा। उन्होंने कहा कि पोस्टर लगाने की कार्रवाई विधि सम्मत है न्यायमूर्ति यू.यू. ललित और न्यायमूर्ति अनिरुद्ध बोसकी पीठ ने मेहता से पूछा कि क्या राज्य सरकार के पास ऐसे पोस्टर लगाने की शक्ति है। इसमें कोई शक नहीं है कि दंगाइयों के ख़िलाफ़ कार्रवाई की जानी चाहिए और उन्हें सज़ा मिलनी चाहिए। ऐसा कोई क़ानून नहीं कि जो सरकार की कार्रवाई समर्थन करता है। सर्वोच्च अदालत ने इलाहाबाद उच्च न्यायालय के आदेश पर स्टे से इनकार कर दिया। साथ ही कहा कि इस मामले पर विस्तार से विचार करने की ज़रूरत है। 1972 बैच के पूर्व आई.पी.एस. एस.आर. दारापुरी को भी आरोपी बताकर उनका पोस्टर लखनऊ में लगाया गया था।

सुप्रीम कोर्ट में दारापुरी के वक़ील अभिषेक मनु सिंघवी ने कहा कि दारापुरी आई.जी. रैंक से रिटायर हुए थे। उनके भी पोस्टर लगाये गये। सरकार को सम्बन्धित अधिकारियों को बताना था कि क़ानून के मुताबिक़ ही कार्रवाई की जाये, लेकिन सरकार की मंशा केवल अन्तिम फ़ैसले से पहले ही लोगों को बदनाम करने की थी। पोस्टरों में सभी के नाम और पते तक लिखे गये हैं। यह एक तरह से आम लोगों को खुला न्यौता है कि कोई भी उनके घरों में घुस कर या राह चलते मारपीट करे। तय तिथि 16 मार्च, 2020 तक लखनऊ प्रशासन ने पोस्टर नहीं हटाये और

प्रदेश सरकार की ओर से कार्रवाई रिपोर्ट की जगह इलाहाबाद हाई कोर्ट में अपना जवाब दाख़िल किया गया। हालाँकि इससे पहले 13 मार्च, 2020 को उत्तर प्रदेश सरकार दंगाइयों से वसूली के लिए अध्यादेश ले आयी थी। सुप्रीम कोर्ट के रुख के बाद आनन–फानन में ही अगले दिन कैबिनेट बैठक बुलायी गयी थी और *यू.पी. रिकवरी ऑफ डैमेज टू पब्लिक प्रॉपर्टीज* अध्यादेश–2020 को मंजूरी दी गयी। यानी कार्रवाई पहले की गयी और उसे उचित बनाने के लिए नियम बाद में बनाया गया। इस तरह क़ानूनी दाँव–पेंच और छात्रों की धरपकड़ तथा पुलिस की सख़्ती से उत्तर प्रदेश की योगी आदित्य नाथ सरकार एन.आर.सी. और सी.ए.ए. विरोधी आन्दोलन को कुचलने में पूरी तरह सफल रही। छात्रों के करियर की परवाह किये बगैर उन पर आपराधिक मामले दर्ज़ किये गये। आन्दोलन और विरोध शान्त हो गया। हालाँकि शाहीन बाग़ की तर्ज़ पर उत्तर प्रदेश के कुछ बड़े शहरों में महिलाएँ धरने पर बैठीं। यू.पी. में जहाँ पुलिस और प्रशासन की सख़्ती से आन्दोलन को नियन्त्रित कर लिया गया था, वहीं दूसरी ओर दिल्ली में यह दिनोंदिन तेज़ हो रहा था।

अन्तहीन जाट आन्दोलन

"इस आन्दोलन के दौरान दिखा कि नेताओं के लिए राजनैतिक लाभ के आगे सामाजिक सौहार्द्र और न्याय कोई मायने नहीं रखता। कुल मिलाकर जाट आरक्षण आन्दोलन को सफ़लता या विफलता में बाँधना ग़लत होगा, लेकिन आन्दोलन की परिणिति जिस रूप में हुई उसकी एक ही वजह थी आन्दोलन के दौरान चला हिंसा का लम्बा दौर।"

2020–21 के किसान आन्दोलन को पूर्व के जाट आन्दोलन से भी जोड़कर देखा जा रहा था। हालाँकि एक तबके ने तो इसे खालिस्तानी आन्दोलन से भी जोड़ने की बात की थी। वजह साफ़ थी। इस आन्दोलन में बड़े पैमाने पर पंजाब के जाट, सिख और हरियाणा तथा पश्चिमी उत्तर प्रदेश और राजस्थान के जाट समुदाय से जुड़े किसान ही बढ़–्चढ़ कर भागीदारी कर रहे थे। हरियाणा में खट्टर सरकार के पहले काल की शुरुआत में ही जाट आरक्षण आन्दोलन की विफल परिणीति दस दिन तक चली हिंसा और दंगे के रूप में हुई थी। इसने प्रदेश के सामाजिक समरसता के ढाँचे को भी बड़ी क्षति पहुँचायी थी।

जाट समुदाय उत्तर भारत का एक प्रभावशाली एवं संगठित समुदाय माना जाता है। यह पारम्परिक रूप से कृषि से जुड़ा है। पंजाब, हरियाणा, राजस्थान और पश्चिमी उत्तर प्रदेश में खेती–किसानी, जमींदार और राजनीति पर इस समुदाय की मज़बूत पकड़ है। वर्ष 1991 में जब अन्य पिछड़ा वर्ग (ओ.बी.सी.) को मण्डल आयोग की सिफ़ारिशों के आधार पर आरक्षण दिया गया तो हरियाणा और पंजाब जैसे राज्यों में जाटों को सम्पन्न मानकर इस सूची से बाहर रखा गया। राजस्थान में भी भरतपुर और धौलपुर जिलों के जाटों को ओ.बी.सी. की सूची से बाहर किया गया, क्योंकि इन दोनों ज़िलों में किसी समय जाट राजाओं का राज रहा था। राजस्थान के अन्य ज़िलों में 1999 से जाट आरक्षण का लाभ ले रहे हैं। जाटों को यह लाभ देने वाला पहला राज्य भी राजस्थान है।

27 नवम्बर, 1999 को केन्द्र ने जाटों को अन्य पिछड़ा वर्ग में अधिसूचित किया था। इसके छह दिन बाद ही 3 नवम्बर 1999 को राजस्थान सरकार ने भी इसे लागू कर दिया। हालाँकि बाद में 1 जनवरी, 2000 और 10 जनवरी, 2000 को दो अन्य अधिसूचनाओं के ज़रिये भरतपुर और धौलपुर के जाटों को भी ओ.बी.सी. में शामिल कर लिया गया। मगर सरकार के इस क़दम को राजस्थान हाई कोर्ट में चुनौती दी गयी। लम्बे समय बाद इस पर फ़ैसला आया। 10 अगस्त, 2015 को राजस्थान हाई कोर्ट ने अपने फ़ैसले में भरतपुर और धौलपुर के जाटों को ओ.बी.सी. में शामिल करने की अधिसूचनाओं को रद्द कर दिया, जबकि शेष राज्य में जाटों के आरक्षण के मामले को पिछड़ा वर्ग स्थायी आयोग को भेज दिया। हालाँकि राजस्थान हाई कोर्ट से पहले सुप्रीम कोर्ट ऐसे ही मामले पर केन्द्र सरकार की उस अधिसूचना को रद्द कर चुका था, जिसमें चुनावी खेल खेलते हुए लोकसभा चुनाव से ठीक पहले केन्द्र की कांग्रेस सरकार ने 4 मार्च, 2014 को अधिसूचना जारी कर भरतपुर और धौलपुर के जाटों को ओ.बी.सी. की सूची में शामिल किया था। इसके बाद केन्द्र सरकार की नौकरियों में उन्हें आरक्षण मिलता। मगर सुप्रीम कोर्ट ने 13 दिन बाद ही 17 मार्च, 2015 को केन्द्र सरकार की इस अधिसूचना को रद्द कर दिया। (Rajasthan was first state to extend OBC benefits to Jats in 1999, *The Times of India*, Jaipur, 23 Feb. 2016)

राजस्थान की तरह ही हरियाणा में भी नेताओं द्वारा जाटों को 2004 से आरक्षण का लॉलीपोप दिखाया जा रहा था। हालाँकि सामाजिक और वैधानिक मानकों के यह काम विपरीत था और ऐसा होना मुश्किल था, इसके बावज़ूद नेता वायदे कर रहे थे और समाज में एक ऐसे ध्रुवीकरण की भूमिका तैयार कर रहे थे, जिसका बड़ा ख़ामियाज़ा आगे चलकर राज्य को ही उठाना था।

29 मार्च, 2016 को हरियाणा विधानसभा में 10 मिनट की चर्चा के बाद हरियाणा पिछड़ा वर्ग (नौकरियों और शिक्षण संस्थानों में आरक्षण) विधेयक पास कर दिया गया। यह विधेयक स्वयं मुख्यमन्त्री मनोहर लाल खट्टर ने सदन में पेश किया था। इसमें जाटों और पाँच अन्य जातियों को पिछड़ावर्ग की सूची में शामिल किया गया था। जिन जातियों को आरक्षण देने की बात कही गयी थी उनमें जाटों के अलावा जाट, सिख, रोड़, बिश्नोई, त्यागी और मुस्लिम जाट शामिल थे। पिछड़ा वर्ग सूची में एक

अन्य 'सी' खण्ड बनाकर इन जातियों को शामिल किया गया, जबकि सूची के 'ए' और 'बी' खण्ड में पहले से ही 77 जातियाँ शामिल थीं। विधेयक में प्रावधान किया गया था कि 'सी' खण्ड की छह जातियों को तीसरे और चौथे दर्ज़े की नौकरियों में 10 फ़ीसद और पहले तथा दूसरे दर्ज़े की नौकरियों में 6 फ़ीसद आरक्षण दिया जायेगा। इसके अलावा शिक्षण संस्थाओं में प्रवेश के लिए भी 10 प्रतिशत सीटें इनके लिए आरक्षित होंगी।

विधानसभा में यह विधेयक ऐसे समय में पास किया गया था, जब एक महीने पहले ही जाट आरक्षण के मुद्दे पर राज्य के कई हिस्सों में बड़े पैमाने पर हिंसा हुई थी। दूसरी ओर जाट आरक्षण संघर्ष समिति ने यह घोषणा कर दी थी कि वह 3 अप्रैल, 2016 से आरक्षण के लिए अपना आन्दोलन फिर से शुरू करेगी। ऐसी परिस्थिति में विधेयक पारित करने का यह सन्देश गया कि सरकार जाट समुदाय के भयंकर दबाव में है। राजनीतिक कारणों से सरकार ख़ुद भी यही सन्देश देना चाहती थी। इस विधेयक से जाटों को कोई व्यावहारिक लाभ नहीं होने वाला था। 2014 में भी प्रदेश सरकार ने एक प्रस्ताव पारित कर जाटों को विशेष पिछड़ा वर्ग का दर्ज़ा दिया था। पर उनके लिए यह आरक्षण नियमानुसार सम्भव नहीं था। विधेयक की सिफ़ारिश लागू होने पर पहले और दूसरे दर्ज़े की नौकरियों में आरक्षण की सीमा 50 प्रतिशत से ऊपर जा रही थी। यह सुप्रीम कोर्ट द्वारा किसी भी राज्य में तय अधिकतम आरक्षण सीमा का उल्लंघन था।

मण्डल कमीशन की सिफ़ारिश के बाद जब राज्यों में अन्य पिछड़ा वर्ग की पहचान का काम शुरू हुआ तो हरियाणा में जाटों को भी उसमें रखने की बात हुई। 1991 में गुरनाम सिंह कमीशन की रिपोर्ट में हरियाणा में जाटों को ओ.बी.सी. की सूची में रखने की सिफ़ारिश की गयी थी। मगर तब राज्य में भजन लाल के नेतृत्व वाली कांग्रेस सरकार ने इस सिफ़ारिश को लागू नहीं किया। उसे ठण्डे बस्ते में डाल दिया। क़रीब डेढ़ दशक के बाद सत्ता से दूर बैठी कांग्रेस की ओर से 2005 के विधानसभा चुनाव से पहले मुख्यमन्त्री पद के दावेदार भूपेन्द्र सिंह हुड्डा ने यह वायदा किया कि वह जाटों को आरक्षण कोटा दिलवायेंगे। 2005 और 2009 में कांग्रेस ने हुड्डा के नेतृत्व में राज्य में लगातार दो बार जीत दर्ज़ की। मगर आरक्षण कोटा दिलाने की दिशा में कोई काम नहीं किया गया, उल्टा 2012 में राज्य में जो जाति आधारित सर्वे कराया गया,

उसमें जाटों को राज्य में उच्च जाति के दर्ज़े में रखा गया। इसने जाटों को नाराज़ कर दिया और वे आन्दोलन की तैयारी करने लगे। उसी साल आल इंडिया जाट आरक्षण समिति ने हिसार ज़िले के मय्यड़ के पास दिल्ली–हिसार रेलवे लाइन पर धरना शुरू किया। इस समिति का नेतृत्व जाट नेता हवा सिंह साँगवान कर रहे थे। वह सी.आर.पी.एफ. के कमांडेंट पद से सेवानिवृत्त हुए थे। उन्होंने पूरी रणनीति से आरक्षण समिति के आन्दोलन को चलाया, लेकिन इस आन्दोलन में एकरूपता का अभाव था और कुछ हद तक तो यह मौसमी लगता था। हर साल जनवरी फ़रवरी में यह ज़ोर पकड़ता था और फिर गेहूँ की कटाई का समय आने से पहले सरकार से बातचीत होती तथा सरकार को मोहलत देकर जुलाई–अगस्त की कोई नयी तारीख़ का ऐलान कर दिया जाता। जुलाई–अगस्त में फिर धरने–प्रदर्शन शुरू होते, जो धान की कटाई का समय आते–आते सरकार को चेतावनी में अगली तारीख़ तक मोहलत देते हुए उठा लिए जाते।

2014 में जैसे ही विधानसभा चुनाव क़रीब आये तो मुख्यमन्त्री भूपेन्द्र सिंह हुड्डा के नेतृत्व वाली प्रदेश कांग्रेस सरकार विधानसभा में चार जातियों जाट, रोड़, त्यागी और बिश्नोई को विशेष पिछड़ा वर्ग (एस.बी.सी.) का दर्ज़ा देते हुए सरकारी नौकरियों में 10 प्रतिशत अतिरिक्त आरक्षण के प्रावधान का विधेयक लायी और इसे आसानी से पास कर दिया गया। कांग्रेस को इस काम का कोई लाभ नहीं हुआ और लोकसभा चुनाव के बाद विधानसभा चुनाव में भी करारी हार हुई। लम्बे समय बाद एक ग़ैर–जाट मुख्यमन्त्री मनोहर लाल खट्टर के नेतृत्व में राज्य में पहली बार भाजपा की अपने दम पर अपनी सरकार बनी। हालाँकि इससे पहले भाजपा चौटाला की इनेलो और बन्सीलाल की हविपा सरकार में कनिष्ठ साझेदार के रूप में शामिल रह चुकी थी।

भाजपा की जीत अपनी जगह थी और जाटों की आरक्षण की माँग अपनी जगह। इसके लिए जाट आरक्षण संघर्ष समिति का सीजनल धरना प्रदर्शन अपने पुराने पैटर्न पर ही चल रहा था। जनवरी 2016 में भी जाट आरक्षण संघर्ष समिति ने हर बार की तरह मय्यड़ में रेलवे ट्रेक पर धरना दे दिया था। हवा सिंह साँगवान सत्तारूढ़ भाजपा सरकार से आरक्षण की गारण्टी की माँग कर रहे थे। दूसरी ओर भाजपा के कुरुक्षेत्र से सांसद राजकुमार सैनी आन्दोलनकारी जाटों की माँगों पर तल्ख़ टिप्पणियाँ कर रहे थे। मगर हर बार की तरह ही सरकार की ओर से आन्दोलनकारियों

को मनाने की कोशिश हो रही थी। इसके लिए भाजपा सरकार के कद्दावर जाट नेताओं को लगाया गया था। 13 फ़रवरी, 2016 को भाजपा के प्रमुख जाट नेता और राज्य के तत्कालीन कृषि मन्त्री ने आरक्षण समिति के नेताओं से मुलाकात की और आश्वासन दिया कि सरकार 31 मार्च को उनकी माँगों पर विचार करेगी। इसके बाद मय्यड़ में प्रदर्शन ख़त्म करने की घोषणा कर दी गयी। इसमें कुछ भी असमान्य नहीं था, हर साल क़रीब–क़रीब ऐसा ही होता था।

मगर असमान्य बात सामने आने वाली थी। मय्यड़ में हुए फ़ैसले पर रोहतक, झज्जर और सोनीपत के खाप नेताओं ने असहमति जतायी और अपना संघर्ष जारी रखने की घोषणा कर दी। अगले ही दिन 14 फ़रवरी को जाट स्वाभिमान रैली आयोजित की गयी। हालाँकि इस रैली में प्रमुख खाप नेताओं की ओर से यह कहकर संघर्ष रोकने की अपील की गयी कि 31 मार्च तक सरकार के रुख़ का इन्तज़ार किया जाये मगर समुदाय के लोग सरकार पर भरोसा करने तथा और मोहलत देने को बिल्कुल तैयार नहीं थे।

14 फ़रवरी को साँपला में जाट स्वाभिमान रैली कर रहे लोगों ने घरों को लौटने की खाप नेताओं की बात न मानते हुए दिल्ली–फ़ाज़िल्का राष्ट्रीय राजमार्ग एन.एच.–10 पर जाम लगा दिया। 'द ट्रिब्यून' की रिपोर्ट के मुताबिक़ उस दिन के प्रदर्शन में रोहतक, झज़्ज़र और सोनीपत ज़िलों के खाप नेताओं ने हिस्सा लिया और उनका उद्देश्य सिर्फ़ रैली करना था मगर स्थिति तब बदल गयी जब उन्होंने 31 मार्च तक सरकार के रुख़ का इन्तज़ार करने की सलाह दी और कहा कि अगर सरकार नहीं मानती है तो 6 अप्रैल को रोहतक में राज्य स्तर की रैली कर फ़ैसला किया जायेगा। मगर समुदाय के ज़्यादातर लोगों ने खाप नेताओं के रुख से सहमति नहीं जतायी और उन्होंने ऐलान किया कि उन्हें आरक्षण पर सरकार की ओर से तत्काल ठोस कार्रवाई चाहिए नहीं तो वे सड़कें और रेलवे ट्रेक जाम कर देंगे। इसके बाद 1500 लोगों की भीड़ ने बाइपास पर जाकर एनएच–10 को जाम कर दिया। (Jat Protest shifts to Sampla, *The Tribune*, tribuneindia.com, 14 Feb. 2016)

देखते ही देखते सोनीपत, झज्जर और भिवानी में भी प्रदर्शन शुरू हो गये। राजमार्ग जाम किये जाने लगे। 15 और 16 फ़रवरी को इन ज़िलों में राष्ट्रीय राजमार्गों पर धरने दिये जा चुके थे और रास्ते रोक दिये गये थे।

आन्दोलन अहिंसक रूप से चल रहा। मगर 18 फ़रवरी, 2016 को एक ग़लतफ़हमी की वजह से रोहतक में कुछ वकीलों और आरक्षण विरोधी ग़ैर–जाट बिरादरियों के बीच झड़प के बाद हिंसा का जो ताँडव हुआ वह दस दिन तक चला। 18 फ़रवरी को गुरुवार था। जाट आन्दोलनकारियों ने रोहतक में भी कुछ रास्ते बन्द कर रखे थे। ग़ैर–जाट बिरादरियों की '35 बिरादरी संघर्ष समिति' ने जाटों के रास्ता रोको आन्दोलन और प्रदर्शनों के ख़िलाफ़ जुलूस निकाला। जब यह जलूस रोहतक कचहरी के पास से गुजरा तो वहाँ कुछ वक़ील जे.एन.यू. मामले को लेकर प्रदर्शन कर रहे थे। संघर्ष समिति के जुलूस में शामिल भीड़ ने इन वक़ीलों को जाट प्रदर्शनकारी समझ लिया, जबकि वकीलों में सभी जातियों के लोग थे। इससे पहले की स्थिति स्पष्ट होती, छींटाकशी के साथ ही हाथापाई शुरू हो गयी। कुछ वक़ील घायल हुए तो साथियों को बचाने बड़ी संख्या में और वक़ील आ गये और उन्होंने समिति के प्रदर्शनकारियों की पकड़कर पिटाई कर दी। दोनों पक्षों के बीच हिंसा हुई। अनेक लोग घायल हुए।

इस घटना के बाद प्रशासन को लगा कि शहर में धरना स्थल खाली करवा देने चाहिए, नहीं तो कुछ अप्रिय हो सकता है, क्योंकि रास्ते बन्द होने से ग़ैर–जाट समुदाय के लोग खुलकर नाराज़गी जताने लगे थे। उसी शाम (18 फ़रवरी, 2016) को पुलिस का एक दल रोहतक में पण्डित नेकीराम शर्मा गवर्नमेंट कॉलेज में पहुँचा और वहाँ जाट आरक्षण के समर्थन में लगाए गये बैरीकेड को हटाने की कोशिश की। ऐसे में कुछ असामाजिक तत्त्वों ने पुलिस पर पथराव कर दिया। गुस्साये पुलिसकर्मियों ने इस पथराव का बदला छात्रों से लिया। इनमें बड़ी संख्या में जाट समुदाय के छात्र थे। पुलिस नेकीराम कालेज और जाट कॉलेज के छात्रावासों में घुस गयी और लाठीचार्ज शुरू कर दिया। *टाइम्स ऑफ इंडिया* की रिपोर्ट के मुताबिक़ छात्रों का कहना था कि पुलिस ने उन्हें बेहद क्रूरता से पीटा। वे उन पर हुए पथराव का बदला छात्रों से ले रहे थे। इसके विरोध में अगले दिन शुक्रवार की सुबह (19 फ़रवरी, 2016) छात्र एकजुट होकर निकल पड़े। उन्होंने बाज़ार और दुकानों, शोरूमों में तोड़फोड़ शुरू कर दी। देखते ही देखते इस झुण्ड में 5000 से ज़्यादा युवा शामिल हो गये थे। कई जगह वे पुलिस से सीधे भिड़ गये। रोहतक में आई.जी. कार्यालय पर धावा बोलकर पथराव कर दिया गया। उसके गेट और एक पुलिस जीप को आग लगा दी गयी। रोहतक में छात्रों पर हमले के विरोध में

हिसार में भी छात्र सड़कों पर निकल आये। उसके बाद यह सिर्फ़ छात्रों तक ही सीमित नहीं रहा। जाटों के बच्चों को पुलिस द्वारा पीटा गया है, ऐसी सूचनाओं पर गाँवों से ट्रैक्टर ट्रालियों में भरकर 15 से 21 साल तक के युवा लाठी–डण्डे लेकर सड़कों पर आ गये। (Students go on rampage after police 'beating' them in college hostels, *The Times Of India*, Chandigarh, 20 Feb., 2016)

19 फ़रवरी, 2016 को हुई इस हिंसा में भीड़ ने रोहतक के सैक्टर 14 स्थित हरियाणा के वित्त मन्त्री कैप्टन अभिमन्यु के घर को आग लगा दी। कैप्टन उस वक़्त घर पर नहीं थे। पुलिस ने प्रदर्शनकारियों पर लाठीचार्ज और आँसू गैस के गोलों का इस्तेमाल किया। भीड़ की ओर से पथराव किया गया और सड़कों पर मोटरसाइकिलों को आग लगा दी। रोहतक ज़िले के ही कलानौर कस्बे में जाट आन्दोलनकारियों की भीड़ ने वाहनों, दुकानों और एक पेट्रोल पम्प को आग लगा दी। रोहतक के बाद 20 फ़रवरी को झज़्ज़र में भी हिंसा शुरू हो गयी। वहाँ सैनियों और खत्रियों की दुकानों को जलाया गया। सुरक्षाकर्मियों की फ़ायरिंग में तीन जाट युवा मारे गये। उनके अलावा हिंसा में अन्य समुदायों के चार लोगों की जान गयी। दूसरे पक्ष ने भी छोटूराम धर्मशाला में तोड़फोड़ की। सोनीपत ज़िले में जाटों के समूह ने उसी रात बैराज पर क़ब्ज़ा कर नहर से दिल्ली को पानी की सप्लाई रोक दी।

झज्जर की हिंसा पर 24 फ़रवरी, 2016 को *इंडियन एक्सप्रेस* में एक विशेष रिपोर्ट थी। इसके अनुसार जाट कोटा आरक्षण आन्दोलन अन्तरजातीय हिंसा में बदल गया था। जाति देखकर दुकानें जलायी जा रही थीं। झज़्ज़र मोर्चरी के रिकॉर्ड में चार मरने वालों की जाति इस प्रकार थी, 2 सैनी, 1 कुम्हार, 1 हलवाई, 3 जाट। एस.पी. का बयान था कि उसने हरियाणा को पहले कभी इतना बँटा हुआ नहीं देखा। झज़्ज़र के छावनी मोहल्ला में कतार से 6 दुकानें थीं। इनमें एक शअरी ओम हुड्डा इलैक्ट्रिकल को किसी ने नहीं छुआ, बाकी पाँच दुकानें जो सैनी और नैस की थीं को आग लगा दी गयी थी। उनमें कुछ नहीं बचा था। (Jat quota stir turns into inter-caste violence : 4 nom-Jats killed, shops burnt as per owner caste, *The Indian Express*, 24 Feb. 2016)

हरियाणा में हिंसा लगातार अन्य ज़िलों में फैलती जा रही थी। इन बेक़ाबू हालात के बीच 21 फ़रवरी, 2016 को केन्द्रीय गृहमन्त्री राजनाथ सिंह

ने हरियाणा के जाट नेताओं के साथ नयी दिल्ली में बैठक की। इस बैठक में हरियाणा के भाजपा प्रभारी अनिल जैन ने जाट नेताओं को आश्वासन दिया कि आगामी बजट सत्र में ही विधान सभा में जाटों को ओ.बी.सी. का दर्ज़ा देने के लिए विधेयक लाया जायेगा।

राज्य में जो हिंसक प्रदर्शन हो रहा था, वह नेता हीन था। भीड़ ही फ़ैसला कर रही थी और भीड़ ही नेतृत्व। युवाओं के झुण्ड बिना किसी आपसी को–ऑर्डिनेशन के शहरों और छोटे क़स्बों में सड़कों और हाइवे पर जमा थे। सड़क और रेल यातायात रोक दिया था। 21 फ़रवरी को भी कलानौर में एक पुलिस चौकी जला दी गयी और मुरथल में जी.टी. रोड पर स्थित एक प्रसिद्ध ढाबे पर तोड़फोड़ की गयी। जाट आन्दोलन में मरने वालों की संख्या 10 तक पहुँच गयी थी तथा एक और शहर कैथल में कर्फ़्यू लगाना पड़ा था। रोहतक, भिवानी, झज़्ज़र, जीन्द, हिसार, हाँसी, सोनीपत और गोहना के बाद कैथल नौवाँ शहर था जहाँ कर्फ़्यू लगाना पड़ा था। स्थिति को नियन्त्रण में लाने के लिए केन्द्र सरकार ने 1700 अर्धसैन्य बलों को और भेज दिया था। (Jat agitation : Arson, violence continue unchecked; hope from with meeting with Home Minister, *The Tribune*, Chandigarh, 21 Feb. 2016, https://www.tribuneindia.com/news/archive/nation/jat-agitation-arson-spreads-despite-army- HYPERLINK "https://www.tribuneindia.com/news/archive/nation/jat-agitation-arson-spreads-despite-army-6-more-dead-199157")

भिवानी में भी भाजपा सांसद धरमवीर के घर पर तोड़फोड़ की गयी। तो शाम बस स्टैंड पर खड़ी कई बसों को आग लगा दी गयी। लोहारू में एक ए.टी.एम. और को–ऑपरेटिव बैंक का रिकॉर्ड जला दिया गया। सोनीपत में गन्नौर रेलवे स्टेशन पर तोड़फोड़ की गयी, एक चावल मिल को आग लगा दी। दस दिन तक चली इस हिंसा को सेना और अर्धसैन्य बलों की बड़ी तैनाती से काबू किया गया। 23 फ़रवरी, 2016 को मुख्यमन्त्री मनोहर लाल खट्टर ने बताया कि 22 फ़रवरी तक इस हिंसा में 12 लोग मारे गये और 200 अरब रुपये से ज़्यादा की सम्पत्ति को भीड़ ने नुक़सान पहुँचाया। राज्य सरकार ने जाटों की माँगों पर विचार करने के लिए कमेटी बनायी। यूपी पुलिस के पूर्व डी.जी.पी. प्रकाश सिंह के नेतृत्व में हिंसा की जाँच के लिए कमेटी बनायी गयी।

आन्दोलन के नाम पर हुई इस हिंसा की देशभर में बड़े पैमाने पर निन्दा हुई। इसके बाद छिटपुट आह्वान किये जाते रहे मगर फ़िलहाल यह आन्दोलन ठण्डे बस्ते में है। प्रकाश सिंह कमेटी ने जाट आरक्षण आन्दोलन के दौरान हुई इस हिंसा के लिए प्रशासन और पुलिस की विफलता को ज़िम्मेदार ठहराया। मगर राज्य सरकार कमेटी की रिपोर्ट को बहुत दिन तक दबाये रही। उसकी सिफ़ारिशों को ठण्डे बस्ते में डाल दिया गया। सरकार के एक वरिष्ठ और मुँहफट माने जाने वाले मन्त्री ने तो मीडिया से यहाँ तक कहा कि 'प्रकाश सिंह कमेटी की रिपोर्ट कोई गीता या रामायण नहीं है।'

इस आन्दोलन के दौरान दिखा कि नेताओं के लिए राजनैतिक लाभ के आगे सामाजिक सौहार्द और न्याय कोई मायने नहीं रखता। कुल मिलाकर जाट आरक्षण आन्दोलन को सफ़लता या विफलता में बाँधना ग़लत होगा, लेकिन आन्दोलन की परिणति जिस रूप में हुई उसकी एक ही वजह थी आन्दोलन के दौरान चला हिंसा का लम्बा दौर। विश्लेषकों ने हरियाणा में इस हिंसा को बँटवारे के बाद की सबसे बड़ी हिंसा कहा।

भाग-4

खेती बनी राजनीति का औज़ार

"कृषि मन्त्री नरेन्द्र सिंह तोमर ने भी कहा कि किसानों को न्यूनतम समर्थन मूल्य का सिस्टम जारी रहेगा। इन विधेयकों के कारण इस पर कोई प्रभाव नहीं पड़ेगा। इससे प्रतिस्पर्धा बढ़ेगी और किसानों को लाभकारी मूल्य मिलना सुनिश्चित होगा। कोई भी व्यापारी अमानत में ख्यानत नहीं कर पायेगा।"

वर्ष 2020–21 को बड़े किसान आन्दोलन के लिए भी याद रखा जायेगा। दो दशक से ज़्यादा समय बाद ऐसा हुआ, जब इतने बड़े पैमाने पर किसान एकजुट होकर सड़कों पर आ गये। 1986 में उत्तर प्रदेश में ट्यूबवैल के बिजली बिल बढ़ाने के ख़िलाफ़ भारतीय किसान यूनियन के नेता महेन्द्र सिंह टिकैत ने एक बड़ा आन्दोलन खड़ा किया था और सरकार को उनके आगे झुकना पड़ा था। 2020–21 में भी किसान आन्दोलन का नेतृत्व भारतीय किसान यूनियन ही कर रही थी मगर इस बार पश्चिम उत्तर प्रदेश आगे नहीं था। आगे था, पंजाब और हरियाणा। सरकार ने जिस जल्दबाज़ी से तीन कृषि विधेयक पारित कर उन्हें क़ानून का रूप दिया, इसने किसानों को नाराज़ कर दिया। किसानों का कहना था कि सरकार का यह क़ानून पंजाब और हरियाणा में कृषि उपज मण्डी समिति (ए.पी.एम.सी.) की मण्डी व्यवस्था को धीरे–धीरे नष्ट कर देगा। जो व्यापारी उनसे सीधे माल ख़रीदने आयेगा, वह उन्हें न्यूनतम समर्थन मूल्य देगा, इसकी कोई गारण्टी नया कृषि उपज वाणिज्य एवं व्यापार (संवर्धन एवं सुविधा)–2020 क़ानून नहीं दे रहा था। प्रधानमन्त्री नरेन्द्र मोदी की अध्यक्षता में 3 जून, 2020 को केन्द्रीय मन्त्रिमण्डल की बैठक हुई। इस बैठक में आवश्यक वस्तु अधिनियम में संशोधन को मंजूरी दी गयी। इसके तहत अनाज, दलहन, तिलहन, खाद्य तेल, प्याज़ और आलू को आवश्यक वस्तु की सूची से हटा दिया गया।

प्रधानमन्त्री नरेन्द्र मोदी के मन्त्रिमण्डल ने कोरोना लॉकडाउन के बीच 5 जून, 2020 को कृषि और किसानों से सम्बन्धी दो अन्य अध्यादेशों

को भी मंजूरी दे दी। इनमें पहला था किसान उपज और वाणिज्य (संवर्धन और सुविधा) अध्यादेश, दूसरा मूल्य आश्वासन और कृषि सेवाओं पर किसान (सशक्तीकरण और संरक्षण) समझौता अध्यादेश। इन अध्यादेशों के ख़िलाफ़ किसानों का पहला बड़ा विरोध तब सामने आया जब सरकार इन्हें संसद से पारित करा कर क़ानूनी रूप देने की तैयारी कर रही थी।

हरियाणा के किसानों ने 10 सितम्बर, 2020 को 'किसान बचाओ– मण्डी बचाओ' रैली का आह्वान किया। हरियाणा सरकार ने रैली को मंजूरी देने से इनकार कर दिया। इसके बावज़ूद 10 सितम्बर को बड़ी संख्या में किसान, व्यापारी और मज़दूर इन अध्यादेशों के विरोध में कुरुक्षेत्र के पिपली में नैशनल हाइवे पर पहुँच गये। प्रदर्शनकारियों को खदेड़ने के लिए पुलिस ने लाठीचार्ज किया। लाठीचार्ज में कई किसान घायल हुए। इस दौरान एन.एच.–44 पर एक घण्टे तक जाम की स्थिति रही। नीलोखेड़ी से लेकर शाहाबाद तक कई किलोमीटर तक जाम लग गया। बल प्रयोग के बावज़ूद किसान रैली करने पर अड़े रहे। अन्ततः किसानों को मंजूरी दे दी गयी और उन्होंने पिपली अनाज मण्डी में रैली की। किसानों पर हुए लाठीचार्ज की पूरे देश में निन्दा हुई तो घटना के तीन दिन बाद राज्य के उप मुख्यमन्त्री दुष्यन्त चौटाला ने भी लाठीचार्ज को निन्दनीय बताते हुए घटना की जाँच की माँग की। साथ ही उन्होंने राज्य के किसानों को आश्वस्त किया कि इन अध्यादेशों के बावज़ूद राज्य में न्यूनतम समर्थन मूल्य पर ख़रीद जारी रहेगी। दो सप्ताह बाद 21 सितम्बर, 2020 को चण्डीगढ़ में एक कार्यक्रम में मुख्यमन्त्री मनोहर लाल खट्टर ने कहा कि प्रदर्शनकारी किसानों पर लाठीचार्ज करने का कोई आदेश नहीं दिया गया था।

एक ओर किसान विरोध कर रहे थे तो दूसरी ओर केन्द्र सरकार उक्त तीनों अध्यादेशों को क़ानून का रूप देने के लिए तैयारी शुरू कर चुकी थी। 14 सितम्बर, 2020 को मानसून सत्र के पहले ही दिन कृषि में बदलाव और किसानों की आय बढ़ाने के उद्देश्य से तीन विधेयक लोकसभा में पेश किये गये, जिन्हें 5 जून, 2020 को घोषित किये गये अध्यादेशों का स्थान लेना था। कोरोना काल में विशेष गाइडलाइन के साथ यह संसद सत्र आयोजित किया गया। ये तीन विधेयक थे– कृषि उपज वाणिज्य एवं व्यापार (संवर्धन एवं सुविधा) विधेयक–2020, किसानों (सशक्तिकरण एवं संरक्षण) का मूल्य आश्वासन अनुबन्ध एवं कृषि सेवाएँ विधेयक–2020 और तीसरा आवश्यक वस्तु (संशोधन) विधेयक–2020।

इनमें से पहले दो विधेयक केन्द्रीय कृषि एवं कल्याण, ग्रामीण विकास और पंचायत राज मन्त्री नरेन्द्र तोमर ने तथा तीसरा विधेयक उपभोक्ता मामले, खाद्य एवं सार्वजनिक वितरण राज्यमन्त्री राव साहेब पाटिल दानवे ने लोकसभा में प्रस्तुत किया। विधेयक प्रस्तुत करते समय नरेन्द्र तोमर ने कहा कि ये उपाय किसानों के कल्याण के लिए सरकार की निरन्तर प्रतिबद्धता दर्शाते हैं। इन विधेयकों में निहित उपायों से कृषि उपज का बाधा रहित व्यापार हो सकेगा और इनसे किसान अपनी पसन्द के निवेशकों के साथ जुड़ने को सशक्त होंगे। विधेयक पर लोकसभा में जमकर हंगामा हुआ। कांग्रेस नेता अधीर रंजन चौधरी ने विधेयक का विरोध करते हुए कहा कि कृषि राज्य का विषय है और केन्द्र सरकार को उस पर क़ानून बनाने का कोई अधिकार नहीं है। इस क़ानून से कृषि प्रधान राज्यों को राजस्व का नुक़सान होगा। तृणमूल कांग्रेस के सांसद सौगात रॉय का कहना था कि सरकार की मंशा इस क़ानून के ज़रिये न्यूनतम समर्थन मूल्य और खाद्य सुरक्षा की व्यवस्था को कमज़ोर करने की है।

17 सितम्बर, 2020 को विधेयक पर चर्चा के दौरान सरकार में शामिल शिरोमणि अकाली दल ने इस विधेयक का विरोध किया। दल के अध्यक्ष सुखबीर सिंह बादल ने चर्चा के दौरान कहा कि इस क़ानून को लेकर पंजाब के किसानों, आढ़तियों और व्यापारियों में बहुत शंकाएँ हैं। सरकार को इस विधेयक को वापिस लेना चाहिए। किसानों की पार्टी होने के नाते वे ऐसी किसी चीज़ को समर्थन नहीं दे सकते, जो देश और पंजाब के अन्नदाताओं के ख़िलाफ़ जाती हो। हमारी पार्टी किसानों की पार्टी है और उसके लिए कोई भी क़ीमत चुकाने को तैयार हैं। इसके बाद शाम 8 बजकर 39 मिनट पर सुखबीर सिंह बादल की पत्नी और केन्द्रीय खाद्य एवं प्रसंस्करण मन्त्री हरसिमरत कौर बादल ने ट्वीट कर केन्द्रीय मन्त्रिमण्डल से अपने इस्तीफ़े की जानकारी दी। उन्होंने अपने ट्वीट में लिखा कि किसान विरोधी अध्यादेशों और विधेयक के विरोध में मैंने केन्द्रीय मन्त्रिमण्डल से इस्तीफ़ा दे दिया है। मुझे एक बेटी और बहन की तरह किसानों के साथ खड़े होने में गर्व है।

राजनीति के कितने चेहरे हो सकते हैं, यह इसका भी नमूना था। यही हरसिमरत कुछ दिन पहले तक टी.वी. पर बड़े शान से इन क़ानूनों के समर्थन में अपने बयान दे रही थीं। हरसिमरत के इस्तीफ़े के साथ एक और बड़ा काम हुआ। अकाली दल बादल भी नैशनल डेमोक्रेटिक एलायंस (एन.डी.ए.) से हट गया। जिन प्रकाश सिंह बादल को एन.डी.ए.

का फ़ादर फीगर बताया जाता रहा था, वो अब एन.डी.ए. का हिस्सा नहीं थे। 17 सितम्बर, 2020 को रात पौने दस बजे तक लोकसभा की कार्यवाही चली और कृषि उपज व्यापार एवं वाणिज्य (संवर्धन एवं सरलीकरण) विधेयक 2020 तथा कृषक (सशक्तिकरण और संरक्षण) क़ीमत आश्वासन और कृषि सेवा पर करार से जुड़े विधेयक पारित कर दिये गये। हरसिमरत कौर के इस्तीफ़े और विधेयक पारित होने के बाद प्रधानमन्त्री नरेन्द्र मोदी ने रात 10 बजकर 24 मिनट पर ट्वीट किया– किसानों को भ्रमित करने में बहुत सारी शक्तियां लगी हुई हैं। मैं अपने किसान भाइयों को आश्वस्त करता हूँ कि एम.एस.पी. और सरकारी ख़रीद व्यवस्था बनी रहेगी। ये विधेयक वास्तव में किसानों को कई और विकल्प प्रदान कर उन्हें सही मायने में सशक्त करने वाले हैं। इससे पहले लोकसभा में चर्चा का जवाब देते हुए कृषि मन्त्री नरेन्द्र सिंह तोमर ने भी कहा कि किसानों को न्यूनतम समर्थन मूल्य का सिस्टम जारी रहेगा। इन विधेयकों के कारण इस पर कोई प्रभाव नहीं पड़ेगा। इससे प्रतिस्पर्धा बढ़ेगी और किसानों को लाभकारी मूल्य मिलना सुनिश्चित होगा। कोई भी व्यापारी अमानत में ख़्यानत नहीं कर पायेगा। इसमें किसानों को तीन दिन में भुगतान की गारंटी देने की बात है। बढ़ते कोरोना संक्रमण के बीच भी देश के कई हिस्सों में किसानों ने कृषि विधेयकों का विरोध शुरू कर दिया था। हरियाणा, पंजाब और हैदराबाद में किसानों ने विरोध प्रदर्शन किया। कहीं सड़कें जाम की गयीं।

नयी दिल्ली में भारतीय किसान यूनियन ने 14 सितम्बर, 2020 को विरोध प्रदर्शन करके सरकार के नाम ज्ञापन सौंपा। किसान यूनियन के ज्ञापन में कहा गया था कि कृषि में क़ानून में किये गये प्रावधान किसान हित में नहीं हैं। इतिहास भी बताता है कि भण्डारण की छूट व्यापारियों को देना देश की खाद्य सुरक्षा के लिए ख़तरनाक हो सकता है। 1943–44 में बंगाल के सूखे के समय ईस्ट इंडिया कम्पनी के अनाज भण्डार भरे थे मगर 30 लाख लोग भूखे मर गये थे। इसलिए तीनों कृषि अध्यादेश वापिस लिए जायें। (उल्लेखनीय है कि 1943 में बंगाल में भयंकर अकाल पड़ा था। उस समय दूसरा विश्व युद्ध जारी था। उस समय ब्रिटिश सरकार ने सैनिकों के लिए चावल और अनाज जमा कर लिए थे। बंगाल में 30 लाख लोग भूख और मलेरिया से मर गये थे। इतिहासकार और अर्थशास्त्री इस संकट को मनुष्य द्वारा (अंग्रेज़ सरकार) गढ़ा गया संकट मानते हैं। अमर्त्य सेन ने 1976 में *इकॉनोमिक एंड पोलिटिकल वीकली* में लिखे लेख

फेमाइन्स एज फेलुअर्स ऑफ एक्सचेंज एंटाइटलमैंट में इस सम्बन्ध में अकाट्य तर्क प्रस्तुत किये थे।) (1945 में अंग्रेज़ सरकार द्वारा गठित फेमाइन इंक्वायरी कमीशन की रिपोर्ट में कहा गया था कि पूरे भारत में जितना धान पैदा होता है, उसका एक–तिहाई बंगाल में पैदा होता है और इस उपज का 75 से 85 फीसद तक उपभोग बंगाल ही करता है। उत्पादन में कमी और बढ़ती जनसंख्या ने स्थिति बिगाड़ दी थी। बर्मा के मोर्चे पर युद्ध चल रहा था। इससे बंगाल में सेना की मौजूदगी बढ़ गयी थी। इसके अलावा बर्मा से पाँच लाख शरणार्थी भी बंगाल आ गये थे। उस दौरान ब्रिटेन के प्रधानमन्त्री विंस्टन चर्चिल पर भी यह आरोप लगाया जाता है कि उन्होंने जान–बूझकर लाखों भारतीयों को भूखे मरने दिया था।)

संसद में पेश तीनों विधेयकों के ख़िलाफ़ 14 सितम्बर, 2020 को पंजाब में जगह–जगह प्रदर्शन शुरू हो गये। किसानों ने अमृतसर–दिल्ली राष्ट्रीय राजमार्ग सहित कई सड़कों पर जाम लगा दिया। किसान मज़दूर संघर्ष समिति के सदस्यों ने अमृतसर से 40 किलोमीटर दूर व्यास पुल पर राष्ट्रीय राजमार्ग पर यातायात रोक दिया। इसके अलावा होशियारपुर में हरगोबिन्दपुर पुल और तरन तारन में हरिके में जाम लगाया। मज़दूर संघर्ष समिति के अध्यक्ष सतनाम सिंह पन्नू ने मीडिया से कहा कि केन्द्र का यह क़दम किसान समुदाय को बर्बाद कर देगा। अखिल भारतीय किसान संघर्ष समन्वय समिति के झण्डे तले किसानों ने पटियाला, मोगा, बरनाला, फ़गवाड़ा और अमृतसर में प्रदर्शन किया। किसानों ने आशंका जतायी कि इन तीनों विधेयकों के पास होने से न्यूनतम समर्थन मूल्य की व्यवस्था को ख़त्म करने का रास्ता साफ़ होगा और वे बड़े उद्योगों की दया पर निर्भर हो जायेंगे। 16 सितम्बर, 2020 को नयी दिल्ली में विरोध प्रदर्शन कर रहे कई किसान नेताओं को हिरासत में लिया गया। पंजाब में भारतीय किसान यूनियन (लाखोवाल) के महासचिव हरिन्दर सिंह ने इन बिलों को कोरोना वायरस से भी बदतर बताया।

20 सितम्बर, 2020 को लोकसभा से पारित कृषि सम्बन्धी दोनों विधेयक राज्यसभा में पेश किये गये। दोनों बिलों पर चर्चा के लिए सिर्फ़ चार घण्टे का समय किया गया था। विपक्ष के ज़्यादातर सांसद को दो–दो मिनट का ही समय दिया गया। वे अपनी बात शुरू करते इससे पहले उन्हें आसन की ओर से समय पूरा होने की बात कही जाने लगती। शिवसेना नेता संजय राउत पूरा समय देने के लिए आसन से चिरौरी करते रहे।

इसका वीडियो भी वायरल हुआ। सपा नेता रामगोपाल यादव ने तो सदन में यहाँ तक कह दिया कि सरकार महत्त्वपूर्ण बिलों पर बहस नहीं करना चाहती है, बस उनको पास कराना चाहती है।

हालाँकि केन्द्रीय कृषि मन्त्री नरेन्द्र सिंह तोमर ने दोनों विधेयक पेश करते हुए इन्हें ऐतिहासिक और किसानों के जीवन में क्रान्तिकारी बदलाव लाने वाला बताया। उन्होंने कहा कि एम.एस.पी. जारी रहेगी। इस विधेयक से किसानों का जीवन स्तर सुधरेगा। वहीं विरोधी दलों ने बिल को सेलैक्ट कमेटी को भेजने की माँग की। सदन में चर्चा के दौरान ज़ोरदार हंगामा हुआ। दरअसल कोरोना काल के तहत तय समय के अनुसार सदन की कार्यवाही एक बजे पूरी होनी थी मगर उप सभापति हरिवंश ने कार्यवाही को विधायक पारित होने तक बढ़ाने का फ़ैसला किया। इसने विपक्ष को नाराज़ कर दिया। कृषि मन्त्री जब चर्चा का जवाब दे रहे थे तो तृणमूल सांसद डेरेक ओ'ब्रायन वेल में आ गये, उन्होंने उप सभापति हरिवंश को रूल बुक दिखायी। सदन की कार्यवाही जारी रखने के लिए मार्शलों को बुलाना पड़ा। हंगामे के कारण कुछ देर के लिए राज्यसभा की कार्यवाही स्थगित भी करनी पड़ी। दस मिनट तक सदन की कार्यवाही स्थगित रहने के बाद विधेयक वोटिंग प्रक्रिया शुरू की गयी, मगर हंगामे के बीच उप सभापति द्वारा बिना मत विभाजन कराये दोनों विधेयकों को ध्वनि मत से राज्यसभा से पारित घोषित किया गया। तृणमूल कांग्रेस सांसद डेरेक ओ ब्रायन ने प्रधानमन्त्री पर निशाना साथा। साथ ही सवाल किया कि इन विधेयकों पर बहस करने के लिए बीजेपी कितनी योग्य है। इन विधेयकों के सहारे केन्द्र सरकार, राज्य सरकारों के अधिकार छीनना चाहती है। हम इकलौते देश हैं, जहाँ विधेयकों के पारित होने से पहले चर्चा नहीं होती। इन विधेयकों में तो ग्राहकों के लिए भी कोई सुरक्षा नहीं है। (*हिन्दुस्तान*, 20 सितम्बर, 2020)

कांग्रेस नेता प्रताप सिंह बाजवा ने बिल पर चर्चा के दौरान कहा कि कांग्रेस इसे खारिज़ करती है। किसान का बेटा होने के नाते किसानों के डेथ वारण्ट पर किसी तरह साइन करने को तैयार नहीं। मुझे हैरानी हुई कि इस वक़्त इस बिल को लाने की ज़रूरत क्या है, जब कोरोना के एक लाख केस रोज़ निकल रहे हैं। जब चीन बॉर्डर पर बैठा है, तब इसकी क्या ज़रूरत है। यह एम.एस.पी. को ख़त्म करने का तरीका है। यही हाल अमेरिका में हुआ है। वहाँ किसानों की तीस प्रतिशत ज़मीनें कॉरपरेट हाउस ले गये। (zeenews.india.com, 20 सितम्बर, 2020)

(https://zeenews.india.com/hindi/india/rajya-sabha-passes-farmers-bill-amid-protest-by-opposition-mp/751009)।

चर्चा के दौरान शिरोमणि अकाली दल के नरेश गुजराल ने दोनों विधेयकों को पंजाब के किसानों के ख़िलाफ़ बताते हुए उन्हें प्रवर समिति में भेजने की माँग की। उन्होंने कहा कि सरकार को पंजाब के किसानों को कमज़ोर नहीं समझना चाहिए। ज़मीन को लेकर अज़ीबोग़रीब भ्रम फैलाने की पूरी कोशिश की गयी और भ्रम फैलाने वाले क़ामयाब भी रहे। पहले से ही देश के क़ानून ऐसे हैं कि कोई भी ज़मीन आसानी से ली नहीं जा सकती। बार–बार यह आरोप लगाया गया कि अब तो अम्बानी–अडानी खेती–किसानी में भी आयेंगे और वो किसी–न–किसी तरह से ज़मीन हड़प लेंगे। सरकार की तरफ से भी यह साफ़ किया गया कि किसानों के चाहने पर ही खेती की ज़मीन सालाना तरीक़े से खेती के लिए ली जायेगी और कांट्रेक्ट ख़त्म होने पर वो किसान को वापिस हो जायेगी। अगर उस पर स्थायी ढ़ाँचा बन भी गया तो उसे या तो कॉर्पोरेट कम्पनियाँ हटा कर जायेंगी या उसका मुआवज़ा दिया जायेगा। यह सब किसान से पूछ कर ही होगा। एक बात और अम्बानी घराने की तरफ से स्पष्ट की गयी कि वे कांट्रेक्ट फार्मिंग के काम में आगे नहीं आ रहे। राज्यसभा से विधेयक पारित हो जाने के बाद प्रधानमन्त्री नरेन्द्र मोदी ने दोपहर बाद 3 बजकर 17 मिनट पर ट्वीट किया कि मैं पहले भी कह चुका हूँ और एक बार फिर कहता हूँ, एम.एस.पी. की व्यवस्था जारी रहेगी। सरकारी ख़रीद जारी रहेगी। हम यहाँ अपने किसानों की सेवा के लिए हैं। हम अन्नदाताओं की सहायता के लिए हर सम्भव प्रयास करेंगे और उनकी आने वाली पीढ़ियों के लिए बेहतर जीवन सुनिश्चित करेंगे।

इधर 20 सितम्बर, 2020 को राज्यसभा में कृषि विधेयक पेश किया गया था और उधर, पंजाब में किसानों का रुख़ भाँपकर कांग्रेस ने ज़मीन पर संघर्ष शुरू कर दिया। सुबह–सुबह ही जीरकरपुर में पंजाब यूथ कांग्रेस के कार्यकर्ता और किसान ट्रैक्टर पर सवार होकर दिल्ली कूच का नारा लगाकर निकल पड़े। पंजाब के कई ज़िलों से इस तरह ट्रैक्टर रैलियाँ दिल्ली के लिए निकल रहीं थीं। मोहाली में पंजाब के स्वास्थ्य मन्त्री बलबीर सिंह सिद्धू ने बाक़ायदा हरी झण्डी दिखाकर यूथ कांग्रेस की इस ट्रैक्टर रैली को रवाना किया। इसी तरह पटियाला के नाभा से पंजाब के कैबिनेट मन्त्री साधू सिंह धर्मसोत ने 100 ट्रैक्टरों की रैली को हरी झण्डी दिखायी।

यूथ कांग्रेस की इस ट्रैक्टर रैली को अम्बाला बॉर्डर पर हरियाणा पुलिस ने रोक लिया। प्रदर्शनकारियों को खदेड़ने के लिए पानी की बौछारें की गयीं। प्रदर्शनकारियों ने एक ट्रैक्टर को आग लगा दी। 28 सितम्बर, 2020 को नयी दिल्ली में इंडिया गेट के पास राजपथ पर भी पंजाब यूथ कांग्रेस के कार्यकर्ताओं ने तीनों कृषि क़ानूनों के विरोध में एक ट्रैक्टर लाकर उसमें आग लगा दी। इस ट्रैक्टर के बारे में दिल्ली पुलिस ने दावा किया था कि यह वही ट्रैक्टर था, जिसे 20 सितम्बर को अम्बाला बॉर्डर पर जलाया गया था।

4 अक्टूबर, 2020 को सोशल मीडिया में एक तस्वीर ख़ूब वायरल हो रही थी। यह तस्वीर थी पंजाब के बधनीकलाँ से। राहुल गाँधी ट्रैक्टर पर सवार थे। इस ट्रैक्टर को पंजाब प्रदेश कांग्रेस अध्यक्ष सुनील जाखड़ चला रहे थे। उनकी दूसरी ओर की सीट पर पंजाब के मुख्यमन्त्री कैप्टन अमरिन्दर सिंह बैठे थे। ट्रैक्टर की जिस सीट पर राहुल और अमरिन्दर सिंह बैठे थे उस पर काफ़ी मोटी गद्दी लगी हुई थी। इस तस्वीर को लेकर भाजपा नेता और पार्टी से जुड़े लोग ख़ूब खिंचाई कर रहे थे। सोशल मीडिया में राहुल गाँधी की तुलना मिस्टर बीन से की जा रही थी। मिस्टर बीन एक ब्रिटिश हास्य सीरियल का किरदार हैं, इस भूमिका के लिए अभिनेता रॉन एट्किसन पूरी दुनिया में चर्चित हैं। भाजपा नेता व केन्द्रीय कपड़ा मन्त्री स्मृति इरानी ने इस पर चुटकी लेते हुए कहा कि वह ऐसे व्यक्ति हैं जो ट्रैक्टर पर बैठने के लिए भी सोफे का इस्तेमाल करते हैं। उनके जैसे वी.आई.पी. किसान कभी उस सिस्टम का समर्थन नहीं करेंगे, जो छोटे और सीमान्त किसानों को बिचौलियों के शिकंजे से आजाद करता है। स्मृति इरानी गुजरात के गाँधीनगर स्थित भाजपा मुख्यालय में पत्रकारों से बात कर रहीं थीं। केन्द्रीय मन्त्री हरदीप सिंह पुरी ने भी राहुल गाँधी की यह तस्वीर ट्वीट की। (*इकोनॉमिक्स.इंडियाटाइम्स.कॉम,* https://economictimes.indiatimes.com/news/politics-and-nation/when-rahul-gandhi-drove-a-tractor/kheti-bachao-yatra/slideshow/78535039.cms) *इंडिया* टुडे के अनुसार हरदीप सिंह पुरी का कहना था कि ट्रैक्टर पर सोफा लगाकर विरोध प्रदर्शन नहीं होता।

भाजपा नेताओं की नुक़्ताचीनी का जवाब राहुल गाँधी की ओर से भी आया। ट्रैक्टर की गद्दी पर सवाल उठाने वालों का ध्यान उन्होंने प्रधानमन्त्री के लिए नये ख़रीदे गये एयर इंडिया वन की ओर खींचा।

उन्होंने कहा कि इसकी ख़रीद पर करदाताओं के 8000 करोड़ रुपये से ज़्यादा ख़र्च किये गये हैं। इस विमान में सिर्फ़ एक गद्दी ही नहीं लगी है, बल्कि उनकी (पी.एम. मोदी) सुविधा के लिए कई लग्ज़री सोफे लगे हैं। उन्होंने मीडिया से पूछा कि ट्रैक्टर की एक गद्दी की जगह आप लोग उनसे ऐसा सवाल क्यों नहीं करते। प्रधानमन्त्री नरेन्द्र मोदी की निन्दा करते हुए उन्होंने कहा कि उन्होंने वी.वी.आई.पी. प्लेन पर सिर्फ़ इसलिए करोड़ों रुपये बर्बाद किये हैं, क्योंकि उनके दोस्त डोनाल्ड ट्रम्प (तत्कालीन अमेरिकी राष्ट्रपति) के पास एक ऐसा ही विमान है। यह आश्चर्य की बात है कि वी.वी.आई.पी. बोइंग 777 की ख़रीद पर कोई सवाल नहीं पूछ रहा, सब उस एक गद्दी पर सवाल पूछ रहे हैं, जिसे किसी शुभचिन्तक ने मेरे बैठने के लिए ट्रैक्टर पर रख दियाथा। (*इंडियाटुडे.इन* https://www.indiatoday.in/india/story/what-about-vvip-planes-rahul-gandhi-on-cushion-on-tractor-1728899-2020-10-06)

4 अक्टूबर, 2020 को सुबह 11 बजे राहुल गाँधी को बधनीकलाँ में रैली के लिए पहुँचना था मगर दोपहर 12 बजे तक कैबिनेट मन्त्री मनप्रीत बादल को छोड़कर कोई नहीं पहुँच था। इस ट्रैक्टर रैली को 'खेती बचाओ यात्रा' का नाम दिया गया था। बड़ी संख्या में किसान कार्यकर्ता इस रैली में आ चुके थे। लुधियाना रोड पर सैकड़ों ट्रैक्टर कतार में खड़े थे। पहले दिन कुल 22 किलोमीटर तक मार्च निकलना था। राहुल गाँधी को पंजाब में तीन दिन ट्रैक्टर रैली करनी थी। इस प्रदर्शन की जो रूपरेखा तैयार की गयी थी, उसके अनुसार उन्हें तीनों दिन विभिन्न शहरों में कुल 52 किलोमीटर तक ट्रैक्टर से चलना था और रास्ते में जगह–जगह किसानों को सम्बोधित करना था। कांग्रेस पंजाब के किसानों को यह सन्देश देना चाह रही थी कि तीन कृषि क़ानूनों के ख़िलाफ़ वह किसानों की लड़ाई में उनके साथ है। बधनीकलाँ से यह रैली लुधियाना जिले के रायकोट पहुँची। रैली शुरू होने से पहले राहुल ने कार्यकर्ताओं और किसानों को सम्बोधित किया। उन्होंने कहा कि उनकी सरकार आने पर नये कृषि क़ानूनों को रद्द कर दिया जायेगा। कुछ पूँजीपति लोग किसानों की ज़मीन और फ़सल हथियाने में लगे हुए हैं। प्रधानमन्त्री पिछले छह साल से लोगों से झूठ बोल रहे हैं। मोदी जी को अडानी और अम्बानी जैसे पूँजीपति कठपुतली की तरह चला रहे हैं। नये कृषि क़ानूनों के ख़िलाफ़ पंजाब से शुरू ट्रैक्टर रैली को कांग्रेस दिल्ली तक लेकर आना चाहती थी।

6 अक्टूबर, 2020 को सुबह पटियाला के सन्नौर में पंजाब में अपनी आख़िरी रैली को समाप्त करने बाद राहुल गाँधी ख़ुद ट्रैक्टर चलाते हुए दोपहर बाद हरियाणा की सीमा पर पहुँचे। यहाँ से उन्हें कुरुक्षेत्र के पेहवा में प्रवेश करना था। उनके साथ सैंकड़ों कार्यकर्ता थे। हरियाणा पुलिस ने रैली को हरियाणा में नहीं घुसने दिया। रैली को सीमा पर स्थित तोकर गाँव के पास हाइवे पर ही रोक दिया गया। यहाँ कुछ धक्का–मुक्की हुई और राहुल धरने पर बैठ गये। 6 अक्टूबर को शाम 4 बजकर 48 मिनट में राहुल गाँधी की ओर से ट्वीट किया गया– 'उन्होंने (हरियाणा सरकार) हमें हरियाणा सीमा के एक पुल पर रोक दिया है। मैं यहाँ से हटने वाला नहीं, मैं यहाँ ख़ुशी से इन्तज़ार करूँगा। भले ही वह इन्तज़ार एक घण्टे, पाँच घण्टे, चौबीस घण्टे, सौ घण्टे, हज़ार घण्टे या पाँच हज़ार घण्टे का क्यों न हो।' पुलिस का कहना था कि कुमारी शैलजा ने करनाल और कुरुक्षेत्र के डी.एम. से यात्रा की इजाज़त ली है, रैली की नहीं। कोविड–19 के दिशानिर्देशों के अनुसार एक स्थान पर 100 से ज़्यादा लोग एकत्र नहीं हो सकते।

प्रदेश के गृहमन्त्री अनिल विज का कहना था कि वो राहुल गाँधी की ट्रैक्टर रैली को प्रदेश में घुसने की इजाज़त नहीं देंगे। हरियाणा के मुख्यमन्त्री मनोहर लाल खट्टर का कहना था कि किसी को भी क़ानून हाथ में लेने की इजाज़त नहीं दी जायेगी। कांग्रेस नेता राज्य में कुछ लोगों के साथ आ सकते हैं, लेकिन बड़े जुलूस की इजाज़त नहीं है। क़रीब एक घण्टे के हाई वोल्टेज ड्रामे के बाद राहुल गाँधी को कुछ नेताओं के साथ हरियाणा में प्रवेश की इजाज़त दे दी गयी। हरियाणा की तरफ प्रदेश कांग्रेस अध्यक्ष कुमारी शैलजा, वरिष्ठ नेता भूपिन्दर सिंह हुड्डा, रणदीप सिंह सुरजेवाला, किरण चौधरी, अजय सिंह यादव स्वागत के लिए मौजूद थे। इस तरह किसान जो लड़ाई लड़ रहे थे उसमें कांग्रेस कूद गयी थी। कांग्रेस के कूद जाने से किसानों के पूरे संघर्ष को राजनीति के चश्मे से देखा जाने लगा। कांग्रेस ख़ुद इतनी कमज़ोर थी कि उसके समर्थन में आने से किसानों को कोई लाभ क्या होना था, बल्कि इसका उन्हें उल्टा नुक़सान हुआ। इसने केन्द्र में सत्तारुढ़ भाजपा को यह मौक़ा दे दिया कि किसानों की लड़ाई राजनीतिक लड़ाई बन गयी।

किसानों को बरगलाया जा रहा है। दूसरी ओर कांग्रेस समझ रही थी कि किसानों की लड़ाई लड़कर वह राजनीति में अपनी खोई ज़मीन को फिर से मज़बूत कर सकती है। कांग्रेस ने बार–बार प्रेस कॉन्फ्रेंस कर यह दबाव और बढ़ा दिया था। यह मगर यह तय था कि इस राजनीतिक धींगा–मुश्ती से किसानों के अपने मुद्दे दबने वाले थे और राजनीतिक शोर का प्रदूषण बढ़ रहा था।

किसानों की आशंकाएँ और सरकार

"अगर वह बातचीत अध्यादेश लाने से पहले या अध्यादेश के बाद विधेयक लाने से पहले किसानों से कर ली जाती तो ऐसा विरोध नहीं होता। किसानों की सहमति होती दिखती।"

25 दिसम्बर, 2020 को पूर्व प्रधानमन्त्री स्वर्गीय अटल बिहारी वाजपेयी का जन्मदिन था। अटल योजना पर चर्चा के माध्यम से प्रधानमन्त्री नरेन्द्र मोदी ने शुक्रवार को रणनीतिक बातचीत की। पी.एम.ओ. पूरी तरह से तैयार था कि आन्दोलनरत किसानों को किस तरह समझाया जाये। इसके लिए विभिन्न राज्यों के किसानों से तयशुदा बातचीत हुई। सवाल–जवाबों के ज़रिये यह दर्शाने की कोशिश की कि नये कृषि क़ानूनों से किसानों को कितना फ़ायदा होगा। यह भी समझाने की कोशिश की कि जहाँ ए.पी.एम.सी. की मण्डियाँ नहीं हैं, वहाँ के किसानों को किस तरह से फ़ायदा होगा। जहाँ किसान अपने संगठन बनाकर काम कर रहे हैं, उन्हें कैसे फ़ायदा हो रहा है। और तो और किसान सम्मान निधि योजना से उन्हें कितना फ़ायदा हो रहा है। तरह से उन्होंने अपनी सरकार की योजनाओं पर ही मोहर लगाने की कोशिश की।

प्रधानमन्त्री जब तमिलनाडु के किसान से बात कर रहे थे तो उसकी तमिल बातचीत के अनुवाद के लिए एक जवान को रखा गया। इस तरह उन्होंने जवान और किसान को भी जोड़ा। यह रणनीतिक बातचीत का नमूना था। अन्य उदाहरण ऐसे साफ़ थे जो यह बताने के लिए काफ़ी थे कि सरकार अब इन कृषि क़ानूनों को वापिस नहीं लेने जा रही। हाँ, अगर 'तथ्य' और 'आँकड़े' हुए तो संशोधन किया जा सकता है। सरकार जानती है कि उसके पास पर्याप्त समय है। सरकार यह भी चाहती है कि किसानों को किसी भी तरह से नाराज़ न किया जाये। धीरे–धीरे उनके गुस्से को कम किया जाये। बातचीत के तरीक़े से इसका अन्दाज़ा लगाया जा सकता है।

पहले अफ़सरों ने बात की, फिर केन्द्रीय मन्त्रियों और कृषि मन्त्री ने बात की। उसके बाद गृहमन्त्री अमित शाह ने बात की। अब अन्ततः प्रधानमन्त्री ख़ुद बात कर रहे हैं। प्रधानमन्त्री ने यह बताने की कोशिश की कि किसानों के तर्क समझाये हुए ज़्यादा हैं। आई.आई.टी.एन. (आई.आई.टी. कर चुके) किसानों और कृषि वैज्ञानिकों का भी मानना है कि किसानों की ज़मीन छिनने की आशंका बे–सिर पैर की है। कहीं किसान की ज़मीन नहीं जा रही। प्रधानमन्त्री ने यह भी बताने की कोशिश की कि जो कम्पनियाँ अभी किसानों से ख़रीद कर रही हैं, उसमें आज तक कोई बड़ा विवाद सामने नहीं आया है, जिसमें किसान का नुक़सान हुआ हो। पर प्रधानमन्त्री की बातों से यह किसान आन्दोलन तत्काल ख़त्म होता नहीं दिख रहा।

तब तक दो चीज़ें बहुत साफ़ रहीं। पहली यह कि सरकार जो समझाना चाहती है, उसे समझने के लिए किसान अभी तैयार नहीं है। किसान समर्थक विशेषज्ञ भी हताशा की स्थिति में हैं। सरकार कह रही है कि वह किसानों की बात सुनने को तैयार है, मगर साथ ही यह शर्त भी लगा दी है कि किसान आयें तो तर्कों के साथ आयें, तथ्यों के साथ आयें। अभी विरोध का स्वर भावनात्मक ज़्यादा है। अभी जो कहा जा रहा है, वे सिर्फ़ आशंकाएँ हैं। सरकार की ओर से इन आशंकाओं के समाधान की कोशिश की जा रही है। अगर सरकार को इन क़ानूनों से पीछे हटना पड़ता है तो सरकार ने जो पहले नये–नये क़ानून लागू किये हैं, उन्हें लेकर भी देश में बवाल होने की आशंका है। सरकार समर्थक भी मानते हैं कि सरकार से जो सबसे बड़ी गड़बड़ हुई है, वह यह है कि जितनी बातचीत अभी की जा रही है, अगर वह बातचीत अध्यादेश लाने से पहले या अध्यादेश के बाद विधेयक लाने से पहले किसानों से कर ली जाती तो ऐसा विरोध नहीं होता।

वर्ष 2011 की जनगणना के मुताबिक़ भारत में 61.5 फीसद आबादी खेती पर निर्भर थी। इनमें भी 85 फीसद से ज़्यादा आबादी सीमान्त किसानों या भूमिहीन मज़दूरों की बतायी गयी। ये वे लोग थे, जो बहुत ही दयनीय स्थिति में जीवन यापन करने को विवश थे। कर्जों से दबे थे। इनमें से ही कुछ आत्महत्या जैसे क़दम उठा रहे थे। इसलिए कृषि सुधारों की बात लम्बे समय से उठ रही थी। भारत भले ही एक कृषि प्रधान देश है मगर देश में किसान आन्दोलनों का इतिहास बहुत पुराना नहीं है। दूसरी ओर चीन, यूरोप और अमेरिका में राजनीतिक बदलावों और क्रान्तियों में कृषक समाज ने एक बड़ी भूमिका निभायी।

1978 में कैम्ब्रिज यूनिवर्सिटी पब्लिकेशन से आयी एरिक थॉमस स्टॉक्स की किताब *'पीजेंट एंड द राज : स्टडीज इन एग्रेरियन सोसाइटी एंड पीजेंट रिबेलियन गल कोलोनियल इंडिया* में इस बात पर आश्चर्य जताया गया है कि भारतीय इतिहास में किसान आन्दोलन और विद्रोह पूरी तरह से ग़ायब क्यों है। किसी साम्राज्य को बदलने और हटाने में भारत में कृषक समाज की कोई बड़ी भूमिका नहीं दिखती। भारत में ज़्यादातर राजवंशों का पतन विदेशी हमलों से हुआ। जनता, जिसमें सबसे बड़ा वर्ग कृषक और शिल्पकारों का था का विद्रोह या आन्दोलन कहीं नज़र नहीं आता। स्टॉक्स इसकी वजह भारतीय समाज के ताने–बाने, जाति व्यवस्था और ग्राम्य जीवन की बनावट में देखते हैं। ऐसा भी नहीं है कि भारत में किसानों पर अत्याचार नहीं हुए। मुग़लों और अंग्रेज़ों ने किसानों पर भारी–भरकम जज़िया और कर लगाये। इसके बावज़ूद जाति व्यवस्था के ढाँचे में बँधे किसान समुदाय की ओर से कभी ऐसे प्रयासों का इतना बड़ा विरोध नहीं हुआ कि सत्ता को ही पलट दे। स्टॉक्स इसका कारण जातियों में बँटे समाज को मानते हैं। जातियों में बँटे भारतीय समाज का ताना–बाना ऐसा रहा है कि समाज के भीतर ही बहुत से लोग कई तरह के अधिकारों से वंचित रहे हैं। उन्हें बिना विरोध कथित ऊँची जातियों के विशेषाधिकार को स्वीकार करना होता था। ऐसे में उनके भीतर विरोध की क्षमता बहुत कम थी। वे संगठित भी नहीं थी। इसलिए जब विदेशी शासकों ने उन पर जब मनमाने टैक्स थोपे गये तो वे सिर्फ़ रहम की गुहार लगाते रहे। उनकी ओर से एक साथ बड़े पैमाने पर कोई बड़ी प्रतिक्रिया नहीं हुई। हालाँकि महाभारत की कथा में अवश्य एक बड़ा उल्लेख प्राचीन भारत में जिसे कृषक समाज की क्रान्ति माना जा सकता है, जब कृष्ण के नेतृत्व में बृज के गोपालकों ने कंस की सत्ता को उखाड़ फेंका था।

1949 की चीन क्रान्ति जो कि कभी एक किसान आन्दोलन के रूप में ही शुरू हुई थी और लैटिन अमेरिका में एक के बाद एक हुए किसान आन्दोलनों के बाद साठ के दशक के उत्तरार्द्ध में विद्वानों और लेखकों का ध्यान भी भारत के कृषक समाज की ओर गया। उस दौर में कुछ किताबें आयीं। जिन में भारत के विशाल किसान समुदाय के मनोविज्ञान को टटोलने और झकझोरने, दोनों की ही कोशिश की गयी। 1966 में बेरिंगटन मूर जूनियर की किताब *सोशल ओरिजिन्स ऑफ डिक्टेटरशिप एंड डेमोक्रेसी – लॉर्ड एंड पीजेंट इन द मेकिंग ऑफ द मॉडर्न वर्ल्ड* में

तो ऐसे ही सवालों पर काम किया गया कि भारतीय कृषक समाज में किसी क्रान्ति की कितनी क्षमता है। जूनियर ने यह बताने पर भी काफ़ी ज़ोर दिया कि इंग्लैंड और फ्रांस की क्रान्ति में समाज के कुलीन वर्ग और किसानों ने ही महत्त्वपूर्ण भूमिका निभायी थी। रूस और चीन में साम्यवादी क्रान्ति के पीछे भी किसान वर्ग की मुख्य भूमिका थी। ऐसे में भारत का कृषक समाज कहाँ खड़ा है।

अंग्रेज़ों के समय तक अधिकांश किसानों की दशा बहुत अच्छी नहीं थी। *डैक्कन एग्रीकल्चरलिस्ट्स ऐक्ट* (कलकत्ता, 1897) में एच. वुडवर्ड की 1883 की रिपोर्ट के हवाले से जो जानकारी दर्ज़ है, वह बताती है कि उस दौर में किसानों की दशा क्या थी। इस रिपोर्ट में कहा गया था कि 40 प्रतिशत किसानों के पास 50 से 100 एकड़ ज़मीन है। इसके बावज़ूद वे कर्ज़ में डूबे हैं। कृषि में कोई विकास नहीं है। इसलिए वे तनाव में रहते हैं। इस सबके बावज़ूद वे जीने के लिए और लगान चुकाने के लिए जीतोड़ मेहनत करते थे। उनका जीवन घोर ग़रीबी का था। वे बदतर ज़िन्दगी जी रहे थे।

यह निर्विवाद रूप से कहा जा सकता है कि किसान आन्दोलनों का जितना पुराना इतिहास पड़ोसी देश चीन में मिलता है, उतना भारत में नहीं है। वहाँ किसानों ने कई बार तख़्तापलट किया। बड़े–बड़े साम्राज्यों के पतन का कारण बने। चीन के क्रान्तिकारी कम्युनिस्ट नेता माओ त्से तुंग ने अपने गृहप्रान्त हुनान में 1927 में किसानों के सहयोग से ही कम्युनिस्ट आन्दोलन खड़ा किया था। इसी आन्दोलन को पूरे देश में आगे बढ़ाते हुए वह 1949 सत्ता तक पहुँचे। चीन में किसान विद्रोह और आन्दोलनों का इतिहास बहुत पुराना है। ईसा से 209 से 206 वर्ष पूर्व चिन राजवंश के ख़िलाफ़ तीन साल तक चला किसानों का विद्रोह ही इस महान साम्राज्य के पतन का कारण बना था। सन 17 से 27 के बीच शिन राजवंश के ख़िलाफ़ लुलिन और रेड आईब्रो नाम से हुए दो विद्रोह भी मुख्यतः कृषक समाज के विद्रोह थे। इनके फलस्वरूप शिन राजवंश का पतन हुआ और विद्रोहियों के नेता लियु झियु ने सत्ता सँभाली। सन् 184 से 205 तक क़रीब 21 साल तक पूर्वी हान राजवंश के ख़िलाफ़ पीली पगड़ी विद्रोह हुआ। यह विद्रोह भी किसानों ने किया था। हालाँकि इस विद्रोह को सख़्ती से कुचल दिया गया था मगर इसने हान राजवंश को कमज़ोर करने में ख़ास भूमिका निभायी। सुई राजवंश को गिराने के

लिए सन् 611–619 के बीच किसानों और सेना नायकों ने मिलकर विद्रोह किया था। सुई राजवंश के पतन के बाद विद्रोहियों के नेता ली युआन शासक बने। तंग राजवंश के ख़िलाफ़ शुई फू के नेतृत्व में डाकुओं और किसानों ने सन् 859–860 में विद्रोह किया था। इस विद्रोह को एक साल में ही कुचल दिया गया था। इसके 14 साल बाद 874 में वांग शियांझी नाम से किसानों ने तुंग राजवंश की नीतियों से ख़फ़ा होकर एक और बड़ा आन्दोलन शुरू किया। हालाँकि 878 में इसे कुचल दिया गया। मगर किसानों ने हार नहीं मानी। इस बीच हांग चाओ के नेतृत्व में चीन के किसानों, तस्करों ने विद्रोह शुरू कर दिया मगर इसे भी 884 में कुचल दिया गया। इन विद्रोहों से तंग साम्राज्य काफ़ी कमज़ोर हो गया। सन 993 से 995 के बीच उत्तरी सोंग राजवंश के ख़िलाफ़ सिचुआन प्रान्त में किसानों का दा शु विद्रोह हुआ। इसका नेतृत्व जियाबाओ और ली शुन ने किया था। इस विद्रोह को भी कुचल दिया गया था। चीन से मंगोलों का शासन उखाड़ फेंकने में किसानों ने मुख्य भूमिका निभायी थी। मंगोलों के युआन राजवंश के ख़िलाफ़ लाल पगड़ी विद्रोह 1351 से 1368 तक चला था। इसमें लाल पगड़ी सेना, सफेद कमल संगठन के सदस्यों, एक पारसी धर्म के अनुयायियों और किसान एकजुट होकर मंगोल शासन से लड़े थे। जीत के वाद बागियों के नेता झु युआन झांग ने सत्ता सँभाली। सन् 1630 से 1645 तक ली जीचेंग के नेतृत्व में किसानों ने बगावत की। 15 साल चले इस संघर्ष के फलस्वरूप चीन के मिंग राजवंश का पतन हुआ। उसके बाद चिंग राजवंश ने चीन में साम्राज्य स्थापित किया और इस आन्दोलन को दबा दिया। चिन राजवंश के ख़िलाफ़ 1911 हेनान प्रान्त में किसानों ने विद्रोह किया। इस विद्रोह को भी दबा दिया गया था।

प्राचीन भारत में किसानों के आन्दोलन न होने के पीछे कई तरह के कारण समाज विज्ञानी मानते हैं। अंग्रेज़ों के काल में जब उन्हें सीधे शोषण का सामना करना पड़ा और जहाँ बात उनके अस्तित्व पर बन आयी, वे संगठित हुए। दूसरी ओर आज़ादी के बाद और ख़ासकर 1960 के बाद जो किसान आन्दोलन देश में तेज़ी से दिखायी पड़ते हैं, उनके पीछे सामाजिक बदलाव और अधिकारों के प्रति जागरूकता मुख्य कारण बनी। 1960 के दशक में ही भारत में ग्रामीण बाज़ार के लिए प्रयास हुए। किसान समाज में भी बदलाव का दौर शुरू हुआ। इसी दौर में कृषि क्षेत्र में खेत मज़दूरों की संख्या में तेज़ी से इज़ाफ़ा हुआ। उनकी ज़रूरतें बदलीं।

शिक्षा का विस्तार होने लगा और इससे किसानों में भी कुछ जागरूकता बढ़ी। 1960 के दशक में नक्सलबाड़ी आन्दोलन के साथ ही भारत में ग्रामीण क्षेत्रों और किसानों की ओर से हक़ की लड़ाई आन्दोलनों के रूप में तेज़ होना शुरू होती है। ऐसा नहीं है कि आज़ादी से पहले किसानों के आन्दोलन नहीं थे। ब्रिटिश शासन के दौरान भी भारत में किसानों ने कई मोर्चे खोले। ख़ासकर बंगाल और बिहार के कई ज़िलों में मैमन सिंह, दीनापुर, रंगपुर, पबना (ये अब बाग्लादेश में हैं), चम्पारण, सन्थाल परगना में किसानों के आन्दोलन हुए। आन्ध्र प्रदेश और केरल के आदिवासियों ने भी अपने हक़ के लिए लड़ाई लड़ी। 1928 में गुजरात के बाराडोली में हुआ किसान आन्दोलन तो प्रमुखता से इतिहास में दर्ज़ है। इस सत्याग्रह का नेतृत्व वल्लभ भाई पटेल ने किया था। इस आन्दोलन के सफल होने पर ही पटेल को सरदार की उपाधि मिली थी।

वरिष्ठ पत्रकार हर्षदेव ने भारत के किसान आन्दोलनों पर काफ़ी काम किया है। हर्षदेव लिखते हैं कि (भारतीय) इतिहास में किसानों के आन्दोलन का पहली बार ज़िक्र त्रिपुरा (1767–68) में शमशेर गाज़ी के शासन में मिलता है। उसके बाद झारखण्ड में खेती करने वाले आदिवासियों जिन्हें सन्थालों के रूप में जाना जाता है, का अंग्रेज़ों, जमींदारों और महाजनों से एक लम्बा संघर्ष है। इस संघर्ष में 20 हज़ार से ज़्यादा सन्थालों की जान गयी। सन्थालों से प्रेरणा लेकर देश के अन्य भागों में भी आन्दोलन हुए। इनमें पहाड़िया सिरदार (1778), कोली (1784 और 1818), चौरी आन्दोलन ((1795–1800), छोटा नागपुर विद्रोह (1807–18), गुजरात का भील विद्रोह (1809), असम में आदिवासियों का विद्रोह (1828), मुण्डा विद्रोह (1834), महान कोल विद्रोह (1831–32), उड़ीसा का जुआंग विद्रोह (1861), कोमा आदिवासी विद्रोह (1862, 1879 व 1880), नगा विद्रोह (1879), मणिपुर विद्रोह (1891), भूमकाल आन्दोलन (1910–11), बिरसा मुण्डा (1920–21), वर्ली विद्रोह (1946–48), नगा विद्रोह (1963 और 1971), मिजो विद्रोह (1966 और 1971) के अलावा बिहार, आन्ध्र प्रदेश, ओडिशा, झारखण्ड जैसे राज्यों के आदिवासी और ग़ैर–आदिवासी अँचलों में हुए प्रतिरोधों को शामिल किया जा सकता है। 1917 में चम्पारण में आर्थिक शोषण अपने चरम पर था। ठीक यही समय था जब गाँधी जी ने चम्पारण के किसानों की इस मर्मान्तक हालत में हस्तक्षेप शुरू किया जो किसानों के आन्दोलन से जनजागरण के अभियान में और फिर स्वतन्त्रता

संग्राम में रूपान्तरित होकर 1947 तक पसरता चला गया। आज़ादी की लड़ाई में किसानों के इस आन्दोलन ने मज़बूत उर्वरा भूमि की तरह काम किया। चम्पारण की प्रेरणा से अवध किसान आन्दोलन (1920–22) प्रारम्भ हुआ। बाबा रामचन्द्र दास, सहदेव सिंह और झिंगुरी सिंह के नेतृत्व में किसान सभा से शुरू हुए इस आन्दोलन ने कुछ महीनों में अवध के ताल्लुकदारों और ब्रिटिश सरकार के लिए चुनौती खड़ी कर दी। बाबा रामचन्द्र गिरमिटिया मज़दूर के रूप में काम करने फिजी गये थे, वहाँ से वापिस लौटने के बाद उन्होंने किसानों को एकजुट कर उनकी समस्याएँ सुनना और उनके समाधान के लिए काम शुरू किया। अवध के किसानों के इस आन्दोलन से भयभीत होकर अंग्रेज़ शासन ने किसान नेताओं को गिरफ़्तार कर लिया। तब हज़ारों की संख्या में किसानों ने जेल को घेर लिया। मज़बूर होकर सरकार ने नेताओं को बिना शर्त रिहा कर दिया। यह किसानों की एक बड़ी जीत थी। दो और बड़े आन्दोलन तेभागा और तेलंगाना के हैं। ये आन्दोलन भूमिहीन किसानों को ज़मीन पर उनका हक़ दिलाने के लिए हुए। तेलंगाना का आन्दोलन तो आज़ादी के बाद भी जारी रहा। (हर्षदेव, किसान आन्दोलन की समृद्ध विरासत, *दैनिक ट्रिब्यून*, चण्डीगढ़, 9 जनवरी, 2021)।

हालाँकि 1857 का स्वतन्त्रता संग्राम भले ही विफल हो गया था मगर इसने देश के किसानों में भी अन्याय के ख़िलाफ़ और हक़ की लड़ाई लड़ने के लिए एक चिंगारी पैदा की। 1859 में बंगाल और बिहार में नील की खेती करने वाले किसानों ने शोषणकारी 'ददनी प्रथा' के ख़िलाफ़ आन्दोलन किया था। इस प्रथा के तहत ज़मींदार बाज़ार भाव से बहुत कम रक़म देकर किसानों को नील की खेती करने के लिए विवश करने का क़रारनामा लिखवा लेते थे। बंगाल के पबना ज़िले (अब बांग्लादेश) में किसानों ने इसके ख़िलाफ़ पहला विद्रोह किया। यह अन्य ज़िलों तक फैला। 1973 में तो इस आन्दोलन के लिए किसानों ने 'कृषक संघ' नाम से एक संगठन भी बना लिया था।

1874 में सूदखोर साहूकार द्वारा एक किसान के घर की नीलामी की डिक्री लेने के बाद एक बड़ा किसान आन्दोलन शुरू हुआ था, इसे 'दक्कन का विद्रोह' के नाम से जाना जाता है। शिरूर तालुका के करडाह गाँव में किसान बाबा साहिब देशमुख के घर की नीलामी की कोशिश हुई थी। यहा आन्दोलन दक्षिणी राज्यों महाराष्ट्र के पूना, अहमदनगर में ख़ूब

चला जहाँ गुजराती और मारवाड़ी साहूकार किसानों का शोषण कर रहे थे। 1879 में महाराष्ट्र में वासुदेव बलवन्त फड़के के नेतृत्व में रामोसी किसान आन्दोलन शुरू हुआ। यह आन्दोलन जमींदारों के अत्याचारों के ख़िलाफ़ था। इसी तरह सीताराम राजू के नेतृत्व में अंग्रेज़ हुकूमत के ख़िलाफ़ किसानों ने विद्रोह किया। यह विद्रोह 1879 से 1922 तक क़रीब 40 साल तक चला।

1914 में बिहार में ऊँची लगान और चौकीदारी कर के ख़िलाफ़ ताना भगत आन्दोलन शुरू हुआ। इस आन्दोलन के प्रवर्तक जतरा भगत थे। इस आन्दोलन में आदिवासी जनता को संगठित कर पन्थ के रास्ते पर हक़ की लड़ाई के लिए तैयार किया गया था। चम्पारण के बाद 1918 में गाँधी जी ने गुजरात के खेड़ा में किसानों की समस्याओं को लेकर आन्दोलन शुरू किया। खेड़ा के कुनबी–पाटीदार किसानों ने अंग्रेज़ सरकार से लगान में राहत की माँग की थी। इस आन्दोलन को खेड़ा सत्याग्रह के नाम से भी जाना जाता है।

1919 में उत्तर प्रदेश के हरदोई, बहराइच और सीतापुर जिलों में लगान बढ़ाने के ख़िलाफ़ किसानों का 'एका आन्दोलन' चला। इससे एक साल पहले ही पण्डित मदन मोहन मालवीय के प्रयास से उत्तर प्रदेश में किसान सभा का गठन हुआ था। अवध के इलाक़े में किसानों ने किसान आन्दोलन के दौरान यह शपथ ली कि वे बिना पैसा लिए मज़दूरी नहीं करेंगे। 1920 में केरल के मालाबार क्षेत्र में मोपला किसानों ने अंग्रेज़ हुकूमत के ख़िलाफ़ विद्रोह किया। हालाँकि जल्द ही यह आन्दोलन हिन्दू–मुस्लिम साम्प्रदायिक हिंसा में बदल गया और अंग्रेज़ों ने इसे कुचल दिया।

1946 में बंगाल में तेभागा किसान आन्दोलन शुरू हुआ। यह आज़ादी से पहले का सबसे सशक्त किसान आन्दोलन था। इसमें बंगाल के 28 में से 15 ज़िलों के क़रीब 50 लाख किसानों और खेतिहर मज़दूरों ने हिस्सा लिया। किसानों की माँग थी कि फ़्लाइड कमीशन की सिफ़ारिश के मुताबिक़ लगान दर घटाकर एक तिहाई की जाये। फ़सल का दो–तिहाई हिस्सा बटाईदार किसानों को मिले। इसी वर्ष आन्ध्र प्रदेश में भी जमींदारों एवं साहूकारों के शोषण के ख़िलाफ़ किसान आन्दोलन हुआ, जिसे तेलंगाना आन्दोलन कहा जाता है।

ग़रीब और भूमिहीन किसानों से जमींदारों और साहूकारों द्वारा बेगार कराना एक आम प्रथा थी। 1950 में गुजरात के बनासकाण्ठा में ग़रीब

राजपूतों ने बेगारी प्रथा के ख़िलाफ़ आन्दोलन किया। 1973 में तेलंगाना के ग़रीब किसानों ने भी बेगारी के ख़िलाफ़ लड़ाई लड़ी। पूर्व में ऐसी ही प्रथा के ख़िलाफ़ नक्सल आन्दोलन खड़ा हुआ।

नक्सलबाड़ी आन्दोलन की शुरुआत पश्चिम बंगाल के एक छोटे से गाँव नक्सलबाड़ी से हुई थी। यहाँ भारतीय कम्युनिस्ट पार्टी के नेता चारू मजूमदार और कानू सान्याल ने 1967 में किसानों को साथ जोड़ कर सत्ता के ख़िलाफ़ सशस्त्र आन्दोलन शुरू किया था। ये दोनों नेता माओ त्से तुंग के नेतृत्व में चीन में हुई क्रान्ति से प्रभावित थे। 1969 में इन दोनों नेताओं ने भूमि अधिग्रहण के ख़िलाफ़ सबसे पहले आवाज़ उठायी थी। पूरे देश में भूमि अधिग्रहण के ख़िलाफ़ आन्दोलन शुरू किया गया। कई जगह उग्र संघर्ष हुए। आन्दोलन में हिंसा होने पर 1972 में चारू मजूमदार को गिरफ़्तार कर लिया गया और जेल में दस दिन बाद ही उनकी मौत हो गयी। यह इस आन्दोलन का ही प्रभाव था कि 1977 में पश्चिम बंगाल में ज्योति बसु के नेतृत्व में पहली बार कम्युनिस्ट पार्टी की सरकार बनी। हालाँकि जल्द ही यह आन्दोलन अपनी विचारधारा से विचलित हो गया। इसकी वजह से हुई हिंसा से सबसे ज़्यादा त्रस्त आन्ध्र प्रदेश, छत्तीसगढ़, ओडिशा, झारखण्ड और बिहार रहे। आन्दोलन के मुद्दों से भटकने से दुखी इस आन्दोलन के दूसरे प्रणेता कानू सान्याल ने 23 मार्च, 2010 को आत्महत्या कर ली थी।

1986 में उत्तर प्रदेश के किसान नेता महेन्द्र सिंह टिकैत ने एक बड़ा किसान आन्दोलन खड़ा किया था। टिकैत भारतीय किसान यूनियन के अध्यक्ष थे। इस आन्दोलन की शुरुआत दिसम्बर 1986 में ट्यूबवेल की बिजली दरों को बढ़ाने के ख़िलाफ़ मुज़फ़्फ़रनगर के शामली से हुई थी। यह आन्दोलन काफ़ी लम्बा चला। 1 मार्च, 1987 को पुलिस की गोलीबारी में दो किसानों और पी.ए.सी. के एक जवान की मौत हो गयी। इसके बाद टिकैत राष्ट्रीय स्तर पर चर्चा में आ गये। उत्तर प्रदेश के तत्कालीन मुख्यमन्त्री वीरबहादुर सिंह ने खुद सिसली गाँव जाकर किसानों की पंचायत को सम्बोधित किया और राहत दी।

हालाँकि नयी सदी की शुरुआत के साथ ही किसान आन्दोलन भी कमज़ोर हुए। किसान संगठन कई छोटे संगठनों में बँट गये। क्षेत्रीय दिक़्क़तों के अनुरूप वे एकजुट होकर आन्दोलन से अपनी बात रखते रहे हैं। जैसे पश्चिमी उत्तर प्रदेश के गन्ना किसान बकाया

भुगतान को लेकर और महाराष्ट्र के किसान उपज के सही मूल्य के लिए समय–समय पर आन्दोलन करते रहते हैं। पंजाब और हरियाणा में भारतीय किसान यूनियन के धरना–प्रदर्शन चलते रहते हैं। मार्च 2018 में महाराष्ट्र के किसानों ने कर्ज़ माफ़ी और अन्य माँगों को लेकर एक लम्बे मार्च का आयोजन किया था। भारतीय किसान संघ का यह 7 मार्च को नासिक से शुरू हुआ और 12 मार्च को मुम्बई पहुँचा। इसमें हज़ारों ग़रीब किसान शामिल हुए। उनके लहूलुहान और छालों से भरे पैर मीडिया और सोशल मीडिया पर छाये रहे। भूमण्डलीकरण ने सबसे ज़्यादा किसानों की दिक़्क़तें बढ़ायी हैं। इसका परिणाम बड़े किसान आन्दोलन के रूप में सामने आया है।

कृषि सुधार और किसानों की ताक़त

"आज़ादी के बाद यह उम्मीद की गयी कि किसानों की हालत में सुधार आयेगा। हरित क्रान्ति से उम्मीद भी जगी। मगर इसका लाभ भी देश के दो तीन राज्यों तक ही सिमट कर रह गया। सहकारी समितियाँ श्वेत क्रान्ति लायीं। इनमें गुजरात के अमूल ने अग्रणी भूमिका निभायी। इसी की तर्ज़ पर पंजाब में वेरका और हरियाणा में वीटा काफ़ी सफल रहे, जबकि अधिकांश राज्यों में ये समितियाँ भी भ्रष्टाचार और मिलावट खोरी की बलि चढ़कर किसानों को अधिक लाभ नहीं दे पायी।"

शुरुआत से ही केन्द्र की मोदी सरकार यह मानती रही कि नये किसान क़ानूनों से किसानों को काफ़ी लाभ होगा। फ़ायदे भी गिना रही थी सरकार। मगर किसानों का एक वर्ग विरोध में खड़ा था। ख़ासकर उस इलाक़े का किसान, जिसे देश का अन्न का कटोरा कहा जाता है। यह बहुत ही विरोधाभासी था कि जिनको फ़ायदा पहुँचाने की बात सरकार कह रही थी, वे ही सरकार के क़दमों का विरोध कर रहे थे। यानी अपने ही फ़ायदे का विरोध। क्या ऐसा होता है? ऐसे में यह शक पैदा होना लाज़िमी था कि क्या कोई राजनीति हो रही है। मगर राजनीति कौन कर रहा था? क्या वह विपक्ष, जिसे क़रीब–क़रीब ख़त्म हो चुका माना जा रहा था? क्या उसमें अभी इतनी आँच बची थी कि वह किसी बड़े वर्ग को एकजुट कर सके या भड़का सके?

मगर एक तथ्य यह भी था कि पंजाब के किसान, आन्दोलन में न सिर्फ़ बढ़–चढ़कर हिस्सा ले रहे थे, बल्कि इसका नेतृत्व भी कर रहे थे और पंजाब में कांग्रेस की ही सरकार थी। पंजाब के मुख्यमन्त्री कैप्टन अमरिन्दर सिंह विधानसभा में यह प्रस्ताव भी पास करवा चुके थे कि वे इन क़ानूनों को पंजाब में लागू नहीं होने देंगे। भाजपा और और सहयोगी दलों के कुछ नेता इस आन्दोलन के पीछे माओवादियों का भी हाथ बता रहे थे।

यह भी कहा जा रहा था कि टुकड़े–टुकड़े गैंग किसानों को भड़का रहा है। आन्दोलन स्थल पर कुछ लोगों को शरज़ील इमाम और शाहीन बाग़ प्रदर्शन मामले के आरोपियों की रिहाई के पोस्टर लहराते हुए भी देखा गया था। इसे ही वह किसान प्रदर्शन के पीछे माओवादियों का हाथ होने की बात कह रहे थे। धरने पर बैठे किसानों की पिज़्ज़ा खाते हुए और मशीनों से मसाज कराते हुए तस्वीरें भी ख़ूब वायरल हुईं। लँगर की रोटियाँ भी बड़ी–बड़ी मशीनों से बन रही थीं। इसने बहुत से भोले–भाले लोगों को आश्चर्य से इतना भर दिया कि वह आन्दोलन के पीछे विदेशी पैसा होने की बात कहने लगे। मगर यह किसान आन्दोलन सिर्फ़ एक शब्द भर नहीं था। कोई फैशन नहीं था। मात्र कोई आभासी ट्विटर ट्रेंड या व्हाट्सएप की कोई वायरल पोस्ट भर नहीं था। हज़ारों ज़िन्दा लोग ठिठुरती ठण्ड में, गरजते बरसते बादलों के नीचे, शीत लहरियों के बीच खुले आसमान तले सड़कों पर डटे थे। सरकार उन्हें बार–बार मना रही थी।

प्रधानमन्त्री नरेन्द्र मोदी ख़ुद देश को सम्बोधित करते वीडियो सन्देशों से किसानों को समझाने का प्रयास कर रहे थे। वे लगातार नये कृषि क़ानूनों के फ़ायदे बता रहे थे। 18 दिसम्बर, 2020 को पी.एम. मोदी ने मध्य प्रदेश में आयोजित किसान सम्मेलन को वीडियो कॉन्फ्रेंसिंग के माध्यम से आश्वासन दिया कि न्यूनतम समर्थन मूल्य प्रणाली समाप्त नहीं की जायेगी। उन्होंने कहा, "मैं किसानों को भरोसा दिलाता हूँ कि एम.एस.पी. को ख़त्म नहीं किया जायेगा, यह जारी रहेगी, विपक्ष इस बारे में झूठ बोल रहा है। उन्हें कृषि सुधारों से नहीं बल्कि मोदी से दिक़्क़त है। विरोधी दलों ने स्वामीनाथन समिति की रिपोर्ट वर्षों तक दबाये रखी, लेकिन हमने किसानों के हित में इसे लागू किया। उन राजनीतिक दलों से जवाब माँगा जाना चाहिए जो अपने घोषणापत्रों में कृषि सुधारों के बारे में बात करते हैं। कृषि सुधारों का श्रेय आप लेना चाहते हैं तो ले लें, लेकिन किसानों को भ्रमित न करें। (पी.टी.आई., 18 दिसम्बर, 2020)

केन्द्र सरकार और किसानों के दरम्यान जारी गतिरोध के बीच प्रधानमन्त्री नरेन्द्र मोदी ने शनिवार (19 दिसम्बर, 2020) को एक ई–पुस्तिका जारी की। हिन्दी और अंग्रेज़ी दो भाषाओं में यह पुस्तिका थी और इसमें किसानों की सफ़लता को रेखांकित किया गया था। प्रधानमन्त्री ने इसके हिन्दी संस्करण के पृष्ठों को ट्विटर पर साझा करते हुए लिखा,

"इस पुस्तिका में ग्राफ़िक्स और बुकलेट समेत ढेर सारी चीज़ें हैं, जिनके जरिये यह समझाया गया है कि हाल ही में लाये गये कृषि सुधार हमारे किसानों के लिए किस प्रकार लाभकारी हैं। ये नमो ऐप के वॉलंटियर मॉड्यूल के यॉर वॉइस और डाउनलोड सेक्शन में मिल सकते हैं। इसे पढ़ें और ज़्यादा से ज़्यादा लोगों तक पहुँचायें। (भाषा, 19 दिसम्बर, 2020, दिल्ली)

कृषि क़ानूनों को लेकर जब आन्दोलन चरम पर था तब इस किताब के लेखक ने भी केन्द्रीय कृषि मन्त्री नरेन्द्र सिंह तोमर के साथ दो बार विशेष साक्षात्कार किये। इस साक्षात्कार में तोमर ने कहा था कि जो क़ानून बनाये गये हैं, उस पर लगातार देश में विचार–विमर्श हुआ। स्वामीनाथन कमेटी ने भी देशभर की अनेक किसान यूनियनों, किसानों, कृषि विद्वानों और कृषि विपणन से जुड़े उद्यमियों तथा विश्वविद्यालयों के साथ भी बड़े पैमाने पर विमर्श किया था। उसके बाद नैशनल फ़ार्मर कमीशन बना। इस कमीशन ने सुझाव लिए। उसकी भी सिफ़ारिश इसी प्रकार आयी। इसके बाद महाराष्ट्र के कृषि मन्त्री की अध्यक्षता में दस राज्यों के कृषि मंत्रियों की कमेटी बनी। उसने विचार–विमर्श किया। यूपीए सरकार के समय भी भूपेन्द्र सिंह हुड्डा की अध्यक्षता में पाँच मुख्यमन्त्रियों की कमेटी बनी थी। उसकी सिफ़ारिशें भी इसी प्रकार (नये क़ानूनों के मुताबिक़) आयी थीं।

मोदी सरकार आने के बाद नीति आयोग की उच्चाधिकार प्राप्त समिति बनी। उसने भी ऐसी ही सिफ़ारिशें कीं। यूपीए सरकार में जब शरद पवार कृषि मन्त्री थे, तब एक मॉडल एम.एस.पी. ऐक्ट बनाकर राज्यों को भेजा गया था और प्रयास किया गया था कि राज्य उसे मान लें। हम लोगों ने भी उसी को आगे बढ़ाने का काम किया है। काफ़ी विचार– विमर्श हुआ है, लेकिन करोड़ों की आबादी का देश है, सभी से तो कंसल्टेशन सम्भव नहीं है। मैं राजनैतिक दलों के नेताओं से कहना चाहता हूँ कि किसानों के नाम पर सियासत न करें। सरकार आपके विरोध का जवाब देने के लिए स्वतन्त्र है। (क़ानून बनाने से पहले हमने सबसे बात की : तोमर, पेज–2, *नवोदय टाइम्स*, नयी दिल्ली, और *पंजाब केसरी*, जालन्धर, पेज–5, 14 दिसम्बर, 2020)

एम.एस.पी. को क़ानून बनाने के सम्बन्ध में कृषि मन्त्री नरेन्द्र तोमर का कहना था कि देश में हर चीज़ के लिए क़ानून नहीं बनता। कुछ ऐसी चीज़ें होती हैं, जिनके लिए क़ानून अनिवार्य होता है। कुछ विषय ऐसे होते हैं, जो नियमों के माध्यम से चलते हैं और कुछ विषय भारत

सरकार के प्रशासकीय निर्णय से चलते हैं। एम.एस.पी. किसी क़ानून का अँग पहले भी नहीं था और नये क़ानून से भी इसका कोई लेना देना नहीं है। एम.एस.पी. जारी रहेगा यह लोकसभा और राज्यसभा के दोनों सदनों में मैंने कहा है। प्रधानमन्त्री ने भी देश को आश्वस्त किया है। इस पर किसी को शंका नहीं होनी चाहिए। पंजाब के अलावा पूरे देश में कहीं भी इन क़ानूनों को लेकर कोई प्रतिक्रिया नहीं है। देशभर के किसान, तमाम यूनियन, प्रगतिशील किसानों ने मुझे फ़ोन किया है कि वे इन क़ानूनों के समर्थन में दिल्ली आना चाहते हैं। मुझसे समय माँगा, लेकिन मैंने मना कर दिया। मैं इस पक्ष में नहीं कि किसानों में आपस में तनाव बढ़े। पंजाब के किसानों को ए.पी.एम.सी. को लेकर भ्रम था, इसी से एम.एस.पी. को जोड़ दिया गया है। अगर किसान चाहते हैं राज्य सरकारों को अधिकृत कर दिया जायेगा कि वे निजी ट्रेडर्स का रजिस्ट्रेशन करें। तो ऐसा भी कर दिया जायेगा। इस सवाल पर कि बिहार और यूपी के किसानों का कहना है कि उनकी फ़सल एम.एस.पी. पर नहीं बिकती, केन्द्रीय कृषि मन्त्री का कहना था कि एम.एस.पी. पर ख़रीद की व्यवस्था जो राज्य करते हैं, वहाँ केन्द्र सरकार ख़रीद करती है। पंजाब के किसानों से इस बार पिछली बार से ज़्यादा फीसद धान की ख़रीद हुई है। रबी की फ़सल पर भी एम.एस.पी. घोषित की गयी है। (क़ानून बनाने से पहले हमने सबसे बात की– तोमर, पेज–2, *नवोदय टाइम्स*, नयी दिल्ली, और पंजाब केसरी, जालन्धर, पेज–5, 14 दिसम्बर, 2020)।

दूसरी ओर आन्दोलन में बैठे किसानों का अपना पक्ष था। उनके पास फ़सल उगाने, सँभालने और बेचने का सहस्त्राब्दियों का अनुभव था। ईसा से सैकड़ों साल पहले से किसान ऐसा करता आ रहा है और तब से हर किसान अपनी अगली पीढ़ी को अनुभव और तरीक़े विरासत की तरह सौंपता आया है। इसलिए उसे उसके हित और अहित के नाम पर बहका लेना किसी के लिए भी आसान नहीं है। चाहे वह विपक्ष हो या सत्ता पक्ष। इस देश में किसानों की हालत तभी ख़स्ता हुई जब लालची शासकों ने उन पर मनमाने लगान थोपे। पहले यवनों, तुर्कों, मुग़लों और अंग्रेज़ शासकों ने जजिया और मनमाने लगान थोप कर किसानों का सामन्तों और ज़मींदारों के माध्यम से शोषण किया। दुर्दशा का यह दौर काफ़ी लम्बा चला। आज़ादी के बाद यह उम्मीद की गयी कि किसानों की हालत में सुधार आयेगा। हरित क्रान्ति से उम्मीद भी जगी।

मगर इसका लाभ भी देश के दो–तीन राज्यों तक ही सिमट कर रह गया। सहकारी समितियाँ श्वेत क्रान्ति लायीं। इनमें गुजरात के अमूल ने अग्रणी भूमिका निभायी। इसी की तर्ज़ पर पंजाब में वेरका और हरियाणा में वीटा काफ़ी सफल रहे, जबकि अधिकांश राज्यों में ये समितियाँ भी भ्रष्टाचार और मिलावटखोरी की बलि चढ़कर किसानों को अधिक लाभ नहीं दे पायीं। इसने सरकार का झुकाव इस दृष्टिकोण के प्रति मज़बूत किया कि पूँजीपति ही किसानों का कायाकल्प कर सकते हैं। नीति निर्धारण की ज़िम्मेदारी सम्भाल रहे आला अफ़सरों को लगने लगा कि अगर पूँजीपतियों को किसान की उपज सीधे ख़रीदने का अधिकार दे दिया जाये तो किसान समृद्ध हो जायेगा। मगर पूँजीपति को इसके लिए राज़ी करने के लिए उसे बिना शर्त खुला मैदान देने की ज़रूरत थी। ऐसे में नये कृषि क़ानूनों के ज़्यादातर नियम उनके पक्ष को ध्यान में रखकर ही तय किये गये, ताकि पूँजीपतियों को पूँजी लगाने में कोई आपत्ति न हो। दूसरी ओर इनमें किसानों के लिए ऐसा कोई ख़ास नियम बनाने से परहेज़ किया गया, जो किसी फ़सल पर न्यूनतम दिहाड़ी की तरह उनकी न्यूनतम आय को सुनिश्चित करता।

सरकार की सारी उम्मीद बाज़ार में मौजूद प्रतियोगिता से थी। अर्थशास्त्र का किताबी नियम भी बताता है कि व्यापारियों में प्रतिस्पर्धा होगी तो किसानों और ग्राहक दोनों को लाभ होगा। दूसरी ओर किसानों को लग रहा था कि व्यापारी लम्बे समय तक आपस में प्रतिस्पर्धा करेंगे ही नहीं। जल्द ही एकाधिकार वाले हालात बन जायेंगे। तब वे क़ीमतों को लेकर मनमानी करेंगे। इसके लिए वे मोबाइल नेटवर्क कम्पनी जियो का उदाहरण भी दे रहे थे।

मोदी सरकार द्वारा बनाये गये तीन नये कृषि से जुड़े क़ानूनों को लेकर उत्तर भारत के किसानों के एक प्रमुख वर्ग की आशंका सिर्फ़ भ्रम नहीं थीं। देश के कई कृषि विशेषज्ञ भी ऐसा मान रहे थे। उनका कहना था कि कार्पोरेट प्रधान अमेरिकी मॉडल में जिस तरह किसानों को जबरन फिट करने की कोशिश की जा रही है, उससे ही समस्या पैदा हो रही है। इस तरह की बातें भी कही जा रही थीं कि नये कृषि क़ानूनों से किसान ही नहीं उपभोक्ता भी संकट में आयेंगे। यह भी आशंका जतायी जा रही थी कि नये क़ानूनों में बड़े व्यापारियों को मनमानी क़ीमत वसूलने की काफ़ी हद तक छूट मिली हुई है। उन पर न तो किसान को ख़ास क़ीमत देने की बन्दिश है

और न बाज़ार में बेचते समय कोई रोक–टोक लगायी गयी है। क़ानून में व्यापारियों के लिए न्यूनतम समर्थन मूल्य देना भी अनिवार्य नहीं बनाया गया है। ऐसे में हमें यह भी देखना चाहिए कि अमेरिका जैसे विकसित देशों में भी व्यापारियों को इतनी खुली छूट नहीं दी गयी है। वहाँ भी किसान से ख़रीद की गयी क़ीमत से 300 प्रतिशत से ज़्यादा क़ीमत पर कृषि उत्पाद बेचने पर रोक है। इसी में उपज की छँटाई, सफ़ाई, पैकेजिंग, ढुलाई जैसी सारी लागतें और मुनाफ़ा शामिल है। यानी वहाँ कोई व्यापारी किसान से यदि सौ रुपये के दाम में कोई फ़सल ख़रीदता है तो उसे 300 रुपये से ज़्यादा की क़ीमत पर नहीं बेच सकता। इस प्रावधान से अमेरिका में उपभोक्ता के हितों की रक्षा होती है। सरकार तर्क दे रही थी कि नये क़ानून किसान को कहीं भी जाकर अपनी फ़सल बेचने की आज़ादी देते हैं। दूसरी ओर किसान सवाल कर रहे थे कि जब कुल छह प्रतिशत अनाज ही एम.एस.पी. पर ख़रीदा जाता है तो कहीं भी जाकर बेचने की बात का क्या मतलब है। जिस किसान के पास अपनी पास की मण्डी में अनाज पहुँचाने के पूरे संसाधन नहीं होते, वह कहीं भी अपनी फ़सल कैसे ले जायेगा। पंजाब और हरियाणा के किसानों को अभी गेहूँ और धान की एम.एस.पी. का पूरा लाभ मिलता है। इसलिए इन राज्यों में मण्डियों से बाहर एम.एस.पी. कैसे लागू किया जायेगा? क़ानून यह स्पष्ट नहीं करता। इसलिए सरकार को एम.एस.पी. को क़ानूनी सुरक्षा देनी चाहिए। एम.एस.पी. से नीचे सौदे करने पर व्यापारी को ज़ुर्माना और सजा का प्रावधान होना चाहिए। इसी तरह व्यापारी द्वारा निर्धारित क़ीमत से ज़्यादा पर कृषि उत्पाद बेचने पर भी क़ानूनी कार्रवाई की व्यवस्था होनी चाहिए।

(दरअसल एम.एस.पी. लेकर आज़ादी के बाद से ही केन्द्र सरकारों का पहले से रवैया ढीला–ढाला रहा है। आज़ादी के बाद कृषि उत्पादन को लेकर सवाल उठते रहे हैं। आज़ादी के लगभग पन्द्रह साल बाद एम.एस.पी. को लेकर पहली कमेटी तत्कालीन प्रधानमन्त्री लाल बहादुर शास्त्री ने एल.के. झा की अध्यक्षता में गठित की थी। इसके बाद पहली बार एम.एस.पी. की घोषणा 1966–67 में हुई थी। उसी के बाद कृषि उत्पाद और मूल्य आयोग यह काम करता रहा है। शुरुआत में सिर्फ़ गेहूँ पर एम.एस.पी. था जो बाद में धीरे–धीरे धान और दालों आदि पर भी हो गया।)

सिर्फ़ कृषि उपज विपणन ही नहीं, अनुबन्ध खेती से जुड़े क़ानून की भी नुक्ताचीनी हो रही थी। इसके बारे में कहा जा रहा था कि इसमें

कम्पनियों और किसी भी व्यक्ति को किसान से किराये पर ज़मीन लेकर खेती की छूट तो दे दी गयी है, लेकिन किसानों के हितों की सुरक्षा का कोई प्रावधान नहीं है। किसान को अदालत जाने का अधिकार भी नहीं है। कम्पनी अगर वायदे के अनुसार भुगतान नहीं करती है या कोई और विवाद पैदा होता है तो किसानों को सरकारी अधिकारियों के पास जाना होगा। तहसीलदार और डी.एम. जैसे अधिकारियों के पास प्रशासन से जुड़े अन्य कामकाज इतने होते हैं कि वे सबसे व्यस्त अधिकारी हैं। ऐसे में विवाद सुलझाने की प्रक्रिया में काफ़ी वक़्त लगेगा और किसान का पैसा फँसा रहेगा। जब क़ानून बन जाने के बावज़ूद अनुबन्ध करने वाले उनके पालन में कोताही बरतते हैं तो ऐसे में किसानों के हित कैसे सुरक्षित रहेंगे। किसान नेता अनुबन्ध खेती के सन्दर्भ में उत्तर प्रदेश के गन्ना किसानों का उदाहरण भी दे रहे थे। यहाँ गन्ने की खेती चीनी मिलों के साथ अनुबन्ध पर ही होती है। साथ ही यह क़ानून है कि गन्ना किसानों को उनकी उपज का भुगतान चौदह दिन के भीतर कर दिया जाना चाहिए। इसके बावज़ूद यू.पी. सरकार इस पर कभी समय से अमल नहीं करा पायी। कुछ कृषि विशेषज्ञ यह भी मानते हैं कि कम्पनियों से क़ानूनी लड़ाई लड़ना हर किसान के बस का नहीं है। इसलिए विवादों के निपटारे के लिए ट्रिब्यूनल जैसी व्यवस्था होनी चाहिए। साथ ही एक माह के भीतर फ़ैसला करने की शर्त हो। न्यूनतम समर्थन मूल्य को भी क़ानूनी तौर पर अनिवार्य बनाया जाना चाहिए, साथ ही कृषि उपज के उपभोक्ताओं के हितों की रक्षा के लिए भी अधिकतम मूल्य का फार्मूला भी तय होना चाहिए। किसान को समय पर भुगतान न करने पर ब्याज और सजा देने की व्यवस्था होनी चाहिए। यह इसलिए भी ज़रूरी है क्योंकि देश में व्यापारियों में जमाखोरी और कृषि उत्पादों को ख़रीद से कई गुना महँगा भेजने की ज़बर्दस्त प्रवृत्ति है। इसलिए बिना सख़्त क़ानूनी प्रावधान के किसान और उपभोक्ता दोनों के हितों की रक्षा सम्भव नहीं है।

न्यूनतम समर्थन मूल्य को अनिवार्य करने पर सरकार के सामने एक बड़ी समस्या आ सकती थी। 2020 में केन्द्र सरकार 23 फसलों पर एम.एस.पी. घोषित कर रही थी। कृषि विज्ञानी विजय सरदाना कहते हैं कि अगर हम सभी 23 फसलों के उत्पादन को एम.एस.पी. पर ख़रीदते हैं तो कुल 15 लाख करोड़ रुपये की व्यवस्था करनी होगी। अभी तो सिर्फ़ 6 फीसद फ़सल एम.एस.पी. पर ख़रीदी जा रही है। सरकार क़रीब एक

लाख करोड़ रुपये खाद सब्सिडी और इतने ही खाद्य सब्सिडी पर ख़र्च कर रही थी। क्या व्यापारी एम.एस.पी. पर ख़रीद कर सकेगा। हालाँकि इस सवाल का कोई मतलब नहीं था कि व्यापारी एम.एस.पी. पर नहीं ख़रीद सकता। क्योंकि वह जिस भी मूल्य पर ख़रीदेगा उस पर अपना लाभ लेकर ही उपभोक्ता को बेचेगा। दूसरे कृषि उत्पादों की माँग हमेशा बनी रहेगी। इसलिए इनका व्यापार भी हमेशा रहेगा। माँग कमोबेश बराबर रहती है या एक निर्धारित अनुपात में बढ़ती है, जबकि उत्पादन कम ज़्यादा होता है। इसलिए उसे नियन्त्रित करने पर सरकार को अपना ध्यान केन्द्रित करना था।

राष्ट्रीय स्वयंसेवक संघ के आनुषंगिक संगठन भारतीय किसान संघ के महामन्त्री बद्रीनारायण ने इस लेखक के साथ बातचीत में यह स्वीकार किया था कि नये कृषि क़ानूनों को लेकर कृषि मन्त्रालय ने अपनी भूमिका उतने सक्रिय तरीक़े से नहीं निभायी, जितनी होनी चाहिए थी। नये कृषि क़ानून बनाने से पहले अगर किसानों और उनके प्रतिनिधियों से चर्चा कर ली जाती तो काफ़ी आसानी हो जाती। भारतीय किसान संघ की ओर से प्रतिनिधिमण्डल के साथ हमने अपने स्तर पर कुछ अधिकारियों से बात की थी। हमारी बात को उन्होंने बड़े धैर्य से सुना मगर किसी एक भी बात को माना नहीं। इसके बाद संघ की ओर से खण्ड स्तर पर धरने दिये गये। भारतीय किसान संघ की क़रीब 80 हज़ार ग्राम समितियाँ हैं, इनमें से 20 हज़ार समितियों ने लिखित प्रस्ताव पारित कर देश के कृषि मन्त्री और प्रधानमन्त्री को भेजे मगर दुर्भाग्य से जवाब में एक पत्र तक नहीं मिला। न कोई बातचीत का निमन्त्रण मिला। कृषि मन्त्रालय स्तर पर किसानों से संवादहीनता मौजूदा हालात का एक बड़ा कारण है। क़ानून बनाने से पहले सरकार ने किसी किसान संगठन से विस्तार से चर्चा नहीं की। की हो तो यह हमारी जानकारी में नहीं है। सरकार की ओर से कृषि व्यापार कम्पनियों और कॉर्पोरेट घरानों के प्रतिनिधियों से बात की गयी थी, यह हमारी जानकारी में है। मन्त्रालय के अधिकारी उन्हीं से ज़्यादा बात करते हैं। आज किसान अगर इस स्थिति में है तो अधिकारी ही इसके लिए ज़िम्मेदार हैं। अधिकारी खेतों में किसानों से बात करने नहीं जाते। कृषि व्यापार कम्पनियों के प्रतिनिधि जाते हैं और वे अपनी आवश्यकता के अनुरूप जाते हैं। इसलिए किसान संगठन ही किसानों की स्थिति बताने के लिए सरकार के लिए आँख और कान हैं। अगर सरकार इन संगठनों की नहीं सुनेगी तो किसानों की सही स्थिति कैसे पता चलेगी और कैसी नीतियाँ बनेंगी? कृषि मन्त्रालय में बैठे अधिकारियों

का हाल यह है कि वे अभी तक सही डाटा बैंक नहीं तैयार कर सकें हैं। बिना डाटा बेस के योजना बनाने का नतीजा सबके सामने हैं।

बद्रीनारायण का यह भी कहना था कि सरकार ने नये क़ानूनों में व्यापारियों के लिए तो सभी प्रावधान लिखित में किये हैं मगर किसानों के लिए एम.एस.पी. की बात भी मौखिक तौर पर कही जा रही है। नये कांट्रेक्ट फार्मिंग क़ानून में किसान को तो तत्काल अपनी फ़सल व्यापारी को देने के लिए बाध्य कर दिया गया है, मगर भुगतान के लिए व्यापारी को तीन दिन का समय दे दिया गया है। ऐसे में क्या गारण्टी है कि जो तीन दिन बाद भुगतान करेगा वह व्यापारी ही होगा या बिचौलिया होगा, जो किसी तीसरे को फ़सल बेच कर तीन दिन में किसान को भुगतान कर देगा। बात तो हम बिचौलिया हटाने की कर रहे हैं मगर क़ानून हम बिचौलियों को बढ़ावा देने वाला ले आये हैं। अनुबन्ध खेती का यह क़ानून पूरी तरह व्यापारियों को ध्यान में रखकर बनाया गया है न कि किसान के हित में। मण्डियों में ऐसी घटनाएँ होती हैं कि व्यापारी किसान की फ़सल लेकर भाग जाते हैं और भुगतान नहीं करते। अगर मण्डी के बाहर सौदे होंगे तो वहाँ क्या हाल होगा, इसका अनुमान लगाया जा सकता है। किसानों के साथ ऐसे फ्रॉड और बढ़ेंगे। नये क़ानून में किसान सिविल कोर्ट भी नहीं जा सकता। उसे उन अधिकारियों के पास आना होगा, जो सबसे ज़्यादा व्यस्त रहते हैं। एस.डी.एम. और डी.एम. सबसे व्यस्त अधिकारी हैं। ये किसी किसान के वादे के लिए कब और कैसे समय निकालेंगे?

बद्रीनारायण का कहना था कि हमारी ओर से कहा गया था कि फ़सल की डिलीवरी होते ही किसान को तत्काल भुगतान हो मगर सरकार ने हमारी यह बात नहीं मानी। साथ ही किसान चाहते हैं कि सरकार जब नया क़ानून बना रही है तो इसमें एम.एस.पी. देने की बात को भी लिखित में शामिल करें। व्यापारी के हित की सभी बातें जब लिखित में रखी जा रही हैं तो सिर्फ़ किसान को मौखिक आश्वासन क्यों? अगर व्यापारी और किसान में विवाद होते हैं तो इसके लिए त्वरित न्याय की व्यवस्था की जाये। ऐसा न हो कि किसान की फ़सल का पैसा फँसा रहे और विवाद लम्बा चलता रहे। भारतीय किसान संघ किसानों की बात करता है। इसका किसी राजनीति से कोई सम्बन्ध नहीं है। सरकार को भी किसानों की बात सुननी चाहिए। (आर.एस.एस. के किसान संगठन का बड़ा हमला, सरकार को गुमराह कर रहे हैं अफ़सर, 3 दिसम्बर, 2020, *नवोदय टाइम्स / पंजाब केसरी* वीडियो)

किसानों का डर और आन्दोलन के कारक

(एक वरिष्ठ समाजशास्त्री का विश्लेषण)

"हमारे नेता वैश्वीकरण पर ज़रूरत से ज़्यादा भरोसा कर रहे हैं। उदारीकरण को लेकर पूरी दुनिया में एक जैसी दिक़्क़त है। यह उदारीकरण समाज में ज़्यादा से ज़्यादा असुरक्षा की भावना पैदा करता है। उदारीकरण चूँकि एक वैश्विक धारा है, इसलिए स्थानीय नेता इसकी गति को एक हद से ज़्यादा प्रभावित नहीं कर सकते।"

आख़िर किसान आन्दोलन इतना बड़ा कैसे हुआ और वो सरकार के तमाम दबावों के आगे क्यों नहीं झुके, इसके पीछे कई वजह हैं, लेकिन सबसे बड़ी वजह उनका पुराना बुरा अनुभव और डर था। ऐसा समाजशास्त्री भी मानते हैं। क़रीब दो दशक से किसानों की आय नाम मात्र ही बढ़ रही थी। दूसरी ओर लागतों में लगातार तेज़ी से इज़ाफ़ा हो रहा था। सरकार जब क़ानून लायी तो उसमें किसानों को निर्धारित मूल्य की कोई गारण्टी नहीं थी। इसने किसानों में ज़मीने छिनने का डर भी पैदा किया। इस डर के पीछे कितनी हक़ीक़त थी और कितनी राजनीति? इसे लेकर अलग–अलग मत थे। इसे लेकर भी इनकार नहीं किया जा सकता था कि इस किसान आन्दोलन को लेकर जमकर राजनीति हुई थी।

जवाहरलाल नेहरू विश्वविद्यालय (जे.एन.यू.) के सेवानिवृत्त प्रोफ़ेसर, समाज शास्त्री और स्वतन्त्र शोधकर्ता घनश्याम शाह 2020–21 के किसान आन्दोलन को भी एक व्यापक शोध का विषय मान रहे थे। वह *नीदरलैंड इंस्टीट्यूट फ़ॉर एडवांस स्टडी से ह्यूमैनिटी एंड सोशलसाइंस* के रेजिडेंस फैलो, साथ ही वह *इंडियन काउंसिल ऑफ सोशल साइंस रिसर्च नयी दिल्ली तथा इंडियन इंस्टीट्यूट ऑफ एडवांस स्टडी के नैशनल फैलो* भी रहे हैं।

अमदाबाद में घनश्याम शाह के आवास पर लेखक ने उनसे विशेष और लम्बी बातचीत के सत्र किये। बातचीत की शुरुआत ही किसानों के डर की वजहों से की गयी। उनका साफ़ मानना था कि किसानों में डर शुरुआत से रहा है। हरियाणा में न्यूनतम समर्थन मिलता है मगर काफ़ी जगह पर नहीं मिलता है। वे लोग जितना ज़रूरी है, उतनी फ़सल रखते हैं बाकी बेच देते हैं। गुजरात में अनुबन्ध खेती (कांट्रेक्ट् फार्मिंग) 1986 से शुरू है। मगर इस अनुबन्ध खेती से किसानों का अनुभव बहुत अच्छा नहीं है। ऐसे ही अनुभव डर की वजह हैं। इस किसान आन्दोलन में निचले स्तर तक किसानों की भागीदारी हुई है। ख़ासकर पंजाब में। पंजाब में मण्डी व्यवस्था अच्छी है। मण्डी की वजह से हर किसान को सुनिश्चित आय मिलती है। इसलिए उस किसान का डर है कि अगर मण्डी ख़त्म हो जायेगी तो उसकी सुनिश्चित आय भी ख़त्म हो जायेगी। बाकी कई राज्यों में तो किसानों को न्यूनतम समर्थन मूल्य मिलता ही नहीं है। खुले बाज़ार में ऐसा कौन है जो इतनी क़ीमत दे, जितनी ये मण्डियाँ दे रहीं हैं। इसलिए इस आन्दोलन में बड़े किसानों के साथ छोटे और सीमान्त किसान भी आ गये। इसके पीछे उनका कोई बहुत बड़ा लाभ नहीं था। बल्कि इसके दो बड़े कारण थे। एक इन छोटे–बड़े किसानों की परस्पर सामाजिक निर्भरता और दूसरे न्यूनतम समर्थन मूल्य का आश्वासन।

गुजरात में भी साठ के दशक में आन्दोलन शुरू हुआ था। यह काफ़ी लम्बे समय तक चला। अस्सी के दशक तक। जब आन्दोलन शुरू हुआ तब माँगें थीं कि सिंचाई और बिजली सस्ती हो, बीज–खाद पर सब्सिडी मिले। धीरे–धीरे बिजली पर सब्सिडी शुरू की गयी। लागत कम की गयी। इसका फ़ायदा अमीर और मध्यम किसानों को हुआ। जो किसान वाणिज्यक फ़सलें करते हैं, जैसे गुजरात में तम्बाकू और मूँगफली की फ़सल की जाती है, उन्होंने बिक्री के लिए सहकारी समितियाँ बनायीं। किसानों ने अपने तरीक़े निकाले। वाणिज्यक खेती में बाग़वानी भी है। बहुत से किसान पहले उद्योगों के लिए उत्पादन करते थे मगर बाद में अपनी ज़मीन बेचकर छोटी–छोटी उत्पादन इकाइयाँ लगा लीं। इनमें से कुछ को फ़ायदा हुआ। मगर जो ज़मीन बेचकर छोटे–छोटे शहरों में बस जाते हैं, छोटी–मोटी नौकरी करते हैं, उनको कोई फ़ायदा नहीं हुआ। उन्होंने सिर्फ़ अपनी पुश्तैनी ज़मीन गँवायी। आज चाहे गुजरात हो या महाराष्ट्र हो, ग़रीब किसानों की हालत काफ़ी बदतर है। ये अपनी छोटी जोत बेचकर नौकरी

के लिए शहर जाते हैं। सवाल ये है कि ये ज़मीनें क्यों बेचते हैं? इसका जवाब है कि क्योंकि इस ज़मीन से उनका जीवन यापन नहीं हो पा रहा। तब फ़ायदा किन्हें हो रहा है? फ़ायदा सिर्फ़ उन्हें हो रहा है जो या नकदी फ़सलें बो रहे हैं या फिर फूड इंडस्ट्री के लिए काम कर रहे हैं। गुजरात में भी बड़े किसान तम्बाकू, मूँगफली और कपास की तरफ शिफ़्ट हो रहे हैं मगर छोटे किसान ऐसा नहीं कर पा रहे हैं, उन्हें देर–सवेर ज़मीन बेचकर शहर में रोज़गार की तलाश में जाना पड़ रहा है।

खाद्यान्न से नकदी फ़सलों की ओर शिफ्ट करना बुरा नहीं है, यदि सब किसान ऐसा कर सकें तो। मगर सब किसान ऐसा नहीं कर सकते, क्योंकि खाद्यान्नों से नकदी फ़सल की ओर जाने के लिए अतिरिक्त निवेश चाहिए। अतिरिक्त पैसा चाहिए। आपको महँगे खाद और बीज चाहिए। यह सभी के लिए सम्भव नहीं है।

घनश्याम शाह का मानना था कि मौजूदा अर्थव्यवस्था में कृषि अपना महत्त्व खो चुकी है। ऐसे में यह सम्भावना है कि किसान ज़मीन बेचकर बाहर जायें और रोज़गार सृजित करें। मगर बड़ा सवाल यह है कि क्या औद्योगिक क्षेत्र में इतना विकास है कि वह सबको समायोजित कर सके। मान लो आज मैं गेहूँ की जगह तम्बाकू की खेती करने लगता हूँ। इससे मुझे ज़्यादा पैसे मिलने लगेंगे मगर ये इतने ज़्यादा नहीं होंगे, जितना कि शहर में एक क्लर्क को मिलते हैं। सामाजिक सुरक्षा किसान को कम है। नकदी फ़सल करने के बाद भी किसान को पर्याप्त आय नहीं मिलती तो वह ज़मीन बेचकर शहर में रोज़गार ढूँढ़ना पसन्द करेगा। मगर उद्योग में क्या हो रहा है। वहाँ जो बड़ा विकास है वह पूँजीगत विकास है, श्रम आधारित विकास की गति वहाँ भी नहीं है। भारत कोई अमेरिका जैसा देश नहीं है, हमारे पास बड़ी जनसंख्या है, जिसे ज़मीन से रोज़गार मिलता है। मगर कृषि देश में लाभदायी नहीं रही है। दूसरी ओर औद्योगिक क्षेत्र भी इतना विकसित नहीं है कि सबको समायोजित कर लें। कृषि छोड़ कर पिछले कई दशकों में काफ़ी लोग औद्योगिक क्षेत्र में शहरों में समायोजित हुए। मगर अब और कितनी गुंजाइश है।

हमारे नेता वैश्वीकरण पर ज़रूरत से ज़्यादा भरोसा कर रहे हैं। उदारीकरण को लेकर पूरी दुनिया में एक जैसी दिक़्क़त है। यह उदारीकरण समाज में ज़्यादा से ज़्यादा असुरक्षा की भावना पैदा करता है। उदारीकरण चूँकि एक वैश्विक धारा है, इसलिए स्थानीय नेता इसकी गति को एक

हद से ज़्यादा प्रभावित नहीं कर सकते। उन्हें इसके साथ बहना पड़ता है। थोड़ा बहुत हेर–फेर कर सकते हैं मगर उससे ज़्यादा नहीं कर सकते है। यह तार्किक नहीं होगा कि आप कहें अमेरिकन उदारीकरण, भारतीय उदारीकरण या रूसी उदारीकरण। उदारीकरण या वैश्वीकरण का मतलब है नीतियाँ। साझा लक्ष्य के लिए आप नीतियों को कमज़ोर नहीं कर सकते। हमेशा पूँजी का अधिपत्य मूल रहता है। अमेरिका और यूरोप में आप देख लें। वहाँ सुरक्षित रोज़गार का सिद्धान्त जा चुका है। चाहे वह श्रमिक के लिए हो या सेवा क्षेत्र के लिए। इतना ही नहीं कई सुविधाएँ जैसे स्वास्थ्य और वृद्धावस्था सुरक्षा की गारण्टी भी कम होती जा रही है। यह लगातार हो रहा है। इससे असुरक्षा की भावना बढ़ रही है। जब सामाजिक सुरक्षा घटती है तो आप सुरक्षा कहाँ ढूँढ़ते हैं। तब व्यक्ति को लगता है कि उसे उसका परिवार सुरक्षा देगा, उसकी जाति सुरक्षा देगी या उसे धर्म से सुरक्षा मिलेगी। अब जो अमेरिका में हुआ है (ब्लैक्स लाइव्स मैटर्स आन्दोलन) उसकी वजह है गौरों में श्रेष्ठता की भावना। वह वैश्वीकरण के साथ और मज़बूत हो रही है।

यूरोप में आप देख लें। जर्मन ही नहीं फ्रांस में भी अब ऐसा हो रहा है। फ्रांस को तो आज़ादी और समानता जैसे विचार का जन्मस्थल माना जाता है (फ्रांसीसी क्रान्ति)। वहाँ भी बाहर के लोगों के प्रति भेदभाव बढ़ गये हैं। ऐसे में समाज आन्दोलित और अशान्त हो जाते हैं। यह सब नया नहीं है। 1970 के बाद पूरी दुनिया में यह चलन बढ़ रहा है। वैश्वीकरण चलेगा, क्योंकि पूरी दुनिया में एक समाज का भाव काम करता रहेगा। (इसलिए अगल–अलग धर्म, नस्ल और जातियों में संघर्ष बढ़ेगा) नवउदारवाद का सिद्धान्त जो लोग दे रहे हैं, वे भी जानते हैं कि समाज में समानता के विचार के लिए यह ख़तरनाक है। इसलिए निजता और आज़ादी का दायरा उदारीकरण के विकास के साथ–साथ काफ़ी सिकुड़ रहा है। आगे क्या रास्ता होगा, कोई नहीं जानता है। इसमें हिन्दुत्व भी आयेगा, नस्लवाद भी आयेगा। ऐसा नहीं है कि यह हिन्दुत्व पर ही रुक जायेगा। हिन्दुत्व के बाद गुजरातवाद आयेगा, ऐसे ही बहुत से वाद क्षेत्रवाद आते जायेंगे। संघर्ष को बढ़ायेंगे और लोगों में असुरक्षा की भावना पैदा करेंगे। वैश्वीकरण का जो सिद्धान्त है असल में जंगली वृत्ति (Wild Instinct) है। सिस्टम फेल हो रहा है। उसका कोई तर्क नहीं है।

एक तरफ वैश्वीकरण की बात हो रही थी तो दूसरी ओर राष्ट्रवाद भी उफान ले रहा था। अन्ना आन्दोलन में तिरंगा राष्ट्रवाद के प्रतीक के तौर पर आया। इसका लाभ भी भाजपा को मिला। भाजपा पहले से राष्ट्रवाद का सिद्धान्त लेकर चल रही थी। दूसरी ओर बाद के आन्दोलनों में चाहे वह सी.ए.ए. और एन.आर.सी. का आन्दोलन हो या किसान आन्दोलन हो उनमें आन्दोलनकारियों ने तिरंगे का इस्तेमाल जवाबी रणनीति के तौर पर किया। उन्होंने तिरंगा उठाकर सरकार को ये बताया कि चाहे वे जो भी हों मगर गद्दार नहीं हैं। इस तरह तिरंगे का मतलब भाजपा के लिए अलग हुआ और जो आन्दोलन कर रहे थे उनके लिए अलग। सभी ने यह बताया है कि देश पहले है। कौन–सा देश किसान का नहीं है?

घनश्याम शाह का यह स्पष्ट मानना था कि किसान आन्दोलन में जो लाल क़िला प्रकरण हुआ, वह आन्दोलन को भटकाने के लिए सरकारी शक्तियों की ओर से प्लांट किया गया। ये शक्तियाँ ऐसा कर सकती थीं, इसमें शंका की गुंजाइश इसलिए भी कम थी, क्योंकि उन्होंने गुजरात में भी ऐसा किया था। सब काम पूर्व नियोजित थे। बहुत से सवाल थे, जो इस ओर इशारा कर रहे थे। किसान झण्डे लेकर कैसे लाल क़िले तक पहुँच गये। गणतन्त्र दिवस पर आपने लाल क़िले पर जो इन्तज़ाम कर रखे थे, वे कुछ सौ या हज़ार किसानों को रोकने में कैसे नाकाम रहे। बड़ा सवाल यह भी था कि लाल क़िले के प्रकरण से लाभ किसे हो रहा था। क्या किसानों को या सरकार को। अन्ना आन्दोलन मध्यमवर्ग का आन्दोलन था। मध्यमवर्ग की सोच सामाजिक बदलाव की नहीं होती, उसकी सोच सिर्फ़ तात्कालिक लाभ पाने की होती है। चाहे वह अन्ना का आन्दोलन हो या जेपी का आन्दोलन या गुजरात का छात्र आन्दोलन हो, ये मध्यमवर्ग के आन्दोलन थे। इस सबका फ़ायदा भाजपा को हुआ।

मध्यमवर्ग के इन आन्दोलन में गुजरात के नव–निर्माण आन्दोलन की शुरुआत मैस की फ़ीस बढ़ने से हुई थी और महँगाई के मुद्दे तक पहुँची थी। महँगाई से फिर यह भ्रष्टाचार पर केन्द्रित हुआ। ऐसा ही अन्ना आन्दोलन में हुआ। क़ीमतें बढ़ रही थीं। उसके लिए आन्दोलन हो रहे थे। फिर भ्रष्टाचार केन्द्र में आ गया। ये चीज़ें मध्यमवर्ग को आकर्षित करती हैं। गुजरात में दो आन्दोलनों से भाजपा का उभार हुआ। पहला नव–निर्माण आन्दोलन था और दूसरा आपातकाल–विरोधी आन्दोलन।

महँगाई तो शुरू से ही मध्यमवर्ग का मुद्दा रहा है। नयी सदी के पहले दोनों दशकों में मध्यमवर्ग की क्रयशक्ति काफ़ी बढ़ी। इसलिए प्याज की क़ीमतों से मध्यमवर्ग के आन्दोलित होने और सरकार हिलने का खेल भी ख़त्म हो गया। 20 रुपये और 100 रुपये के बीच का अन्तर अब मध्यमवर्ग के लिए कोई बहुत ज़्यादा मायने नहीं रखता था। उसके पास इतनी क्रय शक्ति थी कि वो कह सकता था कि ठीक है सौ रुपये किलो हो गयी। मगर तोल दो। दूसरी ओर 70 के दशक में हालत यह थी कि अगर दूध का दाम दो आना भी बढ़ जाता था तो लोग दूध के बूथ लूट लेते थे। उस दौर में पेट्रोल के दाम छह से सात रुपये होता था। मार्च 2021 में यह सौ रुपये के आस–पास हो गया था। मध्यमवर्ग का विजन यह नहीं होता कि हम नया समाज बनायेंगे। उसका विजन सिर्फ़ व्यक्तिगत लाभ होता है। व्यक्तिगत उन्नति होता है। इसी कारण यह मध्यमवर्ग सामाजिक मुद्दों पर सबसे कम प्रतिक्रियावादी होता है। वह ख़ुद से बाहर कुछ देख ही नहीं सकता। वह भावनात्मकरूप से क्रियाशील तो हो सकता है मगर क्रियाशील होने के बाद वह यह ज़रूर सोचेगा कि इससे मुझे क्या फ़ायदा होगा। श्रमिक वर्ग एकजुट रहता था, उसका एक सिद्धान्त रहता है, मगर मध्यमवर्ग के पास कोई सिद्धान्त नहीं है।

शाह के अनुसार मध्यमवर्ग में व्यक्तिगत प्रतियोगिता होती है। इस तरह की नीति में 'सर्वश्रेष्ठ ही जीने योग्य' है का नियम चलता है। मैं दूसरे से आगे जाऊँगा। दूसरे की कोई चिन्ता नहीं करूँगा। चाहे अन्ना हज़ारे का आन्दोलन देखें या गुजरात का नव–निर्माणी आन्दोलन देखें। आदिवासियों का क्या हो रहा है। दबे कुचले वर्ग का क्या हो रहा है, इस पर कोई बात इन लोगों ने नहीं की थी। इन्हें समाज से कोई लेना–देना ही नहीं था। छोटे किसानों का आन्दोलन हो या असंगठित क्षेत्र का आन्दोलन हो। मध्यमवर्ग हमेशा उसकी आलोचना करता है। इनकी सोच सिर्फ़ यह होती है कि मुझे फ़ायदा होना चाहिए। मेरे कामवाले का क्या होता है, मुझे उससे कोई लेना देना नहीं। यह मध्यमवर्ग की सोच है। इस दायरे में मध्यमवर्ग फिट बैठता है। उदारीकरण के साथ मध्यमवर्ग बढ़ा है और मध्यमवर्ग के साथ ही 'मुझे क्या' की प्रवृत्ति बढ़ी। जब आप पूरे समाज की बात करते हैं तो नैतिक मूल्यों की बात करते हैं। गाँधी जी नैतिक मूल्यों की बात करते थे। जेपी भी ऐसी बात करते थे मगर अब नैतिक मूल्यों की बात नहीं होती। अब इसकी जगह स्वार्थ ने ले ली है।

अब राष्ट्रवाद के तहत इस भावना को बढ़ाया गया है कि मैं दूसरे से श्रेष्ठ हूँ। यह भावना मध्यमवर्ग को बहुत आकर्षित करती है। इसलिए मध्यमवर्ग में आपसी प्रतियोगिता तो हो सकती है मगर समाज के हित के लिए किसी आन्दोलन की गुंजाइश नहीं बनती। कुछ लोग सिर्फ़ अपने लाभ के लिए एकजुट हो सकते हैं। किसानों को भी मध्यमवर्ग में लगातार धकेला जा रहा है। किसान ज़मीन बेचकर जब शहर जाता है, जब उसका बेटा कहीं नौकरी करता है तो उसकी सोच भी मध्यवर्ग जैसी व्यक्तिगत हो जाती है। इससे समाज का नुक़सान यह है कि उसमें एकजुटता नहीं रहेगी। एकजुटता ही किसी समाज की ताक़त होती है। अमेरिका में भी जब से मध्यमवर्ग की सत्ता में पकड़ मज़बूत हुई है, वहाँ प्रवासी कामगारों के ख़िलाफ़ आवाज़ें तेज़ हुईं हैं। ये बातें समाज में असुरक्षा की भावना बढ़ाती हैं। गुजरात में भी ऐसा हो रहा है, ग़ैर–गुजरातियों को रोज़गार देने का विरोध होता है। हरियाणा में विधानसभा ने भी ऐसा विधेयक पारित किया जिसमें निजी क्षेत्र में 75 फीसद रोज़गार प्रदेश के लोगों को देना अनिवार्य किया गया। ये बातें देश को मज़बूत नहीं, कमज़ोर करती हैं। जैसे हमने गुजराती गर्व को विकसित किया। अगर सभी राज्य ऐसा करेंगे तो बैकफायर होगा। अगर राष्ट्रवाद क्षेत्रीय गर्व में बदल गया तो जो अस्सी के दशक में असम और पंजाब में हुआ, वैसी दिक़्क़तें खड़ी हो सकती हैं, पर घनश्याम शाह मानते हैं कि ऐसा कभी न हो। जिस तरह की विचारधारा अपनायी जा रही थी, वह समाज के सभी वर्गों को साथ लेकर चलने की नहीं थी। इसमें किसी के लिए शंका की गुंजाइश नहीं थी कि जो लोग प्रभुत्व रखते थे, यह सिर्फ़ उनकी ताक़त बढ़ाने वाली विचारधारा थी। यह समाज का विनाश करने वाली विचारधारा थी और इसके ख़िलाफ़ रास्ता आन्दोलनों से ही सम्भव था। ऐसे आन्दोलन जो सबका साझा लाभ के लक्ष्य को लेकर किये जाते। उत्पादन का लाभ सबको मिलना चाहिए। यह एक वर्ग तक सीमित नहीं होना चाहिए। लाभ सिर्फ़ उद्योगों के लिए ही नहीं, किसानों के लिए भी होना चाहिए। गुजरात की जी.डी.पी. काफ़ी थी मगर यहाँ शिक्षा और स्वास्थ्य का बजट कम था। शिक्षा और स्वास्थ्य के क्षेत्र में राज्य कई पायदान नीचे था। श्रमिक की दिहाड़ी तो बंगाल और महाराष्ट्र से भी कम थी।

वैश्वीकरण के इस दौर में श्रमिक आन्दोलन पूरी दुनिया से ही क़रीब–क़रीब ख़त्म हो गये थे। सिर्फ़ यही नहीं हुआ, बल्कि दुनिया में

लिबरल शब्द का अर्थ भी बदल गया था। पहले यह माना जाता था कि जो लिबरल है, वह समाज के वर्गों के प्रति संवेदनशील होगा मगर वैश्वीकरण के दौर में इसका अर्थ यह नहीं बचा। लिबरल और लेबर लीग के नेताओं ने भी अपने लाभ के लिए समाज के बड़े वर्ग की अनदेखी की। इसलिए वे सत्ता से बाहर हुए। श्रमिक नेताओं ने अपने लाभ के लिए मोलभाव किये। श्रमिकों के हितों से समझौते किये। बड़े उद्योगों में आन्दोलन हो रहे थे, मारुति उद्योग में आन्दोलन हुआ था और जगह भी हो रहे थे। मगर सब जगह नहीं। बड़ी संख्या में उद्योग ग़ैर–नियोजित श्रम से चल रहा था। इस गैर–नियोजित सैक्टर के श्रमिक एकजुट नहीं थे। वे एक दूसरे से बुरी तरह अलग–थलग थे। वे हर दम असुरक्षा के बीच जीते थे। उनका व्यवहार मशीन के पुर्ज़ों जैसा हो गया था।

श्रम बनाम पूँजी का पुराना विचार मशीनीकरण के दौर में पूरी तरह प्रभावहीन हो गया था। तीन दशक पहले तक दो तरह के श्रमिक आन्दोलन दिखते थे। एक बड़े निजी उद्योगों में और दूसरे सार्वजनिक उपक्रमों में हुआ करते थे। उन आन्दोलनों के पीछे यही माँग होती थी कि न्यूनतम वेतन इतना हो, न्यूनतम बोनस इतना होना चाहिए। दोनों ही तरह के आन्दोलन ख़त्म हो गये। सार्वजनिक उपक्रमों के बारे में तो लगता है कि वे तो आन्दोलनों की वजह से ही बिक गये? न्यूनतम वेतन भत्तों की माँग को लेकर बहुत एकजुट आन्दोलन नहीं हुआ। ये आन्दोलन अलग–अलग समय में अलग–अलग उद्योगों में हुए। जिन्हें न्यूनतम वेतन मिल रहा होता है, वे ऐसे आन्दोलन में शामिल नहीं होते थे। भारत में श्रमिक भी मध्यम वर्ग में बदल चुके थे। इसलिए बड़े हित सोचना अब उनके बस का नहीं रह गया था। वे ख़ुद को बचाने के डर से ही जूझ रहे थे। मध्यमवर्ग का सारा ध्यान उपभोग पर था। बड़े उद्योगों का कर्मचारी तो ख़ुद को एरिस्टोक्रेट स्तर का समझने लगा था। वह छोटे उद्योगों के श्रमिकों के हक़ की लड़ाई में शामिल नहीं होना चाहता था। इस तरह श्रम आन्दोलनों का कोई भविष्य नहीं बचा था। असुरक्षित और डरे हुए लोग कितने दिन और कैसे आन्दोलन करेंगे? यूरोप में भी श्रमिक संघों से जुड़ाव नहीं रखता था। भारत में बैंक कर्मियों और एल.आई.सी. की हड़तालें भी टोकन हड़तालें हो गयी थीं ।

बंगाल में कई सालों तक यूनियनें मज़बूत थीं। मगर सन् 2000 के बाद इस प्रकार की चेतना ख़त्म हो गयी। माकपा ने जब वायदा कर लिया

कि नैनो का प्रोजेक्ट करना है तो उसने श्रमिक और किसान संगठनों के हितों से समझौता कर लिया। वर्ग चेतना की बात ऐसी है जो मौजूदा बाज़ार व्यवस्था में लम्बे समय तक चल नहीं सकती। रेलवे वाले हो या बैंक वाले, उनके आन्दोलन सिर्फ़ अपने हित के लिए रहे थे। कभी किसी राजनीतिक दल ने भी उन्हें नहीं बताया कि समाज के प्रति भी उनके उत्तरदायित्व थे। हड़ताल के नाम पर समाज को सुविधाओं से बाधित करना ग़लत था। ऐसे आन्दोलनों से सामाज में भी नाराज़गी बढ़ रही थी। बैंक और रेलवे की हड़तालों से आम लोग प्रभावित होते थे। इसलिए ये समाज का समर्थन नहीं ले सके। होना यह चाहिए था कि आन्दोलन करते समय समाज के बड़े वर्ग को साथ में लिया जाता। सेवाओं को और अच्छा तथा सुचारू किया जाता। ऐसा नहीं किया गया। एल.आई.सी. हो या बी.एस.एन.एल. कर्मियों के काम करने का जैसा तरीका है, उससे इनकी सेवाएँ ले रहे लोगों को भी लगता है कि निजीकरण इनका बेहतर विकल्प है। अपने लिए आन्दोलन करने वाले कर्मचारियों में वर्ग चेतना नहीं थी। कर्मचारियों ने उनकी कभी चिन्ता नहीं की जिन्हें वे सेवा देते थे। वे सिर्फ़ अपने लाभ के लिए हड़तालें करते थे। लार्जर सोसाइटी के प्रति मेरी ज़िम्मेदारी है। यह भावना अब ख़त्म हो चुकी थी। पहले ऐसा नहीं था। केरल में जो आन्दोलन हुए वे सामाजिक बदलाव के लिए थे। सामाजिक बदलाव की जो बात थी वह अर्थतन्त्र और बाज़ारवाद में ख़त्म हो गयी। पहले अगर श्रमिक हड़ताल होती थी तो ट्रांसपोर्ट वाले भी उनके समर्थन में आ जाते थे। अन्य वर्ग के लोग भी साथ आते थे। माकपा ने सत्तर के दशक में जो भूमि–सुधार किये अगले 15 साल में उनका असर ख़त्म हो गया। अब पुरानी तरह के श्रमिक आन्दोलनों का कोई भविष्य नहीं रह गया था। जिस तरह के उद्योग हैं या बाज़ारवाद है, उसने श्रम के क्षेत्र को पहले जैसा संगठित भी नहीं छोड़ा। पूरी दुनिया में बहुसंख्यक की राजनीति (Popular Politics) हो रही थी। भारत भी कोई अपवाद नहीं था।

जल विवादों ने किया था किसानों को आन्दोलित

"पंजाब में सतलुज यमुना लिंक नहर (एस.वाई.एल.), गुजरात में नर्मदा बाँध और दक्षिण का कावेरी जल विवाद ऐसे ही बड़े आन्दोलन हैं, जो लम्बे समय तक चले। उस दौर में कई बड़ी बाँध परियोजनाएँ भी स्वीकृत हुईं, जिनकी वजह से लाखों लोगों को अपना घर और ज़मीन छोड़कर अन्यत्र जाना पड़ा।"

उदारीकरण का दौर शुरू होने से पहले भारत में नदियों के पानी के बँटवारे के लिए विवाद चरम पर थे। इससे सबसे ज़्यादा प्रभावित किसान ही हो रहे थे। देश के वंचित हिस्सों तक पानी पहुँचाने के लिए नहरों का जाल बिछाने और बाँध बनाने के काम शुरू हुए तो तटीय लोगों को उनका हक़ छिनने का डर लगा। वे एकजुट हुए और आन्दोलन किये। पंजाब में सतलुज यमुना लिंक नहर (एस.वाई.एल.), गुजरात में नर्मदा बाँध और दक्षिण का कावेरी जल विवाद ऐसे ही बड़े आन्दोलन हैं, जो लम्बे समय तक चले। उस दौर में कई बड़ी बाँध परियोजनाएँ भी स्वीकृत हुईं, जिनकी वजह से लाखों लोगों को अपना घर और ज़मीन छोड़कर अन्यत्र जाना पड़ा। इस मामले में लेखिका कैथरीन कौफील्ड ने अपनी किताब *मास्टर्स ऑफ इलुजन* में एक जगह टिप्पणी की है कि जिन बाँधों. को पण्डित जवाहर लाल नेहरू आधुनिक भारत का मन्दिर मानते थे, उनकी वजह से 1.1 करोड़ से ज़्यादा भारतीय विस्थापित हुए थे। (Caufield, Catherine (1997). Masters of Illusion: The World Bank and the Poverty of Nations. p. 12.)

ज़ाहिर है कि जब इतनी बड़ी संख्या में ऐसी आबादी जो ग़रीब है, किसान है, आदिवासी है, जंगल और ज़मीन के ही सहारे गुज़र–बसर करती है ,को अपना घर और ज़मीन या जंगल छोड़कर जाना पड़े तो समाज का आन्दोलित होना स्वाभाविक है। ख़ासकर तब जब इनके पुनर्वास और प्रबन्धन की ज़िम्मेदारी सम्भाल रहा समाज की जवाबदेही न हो।

एस.वाई.एल. : किसानों की लड़ाई कम, राजनीति का चूल्हा ज़्यादा

पंजाब का पानी का विवाद काफ़ी जटिल और उलझा हुआ है। यह सिर्फ़ किसानों की लड़ाई नहीं रहा। इसके बहाने आतंकवाद ने खून की होली खेली। नेताओं ने इस पर जमकर राजनीति की। यही वजह है कि यह विवाद आज तक नहीं सुलझा। इसके कई पक्ष हैं। इसकी शुरुआत देश के बँटवारे के साथ ही होती है। सिर्फ़ ज़मीन का ही बँटवारा नहीं हुआ था, बल्कि सिन्धु जल सन्धि के तहत सिन्धु और इसकी सहायक नदियों के पानी का भी बँटवारा भारत और पाकिस्तान के बीच हुआ। इस सन्धि पर कराची में 19 सितम्बर, 1960 को भारतीय प्रधानमन्त्री जवाहरलाल नेहरू और पाकिस्तान के राष्ट्रपति अयूब ख़ान ने हस्ताक्षर किये थे। ("Indus Waters Treaty:India-Pakistan [1960]". Encyclopedia Britannica website)। इस सन्धि के मुताबिक़ तीन पूर्वी नदियों व्यास, रावी और सतलुज का पानी भारत को और पश्चिमी नदियों सिन्धु, चिनाब और झेलम का पानी पाकिस्तान का तय हुआ। भारत में इन तीनों पश्चिमी नदियों से सिर्फ़ तटीय इलाक़ों में सीमित सिंचाई की जा सकती थी।

एक और जहाँ पानी पड़ोसी देश के साथ बाँटा जा रहा था, वहीं देश के अपने राज्यों में जल बँटवारा हो रहा था। 1954 से यह प्रयास शुरू हो गया था कि राज्यों के बीच कोई विवाद न हो। जल का बँटवारा पंजाब, पेप्सू (पटियाला एंड ईस्ट पंजाब यूनियन), राजस्थान और जम्मू–कश्मीर के बीच होना था। हरियाणा तब तक बना नहीं था। भाखड़ा नँगल प्रोजेक्ट के ज़रिये सतलुज के पानी के बँटवारे की कोशिश की गयी जबकि रावी और व्यास नदियों के अतिरिक्त पानी को बँटवारे से पहले की स्थिति में तब रहने दिया। उसके बाद 29 जनवरी, 1955 को पंजाब, पेप्सू, राजस्थान और जम्मू–कश्मीर के बीच इन नदियों के 158.5 लाख एकड़ फिट पानी के बँटवारे को लेकर एक समझौता हुआ। इसके तहत पंजाब को 59 लाख एकड़ फिट, पेप्सू को 13 लाख एकड़ फिट, राजस्थान को 80 लाख एकड़ फुट और जम्मू–कश्मीर बाकी 6.5 लाख एकड़ फिट पानी देना तय हुआ। तब पेप्सू में 8 राजाओं के राज्य शामिल थे। पटियाला इसकी राजधानी थी। इसके अलावा शिमला, चैल, कसौली, कण्डाघाट जैसे इलाक़े इसमें शामिल थे। 1956 में पंजाब और पेप्सू को मिलाकर एक कर दिया गया और पंजाब का पानी में कुल हिस्सा 72 लाख एकड़ फिट हो गया। उसके बाद 1960 में पाकिस्तान से

सिन्धु जल सन्धि हो गयी। अब भारत रावी और व्यास के पानी का इस्तेमाल भी निर्बाध रूप से कर सकता था।

1966 में पंजाब का पुनर्गठन हुआ और हरियाणा अलग राज्य बना। इसके साथ ही पानी के बँटवारे का विवाद और गम्भीर हो गया। हरियाणा ने पंजाब के हिस्से के 72 लाख एकड़ फिट पानी में से 48 लाख एकड़ फिट पानी का अपना हिस्सा माँगा। हरियाणा ने उसे पानी में उसका हिस्सा दिलाने के लिए केन्द्र से हस्तक्षेप की माँग की मगर कोई सुनवाई नहीं हुई। 1976 में जब आपातकाल लागू हुआ तो केन्द्र सरकार ने एक शासकीय आदेश जारी कर पंजाब के पानी को तीन हिस्सों में बाँट दिया। इसके अनुसार पंजाब और हरियाणा को बराबर बराबर 35–35 लाख एकड़ फुट पानी मिलना था और बाकी बचा 2 लाख एकड़ पानी दिल्ली को दिया जाना था। इस पानी को हरियाणा और दिल्ली पहुँचाने के लिए सतलुज–यमुना लिंक नहर (एस.वाई.एल.) के निर्माण का प्रस्ताव दिया गया। पंजाब में शिरोमणि अकाली दल ने केन्द्र के इस प्रस्ताव का विरोध किया। 23 जून, 1977 को पंजाब में प्रकाश सिंह बादल के नेतृत्व में शिअद, जनता पार्टी की गठबन्धन सरकार बनी, जिसे माकपा का बाहर से समर्थन था। शाअद सरकार ने केन्द्र सरकार के फ़ैसले के ख़िलाफ़ सुप्रीम कोर्ट में केस दायर किया और माँग की कि पंजाब, हरियाणा और राजस्थान के बीच पानी का हिस्सा सर्वोच्च अदालत तय करें। हालाँकि मुख्यमन्त्री प्रकाश सिंह बादल की सरकार ने उसी साल नहर के निर्माण के लिए प्रक्रिया शुरू कर दी। मुख्यमन्त्री चौधरी देवी लाल के नेतृत्व वाली हरियाणा सरकार ने इसके लिए पंजाब सरकार को 10 करोड़ रुपये भी दिये थे। इसके बाद ही पंजाब सरकार ने एस.वाई.एल. के लिए ज़मीन अधिग्रहण की अधिसूचना जारी की। हरियाणा के हिस्से में नहर का निर्माण जून 1980 तक पूरा हो गया।

इस दौरान पंजाब में सत्ता परिवर्तन हुआ। दरबारा सिंह के नेतृत्व में कांग्रेस सरकार बनी। तब 31 दिसम्बर, 1981 को पंजाब, हरियाणा और राजस्थान में फिर समझौता हुआ। पंजाब के पानी का हिस्सा बढ़ाकर 42.2 लाख एकड़ फिट और राजस्थान का 86 लाख एकड़ फिट कर दिया गया। इसके बाद सभी राज्यों ने सुप्रीम कोर्ट से अपने केस वापिस ले लिए। इसके बाद 8 अप्रैल, 1982 पंजाब के कपूरी गाँव में तत्कालीन प्रधानमन्त्री इन्दिरा गाँधी ने नहर निर्माण कार्य का शिलान्यास किया।

अक्टूबर 1985 में पंजाब की सत्ता में फिर शिअद की वापिसी हुई। 5 नवम्बर, 1985 को पंजाब सरकार ने ख़ुद को 1981 के समझौते से अलग कर लिया। इसके बाद 2 अप्रैल, 1986 को विवाद हल करने के लिए रावी–व्यास नदी जल ट्रिब्यूनल जिसे इसके अध्यक्ष वी. बालाकृष्ण इराडी के नाम पर इराडी ट्रिब्यूनल के नाम से जाना जाता है, गठित किया गया। 1987 में इराडी ट्रिब्यूनल ने अपना फ़ैसला दिया. इसमें पानी में पंजाब और हरियाणा दोनों का हिस्सा बढ़ाकर क्रमशः 50 लाख एकड़ फिट और 38.3 लाख एकड़ फिट कर दिया गया। इसमें पंजाब को अपने हिस्से का नहर निर्माण कार्य भी पूरा करने के लिए कहा गया। तब सुरजीत सिंह बरनाला के नेतृत्व वाली अकाली दल सरकार ने एक बार फिर नहर के निर्माण का कार्य शुरू करवाया। मगर आतंकवादी वारदात के कारण जल्द ही यह काम फिर रुक गया।

17 मई, 1988 को आतंकवादियों के एक दल ने चण्डीगढ़ से 48 किलोमीटर दूर मज्जत गाँव में एस.वाई.एल. के निर्माण में लगे 31 मज़दूरों की गोलियाँ मार कर हत्या कर दी थी और उनके शवों को जला दिया था। वहाँ काम कर रहे 70 अन्य मज़दूर किसी तरह छुपते–छुपाते खेतों से होकर भाग निकले थे और अपनी जान बचायी थी। अधिकांश मज़दूर ओडिशा और बिहार जैसे राज्यों से थे। इसके बाद नहर निर्माण में लगे मज़दूरों ने उन्हें उनके गाँव वापिस भेजने की गुहार लगायी थी। दूसरी ओर आतंकियों का कहर यहीं नहीं रुका था। 23 जुलाई, 1990 को सिख बन्दूकधारियों ने नहर निर्माण प्रोजेक्ट के दो इंजीनियरों चीफ इंजीनियर एम.एल. सीकरी और सुपरिंटेंडेंट इंजीनियर ए.एस. औलख की हत्या कर दी। (AP, Engineers Working on controversial Canal Project Killed, 23 July, 1990)। 1999 में हरियाणा सरकार ने सुप्रीम कोर्ट में याचिका दायर कर पंजाब को नहर के निर्माण का आदेश देने का वादा दायर किया। वर्ष 2002 में सुप्रीम कोर्ट ने पंजाब सरकार को आदेश दिया कि वह एक साल के भीतर नहर का निर्माण पूरा करें। पंजाब ने ऐसा करने से इनकार कर दिया और पुनर्विचार याचिका दायर की। इस पर सुप्रीम कोर्ट ने केन्द्र सरकार को निर्देश दिया कि वह नहर के निर्माण का काम केन्द्रीय संस्था को दें। इसके बाद 2 जुलाई, 2004 को यह काम पंजाब सरकार के नहरी विभाग से लेकर सेंट्रल पब्लिक वर्क्स विभाग को सौंप दिया गया। मगर 12 जुलाई, 2004 को पंजाब विधान सभा ने

पंजाब टर्मिनेशन ऑफ एग्रीमेंट्स एक्ट–2004 पास कर पड़ोसी राज्यों से अपने सभी जल समझौतों को रद्द कर दिया। उसी साल राष्ट्रपति ने इस विधेयक को विचारार्थ सुप्रीम कोर्ट को भेज दिया।

7 मार्च, 2016 को सुप्रीम कोर्ट ने पंजाब विधान सभा द्वारा पारित विधेयक पर सुनवायी शुरू की तो 15 मार्च, 2016 को पंजाब विधान सभा ने सर्वसम्मति से एक और विधेयक पास कर एस.वाई.एल. के निर्माण के लिए अधिग्रहित ज़मीन को सर्वसम्मति से भू–मालिक किसानों को लौटाने का फ़ैसला किया। तीन दिन बाद 18 मार्च को ही सुप्रीम कोर्ट ने पंजाब सरकार को निर्देश दिया कि वह ज़मीन को लेकर यथा स्थिति बरकरार रखें। इसके साथ ही पंजाब में राजनीतिक विरोध शुरू हो गया। 12 अप्रैल, 2016 को लुधियाना में शिरोमणि अकाली दल ने विशाल प्रदर्शन किया।

10 नवम्बर, 2016 को सुप्रीम कोर्ट ने पंजाब सरकार के 2004 के विधेयक को अवैध करार दिया। इस फ़ैसले के विरोध में 11 नवम्बर, 2016 को पंजाब कांग्रेस के सभी विधायकों ने विधानसभा से इस्तीफ़ा दे दिया। आम आदमी पार्टी ने उसी दिन कपूरी गाँव में अनिश्चितकालीन धरना शुरू कर दिया। 13 नवम्बर को खुइयाँ सरवर गाँव में कांग्रेस ने रैली की और इसमें तत्कालीन कांग्रेस के प्रदेश अध्यक्ष कैप्टन अमरिन्दर सिंह ने घोषणा की कि वह पंजाब का एक बूँद पानी राज्य से बाहर नहीं जाने देंगे। ("Captain at Congress rally: Not a single drop of water will go out of Punjab". *The Indian Express*. 14 November, 2016.)

इस पर 15 नवम्बर को पंजाब के वित्तीय आयुक्त राजस्व के.बी.एस. सिन्धू की ओर से अपने राजस्व अधिकारों का इस्तेमाल करते हुए एस.वाई.एल. की ज़मीन इसके मूल मालिकों को लौटाने का कार्यकारी आदेश पारित किया। इसके अगले दिन पंजाब विधान सभा ने एक और प्रस्ताव पारित कर नदी जल आपूर्ति के लिए ग़ैर–तटीय पड़ोसी राज्यों हरियाणा, राजस्थान और दिल्ली से रॉयल्टी की माँग की। साथ यह भी तय किया गया कि 20 नवम्बर तक सारी अधिसूचित ज़मीन लौटा दी जाये। हालाँकि 30 नवम्बर, 2016 को सुप्रीम कोर्ट ने एक बार फिर पंजाब सरकार को यथास्थिति बनाये रखने का आदेश दिया। ("Supreme Court orders status quo on Sutlej-Yamuna Link Canal land". *Times of India*. 30 November, 2016)। साथ ही केन्द्रीय गृहसचिव, पंजाब के मुख्य सचिव और पुलिस महानिदेशक को रिसीवर नियुक्त कर 15 दिसम्बर तक

ज़मीन और अन्य सम्पत्ति की स्टेटस रिपोर्ट माँगी। एस.वाई.एल. के इस विवाद पर 23 नवम्बर, 2016 को कैप्टन अमरिन्दर सिंह ने लोकसभा की सदस्यता से इस्तीफ़ा दे दिया। 28 नवम्बर को पंजाब सरकार के मन्त्रियों का एक प्रतिनिधिमण्डल भी राष्ट्रपति से मिला और तटीय राज्य के जल अधिकार की रक्षा की माँग की।

22 फ़रवरी, 2017 को सुप्रीम कोर्ट ने फ़ैसला दिया कि पंजाब सरकार को एस.वाई.एल. के निर्माण के उसके फ़ैसले का पालन करना होगा, अगर पंजाब और हरियाणा की सरकारें इस बारे में किसी समझौते पर नहीं पहुँचती तो उसे डिक्री जारी करनी होगी।

2017 में जनवरी के दूसरे सप्ताह में हरियाणा के प्रमुख राजनैतिक दल इंडियन नैशनल लोकदल (इनेलो) ने घोषणा कर दी थी कि उसके कार्यकर्ता 23 फ़रवरी, 2017 से खुद जाकर नहर खोदेंगे। 23 फ़रवरी को बड़ी संख्या में इनेलो के कार्यकर्ताओं ने पंजाब में घुसकर नहर खोदने की कोशिश की। पंजाब पुलिस ने निषेधाज्ञा के उल्लंघन पर इनेलो के 70 से अधिक नेताओं को गिरफ़्तार किया। हरियाणा का दावा था कि वह भी तटीय राज्य है क्योंकि सतलुज की एक सहायक नदी सिरसा नदी राज्य के उत्तरी–पश्चिमी भाग से बहती हुई सतलुज में गिरती है।

इस तरह सतलुज लिंक नहर विवाद सुलझ नहीं सका। इस विवाद को इतना ज़्यादा उलझाया गया कि यह किसानों की लड़ाई न रहकर राजनीति का चूल्हा हो गया। जब–जब पंजाब में चुनाव होते हैं, सभी राजनीतिक दल सबसे पहले इसी चूल्हे को सुलगाते हैं और वोट की रोटियाँ सैंकने की कोशिश करते हैं।

नर्मदा बचाओ आन्दोलन : घर और ज़मीन गँवायी, हक़ के लिए लड़ना भी पड़ा

'नर्मदा बचाओ, मानव बचाओ' यह नर्मदा आन्दोलन का नारा था। असल में यह एक सामाजिक आन्दोलन था जिसमें नर्मदा घाटी के आदिवासी, किसान, पर्यावरणविद और मानवाधिकार कार्यकर्ता शामिल थे। इस आन्दोलन का उद्देश्य नर्मदा नदी पर बनने वाले बड़े बाँध सरदार सरोवर बाँध का विरोध करना था। नर्मदा नदी गुजरात, मध्य प्रदेश और महाराष्ट्र से होकर बहती थी। बाँध गुजरात में बन रहा था और इसके

ज़रिये तीनों राज्यों को बिजली और सिंचाई और पीने के लिए पानी उपलब्ध कराया जाना था। इस आन्दोलन के प्रमुख प्रवक्ता सामाजिक कार्यकर्ता मेधा पाटकर और बाबा आम्टे थे। इस आन्दोलन को फ़िल्मी हस्तियों और कलाकारों का भी ख़ूब समर्थन मिला था।

इस विशाल बाँध के निर्माण से बड़ी संख्या में किसान ग्रामीण और आदिवासी विस्थापित हुए। इस वजह से डैम के विरोध में कई छोटे–बड़े संगठन भी बन गये थे। इनमें गुजरात का नमर्दा असरग्रस्था समिति, मध्य प्रदेश में नर्मदा घाटी नव–निर्माण समिति और महाराष्ट्र की नर्मदा धारांग्रस्था समिति भी शामिल थी, जिनका मुख्य उद्देश्य विस्थापितों के लिए पुनर्वास की सही योजना बनवाना था। नर्मदा बचाओ आन्दोलन से भी अनेक एन.जी.ओ., स्थानीय लोग, व्यवसायी और कार्यकर्ता जुड़े थे और उनका पूरा ज़ोर आन्दोलन को अहिंसक तरीक़े से चलाने पर था। राष्ट्रीय स्तर पर एक महिला (मेधा पाटकर) इस आन्दोलन का नेतृत्व कर रही थी। 'विकास चाहिए, विनाश नहीं' और 'कोई नहीं हटेगा, बाँध नहीं बनेगा' इसके मुख्य नारे थे।

नर्मदा नदी पर सरदार सरोवर बाँध परियोजना का शिलान्यास 5 अप्रैल, 1961 में पण्डित जवाहरलाल नेहरू ने किया था। मगर तब सम्बन्धित राज्यों गुजरात, मध्य प्रदेश, महाराष्ट्र और राजस्थान के बीच जल बँटवारे पर कोई सहमति नहीं बन पायी थी। इस पर 1969 में सरकार ने नर्मदा जल विवाद न्यायधिकरण का गठन किया। इसमें दस साल तक विचार हुआ और 12 दिसम्बर, 1979 में न्यायधिकरण ने सर्वसम्मति से फ़ैसला किया। इसके बाद नर्मदा घाटी परियोजना पर काम शुरू हुआ। इस परियोजना के तहत नर्मदा और उसकी सहायक 41 नदियों पर दो बड़े बाँध, जिनमें गुजरात का सरदार सरोवर बाँध और मध्य प्रदेश का नर्मदा सागर बाँध, 28 मध्यम बाँध तथा 3000 छोटी जल परियोजनाओं का निर्माण शामिल था। इसके बाद विश्व बैंक ने इस परियोजना को सिंचाई और जल विद्युत उत्पादन के लिए 20 करोड़ डॉलर का ऋण मंजूर किया। (Narmada dam development project Washington DC: World Bank. 6 February, 1985.)

योजना के अनुसार इससे 2.27 करोड़ हैक्टेयर ज़मीन को सिंचाई की सुविधा, तीनों राज्यों में बड़ी आबादी को पेयजल और बिजली निर्माण होना था। इस योजना के तहत बड़े पैमाने पर विस्थापन भी हुआ।

योजना के समय अनुमान लगाया गया कि इससे बनने वाले बाँधों में 37,000 हैक्टेयर भूमि जलमग्न हो जायेगी। इसमें 13,000 हेक्टेयर ज़मीन वन्य भूमि थी। 248 गाँवों के लोगों को विस्थापित किया जाना था। जिसमें क़रीब 2.5 लाख लोग विस्थापित हुए। इनमें 58 प्रतिशत लोग आदिवासी क्षेत्र से थे। अप्रैल 1987 में सरदार सरोवर बाँध परियोजना का निर्माण शुरू हुआ।

इतने बड़े विस्थापन की वजह से इस परियोजना के ख़िलाफ़ एक जन–आन्दोलन खड़ा हो गया। 1980 में जनजातियों के अधिकारों के लिए काम करने वाले एनजीओ अंक वाहनी के नेता अनिल पटेल ने अदालती लड़ाई शुरू की और सात साल तक सुप्रीम कोर्ट तक इसे लड़ा। सुप्रीम कोर्ट के आदेश पर 1987 में गुजरात सरकार ने एक पुनर्वास नीति घोषित की।

इसके बाद आन्दोलन का दूसरा चरण शुरू हुआ। सरकार की पुनर्वास नीतियों के क्रियान्वयन से कई खामियाँ थी। इनके ख़िलाफ़ 1989 में मेधा पाटकर ने नर्मदा बचाओ आन्दोलन शुरू किया। शुरू में आन्दोलन का उद्देश्य बाँध का निर्माण रुकवाकर पर्यावरण विनाश तथा लोगों के विस्थापन को रोकना था। बाद में आन्दोलन विस्थापित लोगों को दी जा रही राहत की निगरानी करने लगा और खामियों को लेकर अदालत का दरवाज़ा खटखटाना भी शुरू कर दिया। आन्दोलन में यह भी नारा दिया गया कि जिन लोगों की ज़मीन ली जा रही है उन्हें न केवल उचित भुगतान दिया जाये बल्कि परियोजना के लाभों में भी भागीदार बनाया जाये।

सितम्बर 1989 को मध्य प्रदेश के हारसूद में नर्मदा आन्दोलनकारियों की एक आम सभा हुई, जिसमें 200 से अधिक गैर–सरकारी संगठनों से जुड़े 45 हज़ार से ज़्यादा लोगों ने हिस्सा लिया। इनमें समाज सेवियों, पर्यावरणविदों, छात्रों, महिलाओं, आदिवासियों, किसानों तथा मानवाधिकार कार्यकर्ताओं के समूह शामिल थे। इस तरह पहली बार नर्मदा विस्थापितों का सवाल राष्ट्रीय मुद्दा बने। इसी हारसूद सम्मेलन में बाँध को 'विनाशकारी विकास' का नाम दिया गया। दिसम्बर 1990 को नर्मदा बचाओ आन्दोलन की ओर से एक संघर्ष यात्रा निकाली गयी। यह मध्य प्रदेश के राजघाट से शुरू होकर गुजरात तक थी। इस तरह जनभावनाओं को देखते हुए 1991 में विश्व बैंक ने बाँध की समीक्षा के लिए एक निष्पक्ष आयोग का गठन किया। आयोग ने बताया कि परियोजना पर काम विश्व बैंक और

भारत सरकार की नीतियों के अनुरूप नहीं हो रहा, इसके बाद 1994 में विश्वबैंक ने इस परियोजना से अपने हाथ खींच लिए। मगर राज्य सरकार ने निर्माण जारी रखने का निर्णय किया। नर्मदा बचाओ आन्दोलन ने इसके ख़िलाफ़ सुप्रीम कोर्ट में याचिका दायर की। 1995 में सुप्रीम कोर्ट ने सरकार को आदेश दिया कि बाँध के बाकी कार्य तब तक रोक दिये जायें जब तक कि विस्थापित हो चुके लोगों के पुनर्वास का प्रबन्ध नहीं हो जाता। 18 अक्टूबर, 2000 को सुप्रीम कोर्ट ने बाँध का कार्य फिर शुरू करने और इसकी ऊँचाई 90 मीटर तक बनाने और फिर उसे 138 मीटर तक बढ़ाने की मन्ज़ूरी दे दी। न्यायालय ने यह भी कहा कि विस्थापितों को जहाँ भी पुनर्वासित किया जाये वहाँ 500 व्यक्तियों पर एक प्राइमरी स्कूल, एक पंचायत घर, एक चिकित्सालय, पानी तथा बिजली की व्यवस्था व धार्मिक स्थल अवश्य होना चाहिए।

अप्रैल 2006 में नर्मदा बचाओ आन्दोलन एक बार फिर तब तेज़ हुआ जब बाँध की ऊँचाई 110 मीटर से बढ़ाकर 122 मीटर तक ले जाने का निर्णय किया गया। मेधा पाटकर ने अनशन शुरू किया। 17 अप्रैल, 2006 को नर्मदा बचाओ आन्दोलन की याचिका पर उच्चतम न्यायालय ने राज्य सरकारों को चेतावनी दी कि यदि विस्थापितों का उचित पुनर्वास नहीं हुआ तो बाँध का आगे का निर्माण कार्य रोक दिया जायेगा।

तमाम विरोधों के बावज़ूद नर्मदा पर बाँध तैयार हुए और 17 सितम्बर, 2017 को प्रधानमन्त्री ने सरदार सरोवर बाँध का लोकार्पण किया। इस दिन बाँध के फ्लडगेट खोल दिये गये।

प्रसिद्ध समाजशास्त्री घनश्याम शाह नर्मदा आन्दोलन के सामाजिक और आर्थिक पहलुओं को अलग नज़रिये से देखते हैं। अमदाबाद में लेखक से बातचीत में उन्होंने इसके इन पहलुओं पर विस्तार से रोशनी डाली। उनके अनुसार गुजरात में नर्मदा को बचाने के लिए आन्दोलन चला। वहाँ भी दो चीज़ें थीं। कुछ लोगों की ज़मीन बाँध निर्माण में डूब रही थी और बाकी को लग रहा था कि पानी मिलेगा। बाँध निर्माण की वजह से विस्थापित हुए काफ़ी लोगों को आज भी मध्य प्रदेश और महाराष्ट्र में ज़मीन नहीं मिली। अब जब नर्मदा के पानी का डायवर्ज़न उद्योग क्षेत्र को हुआ तो कुछ लोग अवश्य बोलते हैं, मगर यह कोई बड़ा मुद्दा नहीं बना। मगर जब यह डैम बन रहा था तो सबका सपना यही था कि सबको पीने का पानी मिलेगा। सिंचाई अच्छी होगी। इसमें कोई अलग राय नहीं है

कि सिंचाई सुविधा भी अच्छी हुई मगर बड़ी संख्या में वे किसान जिनकी ज़मीनें गयीं। वे इसका लाभ उठाने के लिए अब वहाँ नहीं हैं। उन्हें विस्थापित होना पड़ा। अमदाबाद से नीचे के किसानों के पास तो पहले से ही सिंचाई की सुविधा थी मगर अमदाबाद और सौराष्ट्र के लोगों को दिक़्क़त थी। वहाँ काफ़ी सूखा क्षेत्र था। इनको नर्मदा बाँध से काफ़ी फ़ायदा हुआ। कृषि उत्पादन बढ़ा इसमें कोई शक नहीं है। मगर इसके साथ–साथ जो लगता है, वह सवाल जनजातियों का है। उनकी चिन्ता किसी ने नहीं की। पानी आने के बाद सूखे क्षेत्र प्राथमिकता पर रहे। मगर बहुत से जनजातीय इलाक़ों में पीने का पानी अभी तक नहीं पहुँचा है। हर चुनाव में उन्हें लगता है कि इस बार पानी आ जायेगा। मगर समस्या ज्यों की त्यों है। वहाँ चुनाव के समय टैंकर भेज दिये जाते हैं। किसानों को भी इस पानी का उतना फ़ायदा नहीं हुआ, जितना उद्योग क्षेत्र को हुआ। पानी की दरें भी कृषि क्षेत्र के लिए ऊँची हैं और उद्योग के लिए कम। इस भेदभाव के लिए कोई नहीं बोलता, क्योंकि जो मझौले और बड़े किसान हैं, उनके हित भी उद्योगों से जुड़े हैं। मगर सीमान्त और छोटे किसानों को ज़्यादा फ़ायदा नहीं हुआ। गुजरात में 95 प्रतिशत किसान अपनी ज़मीनें बेच देना चाहते हैं। क्योंकि खेती में कोई लाभ नहीं है। वे जितना निवेश करते हैं उसका कोई लाभ नहीं मिलता। छोटे किसानों के लिए खेती दूसरी वरीयता है, वे शहर में जाकर काम करना ज़्यादा पसन्द करते हैं। इस तरह नर्मदा का पानी आने के बाद भी छोटे और सीमान्त किसानों की हालत में कोई सुधार नहीं आया। दूसरी ओर मझौले और बड़े किसानों ने बाग़ भी लगाये। नर्मदा आन्दोलन छोटे किसानों का आन्दोलन तो था ही नहीं। छोटे किसान तो सिर्फ़ उसे देख रहे थे। उन्हें तो बस यही लगता था कि पीने का पानी मिलेगा। सिंचाई को पानी मिलेगा तो फ़ायदा होगा। नर्मदा का काफ़ी पानी उद्योगों के लिए शहरों में पहुँचाने की जो रुचि दिखायी गयी, उतनी तेज़ी से पानी को अन्तिम छोर के गाँवों तक पहुँचाने में रुचि नहीं दिखायी गयी। जितनी तेज़ी *रिवर फ्रंट व्यू* बनाने में दिखायी गयी, उतनी नहरों से आगे नाले निकाल कर सूखे इलाक़ों तक पहुँचने में नहीं दिखायी गयी। कच्छ के काफ़ी लोगों तक अभी पानी नहीं पहुँचा है।

कावेरी जल विवाद

तमिलनाडु और कर्नाटक के बीच नदी जल को लेकर यह एक बड़ा विवाद है, जिसकी जड़ें आज़ादी से भी डेढ़ सौ साल पहले की हैं। तमिलनाडु तब मद्रास प्रेजिडेंसी में था और कर्नाटक किंगडम ऑफ मैसूर का हिस्सा था। 802 किलोमीटर लम्बी कावेरी नदी इन दोनों ही राज्यों से होकर बहती है, जिसका 44 हज़ार वर्ग किलोमीटर का नदी घाटी क्षेत्र तमिलनाडु में और 32 हज़ार वर्ग किलोमीटर का कर्नाटक में माना जाता है। विवाद की वजह मद्रास प्रेजिडेंसी और मैसूर साम्राज्य के बीच 1892 और 1924 में हुए दो समझौते हैं। कर्नाटक का कहना है कि आज़ादी से पहले के ये दोनों समझौते मद्रास प्रेजिडेंसी (तमिलनाडु) के पक्ष में हैं और उसे उसके हिस्से का ज़्यादा पानी मिलना चाहिए, क्योंकि नदी में जल का ज़्यादा प्रवाह उसके हिस्से में है। यह तमिलनाडु के प्रवाह के दोगुने से कुछ ही कम है। दूसरी ओर तमिलनाडु का कहना है कि नदी जल से ही उसके यहाँ 3 लाख एकड़ क्षेत्र विकसित हुआ है और यह पूरी तरह कावेरी नदी के पानी पर ही निर्भर है। इसलिए जल प्रवाह में कोई भी बदलाव राज्य के लाखों लोगों और किसानों के जीवन को बुरी तरह प्रभावित करेगा। हालाँकि बाद में कुर्ग क्षेत्र जो कि मद्रास प्रेजिडेंसी का हिस्सा था, को भी बाद में कर्नाटक में मिला दिया गया, मगर उसके हिस्से का भी पानी नहीं दिया गया। कुर्ग को समझौते में शामिल ही नहीं किया गया। हालाँकि नदी वहाँ से भी होकर बहती है।

स्वतन्त्रता के बाद भी इस मुद्दे पर दोनों राज्यों के बीच दशकों तक बातचीत चलती रही। 2 जून, 1990 को केन्द्र की वी.पी. सिंह सरकार ने इस विवाद को सुलझाने के लिए तीन सदस्यीय ट्रिब्यूनल का गठन किया। इस ट्रिब्यूनल ने 16 साल तक दोनों पक्षों को सुना और उसके बाद 5 फ़रवरी, 2007 को उसने अपना फ़ैसला सुनाया। ट्रिब्यूनल के फ़ैसले के अनुसार 419 हज़ार क्यूबिक फिट पानी तमिलनाडु को ओर 282 हज़ार क्यूबिक फिट पानी कर्नाटक के बीच बँटना तय किया गया। इसके अलावा कावेरी के पानी में से 30 हज़ार क्यूबिक फिट केरल और 7 हज़ार क्यूबिक फिट पुड्डुचेरी को दिया जाना था। कर्नाटक को आदेश दिया गया कि वह सामान्य वर्ष में जून से मई तक 192 हज़ार क्यूबिक फिट पानी तमिलनाडु के लिए छोड़े। "Cauvery Water Disputes Tribunal report". Archived on 25 June, 2014)

मगर ट्रिब्यूनल के इस फ़ैसले से विवाद सुलझा नहीं। बल्कि दोनों राज्यों कई हिस्सों में इसके ख़िलाफ़ हिंसक प्रतिक्रिया हुई। हिंसा के डर से बेंगलुरु में रह रहे हज़ारों तमिल परिवार शहर छोड़कर चले गये। बेंगलुरू के उन हिस्सों में यह हिंसा हुई जहाँ तमिल समुदाय के लोग ज़्यादा थे। यह हिंसा क़रीब एक महीने तक चली और इस दौरान बेंगलुरू के अधिकांश शिक्षण संस्थान बन्द रहे।

राज्यों ने इसकी समीक्षा के लिए याचिकाएँ दायर कीं। 10 मई, 2013 को तमिलनाडु की ओर से विशेष अवकाश याचिका (एस.एल.पी.) दायर कर माँग की गयी कि वह केन्द्र सरकार को एक अन्तरिम निगरानी समिति बनाने का आदेश दे, जो कावेरी प्रबन्धन बोर्ड का गठन होने तक कावेरी ट्रिब्यूनल के आदेश का पालन कराये। केन्द्र सरकार ने 22 मई, 2013 को एक सुपरवाइजरी कमेटी का गठन किया। अन्ततः 16 फ़रवरी, 2018 को सुप्रीम कोर्ट ने इस मामले में अपना फ़ैसला सुनाया और तमिलनाडु का हिस्सा घटाकर 14.75 हज़ार क्यूबिक मीटर कर दिया और कर्नाटक को अब अगले 15 साल में सिर्फ़ 177 हज़ार क्यूबिक मीटर पानी ही तमिलनाडु के लिए छोड़ना था।

यह दशकों के अन्याय के ख़िलाफ़ गुस्सा था

"इस पर काफ़ी चर्चा हो रही है कि अगर शत–प्रतिशत किसानों को सब्सिडी दी जाये तो कई लाख करोड़ रुपये की ज़रूरत होगी। इस तरह के आँकड़े सिर्फ़ लोगों को डराने के लिए इस्तेमाल किये जाते हैं। कोई गुणाभाग करके नहीं देखना चाहता। उन्हें जो बताओगे, वे मान लेंगे। यह बताया जाये कि खेती में लगी एक बड़ी जनसंख्या को हम पीढ़ी–दर–पीढ़ी क्या ग़रीब ही रखना चाहते हैं। इससे स्पष्ट होता है कि हमारे इन अर्थशास्त्रियों और कृषि वैज्ञानिकों को इस बड़ी जनसंख्या की कोई फ़िक्र ही नहीं है।"

किसान आन्दोलन को देश में एक अलग नज़रिये से भी देखा जा रहा था। कुछ कृषि वैज्ञानिकों का भी यह मानना था कि देश में औद्योगीकरण की अन्धी दौड़ में किसानों के मसलों की घोर उपेक्षा दशकों से होती आ रही थी। इस उपेक्षा की वजह से न सिर्फ़ कृषि क्षेत्र में पलायन बढ़ा बल्कि कृषक समाज में व्यवस्था के प्रति आक्रोश भी इकट्ठा हो रहा था, जो तीन कृषि क़ानूनों के बहाने फूट कर सामने आ गया।

किसानों के हालात को लेकर कृषि वैज्ञानिक डॉ. देविन्दर शर्मा तीन दशकों से भी ज़्यादा समय से काम करते रहे हैं। किसान आन्दोलन को लेकर कई बार इस लेखक से उनसे रिकार्डेड बातचीत हुई। उनका मानना रहा है कि किसानों से जो अन्याय दशकों से होता आ रहा है, उसका गुस्सा ही तीन कृषि क़ानूनों के विरोध के रूप में अब प्रकट हो रहा है। यह विरोध चार पाँच दशक की उसकी पीड़ा को प्रकट करता है। किसान को भी सुनिश्चित आय चाहिए। सरकारों को भी इस पर विचार करना होगा कि किसान क्यों सुनिश्चित आय चाहता है। अगर सरकार क़ानून संशोधन में किसानों की सुनिश्चित आय का प्रावधान करे तो शायद किसान का गुस्सा कुछ कम हो जाये। किसानों की माँग है कि ए.पी.एम.सी. की मण्डियाँ चलती रहें और किसानों को न्यूनतम समर्थन मूल्य (एम.एस.पी.) मिलता रहे।

यह सोचने वाली बात है कि किसान एम.एस.पी. पर इतना ज़ोर क्यों दे रहे हैं, क्योंकि एम.एस.पी. ही एक रास्ता है जिसमें किसान की एक सुनिश्चित आय का आश्वासन मौजूद है। इसलिए जब वे ए.पी.एम.सी. मण्डियों को बहाल रखने और एम.एस.पी. की माँग करते हैं तो यह आय सुनिश्चित करने वाली व्यवस्था को क़ायम रखने की ही माँग करते हैं। 2020 के धान के सीजन में पंजाब में तीस से चालीस लाख टन धान बिहार और यूपी से आया है। ऐसा करने वालों के ख़िलाफ़ बड़ी संख्या में एफ.आई.आर. भी दर्ज़ की गयी हैं। वहाँ से धान क्यों आ रहा है? इसकी वजह है कि यू.पी. और बिहार में किसान को धान की क़ीमत 800 से 1200 रुपये प्रति क्विन्टल मिल रही है, जबकि पंजाब और हरियाणा में एम.एस.पी. पर यह धान 1888 रुपये तक बिक रहा है। अगर ए.पी.एम.सी. की मण्डियाँ और एम.एस.पी. ख़त्म हो जाती है तो जो हाल उत्तर प्रदेश और बिहार के किसानों का है, वही हाल पंजाब के किसानों का हो जायेगा। इसलिए पंजाब के किसानों का जो गुस्सा है, उसे समझने की ज़रूरत है।

डॉ. देविन्दर शर्मा के अनुसार इसका मतलब था कि जो सिस्टम जैसा है, वैसे ही बरक़रार रहेगा। 2015 में आयी शान्ता कुमार कमेटी की रिपोर्ट बताती है कि 94 प्रतिशत किसानों को देश में एम.एस.पी. नहीं मिलता। सरकार के अपने पोर्टल डाटा के अनुसार 2020 में अक्टूबर और नवम्बर के ही महीनों में किसानों ने देश में अपनी जितनी फ़सल बेची, उस पर उन्हें एम.एस.पी. पर बिक्री की तुलना में कुल 1900 करोड़ रुपये कम मिले। अगर यह सारी फ़सल एम.एस.पी. पर बिकती तो किसानों के पास 1900 करोड़ रुपये और जाते। इस दो महीने के नुक़सान से हम अन्दाज़ा लगा सकते हैं कि किसान हर साल कितना नुक़सान सहता है। अब किसान सरकार से ये आश्वासन माँग रहे हैं कि सिर्फ़ छह प्रतिशत किसानों को ही एम.एस.पी. क्यों? क्यों नहीं शत–प्रतिशत किसानों को यह अधिकार मिले। अगर किसान कह रहे हैं कि देश के सभी किसानों को एम.एस.पी. के दायरे में लाया जाये तो इसमें क्या ग़लत है। यही किसान माँग रहे हैं। इस पर काफ़ी चर्चा हो रही है कि अगर शत प्रतिशत किसानों को सब्सिडी दी जाये तो कई लाख करोड़ रुपये की ज़रूरत होगी। इस तरह के आँकड़े सिर्फ़ लोगों को डराने के लिए इस्तेमाल किये जाते हैं। कोई गुणाभाग करके नहीं देखना चाहता। उन्हें जो बताओगे, वे मान लेंगे। यह बताया जाये कि खेती में लगी एक बड़ी जनसंख्या को हम

पीढ़ी–दर–पीढ़ी क्या ग़रीब ही रखना चाहते हैं। इससे स्पष्ट होता है कि हमारे इन अर्थशास्त्रियों और कृषि वैज्ञानिकों को इस बड़ी जनसंख्या की कोई फ़िक्र ही नहीं है। क्यों नहीं वे एक रास्ता बनाते, जिससे किसान भी आर्थिक विकास का हिस्सा बनें। जब कॉर्पोरेट घरानों के लिए एन.पी.ए. माफ़ कर दिये जाते हैं, अरबों के पैकेज घोषित किये जाते हैं तो कोई अर्थशास्त्री सवाल नहीं उठाता कि इतना पैसा कहाँ से आयेगा। दूसरी ओर जब किसानों का कर्ज़ माफ किया जाता है तो इसे ऋण के अनुशासन को तोड़ना बताया जाता है। कहा जाता है कि इससे बैलेंस शीट गड़बड़ा जाती है। सवाल उठाने वाले वही लोग हैं जो चाहते हैं कि किसान उसी हालत में रहे, जिसके फटे जूते हों, गन्दा धोती कुर्ता हो।

2009 में वैश्विक मन्दी के समय कॉर्पोरेट घरानों को 11 लाख करोड़ का एक पैकेज दिया गया था। यह एक या दो साल के लिए होना चाहिए था मगर आज आठ साल से चलता आ रहा है। किसी ने आज तक नहीं पूछा कि यह पैसा कहाँ से आ रहा है और क्यों दिया जा रहा है। (किसानों को एश्योर्ड इनकम मिलना ही आन्दोलन का हल, *नवोदय टाइम्स वीडियो*, 10 दिसम्बर, 2020)

डॉ. देविन्दर शर्मा इस बात पर भी ज़ोर देते हैं कि जिस देश में कई करोड़ लोग रोज़ भूखे सोते हैं, उस देश में हम निर्यात की चिन्ता क्यों करते हैं। क्या हमें सिर्फ़ कॉर्पोरेट जगत के हित देखने हैं। हमें उन भूखे सोने वालों की कोई चिन्ता नहीं है। सबसे पहले कृषि उपज एक्सपोर्ट की नहीं, अपने ही देश के सभी लोगों को भोजन उपलब्ध कराने की बात होनी चाहिए। जहाँ तक निर्यात की बात है तो उसमें यह ध्यान देना होगा कि दुनिया के कोई भी निर्यात प्रतियोगितात्मक नहीं हैं। अमेरिकी संस्था *इंस्टीट्यूट ऑफ एग्रीकल्चर एंड पेड पॉलिसीज* के अध्ययनों को देखा जाये। इनका निष्कर्ष है कि अमेरिका अपनी फसलों की निर्यात क़ीमत कम रखने के लिए बड़े पैमाने पर सब्सिडी देता है। असल में निर्यात क़ीमतें डंपिंग प्राइस हैं। अमेरिका में गेहूँ का निर्यात लागत से भी 40 प्रतिशत कम क़ीमत पर किया जाता है। उसका यह निर्यात 40 प्रतिशत ग्रीन बॉक्स सब्सिडी पर टिका है। डब्ल्यू.टी.ओ. में यह सामने आ चुका है कि अगर अमीर देशों में दी जा रही ग्रीन बॉक्स सब्सिडी हटा दी जाये तो उनके लिए निर्यात में टिके रहना मुश्किल होगा। हमारे अर्थशास्त्रियों के लिए यह समझना ज़रूरी है कि जिस मॉडल को वे आदर्श मान रहे हैं,

वह ख़ुद भारी भरकम सब्सिडी पर टिका है। इसलिए भारत में ए.पी.एम.सी. की मण्डियों को दुरुस्त करना ज़रूरी है। छोटा आढ़तिया शोषण करता है तो क्या बड़ा व्यापारी शोषण नहीं करता। इसकी बात कोई नहीं करता। इसलिए हल यह नहीं है कि छोटे ट्रेडर को निकालकर आप बड़ा ट्रेडर ले आयें। ऐसा तो दुनिया में कहीं नहीं हुआ। केन्द्र सरकार ने कहा है कि एम.एस.पी. मण्डियों में राज्य सरकारें सुधार कर सकती हैं। मगर क़ानून आपने ख़ुद बदला, उससे पहले आप अध्यादेश भी ले आये और अब आप राज्य के ऊपर ज़िम्मेदारी डाल रहे हैं। जिस तरीक़े से आप क़ानून लाये उसी क़ानून में ये प्रावधान करने चाहिए थे कि ए.पी.एम.सी. को कैसे बढ़ावा दिया जाये, कैसे टैक्स लगाया जाये। राज्यों पर इसे क्यों छोड़ रहे हैं।

देश में कुल 7000 के आस–पास ए.पी.एम.सी. मण्डियाँ हैं। इनमें अधिकतर पंजाब और हरियाणा में हैं। सरकार अब जो संशोधन प्रस्ताव दे रही है, वह पंजाब और हरियाणा के लिए ही है, बाक़ी देश तो फिर वैसे–का–वैसा ही रह जायेगा। वहाँ सुधार क्यों नहीं। सुधार का मतलब निजीकरण ही है। इस भ्रम से हमें निकलना होगा। प्राइवेट मण्डियाँ भी किसी नियामक के अधीन हों। वे भी उसी क़ानून से चलें, जिससे ए.पी.एम.सी. की मण्डियाँ चलती हैं, तब तो प्रतियोगिता होगी और यह किसान के लिए अच्छा होगा। मगर एक मण्डी को आप खुला आसमान दे दें और दूसरी को कई नियमों में बाँध दें तो क्या प्रतियोगिता रह जायेगी। अब पूरे देश में केन्द्र को ही मण्डियों के लिए एक ही क़ानून बनाना चाहिए। अब इन्हें राज्यों पर नहीं छोड़ा जाना चाहिए। (किसानों को *एश्योर्ड इनकम* मिलना ही आन्दोलन का हल, पंजाब केसरी वीडियो, 10 दिसम्बर, 2020)

लाल क़िले पर लुटा लोकतन्त्र

"सबसे शर्मनाक दृश्य लाल क़िले पर दिखायी दिया। दोपहर एक बजे के क़रीब किसानों के हाथों में तिरंगा, किसान यूनियनों के झण्डे और निशान साहिब था। लाल क़िले के सामने उस पोल पर, जहाँ हर 15 अगस्त को प्रधानमन्त्री तिरंगा फहराते हैं, एक युवक ने चढ़कर निशान साहिब और किसान यूनियन का झण्डा फहरा दिया। भीड़ क़िले के कंगूरों पर चढ़ गयी और वहाँ भी तिरंगा, निशान साहिब और किसान यूनियन के झण्डे लगा दिये। यह अराजकता की ऐसी तस्वीर थी, जिसकी किसी भारतीय ने शायद ही कभी कल्पना की हो। वहाँ तलवारबाज़ी का प्रदर्शन हो रहा था।"

26 जनवरी, 2021 को 72वें गणतन्त्र दिवस पर किसान आन्दोलन की आड़ में भारतीय लोकतन्त्र की अस्मिता के प्रतीक लाल क़िले पर जो हुआ, वह अप्रत्याशित था। शान्ति के वादे के साथ किसानों ने ट्रैक्टर परेड की अनुमति ली थी, मगर कुछ जत्थे अराजक हो गये। वे तय मार्ग को छोड़कर लाल क़िले की ओर बढ़ गये। लाल क़िले से लेकर आई.टी.ओ. तक, नाँगलोई से गाज़ीपुर बॉर्डर तक और अक्षरधाम से नोएडा मोड़ तक हिंसक प्रदर्शन के नज़ारे थे। ट्रैक्टर परेड हिंसा और अराजकता में बदल गयी। पुलिस की बैरिकेडिंग को तोड़कर ट्रैक्टर सवार युवा मनचाहे तरीक़े से आगे बढ़ रहे थे। आई.टी.ओ. की वह तस्वीर हर चैनल पर थी, जिसमें टैक्टर को तेज़ी से दौड़ा कर पुलिस वालों को खदेड़ा जा रहा था। दिल्ली के दिल और लगभग लुटियंस जोंस में आई.टी.ओ. (इनकम टैक्स ऑफ़िस) के आस–पास ऐसा नज़ारा था कि लाहौर के पास वाघा बॉर्डर पर भी ऐसा न हो। बड़े–बड़े बॉर्डर के अलावा दिल्ली परिवहन की बसों को उल्टी दिशा में लगाया था ताकि कोई भी घुस न सके। उसके आस–पास कँटीले तार और परिन्दा भी पर न मार पायेगा कि ध्वनि दे रहे थे। पर ऐसा नहीं हुआ। किसानों के नाम पर आतंकियों ने ट्रैक्टर पर ऐसे

चक्कर लगाये जैसे मौत के कुएँ मे मोटरसाइकिल वाला करतब दिखाता है। यह तो ग़नीमत थी कि पुलिस ने संयम नहीं खोया और जान–माल का उतना बड़ा नुक़सान नहीं हुआ जितना किसान आन्दोलन की धारणा की क्षति पहुँची।

सबसे शर्मनाक दृश्य लाल क़िले पर दिखायी दिया। दोपहर एक बजे के क़रीब किसानों के जत्थे लाल क़िले पर पहुँच गये। भीड़ के हाथों में तिरंगा, किसान यूनियनों के झण्डे और निशान साहिब था। लाल क़िले के सामने उस पोल पर, जहाँ हर 15 अगस्त को प्रधानमन्त्री तिरंगा फहराते हैं, एक युवक ने चढ़कर निशान साहिब और किसान यूनियन का झण्डा फहरा दिया। भीड़ क़िले के कँगूरों पर चढ़ गयी और वहाँ भी तिरंगा, निशान साहिब और किसान यूनियन के झण्डे लगा दिये। यह अराजकता की ऐसी तस्वीर थी, जिसकी किसी भारतीय ने शायद ही कभी कल्पना की हो। वहाँ तलवारबाजी का प्रदर्शन हो रहा था। आई.टी.ओ. पर एक तेज़ रफ़्तार ट्रैक्टर बैरीकेड से टकराकर पलट गया था और इसमें सवार एक युवा की मौत हो गयी थी। एकाएक ख़बर फैली कि मौत गोली लगने से हुई है, हालाँकि बाद में पुलिस ने स्पष्ट किया कि यह हादसा था। कुछ चैनलों ने यह भी अफ़वाह फैलाने की कोशिश की कि लाल क़िले पर खालिस्तानी झण्डा लहरा दिया गया है। इन अफ़वाहों के बाद सोशल मीडिया पर किसान आन्दोलन को विदेशी साजिश बताने वाले भी कूद पड़े।

26 जनवरी को दिल्ली में हुई इस हिंसा के सम्बन्ध में दिल्ली पुलिस ने कुल 22 एफ.आई.आर. दर्ज़ कीं। ए.एन.आई. की रिपोर्ट के अनुसार प्रदर्शनकारियों के हमले में 300 से ज़्यादा पुलिसकर्मी घायल हुए थे। हालाँकि अगले दिन घायल पुलिसकर्मियों की यह संख्या पुलिस अधिकारियों ने 400 के क़रीब बतायी। कई स्टेशनों पर मेट्रो सेवाएँ बन्द कर दी गयीं थीं। दिल्ली की सीमाओं पर जहाँ किसानों का जमावड़ा था, सिन्घु बॉर्डर, गाज़ीपुर, टीकरी, मुकरबा चौक, नाँगलोई और इससे लगते क्षेत्र में इंटरनेट सेवाएँ भी रोक दी गयीं थीं।

27 जनवरी, 2021 को दिल्ली पुलिस कमिश्नर एस.एन. श्रीवास्तव ने प्रेस कॉन्फ्रेंस में कहा कि कट्टरपन्थियों ने सिन्घु बॉर्डर पर प्रदर्शन की कमान अपने हाथ में ले ली थी। किसान 26 जनवरी को ट्रैक्टर रैली निकालना चाहते हैं, यह बात दिल्ली पुलिस के संज्ञान में 2 जनवरी को लायी गयी थी। इसके बाद हमने कम से कम पाँच दौर की वार्ता किसानों से की।

पहले हमने उन्हें रैली न करने की सलाह दी। उन्हें के.एम.पी. पर मार्च करने का सुझाव दिया। पाँच दौर की वार्ता के बाद सिन्धु से 63 किलोमीटर, टीकरी से 74 किलोमीटर और गाज़ीपुर से 46 किलोमीटर के रूट के लिए अनुमति दी। 25 जनवरी को हमारी जानकारी में यह बात आयी कि कट्टरपन्थियों ने नियन्त्रण अपने हाथ में ले लिया है और वे दिशा–निर्देशों का पालन नहीं करने वाले। उन्होंने सुबह 7.30 बजे ही सिन्धु बॉर्डर से मार्च शुरू कर दिया। गाज़ीपुर से भी सुबह 8.30 बजे मार्च शुरू कर दिया गया, जबकि उन्हें दोपहर 12 बजे के बाद का समय दिया गया था। किसान नेता भी हिंसा का हिस्सा बने। 394 पुलिस कर्मी घायल हुए। उनमें से कई को आई.सी.यू. में जाना पड़ा। 30 पुलिस वाहन क्षतिग्रस्त कर दिये गये। पुलिस ने किसानों को रोकने के लिए आँसू गैस का इस्तेमाल किया। दिल्ली पुलिस ने 25 से ज़्यादा आपराधिक मामले दर्ज़ किये। पुलिस ने वीडियो फुटेज के सहारे उनको पहचानने का काम किया। 50 लोगों को हिरासत में लिया गया इनमें से 19 आरोपियों को गिरफ़्तार किया गया है। (एस.एन. श्रीवास्तव, पुलिस कमिश्नर, दिल्ली पुलिस, 27 जनवरी, 2021 की प्रेस कांफ़्रेस के आधार पर)

पुलिस ने 37 किसान नेताओं को आरोपी बनाते हुए मामले दर्ज़ किये। इनमें भा.कि.यू. के प्रवक्ता राकेश टिकैत, योगेन्द्र यादव, दर्शनपाल, गुरनाम सिंह चढूनी के नाम भी शामिल थे। आई.पी.सी. की धाराओं 147, 148 (दंगे से सम्बन्धित), 307 (हत्या का प्रयास) और 120बी (आपराधिक षड्यन्त्र) व अन्य धाराओं में मामला दर्ज़ किया गया। दूसरी ओर किसानों के संगठन संयुक्त किसान मोर्चा ने हिंसा के लिए अभिनेता दीप सिद्धू और लखा सिढाना जैसे लोगों को असामाजिक तत्त्व बताते हुए उनके शान्तिपूर्वक प्रदर्शन को नुक़सान पहुँचाने का आरोप लगाया। उन्होंने सरकार पर भी इस षड्यन्त्र पर शामिल होने का आरोप लगाया। यह संयुक्त किसान मोर्चा 41 किसान यूनियनों का संगठन था।

चालीस से ज़्यादा किसान संगठन 26 नवम्बर, 2020 से दिल्ली की सीमाओं पर बैठ कर तीन कृषि सम्बन्धी क़ानूनों का विरोध कर रहे थे। ऐसा नहीं था कि यह ट्रैक्टर परेड किसानों ने अचानक शुरू कर दी थी। केन्द्र सरकार और दिल्ली पुलिस के साथ किसानों ने इस पर अपनी बैठकों में बाक़ायदा चर्चा की थी। उसके बाद इस ट्रैक्टर रैली को हरी झण्डी दी गयी थी। 24 जनवरी, 2021 को दिल्ली पुलिस के विशेष आयुक्त (खुफिया)

दीपेन्द्र पाठक ने स्वयं मीडिया के सामने जानकारी दी थी कि गणतन्त्र दिवस पर ट्रैक्टर रैली को मंजूरी दे दी है। ट्रैक्टर रैली टीकरी, सिन्घु और गाज़ीपुर बॉर्डरों से दिल्ली में प्रवेश करेगी और फिर अपने मूल स्थानों पर लौट जायेगी। यह कन्झावला, बवाना, औचन्दी बॉर्डर, के.एम.पी. एक्सप्रेस वे और सिन्घु बॉर्डर को लौट जायेगी। टिकरी बॉर्डर से यह नाँगलोई, नजफ़गढ़ से होते हुए *वेस्टर्न पेरिफेरल एक्सप्रेस वे*। गाज़ीपुर बॉर्डर से रैली 56 फुट रोड और के.जी.पी. एक्सप्रेस वे से गुजरते हुए अपने मूल स्थान पर लौट आयेगी। (twitter-com/ANI/status/135...)

दिल्ली पुलिस के प्रमुख ने ख़ुद प्रेस कॉन्फ्रेंस में माना था कि उन्हें एक दिन पहले ही पता चल गया था कि रैली की कमान कट्टरपन्थी धड़े ने अपने हाथ में ले ली है। इस सबके बावज़ूद जो हुआ, वह सबके लिए शर्मनाक था।

26 जनवरी की हिंसा से किसान आन्दोलन पर भी काफ़ी बुरा असर पड़ा था। जो आन्दोलन लम्बे समय से शान्तिपूर्ण तरीक़े से चल रहा था, उसकी साख ख़त्म हो गयी थी। इसे देखते हुए उसी रात काफ़ी किसानों ने धरनास्थलों से वापिस लौटना शुरू कर दिया। एक बार लग रहा था कि यह आन्दोलन ख़त्म होने जा रहा है। इसकी रीढ़ टूट गयी है। इस बीच 29 जनवरी, 2021 को कुछ उपद्रवी क़िस्म के लोगों ने धरने पर बैठे किसान प्रदर्शनकारियों पर हमला कर दिया। किसानों ने भी जवाबी पथराव किया। वहाँ पहले से तैनात पुलिस ने आँसू गैस के गोले छोड़े और बल प्रयोग किया। इसमें पुलिसकर्मियों सहित कई लोग घायल हुए। हालाँकि टी.वी. न्यूज़ चैनलों पर पहले किसानों पर हमला करने वालों को स्थानीय लोग बताया गया, मगर जल्द ही यह साफ़ हो गया कि वे लोग स्थानीय नहीं थे, बल्कि किसी ख़ास मक़सद से आये थे। उन्हें लग रहा था कि उनके डराने पर आन्दोलनकारी किसान आन्दोलन छोड़कर भाग जायेंगे। मगर स्थानीय ग्रामीणों ने किसानों के साथ अपना पूरा समर्थन जताया।

गणतन्त्र दिवस की घटना के बाद किसान आन्दोलन ढीला पड़ता दिख रहा था। मगर किसानों पर हमले और एक नाटकीय घटना ने पूरे आन्दोलन में फिर से नयी जान फूँक दी। 28 जनवरी, 2021 को दिल्ली पुलिस ने गाज़ीपुर बॉर्डर पर पहुँच कर भा.कि.यू. नेता राकेश टिकैत को नोटिस थमा दिया था। गाज़ीपुर बॉर्डर पर बैठे किसान नेताओं की ओर से ऐसे संकेत मिल रहे थे उसी रात आन्दोलन ख़त्म कर किसान लौट जायेंगे।

मगर इससे पहले ही यूपी पुलिस और ज़िलाधिकारियों ने प्रदर्शन स्थल खाली कराने का श्रेय लेने के लिए जल्दबाज़ी कर दी। यूपी सीमाओं पर ज़िलाधिकारियों ने प्रदर्शन स्थल ख़ाली कराने का आदेश दे दिया। 28 जनवरी की शाम को ही गाज़ियाबाद के अधिकारी भारी सुरक्षाबल के साथ गाज़ीपुर बॉर्डर पर पहुँच गये। वहाँ मौजूद टेन्ट, शौचालयों को हटाना शुरू कर दिया। पूरा इलाक़ा छावनी में बदल चुका था। पुलिस वालों ने राकेश टिकैत को हटने के लिए समझाने की कोशिश की तो वह नहीं माने। इस बीच वह मीडिया से बात करते हुए ख़ूब रोये और कहा कि किसानों से धोखा किया जा रहा है। उन्होंने यह धमकी भी दी कि अगर तीनों क़ानून वापिस नहीं हुए तो वह आत्महत्या कर लेंगे। उन्होंने धरना स्थल से न हटने की बात कही। (*आजतक.इन* 29 जनवरी, 2021, https://www.aajtak.in/india/news/story/farmer-protest-ghazipur-police-rakesh-tikait-tears-up-police-action-west-up-1199509-2021-01-29)

टी.वी. चैनलों पर जैसे ही राकेश टिकैत का आँसुओं से भरा चेहरा दिखायी दिया, पूरा माहौल बदल गया। देखते–ही–देखते रात में ही पश्चिमी उत्तर प्रदेश और हरियाणा के कई गाँवों से किसान ट्रैक्टर लेकर गाज़ीपुर बॉर्डर पहुँच गये। गाज़ीपुर बॉर्डर का बदला माहौल देखकर यू.पी. पुलिस और प्रशासन के होश उड़ गये और सारे तेवर ढीले हो गये। पुलिस ने किसानों के तम्बुओं की जो लाइट काट दी थी, उसे बहाल कर दिया। इस तरह कमज़ोर पड़ रहा किसान आन्दोलन और मज़बूती से उठ खड़ा हुआ था।

किसानों का यह रुख़ देखकर सरकार भी आशंकित हो उठी थी। गाज़ीपुर बॉर्डर पर किसानों की बढ़ती संख्या देखकर आशंकित सरकार ने हाइवे पर अभूतपूर्व बैरिकेडिंग की। यहाँ सीमेन्ट के बैरिकेड बनाकर उनके ऊपर घातक कटीले माने जाते कोबरा तारों की बाढ़ लगा दी। इतना ही नहीं सड़क पर भी सीमेन्ट से कीलें लगा दी गयीं। सिन्घु बार्डर पर भी ऐसी ही कीलें सड़क पर लगायी गयीं। ये इन्तज़ाम इतने कड़े थे, जितने कि कभी बाँग्लादेश सीमा पर भी नहीं किये गये, जहाँ से बड़े पैमाने पर घुसपैठ होती रहती है। सरकार और दिल्ली पुलिस की इस हरकत की लोगों के बीच काफ़ी आलोचना हो रही थी। इसे देखते हुए कुछ दिन बाद ही बैरिकेड से कीलें हटा दीं गयीं।

26 जनवरी को आई.टी.ओ. पर ट्रैक्टर पलटने से जिस युवक की मौत हुई थी, उसको गोली लगने से मौत की बात ट्वीट करने के लिए कुछ पत्रकारों पर भी मामला दर्ज़ किया गया। दूसरी ओर मारे गये युवक नवरीत सिंह के दादा ने अपने पोते की मौत की जाँच को लेकर अदालत का दरवाज़ा खटखटा दिया था। 11 फ़रवरी, 2021, को दिल्ली उच्च न्यायालय ने 25 वर्षीय नवरीत सिंह की मौत के सम्बन्ध में दिल्ली पुलिस, उत्तर प्रदेश पुलिस और रामपुर के ज़िला हस्पताल के मुख्य चिकित्सा अधिकारी को नोटिस जारी किया। यह नोटिस नवरीत सिंह के दादा की याचिका पर जारी किया गया, जिनका दावा था कि उनके पोते के सिर में गोली लगने के घाव थे। इसलिए मौत की जाँच अदालत की निगरानी में विशेष जाँच दल (एस.आई.टी.) से करायी जाये। इस घटना के सम्बन्ध में बाद में जो वीडियो जारी हुआ था, उसमें दिख रहा था कि आई.टी.ओ. पर पुलिस बैरिकेड्स से टकराने के बाद ट्रैक्टर पलट गया था, जिस पर उसमें सवार नवरीत सिंह की मौत हो गयी थी। यह दुर्घटना सी.सी.टी.वी. कैमरे में क़ैद हुई। नवरीत के दादा हरदीप सिंह ने अदालत में दायर याचिका में कहा था कि उन पर पुलिसकर्मियों ने गोली चलायी थी, जिससे उनके पोते ने ट्रैक्टर पर नियन्त्रण खो दिया था।

मीडिया के एक हिस्से में गोली चलने की ख़बर चलने के बाद दिल्ली पुलिस ने एक वीडियो जारी किया था, जिसमें दिख रहा था कि एक प्रदर्शनकारी आई.टी.ओ. के पास अपने ट्रैक्टर को तेज़ी से चला रहा है और वह पुलिस की बैरिकेडिंग से टकरा जाता है, जिससे वाहन पलट जाता है। पुलिस ने मौत की वजह हादसा बतायी थी।

31 जनवरी, 2021 को मन की बात में प्रधानमन्त्री नरेन्द्र मोदी ने किसान आन्दोलन पर चुप्पी तोड़ी। उन्होंने कहा कि 26 जनवरी को तिरंगे का अपमान देख देश बहुत दुखी भी हुआ। हमें आने वाले समय को नयी आशा और नवीनता से भरना है। (https://www.narendramodi.in/hi/mann-ki-baat, 31 जनवरी, 2021)। इससे एक दिन पहले सर्वदलीय बैठक में उन्होंने कहा था कि अगर किसान संगठन आगे भी चर्चा चाहते हैं तो मैं एक फ़ोन कॉल दूर हूँ। संसदीय कार्यमन्त्री प्रह्लाद जोशी ने बैठक के बाद मीडिया को यह जानकारी दी थी। प्रधानमन्त्री की किसानों की इस पेशकश पर भारतीय किसान यूनियन के प्रवक्ता राकेश टिकैत का एक बयान काफ़ी चर्चित हुआ था कि प्रधानमन्त्री अपना नम्बर बता दें

कि कौन से नम्बर पर बात करनी है। हम उनसे बात करने का इन्तज़ार कर रहे हैं। वहीं भारतीय किसान यूनियन के अध्यक्ष गुरनाम सिंह चढूनी ने मीडिया से कहा कि कहने और करने में बहुत अन्तर है। अभी तक तो कोई कॉल आया नहीं। हम करें तो कहाँ कॉल करें। वो बातचीत के लिए बुलायेंगे तो हम ज़रूर जायेंगे, लेकिन सरकार तो आज भी बातचीत पर शर्तें ही लगा रही है। (प्रधानमन्त्री के प्रस्ताव पर किसान नेताओं की राय, bbc.com/hindi/india-55885622, 1 फ़रवरी, 2021)

26 जनवरी, 2021 को जो लाल क़िले पर हुआ, उसे देखकर लोग अचम्भित थे। पुरातत्व विभाग से जुड़े पूर्व अधिकारी भी इस पर आश्चर्य जता रहे थे कि जब 26 जनवरी और 15 अगस्त को लाल क़िले की सुरक्षा सामान्य दिनों की तुलना में कहीं ज़्यादा होती है तो यह कैसे सम्भव हुआ। ए.एस.आई. के एक पूर्व एडिशनल डायरेक्टर का तो यहाँ तक कहना था कि 26 जनवरी को तो लाल क़िले में आम आदमी तो छोड़ो, ए.एस.आई. के अधिकारी और कर्मचारी भी बिना अनुमति के प्रवेश नहीं कर सकते तो फिर किसानों का जत्था कैसे अन्दर घुस गया। 15 अगस्त और 26 जनवरी को लाल क़िले पर रक्षा मन्त्रालय की सिक्योरिटी रहती है। गृह मन्त्रालय के अधीन रहने वाली दिल्ली पुलिस लाल क़िले के बाहरी गेट पर तैनात रहती है। इस दिन ए.एस.आई. का कोई भी अधिकारी जिसके पास उसका पहचान पत्र और प्रवेश सम्बन्धी दस्तावेज़ नहीं हैं तो वह अन्दर नहीं घुस सकता, क्योंकि इस दिन इंडिया गेट पर पहुँचने वाली झांकियाँ लौटकर लाल क़िला आती हैं। इसलिए लाल क़िले के पूरे क्षेत्र में सुरक्षा के लिहाज़ से हाई अलर्ट रहता है। तब इतने सारे किसान लाल क़िले में कैसे घुस गये। लाल क़िले का बाहरी गेट बहुत मज़बूत है। जब किसानों का जत्था उधर आ रहा था तो उसे तत्काल बन्द क्यों नहीं किया गया, जबकि नियम है कि किसी भी आपात स्थिति में बाहरी गेट को बन्द कर दिया जाये। यह सब उस दिन हुआ, जिस दिन लाल क़िला सेना के पहरे में था।

एक अलग राजनैतिक समूह बनता किसान

"यह आन्दोलन किसानों ने अपनी तरफ से नहीं शुरू किया था। यह सरकार की एक कोशिश, जिसे उसने किसानों के हित में करने का दावा किया था, के ख़िलाफ़ हुआ था। किसानों की आय दोगुनी करने का दावा करने की नीयत से शुरू करने वाली इस कोशिश में जो तीन क़ानून बनाये गये, किसान उसके विरोध में आ गये और धीरे–धीरे इस आन्दोलन ने विकराल रूप ले लिया था।"

दिल्ली और आस–पास के किसान आन्दोलन ने अपना एक अलग इतिहास लिखा है। अलग इसलिए कि जब–जब किसानों ने अपनी आवाज़ उठायी है, वो बहुत तात्कालिक मुद्दे के लिए उठायी और उसमें भी वो नहीं मिला, जो माँगा। इतिहास इस तरह के आन्दोलनों से भरा पड़ा हुआ है। तो क्या इस बार किसानों को जो माँगा मिला या फिर एक बार उन्हें फिर निराशा का सामना करना पड़ा। अभी तक ज़्यादातर तो होता यही आया है कि उनकी लड़ाई या तो मिल मालिकों, गन्ना मिल मालिकों, के ख़िलाफ़ होती थी या बहुत हुआ तो राज्य सरकारों के ख़िलाफ़। इस बार तो उनका संघर्ष सीधा बड़ी सरकार से था, वो भी केन्द्र के इतिहास में अपने आप में मज़बूत मोदी सरकार से। और यह मोदी सरकार से ही नहीं था, उसके विरोध में समाज का एक बड़ा वर्ग भी सामने थे जो उसके आन्दोलन को ग़लत ठहराने के लिए अपना जी–जान लगाये हुए था। ऐसा पहली बार हो रहा था जब किसान के सामने दो बड़ी ताक़तें थी। एक ख़ुद केन्द्र सरकार और दूसरा उपभोक्ता, और वो उपभोक्ता जो ताक़तवर था।

यह आन्दोलन किसानों ने अपनी तरफ से नहीं शुरू किया था। यह सरकार की एक कोशिश, जिसे उसने किसानों के हित में करने का दावा किया था, के ख़िलाफ़ हुआ था। किसानों की आय दोगुनी करने का दावा करने की नीयत से शुरू करने वाली इस कोशिश में जो तीन क़ानून बनाये गये, किसान उसके विरोध में आ गये और धीरे–धीरे इस आन्दोलन

ने विकराल रूप ले लिया था। कई पड़ाव आये और कई बार लगा कि जैसे कई आन्दोलनों का हश्र होता रहा, इसका भी हो गया, नहीं हुआ। इतिहास ऐसे कई आन्दोलनों का साक्षी रहा है जो अपनी मौत मर गये।

दिल्ली में आम तौर पर अगस्त के बाद मौसम सुहावना हो जाता है, लेकिन संसद से सितम्बर 2021 को किसानों से जुड़े मामलों को लेकर तीन बिल पारित करने की प्रक्रिया की जा रही थी, तब भी यह नहीं लग रहा था कि इस बार सर्दी में भी इतनी गर्मी होगी। किसान और उनके संगठन किसी भी हालत में इन क़ानूनों को मानने को तैयार नहीं थे। सरकार के तमाम विज्ञापन, तमाम पैरोकार, सब फेल हो रहे थे और दूसरी तरफ किसानों को देश का ही नहीं विदेशों का भी एक बड़ा वर्ग समर्थन देने के लिए तत्पर था। कांग्रेस जो जब सरकार में थी, तब यही करना चाहती थी, पर अब उसके भी किसानों को समर्थन के हाथ दो फुट के नहीं, बीस फुट के हो गये थे। आलम तो यहाँ तक हो गया था कि एन.डी.ए. का सबसे पुराना घटक दल अकाली दल भी उससे छिटक गया था। क़ानूनी लड़ाई में जब सुप्रीम कोर्ट आया तो लगा कि बात आसानी से बन जायेगी। यह रास्ता सरकार के लिए भी सुलभ था और किसानों के लिए भी ज़्यादा आगे तक जाने की सम्भावना नहीं थी, लेकिन यहाँ पर भी किसानों का रुख़ आक्रामक ही रहा। सरकार और किसानों के बीच बातचीत का जो सिलसिला 14 अक्टूबर, 2020 से शुरू हुआ, वो कहने के लिए ही चलता रहा। सरकार अपने रुख़ पर क़ायम और किसान अपनी माँग से टस से मस न होने के लिए तैयार थे। किसानों को लेकर सुप्रीम कोर्ट द्वारा गठित कमेटी के प्रस्ताव क्या रूप लेंगे, यह भी स्पष्ट नहीं है। (आन्दोलन के ख़त्म होने या स्थगित होने तक भी यह रिपोर्ट कहाँ है, इसका अता–पता नहीं है।)

यह बात सही है कि 2021 के मध्य तक भी केन्द्र सरकार बहुत किसानों को लेकर बहुत दबाव में नहीं रही। लेकिन अक्टूबर मध्य में हुए और नवम्बर में में उपचुनावों के नतीज़ों ने भाजपा की नींद उड़ा दी। हिमाचल प्रदेश के एक लोकसभा और सभी तीन विधानसभाओं के उपचुनावों की पराजय ने सबको हक्का–बक्का कर दिया था। हिमाचल प्रदेश भारतीय जनता पार्टी के राष्ट्रीय अध्यक्ष जे.पी. नड्डा का गृह राज्य है और माना जा रहा था कि अपेक्षाकृत रूप से पार्टी को कोई ख़ास दिक़्क़त नहीं होनी चाहिए लेकिन सभी सीटें गँवाने के बाद सदमा लगना स्वाभाविक था। पश्चिम बंगाल में सीटें हारने की आशंका थी ही।

यहाँ भाजपा का वोट प्रतिशत काफ़ी गिर गया था। भाजपा की इज़्ज़त बचाने का काम असम और मध्य प्रदेश ने किया, जहाँ उसको ख़ासी सफलता मिली। लेकिन पार्टी को अब यह फ़ोकस करना था उन 16 विधानसभाओं पर जहाँ उसे 2024 तक चुनाव होने हैं। और इनमें सबसे ख़ास है 2022 में होने वाला उत्तर प्रदेश और पंजाब विधानसभा के चुनाव।

तो इस तरह से 5 नवम्बर, 2021 का ऐतिहासिक दिन भी आता है जब सुबह–सुबह प्रधानमन्त्री नरेन्द्र मोदी ने किसानों से जुड़े कानूनों को वापस लेने की घोषणा अचानक कर दी। बिल्कुल वैसे ही जैसे उन्होंने नोटबन्दी की घोषणा की थी।

(इस बीच कुछ ऐसी घटनाएँ हुईं हैं जिनसे यह लगता है कि किसान विरोधी होने का ठप्पा मोदी सरकार नहीं लेना चाहेगी। उपचुनावों के नतीज़ों से पहले मई 2021 में फ़ॉस्फ़ोरिक एसिड का दाम अन्तरराष्ट्रीय स्तर पर बढ़ गये जिसका नतीज़ा ये हुआ कि डाई अमोनियम फ़ॉस्फ़ेट, जिसमें की 18 फ़ीसद नाइट्रोजन, 46 फ़ीसद फ़ॉस्फ़ेट होता है, के दाम बहुत तेज़ी से अन्तरराष्ट्रीय स्तर पर बढ़े। लिहाजा भारत में इफ़को सहित कम्पनियों ने कहा कि इसको अब इस पुराने मूल्य पर नहीं बेच पा रहे हैं। ख़रीद की फ़सल के समय यह काम मोदी सरकार के लिए काफ़ी मुश्किल भरा था। सरकार ने उसे पुराने मूल्य यानी 1200 रुपये बोरी पर करने का फ़ैसला किया। ताकि किसानों पर बोझ न आने पाये और सरकार किसान विरोधी रुख़ पर और आगे जाते न दिखे। सबसिडी बढ़ने से सरकार पर 14,700 करोड़ रुपये का ख़र्च बढ़ गया। यह सबसिडी रबी की फ़सल में 22,000 करोड़ रूपए की होने का अनुमान है। दरअसल अगर केन्द्र सरकार यह सबसिडी नहीं देती तो किसानों का आन्दोलन एक लावा की तरह फूट पड़ता। तभी सरकार को यह डर सताने लगा कि कहीं किसानों का आन्दोलन देशव्यापी न हो जाये। अभी तक तो इसे उत्तर भारत, ख़ास तौर से पंजाब, हरियाणा और पश्चिमी उत्तर प्रदेश का आन्दोलन माना जा रहा था। केन्द्र सरकार इसे किसी भी तरह से आगे नहीं ले जाने देना चाहती थी। ख़ास तौर से उस स्थिति में जब कोरोना के बावजूद देश की अर्थव्यवस्था को अगर ढहने से किसी ने बचाया है तो उसमें कृषि प्रमुख है। कृषि क्षेत्र आज भी ऋणात्मक नहीं है। लगातार 3.5 फ़ीसद से अधिक धनात्मक है। ऐसे में कोई भी सरकार यह नहीं चाहती कि ख़रीफ़ की फ़सल बोयी न जाये या कम बोयी जाये

और किसान नाराज़ हो जायें। इसके ठीक उलट किसानों को धीरे–धीरे मदद देने का सिलसिला चलता रह सकता है, ऐसा साफ़ लगता है। इधर अचानक अन्तरराष्ट्रीय शेयर मार्केट में कमोडिटी में फ़र्टिलाइजर्स के दाम के अलावा, गेहूँ और चावल के दाम भी बढ़े है। भारत देशों को गेहूँ और चावल निर्यात कर रहा है। चावल में भारत का निर्यात काफ़ी बढ़ा है। वियतनाम और थाईलैंड जैसे देशों को भी हम चावल दे रहे हैं। लिहाज़ा भारत अब अन्तरराष्ट्रीय स्तर पर खड़ा हो गया है।)

पीएम मोदी ने कहा 'हम किसानों को समझा नहीं पाये। हमारी नीयत साफ़ थी, पवित्र थी लेकिन हम शायद समझा नहीं पाये, हमारी तपस्या में कमी रह गयी। उन्होंने कहा कि उनकी सरकार ने कृषि और किसानों की भलाई के लिए तमाम बड़े फ़ैसले किये।... हमने कृषि विकास, किसान कल्याण को सर्वोच्च प्राथमिकता दी। इस सच्चाई से बहुत से लोग अनजान हैं कि देश में 100 में से 80 किसान छोटे किसान हैं। उनके पास 2 हेक्टेयर से भी कम ज़मीन है।... सरकार ने अच्छी क्वॉलिटी के बीज के साथ ही किसानों को नीम–कोटेड यूरिया, सॉइल हेल्थ कार्ड, माइक्रो इरिगेशन जैसी सुविधाओं से भी जोड़ा। हमने 22 करोड़ सॉइल हेल्थ कार्ड किसानों को दिये। ...हमने फ़सल बीमा योजना को अधिक प्रभावी बनाया।... आपदा के समय ज्यादा से ज़्यादा किसानों को आसानी से मुआवज़ा मिल सके, इसके लिए भी पुराने नियम बदले। इसके चलते बीते 4 सालों में एक लाख करोड़ रुपये से अधिक का मुआवज़ा हमारे किसान भाई–बहनों को मिला है। हम छोटे किसानों और खेत में काम करने वाले श्रमिकों तक बीमा और पेंशन की सुविधा भी ले आये।... छोटे किसानों की जरूरतों को पूरा करने के लिए सीधे उनके बैंक खाते में एक लाख 62 हज़ार करोड़ रुपये ट्रांसफ़र किये।... किसानों को उनकी मेहनत के बदले उपज की सही क़ीमत मिले, इसके लिए भी अनेक क़दम उठाये। देश ने अपने रूरल मार्केट इन्स्ट्रक्चर को मजबूत किया। हमने एमएसपी तो बढ़ायी ही, साथ में रेकॉर्ड संख्या में सरकारी ख़रीद केन्द्र भी बनाये। हमारी सरकार द्वारा की गयी उपज की ख़रीद ने पिछले कई दशकों के रेकॉर्ड तोड़ दिये हैं। आज केन्द्र सरकार का कृषि बजट 5 गुना बढ़ गया है। हर वर्ष सवा लाख करोड़ रुपये से अधिक कृषि पर खर्च किये जा रहे हैं। ...जीरो बजट खेती यानी प्राकृतिक खेती को बढ़ावा देने के लिए, देश की बदलती आवश्यकताओं को ध्यान में रखकर क्रॉप पैटर्न को वैज्ञानिक तरीके से बदलने के लिए,

एमएसपी को और अधिक प्रभावी और पारदर्शी बनाने के लिए, ऐसे सभी विषयों पर भविष्य को ध्यान में रखते हुए निर्णय करने के लिए एक कमेटी का गठन किया जायेगा। इस कमेटी में केन्द्र सरकार, राज्य सरकारों के प्रतिनिधि होंगे, किसान होंगे, कृषि वैज्ञानिक होंगे, कृषि अर्थशास्त्री होंगे।'

गुरुपरब पर की गयी घोषणा का किसानों ने स्वागत तो किया लेकिन एकदम से आन्दोलन की वापसी नहीं हुई। तमाम सवाल उठाये गये और कहा गया कि एमएसपी का मामला जब तक पक्का नहीं होता तब तक किसान नहीं उठेंगे। सरकार से रस्साकशी चलती रही। कौन–कौन इस समिति में होगा, यह भी विषय रहा। किसान आन्दोलन के दौरान पर किसानों और उनके समर्थकों पर हुए मुक़दमों की वापसी का मामला था और साथ ही पराली जलाने से हुए मुक़दमों के अलावा बिजली बिलों पर भी स्थिति साफ़ करने की बात थी। मृतक किसानों के परिजनों को सरकारी नौकरी और मुआवज़ा का भी मामला था।

9 दिसम्बर तक यह सब मामला और पर्दे के पीछे किसानों से बात होती रही। इसी दिन भारत सरकार के कृषि सचिव संजय अग्रवाल की चिट्ठी ने काफ़ी मुद्दों को साफ़ किया और कहा कि किसानों के लिए बनने वाली कमेटी का मैनडेट यह होगा कि देश के किसानों को एमएसपी मिलना कैसे सुनिश्चित किया जाये। इसके अलावा आन्दोलन के दौरान हुए मामलों का सवाल है, सभी प्रमुख राज्यों ने इस बारे में वापसी की स्वीकृति दी है। इसके अलावा मुआवज़े को लेकर भी स्पष्ट किया कि पंजाब की घोषणा की तरह से उत्तर प्रदेश और हरियाणा सरकार भी मुआवज़ा देने पर सहमत है। बिजली बिलों पर किसानों पर असर डालने वाले प्रावधानों पर सभी स्टेक होल्डरों से चर्चा होगी। संयुक्त मोर्चा से चर्चा होगी और चर्चा के बाद बाद ही संसद मी बिल पेश किया जायेगा। जहाँ तक पराली को लेकर भी स्पष्ट किया गया कि इसमें भी किसान अपराधी माने नहीं जायेंगे। यह चिट्ठी किसान आन्दोलन को अन्त की ओर ले जाने के लिए काफ़ी थी। इसी चिट्ठी के बाद संयुक्त किसान मोर्चा की प्रेस कॉन्फ्रेंस हुई जिसमें राकेश टिकैत, योगेन्द्र यादव, शिवकुमार कक्का, गुरनाम चढूनी, दर्शन पाल और राजेवाल आदि ने आन्दोलन को स्थगित करने की घोषणा की और कहा कि कहा कि अगर सरकार ने सही नीयत से काम नहीं किया तो हम लोग फ़िर से आन्दोलन करने के लिए आ जायेंगे। आज़ादी के बाद का देश का सबसे बड़ा आन्दोलन किसानों ने एक साल से ज़्यादा समय तक चलाया। मगर इतने बड़े आन्दोलन से

किसानों ने हासिल क्या किया? यह सबसे बड़ा सवाल है। हर किसी के ज़हन में यह सवाल आता है कि आख़िर इस किसान आन्दोलन की उपलब्धियाँ क्या हैं? किसानों ने कितना खोया और बदले में क्या पाया? सर्दी–गर्मी बारिश में वह सड़क के किनारे तम्बुओं में बैठे रहे। वे ख़ुद कहते हैं कि इस दौरान उनके सात सौ से अधिक साथी शहीद हुए। दिल्ली से जोडने वाली मुख्य सड़कों को जाम कर देने से आम लोग भी साल भर तक परेशानी झेलते रहे। मगर इस सबसे हासिल क्या हुआ? अगर आप इस पूरे कृषि आन्दोलन को सरसरी नज़र से देखते हो तो यही लगता है कि प्रथम दृष्टया किसानों को उन्हीं दिक़्क़तों से राहत मिली है, जो आन्दोलन के दौरान उपजीं। जैसे किसानों पर दर्ज़ हुए मामलों की वापसी का मामला हो, जिसे सरकार ने मान लिया है। इसके अलावा पराली जलाने के कारण होने वाले मुक़दमों से भी सरकार ने किसानों को राहत दे दी है। जहाँ तक बिजली बिलों का मामला है, उसे राज्यों को ही तय करना है। यानी कुल मिलाकर जिसे उपलब्धि माना जा रहा है, वह आन्दोलन की वजह से उपजे हालात के कारण पैदा हुए मामलों की वापसी पर स्थिति लौटती है। यों तो कोई भी आन्दोलन की सफ़लता–विफ़लता सिर्फ़ उपलब्धियों पर नहीं रहती लेकिन आम आदमी या आन्दोलनकारी तो कुल जमा ख़र्च जोड़ता है। क्या सिर्फ़ सरकार का इन काले कानूनों का वापस ले लेना ही किसानों के लिए उपलब्धि थी? जहाँ तक न्यूनतम समर्थन मूल्य (एमएसपी) की बात है तो उस पर कमेटी बनाने की बात पर सरकार आन्दोलन जारी देखकर तीन माह बाद ही सहमत हो गयी थी। तो क्या आन्दोलन अदालती मुक़दमे वापस करवाने को, पराली सम्बन्धित या बिजली सम्बन्धित आदेश निकलवाने के लिए किया गया था? इन बातों के लिए इतने बड़े आन्दोलन की ज़रूरत नहीं होती। जहाँ तक मोदी सरकार की बात थी, उसने तो 2016 में ही स्पष्ट कर दिया था कि कृषि एक व्यापार है। कृषि को व्यापार की तरह करना होगा। कृषि विभाग में फ़ाइलों के जो ढेर लगे पड़े हैं, उन सभी में यही बात है कि किसानों का भला केवल बाजार के उदारीकरण से ही हो सकता है। यह अलग बात है कि 2021 की दिवाली से पहले कृषि मन्त्री नरेन्द्र सिंह तोमर ने कृषि भवन की काफ़ी सफ़ाई करवायी और कई ट्रक फ़ाइलों का कचरा निकलवा कर बाहर किया। शायद यह संकेत था कि सरकार अब कृषि सम्बन्धी समस्याओं और व्यवस्था पर नये सिरे से सोचेगी।

यह भी गौर करने वाली बात है कि कई कृषि विशेषज्ञ भी इस तर्क़ से सहमत नहीं रहे कि किसानों का भला केवल बाज़ार के उदारीकरण से ही हो सकता है। उनका मानना है तीनों विवादास्पद कृषि कानूनों के अचानक वापस लेने और किसानों के लिए एमएसपी को गारण्टी की सैद्धान्तिक स्वीकृति के साथ भारतीय कृषि आन्दोलन ने दुनिया के मुक्त बाज़ार के सिद्धान्त को एक बड़ी चुनौती दी है। उसने यह साबित किया कि आलीशान दफ़्तरों में बैठी हमारी नौकरशाही सिर्फ़ कलमघिस्सू बनी हुई है। उदारीकरण के समर्थन में सारे शोध प्रायोजित हैं, वे व्यावहारिक नहीं हैं। इस तरह से कृषि आन्दोलन बाज़ारवादी कठपुतलियों के चेहरे से नक़ाब खींचने में क़ामयाब हुआ।

यह एक बड़ा सच है कि किसानों की सालाना आय में पिछले बीस साल में बहुत मामूली वृद्धि हुई है। एमएसपी पंजाब, हरियाणा, राजस्थान और पश्चिमी उत्तर प्रदेश के कुछ हिस्से में देश के सिर्फ़ 6 फ़ीसद किसानों को ही मिल पाता है। पूर्वांचल की तुलना में देखा जाये तो एमएसपी पाने वाले किसानों का रहन–सहन और स्थिति तुलनात्मक बेहतर मिलेगी। इस आन्दोलन की जो उपलब्धि मानी जा सकती है, वह यह है कि इतना बड़ा आन्दोलन चलना। बहुत लम्बे समय बाद सरकार को अपने क़ानूनों को वापस लेना पड़ा। पहले यह माना जाता था कि मोदी सरकार जो फ़ैसला करती है, उसे लागू करती है। वापस नहीं ले सकती। मगर किसानों ने इस सरकार को क़ानून वापस लेने के लिए मजबूर कर दिया। इस सबके बावजूद किसान इसे एक बड़ी उपलब्धि मान सकते हैं, क्योंकि इस आन्दोलन ने देश में किसानों में एक बड़ी एकता पैदा की है। हालाँकि राकेश टिकैत लगातार इस आन्दोलन को आगे ले जाने के मूड में दिखते रहे। इसके पीछे भी उनके अपने राजनीतिक कारण हो सकते हैं। मगर बाकी किसान नेता उससे किनारा कर चुके थे। कुल मिलाकर किसान एकजुट हुए, वे एक होने के वादे के साथ घरों को लौट गयी। इस चेतावनी के साथ कि अगर सरकार अपने लिखित वादों से मुकरी तो वे फ़िर सड़क पर उतर जायेंगे। किसानों ने दिखाया कि वे सरकार पर दबाव बनाने में सक्षम हैं। सरकार किन हालात में कानून वापस लेने के लिए मज़बूर हुई है, वह भी किसी से छुपा नहीं है। सरकार की ओर से माफ़ी माँगना एक राजनीतिक उपलब्धि हो सकती है। लेकिन सरकार को झुकना पड़ा, से ज़्यादा महत्त्वपूर्ण यह है कि सरकार को क्यों झुकना पड़ा?

इसमें कोई शक नहीं है कि सरकार को भी राजनीतिक कारणों से ही झुकना पड़ा।

अगर सरकार यह मानती है कि किसानों को वो समझा नहीं पायी तो इसमें भी उसकी कमी है। सरकार अगर इन क़ानूनों को लागू करने से पहले सम्बन्धित पक्षों और किसानों से ठीक तरह से बात कर लेती तो अन्य राजनीतिक दलों को उससे फ़ायदा उठाने का मौक़ा नहीं मिलता। पूर्ववर्ती सरकारें भी यही करना चाहती थीं। कांग्रेस सरकार के समय भी इसी तरह की रिपोर्ट तैयार हुई थी। इस पूरे आन्दोलन से किसानों ने एक जीत की ध्वनि पैदा की। यह एक बड़ी बात थी। किसानों को आगे भी अपने अधिकारों के लिए लड़ना पड़ सकता है, क्योंकि किसानों के लिए अपनी उपज का सही दाम ले पाना, अब भी आसान नहीं है। यूरिया, डीएपी और खाद के लिए उसे लड़ना पड़ता है और आगे नहीं जूझना पड़ेगा, इसके कोई ठोस संकेत नहीं हैं। अब सुधारीकरण की प्रक्रिया कब शुरू होगी, यह एक बहस की बात होगी।

बड़े आन्दोलनों में कई चरण होते हैं। भारत का स्वतन्त्रता आन्दोलन था उसे गाँधी से पहले से शुरू किया गया था। गाँधी आये तो उसमें उन्होंने रफ़्तार दी, नैतिकता का सम्पुट भी दिया। लेकिन 1930 में हम गाँधी से यह पूछते कि आन्दोलन आपका सफ़ल रहा या विफल रहा तो गाँधीजी के पास भी तब तक उसका जवाब नहीं था। सच बात तो यह है कि 1942 तक क्विट इंडिया मूवमेंट तक उनके पास इसका जवाब नहीं था अगर और टटोलें तो हक़ीक़त यह है कि 1946 तक इसका जवाब नहीं था। दरअसल इसे एक चरण के आन्दोलन से हम नहीं देख सकते।

आन्दोलन के सारे रास्ते राजनीति की तरफ़ जाते हैं। राजनीति में ख़ुद को ज़िन्दा रखने के लिए भी आन्दोलन ज़रूरी होते हैं। आज़ादी के बाद के इस सबसे बड़े किसान आन्दोलन ने किसानों को देश की राजनीति के केन्द्र में ला दिया है। यह किसान आन्दोलन सफल रहा या विफल, इसका आकलन अभी नहीं किया जा सकता। इधर ये पहली बार हुआ है कि किसान एक सामाजिक राजनैतिक समूह के रूप में उभरा। लेकिन अब भी ख़तरे कई हैं। ख़तरे यह भी हैं कि फिर कोई जातिवादी या धार्मिक नेता किसानों को हिन्दू–मुसलमान में न बाँट दे। किसानों को सतर्क रहना होगा और सरकार को सजग।

और अन्त में...

किसान आन्दोलन और एक बुजुर्ग स्वतन्त्रता सेनानी

(कहीं हम सिर्फ़ भाग तो नहीं रहे)

"देश में उदारीकरण के तीन दशक पहले और तीन दशक बाद आन्दोलन देखने वाले और उसमें काफ़ी हद तक सक्रिय रहने वाले बहुत कम लोग हैं। सक्रियता के अलावा हर आन्दोलन पर अपनी समझ रखने वालों की संख्या और कम हो जाती है, लेकिन अरुण भोले ऐसे ही बिरले व्यक्तियों में से एक हैं। एक जमाने में जय प्रकाश नारायण के साथ बहुत कुछ आन्दोलन समझने का सौभाग्य पाने वालों में बाबा (अब प्यार से लोग उन्हें इसी नाम से पुकारते हैं) अमदाबाद में रहते हैं और वहीं से लोगों से बात करते हैं, किताबें लिखते हैं और जनजागृति की दिशा में काम करते रहते हैं। बाबा से मिलने का क्रम भी यही हुआ। अब आगे बाबा के शब्दों में ही बातचीत।"

आन्दोलन सामाजिक मूल्यों से संजीवनी पाते रहे हैं। हर आन्दोलन के पीछे कोई संकल्प यज्ञ होता रहा है। हर आन्दोलन के पीछे एक ऐसा केन्द्रीय चेहरा होता है, जिस वजह से आन्दोलन में धार भी आती है और उसके प्रति लोगों का विश्वास भी बनता है। बहुत पहले की बात करें तो, भारत में इस तरह के आन्दोलनों की शुरुआत गाँधी जी (मोहनदास करमचन्द गाँधी) से होती है। दक्षिण अफ्रीका में उनकी शुरुआत कैसी रही, उसके बारे में बहुत कुछ कहने की आवश्यकता नहीं है। भारत में जिस तरह बिहार के नील किसानों के लिए उन्होंने आन्दोलन की शुरुआत की वह बहुत अच्छा उदाहरण है।

गाँधी जी के आन्दोलनों के प्रति लोगों का उत्साह, उमँग इसलिए जागृत होता था क्योंकि उन्हें लगता था कि यह कारण ऐसा है जो विश्वसनीय है। वह कोई चक्रव्यूह नहीं बाँध रहे थे। वे ऐसे व्यक्ति थे, जिनकी कथनी और करनी पर विश्वास किया जा सकता था। उनके किसी आन्दोलन में जनता को ऐसा कभी नहीं लगता था कि यह उनका कोई

व्यक्तिगत राजनीतिक अभियान है। लोग मानते थे कि गाँधी जी जो कहते हैं, वह करते हैं और जो करते हैं, वही कहते हैं। लोग उनके व्यवहार को देखते थे। इसलिए लोग उनसे प्रेरित होते थे, जब लोग प्रेरित होते थे तो आन्दोलन बड़े स्तर पर बढ़ता था। उस समय सामाजिक अनुशासन काफ़ी ज़्यादा था। अधिकारी का सम्मान होता था। उनके ख़िलाफ़ लोग लड़ते भी तो आदर और सम्मान के भाव को रखते हुए लड़ते थे।

आज़ादी के बाद देश को कोई ऐसा बड़ा व्यक्तित्व नहीं मिला जिसने अपने हितों को आगे रखकर आन्दोलन न किया हो। यह सब इतनी तेज़ी से हुआ कि लोग भी यह मानने लगे कि आन्दोलन करने वाला अपने फ़ायदे के लिए यह सब करता है। या यह कहें कि काफ़ी लोग पहले ही यह मान लेने लगे कि आन्दोलन शुरू करने वाला अपने करियर के लिए ऐसा कर रहा है। वह राजनीति में जाना चाहता है। आन्दोलन करने वालों को भी लगने लगा कि राजनीति में जाने के लिए यह अच्छी शुरुआत है। इससे हम सत्ता के क़रीब जा सकते हैं। इसलिए ये आन्दोलन समाज के बड़े हितों को ध्यान में रखकर उतना नहीं होते थे, जितना इस बात के लिए होते थे कि इससे राजनीतिक करियर बनने वाला है। इसी दौरान सामाजिक अनुशासन भी समाज में घटता गया।

समाजवादी आन्दोलनों से जुड़कर धीरे–धीरे हमें जो समझ में आया, वह यह कि हर आन्दोलन के पीछे अधिकारों की बात होती थी। चाहे वे सामाजिक अधिकार की बात हो, या जनता के बड़े हित हों, या व्यक्तिगत अधिकारों की बात हो। अधिकारों से बात *लिबर्टी* (आज़ादी) तक पहुँची और यह मन्तव्य बनने लगा कि कर्तव्यों के मुक़ाबले अधिकार ज़्यादा मायने रखते हैं। इस तरह अधिकारों की लड़ाई में कर्तव्य की बात पीछे छूटती गयी। यह बात नेताओं पर भी लागू होती है, चाहे वे यूनियन नेता ही क्यों न हों। राम मनोहर लोहिया और जय प्रकाश नारायण अलग तरह के नेता थे। लोहिया राजनीति को धर्म से जोड़ते थे, वह राजनीति को अल्पकालिक धर्म कहते थे और धर्म को दीर्घकालीन राजनीति। पण्डित नेहरू (जवाहरलाल नेहरू) की नीतियों में जो भयंकर भूल हुई उसके नतीज़े बहुत जटिल रहे हैं। भारत में यह हम महसूस करते हैं, लेकिन भारतीय राजनीति के जो लीडर अब तक हुए हैं उनमें से पण्डित नेहरू का नाम सर्वश्रेष्ठ में एक है। इसमें कोई शक नहीं। उनमें प्रधानमन्त्री बनने का जो भी हौसला रहा हो, मगर उनकी देशभक्ति

पर कोई शक नहीं किया जा सकता। उस ज़माने में गाँधी के बाद जुबान पर जो दूसरा नाम आता था, वह जवाहरलाल नेहरू का था। हालाँकि सरदार पटेल को लेकर लगता है कि उनकी कुछ अनदेखी की गयी। फिर भी नेहरू जिस पद पर थे वह उसके योग्य थे। व्यक्तिगत शत्रुता की वजह से लोहिया ने नेहरू के ख़िलाफ़ जो राजनीति शुरू की, उसके बाद में बड़े घातक परिणाम आये। नेहरू का भारत के लिए योगदान भी कम नहीं है। उसी तरह से इन्दिरा (गाँधी) ने भी बहुत भूलें कीं, लेकिन उनकी खूबियाँ भी ज़बरदस्त रहीं हैं। इन्दिरा ने अपने पूर्वजों की विरासत से न्याय किया।

उस दौर में जब इस देश में सरदार पटेल की चर्चा बहुत कम होती थी, हमने उन पर शोध किया और लिखा। तब जाना कि इनका योगदान तो देश के लिए बहुत बड़ा है। बहुत ही ठोस योगदान था जो व्यावहारिक मोर्चे पर था। वैचारिक बदलाव लाने वालों में राम मनोहर लोहिया थे। वामपन्थी आन्दोलन तब भी था, आज भी है, मगर वामपन्थी विचारधारा पूरे यूरोप में भी कभी बड़े पैमाने का आन्दोलन नहीं बन सकी। लेफ्ट के नाम पर अगर कोई बड़ा आन्दोलन बना भी तो वह सोशलिस्टों (समाजवादियों) का है। कम्युनिस्टों की तुलना में समाजवादी अपने वामपन्थी विचारों के साथ ज़्यादा स्वीकार्य हुए। लोहिया लेफ़्ट विचारों के एक प्रमुख नेता थे। मगर उनकी पण्डित नेहरू से व्यक्तिगत ख़ुन्नस थी और वह उन्हें सार्वजनिक तौर पर नीचा दिखाने में नहीं चूकते थे। उस समय टी.वी. नहीं होता था, रेडियो होता था। नेहरू बोल रहे होते थे तो वह (लोहिया) बीच में खड़े होकर कह देते थे कि यह कौन बोल रहा है। यह भारत का प्रधानमन्त्री है या किसी स्कूल का मास्टर। पण्डित जी तब कुछ कम सुनने लगे थे, उन्होंने अपने पास वाले से पूछा कि लोहिया क्या कह रहे हैं, जब उन्होंने बात बतायी तो पण्डित जी हँसने लगे।

आज के दौर में एक अहम सवाल है कि आन्दोलन किसलिए? लोग पहले अपने हक़ की लड़ाई लड़ते थे। आज लड़ाई के वे दौर बन्द हो गये हैं। चाहे महँगाई की बात हो या कोई और अब पहले जैसी नारेबाज़ी नहीं दिखती। हालाँकि सामूहिक आन्दोलन तो पहले भी ऐसा नहीं होता था, लोग यूनियन के माध्यम से लड़ते थे। मुझे याद नहीं आता कि पहले कोई ऐसा सामूहिक आन्दोलन होता था, जैसा अब किसान के नाम पर दिखायी दिया। पहले लोग यूनियन के माध्यम से लड़ते थे तो वह लड़ाई सरकार के साथ ज़्यादा से ज़्यादा क़ानूनी लड़ाई में बदल जाती थी।

इतना ही होता था। लोग बाक़ायदा तोड़–फोड़ पर उतर जायें, इस क़िस्म का काम नहीं होता था। जनता के आन्दोलन के नाम पर लोगों के लिए तमाम असुविधाएँ पैदा की जा रही हैं। अब आन्दोलन के नाम पर जो असुविधा हो रही है, चाहे वह दिल्ली में हो रही है या अन्यत्र कहीं हो रही है, यह असुविधा असल में जनता को ही तो हो रही है और जो नुक़सान हो रहा है, वह सार्वजनिक सम्पत्ति का ही हो रहा है। यह उस जमाने में भी शुरू हुआ था मगर यह लगातार बढ़ता चला गया, क्योंकि अब आन्दोलनों में ग़ैर–अनुशासित लोग आने लगे हैं। उनकी संख्या बढ़ने लगी। संगठनों में भी ऐसे लोग शामिल हो रहे हैं, जो अनुशासित नहीं हैं। जैसे हम बात करते हैं कि हमको चाहिए आज़ादी। किस बात की आज़ादी? अगर आज़ादी नहीं है तो किस लक्ष्य के लिए आप आज़ादी चाहते हैं? आज़ादी मिलने पर आप करना क्या चाहेंगे? इसका जवाब उनके पास नहीं है। आज भी अगर आप किसान आन्दोलन के बारे में पूछेंगे तो ज़्यादातर लोग जो टी.वी. पर आते हैं, वे इसके बारे में नहीं बता सकेंगे। किसान क़ानूनों में वे कौन–कौन से बिन्दु हैं, जो किसानों के ख़िलाफ़ हैं? वो कौन–सी चीज़ है जो किसानों से छिन जायेगी?

ऐसे ही शाहीन बाग़ की बात। वहाँ इस अफ़वाह पर ही लोगों को भड़का दिया गया कि मुसलमानों की नागरिकता चली जायेगी। किसी भी व्यक्ति ने यह जानने की कोशिश नहीं की कि हमारी नागरिकता कैसे छिनेगी? कौन छीनेगा? मुसलमानों को यही वहम हो गया कि उनकी नागरिकता जाने वाली है और इतना बड़ा हँगामा खड़ा हो गया। आज भी किसानों की ज़मीन चली जायेगी, यह प्रावधान (कृषि क़ानूनों में) कहाँ है। नये क़ानूनों में कौन–कौन से बिन्दु ग़लत हैं। जिन संवैधानिक प्रक्रिया के तहत क़ानून बनना चाहिए, उन सबका पालन तो इन क़ानूनों को बनाने में किया गया है। यह संसद से पारित हुए हैं। चाहे 370 ख़त्म किया गया या किसानों के हित में यह सब किया गया, यह तो कोई किसी को बताता नहीं। अब इस क़िस्म का आन्दोलन तो समाज को अराजकता की ओर ले जायेगा। सरकार की बात नहीं मानेंगे। अच्छा ठीक है, तो एक ऐसी कमेटी बनाओ जिसमें तुम्हारे भी प्रतिनिधि रहें और सरकार के भी प्रतिनिधि रहें। मगर यह बात भी नहीं मानेंगे। हम कोर्ट में भी नहीं जायेंगे। तब कोर्ट की एक कमेटी बने। हम कमेटी को नहीं मानेंगे। हम न्यायपालिका को नहीं मानेंगे, हम कार्यपालिका को नहीं मानेंगे, हम विधानपालिका को

नहीं मानेंगे तो मानेंगे किसको? हम अपनी बात मानेंगे। सरकार कह रही है कि इस क़ानून में कहाँ, कहाँ ऐसी बात है, जो किसानों के हित में नहीं है, जिससे किसानों को नुक़सान होना है। हम उसमें संशोधन करते हैं। मगर आप रोलबैक से कम पर कुछ मानने को तैयार ही नहीं हैं। जन–प्रतिनिधियों को जो क़ानून बनाने का हक़ हासिल है, आप उसे नहीं मानेंगे। आप कहेंगे कि उन्हें कोई हक़ नहीं है, सारा हक़ मजमा (भीड़) को है। जो चाहे माने और जो चाहे न माने, सरकार की इससे उदार सोच और क्या हो सकती है। यह क्या होता चला जा रहा है। सीधे भावावेश में आकर कहा जा रहा है कि हमको हक़ चाहिए। हमको हक़ चाहिए। ऐसा हक़ जिसके बारे में उन्हें ख़ुद नहीं मालूम है। जिस क़ानून के बारे में उन्हें ख़ुद नहीं मालूम है, उसके लिए ही वे हल्ला कर रहे हैं।

किसान आन्दोलन की परिणति के बाद हर आदमी अपनी बात मनवाने की कोशिश करेगा और कोई बात मानने को तैयार नहीं होगा। भारत अब जितना कल्याणकारी राज्य हे, ऐसा तो पहले कभी रहा ही नहीं। हिन्दुस्तान दुनिया का बहुत बड़ा लोकतन्त्र है। उस पर सारी दुनिया की निगाह है। दुनिया की सरकारें ही नहीं दुनिया की जनता भी भारत के आन्दोलन को देख रही है तो उसमें किस तरह की भावना बढ़ेगी। ऐसे तो अराजकता बढ़ेगी। इसलिए ऐसा कर रहे हैं, क्योंकि जानते हैं कि आप संवैधानिक रूप से सरकार को नहीं हटा सकते, चुनाव में नहीं हरा सकते हैं तो इस तरह की कोशिशें करेंगे। हठधर्मिता से इसको हटायेंगे। भारत दुनिया का सबसे बड़ा लोकतन्त्र है। पूरी दुनिया हमारी ओर देख रही है।

क्या दुनिया अराजकता की ओर बढ़ रही है? आज यह एक बड़ा सवाल है। हमको चिन्ता तो यही हो रही है कि कहीं दुनिया उसी तरफ (अराजकता की ओर) तो नहीं भागी जा रही है। हिन्दुस्तान की देखा देखी और देश भी क्या कर रहे हैं। अगर 2020 में अमेरिका के कैपिटल हिल में जो हुआ, वह थोड़ा और दिशाहीन हो जाता तो क्या होता? एक हद के बाद तो फिर वहाँ किसी का नियन्त्रण नहीं रहता। तब अमेरिका में भी अराजकता की स्थिति हो जाती। अगर अमेरिका की ऐसी स्थिति हो जाये, हिन्दुस्तान की ऐसी स्थिति हो जाये तो दुनिया में क्या स्थिति होती चली जायेगी। तो विश्व का बड़ा हिस्सा आपको किस ओर भागता हुआ नज़र आयेगा। हम उस खतरे की ओर जा रहे हैं। लड़ कौन रहे हैं, जिनको ख़ुद अपने हक़ के बारे में नहीं मालूम है। संविधान को ठीक से पढ़ें।

भारत फैडरेशन नहीं है। वह यूनियन ऑफ स्टेट्स है। यूनियन का मतलब है कि राज्य रहेंगे मगर सेंटर लीडर रहेगा। लाल क़िले पर पुलिस ने जिस संयम का प्रदर्शन किया, वह ज़रूरी था। अगर लाल क़िले प्रकरण पर गोली चलती तो जलियाँवाला बाग़ छोटा पड़ जाता।

जो भी समस्याएँ हैं, वे बातचीत से दूर हो सकती हैं।

दूर–दूर से ही सही हम जितना समझ पा रहे हैं, उससे लगता है कि सरकार करना तो बहुत कुछ चाहती है पर उसके रास्ते में रोड़े ऐसे लगा दिये जाते हैं जैसे लगे कि कुछ हो नहीं रहा। लोकतन्त्र के लिए यह ठीक नहीं हम आज भी कमोबेश वैसे ही जी रहे हैं, जैसे तब जीते थे। आज अगर मुसलमानों में असुरक्षा की भावना पैदा करने का कोई एकमात्र कारण है तो उसका नेतृत्व ही है।

दरअसल देश को अराजकता की ओर ले जाने का षड्यन्त्र हो रहा है। और इसी षड्यन्त्र के तहत आन्दोलनों की दिशा को भटकाया जाता है। अराजकता कर उसे किसी लॉजिकल एंड तक नहीं ले जाया जा सकता। इसलिए यह डर है कि किसान आन्दोलन का क्या हश्र (अभी आन्दोलन स्थगित ही हुआ है) अन्ना हज़ारे के आन्दोलन की तरह से न हो जाये। अन्ना हज़ारे किस मुद्दे पर आन्दोलन पर बैठे थे, क्या आज यह किसी को याद है। वह मुद्दा तो हवा खाने चला गया। आज कोई आदमी जनलोकपाल की बात करता है?

इसका मतलब है कि तब जो आन्दोलन कर रहे थे, उन्हें यह नहीं मालूम था कि जनलोकपाल से क्या लाभ होगा, क्या हानि होगी। उसके आन्दोलन में भी समानान्तर सत्ता की बात थी। यही हाल किसान आन्दोलन का है।

अतिरिक्त

(क) दुनिया में छात्र आन्दोलनों का इतिहास

दुनियाभर में बदलाव की गाथा युवा और छात्र वर्ग ही लिखता आया है। यही वजह है कि राजनीति में हमेशा ऊर्जावान युवा चेहरों को जोड़ने की होड़ रहती है। पोलैंड के कवि स्टेनिस्ताव जेर्जी लेस ने युवा अवस्था को कुदरत का उपहार कहा है। जवानी ज़िन्दाबाद के नारों के साथ अपने युवाओं से बदलाव की उम्मीद भी हर समाज करता है। इसलिए दुनिया के छात्र आन्दोलनों पर हम एक दृष्टि डालते हैं।

पेरिस विश्वविद्यालय का छात्र आन्दोलन–1229 ई.

यूनिवर्सिटी ऑफ पेरिस को यूरोप की शुरुआती यूनिवर्सिटियों में से एक होने का गौरव प्राप्त है। इसी में शायद दुनिया का पहला बड़ा छात्र आन्दोलन भी हुआ, जो इतिहास की किताबों में दर्ज़ है। सन् 1229 में छात्रों का एक ऐसा आन्दोलन हुआ था, जो पूरे दो साल तक चला था। हालाँकि झगड़ा शहर के एक शराबघर के कैशियर और छात्रों के बीच बिल को लेकर शुरू हुआ था।

यह मार्च 1229 ई. का मंगलवार था और उस दिन श्रोव त्योहार था। ऑर्थोडॉक्स चर्च के अनुयायी ईसाई इस त्योहार को मनाते हैं। इस दिन पेनकेक खाने की परम्परा है और इसलिए इसे पैनकेक ट्यूज़डे भी कहा जाता है। पेरिस में प्रीलेंटेन समारोह शुरू हो चुका था। ईस्टर में 17 सप्ताह ही शेष थे। यूनिवर्सिटी के छात्र भी इसमें बढ़–चढ़कर हिस्सा लेते थे। आमतौर पर वे ख़ूब पी लेते थे और उनमें से कई उपद्रव भी करते थे। यूनिवर्सिटी चर्च के अधीन थी और शहर तथा राजा का क़ानून छात्रों पर लागू नहीं था। पेरिस के सेंट मार्सेल इलाक़े में छात्रों का एक

गुट एक शराबघर में घुसा। वहाँ एक बिल को लेकर बहस शुरू हुई और जल्द ही यह हाथापाई में बदल गयी। छात्रों को बुरी तरह पीट कर गली में फेंक दिया गया।

अगले दिन एश वेडनस्डे का त्यौहार था। शराबघर बन्द था। मंगलवार की घटना के विरोध में छात्रों का एक बड़ा दल शराबघर पर पहुँचा और उसकी लकड़ी की इमारत को तहस नहस कर दिया। शराबघर का मालिक भी उनके हत्थे चढ़ गया और उसकी भी उन्होंने पिटाई की। इसके बाद उस गली की अन्य दुकानों में भी छात्रों ने तोड़फोड़ कर दी।

छात्रों के ख़िलाफ़ राजा की अदालत में शिकायत नहीं दी जा सकती थी, इसलिए पीड़ित दुकानदारों ने चर्च से गुहार लगायी। फ्रांस की महारानी जो लुई नौवें के नाबालिग होने की वजह से सत्ता की देखभाल कर रही थीं, ने भी पीड़ितों को न्याय देने का दबाव बनाया। इस पर चर्च ने शहर के सैनिकों को यह अनुमति दे दी कि वे उपद्रवी छात्रों की पहचान कर उन्हें दण्डित करें। सैनिकों ने छात्रों के एक दल को पकड़ लिया और वे उनसे इतनी बुरी तरह पेश आये कि यातना से कई छात्रों की मौत हो गयी। इसके साथ ही छात्रों के बीच यह बात फैल गयी कि जिन छात्रों की मौत यातना से हुई वे निर्दोष थे।

इसके साथ ही यूनिवर्सिटी ऑफ पेरिस में छात्रों ने हड़ताल कर दी। कक्षाएँ बन्द कर दीं गयीं। छात्र यूनिवर्सिटी छोड़ कर या तो दूसरी यूनिवर्सिटियों में चले गये या फिर घरों को लौट गये और कामकाज में लग गये। यह यूनिवर्सिटी उस इलाक़े की अर्थव्यवस्था की भी रीढ़ थी। पूरे यूरोप से धनाढ्य परिवारों के बच्चे यहाँ पढ़ने आते थे। छात्र पेरिस के जिन इलाक़ों में रहते थे वहाँ सन्नाटा पसर गया।

दो साल तक छात्रों को मनाने का प्रयास चला। अन्ततः 13 अप्रैल 1231 पोप ग्रेगरी नवम, जो कि ख़ुद यूनिवर्सिटी के पूर्व छात्र रह चुके थे, ने *पेरन्स सेंटिएरम* नाम से पत्र जारी किया और यूनिवर्सिटी को 'मदर ऑफ साइंस' का दर्ज़ा देते हुए इसे स्थानीय स्थानीय अधिकारियों के प्रभाव से पूरी तरह स्वतन्त्र घोषित किया और इसे सीधे कैथोलिक संरक्षण में होने का दर्ज़ा दिया। पोप के इस पत्र को यूनिवर्सिटी ऑफ पेरिस का मैग्नाकार्टा भी कहा जाता है।

(Reference book : The Universities of Europe in the MiddleAges by Hastings Rashdall)

बटर विद्रोह

बटर विद्रोह किसी भी अमेरिकी यूनिवर्सिटी में हुआ पहला दर्ज़ विद्रोह माना जाता है। यह 1766 में हार्वर्ड यूनिवर्सिटी में हुआ था यानी अमेरिकी क्रान्ति से भी दशकों पहले। इस छात्र आन्दोलन का नेतृत्व अमेरिकी लेखक, कवि और दार्शनिक हेनरी डेविड थोरो के दादा ऐसा दुनबार ने किया था। बासी बटर के साथ खाना परोसे जाने पर दुनबार ने शिक्षक से कहा था कि अपना बटर अपने पास रखो बदमाश। इस पर दुनबार को सज़ा दी गयी। मगर अगली सुबह साथी छात्रों ने भी खाना छोड़ दिया। उन्होंने हार्वर्ड यार्ड में नारे लगाये और शहर में जाकर भोजन किया। दुनबार के साथ डेनियल जॉनसन और थॉमस होगसन ने भी इस आन्दोलन का नेतृत्व किया था। हार्वर्ड कार्पोरेशन ने भी बाद में स्वीकार किया कि छात्रों को परोसे जाने वाला ज़्यादातर बटर बासी होता था। कॉर्पोरेशन मेसाचुसेट्स के गवर्नर के सहयोग से चलता था और तत्कालीन गवर्नर सर फ्रांसीसी बर्नार्ड ने छात्रों से ख़ुद बात कर इस आन्दोलन को समाप्त कराया।

'द हार्वर्ड गेजेट' के मुताबिक़ 1766 के महान बटर आन्दोलन के बाद इस विश्वविद्यालय में अनेक छात्र आन्दोलन हुए। इनमें 1768, 1780,1805, 1807,1818, 1823 और 1834 में हुए बड़े छात्र आन्दोलन शामिल हैं।

इंटीरियर डिज़ाइन पर आन्दोलन

हार्वर्ड में 1818 में छात्रों का जो आन्दोलन हुआ, वह तो यूनिवर्सिटी की इंटीरियर डिज़ाइन की वजह से हुआ था। यूनिवर्सिटी हॉल का निर्माण तीन साल पहले ही हुआ था। हालाँकि इसमें ख़ूबसूरत चेम्सफोर्ड ग्रेनाइट लगा था। मगर अंडरग्रैजुएट्स के लिए भोजन कक्ष उपयुक्त नहीं थे। अलग–अलग कक्षाओं के लिए अलग व्यवस्था तो थी मगर बीच में दीवार न होने की वजह से एक कक्षा के छात्र दूसरी कक्षा के छात्रों पर अन्य चीज़ें फेंक कर मारते थे। इससे उनमें झगड़ा शुरू हो जाता था। घटना के प्रत्यक्षदर्शी रहीं मेरी प्रेस्कॉट ने अपने भाई को पत्र में इसका ज़िक्र किया था। उन्होंने लिखा है– यहाँ कोई सरकार नहीं है। यह वाक्य कॉलेज में प्रायः इस्तेमाल होता था। उस रविवार की रात किसी छात्र ने मक्खन लगी ब्रैड फेंक कर मारी। इसका जवाब गर्म कॉफी और चाय के कपों से दिया गया। पहले प्लेटें और तश्तरियाँ चलीं। लकड़ी के कक्ष इस लड़ाई में छात्रों के लिए फ़ौजियों की खन्दक बन गये थे।

अगले दिन इस तोड़फोड़ के लिए छात्रों पर बड़ा ज़ुर्माना लगाया गया। इससे नाराज़ छात्रों ने फिर तोड़–फोड़ की तो उनमें से कुछ को सस्पेंड कर दिया। इससे स्थिति और बिगड़ गयी। 6 नवम्बर, 1818 को छात्र होलिस हॉल के सामने रिबेलियन ट्री के नीचे एकजुट हो गये और आन्दोलन शुरू कर दिया। उन्हें समझाने आये प्रोफ़ेसर को छात्रों ने चारों ओर से घेर कर नाचना शुरू कर दिया। ओल्ड पोप कहकर उनका मजाक उड़ाया। *द हार्वड गेजेट* के मुताबिक़ अगले दिन पाँच और छात्रों को सस्पेंड कर दिया गया और कॉलेज से निकाल दिया गया। 9 नवम्बर को हार्वड कॉर्पोरेशन की बैठक हुई। आन्दोलनकारी छात्रों के साथ सहमति बनी।

(Reference books : Three Centuries Of Harvafd, Cambridge, Massachusetts by Samuel Elliot Morrison, The History Of Commons At Harvard III by Samuel Batchelder)

जर्मन भाषा थोपने के ख़िलाफ़ आन्दोलन

1901 की वर्जेस्निया स्कूल स्ट्राइक इतिहास में प्रमुखता से दर्ज़ है। यह आन्दोलन पोलैंड के छात्रों पर जबरन जर्मन भाषा थोपे जाने के ख़िलाफ़ शुरू हुआ था और 1904 तक चला। पोलैंड के छात्रों के लिए दो वैकल्पिक विषय हुआ करते थे एक धर्म और दूसरा संगीत। 1901 में जर्मनी के नियन्त्रण में धर्म के विषय को हटाकर इसकी जगह जर्मन भाषा को विषय के रूप में लागू कर दिया गया। पोलैंड की संगीत इतिहासकार और कवयित्री माजा ट्रोचिम्जियक अपनी किताब *रोमांटिक सेंचुरी इन पॉलिश म्यूजिक* में इस हड़ताल का ज़िक्र करते हुए लिखती हैं कि वर्जीनिया के *द कैथोलिक पीपुल्स स्कूल* में अप्रैल (1901 ई.) में 118 छात्रों ने नयी जर्मन किताबें पढ़ने से इनकार कर दिया। अध्यापकों ने उन्हें एक कमरे में बन्द कर दिया और शारीरिक दण्ड दिया। इसका नतीज़ा यह हुआ कि एक सप्ताह के भीतर उन छात्रों के अभिभावक स्कूल के बाहर एकत्र हो गये और बच्चों को सज़ा देने के ख़िलाफ़ प्रदर्शन शुरू कर दिया।

यह 20 मई, 1901 की बात है, जब क़रीब 200 लोग स्कूल के बाहर प्रदर्शन कर रहे थे तो स्कूल प्रशासन ने पुलिस बुला ली। जर्मन अधिकारियों ने अभिभावकों को धमकी दी कि अब उनके बच्चे स्कूल में पढ़ नहीं पायेंगे और प्रदर्शन कर रहे अभिभावकों के ख़िलाफ़ अशान्ति फैलाने, ड्यूटी में बाधा डालने, जबरन स्कूल में घुसने और ऐसे ही अन्य अपराधों में मामले दर्ज़ कर लिए।

19 नवम्बर, 1901 को 26 प्रदर्शनकारी अभिभावकों को उक्त आरोपों में कुछ सप्ताह से लेकर दो साल तक की सज़ाएँ सुना दीं गयीं। पोलैंड के लोगों ने इन अभिभावकों के समर्थन में कमेटी बनाई तो जर्मन अधिकारियों ने इन कमेटियों को भँग कर इनके सदस्यों पर भी मामले दर्ज़ करा दिये। हालाँकि जर्मन अधिकारियों की इस हरकत से लोग डरे नहीं, बल्कि उनका गुस्सा और बढ़ गया। मुक़दमों के बावज़ूद प्रदर्शन जारी रहे। कुछ अभिभावकों ने अपने बच्चों को अन्य स्कूलों में डाल दिया। दूसरी ओर स्कूल प्रशासन ने एक अलग बैरक बनाकर आन्दोलनकारी छात्रों को अन्य बच्चों से अलग कर उसमें डाल दिया। स्कूल में पोलिश भाषा बोलने पर पाबन्दी लगा दी गयी। यहाँ तक कि पुलिस आकर बच्चों की हाजिरी लेने लगी। अन्ततः 1903 में प्रशासन ने जर्मन भाषा का विरोध कर रहे छात्रों को आम माफी की घोषणा की। इसके बाद 1904 आते–आते यह आन्दोलन भी ख़त्म हो गया।

(Reference books : Commemorations and the Shaping of Modern Poland by Patrice M. Dabrowski)

चीन का चार मई आन्दोलन

पिछली सदी के शुरू में चीन में साम्राज्यवाद के ख़िलाफ़ एक बड़ा राजनीतिक और सांस्कृतिक छात्र आन्दोलन हुआ था, यह इतिहास में चार मई के आन्दोलन के नाम से दर्ज़ है। यह आन्दोलन 4 मई, 1919 को बीजिंग से शुरू हुआ। यह आन्दोलन पहला विश्वयुद्ध ख़त्म होने के बाद हुई वर्साय की सन्धि के विरोध में शुरू हुआ। छात्रों का आरोप था कि चीनी सरकार ने सन्धि में शानदोंग का इलाक़ा जापान को देने का कोई विरोध नहीं किया। जल्द ही यह आन्दोलन पूरे देश में फैल गया। चीन के नेता और पारम्परिक बुद्धिजीवी इस आन्दोलन के समर्थन में नहीं आये और यह छात्रों और आम जनता का आन्दोलन बन गया। प्रथम विश्वयुद्ध में चीन मित्र देशों की ओर से लड़ा था। क़रीब एक लाख चालीस हज़ार चीनी श्रमिकों को ब्रिटिश सेना का हिस्सा बनाकर फ्रांस भेजा गया था। वर्साय की सन्धि के दौरान चीनी सरकार ने अपने तीन अनुरोध रखे थे। पहला चीन में विदेशी ताक़तों के विशेषाधिकार ख़त्म किये जायें, दूसरा जापान की चीन से 21 माँगों को निरस्त किया जाये तथा तीसरा शानदोंग प्रान्त के अधिकार वापिस चीन को दिये जायें, जिसे विश्वयुद्ध के दौरान

जर्मनी ने जापान को दे दिया था। मगर बैठक में पश्चिमी मित्र देशों ने चीन की माँगों पर कोई ध्यान नहीं दिया।

4 मई, 1919 की सुबह चीन के 13 अलग–अलग विश्वविद्यालयों के छात्र बीजिंग में इकट्ठे हुए और पाँच माँगों का प्रस्ताव बनाया। शानदोंग प्रान्त को जापान को देने का हर स्तर पर विरोध किया जायेगा। चीन की अस्थिर राजनीतिक स्थिति के प्रति हर चीनी को जागरूक किया जायेगा। बीजिंग में बड़े पैमाने पर प्रदर्शन किया जाये। बीजिंग स्टूडेंट यूनियन बनायी जायेगी। वर्साय की सन्धि के ख़िलाफ़ आज दोपहर से ही प्रदर्शन शुरू किया जायेगा।

4 मई को दोपहर बाद यूनिवर्सिटियों के चार हज़ार से ज़्यादा छात्र जुलूस के रूप में थिनानमिन चौक पर एकत्र हुए। वे नारे लगा रहे थे कि देश की सम्प्रभुता के लिए लड़ो और घर में बैठे दलालों से छुटकारा पाओ। न तो 21 माँगें मंजूर हैं और न वर्साय की सन्धि। इसके साथ ही उन्होंने जापानी सामान के बहिष्कार का भी आह्वान किया। उनका आरोप था कि जापानियों से मिले तीन अधिकारियों से इस्तीफ़ा लिया जाये। छात्र यहीं तक नहीं रुके, उन्होंने उक्त तीनों अधिकारियों के घरों को घेरकर आग लगा दी और उनके नौकरों की पिटाई की। इसके बाद पुलिस ने प्रदर्शनकारी छात्रों को गिरफ़्तार कर लिया। उनकी पिटाई की और जेल भेज दिया।

छात्रों को जेल भेजे जाने के विरोध में अगले दिन चीन के सभी बड़े शहरों में छात्र हड़ताल पर चले गये। छात्रों के आन्दोलन को देशभक्ति का काम बताते हुए बहुत से व्यापारी और श्रमिक भी इससे जुड़ गये। नतीजा यह हुआ की जून में शंघाई के व्यापारियों और श्रमिक ने इस आन्दोलन के समर्थन में हड़ताल कर दी। इस तरह आन्दोलन का केन्द्र बीजिंग से शंघाई हो गया। बुद्धिजीवी भी आन्दोलन के पक्ष में आ गये। सभी 13 यूनिवर्सिटियों के कुलपतियों ने गिरफ़्तार छात्रों की तत्काल रिहाई की माँग की। पेकिंग यूनिवर्सिटी के कुलपति काई युवानपेयी ने तो अपने पद से इस्तीफ़ा दे दिया। नागरिक समितियाँ, चैम्बर ऑफ कॉमर्स, अख़बार और मैगजीन सब छात्रों के समर्थन में आ गये थे। व्यापारियों ने चीनी सरकार को टैक्स देने से इनकार कर दिया। आख़िर चीनी सरकार को झुकना पड़ा। सरकार ने सभी गिरफ़्तार छात्रों को रिहा किया, तीनों चीनी अधिकारियों काओ रूलिन, झांग जोंगजियाँ तथा लु जोंग्यु,

जिन पर जापानियों से तालमेल का आरोप था, को बर्खास्त किया और चीन ने वर्साय की सन्धि पर हस्ताक्षर करने से इनकार कर दिया। इस छात्र आन्दोलन ने चीन में नयी राजनीतिक चेतना को जन्म दिया। इससे ही नैशनल पार्टी का पुनर्गठन हुआ। भविष्य में चीनी कम्युनिस्ट पार्टी के जन्म के बीज भी इसी आन्दोलन ने बो दिये थे।

(Reference books : Bitter Revolution : China's Struggle with the Modern World by Rana Mitter, Voices from the Iron House: Study of Lu Xun by Leo Ou-Fan Lee, The Gate of Heavenly Peace: The ChineseAnd Their Revolution by Jonathan D. Spence)

30 मई का आन्दोलन

हालाँकि यह देश की कॉटन मिलों में जापानी फोरमैन और चीनी मज़दूरों के बीच की लड़ाई का मामला था, जिसे चीनी छात्रों ने आगे बढ़कर एक आन्दोलन का रूप दे दिया। 30 मई, 1925 को शंघाई के नानजिंग रोड पर आन्दोलन कर रहे छात्रों पर अंग्रेज़ पुलिस कप्तान ने गोली चलाने के आदेश दे दिये थे। इसमें कई प्रदर्शनकारी मारे गये, जिनमें छात्र भी थे।

चीन में जापानियों के स्वामित्व वाली आठ कपड़ा मिलें थीं। इनमें जापानी और चीनी कर्मचारियों के बीच अक़सर झगड़े होते रहते थे। फ़रवरी 1925 में एक ऐसे ही झगड़े में एक जापानी मैनेजर मारा गया। इसके बाद जापानी कर्मचारी मिलों में ड्यूटी पर पिस्तौल लेकर आने लगे। 15 मई को चीनी श्रमिकों में से एक कु चेन हुंग को जापानी फोरमैन ने गोली मार दी। हुंग को चीनी श्रमिक यूनियन और छात्र संगठनों ने शहीद का दर्ज़ा दे दिया और देश में जापानी स्वामित्व वाली फैक्ट्रियों के ख़िलाफ़ आन्दोलन शुरू कर दिया। कू के अन्तिम संस्कार के मौक़े पर एक बड़ा जुलूस निकाला गया और 30 मई को एक बड़े प्रदर्शन की चेतावनी भी दे दी गयी।

30 मई 1925 की सुबह–सवेरे ही पुलिस ने छात्रों की धरपकड़ शुरू कर दी। छात्र संगठनों के 15 रिंग लीडर नजिंग रोड के आस–पास से गिरफ़्तार कर लिए गये। इसके विरोध में दोपहर बाद भीड़ का हुज़ूम पुलिस थाने के बाहर एकत्र हो गया। वे सभी छात्रों को छोड़े जाने की माँग कर रहे थे और पुलिस के ख़िलाफ़ नारे लगा रहे थे। क़रीब एक दर्ज़न पुलिसकर्मियों जिनके साथ तीन ब्रिटिश पुलिस अधिकारी थे ने भीड़ को

थाने में घुसने से रोकने की कोशिश की। तभी भीड़ में से किसी ने नारा लगाया कि विदेशियों को मारो। इस पर इंस्पेक्टर एडवार्ड एवर्सन ने अपनी रिवॉल्वर से भीड़ पर गोली चला दी, उनके पीछे अन्य पुलिसकर्मियों ने भी ऐसा किया और कुल 40 राउंड फायर किये गये। इसमें चार प्रदर्शनकारी मौक़े पर ही मारे गये और 14 घायलों को हस्पताल में भर्ती कराया गया।

अगले दिन 31 मई को छात्रों का हुज़ूम सड़कों पर था। वे माँग कर रहे थे कि न तो दुकानों पर कोई गैर–चीनी चीज़ बिके और न ही विदेशियों को नौकरी पर रखा जाये। फ़ायरिंग में शामिल सभी पुलिसकर्मियों पर वे कार्रवाई की माँग कर रहे थे। इस पर 1 जून को नगर परिषद ने शंघाई में मार्शल ला लगाने की घोषणा कर दी। इसके विरोध में शंघाई के व्यापारी और कर्मचारी हड़ताल पर चले गये। हिंसक प्रदर्शन शुरू हो गये। विदेशियों पर हमले किये जाने लगे। उनकी दुकानों को लूटा जाने लगा। जल्द ही विदेशियों के ख़िलाफ़ यह आन्दोलन पूरे देश में फैल गया। अन्ततः 30 मई को गिरफ़्तार किये गये 15 रिंग लीडरों की सजा पर रोक लगा दी गयी। 30 मई की घटना की जाँच के लिए दो आयोग बनाये गये। एक में चीनी अधिकारी और दूसरे में अन्तरराष्ट्रीय अधिकारियों की टीम थी।

(Reference books : From War to Nationalism : China's Turning Point by Cathal J. Nolan, Uraban Mass Movement : The May Thirtieth Movement in Shanghai : Modern Studies by Ku Hung-Thing)

बुखारेस्ट छात्र आन्दोलन–1956

पोलैंड में स्टालिनवादियों को सत्ता से बाहर कर जिससे व्लादिस्लाव गोमुल्का की सत्ता का उदय हुआ। उसने पूर्वी देशों पर भी अपना प्रभाव डाला, ख़ासकर छात्रों पर। उसके बाद हंगरी में क्रान्ति हुई और उसने भी खुद को रूस समर्थक शासन से मुक्त कर लिया। हंगरी की क्रान्ति का असर कम्युनिस्ट देश रोमानिया के छात्रों पर भी पड़ा। न सिर्फ़ राजधानी बुख़ारेस्ट बल्कि अन्य शहरों तिमिसोआरा, क्लुजी, तार्गु मुरेस और लासी में भी लोग इस पर चर्चा कर रहे थे और प्रतिक्रियाएँ कर रहे थे।

पश्चिमी यूरोपीय देशों का रेडियो सन्देश भी युवाओं को उत्साहित कर रहा था कि अगर कम्युनिस्ट शासन के ख़िलाफ़ कोई आन्दोलन होता है

तो पश्चिम इसका समर्थन करेगा। हंगरी में क्रान्ति चल ही रही थी कि बुखारेस्ट यूनिवर्सिटी के छात्रों ने प्रदर्शन शुरू कर दिया। इसके बाद तिमिसोआरा, क्लुजी, तार्गु मुरेस और लासी काउंटी में भी ऐसे प्रदर्शन शुरू हो गये। छात्रों ने मन्त्रिपरिषद के उपसभापति लोसिफ चिसिनेव्स्की को अपने सवालों का पत्र भेजा और उनका जवाब माँगते हुए आन्दोलन तेज़ कर दिया।

लोसिफ कम्युनिस्ट पार्टी के सैद्धान्तिक मसले देखते थे मगर सवाल सभी अलग थे। मसलन– अगर रोमानिया की सोवियत संघ से अलग देश के रूप में पहचान है तो सांस्कृतिक महत्त्व वाला देश बेसाराबिया रोमानिया को वापिस क्यों नहीं दिया गया? किसानों को बच्चों वाले ताबूत क्यों दिये जाते हैं, जबकि रोमानिया में लकड़ी की कोई कमी नहीं है? रोमानिया कृषि प्रधान देश है तब ब्रैड राशन कार्ड से क्यों मिलती है? बुल्गारिया से नकली वाइन क्यों ख़रीदी जाती है? वियतनाम को लागत से भी सस्ते बिजली मीटर क्यों बेचे गये? चूँकि सवाल राजनीतिक नहीं थे इसलिए न तो लोसिफ ने और न ही पार्टी नेतृत्व ने इनका कोई जवाब नहीं दिया। छात्रों ने सरकार पर नकारात्मक दृष्टिकोण अपनाने का आरोप लगाते हुए आन्दोलन और तेज़ कर दिया। हाईस्कूलों में रूसी भाषा और राजनीति शास्त्र पढ़ाने का विरोध भी छात्रों ने शुरू कर दिया। सिर्फ़ छात्र ही नहीं कई प्रोफ़ेसरों ने भी अपनी कक्षाएँ छोड़ दीं। 28 अक्टूबर, 1956 एक गुप्त रेडियो स्टेशन *रोमानिया ऑफ द फ्यूचर* शुरू हुआ। इस पर भी छात्रों के सवाल दोहराये गये। समझा जाता है कि इसका प्रसारण यूगोस्लाविया से शुरू हुआ था और यह एक राष्ट्रवादी प्रसारण था।

30 अक्टूबर, 1956 को तिमिसोआरा में क़रीब 3000 छात्रों ने कम्युनिस्ट शासन के ख़िलाफ़ विद्रोह कर दिया और वे नारे लगाते हुए सड़कों पर आ गये। उन सभी छात्रों को गिरफ़्तार कर लिया गया। हालाँकि इस धरपकड़ को सरकार ने छुपाने की कोशिश की मगर बुखारेस्ट में छात्र नेताओं तक यह बात पहुँच गयी कि तिमिसोआरा में कोई गम्भीर घटना हो गयी है। 5 नवम्बर को 1956 को छात्रों की एक्शन कमेटी के नेतृत्व में छात्र यूनिवर्सिटी स्क्वेयर में जुटे। रात में ही सुरक्षाबलों की इस क्षेत्र में तैनाती हो गयी थी। सभी स्वचालित हथियारों से लैस थे। इसके साथ ही छात्रों की धरपकड़ शुरू कर दी गयी। यह धरपकड़ 1957 तक चली। कुछ छात्रों को एक से चार साल तक की सजा सुनायी गयी।

कुछ क़ैद में ही मर गये। सभी विश्वविद्यालयों में सरकार ने कड़ी निगरानी शुरू कर दी। इस तरह इस छात्र आन्दोलन को सरकार ने पूरी तरह दबा दिया। इस आन्दोलन के बारे में लिखा भी काफ़ी कम गया। इसमें हिस्सा लेने वाले लोगों ने ही बाद में अपनी यादों को सार्वजनिक रूप से साझा किया। इनमें से एक मिहाई स्टेरे देरदेना ने 2002 में इस पर लेख भी लिखा था। इसके बाद 2006 में स्टेला कोवासी की एक किताब भी इस पर आयी थी।

(ख) सत्तर और अस्सी के दशक के आन्दोलन

अमेरिका में 1970 का छात्र आन्दोलन

30 अप्रैल, 1970 अमेरिकी राष्ट्रपति निक्सन ने वियतनाम युद्ध को जारी रखने की घोषणा की। इसके अगले दिन एक मई को अमेरिकी कॉलेजों और विश्वविद्यालयों के छात्र विरोध में आ गये। मैरीलैंड यूनिवर्सिटी के क़रीब 1500 छात्रों की भीड़ ने वायुसेना के शस्त्रगृह का घेराव कर दिया। उनकी सुरक्षा अधिकारियों के साथ झड़प हुई। सिनसिनाटी विश्वविद्यालय के छात्रों ने शहर के बीचोंबीच सबसे व्यस्त मार्ग को जाम कर दिया। सबसे उग्र काम केंट स्टेट यूनिवर्सिटी के छात्रों ने किया। उन्होंने केंट स्टेट में रिजर्व ऑफिसर ट्रेनिंग कोर की इमारत में आग लगाने की कोशिश की।

4 मई, 1970 को केंट स्टेट में एक दुखद घटना हुई जब अर्द्ध प्रशिक्षित नैशनल गाड्‌र्स ने प्रदर्शनकारी छात्रों पर फ़ायरिंग कर दी। इससे चार छात्र मारे गये और दस अन्य घायल हुए। इसका नतीज़ा यह हुआ कि देश की सभी 450 से ज़्यादा यूनिवर्सिटियों के छात्र आन्दोलन में कूद पड़े। देश भर में छात्रों के विरोध प्रदर्शन शुरू हो गये और इनमें कई हिंसक भी हुए।

7 मई, 1970 को वॉशिंगटन यूनिवर्सिटी में छात्रों ने हिंसक प्रदर्शन किया। खिड़कियाँ–दरवाज़े तोड़ डाले। पुलिस जब उन्हें खदेड़ने पहुँची तो 'सूअर आ रहे हैं' यह कहते हुए पथराव कर दिया। प्रदर्शन थमने का नाम नहीं ले रहे थे। 8 मई को वॉशिंगटन में क़रीब एक लाख और सेन फ्रांसिस्को में डेढ़ लाख की भीड़ ने प्रदर्शन किया। ये प्रदर्शन सैन्य प्रशिक्षण संस्थानों के पास किये जा रहे थे। एक ट्रेनिंग कोर के एक कार्यालय पर बम फेंका गया और इसमें आग लगा दी गयी। काफ़ी जगह प्रदर्शन

शान्तिपूर्वक भी चले। न्यूयॉर्क यूनिवर्सिटी में छात्र एक बैनर लगाकर शान्ति से बैठे रहे। इस बैनर पर लिखा था "They Can't Kill Us All." (वे हम सबको नहीं मार सकते)।

2007 में हिस्ट्री चैनल पर निक्सन के कार्यकाल पर प्रसारित एक कार्यक्रम में निक्सन के प्रमुख भाषण लेखक रहे रे प्राइस ने इस छात्र आन्दोलन को वियतनाम युद्ध के ख़िलाफ़ एक गृहयुद्ध करार दिया था। प्राइस 1969–1974 तक तत्कालीन राष्ट्रपति निक्सन के मुख्य भाषण लेखक थे। यादों को साझा करते हुए प्राइस ने कहा था– शहर जैसे सैन्य शिविर बन गया था। भीड़ खिड़कियों को तोड़ रही थी। टायर जला रही थी। पार्किंग में खड़ी कारों को धकेल कर चौराहों पर ले आयी थी और जाम लगा दिया था। पुलों पर चढ़कर नीचे से गुज़र रहे ट्रैफिक पर गन्दी चीज़ें फेंकी जा रहीं थीं। यह छात्रों का प्रदर्शन नहीं था, यह तो गृहयुद्ध था। बिगड़े हालातों को देखते हुए राष्ट्रपति निक्सन को सुरक्षा कारणों से व्हाइट हाउस से निकाल कर दो दिन तक कैम्प डेविड में रखा गया। छात्रों को नियन्त्रित करने के लिए सेना बुलाने की घोषणा कर दी गयी।

अन्ततः 9 मई को राष्ट्रपति निक्सन ने सुबह सवा चार बजे लिंकन मेमोरियल में 30 प्रतिनिधि छात्रों से बातकर सहमति पत्र तैयार किया। जो छात्र वियतनाम युद्ध का विरोध कर रहे थे, उन्हें निक्सन ने विदेशी कम्युनिस्टों के बहकावे में आये छात्र कहाँ कैम्पस की घटनाओं की जाँच के लिए प्रेजिडेंट्स कमीशन बनाया गया।

एथेंस में सैन्य शासन के ख़िलाफ़ खड़े हुए थे छात्र

जर्मनी के नियन्त्रण से निकलने के बाद गृहयुद्ध में फँसे यूनान पर 21 अप्रैल, 1967 में सैन्य शासन हो गया था। सैन्य शासन के ख़िलाफ़ 14 नवम्बर, 1973 एथेंस की नैशनल टेक्नोलॉजी यूनिवर्सिटी, जिसे एथेंस पॉलिटेक्निक कहा जाता था, के छात्रों ने आन्दोलन किया। सेना ने यूनिवर्सिटी के गेट पर टैन्क चढ़ा दिये और बेरहमी से छात्राओं की हत्याएँ कर इस आन्दोलन को 17 नवम्बर को कुचल दिया गया।

जब से सेना ने यूनान पर क़ब्ज़ा किया था, उसने सभी नागरिक अधिकार ख़त्म कर दिये थे। राजनीतिक दलों को भँग कर दिया था। बहुत से नेताओं को देश निकाला दे दिया गया या क़ैद में डाल कर प्रताड़ित किया जा रहा था। 1973 में सैन्य शासन में थोड़ा बदलाव कर शासन के

लिए सैन्य अधिकारियों की एक कमेटी बना दी गयी, जिसे मिलिट्री जुंटा कहा जाता था। इसका नेतृत्व जियोर्जिस पापाडोपौलोस के हाथ में था। उसने कुछ उदारवादी क़दम उठाये नेताओं को रिहा किया और कई तरह की सेंसरशिप ख़त्म की। साथ ही यह वादा भी किया कि लोकतन्त्र भी बहाल किया जायेगा और चुनाव करवाये जायेंगे।

जुंटा नेताओं को अमेरिकी ख़ुफ़िया एजेन्सी सी.आई.ए. का समर्थन प्राप्त था, क्योंकि अमेरिका नहीं चाहता था कि यूनान में विपक्ष में बैठीं सोशलिस्ट शक्तियाँ मज़बूत हों। तत्कालिक अमेरिकी उपराष्ट्रपति स्पिरो एग्न्यू ने जुंटा की यह कहकर तारीफ़ भी की कि यूनान में सबसे अच्छी बातें होने जा रही हैं।

जुंटा के ख़िलाफ़ छात्रों का पहला आन्दोलन 21 फ़रवरी, 1973 एथेंस यूनिवर्सिटी के लॉ स्कूल के छात्रों ने किया। उन्होंने यूनिवर्सिटी के गेट पर बैरिकेड लगा दिये और ख़ुद को अन्दर बन्द कर लिया। वे देश के युवाओं पर दर्ज़ किये जाने वाले देशद्रोह के मुक़दमों को ख़त्म करने की माँग कर रहे थे। पुलिस ने छात्रों पर हमला बोल दिया और पूरी क्रूरता से उनके आन्दोलन को ख़त्म करवा दिया।

छात्रों के प्रति क्रूर व्यवहार ने अन्य छात्रों और लोगों को गुस्से से भर दिया था। जुंटा की तानाशाही के ख़िलाफ़ लोगों का गुस्सा बढ़ रहा था। 14 नवम्बर, 1973 को एथेंस पॉलिटेक्निक के छात्रों ने हड़ताल शुरू कर दी और सैन्य सरकार के ख़िलाफ़ धरने पर बैठ गये। जैसे ही अधिकारी उन्हें हटाने पहुँचे उन्होंने यूनानी लड़ाइयों पर ग्रीक कवि डियोंसियस सोलोमोस का गीत 'घेरबन्दी ख़त्म करो' गाना शुरू कर दिया। इसके बाद पुलिस ने यूनिवर्सिटी की घेराबन्द कर दी। मगर छात्रों के आगे उसकी एक न चली और पुलिस यूनिवर्सिटी में नहीं घुस पायी। छात्र जुंटा की तुलना नाजी जर्मनी से कर रहे थे और अमेरिका और नाटो के ख़िलाफ़ नारेबाजी कर रहे थे।

15 नवम्बर, 1973 को एथेंस के हज़ारों नागरिक छात्रों के समर्थन में उमड़ पड़े। टेक्नोलॉजी की छात्रा मारिया डेमानाकी ने कैम्पस से रेडियो ट्रांसमिशन शुरू कर दिया और 'रोटी–शिक्षा–आज़ादी' का लोकप्रिय नारा दिया। डेमानाकी बाद में यूनान की बड़ी राजनेता बनीं। निर्माण क्षेत्र में लगे मज़दूरों ने भी एक कमेटी सी.सी.ओ. का गठन किया और वे भी छात्रों के समर्थन में आ गये। यूनान के एक और ऐतिहासिक कस्बे मेगारा में हज़ारों किसानों ने छात्रों के समर्थन में प्रदर्शन शुरू कर दिया।

16 नवम्बर को छात्रों और सी.सी.ओ. ने जुंटा के शासन को ख़त्म करने की घोषणा कर दी। जुंटा के मन्त्रियों के घरों पर हमले शुरू होगये। मुख्य सड़कें जाम कर दीं गयीं। जगह–जगह आग लगा दी गयी। जुंटा ने सख़्ती से इसका जवाब देने का फ़ैसला किया। पॉलिटेक्निक के साथ लगती इमारत पर स्नाइपर तैनात कर दिये गये। कुल 24 लोग मारे गये। छात्रों ने ख़ुद को पॉलिटेक्निक में बन्द कर रखा था और लगातार वह रेडियो पर पूरे एथेंस को सम्बोधित कर रहे थे। लोग उनके समर्थन में जुट रहे थे।

17 नवम्बर, 1973 को दिन निकलने से पहले सैन्य सरकार ने टैन्कों से पॉलिटेक्निक के सभी मुख्य द्वारों को तुड़वा दिया। इससे पहले शहर की सारी बत्तियाँ बन्द करा दीं गयीं। मार्शल ला लगा दिया गया। ए.एम.एक्स.–30 टैंक के ज़रिये सुबह क़रीब 3 बजे मुख्य द्वार तोड़ा गया। मौक़े पर मौजूद एक डच पत्रकार ने इस घटना की एक अपुष्ट–सी फ़िल्म उस समय तैयार की थी। स्टील के गेट को जब टैंक से तोड़ा जा रहा था तो छात्र उसे दूसरी ओर से पकड़े हुए थे। छात्र रेडियो पर सैनिकों को अपने हथियार वाले भाइयों कहकर सम्बोधित कर रहे थे और उनसे न लड़ने का आग्रह कर रहे थे। रेडियो पर यूनान का राष्ट्र–गीत शुरू कर दिया गया। यह तब तक बजता रहा जब तक टैंक अन्दर नहीं पहुँच गये और सेना ने क़ब्ज़ा कर रेडियो ट्रांसमिशन को बन्द नहीं कर दिया। दोपहर को जुंटा ने घटना की जाँच के आदेश दे दिये। उस दिन की बीबीसी की रिपोर्ट के मुताबिक़ एथेंस पॉलिटेक्निक के बाहर 24 नागरिकों की मौत दर्ज़ की गयी थी। सैकड़ों अन्य घायल हुए थे।

दक्षिण अफ्रीका में अश्वेत छात्रों का आन्दोलन

1976 में दक्षिण अफ्रीका के जोहान्सबर्ग के कस्बे सोवेटो में अश्वेत छात्रों का आन्दोलन हुआ था। वे पश्चिमी भाषा अफ्रीकांस को शिक्षा का माध्यम बनाने का विरोध कर रहे थे। पुलिस ने बड़ी क्रूरता से इस आन्दोलन का दमन किया। सैकड़ों छात्रों की गोली मार कर हत्या कर दी गयी।

अफ्रीका के सभी अश्वेत स्कूलों में अफ्रीकांस और अंग्रेज़ी की मिली–जुली भाषा पढ़ाई जाती थी। 1974 में बेंटो एजुकेशन के रीजनल डायरेक्टर जे.जी. इरासमस ने आदेश दिये कि 1 जनवरी, 1975 से सभी स्कूलों में सातवीं कक्षा से गणित और समाज विज्ञान अफ्रीकांस भाषा माध्यम

में ही पढ़ाये जायें। विज्ञान और कृषि जैसे व्यावहारिक विषय अंग्रेज़ी में तथा धर्म संस्कृति स्थानीय भाषा में पढ़ाए जायें।

दूसरी और अंग्रेज़ी शासन और उद्योग जगत की मुख्य भाषा थी। साउथ अफ्रीका संघ के 1909 में बने एक नियम के मुताबिक़ भी अंग्रेज़ी और डच को ही आधिकारिक भाषा माना गया था। 1925 में इसमें अफ्रीकांस को भी शामिल कर लिया गया था। लेसोथो के बिशप डजमंड टुटु ने भाषा सम्बन्धी निर्देशों का विरोध किया और इसे भेदभाव बढ़ाने वाला बताया।

30 अप्रैल, 1976 को सोवेटो में ओरलैंडो वेस्ट जूनियर स्कूल के बच्चों ने स्कूल जाने से मना कर दिया। देखते–ही–देखते सोवेटो के अन्य अश्वेत स्कूलों में भी बच्चों ने हड़ताल कर दी। 13 जून, 1976 को मोरिस आइजकसन हाई स्कूल के छात्रों ने बैठक बुलाई और छात्रों की एक्शन कमेटी गठित कर 16 जून को एक बड़ी रैली का आयोजन किया।

16 जून, 1976 की सुबह अश्वेत स्कूलों के क़रीब 20 हज़ार बच्चे ओरलैंडो स्टेडियम में एकत्र हुए। शिक्षकों ने भी छात्रों के इस जुलूस का समर्थन किया। मोरिस आइजकसन हाई स्कूल का छात्र त्सिएत्सी मशीनीनी इस जुलूस का नेतृत्व कर रहा था। पुलिस जहाँ भी बैरीकेड लगा देती, जुलूस अपना रास्ता बदल कर दूसरी ओर चल पड़ता। सभी को यह हिदायत दी जा रही थी कि कोई पुलिस से न उलझे।

यह जुलूस ओरलैंडो हाई स्कूल के पास पहुँच गया। पुलिस ने जुलूस पर अपने प्रशिक्षित कुत्ते छोड़ दिये। छात्रों ने कुत्तों को मार दिया। इस पर पुलिस ने बच्चों पर सीधे फ़ायरिंग शुरू कर दी। 23 बच्चे मारे गये।

इस घटना पर दक्षिण अफ्रीका के फ़ोटोग्राफ़र सेम न्जिमा की एक फ़ोटो बेहद चर्चित हुई थी जिसमें एक 15 साल का छात्र हेस्टिंग्स पुलिस की गोली से घायल 13 साल के एक अन्य छात्र हैक्टर पीटरसन को गोद में लेकर दौड़ रहा है और उसके साथ रोते हुए उसकी बहन दौड़ रही है। यह तस्वीर इस आन्दोलन और छात्रों से हुई बर्बरता का पूरी दुनिया में प्रतीक बन गयी थी।

पुलिस फ़ायरिंग के बाद सोवेटो में हिंसा भड़क गयी। अश्वेतों के लिए काम कर रहे डॉ. मलविली ऐडल्सटीन को भीड़ ने पथराव कर मार डाला। भीड़ सरकारी सम्पत्ति को निशाना बना रही थी और रात भर हिंसा चलती रही। आपातकालीन हस्पताल घायल बच्चों और उनके शवों से भर गये।

इस हिंसा में 700 के क़रीब लोग मारे गये। मगर सरकारी आँकड़ों के अनुसार 23 छात्रों की मौत की बात ही मानी गयी। घायल होने वालों की संख्या तो हज़ारों में थी।

17 जून, 1976 को हथियारों से लैस 1500 पुलिसकर्मी शहर में तैनात कर दिये गये। सेना को भी तैयार रहने को कह दिया गया। बच्चों से जिस तरह पेश आया गया था, उससे दक्षिणी अफ्रीकी सरकार की दुनिया में काफ़ी आलोचना हुई।

(Reference : The White Tribe Of Africa by David Harrison, The Road To Democracy In South Africa by Sifiso Mxolisi Ndlovu)

थियानमेन चौक का नरसंहार

4 जून, 1989 को चीन की राजधानी बीजिंग में थियानमेन चौक पर जो नरसंहार हुआ था, उस आन्दोलन का नेतृत्व भी छात्र कर रहे थे। इसे 89 का लोकतन्त्र के लिए आन्दोलन भी कहा जाता है। यह आन्दोलन उस साल अप्रैल में शुरू हुआ था और जून में कम्युनिस्ट सरकार ने इसे सेना का इस्तेमाल कर कुचल दिया था। सेना ने असॉल्ट राइफलों और टैंक लेकर आन्दोलनकारियों पर हमला बोला था। चीन की राजधानी और अन्य शहरों में भी कई जगह यह आन्दोलन फैल गया था। इसमें सैकड़ों लोग मारे गये और हज़ारों घायल हुए। मगर चीनी सेना ने थियानमेन चौक पर एक भी मौत स्वीकार नहीं की।

माओ त्से तुंग की 1976 में मौत के साथ ही चीन की सांस्कृतिक क्रान्ति दम तोड़ रही थी। माओ की क्रान्ति से देश के मूल आर्थिक और सामाजिक ढाँचे को काफ़ी नुक़सान पहुँचा था। जनता पर राजनीतिक सिद्धान्त थोपे जा रहे थे। दिसम्बर, 1978 में देंग शियोपिंग चीन के नेता बने और उन्होंने देश की अर्थव्यवस्था में सुधार के लिए कई कार्यक्रम शुरू किये। कृषि और उद्योग में निजी क्षेत्र के आने से देश की आय तेज़ी से बढ़ी मगर साथ ही भ्रष्टाचार और भाई भतीजावाद भी शुरू हो गया।

इससे लोगों में नाराज़गी बढ़ी और देश के बुद्धिजीवियों ने कहना शुरू कर दिया कि लोकतान्त्रिक व्यवस्था ही इन बुराइयों का हल है। 1988 में देंग ने बाज़ार मूल्य निर्धारण नीति में छूट देने को मंजूरी दी। इसके साथ ही पूरे चीन में ज़माखोरों का आतंक हो गया।

उपभोक्ता मूल्य सूचकांक में 30 फीसद की बढ़ोतरी दर्ज़ की गयी। ज़रूरी चीज़ों के मूल्य इतनी तेज़ी से बढ़ने लगे कि मज़दूर उन्हें ख़रीदने लायक नहीं रहे।

1986 में एस्ट्रोफिजिक्स के प्रोफ़ेसर फेंग लिझी प्रिंस्टन यूनिवर्सिटी से चीन लौट आये थे। वह सभी विश्वविद्यालयों में घूम–घूमकर आज़ादी, मानवाधिकार, सत्ता के विकेन्द्रीकरण पर भाषण दे रहे थे। उनके भाषण छात्रों को प्रभावित कर रहे थे। चीन के बुद्धिजीवी समुदाय पर भी उनका काफ़ी प्रभाव था। इस पर देंग ने फेंग को चेतावनी भी दी कि वे पश्चिमी जीवन–शैली का अन्धानुकरण न करें।

फेंग से प्रभावित होकर दिसम्बर 1986 में छात्रों ने सुधारों की गति को धीमा बताते हुए पहला प्रदर्शन किया। उन्होंने लोकतन्त्र, आर्थिक उदारीकरण और क़ानून के शासन की माँग भी उठायी। यह प्रदर्शन हेफई में किया गया था, जहाँ फेंग रहते थे। कुछ समय बाद शंघाई और बीजिंग में भी ऐसे प्रदर्शन हुए तो सरकार हरक़त में आ गयी। जनरल सैक्रेटरी हु योबैंग पर प्रदर्शनों के प्रति नरम रुख़ अपनाने का आरोप लगाते हुए 16 जनवरी 1987 को उनका इस्तीफ़ा ले लिया गया। इससे छात्रों में हु की लोकप्रियता काफ़ी बढ़ गयी।

15 अप्रैल, 1989 को दिल का अचानक दौरा पड़ने से हु की मौत हो गयी। छात्रों ने इस मौत की वजह सरकार को माना। यूनिवर्सिटियों में बड़ी संख्या में छात्र हु के प्रति सम्मान प्रकट करने के लिए एकत्र हुए। ज़्यादातर छात्रों के हाथ में ऐसे पोस्टर थे जिनमें प्रेस की आज़ादी, लोकतन्त्र की बहाली और भ्रष्टाचार ख़त्म करने की माँग की गयी थी। बीजिंग यूनिवर्सिटी और शिन्हुआ यूनिवर्सिटी के छात्र थियानमेन चौक पर इकट्ठे हुए। अगले दिन अन्य यूनिवर्सिटियों के छात्र भी वहाँ पहुँचने शुरू हो गये। चौक के पास स्थित ग्रेट हाल में छात्र एकत्र हुए और वहाँ वक़्ताओं ने देश की समस्याओं पर भाषण शुरू कर दिये। जल्द ही पुलिस पहुँच गयी और हॉल को खाली करवा दिया।

17 अप्रैल, 1989 की रात छात्र एक बार फिर थियानमेन चौक पहुँचे और उन्होंने सरकार से सात माँगें रखीं। ये सभी लोकतन्त्र बहाली, मीडिया की आज़ादी, शिक्षा का फंड बढ़ाने और भ्रष्टाचार ख़त्म करने से जुड़ी थीं। इसके बाद छात्र वहीं चौक पर जम गये। अगले दिन पुलिस ने उन्हें हटाने की कोशिश की तो वे धरने पर बैठ गये। 20 अप्रैल को छात्रों को हटाने के लिए पुलिस ने लाठीचार्ज किया और छात्रों को खदेड़ दिया।

22 अप्रैल को हु का राजकीय सम्मान से संस्कार किया जाना था। इससे एक दिन पहले ही एक लाख छात्र थियानमेन चौक पर एकजुट हुए। ग्रेट हॉल में कार्यक्रम था मगर छात्रों को अन्दर नहीं जाने दिया गया। 23 अप्रैल को चीन के 21 विश्वविद्यालयों के 40 छात्रों की एक यूनियन बना दी गयी। इस यूनियन ने पहला आह्वान कक्षाओं के बहिष्कार का किया। 27 अप्रैल को यूनियन के आह्वान पर क़रीब एक लाख छात्र बीजिंग की सड़कों पर नारे लगाते हुए थियानमेन चौक पर पहुँचे। अब छात्रों को लोगों और फैक्टरी मज़दूरों का भी समर्थन मिलने लगा था।

मई में तत्कालीन रूसी राष्ट्रपति मिखाइल गोर्बाचेव चीन आ रहे थे। छात्रों ने उनकी यात्रा से दो दिन पहले 13 मई को थियानमेन चौक पर भूख हड़ताल शुरू कर दी। चीन के क़रीब हर शहर से छात्र राजधानी बीजिंग की ओर उमड़ना शुरू हो गये।

20 मई, 1989 को चीन सरकार ने देश के 30 ज़िलों में मार्शल लॉ लगा दिया। सेना शहरों में प्रवेश कर गयी। प्रदर्शनकारी छात्रों को सैन्य वाहनों ने घेर लिया और सरकार के आदेश का इन्तज़ार करने लगी।

1 जून को प्रधानमन्त्री ली पेंग ने पार्टी की पोलित ब्यूरो में अपनी रिपोर्ट रखी। इसमें प्रदर्शनकारियों को आतंकवादी कहते हुए, थियानमेन चौक को तत्काल खाली करवाने की बात कही गयी थी। मगर छात्र माँगे माने जाने से पहले चौक छोड़कर जाने को राज़ी नहीं थे। छात्रों के साथ तीन बुद्धिजीवियों लुई जियाबो, झू दू, गाओ शिन और ताईवानी गायक हु देजियान भी भूख हड़ताल पर बैठ गये।

2 जून की शाम को यह ख़बर मिलने पर कि सेना के खन्दक खोदने वाले वाहन ने चार लोगों को कुचल दिया है और वह चौक खाली कराने आ रही है, छात्रों ने चौक की तरफ आने वाले सभी रास्तों को जाम कर दिया।

3 जून को चीन का सरकारी टेलीविज़न चैनल लोगों को चेतावनी दे रहा था कि वे घरों से बाहर न निकलें। गलियों को सेना के लिए खाली छोड़ दें। चीन की *पीपुल्स लिबरेशन आर्मी* की टुकड़ियाँ बीजिंग की ओर बढ़ रहीं थीं। शहर में जगह–जगह रास्ते जाम थे। रात को दस बजे सेना ने हवाई फ़ायर किये, उसे उम्मीद थी कि रास्ता जाम करने वाले भाग जायेंगे, मगर ऐसा नहीं हुआ। उसके बाद सेना ने सीधे

लोगों की ओर फ़ायरिंग शुरू कर दी। सेना युद्ध में इस्तेमाल की जाने वाले हथियारों का इस्तेमाल कर रही थी। मुक्सिदी में लोगों ने एक ट्रॉली बस को आग लगाकर सेना का रास्ता रोकने की कोशिश की। सेना ने यहाँ भी फ़ायरिंग की और 36 लोग मारे गये। गुस्साये लोगों ने पश्चिमी बीजिंग में सेना के क़ाफ़िले के 100 से ज़्यादा वाहनों को आग लगा दी। चीन सरकार दुनिया को यह दिखा रही थी कि चीनी सेना आत्मरक्षा में कार्रवाई कर रही है।

उधर थियानमेन चौक पर 70 से 80 हज़ार की भीड़ थी। ऊपर सेना के हेलिकॉप्टर मँडरा रहे थे। रात सवा दस बजे सेना की ओर से चेतावनी दी गयी कि कोई भी कार्रवाई की जा सकती है। छात्र नेता लगातार शान्ति बनाये रखने की अपील कर रहे थे। रात को साढ़े 12 बजे सेना के टैंक चौक पर पहुँच गये। छात्रों ने उनके रास्ते में कँक्रीट के स्लैब रख दिये। तड़के चार बजे चौक की लाइटें अचानक बन्द कर दी गयी। सेना ने लाउडस्पीकर पर घोषणा की गयी कि चौक को तत्काल ख़ाली कर दिया जाये। सेना छात्रों से 10 मीटर की दूरी पर खड़ी थी और छात्र मशीनगन के निशाने पर थे। साढ़े चार बजे सेना ने छात्रों की पिटाई शुरू कर दी। पाँच बजे छात्र चौक को छोड़कर जाने लगे। छात्र जिस वाहन में जा रहे थे सेना के वाहनों ने उनका पीछा किया और आँसू गैस के गोले फेंके। इसके पलटने से 11 छात्र मारे गये और अन्य घायल हुए। अगले दिन लोगों ने फिर भीड़ ने चौक पर क़ब्ज़ा करने की कोशिश की। सेना ने टैंक लेकर भीड़ को खदेड़ा। 6 जून को सेना रेल पटरियों से जाम हटवाने की कोशिश कर रही थी। भीड़ ने विरोध किया और फ़ायरिंग में काफ़ी लोग मारे गये। ट्रेन कई लोगों को कुचलते हुए निकल गयी।

बाद में सरकार ने माना कि इस पूरे प्रकरण में क़रीब 300 लोग मारे गये। इनमें सैनिक और 23 छात्र भी थे। घायलों में 5 हज़ार पुलिस और सैन्य कर्मी तथा 2000 लोग बताये गये। सेना के प्रवक्ता की ओर से कहा गया कि थियानमेन चौक पर कोई नहीं मारा गया और न ही टैंकों ने किसी को कुचला, पर सच्चाई तो कुछ और ही थी, जो दुनिया को पता भी थी और नहीं भी।

(ग) दुनिया के छात्र आन्दोलन : अगले बीस साल

कनाडा में फ़ीस बढ़ाने के ख़िलाफ़ आन्दोलन

कनाडा के क्यूबेक में छात्रों ने 1996 में फ़ीस बढ़ाने के ख़िलाफ़ आन्दोलन किया था। इसे क्यूबेक छात्र आन्दोलन के नाम से ही जाना जाता है। पिछली सदी के अस्सी और नब्बे के दशक में कनाडा की सरकार ने उदारीकरण की नीति पर चलते हुए सरकारी फंड में तेज़ी से कटौती करते हुए निजीकरण को बढ़ावा दिया था। इसका नतीजा यह हुआ कि शिक्षा फंड में भी बड़ी कटौती कर दी गयी। इससे कनाडा के विश्वविद्यालयों में ट्यूशन फ़ीस दो गुना से भी ज़्यादा हो गयी थी। इसने छात्रों और अभिभावकों की सरकार के प्रति नाराज़गी को बढ़ा दिया। इससे पहले 1976 में कनाडा सरकार ने अमेरिका के साथ शिक्षा, आर्थिक, सामाजिक और सांस्कृतिक अधिकार से जुड़े कार्यक्रम के लिए हस्ताक्षर किये थे। इसके तहत देश में हर स्तर पर मुफ्त शिक्षा का वादा था। मगर 1995 में कनाडा सरकार कथित उदारीकरण की ओर चल पड़ी। इस उदारवादी सरकार ने प्रान्तीय योजनाओं के लिए दिये जाने वाले फंड में 7 अरब डॉलर की कटौती कर दी। इस फंड में से बड़ी राशि का इस्तेमाल शिक्षा में होता था। कनाडा सरकार और उसके शिक्षा अधिकारियों ने इसके साथ ही यह भी स्पष्ट किया कि किसी भी स्तर पर मुफ्त शिक्षा सम्भव नहीं है। उनका कहना था कि मुफ़्त शिक्षा देने का मतलब है कि अपने नागरिकों कुछ न देना। यह पूरी तरह बेमानी है। 1996 के शैक्षणिक सत्र में पोस्ट सैकेंडरी कक्षाओं के लिए ट्यूशन फ़ीस 280 डॉलर से बढ़ाकर 500 डॉलर कर दी गयी।

सरकार की इस मनमानी के ख़िलाफ़ छात्र संगठन सड़कों पर आ गये। कनाडा के क्यूबेक प्रान्त में छात्रों ने कक्षाओं का बहिष्कार कर दिया। इसमें बड़ी संख्या में हाईस्कूल के छात्र भी शामिल हुए। इन प्रदर्शनों से सरकार को बैकफुट पर आना पड़ा। फ़ीस बढ़ाने के प्रस्ताव को रोक दिया गया, लेकिन जो छात्र पाँच से ज़्यादा कक्षाओं में विफल रहे उन पर 500 डॉलर की पैनाल्टी का प्रावधान कर दिया गया।

2005 में क्यूबेक में छात्रों का आन्दोलन एक बार फिर भड़का। जीन चारेस्ट की प्रोग्रेसिव कंजरवेटिव पार्टी वाली सरकार ने छात्रों के

कल्याण कोष में कटौती की थी। छात्रों के कल्याण कोष की 10.30 लाख कनाडाई डॉलर के फंड को सरकार ने छात्रों को ऋण के रूप में बदल दिया था। नये नियम के अनुसार जिन छात्रों को सरकार से मदद मिल रही थी उन्हें उस राशि को बाद में लौटाना था। 24 फ़रवरी, 2005 को क़रीब 30 हज़ार से छात्रों ने यूनियन बनाकर हड़ताल शुरू कर दी। इसके बाद अलग–अलग यूनिवर्सिटी छात्रसंघ ने भी कक्षाओं का बहिष्कार कर हड़ताल की घोषणा कर दी। इस तरह 15 मार्च तक क़रीब एक लाख छात्र हड़ताल पर चले गये। 16 मार्च को छात्रों ने मोंट्रियाल की गलियों में एक विशाल जुलूस निकाला। उसके बाद प्रदर्शनों का सिलसिला क्यूबेक प्रान्त में लगातार चलता रहा। 2 अप्रैल को सरकार ने छात्रों से समझौता किया। छात्रों को ऋण से मुक्ति देते हुए संघीय सरकार, प्रान्तीय सरकार और एक फाउंडेशन पर फंड जुटाने की ज़िम्मेदारी डाल दी गयी।

सर्बिया के छात्रों का आन्दोलन

1996 में सर्दियाँ शुरू होते ही सर्बिया में एक छात्र आन्दोलन भी शुरू हुआ। सर्बिया तब संघीय गणतन्त्र यूगोस्लाविया का हिस्सा था। 1996 में सर्बिया में 3 नवम्बर से 17 नवम्बर के बीच चुनाव हुए थे। इस चुनाव में सोशलिस्ट पार्टी विजयी हुई और राष्ट्रपति स्लोबोदान मिलोसेविक और उनकी पार्टी पर चुनाव में धाँधली के आरोप लगे। राजनीतिक दल और लोग इस धाँधली के ख़िलाफ़ प्रदर्शन कर रहे थे। ऐसे में छात्रों ने भी अपनी अलग रैलियाँ निकालनी शुरू कर दीं। 24 दिसम्बर को विरोधी दल स्रप्सकी पोकरेत ओब्नोवे (एस.पी.ओ.) के प्रदर्शनकारियों पर सत्तारूढ़ सोशलिस्ट पार्टी के लोगों ने हमला कर दिया। एक प्रदर्शनकारी की हत्या कर दी गयी और दूसरे को गोली मार दी गयी। इस दंगे के बाद सरकार ने गृहयुद्ध रोकने की बात कहते हुए बैलग्रेड में सभी तरह के प्रदर्शनों पर रोक लगा दी। हालाँकि सत्तारूढ़ पार्टी के मेयर नेबोज्सा कोविक ने ही सरकार के इस फ़ैसले को ग़लत बताते हुए आलोचना की। दूसरी ओर मिलोसेविक ने अपनी पार्टी के लोगों को कहा कि वे भी प्रदर्शनकारियों के ख़िलाफ़ प्रदर्शन शुरू कर दें। कोविक ने राष्ट्रपति के इस प्रस्ताव का भी विरोध किया। लिहाज़ा जनवरी 1997 में कोविक को पार्टी से निकाल दिया गया।

2–3 फ़रवरी की रात बैलग्रेड में तापमान 6 डिग्री सैल्सियस था। सेवा नदी पर बने ब्रेंको ब्रिज पर प्रदर्शनकारी धरना दे रहे थे।

इन्हें हटाने पहुँची दंगा पुलिस से इनकी झड़प हो गयी। पुलिस ने इन प्रदर्शनकारियो पर वाटर कैनन का इस्तेमाल किया। इससे 29 प्रदर्शनकारियों की उपचार के दौरान मौत हो गयी और 50 से ज़्यादा को उस रात हस्पताल में भर्ती कराया गया।

इससे पहले 11 फ़रवरी, 1997 को मिलोसेविक ने क़ानून की नये सिरे से व्याख्या के प्रावधान 'लेक्स स्पेसियल्स' पर हस्ताक्षर किये। इसमें कई जगहों पर विपक्ष की जीत मान ली गयी मगर यह नहीं माना गया कि चुनावों में कोई धाँधली हुई। इसने सर्बिया के लोगों को और नाराज कर दिया। इसके विरोध में राजधानी में दो लाख से ज़्यादा लोग सड़कों पर आ गये। 22 मार्च, 1997 तक छात्रों के प्रदर्शन चलते रहे और बाद में माँग बस इतनी थी कि बैलग्रेड यूनिवर्सिटी के प्रबन्धन को बदल दिया जाये और विश्वविद्यालय की स्वायत्तता बहाल की जाये।

ईरान में छात्रों का प्रदर्शन

ईरान में यह आन्दोलन एक सुधारवादी अख़बार को बन्द करने पर जुलाई, 1999 में भड़का था। इसे ईरान में 'तिर का 18वाँ' भी कहा जाता है। सूर्य कैलेंडर हिजरी के चौथे महीने को तिर कहा जाता है। इस आन्दोलन में ईरान सरकार ने 1400 छात्रों को गिरफ़्तार किया था और क़रीब 70 छात्र गायब हो गये, जिनका कभी पता नहीं चला। प्रेस कोर्ट ने 8 जुलाई, 1999 को सुधारवादी अख़बार सलाम को बन्द करने के आदेश दिये। इस अख़बार को मौलवियों की एक ऐसी संस्था चलाती थी जिसके नेता तब मुहम्मद ख़तामी थे। अपने सुधारवादी दृष्टिकोण से ख़तामी ईरान के छात्रों में काफ़ी लोकप्रिय थे। दूसरी ओर प्रेस कोर्ट पर खतामी के विरोधी समझे जाने वाले कट्टरपन्थी गुट का क़ब्ज़ा था।

9 जुलाई, 1999 को तेहरान यूनिवर्सिटी में छात्रों के एक गुट ने अख़बार को बन्द करने के ख़िलाफ़ शान्तिपूर्वक प्रदर्शन किया। उसी रात अर्धसैनिक बलों के 400 से ज़्यादा जवान सादे कपड़ों में डण्डे लिए छात्रावास में घुस गये। वे छात्रों को पीटते हुए कमरों से निकालकर हॉल में ले आये। छात्राओं को बालों से पकड़कर घसीटते हुए ले गये और उनके कमरों को आग लगा दी। कई छात्रों को तीन मन्ज़िला छात्रावास की बालकनी से नीचे गिरा दिया गया। तब प्रत्यक्षदर्शियों के हवाले से मीडिया रिपोर्ट में एक छात्र की मौत और 300 से ज़्यादा के घायल होने की बात कही गयी।

इस घटना के बाद उल्टे छात्रों की ही धरपकड़ की गयी। एक हफ़्ते के भीतर 1400 छात्र गिरफ़्तार कर लिए गये। इस्लामिक रिवोल्यूशनरी गाड्र्स की एक शाखा बासिजिस छात्रों के वेश में दुकानों, बाज़ारों और प्रदर्शनकारी छात्रों पर हमले करती रही। बड़े पैमाने पर बसें जलाई गयीं। और तोड़फोड़ की गयी।

बाद में कुछ छात्र संगठनों ने विदेशी मीडिया के आगे इस हिंसा में 17 से ज़्यादा लोगों के मारे जाने की बात कही थी, मगर एकमात्र सरकारी टी.वी. पर एक की मौत की पुष्टि की गयी थी।

'तिर का 18वाँ' आन्दोलन की वर्षगाँठ पर 9 जुलाई, 2009 को छात्रों ने तेहरान यूनिवर्सिटी के द्वारों पर फिर प्रदर्शन किया था। एमनेस्टी इंटरनैशनल की रिपोर्ट के अनुसार कम से कम 200 छात्र प्रदर्शन कर रहे थे। प्रदर्शनकारियों को बड़ी संख्या में दंगा पुलिस के जवानों ने घेर लिया। बदनाम बासेज मिलिशिया के सदस्य भी सादा कपड़ों में थे। छात्रों को खदेड़ने के लिए उन्होंने लाठीचार्ज और आँसू गैस का इस्तेमाल किया।

चिली का छात्र आन्दोलन

2006 में चिली में हुए इस छात्र आन्दोलन को पेंग्विन क्रान्ति भी कहा जाता है। मई, अप्रैल और जून में जब हाई स्कूलों के क़रीब 8 लाख छात्र सड़कों पर उतरते थे तो ऐसा ही लगता था कि पेंग्विनों के काफिले चल रहे हैं। चिली में पिछले तीन दशक का यह सबसे बड़ा छात्र आन्दोलन था। छात्रों की माँग बस इतनी थी कि उन्हें फ्री बस पास दिये जायें और यूनिवर्सिटी एंट्रेंस टेस्ट की फ़ीस माफ की जाये। इस आन्दोलन से चिली में सोशलिस्ट पार्टी की मिशेल बेशलेट की सरकार संकट में आ गयी थी।

चिली में तानाशाही के दौर में शिक्षा में सरकार की भागीदारी घटाने और निजी भागीदारी बढ़ाने का क़ानून लाया गया था। इसे लोसे के नाम से जाना जाता था। लोकतन्त्र की बहाली होने के बाद भी इसमें बदलाव नहीं किया गया। 2006 में 24 अप्रैल को यूनिवर्सिटियों ने *एंट्रेंस टेस्ट* की फ़ीस क़रीब 50 अमेरिकी डॉलर तक बढ़ा दी। छात्रों के बस पास पर भी प्रति दिन दो यात्राओं की सीमा तय कर दी गयी। छात्र इसके ख़िलाफ़ सड़कों पर उतर आये। 26 अप्रैल को ऐसे ही प्रदर्शन के दौरान छात्रों की पुलिस से झड़प हो गयी और सेकेंडरी कक्षाओं के 47 छात्रों को गिरफ़्तार कर लिया गया। इसके बाद तो प्रदर्शनों का सिलसिला ही चल निकला।

1 मई, 2006 को सेंटियागो के सैकेंडरी छात्रों ने पारक्यू अल्माग्रो में एक विशाल प्रदर्शन किया। इसमें फिर से हिंसा हुई और पुलिस ने एक हज़ार से ज़्यादा छात्रों को गिरफ़्तार कर लिया। चिली के अख़बार ला टेर्सेरा ने गिरफ़्तार छात्रों की संख्या 1024 बतायी थी।

सरकार ने हिंसा की वजह से आन्दोलन की माँगों को मानने से इनकार कर दिया। छात्रों का आन्दोलन कुछ ठण्डा पड़ने लगा था कि 19 मई की रात को दो सबसे प्रतिष्ठित स्कूलों के छात्र बेहतर शिक्षा की माँग को लेकर कैम्पस में जमा हो गये। उन्होंने लोसे को भी समाप्त करने की माँग की। 26 मई को क़रीब 100 स्कूलों के एक लाख छात्रों ने शान्तिपूर्वक प्रदर्शन किया और 30 मई को राष्ट्रव्यापी हड़ताल की घोषणा की। चिली के यूनिवर्सिटी छात्र संघ और नैशनल टीचर यूनियन ने भी इस हड़ताल को अपना समर्थन दिया।

30 मई को छात्रों ने पहली राष्ट्रव्यापी हड़ताल की। क़रीब 250 स्कूलों में एक भी छात्र कक्षाओं में नहीं पहुँचा। यूनिवर्सिटी के छात्र भी हड़ताल पर रहे। अर्जेंटीना के अख़बार *पेजिना* ने अपने 31 मई के अंक में हड़ताली छात्रों की संख्या 6 लाख से ज़्यादा बतायी थी, वहीं एक अन्य अख़बार *क्लेरिना* के मुताबिक़ यह दस लाख के क़रीब थी। पुलिस ने प्रदर्शनकारी छात्रों को खदेड़ने के लिए आँसू गैस और बल का इस्तेमाल किया। 725 लोगों को गिरफ़्तार किया गया और 26 घायल हुए। मीडिया में पुलिस की कार्रवाई की कड़ी आलोचना हुई। राष्ट्रपति बेशलेट ने सुबह ही अपने सहयोगियों की बैठक बुला ली। मन्त्रियों के एक दल को 23 छात्र नेताओं से सीधे बात करने के लिए भेजा गया। नैशनल लाइब्रेरी में यह बैठक हुई। बाद में राष्ट्रपति ने स्वयं पुलिस के बल प्रयोग की निन्दा की। पुलिस महानिदेशक ने जाँच के आदेश दिये और दस अधिकारियों जिनमें डिप्टी डायरेक्टर भी शामिल थे ,को बर्ख़ास्त कर दिया।

एक जून को राष्ट्रपति बेशलेट ने राष्ट्रीय टेलीविज़न चैनल पर राष्ट्र को सम्बोधित किया। उन्होंने छात्रों की बहुत सी माँगों को मान लेने की घोषणा की। इसके बाद 7 सात जून को उन्होंने 73 सदस्यीय सलाहकार कमेटी का गठन किया और लम्बे समय से चली आ रही माँगों को भी मानने का वादा किया। इसके बाद 9 जून को छात्रों ने हड़ताल ख़त्म करने की घोषणा की।

पढ़ाई के घण्टे तय करने पर डच छात्रों की हड़ताल

2007 में नीदरलैंड के स्कूलों में छात्रों ने पढ़ाई के न्यूनतम घण्टे तय करने पर हड़ताल की थी। इसे डच छात्रों की हड़ताल कहा जाता है। छात्र क्लासों का बहिष्कार कर नगर निकायों के सिटी हाल में जमा हो जाते थे और नियम बदलने की माँग करते थे।

सरकार ने सरकारी स्कूलों के लिए वर्ष में 1040 घण्टे की न्यूनतम पढ़ाई अनिवार्य कर दी थी। सरकार चाहती थी कि हर स्कूल इससे ज़्यादा समय तक पढ़ाए। दूसरी ओर छात्रों और शिक्षकों का कहना था कि सरकार को समय बढ़ाने पर नहीं बल्कि गुणवत्ता सुधारने पर ध्यान देना चाहिए।

आख़िरकार 23 नवम्बर, 2007 को छात्र संगठनों ने हड़ताल का आह्वान कर दिया। देशभर से छात्रों ने इस हड़ताल का समर्थन किया और कक्षाओं का बहिष्कार किया। इसके तीन दिन बाद एक और हड़ताल कर दी गयी। सरकार हड़ताल को विफल करने के लिए छात्र नेताओं की धरपकड़ की मगर देशभर में पिछली हड़ताल से भी ज़्यादा छात्रों ने इसमें हिस्सा लिया। स्थानीय मीडिया रिपोर्ट के अनुसार एम्सटर्डम में ही 21 छात्र गिरफ़्तार किये गये।

राज्यमन्त्री वैन बिज्स्टरवेल्द्त ने छात्र नेताओं से बात कर पढ़ाई के समय में 40 घण्टे की कमी करने पर सहमति जताई मगर इसके लिए भी बहस बुला ली गयी। 28 नवम्बर को हुई बहस में यह निष्कर्ष निकाला कि 1040 की समय सीमा सही और इसे नहीं बदला गया। इसके बाद दिसम्बर 2011 में और जनवरी 2012 में भी छात्रों ने इस मुद्दे पर हड़ताल की मगर सरकार पर कोई असर नहीं हुआ।

छात्र की मौत पर यूनान में दंगे

6 दिसम्बर, 2008 को एक मध्य एथेंस के एक्सर्शिया इलाक़े में एक स्पेशल पुलिस गार्ड ने 15 वर्षीय स्कूली छात्र अलैक्जेंडर ग्रिगोरोपौलस की गोली मार कर हत्या कर दी। इस घटना के बाद यूनान में दंगे भड़क उठे। भीड़ ने पुलिस पर पेट्रोल और कैरोसिन बमों, जिन्हें वहाँ मोलोटोव कॉकटेल्स कहा जाता था, से हमले किये। बड़े पैमाने पर सरकारी सम्पत्ति को नुक़सान पहुँचाया। आन्दोलन इतना भड़का कि इसे लेकर दुनिया के 70 से ज़्यादा शहरों में प्रदर्शन हुए। इनमें अधिकांश यूरोपीय देशों के शहर थे।

यूनान के अख़बार कैथिमेरिनी ने इन दंगों को 1974 में लोकतन्त्र की बहाली के बाद के सबसे भयंकर दंगे बताया था।

मीडिया रिपोर्ट्स और पुलिस ट्रायल के अनुसार 6 दिसम्बर, 2008 को रात 9 बजे स्पेशल पुलिस के दो गाड्र्स की कुछ किशोरों के साथ कहा–सुनी हुई थी। स्पेशल पुलिस का काम सिर्फ़ सरकारी सम्पत्ति की सुरक्षा करना होता है। एक्सर्शिया इलाक़े की मुख्य सड़क पर दोनों गार्ड पुलिस कार में गश्त पर थे। तभी उनका इन लड़कों से आमना–सामना हुआ। ग्रीक पुलिस को सूचना देने पर पुलिस ने दोनों को तत्काल वहाँ से हट जाने को कहा। दोनों गार्ड निकटतम थाने में जाकर अपनी कार वहाँ छोड़कर फिर पैदल ही वापिस आ गये और लड़कों से भिड़ गये। एक गार्ड एपामिनोनडेस कोर्कोनियास ने गोली चला दी। गोली निजी स्कूल के छात्र अलेक्जैंडर्स को लगी। उसे तत्काल हस्पताल ले जाया गया। वहाँ डॉक्टरों ने उसे मृत बताया। दोनों पुलिस गाड्र्स को हिरासत में ले लिया गया। इस घटना के बाद यूनान के कई शहरों में पुलिस के ख़िलाफ़ हिंसक प्रदर्शन हुए।

इस मामले में 11 अक्टूबर, 2010 को अदालत का फ़ैसला आया। इसमें दोनों गाड्र्स को दोषी माना गया। कोर्कोनियास को हत्या के लिए आजीवन कारावास की सजा सुनायी, जबकि उसका साथ देने के लिए दूसरे गार्ड को दस साल जेल की सज़ा दी गयी।

फ़ीस बढ़ाने पर ब्रिटेन के छात्रों का आन्दोलन

अक्टूबर 2010 में ब्रिटेन में कंजरवेटिव और लिबरल डेमोक्रेट्स की मिली जुली सरकार ने नियोजित शिक्षा बजट में कटौती की और ट्यूशन फ़ीस बढ़ाने का प्रावधान किया। इससे नाराज छात्रों ने नवम्बर से दिसम्बर के बीच पूरे ब्रिटेन में प्रदर्शन किये। ये प्रदर्शन सेंट्रल लन्दन से शुरू हुए और जल्द ही पूरे देश में फैल गये। छात्रों का कहना था कि शिक्षा बजट में यह कटौती उच्च शिक्षा की व्यवस्था को चौपट कर देगी। उन्होंने सरकार पर चुनावी वादे से मुकरने का भी आरोप लगाया। 28 अक्टूबर को सबसे पहले ऑक्सफोर्ड यूनिवर्सिटी में प्रदर्शन शुरू हुए। उसके बाद 3 नवम्बर को डबलिन में भी छात्रों ने प्रदर्शन शुरू कर दिये। 10 मार्च को छात्र संगठनों ने मिलकर सेंट्रल लन्दन में एक बड़ा जुलूस निकाला। इसमें छात्रों का नारा था 'Fund Our Future: Stop Education Cut' (हमारे भविष्य के लिए कोष : शिक्षा बजट में कटौती रोको)।

इसी दिन आयरलैंड में भी छात्रों ने प्रदर्शन किया। मीडिया रिपोर्ट्स के मुताबिक़ प्रदर्शनकारी छात्रों की संख्या 30 हज़ार से 50 हज़ार के बीच रही। इतनी भीड़ के बावज़ूद यह आन्दोलन पूरी तरह शान्तिपूर्वक रहा। हालाँकि दोपहर बाद मिली बैंक में 200 छात्रों की एक भीड़ ने कंजर्वेटिव पार्टी के मुख्यालय पर क़ब्ज़ा कर लिया और तोड़फोड़ की। हालाँकि *द नैशनल यूनियन ऑफ स्टूडेंट्स* (एन.यू.एस.) के छात्र नेता ने उन्हें रोकने की कोशिश करते रहे। एन.यू.एस. के अध्यक्ष एरोन पोर्टर का कहना था कि यह मुट्ठीभर मूर्खों द्वारा 50 हज़ार छात्रों के शान्तिपूर्ण प्रदर्शन को ख़राब करने की कोशिश है।

बी.बी.सी. न्यूज की 11 नवम्बर, 2010 की रिपोर्ट के मुताबिक़ *द नैशनल यूनियन ऑफ स्टूडेंट्स* (एन.यू.एस.) का मानना था कि ट्यूशन फ़ीस बढ़ाने से ग़रीब एवं योग्य छात्र यूनिवर्सिटी में दाख़िला नहीं ले पायेंगे। ऑक्सफोर्ड यूनिवर्सिटी के छात्र नेता डेविड बर्कले ने सरकार को यह कहकर चेताया कि इस पीढ़ी के नेता देश को दिखा रहे हैं कि वे वादे भूल सकते हैं, मगर हम छात्र हैं हम वादे नहीं भूलते। 11 नवम्बर को मैनचेस्टर और कैम्ब्रिज में भी शान्तिपूर्वक प्रदर्शन हुए।

24 नवम्बर को लन्दन में एक बार फिर बड़ा प्रदर्शन हुआ मगर इसमे व्हाइट हाल के बाहर पुलिस और छात्रों के बीच झड़प हुई। फेसबुक पर भी फ़ीस बढ़ाने के ख़िलाफ़ अभियान चलाया गया। इससे 25 हज़ार से ज़्यादा लोग जुड़े। इसके बाद 30 नवम्बर को लन्दन में तीसरा बड़ा प्रदर्शन हुआ। उस दिन हिमपात हो रहा था और प्रदर्शनकारी छात्रों ने बर्फ के बीच ही जुलूस निकाला।

9 दिसम्बर को संसद में इस मुद्दे पर विचार हुआ। बड़ी संख्या में प्रदर्शनकारी छात्र जुलूस की शक्ल में पार्लियामेंट स्क्वेयर पहुँचे। उन्हें वहाँ आने की इजाज़त दी गयी। मगर दोपहर के बाद भीड़ बढ़ जाने पर उसे नियन्त्रित करने के लिए क़रीब साढ़े तीन बजे पुलिस ने लाठीचार्ज कर दिया। क़रीब 30 प्रदर्शनकारियों को इलाज़ की ज़रूरत पड़ी। उसके बाद प्रदर्शनों पर पुलिस की सख़्ती बढ़ती गयी और आन्दोलन कमज़ोर पड़ता गया।

(घ) दुनिया के छात्र आन्दोलन (2010–2020)

प्यूर्टो रिको की हड़तालें

2010 से 2011 के बीच प्यूर्टो रिको में छात्रों की हड़तालें भी काफ़ी चर्चित रहीं। देश आर्थिक तंगी से गुज़र रहा था और शिक्षा बजट को लेकर भी सरकार ने हाथ तंग कर लिया था। ऐसे हालात में प्यूर्टो रिको की दस यूनिवर्सिटियों सहित 11 कैम्पस के छात्र सरकार के ख़िलाफ़ एकजुट हो गये थे और हड़तालें शुरू कर दी थीं।

पहली हड़ताल 21 अप्रैल, 2010 को पिएद्रास कैम्पस में छात्रों के 48 घण्टे के बहिष्कार से शुरू हुई। जल्दी ही यह हड़ताल बड़ी हो गयी और अन्य कैम्पस भी इसमें शामिल हो गये। प्यूर्टो रिको यूनिवर्सिटी का पिएद्रास कैम्पस तो पूरे 80 दिन बन्द रहा। छात्रों की माँग थी कि न तो ट्यूशन फ़ीस बढ़ायी जाये और न ही यूनिवर्सिटी का निजीकरण किया जाये। मीडिया रिपोर्ट्स के अनुसार हड़ताल शुरू होते ही छात्रों ने कैम्पस में सभी विभागों में ताले जड़ दिये थे। इन तालों को खुलवाने के लिए यूनिवर्सिटी प्रशासन कोर्ट चला गया। प्रशासन ने छात्रों से मिलने से भी इनकार कर दिया था। इस पर छात्रों ने हड़ताल को तीन दिन से बढ़ाकर अनिश्चितकालीन कर दिया।

कई हफ़्ते की हड़ताल के बाद यूनिवर्सिटी प्रशासन ने छात्रों से बातचीत के लिए एक मध्यस्थता कमेटी बनायी। बातचीत सही दिशा में आगे बढ़ रही थी मगर छात्रों को पता चला कि ट्यूशन फ़ीस तो 100 फीसद तक बढ़ायी जा रही है। प्रशासन इसे कम करने को राज़ी नहीं था और यह वार्ता विफल हो गयी। इसके बाद कलाकारों ने भी छात्रों को समर्थन की घोषणा की। कई बड़े गायकों ने छात्रों के समर्थन में कंसर्ट आयोजित किये।

मियामी हैराल्ड डॉट कॉम के अनुसार 21 मई को सभी 11 कैम्पस के एक हज़ार से ज़्यादा प्रोफ़ेसरों ने अपनी सभा बुलायी और इसमें हड़ताल जारी रखने के पक्ष में मतदान किया गया। प्रशासन ने पुलिस की मदद से इस सभा को ख़त्म कराने की कोशिश की। इसमें यूनिवर्सिटी प्रेजिडेंट और ट्रस्ट के सदस्यों का भी इस्तीफ़ा माँगा गया।

मामला कोर्ट में चला गया था। कोर्ट ने एक सेवानिवृत्त जज की देख–रेख में दोनों पक्षों को मध्यस्थता का मौक़ा दिया। 16 जून, 2010 को बोर्ड के सदस्यों ने छात्रों से समझौते के पक्ष में मतदान किया जबकि, चार ने विरोध में। इसके बाद राष्ट्रीय मध्यस्थता कमेटी ने 21 जून को छात्रों की सभा बुलायी। छात्रों ने भी समझौते के पक्ष में अपनी राय दी। इसके साथ ही लम्बे समय से चली आ रही हड़ताल भी ख़त्म हो गयी।

फ्लैश मोब छात्र आन्दोलन

चिली में 2011 से 2013 के बीच एक लम्बा छात्र आन्दोलन चला। इसे चिलियन विंटर के नाम से भी जाना जाता है। इस आन्दोलन में छात्रों ने फ्लैश मॉब का तरीका अपनाया था। छात्रों की एक टीम भीड़ भरे सार्वजनिक स्थानों पर अचानक जुटती गीत–संगीत और नृत्य के साथ अपनी बात कहकर वहाँ से गायब हो जाती। छात्रों की माँग थी कि सैकेंडरी स्तर पर सरकारी स्कूलों को बढ़ाया जाये। चिली में ज़्यादातर यूनिवर्सिटियाँ और स्कूल निजी संस्थान थे।

शिक्षा के निजीकरण ने चिली की पूरी शिक्षा पद्धति को दो वर्गों में बाँट दिया था। एक ओर प्रतिष्ठित निजी संस्थान थे, जहाँ फ़ीस और अन्य ख़र्च इतने थे कि सिर्फ़ अमीरों के बच्चे ही पढ़ सकते थे, दूसरी ओर कम फंड से चलने वाले निजी स्कूल थे जिनकी हालत हर तरह से दयनीय थी। इनमें ग़रीब परिवारों के बच्चे पढ़ते थे। 2006 में 'पेंग्विन क्रान्ति' के बाद सरकार ने कुछ शिक्षा फंड बढ़ाकर स्थिति सुधारने की कोशिश की थी मगर विपक्ष के दक्षिणपन्थी नेताओं ने शिक्षण संस्थानों के आर्थिक लाभ को नुक़सान का हवाला देते हुए सरकार के क़दमों का विरोध किया। दक्षिणपन्थी नेता क्रिश्चियन मोंकेबर्ग ने कह दिया कि सरकार अब 2006 की समस्या को सुलझाना चाहती है। छात्रों का मौजूदा प्रदर्शन भी उसी के लिए है। एक अन्य दक्षिणपन्थी वी. लोबोस ने तो यहाँ तक कह डाला जो लोग देश से बाहर शादियाँ करते हैं उनके बच्चे यहाँ आकर अराजकता फैला रहे हैं। 5 जुलाई, 2011 को चिली के राष्ट्रपति सेबस्टियन पिनेरा ने राष्ट्रीय टी.वी. चैनल पर छात्रों को सम्बोधित किया और शैक्षिक सुधारों का वादा किया। साथ ही 4 अरब डॉलर से शिक्षा के लिए एक राष्ट्रीय संस्था बनाने की घोषणा की। राष्ट्रपति की घोषणा को न तो छात्रों से कोई ख़ास समर्थन मिला और विपक्ष ने इसे निजीकरण के ख़िलाफ़ उल्टी दिशा में क़दम बताया।

14 जुलाई को छात्रों ने फिर एक बड़ा प्रदर्शन किया और 18 जुलाई को राष्ट्रपति ने शिक्षामन्त्री को बदल दिया। सरकार ने शैक्षणिक संस्थानों का अधिग्रहण शुरू कर दिया। सरकारी रिपोर्ट के मुताबिक़ 19 जुलाई तक 148 हाईस्कूल का अधिग्रहण कर लिया गया। इसके बाद 1 अगस्त को राष्ट्रपति पिनेरा ने प्री–स्कूल से उच्च शिक्षा तक 21 सूत्री सुधार प्रस्ताव रखा। छात्रों ने यह कहकर इस प्रस्ताव का विरोध किया कि इसमें शिक्षा से आर्थिक लाभ कमाने को अपराध की श्रेणी में नहीं रखा गया है। उन्होंने हड़ताल जारी रखने की घोषणा की। 4 अगस्त को छात्रों ने प्रदर्शन किया और 874 प्रदर्शनकारी हिरासत में लिए गये। छात्रों और पुलिस के बीच झड़प में 90 पुलिस वाले घायल हुए। भीड़ ने एक डिपार्टमेंटल स्टोर को भी आग लगा दी थी।

इसके बाद 18 अगस्त को सरकार ने तीसरा प्रस्ताव रखा, जिसमें छात्रों को 2 फीसद ब्याज पर ऋण देने की व्यवस्था की पेशकश की गयी। इस प्रस्ताव का भी छात्रों पर कोई ख़ास प्रभाव नहीं पड़ा। 24 और 25 अगस्त को सेंटियागो में चार अलग–अलग जुलूस छात्रों ने निकाले। इतना ही नहीं देश भर में ऐसे जुलूस निकाले गये। द *गार्जियन* की रिपोर्ट के अनुसार 6 लाख से ज़्यादा लोगों ने इन जुलूसों में हिस्सा लिया। दोनों दिन कुल मिलाकर 750 से ज़्यादा प्रदर्शनकारी पकड़े गये। अनेक घायल हुए। इनमें छह पुलिस अधिकारी भी थे। एक छात्र की सीने में गोली लगने से मौत हुई। *बी.बी.सी. न्यूज़* (26 अगस्त, 2011) ने प्रत्यक्षदर्शियों के हवाले से अपनी रिपोर्ट में कहा था कि गोली एक पुलिस वाले ने चलायी थी।

31 अगस्त को एजुकेशन कमेटी ने छात्रों की सबसे बड़ी माँग शिक्षण संस्थानों को मुनाफे का धन्धा करने से रोकने का विधेयक 4–1 से पास कर दिया। 11 सितम्बर, 2011 के प्रदर्शन के बाद पुलिस ने सेंटियागो में 280 लोगों को गिरफ़्तार किया। 15 साल की एक छात्रा को गोली लगी और बड़े इलाक़े में बिजली काट दी गयी। इसके अगले दिन कुछ लोगों ने कम्युनिस्ट पार्टी के मुख्यालय में घुसकर कम्प्यूटर और फर्नीचर तोड़ डाला।

अक्टूबर में शिक्षा मन्त्री ने छात्रों के प्रतिनिधिमण्डल से वार्ता कर उन्हें मनाने की कोशिश की मगर वे अड़े रहे। प्रदर्शन जारी रहे। इसके बाद दिसम्बर में एक बार पर मन्त्रिमण्डल में बदलाव हुआ और शिक्षा मन्त्री बदल दिये गये। अप्रैल 2012 में शिक्षा मन्त्री हैराल्ड बेयर नया यूनिवर्सिटी फंडिंग प्रस्ताव लेकर आये। इसमें छात्रों को ऋण देने की योजना से

निजी क्षेत्र के बैंकों को बाहर कर दिया और ब्याज दर को भी 6 फीसद से कमकर 2 फीसद करने का प्रस्ताव था। छात्रों ने इसे भी नकार दिया।

2013 में सोशलिस्ट पार्टी फिर सत्ता में आयी और मिशेल बेशलेट एक बार फिर राष्ट्रपति बनीं। उन्होंने सार्वभौमिक और निःशुल्क उच्च शिक्षा प्रणाली लागू करने की छह साल की सीमाबद्ध योजना पेश की। इससे छात्रों का गुस्सा काफ़ी हद तक शान्त हो गया।

इगुआला में 43 छात्रों का अपहरण और हत्या

मैक्सिको के इगुआला इलाक़े के अयोत्जिनापा रूरल टीचर्स कॉलेज से 26 सितम्बर, 2014 को 43 छात्रों को जबरन उठा लिया गया। ये छात्र फिर हमेशा के लिए ग़ायब हो गये। बाद में पता चला कि इन सभी को कोकुला और इगुआला की पुलिस ने हिरासत में लिया था। इन छात्रों पर आरोप था कि इन्होंने त्लातेलोल्को नरसंहार की घटना की बरसी पर मैक्सिको सिटी में आकर बहुत सी बसों को क़ब्ज़े में ले लिया था और इन्हें सड़क के बीचोंबीच लगाकर रास्ता जाम कर दिया था। बाद में सरकार की जाँच में यह भी सामने आया कि इन छात्रों को पुलिस अधिकारियों ने एक बदनाम माफिया गैंग को सौंप दिया था, सम्भवत उसने इन सभी को मार डाला था।

छात्रों के अपहरण के पीछे इगुआला के तत्कालीन मेयर जोसे लुईस अबार्का और उसकी पत्नी का हाथ होने की आशंका जतायी गयी थी, हालाँकि उनसे इस सम्बन्ध में पूछताछ नहीं की गयी। दोनों घटना के बाद फरार हो गये थे। एक माह बाद मैक्सिको सिटी से दोनों को एक सामाजिक कार्यकर्ता की हत्या के सम्बन्ध में गिरफ़्तार किया गया था। कुछ मीडिया रिपोर्ट में इसके लिए देश की 27वी इन्फेंट्री बटालियन को सीधे ज़िम्मेदार भी बताया गया था।

इस घटना के ख़िलाफ़ देशभर में पड़े पैमाने पर प्रदर्शन हुए। 7 नवम्बर, 2014 को मैक्सिको के अटार्नी जनरल ने प्रेस कॉन्फ्रेंस कर बताया था कि कोकुला की एक नदी में ऐसे अनेक प्लास्टिक बैग पाये गये जिनमें इन्सानी अवशेष थे। गायब हुए दो छात्रों के अवशेषों का मिलान इनसे हुआ। इस मामले में कुल 80 सन्दिग्धों को गिरफ़्तार किया गया था, इनमें 44 पुलिस अधिकारी थे।

सूरजमुखी छात्र आन्दोलन

यह आन्दोलन मार्च 2014 में ताईवान स्थित शासकीय क्षेत्र युआन में छात्रों और जनता ने मिलकर शुरू किया था। वे ताइवान के लिए चीन के नये व्यापारिक समझौते का विरोध कर रहे थे। इस आन्दोलन को *सनफ्लावर स्टूडेंट मूवमेंट* के नाम से जाना गया। इसे यह नाम इसलिए दिया गया, क्योंकि छात्रों ने इस आन्दोलन में सूरजमुखी के फूल को प्रतीक के तौर पर इस्तेमाल किया था। इस फूल को आशा का प्रतीक माना जाता है।

18 मार्च, 2014 को सुबह 9 बजे छात्रों, शिक्षाविदों, नागरिक संगठनों का प्रदर्शनकारी समूह युआन की प्रशासकीय इमारत के पास पहुँचा और बाड़बन्दी को पार कर अन्दर घुस गया। भीड़ ने इमारत की एक खिड़की का काँच तोड़ दिया, जिसमें एक सुरक्षा अधिकारी गम्भीर रूप से घायल हो गया। क़रीब 300 प्रदर्शनकारी इमारत के भीतर घुस गये थे और उन्हें बाहर निकालने की पुलिस की कोशिश नाकाम रही। रात होते ही पुलिस ने इमारत का बिजली–पानी काट दिया। बाद में दंगा पुलिस ने इमारत को चारों ओर से घेर लिया। दो दिन से प्रदर्शनकारी इमारत के अन्दर थे। पुलिस की मदद से उन्हें निकालने पर प्रशासन ज़ोर दे रहा था मगर लेजिस्लेटिव स्पीकर वांग जिन पिंग ने स्पष्ट कह दिया कि प्रदर्शनकारियों के ख़िलाफ़ बल प्रयोग नहीं किया जाये। जिन पिंग ने अगले दिन यह कहते हुए राष्ट्रपति और प्रधानमन्त्री से भी मिलने से इनकार कर दिया कि वे मुझसे नहीं लोगों से बात करें।

21 मार्च को भीड़ ने एक और प्रशासकीय इमारत पर क़ब्ज़ा कर लिया। यहाँ प्रशासन ने सख़्ती से काम लिया। 23 मार्च, 2014 को पत्रकारों और चिकित्सा टीम को मौक़े से हट जाने को कहा गया। उसके बाद प्रदर्शनकारियों पर लाठीचार्ज और पानी की बौछारों का इस्तेमाल किया गया। *साउथ चाइना मॉर्निंग पोस्ट* में घटना के चार दिन बाद 27 मार्च को छपी रिपोर्ट के अनुसार पुलिस की कार्रवाई में 150 लोग घायल हुए और 61 लोगों को गिरफ़्तार किया गया। मीडिया टीमों पर हमला करने के भी दस मामले सामने आये थे।

इस घटना के बाद सरकार ने आन्दोलनकारी छात्रों के प्रतिनिधियों से बातचीत की पेशकश की मगर कोई हल नहीं निकला। इसके बाद 30 मार्च को विशाल रैली निकाली गयी इसमें 5 लाख लोग शामिल हुए।

6 अप्रैल को स्पीकर जिंग पिंग ने प्रशासकीय इमारत के एक चैम्बर पर क़ब्ज़ा जमाये बैठे प्रदर्शनकारियों से बात की। उन्होंने लोगों को आश्वासन दिया कि वह व्यापार समझौते को स्थगित करायेंगे। इसके बाद भीड़ ने अगले दिन इमारत को खाली कर दिया।

शिक्षा पर वैट के ख़िलाफ़ बांग्लादेश के छात्रों का आन्दोलन

बांग्लादेश की अवामी लीग सरकार ने 2015–16 के बजट में प्राइवेट यूनिवर्सिटियों पर 10 फीसद *वैल्यू एडेड टैक्स* (वैट) लगाने का प्रावधान किया था। विरोध के बाद इसे 7.5 फीसद कर दिया गया। छात्रों की ओर से विरोध शुरू हुआ तो वित्त मन्त्री ने वैट हटाने से इनकार कर दिया। 22 जून, 2015 को छात्र ट्यूशन फ़ीस से वैट हटाने की माँग को लेकर छात्रों ने वित्त मन्त्रालय की इमारत की ओर मार्च किया। सरकार ने उन पर ध्यान नहीं दिया और बयान आया कि वैट देना ही होगा। ढाका ट्रिब्यून की रिपोर्ट के अनुसार 9 सितम्बर को ईस्ट–वेस्ट यूनिवर्सिटी के छात्र प्रदर्शन कर रहे थे कि पुलिस ने पुलिस ने हवाई फ़ायर कर दी। इसने छात्रों का गुस्सा और भड़का दिया। 10 सितम्बर को हज़ारों छात्रों ने सड़कें जाम कर दीं। छात्रों की नाराज़गी को देखते हुए प्रधानमन्त्री शेख हसीना ने 14 सितम्बर, 2015 को कैबिनेट बैठक बुलायी और वैट के उक्त आदेश को वापिस ले लिया।

बन्दूक की संस्कृति के ख़िलाफ़ शान्ति मार्च

अमेरिका में हिंसा और बन्दूक की संस्कृति के ख़िलाफ़ छात्रों ने वर्ष–2018 में शान्ति मार्च निकाले थे। इन जुलूसों को *मार्च फॉर अवर लाइव्स* नाम दिया गया। 14 फ़रवरी, 2018 को एक बन्दूकधारी ने फ्लोरिडा के पार्कलैंड के स्टोनमैन डगलस हाई स्कूल में फ़ायरिंग कर 17 लोगों की हत्या कर दी थी। इस हत्याकाण्ड ने अमेरिका को हिलाकर रख दिया था। बन्दूक की संस्कृति पर रोक लगाने के लिए विधेयक लाने की माँग मीडिया में लगातार उठ रही थी। गन कल्चर के विरोध में छात्रों ने मार्च में शान्ति जुलूस शुरू कर दिये। 14 मार्च को 17 मिनट के लिए कक्षाओं का बहिष्कार किया गया और 17 मिनट का मौन रखा गया। जल्द ही स्पीलबर्ग और जस्टिन बीवर सहित हॉलीवुड की अनेक हस्तियाँ इन शान्ति मार्च के समर्थन में आ गयीं। और इनके लिए अच्छा–ख़ासा डोनेशन भी दिया।

ट्रम्प सरकार इन प्रदर्शनों को राजनीति से प्रेरित बताती रही थी। उसका कहना था कि इनके पीछे डेमोक्रेट्स शामिल हैं।

पर्यावरण के लिए छात्र हड़तालें

जलवायु परिवर्तन की ओर दुनिया का ध्यान खींचने के लिए 2019 में दुनियाभर के छात्रों ने *फ़्राइडे फॉर फ़्यूचर* के नाम से तीन हड़तालें कीं। इन्हें *यूथ फॉर क्लाइमेट* और *क्लाइमेट स्ट्राइक* के नाम से भी जाना गया। यह स्कूली छात्रों की अन्तरराष्ट्रीय मुहिम थी। पहली हड़ताल 15 मार्च, 2019 की गयी। इसमें दुनियाभर के 14 लाख छात्रों ने हिस्सा लिया। 125 देशों के क़रीब 2200 शहरों में छात्रों ने इसमें हिस्सा लिया। दूसरी हड़ताल 24 मई को हुई इसमें 150 देशों के 1600 शहरों में छात्रों ने लोगों को पर्यावरण के प्रति जागरूक करने के लिए जुलूस और विभिन्न कार्यक्रम किये। इसके बाद 20 सितम्बर, से 27 सितम्बर तक यानी शुक्रवार से शुक्रवार तक *ग्लोबल वीक फार फ्यूचर* मनाया गया। इसमें 150 देशों के 4500 शहरों में छात्रों ने लोगों को जागरूक करने के लिए कार्यक्रम किये। इसमें दुनियाभर के 20 लाख से 40 लाख तक छात्रों ने हिस्सा लिया।

❑❑